Schmidt/Müller/Stöcker · Die Organschaft

Die Organschaft

im Körperschaftsteuer-, Gewerbesteuer-
und Umsatzsteuerrecht

Von
Prof. Dr. Ludwig Schmidt
Vors. Richter am BFH a. D.

Thomas Müller
Vors. Richter am FG

Dr. Ernst E. Stöcker
Rechtsanwalt und Steuerberater

6. Auflage

Verlag Neue Wirtschafts-Briefe
Herne/Berlin

Bearbeitervermerk:
Teile A und B: Schmidt/Müller
Teil C: Stöcker

ISBN 3-482-**44606**-7 – 6. Auflage 2003
© Verlag Neue Wirtschafts-Briefe GmbH & Co., Herne/Berlin 1972
http//www.nwb.de
Alle Rechte vorbehalten.
Dieses Buch und alle in ihm enthaltenen Beiträge und Abbildungen sind urheberrechtlich geschützt. Mit Ausnahme der gesetzlich zugelassenen Fälle ist eine Verwertung ohne Einwilligung des Verlages unzulässig.
Druck: H. Rademann GmbH, Baumschulenweg, 59348 Lüdinghausen.

Vorwort

Im Vorwort zur Vorauflage heißt es: „Das Rechtsinstitut der Organschaft gehört zu den wichtigsten steuerlichen Gestaltungsmitteln. Im Körperschaftsteuerrecht bedarf es zwar seit Einführung des Anrechnungsverfahrens im Jahre 1977 zur Vermeidung einer Doppelbelastung mit Körperschaft- und Einkommensteuer nicht mehr der Organschaft. Zum Verlustausgleich zwischen mehreren rechtlich selbständigen Unternehmen bleibt sie jedoch das einzige taugliche Mittel … . Im Gewerbesteuerrecht dient die Organschaft mit ihrer steuerlichen Berücksichtigung der wirtschaftlichen Einheit zweier rechtlich selbständiger Unternehmen dazu, die sonst unvermeidliche zweimalige Erfassung des wirtschaftlich gleichen Ertrags durch die gleiche Steuerart auszuschließen. Ebenso wie bei der körperschaftsteuerlichen können bei der gewerbesteuerlichen Organschaft mehrere selbständige Unternehmen Gewinne mit Verlusten … ausgleichen."

Die vorstehenden Aussagen sind auch heute unverändert gültig, ja sie haben mit der Abschaffung des Anrechnungsverfahrens und dem Systemwechsel zum Halbeinkünfteverfahren sogar noch eine gesteigerte Bedeutung erlangt. Durch die definitive Körperschaftsteuerbelastung gewinnt der Verlustverrechnungsmechanismus an Bedeutung. Dies gilt insbesondere bei einer profitablen Tochtergesellschaft, die ihre Gewinne ausschüttet, und einer Verluste erwirtschaftenden Muttergesellschaft. Die Organschaft gewinnt auch an Bedeutung für einen phasengleichen Gewinntransfer zwischen Unternehmen, nachdem der Große Senat des Bundesfinanzhofs die phasengleiche Aktivierung von Gewinnansprüchen grundsätzlich ablehnt. Die Organschaft kann schließlich helfen, die mit der Befreiung der Beteiligungserträge einhergehenden Aufwendungsabzugsverbote zu vermeiden.

Die Organschaft bietet auch umsatzsteuerlich im System der Mehrwertsteuer im Zusammenhang mit Steuerbefreiungen, der Option zur Steuerpflicht und der Berichtigung des Vorsteuerabzugs sowie hinsichtlich der Finanzierung und Organisation bedeutende Vorteile.

Drei Jahre seit Erscheinen der Vorauflage sind im Steuerrecht eine lange Zeit. Dies, der Systemwechsel zum Halbeinkünfteverfahren und gesetzliche Veränderungen in den Voraussetzungen der Begründung von Organschaftsverhältnissen machten eine vollständige Überarbeitung des Buches erforderlich. Das bewährte Grundkonzept der Vorauflagen wurde beibehalten. Gesetzgebung, Rechtsprechung, Literatur und Verwaltungsanweisungen sind bis Ende April 2003 berücksichtigt. Eingearbeitet sind auch die Änderungen durch das Steuervergünstigungsabbaugesetz (StVergAbG), auf das sich Bundestag und Bundesrat nach langwierigen Verhandlungen am 11. 4. 2003 verständigt haben.

Wir hoffen, dass sich die vorliegende 6. Auflage wiederum als praxisgerechter Ratgeber erweisen wird. Für Hinweise und Kritik sind wir jederzeit offen und dankbar.

Herne/Berlin, im Sommer 2003   Autoren und Verlag

Inhaltsübersicht

Seite

Vorwort	5
Inhaltsverzeichnis	9
Abkürzungsverzeichnis	29
Einführung	35

A. Die Organschaft im Körperschaftsteuerrecht 37
  I. Grundlegung 43
  II. Die Voraussetzungen der Organschaft im Körperschaftsteuerrecht (der Tatbestand der §§ 14 bis 19 KStG) 49
  III. Die Rechtswirkungen der Organschaft im Körperschaftsteuerrecht (Rechtsfolgen der §§ 14 bis 19 KStG) 141
  IV. Sondertatbestände 195
  V. Die steuerlichen Folgen des anfänglichen Fehlens oder des späteren Wegfalls eines Tatbestandsmerkmals der körperschaftsteuerlichen Organschaft 216
  VI. Das steuerliche Einlagekonto (§ 27 KStG) und das Körperschaftsteuerguthaben (§ 37 KStG) 221

B. Die Organschaft im Gewerbesteuerrecht 224
  I. Grundlegung 225
  II. Die Voraussetzungen der Organschaft im Gewerbesteuerrecht (der Tatbestand des § 2 Abs. 2 Sätze 2 und 3 GewStG) 227
  III. Die Rechtswirkungen der Organschaft im Gewerbesteuerrecht (die Rechtsfolgen des § 2 Abs. 2 Satz 2 GewStG) 234

C. Die Organschaft im Umsatzsteuerrecht 259
  I. Grundlegung 263
  II. Vor- und Nachteile der Organschaft im Mehrwertsteuersystem . 274
  III. Die Voraussetzungen der Organschaft im Umsatzsteuerrecht .. 286
  IV. Die Rechtswirkungen der Organschaft im Umsatzsteuerrecht .. 340
  V. Beginn und Beendigung der Organschaft 370
  VI. Verfahren 377

	Seite
D. Rechtsmaterialien	385
I. Körperschaftsteuerrechtliche Organschaft	385
II. Gewerbesteuerrechtliche Organschaft	408
III. Umsatzsteuerrechtliche Organschaft	412
Stichwortverzeichnis	421

Inhaltsverzeichnis

Seite

	Rz.	Seite
Vorwort		5
Inhaltsübersicht		7
Abkürzungsverzeichnis		29
Einführung		35

	Rz.	Seite
A. Die Organschaft im Körperschaftsteuerrecht	1	37
I. Grundlegung	1	43
1. Rechtsgrundlagen, Rechtsentwicklung, Verwaltungsanweisungen	1	43
1.1 Rechtsgrundlagen	1	43
1.2 Rechtsentwicklung	2	43
1.3 Verwaltungsanweisungen	7	44
2. Rechtfertigung und Zweck der Organschaft im Körperschaftsteuerrecht	8	45
2.1 Wirtschaftliche Grundlagen	8	45
2.2 Zweck der Organschaft in einem Körperschaftsteuersystem mit Doppelbelastung	9	45
2.3 Zweck der Organschaft in einem Körperschaftsteuersystem mit Anrechnungsverfahren	11	46
3. Aufbau der gesetzlichen Vorschriften über die körperschaftsteuerliche Organschaft (§§ 14 bis 19 KStG)	14	47
4. Zeitlicher Geltungsbereich der gesetzlichen Regelung	21	49
II. **Die Voraussetzungen der Organschaft im Körperschaftsteuerrecht (der Tatbestand der §§ 14 bis 19 KStG)**	31	49
1. Die Organgesellschaft	31	49
1.1 Rechtsform	31	49
1.2 Geschäftsleitung und Sitz im Inland	36	50
1.3 Tätigkeit	40	51
1.4 Persönliche Steuerbefreiung	41	51
1.5 Lebens- und Krankenversicherungsunternehmen als Organgesellschaften	42	51

	Rz.	Seite
2. Der Organträger	43	52
2.1 Rechtsform	43	52
2.2 Steuerpflicht	46	53
2.3 Gewerbliches Unternehmen	57	56
2.4 Inländisches Unternehmen	70	59
2.5 Personengesellschaften als Organträger	72	60
2.6 Die Holding als Organträger	73	60
3. Die finanzielle Eingliederung	74	60
3.1 Unmittelbare Beteiligung	74	60
3.2 Mittelbare Beteiligung	85	63
3.3 Zusammenrechnung von unmittelbaren und mittelbaren Beteiligungen sowie von mehreren mittelbaren Beteiligungen	92	64
3.4 Zusammenrechnung der Beteiligungen und Stimmrechte von Angehörigen	98	66
3.5 Personengesellschaften	99	66
4. Die wirtschaftliche Eingliederung	121	66
5. Die organisatorische Eingliederung	123	67
6. Zeitliche Voraussetzungen der organschaftlichen Eingliederung	163	67
6.1 Beginn des Wirtschaftsjahrs	164	67
6.2 Ununterbrochen	167	68
6.3 Wegfall der Eingliederung zum Ende des Wirtschaftsjahrs der Organgesellschaft (Anwendung der sog. Mitternachtserlasse)	170	69
6.4 Rumpfwirtschaftsjahr	173	70
6.5 Umstellung des Wirtschaftsjahrs	175	70
6.5.1 Erstmalige Umstellung des Wirtschaftsjahrs	175	70
6.5.2 Nochmalige Umstellung des Wirtschaftsjahrs der Organgesellschaft	181	72
6.6 Rechtsnachfolge	184	73
7. Gewinnabführungsvertrag (GAV)	201	73
7.1 Grundlagen	201	73
7.2 Rechtsnatur des Gewinnabführungsvertrags	203	74

Inhaltsverzeichnis 11

		Rz.	Seite
7.3	Die zivilrechtliche Wirksamkeit des Gewinnabführungsvertrags als Tatbestandsmerkmal der §§ 14 bis 19 KStG	205	75
7.4	Zeitliche Anforderungen	213	76
7.5	Der Gewinnabführungsvertrag der AG und der KGaA	220	79
7.6	Der Gewinnabführungsvertrag anderer Kapitalgesellschaften	235	87
7.7	Der aufschiebend bedingte Gewinnabführungsvertrag	246	93

8. Die Durchführung des Gewinnabführungsvertrags 252 95
   - 8.1 Grundlagen 252 95
   - 8.2 Ordnungsmäßige Buchführung 254 96
   - 8.3 Abführung und Ausschüttung vorvertraglicher Rücklagen 255 97
   - 8.4 Nachvertragliche Rücklagen 264 98
     - 8.4.1 Gesetzliche Rücklagen und Verlustvortrag 265 99
     - 8.4.2 Freie Rücklagen 267 99

9. Besondere Voraussetzungen für die Anwendung der §§ 14 bis 19 KStG bei Personengesellschaften als Organträger 311 102
   - 9.1 Grundlegung 311 102
   - 9.2 Personengesellschaften i. S. der Sätze 3 und 4 des § 14 Abs. 1 Nr. 2 KStG 319 104
     - 9.2.1 Finanzielle Eingliederung 320 105
     - 9.2.2 Wirtschaftliche und organisatorische Eingliederung 323 106
     - 9.2.3 Die Bedeutung einer Veräußerung eines Mitunternehmeranteils, insbesondere eines Gesellschafterwechsels 324 106
   - 9.3 Personengesellschaften, die nicht unter die Sätze 3 und 4 des § 14 Abs. 1 Nr. 2 KStG fallen 331 108
     - 9.3.1 Die Personengesellschaft unterhält selbst kein eigenes gewerbliches Unternehmen (sog. Mehrmütterorganschaft) 332 108

	Rz.	Seite
9.3.1.1 Finanzielle Eingliederung	337	110
9.3.1.2 Wirtschaftliche Eingliederung	342	112
9.3.1.3 Organisatorische Eingliederung	343	112
9.3.1.4 Zeitliche Voraussetzungen	344	112
9.3.1.5 Der GAV und seine Durchführung	345	113
9.3.1.6 Die Bedeutung einer Veräußerung der Anteile an der Organgesellschaft oder eines Ausscheidens aus der GbR	346	113
9.3.2 Die Personengesellschaft unterhält selbst ein gewerbliches Unternehmen	348	113
9.3.2.1 Die finanzielle Eingliederung: Gesamthandseigentum und Gesellschaftereigentum	349	114
9.3.2.2 Finanzielle Eingliederung: mittelbare Beteiligung	355	116
9.4 Personengesellschaften als Organträger nach dem StVergAbG	360	118
10. Das Organschaftsverhältnis zu einer Holding	361	118
10.1 Zum Begriff der Holding	361	118
10.2 Problemstellung und BFH-Rechtsprechung	362	119
10.3 Verwaltungsauffassung	363	120
10.4 Kritische Würdigung	364	121
10.5 Organschaftsverhältnis bei nur einer Untergesellschaft	365	122
11. Betriebsaufspaltung und Organschaft	401	123
11.1 Zum Begriff der Betriebsaufspaltung	401	123
11.2 Organschaftsverhältnis bei einer Betriebsaufspaltung in ein Produktionsunternehmen und eine Vertriebskapitalgesellschaft	402	124
11.3 Organschaftsverhältnis bei einer Betriebsaufspaltung in ein Besitzunternehmen und eine Betriebskapitalgesellschaft	403	124
11.4 Unechte Betriebsaufspaltung	410	127
12. Umwandlung der Organgesellschaft oder des Organträgers	411	128
12.1 Handelsrechtliche und steuerrechtliche Grundlagen	412	128
12.2 Umwandlung der Organgesellschaft	414	128

Inhaltsverzeichnis 13

	Rz.	Seite
12.2.1 Verschmelzung der Organgesellschaft auf den Organträger	414	128
12.2.2 Verschmelzung der Organgesellschaft auf einen anderen Rechtsträger	417	130
12.2.3 Sonstige Formen der Umwandlung einer Organgesellschaft	421	131
12.2.4 Exkurs: Umwandlung einer anderen Gesellschaft auf die Organgesellschaft	426	132
12.3 Umwandlung des Organträgers	429	133
12.3.1 Verschmelzung des Organträgers	429	133
12.3.2 Sonstige Fälle der Umwandlung des Organträgers	436	135
13. Einbringung des Betriebs des Organträgers in eine Kapitalgesellschaft oder Personengesellschaft	441	136
13.1 Einbringung im Wege der Ausgliederung	441	136
13.2 Einbringung im Wege der Einzelrechtsnachfolge	443	137
13.3 Realteilung eines Organträgers in der Rechtsform einer Personengesellschaft	444	137
14. Unentgeltliche Gesamtrechtsnachfolge und unentgeltliche Einzelrechtsnachfolge beim Organträger	446	137
14.1 Gesamtrechtsnachfolge (Erbfall)	446	137
14.2 Einzelrechtsnachfolge (Schenkung)	447	138
14.3 Gemischte Schenkung	448	138
15. Die Organgesellschaft als persönlich haftende Gesellschafterin einer Personengesellschaft	449	138
15.1 Allgemeines	449	138
15.2 Organschaftsverhältnis zwischen einer Komplementär-GmbH als Organgesellschaft und der KG, deren Komplementärin die GmbH ist, als Organträger	453	139
III. Die Rechtswirkungen der Organschaft im Körperschaftsteuerrecht (Rechtsfolgen der §§ 14 bis 19 KStG)	466	141
1. Grundlegung, insbesondere Verhältnis zum Anrechnungsverfahren	466	141
1.1 Getrennte Einkommensermittlung	467	141
1.2 Zusammenrechnung	468	142

	Rz.	Seite
1.3 Tarif	469	143
1.4 Subjektive Steuerpflicht und Rechtsbehelfsbefugnis der Organgesellschaft	470	143
1.5 Zwingende Rechtsfolge	473	144
1.6 Priorität und Vorteile der organschaftlichen Einkommenszurechnung gegenüber dem Anrechnungsverfahren	474	144
2. Der Begriff des zuzurechnenden Einkommens der Organgesellschaft	480	146
2.1 Der allgemeine Einkommensbegriff	480	146
2.2 Der Ausschluss von Vorschriften des KStG und des EStG	481	147
2.3 Die steuerliche Beurteilung der Gewinnabführung und Verlustübernahme bei der Organgesellschaft	483	147
3. Die steuerliche Beurteilung der Gewinnabführung und Verlustübernahme beim Organträger	486	149
3.1 Kürzung bzw. Erhöhung des eigenen Einkommens des Organträgers	486	149
3.2 Ausschluss des § 36 Abs. 2 Nr. 3 EStG	487	150
4. Maßgeblicher Zeitraum für die steuerliche Erfassung des zuzurechnenden Einkommens der Organgesellschaft beim Organträger (Zurechnungszeitraum)	488	151
4.1 Problemstellung	488	151
4.2 Verwaltungsauffassung	490	152
4.3 Schrifttum	491	152
4.4 BFH-Rechtsprechung	492	152
4.5 Kritische Würdigung	494	153
4.6 Konsequenzen	495	153
4.7 Zurechnungszeitraum bei einer Personengesellschaft als Organträger	499	155
5. Besonderheiten der Einkommenszurechnung bei Personengesellschaften als Organträger	500	155
5.1 Verfahrensrechtliche Behandlung der Einkommenszurechnung	500	155
5.2 Maßstab der Zurechnung	503	157
5.3 Zurechnungszeitraum	509	159

Inhaltsverzeichnis 15

	Rz.	Seite
6. Einzelfragen zur Ermittlung des zuzurechnenden Einkommens der Organgesellschaft	512	161
6.1 Verlustabzug i. S. des § 10d EStG	512	161
6.2 Internationales Schachtelprivileg	516	163
6.3 Auflösung vorvertraglicher unversteuerter stiller Reserven der Organgesellschaft	517	164
6.4 Sonderprobleme der Einkommensermittlung bei Organschaftsverhältnissen zu natürlichen Personen (Aufwendungen für einen beherrschenden Gesellschafter-Geschäftsführer)	521	165
6.5 Verdeckte Gewinnausschüttungen der Organgesellschaft	524	166
6.6 Höchstbetrag des Spendenabzugs bei der Organgesellschaft	533	169
6.7 Freibetrag nach § 16 Abs. 4 EStG	535	169
6.8 Übertragung von Veräußerungsgewinnen nach § 6b EStG	536	169
6.9 Gesellschaftsteuer bei Verlustübernahme	537	170
6.10 Konzernsteuerumlagen	538	170
7. Einzelfragen zur Besteuerung des Organträgers	561	171
7.1 Rückstellung des Organträgers für zu übernehmende künftige Verluste der Organgesellschaft	561	171
7.2 Steuerliche Abzugsfähigkeit von Zinsen für Schulden, die der Organträger zum Erwerb der Beteiligung an der Organgesellschaft aufgenommen hat	563	172
7.3 Teilwertabschreibung auf die Organbeteiligung	566	172
7.4 Die Veräußerung von Anteilen an der Organgesellschaft	569	174
7.5 Anrechnung von Steuerabzugsbeträgen, die auf Betriebseinnahmen der Organgesellschaft einbehalten wurden (§ 19 Abs. 5 KStG)	571	174
7.6 Tariffragen	576	175
7.6.1 Besondere Tarifvorschriften für die Organgesellschaft, die einen Abzug von der Körperschaftsteuer vorsehen (§ 19 Abs. 1 bis 4 KStG)	577	176

	Rz.	Seite
7.6.1.1 Problemstellung 577		176
7.6.1.2 Gesetzliche Lösung 578		177
7.6.2 Steuersatzermäßigungen 588		180
7.6.3 Tarifwahlrecht nach § 46a EStG 589		180
7.6.4 Tarifermäßigung nach den §§ 16, 34 EStG 590		181
7.6.5 Tarifermäßigung nach § 32c EStG 593		182
7.7 Steuerfreie Einnahmen einer Organgesellschaft 598		183
7.7.1 Steuerfreie Einnahmen einer Kapitalgesellschaft, die nicht Organgesellschaft ist ... 598		183
7.7.2 Steuerfreie Einnahmen einer Organgesellschaft . 600		184
7.8 Übertragung von Wirtschaftsgütern des Organträgers auf die Organgesellschaft 609		186
7.9 Höchstbetrag des Spendenabzugs beim Organträger .. 610		186
7.10 Steuerermäßigung nach § 35 EStG 611		187
7.11 Negatives Einkommen des Organträgers (§ 14 Abs. 1 Nr. 5 KStG) 614		187
8. Bildung und Auflösung von Rücklagen – Auswirkung auf die Besteuerung des Organträgers 627		189
8.1 Nachvertragliche Abführung vorvertraglicher offener versteuerter Rücklagen 627		189
8.2 Nachvertragliche Ausschüttung vorvertraglicher offener versteuerter Rücklagen 631		189
8.3 Nachvertragliche Realisierung und Abführung vorvertraglicher stiller unversteuerter, aber gekaufter Rücklagen 632		190
8.4 Nachvertragliche Abführung vorvertraglicher stiller versteuerter, aber gekaufter Rücklagen 641		192
8.5 Bildung und Auflösung nachvertraglicher offener oder stiller, aber versteuerter Rücklagen bei der Organgesellschaft 645		193
IV. Sondertatbestände 681		195
1. Die Besteuerung der von der Organgesellschaft bezogenen Gewinnanteile aus der Beteiligung an einer ausländischen Gesellschaft (internationales Schachtelprivileg) einschließlich der Steuerbefreiung nach § 8b KStG 681		195

Inhaltsverzeichnis 17

		Rz.	Seite
1.1	Rechtslage unter Geltung des Anrechnungsverfahrens	681	195
1.2	Rechtslage nach dem Systemwechsel zum Halbeinkünfteverfahren	683	196
1.3	Einkünfte aus einer ausländischen Betriebsstätte	691	196
1.4	Internationales Schachtelprivileg bei der Ermittlung des eigenen Einkommens der Organgesellschaft	693	197
1.5	Steuerbefreiungen nach § 8b KStG	694	197
2.	Die steuerliche Behandlung der von der Organgesellschaft oder vom Organträger geleisteten Ausgleichszahlungen an außenstehende Gesellschafter	697	199
2.1	Rechtsgrundlagen, Rechtsentwicklung und Zweck der gesetzlichen Regelung	697	199
2.2	Der Begriff der Ausgleichszahlungen	700	200
2.3	Die steuerliche Behandlung der Ausgleichszahlungen nach § 16 KStG und § 4 Abs. 5 Satz 1 Nr. 9 EStG	702	201
2.4	Ausgleichszahlungen und Verlustabzug	710	204
2.5	Ausgleichszahlungen und internationales Schachtelprivileg	711	204
2.6	Ausgleichszahlungen und sonstige steuerfreie Einnahmen	712	204
2.7	Ausgleichszahlungen und besondere Tarifvorschriften	714	205
2.8	Ausgleichszahlungen und Anrechnung von Steuerabzugsbeträgen	715	205
3.	Übernahme vorvertraglicher Verluste der Organgesellschaft	716	205
4.	Auflösung der Organgesellschaft	720	206
4.1	Handelsrechtliche Grundlagen	720	206
4.2	Körperschaftsteuerrechtliche Problemstellung	721	207
5.	Betriebseinstellung und Veräußerung des Betriebsvermögens der Organgesellschaft	761	209
5.1	Problemstellung	761	209
5.2	BFH-Rechtsprechung	762	210
5.3	Verwaltungsauffassung	766	210

	Rz.	Seite
5.4 Kritische Würdigung	767	211
5.5 Verpachtung	772	211
6. Auflösung des Organträgers	773	211
7. Organschaftsverhältnisse und Berlin-Vergünstigungen einschließlich Fördergebietsgesetz	774	212
7.1 Erhöhte Absetzungen für abnutzbare Wirtschaftsgüter des Anlagevermögens (§ 14 BerlinFG)	774	212
7.2 Steuerermäßigung für Darlehen zur Finanzierung von betrieblichen Investitionen (§ 16 BerlinFG)	778	213
7.3 Steuerermäßigung für Darlehen zur Finanzierung von Baumaßnahmen (§ 17 BerlinFG)	782	214
7.4 Ermäßigung der veranlagten Einkommensteuer und der Körperschaftsteuer (§§ 21 ff. BerlinFG)	783	214
7.5 Fördermaßnahmen nach dem Fördergebietsgesetz	785	215
8. Organschaftsverhältnisse und Investitionszulagen	786	215
9. Organschaftsverhältnisse und Verlustklausel	790	216

V. Die steuerlichen Folgen des anfänglichen Fehlens oder des späteren Wegfalls eines Tatbestandsmerkmals der körperschaftsteuerlichen Organschaft ... 811   216

1. Das anfängliche Fehlen eines Tatbestandsmerkmals	812	216
1.1 Organgesellschaft	813	217
1.2 Organträger	819	218
2. Der spätere Wegfall eines Tatbestandsmerkmals, insbesondere die Beendigung oder Nichtdurchführung des GAV	822	219
3. Die steuerlichen Folgen bei Organschaften aufgrund mittelbarer Beteiligung	826	221

VI. Das steuerliche Einlagekonto (§ 27 KStG) und das Körperschaftsteuerguthaben (§ 37 KStG) ... 851   221

1. Vorbemerkung	851	221
2. Das steuerliche Einlagekonto	852	222
3. Das Körperschaftsteuerguthaben	855	222

Inhaltsverzeichnis

	Rz.	Seite
B. Die Organschaft im Gewerbesteuerrecht	891	224
I. Grundlegung	891	225
1. Rechtsgrundlagen, Rechtsentwicklung, Verwaltungsanweisungen	891	225
2. Zweck der Organschaft im Gewerbesteuerrecht	897	226
II. Die Voraussetzungen der Organschaft im Gewerbesteuerrecht (der Tatbestand des § 2 Abs. 2 Sätze 2 und 3 GewStG)	899	227
1. Die Organgesellschaft	901	227
2. Der Organträger	908	229
3. Die finanzielle Eingliederung	917	230
4. Die wirtschaftliche und organisatorische Eingliederung	919	230
5. Zeitliche Voraussetzungen der organschaftlichen Eingliederung	921	230
6. Der Gewinnabführungsvertrag und seine Durchführung	923	231
7. Die Personengesellschaft als Organträger	924	231
8. Das Holding-Unternehmen als Organträger	930	231
9. Betriebsaufspaltung und Organschaft	931	231
10. Organschaft im Beitrittsgebiet	934	232
11. Verfahrensfragen	935	233
III. Die Rechtswirkungen der Organschaft im Gewerbesteuerrecht (die Rechtsfolgen des § 2 Abs. 2 Satz 2 GewStG)	961	234
1. Grundlegung	961	234
2. Einzelfragen zur Ermittlung des Gewerbeertrags bzw. des Gewerbekapitals von Organgesellschaft und Organträger und zur Zusammenrechnung dieser Gewerbeerträge	972	238
2.1 Hinzurechnungen nach § 8 GewStG	972	238
2.2 Maßgeblicher Zeitraum für die Zusammenrechnung der Gewerbeerträge von Organgesellschaft und Organträger	977	239

	Rz.	Seite
2.3 Die Auswirkungen vororganschaftlicher Verluste der Organgesellschaft auf die Ermittlung des Gewerbeertrags der Organgesellschaft	986	241
2.4 Vor-, inner- und außerorganschaftliche Verluste des Organträgers	994	244
2.5 Die Bedeutung einer Gewinnabführung der Organgesellschaft an den Organträger und der Verlustübernahme durch den Organträger für die Ermittlung des Gewerbeertrags der Organgesellschaft	998	245
2.6 Die Bedeutung einer Gewinnabführung oder Gewinnausschüttung der Organgesellschaft für die Ermittlung des Gewerbeertrags des Organträgers bei Organschaftsverhältnissen mit oder ohne GAV	999	245
2.7 Die Besteuerung der Gewinne und Verluste des Organträgers aus einer Veräußerung der Beteiligung an der Organgesellschaft	1001	246
2.8 Die Bedeutung einer Umwandlung der Organgesellschaft auf den Organträger für die Ermittlung des Gewerbeertrags von Organgesellschaft und Organträger	1004	247
2.9 Die Bedeutung nicht ausgeschütteter nachorganschaftlicher Gewinne der Organgesellschaft für die Besteuerung des Organträgers bei Organschaftsverhältnissen ohne Gewinnabführungsvertrag (bis einschließlich EZ 2001)	1007	248
2.10 Die Bedeutung nachorganschaftlicher Verluste der Organgesellschaft für die Besteuerung des Organträgers bei Organschaftsverhältnissen ohne GAV (bis einschließlich EZ 2001)	1013	249
2.11 Die Berechtigung zum Abzug nachorganschaftlicher Verluste der Organgesellschaft nach Beendigung der Organschaft	1020	252
2.12 Auswirkungen der „gebrochenen" Einheitstheorie auf verschiedene Einzelfragen	1023	253

Inhaltsverzeichnis 21

	Rz.	Seite
3. Besonderheiten der Ermittlung des Gewerbeertrags bei Personengesellschaften als Organträger	1051	256
3.1 Verluste der Organgesellschaft	1051	256
3.2 Dauerschulden im Verhältnis zwischen den Gesellschaftern einer Personengesellschaft als Organträger und der Organgesellschaft	1052	256
3.3 Die Beteiligung an der Organgesellschaft	1053	257
4. Auflösung der Organgesellschaft – Betriebseinstellung und Veräußerung des Betriebsvermögens der Organgesellschaft	1056	258

C. Die Organschaft im Umsatzsteuerrecht 1091 259

I. Grundlegung 1091 263
   1. Rechtsgrundlagen 1091 263
      1.1 Regelung des § 2 Abs. 2 Nr. 2 UStG 1091 263
      1.2 Definitionen 1092 263
      1.3 Bedeutung des Zivilrechts 1093 263
      1.4 Bedeutung des Konzernrechts 1095 264
      1.5 Abschließende Regelung 1096 264
   2. Organschaft als einheitliches Rechtsinstitut im Steuerrecht 1097 264
   3. Unteilbarkeit der Selbständigkeit 1099 265
   4. Verhältnis zum Unternehmerbegriff 1100 266
   5. Verhältnis zur Unselbständigkeit natürlicher Personen (§ 2 Abs. 2 Nr. 1 UStG) 1101 266
   6. Organschaft und Unternehmereinheit 1102 267
   7. Rechtsentwicklung 1104 268
   8. Organschaft de lege ferenda 1117 272
   9. Verfassungsmäßigkeit der Organschaft 1118 272
   10. EG-Recht 1120 273

II. Vor- und Nachteile der Organschaft im Mehrwertsteuersystem 1151 274
   1. Unterschied zum System der kumulativen Allphasenbruttoumsatzsteuer 1151 274

	Rz.	Seite

2. Steuervorteile im Zusammenhang mit Steuerbefreiungen . 1154 275
3. Vorteile bei Vermögensübertragung 1158 278
   3.1 Vorteile durch Begründung einer Organschaft 1158 278
   3.2 Vorteile durch Beendigung der Organschaft 1161 279
      3.2.1 Auflösung der Organgesellschaft 1161 279
      3.2.2 Auflösung des Organträgers 1162 279
4. Vorteile bei der Berichtigung des Vorsteuerabzugs nach Rückkehr zur Steuerfreiheit 1163 280
5. Vorteile bei „Option" zur Steuerpflicht zwecks Vorsteuerabzug 1169 282
6. Vorteile bei Finanzierung und Liquidität 1170 282
7. Vorteile bei der Organisation 1173 283
8. Vorteile sonst nur durch Fusion 1174 284
9. Nachteile durch Verlust einer Optionsmöglichkeit 1175 284
10. Nachteile durch Zusammenrechnen von Besteuerungsmerkmalen 1177 285
11. Nachteile durch Haftung und Steuerschuldnerschaft 1178 285
12. Nachteile bei Insolvenz der Organgesellschaft 1179 285
13. Vor- und Nachteile im Zusammenhang mit dem Voranmeldungszeitraum 1180 286
14. Nachteile durch Zusammenfassende Meldung 1181 286
15. Vermeidung der Nachteile 1182 286

III. Die Voraussetzungen der Organschaft im Umsatzsteuerrecht 1221 286

1. Die Organgesellschaften 1223 287
   1.1 Juristische Personen des öffentlichen Rechts 1224 287
   1.2 Juristische Personen des Privatrechts 1226 288
   1.3 Gründergesellschaften 1228 289
   1.4 Nichtrechtsfähige Personenvereinigungen (organschaftsähnliches Verhältnis) 1229 289
   1.5 Auftreten nach außen 1232 290
   1.6 Strohmanngesellschaft 1233 291
   1.7 Unteilbarkeit der Beherrschung 1234 291

Inhaltsverzeichnis

	Rz.	Seite
1.8 Keine Beherrschung durch mehrere Organträger ...	1235	292
1.9 Vertikale Verbindung mehrerer Organgesellschaften	1236	293
1.10 Horizontale Verbindung mehrerer Organgesellschaften	1237	293
1.11 Kombination einer vertikalen und horizontalen Verbindung	1238	293
1.12 Komplementär-GmbH als Organgesellschaft der KG	1239	293
1.13 Holding als Organgesellschaft	1240	294
2. Die Organträger	1241	294
2.1 Rechtsform des Organträgers	1241	294
2.2 Unternehmereigenschaft des Organträgers	1242	295
2.3 Organträger für mehrere Organgesellschaften	1244	296
3. Besondere Formen des Organträgers	1245	296
3.1 Holding-Gesellschaften	1246	296
3.2 Private Vermögensverwaltung	1250	298
3.3 Besitzgesellschaften bei Betriebsaufspaltung	1251	298
3.4 Körperschaften des öffentlichen Rechts	1252	299
3.5 Unternehmenszusammenschlüsse	1254	300
4. Die Eingliederung als Unterordnung	1257	301
5. Die finanzielle Eingliederung	1265	304
5.1 Bedeutung der finanziellen Eingliederung	1265	304
5.2 Keine gesetzliche Definition	1266	305
5.3 Mehrheit der Anteile	1267	305
5.4 Erfordernis der Stimmenmehrheit	1269	306
5.5 Wirtschaftliches Eigentum (Treuhänder)	1271	307
5.6 Wirtschaftliche Abhängigkeit	1272	307
5.7 Mittelbare finanzielle Beteiligung	1273	307
5.8 Stille Gesellschafter	1282	312
5.9 Mittelbare Beteiligung über Angehörige	1284	312
5.10 Genossenschaften und rechtsfähige Vereine	1285	313
5.11 Juristische Personen des öffentlichen Rechts	1286	313
6. Die wirtschaftliche Eingliederung	1341	314
6.1 Betriebsaufspaltung	1351	319

	Rz.	Seite
6.2 Holding-Gesellschaften 1359		325
6.3 Einzelfälle aus der Rechtsprechung 1363		327
6.3.1 Organgesellschaft als Vertriebsabteilung 1364		327
6.3.2 Organgesellschaft als Einkaufsabteilung 1367		328
6.3.3 Organgesellschaft als Fabrikations- und Fertigungsbetrieb 1369		329
6.3.4 Organgesellschaft als Verarbeitungsbetrieb ... 1372		330
6.3.5 Organgesellschaft als Wohnungsunternehmen . 1373		330
6.3.6 Körperschaften des öffentlichen Rechts 1374		330
7. Die organisatorische Eingliederung 1375		331
7.1 Bedeutung und Definition 1375		331
7.2 Formen 1378		333
7.2.1 Identität der Geschäftsführung 1378		333
7.2.2 Geschäftsführung durch Organträger 1380		334
7.2.3 Einzelfälle 1381		334
7.2.4 Eröffnung des Insolvenzverfahrens und Liquidation 1385		336
7.2.5 Bedeutung eines Beherrschungsvertrages und einer aktienrechtlichen Eingliederung sowie faktischer Konzern 1386		336
8. Die Eingliederung nach dem Gesamtbild der tatsächlichen Verhältnisse 1388		337
8.1 Bedeutung der additiven Aufzählung 1388		337
8.2 Gleichwertigkeit der Eingliederungsmerkmale 1389		338
8.3 Mindestzahl der vollkommen ausgeprägten Eingliederungsmerkmale 1390		339
8.4 Bedeutung zivilrechtlicher Verträge 1391		339
9. Maßgeblicher Zeitraum 1392		340
IV. Die Rechtswirkungen der Organschaft im Umsatzsteuerrecht 1451		340
1. Verlust der Selbständigkeit 1451		340
2. Wirkungen bei Begründung und Beendigung der Organschaft (§ 1 UStG) 1454		341
2.1 Begründung der Organschaft 1454		341

Inhaltsverzeichnis 25

	Rz.	Seite
2.2 Beendigung der Organschaft	1455	342
2.2.1 Durch Auflösung der Organgesellschaft oder des Organträgers	1456	342
2.2.2 Durch Liquidation	1457	342
2.2.3 Durch Eröffnung des Insolvenzverfahrens	1458	342
3. Buchnachweis bei der Organschaft (§§ 6, 7, 8 UStG)	1459	343
3.1 Erleichterter Buchnachweis für Organträger	1459	343
3.2 Erleichterter Buchnachweis für Organgesellschaft	1460	344
4. Umfang der Steuerbefreiung bei Grundstücksveräußerungen im Rahmen einer Organschaft (§ 4 Nr. 9a UStG)	1462	344
5. Steuerbefreiung und Ausschluss vom Vorsteuerabzug bei der Vermittlung von Versicherungen (§ 4 Nr. 11 UStG)	1464	345
6. Option bei der Organschaft (§ 9 UStG)	1465	345
7. Steuerschuldner bei der Organschaft (§ 13 Abs. 2 UStG)	1466	345
8. Anrechnung und Erstattung von Umsatzsteuer, die die Organgesellschaft gezahlt hat	1471	347
8.1 Anrechnung und Erstattung bei Steuerfestsetzung gegenüber der Organgesellschaft	1472	347
8.2 Anrechnung und Erstattung nach Aufhebung der Steuerfestsetzung gegenüber der Organgesellschaft	1473	348
8.3 Aufrechnung durch Organträger oder FA	1475	350
8.4 Billigkeitserlass	1476	350
9. Haftung der Organgesellschaften für Umsatzsteuerschulden des Organträgers	1477	350
10. Keine Haftung des Organträgers für Umsatzsteuerschulden der Organgesellschaft	1478	351
11. Unberechtigter Steuerausweis	1480	352
10.1 Durch den Organträger	1480	352
10.2 Durch eine Organgesellschaft	1481	352
12. Rechnungsausstellung bei der Organschaft (§ 14 UStG)	1482	353

	Rz.	Seite
12.1 Rechnungen gegenüber Dritten	1482	353
12.1.1 Umsatzsteuerrechtliche Folgen aus Rechnungen einer Organgesellschaft	1483	353
12.1.2 Zivilrechtliche Lage	1484	354
12.1.3 Angabe der Steuernummer	1485	354
12.2 Rechnungen innerhalb des Organkreises	1486	354
13. Vorsteuerabzug bei der Organschaft (§ 15 UStG)	1531	356
13.1 Aus Rechnungen Dritter	1531	356
13.2 Klage auf Rechnungserteilung	1532	356
13.3 Kein Vorsteuerabzug aus Rechnungen innerhalb des Organkreises	1533	356
13.4 Ausschluss des Vorsteuerabzugs	1534	357
13.5 Aufteilung bei teilweisem Ausschluss des Vorsteuerabzugs (§ 15 Abs. 4 UStG)	1535	357
14. Berichtigung des Vorsteuerabzugs bei der Organschaft (§ 15a UStG)	1537	358
15. Vorsteuerrückforderungsanspruch nach § 17 Abs. 2 UStG	1538	358
16. Anrechnung bei der Organgesellschaft berücksichtigter Vorsteuern	1541	360
17. Veranlagungszeitraum bei der Organschaft (§ 16 UStG)	1542	360
18. Steuererklärungen, Zahlungen und Erstattungen bei der Organschaft (§ 18 UStG)	1543	360
19. Besteuerung der Kleinunternehmer (§ 19 UStG)	1544	361
20. Versteuerung nach vereinnahmten Entgelten bei der Organschaft (§ 20 UStG)	1545	361
21. Aufzeichnungspflichten bei der Organschaft (§ 22 UStG)	1546	362
22. Durchschnittssätze für land- und forstwirtschaftliche Betriebe bei der Organschaft (§ 24 UStG)	1547	362
23. Beschränkung der Wirkung der Organschaft auf das Inland – Abschaffung der grenzüberschreitenden Organschaft	1554	363
23.1 Früherer Rechtszustand	1554	363
23.2 Änderung durch das Steuerbereinigungsgesetz 1986	1555	363

	Rz.	Seite
23.3 Unternehmensteile	1559	365
23.4 Ansässigkeit	1561	366
23.5 Organträger im Inland ansässig	1562	366
23.6 Organträger im Ausland ansässig	1564	367
24. Auswirkungen des Umsatzsteuer-Binnenmarktgesetzes auf die Organschaft	1567	369
V. Beginn und Beendigung der Organschaft	1601	370
1. Beginn	1601	370
2. Beendigung	1602	370
2.1 Beendigung durch Eröffnung des Insolvenzverfahrens	1603	371
2.1.1 Insolvenz der Organgesellschaft	1603	371
2.1.2 Insolvenz des Organträgers	1604	372
2.2 Ablehnung der Eröffnung des Insolvenzverfahrens mangels Masse	1605	373
2.3 Vermögenslosigkeit oder Zahlungsunfähigkeit der Organgesellschaft	1606	373
2.4 Liquidation	1610	374
2.5 Sequestration – vorläufige Insolvenzverwaltung	1612	375
VI. Verfahren	1651	377
1. Kein Formzwang	1651	377
2. Kein Antrags- oder Optionserfordernis	1652	377
3. Nachweis der Voraussetzungen einer Organschaft	1653	378
3.1 Ermittlungs- und Mitwirkungspflicht	1653	378
3.2 Objektive Beweislast	1655	378
4. Zuständigkeit und Rechtsschutz	1656	379
5. Hinzuziehung und Beiladung	1658	380
6. Änderung und Kongruenz von Bescheiden	1660	380
6.1 Änderung gemäß § 172 Abs. 1 Satz 1 Nr. 2a AO (Zustimmung des Steuerpflichtigen)	1661	380
6.2 Änderung gemäß § 172 Abs. 1 Satz 1 Nr. 2b AO (unzuständige Behörde)	1662	381

	Rz.	Seite
6.3 Änderung gemäß § 173 AO (neue Tatsachen und Beweismittel)	1663	381
6.4 Änderung gemäß § 174 AO	1664	382
7. Treu- und Glauben – widersprüchliches Verhalten	1667	383

D. Rechtsmaterialien ... 385

**I. Körperschaftsteuerrechtliche Organschaft
Auszug aus den KStR 1995** ... 385

**II. Gewerbesteuerrechtliche Organschaft
Auszug aus den GewStR 1998** ... 408

**III. Umsatzsteuerrechtliche Organschaft
Auszug aus den UStR 2000** ... 417

Stichwortverzeichnis ... 421

Abkürzungsverzeichnis

a. A.	anderer Ansicht
a. a. O.	am angegebenen Ort
ABl.	Amtsblatt
Abs.	Absatz
Abschn.	Abschnitt
abzb.	abziehbare
a. E.	am Ende
a. F.	alte Fassung
AG	Aktiengesellschaft
AktG	Aktiengesetz
Anm.	Anmerkung
AO	Abgabenordnung
arg.	argumentum
Art.	Artikel
AStG	Außensteuergesetz
Aufl.	Auflage
Az.	Aktenzeichen
BB	Betriebs-Berater (Zs.)
BdF	Bundesminister der Finanzen
BerlinFG	Berlinförderungsgesetz
BewG	Bewertungsgesetz
BFH	Bundesfinanzhof
BFHE	Amtliche Sammlung der Entscheidungen des BFH
BFH/NV	Sammlung amtlich nicht veröffentlichter Entscheidungen des BFH (Zs.)
BGB	Bürgerliches Gesetzbuch
BGBl I	Bundesgesetzblatt Teil I
BGH	Bundesgerichtshof
BGHZ	Entscheidungen des BGH in Zivilsachen
BiRiLiG	Bilanzrichtlinien-Gesetz
BMF	Bundesminister der Finanzen
BMWF	Bundesminister für Wirtschaft und Finanzen
BStBl I (II, III)	Bundessteuerblatt Teil I (II, III)
BVerfG	Bundesverfassungsgericht

BVerfGE	Entscheidungen des Bundesverfassungsgerichts
bzw.	beziehungsweise
DB	Der Betrieb (Zs.)
DBA	Doppelbesteuerungsabkommen
d. h.	das heißt
DStR	Deutsches Steuerrecht (Zs.)
DStZ	Deutsche Steuer-Zeitung (Zs.)
DStZ A	Deutsche Steuer-Zeitung Ausgabe A (Zs.)
DVR	Deutsche Verkehrsteuerrundschau (Zs.)
EAV	Ergebnisabführungsvertrag
EFG	Entscheidungen der Finanzgerichte (Zs.)
EG	Europäische Gemeinschaft
EGAktG	Einführungsgesetz zum AktG
ESt	Einkommensteuer
EStDV	Einkommensteuer-Durchführungsverordnung
EStG	Einkommensteuergesetz
EStR	Einkommensteuer-Richtlinien
EuGH	Europäischer Gerichtshof
evtl.	eventuell
EWiR	Entscheidungen zum Wirtschaftsrecht (Zs.)
EZ	Erhebungszeitraum
F.	Fach
f., ff.	folgend, folgende
FA	Finanzamt
FG	Finanzgericht
FinMin	Finanzminister
FM	Finanzministerium
FR	Finanz-Rundschau (Zs.)
GAV	Gewinnabführungsvertrag
GbR	Gesellschaft bürgerlichen Rechts
GenG	Genossenschaftsgesetz
GewSt	Gewerbesteuer
GewStDV	Gewerbesteuer-Durchführungsverordnung
GewStG	Gewerbesteuergesetz

Abkürzungsverzeichnis

GewStR	Gewerbesteuer-Richtlinien
GG	Grundgesetz
ggf.	gegebenenfalls
GmbH	Gesellschaft mit beschränkter Haftung
GmbHG	GmbH-Gesetz
GmbHR/GmbH-Rdsch.	GmbH-Rundschau (Zs.)
GrS	Großer Senat
HFR	Höchstrichterliche Finanzrechtsprechung (Zs.)
HGB	Handelsgesetzbuch
INF	Die Information (Zs.)
InsO	Insolvenzordnung
InvZulG	Investitionszulagengesetz
i. S.	im Sinne
i. V. m.	in Verbindung mit
JbFfSt	Jahrbuch der Fachanwälte für Steuerrecht (Zs.)
KGaA	Kommanditgesellschaft auf Aktien
KO	Konkursordnung
KSt	Körperschaftsteuer
KStDV	Körperschaftsteuer-Durchführungsverordnung
KStG	Körperschaftsteuergesetz in der Fassung des UntStFG und des StVBG
KStG a. F.	Körperschaftsteuergesetz in der vor 1977 gültigen Fassung
KStR	Körperschaftsteuer-Richtlinien
KStZ	Kommunale Steuerzeitung (Zs.)
KVStG	Kapitalverkehrsteuergesetz
LMF	Landesminister der Finanzen
LSW	Lexikon des Steuer- und Wirtschaftsrechts (Zs.)
Mio.	Million
m. w. N.	mit weiteren Nachweisen
nabzb.	nichtabziehbare
NJW	Neue Juristische Wochenschrift (Zs.)

Nr(n).	Nummer, Nummern
n. v.	nicht veröffentlicht
NWB	Neue Wirtschafts-Briefe (Zs.)
OG	Organgesellschaft
OHG	Offene Handelsgesellschaft
OLG	Oberlandesgericht
OT	Organträger
OVG	Oberverwaltungsgericht
PdR	Praxis des Rechnungswesens (Zs.)
R., Rn.	Randnummer
RFH	Reichsfinanzhof
RFHE	Entscheidungen des Reichsfinanzhofs
RGBl	Reichsgesetzblatt
RStBl	Reichssteuerblatt
RWP	Rechts- und Wirtschaftspraxis (Zs.)
Rz.	Randziffer
S.	Seite
Slg. Bd.	Amtliche Sammlung der Entscheidungen des Reichsfinanzhofs- und Bundesfinanzhofs-Band
sog.	so genannte(r)
Sp.	Spalte
StÄnG	Steueränderungsgesetz
StB	Der Steuerberater (Zs.)
Stbg	Die Steuerberatung (Zs.)
StBil.	Steuerbilanz
StbJb	Steuerberaterjahrbuch
StbKRep	Steuerberater-Kongress-Report
StBp	Steuerliche Betriebsprüfung (Zs.)
StEK	Steuererlasse in Karteiform
StEntlG	Steuerentlastungsgesetz 1999/2000/2002
StLex	Steuerlexikon (Zs.)
StSenkG	Gesetz zur Senkung der Steuersätze und zur Reform der Unternehmensbesteuerung (Steuersenkungsgesetz) vom 23.10.2000, BGBl I, 1433
StuW	Steuer und Wirtschaft (Zs.)

Abkürzungsverzeichnis

StVBG	Gesetz zur Bekämpfung von Steuerverkürzungen bei der Umsatzsteuer und zur Änderung anderer Steuergesetze (Steuerverkürzungsbekämpfungsgesetz) vom 19.12.2001, BGBl I, 3922
StVergAbG	Gesetz zum Abbau von Steuervergünstigungen und Ausnahmeregelungen (Steuervergünstigungsabbaugesetz), von Bundestag und Bundesrat beschlossen am 11.4.2003
StW	Steuerwarte (Zs.)
Tz.	Textziffer
u. a.	unter anderem
Üb.	Übung
U. E.	Unseres Erachtens
UmwG	Umwandlungsgesetz
UmwSt-Erlass	BMF-Schreiben zu Zweifels- und Auslegungsfragen des Umwandlungssteuergesetzes, BStBl I 1998, 268 ff.
UmwStG	Umwandlungssteuergesetz
UntStFG	Gesetz zur Fortentwicklung des Unternehmenssteuerrechts (Unternehmenssteuerfortentwicklungsgesetz) vom 20.12.2001, BGBl I, 3858
UR	Umsatzsteuer-Rundschau (Zs.)
USt	Umsatzsteuer
UStÄndG	Umsatzsteuer-Änderungsgesetz
UStDV	Umsatzsteuer-Durchführungsverordnung
UStG	Umsatzsteuergesetz
VerglO	Vergleichsordnung
VermBG	Vermögensbildungsgesetz
VersR	Versicherungsrecht
vgl.	vergleiche
v. H.	vom Hundert
v. T.	vom Tausend
VZ	Veranlagungszeitraum
WGG	Wohnungsgemeinnützigkeitsgesetz
WM	Wohnungswirtschaft und Mietrecht (Zs.)
z. B.	zum Beispiel
Ziff.	Ziffer
ZKF	Zeitschrift für Kommunalfinanzen (Zs.)
ZRFG	Zonenrandförderungsgesetz

Einführung

Mit dem Ausdruck „Organschaft" wird ein bestimmter Sachverhalt des Wirtschaftslebens umschrieben. Kennzeichnend für diesen Sachverhalt ist, dass eine juristische Person, genauer eine Kapitalgesellschaft, die zivilrechtlich ebenso wie steuerrechtlich grundsätzlich als rechtlich selbständig behandelt wird, in einem tatsächlichen und rechtlichen Unterordnungsverhältnis zu einem anderen Unternehmen steht, das bei wirtschaftlicher Betrachtung die juristische Person als unselbständig in ihrer wirtschaftlichen Betätigung erscheinen lässt. Für diesen Sachverhalt zieht das geltende Steuerrecht bestimmte Folgerungen, die im Wesentlichen darauf hinauslaufen, dass die für die Besteuerung rechtlich selbständiger juristischer Personen maßgebenden Grundsätze auf wirtschaftlich unselbständige juristische Personen ganz oder teilweise nicht anzuwenden sind und die wirtschaftlich unselbständigen juristischen Personen statt dessen als unselbständiger Teil des übergeordneten Unternehmens, beide zusammen also mindestens in begrenztem Ausmaße als Einheit behandelt werden.

Allerdings betrachtet das geltende Steuerrecht den Sachverhalt „Organschaft" nur für bestimmte Steuerarten als rechtserheblich, nämlich nur für die Steuern vom Einkommen (körperschaftsteuerliche Organschaft), für die Gewerbesteuer (gewerbesteuerliche Organschaft) und für die Umsatzsteuer (umsatzsteuerliche Organschaft). Für alle anderen Steuerarten bleibt der Sachverhalt „Organschaft" hingegen unbeachtet.

Die rechtlichen Folgerungen, die das Steuerrecht aus dem Sachverhalt „Organschaft" zieht, soweit es ihn überhaupt als rechtserheblich ansieht, sind je nach Steuerart verschieden. Auch die Tatbestandsmerkmale, an die diese rechtlichen Folgerungen im Einzelnen geknüpft sind, stimmen bei den genannten Steuerarten nur teilweise überein.

Die folgende Darstellung soll eine ins Einzelne gehende Übersicht über Tatbestand und Rechtsfolgen der Organschaft im Körperschaftsteuerrecht, im Gewerbesteuerrecht und im Umsatzsteuerrecht geben.

# A. Die Organschaft im Körperschaftsteuerrecht

Literaturverzeichnis

Kommentare und Monographien:

Arthur Andersen, KStG mit Nebengesetzen, Loseblatt, Frankfurt am Main, 1996 ff.

Baumbach/Hueck, Aktiengesetz, 13. Aufl., München 1968
Baumbach/Hueck, GmbH-Gesetz, 17. Aufl., München 2000
Beck'scher Bilanzkommentar, 2. Aufl., München 1990
Blümich, Kommentar zum EStG/KStG/GewStG, Loseblatt, München 1988 ff.

Dehmer, Umwandlungsgesetz und Umwandlungssteuergesetz, 2. Aufl., München 1996
Dötsch/Eversberg/Jost/Witt, Die Körperschaftsteuer, Loseblatt, Stuttgart 1986 ff.

Flume, Allgemeiner Teil des Bürgerlichen Gesetzbuches, Band 1 2. Teil: Die juristische Person, Berlin 1983
Frotscher/Maas, Kommentar zum KStG, Loseblatt, Freiburg i. Br. 1986 ff.

Glade, Praxishandbuch der Rechnungslegung und Prüfung, Systematische Darstellung und Kommentar zum Bilanzrecht, 2. Aufl., Herne/Berlin 1995

Hachenburg, Großkommentar zum GmbH-Gesetz, 7. Aufl., Berlin 1975/84
Henn, Handbuch des Aktienrechts, 2. Aufl., Heidelberg 1984
Herrmann/Heuer/Raupach, Kommentar zum EStG/KStG, Loseblatt, Köln 1986 ff.
Hüffer, Aktiengesetz, 4. Aufl., München 1999

Jurkat, Die Organschaft im Körperschaftsteuerrecht, 1975

Knobbe-Keuk, Bilanz- und Unternehmenssteuerrecht, 8. Aufl., Köln 1991
Kölner Kommentar zum AktG, Band 6, 1. Lieferung §§ 291-328, 2. Aufl. 1987
Küting/Weber, Handbuch der Rechnungslegung, 4. Aufl., Stuttgart 1995

Lademann, Kommentar zum KStG, Loseblatt, Stuttgart 1987 ff.
Lutter/Hommelhoff, GmbH-Gesetz, 15. Aufl., Köln 2000

Mössner/Seeger, KStG, Loseblatt, Herne/Berlin 1988 ff.

Niemann, Die Organschaft zu einer Personengesellschaft und die Organschaft zu mehreren Unternehmen, Köln 1977

Roth/Altemeppen, GmbH-Gesetz, 3. Aufl., München 1997

Schaumburg, Internationales Steuerrecht, 2. Aufl., Köln 1998
Schaumburg/Rödder, Unternehmenssteuerreform 2001, München 2000
Schmidt, Ludwig, EStG, 21. Aufl., München 2002
Scholz, Kommentar zum GmbH-Gesetz, 8. Aufl., Köln 1993
Scholz/Emmerich, GmbH-Gesetz, Band I, 8. Aufl., 1993, Anhang Konzernrecht
Sonnenschein, Organschaft und Konzerngesellschaftsrecht, 1976
Streck, KStG, 5. Aufl., München 1997

Tipke/Kruse, Kommentar zur AO/FGO, Loseblatt, Köln 1988 ff.

Widmann/Mayer, Umwandlungsrecht, Loseblatt, Bonn 1988 ff.

Aufsätze:

Bacher/Braun, Zeitpunkt der steuerlichen Wirksamkeit eines Gewinnabführungsvertrages, BB 1978, 1177
Beinert/Mikus, Das Abzugsverbot des § 3c Abs. 1 EStG im Kapitalgesellschaftskonzern, DB 2002, 1467
Bödefeld/Krebs, Dauer des Gewinnabführungsvertrags bei körperschaftsteuerlicher Organschaft, FR 1996, 157
Blumers/Schmidt, Leveraged-Buy-Out/Management-Buy-Out und Buchwertaufstockung – Gestaltungsalternativen für die Praxis, DB 1991, 609
Breuninger, Organschaft zu AG/GmbH ohne Beherrschungsvertrag, JbFfSt 1995/1996, 436 (Fall 6)
Brezing, Anmerkung zu dem BFH-Urteil 1 R 252/64 vom 17. 12. 1969, FR 1970, 389
Brezing, Probleme der mittelbaren finanziellen Eingliederung, DStZ A 1972, 103
Brezing, Anmerkung zu dem BFH-Urteil IV R 37/68 vom 12. 10. 1972, FR 1973, 72
Bullinger, Investitionszulagen bei Betriebsaufspaltung oder Organschaft, BB 1985, 217
Bullinger, Der Ausweis von Steuerumlagen in der Gewinn- und Verlustrechnung von Kapitalgesellschaften, DB 1988, 717

Damm, Die aktienrechtliche Zulässigkeit von Betriebsführungsverträgen, BB 1976, 291
Döllerer, Aktuelle Fragen der Organschaft im Körperschaftsteuerrecht, BB 1975, 1073
Döllerer, Die atypisch stille Gesellschaft – gelöste und ungelöste Probleme, DStR 1985, 295
Döllerer, Verlustübernahme im Konzern – eine verdeckte Einlage?, in Raupach/Uelner (Hrsg.), Festschrift für Ludwig Schmidt, 1993, 523
Dötsch, Der Referentenentwurf des Körperschaftsteuervereinfachungsgesetzes, DB 1988, 2426
Dötsch, Die besonderen Ausgleichsposten bei der Organschaft – Ein kompliziertes Regelungsgebäude ohne Rechtsgrundlage, DB 1993, 752

Literaturverzeichnis

Dötsch, Organschaft und Umwandlungssteuergesetz, Festschrift für Siegfried Widmann, 2000, 265
Dötsch/Singbart, Die Körperschaftsteuer-Änderungsrichtlinien, DB 1991, 106
Dötsch/van Lishaut/Wochinger, Der neue Umwandlungssteuererlass, Beilage Nr. 7/98 zu DB
Dötsch/Witt, Organschaft und Anrechnungsverfahren, DB 1996, 1592
Dornfeld/Telkamp, Konzernunternehmung und Organschaftsvoraussetzungen – Zur wirtschaftlichen Eingliederung und zu den Anforderungen an den Organträger bei Holdinggesellschaften und Betriebsaufspaltung, StuW 1971, 67
Dreissig, Organschaftsausgleichsposten bei Beendigung von Ergebnisabführungsverträgen, BB 1992, 816

Esch, Die Wirksamkeit von Ergebnisabführungsverträgen im Recht der GmbH, BB 1986, 272

Fichtelmann, Ist das Organeinkommen in die Gewinnfeststellung des Organträgers gemäß § 215 Abs. 2 Nr. 2 AO einzubeziehen?, FR 1972, 157
Frotscher, Abzugsverbot für Finanzierungskosten einer Organbeteiligung, DB 2002, 1522

Gerlach, Der Höchstbetrag für den Spendenabzug beim Organträger, DB 1986, 2357
Gessler, Der Betriebsführungsvertrag im Licht der aktienrechtlichen Zuständigkeitsordnung, Festschrift für Hefermehl, 1976, 263
Gonella/Starke, Körperschaftsteuerliche Besonderheiten bei verunglückter Organschaft, DB 1996, 248
Grewer, Rückwirkung von Ergebnisabführungsverträgen, DStR 1997, 745
Groh, Tarifbegrenzung nach § 32c EStG auch in Organschaftsfällen?, FR 1998, 1122
Grotherr, Der Abschluss eines Gewinnabführungsvertrags als (un-)verzichtbares Tatbestandsmerkmal der körperschaftsteuerlichen Organschaft, FR 1995, 1
Grützner, Berücksichtigung der Ergebnisse ausländischer Betriebsstätten in Organschaftsfällen i. S. der §§ 14, 17 KStG, GmbHR 1995, 502

Heckschen, Gelöste und ungelöste zivilrechtliche Fragen des GmbH-Konzernrechts, DB 1989, 29
Herlinghaus, StSenkG: Änderung der Eingliederungsvoraussetzungen bei Organschaften, FR 2000, 1105
Herlinghaus, Weitere „Renovierung" der steuerlichen Organschaftsbestimmungen, GmbHR 2001, 956
Herrmann, Unterjährige Veräußerung einer Organgesellschaft und Umstellung des Geschäftsjahres, BB 1999, 2270
Herrmann/Winter, Der Gewinnabführungsvertrag einer GmbH als Organgesellschaft in zivil- und steuerrechtlicher Sicht, FR 1982, 262
Herzig/Hötzel, Ausschüttungsbedingte Teilwertabschreibungen, DB 1988, 2265
Hönle, Der außeraktienrechtliche Gewinnabführungsvertrag in gesellschaftsrechtlicher und körperschaftsteuerrechtlicher Sicht, DB 1979, 485

Hollatz, Wirtschaftliche Eingliederung bei der Organschaft, DB 1994, 855
Hübel, Mehr- und Minderabführung aufgrund von Geschäftsvorfällen aus vorvertraglicher Zeit, StBp 1984, 78
Hübl, Die Organtheorien im Körperschaftsteuerrecht, DStZ A 1965, 17
Hübl, Gedanken zum neuen Organschaftserlass, DStZ A 1972, 81
Hübl, Die gesetzliche Regelung der körperschaftsteuerrechtlichen Organschaft, DStZ A 1972, 145

Jansen/Stübbe, Organschaftsverhältnisse bei Anteilsbesitz im Sonderbetriebsvermögen – Aufteilungsproblematik, DB 1984, 1499
Jesse, Einspruchsbefugnis nach § 350 AO bei körperschaftsteuerlicher Organschaft, DStZ 2001, 113
Jonas, Die Bilanzierung verlustbringender Organbeteiligungen, DB 1994, 1529
Jurkat, Die körperschaftsteuerrechtliche Organschaft nach dem KStG 77, JbFfSt 1977/78, 344

Kleindick, Steuerumlagen im gewerbesteuerlichen Organkreis – Anmerkungen aus aktienrechtlicher Sicht, DStR 2000, 559
Kleine, Konzernumlagen im internationalen Spartenkonzern, JbFfSt 1993/1994, 154
Klose, Zur mittelbaren Beteiligung bei der Mehrmütterorganschaft, BB 1985, 1847
Knepper, Bilanzierung im qualifiziert faktischen Konzern, DStR 1993, 1613
Knott/Rodewald, Beendigung der handels- und steuerrechtlichen Organschaften bei unterjähriger Anteilsveräußerung, BB 1996, 472
Köster/Prinz, Verlustverwertung durch Spaltung von Kapitalgesellschaften, GmbHR 1997, 336
Krauss, Der Begriff der außenstehenden Aktionäre i. S. d. § 304 AktG und seine Auswirkungen auf das Steuerrecht, BB 1988, 528
Krebs, Zum aktiven Ausgleichsposten bei körperschaftsteuerlicher Organschaft, FR 1996, 857
Krebs, Die ertragsteuerliche Organschaft, BB 2001, 2029
Krebs/Bödefeld, Gewerbliche Tätigkeit eines Organträgers durch Beteiligung an einer Personengesellschaft, BB 1996, 668
Kropff, Rückstellungen für künftige Verlustübernahmen aus Beherrschungs/- und oder Gewinnabführungsverträgen?, Festschrift für Döllerer, 1988, 349

Letters, Gewinn-/Verlustübernahme bei Gesellschafterkonkurs, JbFfSt 1983/84, 368

Maas, Steuerabzugsermäßigung in Fällen der Organschaft mit Ergebnisabführung, BB 1985, 2228
Marx, Rechtfertigung, Bemessung und Abbildung von Steuerumlagen, DB 1996, 950
Meilicke, Die Neuregelung der ertragsteuerlichen Organschaft über die Grenze, DB 2002, 911
Mück, Behandlung von Einlagen des Minderheitsgesellschafters in eine verlustbringende Organgesellschaft, DB 1994, 752

Orth, Abzugsverbot wegen vororganschaftlicher Verluste nach Verschmelzung einer Verlustgesellschaft auf eine Organgesellschaft?, JbFfSt 1995/1996, 452 (Fall 8)

Orth, Elemente einer grenzüberschreitenden Organschaft im deutschen Steuerrecht, GmbHR 1996, 33

Ottersbach/Hansen, Ausländische Betriebsstätten bzw. Tochtergesellschaften und DBA-Freistellung – Organschaft einer Mutterpersonengesellschaft mit einer GmbH als Zwischenholding, DB 1997, 1792

Palitzsch, Konzernsteuerumlagen im Blickwinkel der neueren Rechtsprechung, BB 1983, 432

Preißer/Seeliger, Die organsteuerliche Behandlung vorvertraglich veranlasster Mehrabführungen nach neuer Verwaltungsauffassung, BB 1999, 393

Raupach, Unternehmensorganisation/Unternehmensverträge, JbFfSt 1987/1988, 251

Riegger/Kramer, Sind Ausgleichszahlungen an außenstehende Aktionäre wegen Senkung der KSt-Ausschüttungsbelastung zu erhöhen?, DB 1994, 565

Rödder, Wann ist die Begründung eines Organschaftsverhältnisses sinnvoll?, Stbg 1998, 291

Rödder/Schumacher, Unternehmenssteuerfortentwicklungsgesetz: Wesentliche Änderungen des verkündeten Gesetzes gegenüber dem Regierungsentwurf, DStR 2002, 105

Rödder/Schumacher, Keine Anwendung des § 3c Abs. 1 EStG bei Organschaft, DStR 2002, 1163

Rödder/Simon, Folgen der Änderung der gewerbesteuerlichen Organschaftsvoraussetzungen für die steuerrechtliche Beurteilung von Steuerumlagen im Konzern, DB 2002, 496

Rose, Ausgewählte Probleme der Besteuerung von Kapitalgesellschaften und Konzernen, StbJb 1971/72, 183

Rottnauer, Vertragsgestaltungsproblematik bei „Mehrmütterorganschaft" im GmbH-Konzernrecht, DB 1991, 27

Ruppert, Die genaue Berechnung von Gewerbesteuer-Umlagen im Organkreis mit Gewinnabführungsvertrag seit dem KStG 1977 unter Berücksichtigung interdependenter Tatbestände, FR 1981, 53 und 77

Schmidt/Andreas, Organschaft ohne Beherrschungsvertrag und Personalunion, GmbHR 1996, 175

Schmidt, Eberhard, Bildung freier Rücklagen bei Organgesellschaften, FR 1982, 139

Schmidt, Ludwig, Die gesetzliche Regelung der Organschaft im Körperschaftsteuerrecht, StuW 1969, 442

Schmidt, Ludwig, Die Kooperation von Unternehmen in steuerrechtlicher Sicht, StuW 1970, 429

Schmidt, Ludwig, Aktuelle Fragen des Körperschaftsteuerrechts, JbFfSt 1970/71, 179

Schmidt, Ludwig, Die GmbH als Organgesellschaft im Körperschaftsteuerrecht, GmbHR 1971, 9

Schmidt, Ludwig, Die Personengesellschaft als Organträger im Körperschaftsteuerrecht, GmbHR 1971, 233

Schmidt, Ludwig, Anmerkung zu dem BFH-Urteil vom 31. 3. 1976 I R 123/74, FR 1976, 361

Schmidt, Ludwig, Einzelfragen des Körperschaftsteuerrechts, JbFfSt 1982/83, 343, 356

Schnittker/Hartmann, Zur Verfassungsmäßigkeit des Ausschlusses der Lebens- und Krankenversicherungsunternehmen von der körperschaft- und gewerbesteuerlichen Organschaft, BB 2002, 277

Schröder, Körperschaftsteuerrechtliche Behandlung vorvertraglicher versteuerter stiller Rücklagen von Organgesellschaften, StBp 1986, 269

Schulze zur Wiesche, Die Personengesellschaft als Holdinggesellschaft, DB 1988, 252

Skibbe, Gesellschaftsrechtliche Aspekte des Ergebnisabführungsvertrags bei einer GmbH, GmbHR 1968, 245

Storck, Die Zurechnung des Organeinkommens und die Bildung einer Rückstellung für drohende Organverluste, StuW 1976, 217

Sturm, Verlustübernahme bei verunglückter Organschaft – eine Steueroase für verbundene Unternehmen?, DB 1991, 2055

Thiel, Die körperschaftsteuerliche Organschaft, StbKRep 1971, 179

Thiel, Abzugsverbot für Finanzierungskosten einer Organbeteiligung, DB 2002, 1340

Timm, Der Abschluss des Ergebnisübernahmevertrages im GmbH-Recht, BB 1981, 1491

Timm, Geklärte und offene Fragen im Vertragskonzernrecht der GmbH, GmbHR 1987, 8

Töben/Schulte-Rummel, Doppelte Verlustberücksichtigung in Organschaftsfällen mit Auslandsberührung, FR 2002, 425

Ulmer, Fehlerhafte Unternehmensverträge im GmbH-Recht, BB 1989, 10

Walter, Organschaft und Mindestlaufzeit des Ergebnisabführungsvertrags, GmbHR 1995, 649

Wassermeyer, Teilwertabschreibung bei Organschaft – Systembedingte Folge oder Denkfehler?, StbJb 1992/93, 219

Wehrheim/Marquardt, Zur Zuordnung von Gewinnen einer Komplementär-GmbH zum Gesamtgewinn der KG und der Eigenschaft der GmbH als Organgesellschaft zum Zweck der Ergebniskonsolidierung, DB 2002, 1676

Weipert, Organschaftsverhältnisse zwischen Komplementär-GmbH und GmbH und Co KG, DB 1973, 249

Wendt, Die Betriebsaufspaltung im Steuerrecht nach neuestem Stand, GmbHR 1973, 33

Wendt, StSenkG: Pauschale Gewerbesteueranrechnung bei Einzelunternehmen, Mitunternehmerschaft und Organschaft, FR 2000, 1173

Wichmann, Bilanzierung bei „verunglückter Organschaft", BB 1992, 394

Willenberg/Welte, Ausschüttung vororganschaftlicher Gewinnrücklagen nach Abschluss eines Ergebnisabführungsvertrags – Anwendung des sog. „Leg-ein-Hol-zurück-Verfahrens", DB 1994, 1688

Winter, Die Mehrmütterorganschaft, StBp 1975, 8, 36

I. Grundlegung

1. Rechtsgrundlagen, Rechtsentwicklung, Verwaltungsanweisungen

1.1 Rechtsgrundlagen

Die körperschaftsteuerliche Organschaft ist in den §§ 14 bis 19 KStG 1977 ff. (im Folgenden nur noch als KStG bezeichnet) geregelt; außerdem enthalten die §§ 36, 37 KStG in den Fassungen vor Inkrafttreten des StSenkG besondere Vorschriften für körperschaftsteuerrechtliche Organschaftsverhältnisse, die sich aus der Eigenart des Anrechnungsverfahrens erklären, d. h. Vorschriften über die Gliederung des Eigenkapitals einer Organgesellschaft und über die Gliederung des Eigenkapitals eines Organträgers, der seiner Rechtsform nach in das Anrechnungsverfahren einbezogen ist (Rz. 851).

1

1.2 Rechtsentwicklung

Die §§ 14 bis 19 KStG sind mit Wirkung vom Veranlagungszeitraum 1977 an die Stelle des § 7a des früheren Körperschaftsteuergesetzes (im folgenden KStG a. F.) getreten, der durch das Gesetz zur Änderung des Körperschaftsteuergesetzes und anderer Gesetze vom 15. 8. 1969 (BGBl I 1969, 1182, BStBl 1969, 471) in das KStG a. F. eingefügt worden war. Bis dahin fehlten – anders als bei der Gewerbesteuer und der Umsatzsteuer – gesetzliche Bestimmungen über die Voraussetzungen und die Rechtswirkungen eines Organschaftsverhältnisses im Körperschaftsteuerrecht. Gleichwohl hat die Rechtsprechung mehr als 40 Jahre hindurch die Organschaft im Körperschaftsteuerrecht anerkannt, d. h. bestimmte steuerliche Folgerungen aus einem Sachverhalt gezogen, dessen Kern die durch ein bestimmtes Abhängigkeitsverhältnis und eine Gewinnabführungsverpflichtung indizierte wirtschaftliche Unselbständigkeit rechtlich selbständiger juristischer Personen ist und der üblicherweise als **Organschaftsverhältnis mit Ergebnisabführungsvertrag** umschrieben wird. Erst als der BFH mit Urteil I 249/61 S vom 4. 3. 1965 (BStBl III 1965, 329) zwar im Grundsatz bestätigte, dass die durch die Rechtsprechung bei der Körperschaftsteuer anerkannte Organschaft mit Ergebnisabführungsvertrag aufrechterhalten werde, es aber gleichzeitig für geboten erklärte, „dass der Gesetzgeber in angemessener Zeit die Organschaft mit EAV gesetzlich regelt", und als der BFH darüber hinaus es mit Urteil I 280/63 vom 17. 11. 1966 (BStBl III 1967, 118) ablehnte, ohne einschlägige gesetzliche Bestimmungen wie bisher auch weiterhin ein Organschaftsverhältnis zu natürlichen Personen und Personengesellschaften aus natürlichen Personen anzuerkennen, entschloss sich die Bundesregierung, die bereits im Zusammenhang mit der

2

Verabschiedung des Aktiengesetzes 1965 geäußerte Absicht zu verwirklichen und zu kodifizieren, „unter welchen Voraussetzungen ein Organschaftsverhältnis bei der Besteuerung des Einkommens als rechtserheblich anzusehen ist und welche steuerlichen Wirkungen mit ihm verbunden sind".

3 Über das Wesen und die rechtlichen Wirkungen der körperschaftsteuerrechtlichen Organschaft waren vor ihrer erstmaligen gesetzlichen Regelung in der Rechtslehre und in der Rechtsprechung verschiedene **Organtheorien** (Einheits- oder Filialtheorie, Angestelltentheorie, Zurechnungstheorie, Bilanzierungstheorie) entwickelt worden (vgl. dazu im Einzelnen Hübl, DStZ A 1965, 17; Herrmann/Heuer/Raupach, vor § 14 KStG Anm. 8 ff.).

4 Die Entwicklung der Rechtsprechung zur körperschaftsteuerlichen Organschaft vor ihrer erstmaligen gesetzlichen Regelung durch § 7a KStG a. F. ist im Einzelnen im BFH-Urteil I 249/61 S vom 4. 3. 1965 (BStBl III 1965, 329) dargestellt.

5 Nähere Auskunft über die Entstehungsgeschichte des § 7a KStG a. F. und zur Neuregelung der Vorschriften über die körperschaftsteuerliche Organschaft im Rahmen der Körperschaftsteuerreform 1977 geben die Gesetzesmaterialien (zu § 7a KStG a. F.: Bundestagsdrucksachen V/3017 und V/3382; zur Körperschaftsteuerreform: Bundestagsdrucksachen 7/1470, 7/5310 und 7/5502).

6 Bei der Beschlussfassung über das StSenkG, mit dem der Systemwechsel vom Anrechnungsverfahren zum Halbeinkünfteverfahren vollzogen wurde, forderte der Bundestag die Bundesregierung auf, bis zum 31. 3. 2001 einen Bericht über die Fortentwicklung der Unternehmensbesteuerung vorzulegen, der u. a. die Besteuerung von „verbundenen Unternehmen" behandeln sollte. In dem Bericht des BMF vom 19. 4. 2001 werden verschiedene Vorschläge zur Modifizierung der Besteuerung verbundener Unternehmen gemacht, eine – von der Wirtschaft geforderte – grundsätzliche Neuorientierung wird jedoch abgelehnt (zu Einzelheiten siehe Krebs, BB 2001, 2029). Einzelne Vorschläge hat der Gesetzgeber mittlerweile insbesondere im StSenkG und dem UntStFG übernommen. Zu weiteren Reformüberlegungen aus Sicht der Wirtschaft siehe z. B. Krebühl, Zur Reform und Reformnotwendigkeit der deutschen Konzernbesteuerung, DStR 2001, 1730; ders., Besteuerung der Organschaft im neuen Unternehmenssteuerrecht, DStR 2002, 1241.

1.3 Verwaltungsanweisungen

7 Zum Vollzug der §§ 14 bis 19 KStG hat die Finanzverwaltung umfangreiche Verwaltungsanweisungen erlassen, die in den Körperschaftsteuer-Richtlinien (KStR) enthalten und im Kapitel D dieses Buches abgedruckt sind.

I. Grundlegung 45

2. Rechtfertigung und Zweck der Organschaft im Körperschaftsteuerrecht

2.1 Wirtschaftliche Grundlagen

Die gesetzliche Regelung der Organschaft im Körperschaftsteuerrecht geht ebenso wie die frühere Rechtsprechung zu diesem Rechtsinstitut von bestimmten Gegebenheiten des Wirtschaftslebens aus, nämlich der Tatsache, dass Kapitalgesellschaften zu einem anderen Unternehmen in einem bestimmten tatsächlichen und rechtlichen **Abhängigkeitsverhältnis** stehen können, das diese Kapitalgesellschaften – ebenso wie eine natürliche Person, die in einem Arbeitsverhältnis steht – als **wirtschaftlich unselbständig** erscheinen lässt. Der Gesetzgeber sieht in diesen wirtschaftlichen Gegebenheiten einen zureichenden Grund dafür, bei der Besteuerung nach dem Einkommen (Körperschaftsteuer, Einkommensteuer) die Betriebsergebnisse einer Kapitalgesellschaft, die in einem solchen Abhängigkeitsverhältnis befangen ist und auf diese Weise mit dem herrschenden Unternehmen in gewissem Umfange eine wirtschaftliche Einheit bildet, grundsätzlich mit den Betriebsergebnissen des herrschenden Unternehmens zusammenzurechnen.

8

2.2 Zweck der Organschaft in einem Körperschaftsteuersystem mit Doppelbelastung

In einem Körperschaftsteuersystem, das von dem Prinzip der Doppelbelastung der von einer Kapitalgesellschaft erwirtschafteten und ausgeschütteten Gewinne mit Körperschaftsteuer und Einkommensteuer (und bis 1976 von dem Prinzip der Mehrfachbelastung dieser Gewinne mit Körperschaftsteuer) beherrscht ist, hat die an die einheitliche Betrachtung mehrerer rechtlich selbständiger Unternehmen geknüpfte Rechtsfolge der Zusammenrechnung der Einkommen dieser rechtlich selbständigen Unternehmen die steuerliche Wirkung und damit den funktionalen Zweck,

9

- bei natürlichen Personen als Organträger oder Personengesellschaften als Organträger, deren Gesellschafter natürliche Personen sind, die systembestimmende **Doppelbelastung** mit Körperschaftsteuer und Einkommensteuer ausnahmsweise **auszuschalten,** also das Prinzip für bestimmte Fälle zu durchbrechen,

- zwischen mehreren rechtlich selbständigen Unternehmen einen **Ausgleich von Gewinnen mit Verlusten**, insbesondere einen Ausgleich von Verlusten des abhängigen mit Gewinnen des herrschenden Unternehmens zu ermöglichen,

- das Ergebnis der Organgesellschaft **phasengleich** zu vereinnahmen, während eine Gewinnausschüttung statt einer Gewinnabführung im Regelfall phasenverschoben zu erfassen ist (BFH-Beschluss GrS 2/99 vom 7. 8. 2000, BStBl II 2000, 632 und Nachfolgerechtsprechung).

10 Die Organschaft kann jedoch nicht dazu dienen, trotz der Unternehmenssteuerreform 2001 den Kaufpreis für Kapitalgesellschaftsanteile in Abschreibungsvolumen zu transformieren (sog. **Organschaftsmodell**; hierzu siehe Blumers/Beinert/Witt, Unternehmenskaufmodelle nach der Steuerreform, DStR 2001, 233). Dem hat der Gesetzgeber mit der Einführung des § 3c Abs. 2 Satz 2 EStG durch das UntStFG den Boden entzogen (Trossen in Herrmann/Heuer/Raupach, EStG-KStG, Jahresband 2002, § 3c EStG, Anm. J 01-3).

2.3 Zweck der Organschaft in einem Körperschaftsteuersystem mit Anrechnungsverfahren

11 Das von 1977 bis grds. VZ 2001 gültige Körperschaftsteuersystem verwirklicht für Kapitalgesellschaften das Anrechnungsverfahren, d. h. die Gewinne einer Kapitalgesellschaft unterliegen zwar der Körperschaftsteuer und, soweit sie ausgeschüttet werden, bei den Anteilseignern der Einkommensteuer oder Körperschaftsteuer; aber die von den ausgeschütteten Gewinnen bei der Kapitalgesellschaft zu erhebende Körperschaftsteuer wird auf die Einkommensteuer- oder Körperschaftsteuerschuld der Anteilseigner in gleicher Weise wie deren eigene Einkommensteuer- oder Körperschaftsteuervorauszahlungen angerechnet und ggf. an sie erstattet.

12 Diesem Körperschaftsteuersystem ist wesenseigen, dass für Gewinne von Kapitalgesellschaften die Doppelbelastung mit Körperschaftsteuer und Einkommensteuer ebenso wie die Mehrfachbelastung mit Körperschaftsteuer ausgeschlossen ist. Insoweit wäre demnach das Rechtsinstitut der Organschaft in einem Körperschaftsteuersystem, das das Anrechnungsverfahren verwirklicht, entbehrlich. Das Anrechnungsverfahren vermag aber naturgemäß keinen Ausgleich von Gewinnen mit Verlusten mehrerer rechtlich selbständiger Unternehmen, insbesondere keinen Ausgleich von Verlusten eines abhängigen Unternehmens mit Gewinnen des herrschenden Unternehmens, zu vermitteln. Wenn aber die Tatsache, dass mehrere rechtlich selbständige Unternehmen zueinander in einem bestimmten tatsächlichen und rechtlichen Abhängigkeitsverhältnis stehen, rechtspolitisch überhaupt einen zureichenden Grund dafür bildet, für diese rechtlich selbständigen Unternehmen in gleicher Weise wie bei einem Einheitsunternehmen einen Ausgleich zwischen Gewinnen und Verlusten verschiedener Unternehmensberei-

I. Grundlegung

che zuzulassen, so muss es dabei auch in einem Körperschaftsteuersystem verbleiben, das das Anrechnungsverfahren verwirklicht. Der Gesetzgeber hat aus diesem Grunde das Rechtsinstitut der körperschaftsteuerlichen Organschaft beibehalten (vgl. dazu Bundestagsdrucksache 7/1470, S. 347).

Funktionaler Zweck der körperschaftsteuerlichen Organschaft ist in diesem Körperschaftsteuersystem somit primär der **Verlustausgleich** zwischen mehreren rechtlich selbständigen Unternehmen (vgl. auch Herrmann/Heuer/Raupach, § 14 KStG Anm. 3). Diese legislatorische Motivation für die Beibehaltung der körperschaftsteuerlichen Organschaft besagt aber keineswegs, dass sich die rechtlichen Wirkungen eines Organschaftsverhältnisses im Verlustausgleich erschöpfen. Generelle Rechtswirkung eines körperschaftsteuerlichen Organschaftsverhältnisses, die unabhängig davon eintritt, ob bei den am Organschaftsverhältnis beteiligten Rechtsträgern teils Gewinne und teils Verluste oder nur Gewinne angefallen sind, ist vielmehr auch im neuen Körperschaftsteuerrecht die **Einkommenszurechnung:** Das Einkommen der Organgesellschaft ist im Wege einer Addition dem Einkommen des Organträgers zur Besteuerung bei diesem hinzuzurechnen, und zwar auch dann, wenn es keines Verlustausgleichs bedarf, wenn also sowohl Organgesellschaft als auch Organträger Gewinne erzielt haben. Demnach wird in den Fällen, in denen sämtliche Voraussetzungen eines körperschaftsteuerlichen Organschaftsverhältnisses erfüllt sind, die Doppelbelastung mit Körperschaftsteuer und Einkommensteuer und die Mehrfachbelastung mit Körperschaftsteuer ausnahmsweise nicht nach den Grundsätzen des Anrechnungsverfahrens, sondern nach dem insoweit gleichwertigen Prinzip der organschaftlichen Einkommenszurechnung ausgeschaltet. Die Vorschriften über die körperschaftsteuerliche Organschaft haben **Vorrang** vor den Vorschriften des Anrechnungsverfahrens (siehe Bundestagsdrucksache 7/1470, S. 347; Schmidt, JbFfSt 1982/83, 356). Weitere rechtliche Folge dieses Rangverhältnisses ist, dass ein körperschaftsteuerliches Organschaftsverhältnis im Einzelfalle – abgesehen vom Verlustausgleich und von der Eliminierung der Doppelbelastung mit Einkommensteuer und Körperschaftsteuer und der Mehrfachbelastung mit Körperschaftsteuer durch Einkommenszurechnung – Rechtswirkungen haben kann, die weiterreichen als diejenigen, die dem Anrechnungsverfahren weseneigen sind (siehe dazu Rz. 474).

3. Aufbau der gesetzlichen Vorschriften über die körperschaftsteuerliche Organschaft (§§ 14 bis 19 KStG)

Die §§ 14 bis 19 KStG ordnen im Grundsatz an, dass das Einkommen einer Kapitalgesellschaft (Organgesellschaft), die sich verpflichtet hat, den ganzen Gewinn an ein anderes gewerbliches Unternehmen abzuführen, und tatsächlich entsprechend verfährt und die finanziell in dieses Unternehmen eingegliedert ist, dem Träger dieses Unternehmens (Organträger) zuzurechnen ist.

15 Der besseren Übersicht wegen sind die früher in § 7a KStG a. F. zusammengefassten Vorschriften über die Voraussetzungen und die Rechtswirkungen eines körperschaftsteuerlichen Organschaftsverhältnisses auf mehrere Paragraphen, eben die §§ 14 bis 19 KStG, aufgefächert worden.

16 § 14 KStG regelt die Voraussetzungen und die grundsätzlichen Rechtswirkungen eines Organschaftsverhältnisses mit Gewinnabführung bei der Besteuerung des Einkommens für Fälle, in denen die Organgesellschaft die Rechtsform einer AG oder einer KGaA hat. Dabei knüpft das Gesetz an den Abschluss und die Durchführung eines Gewinnabführungsvertrags i. S. des § 291 Abs. 1 AktG an.

17 § 17 KStG regelt die Voraussetzungen und die grundsätzlichen Rechtswirkungen eines Organschaftsverhältnisses mit Gewinnabführung bei der Besteuerung des Einkommens für Fälle, in denen die Organgesellschaft die Rechtsform einer anderen Kapitalgesellschaft i. S. des KStG hat, also eine GmbH ist (§ 1 Abs. 1 Nr. 1 KStG); dies geschieht durch Verweisung auf die §§ 14 bis 16 KStG und durch zusätzliche besondere Vorschriften, die sich primär daraus erklären, dass die konzernrechtlichen Vorschriften des AktG, insbesondere die Bestimmungen über den GAV, nur für beherrschte Unternehmen in der Rechtsform der AG oder KGaA gelten.

18 § 18 KStG enthält Bestimmungen über die Voraussetzungen und die grundsätzlichen Rechtswirkungen eines Organschaftsverhältnisses mit Gewinnabführung zu einem ausländischen Organträger.

19 § 15 KStG enthält besondere Vorschriften zur Ermittlung des Einkommens der Organgesellschaft. § 16 KStG behandelt die Besteuerung der Ausgleichszahlungen an außenstehende Gesellschafter der Organgesellschaft. § 19 KStG regelt (erstmalig) für Organgesellschaften die Anwendung besonderer Tarifvorschriften, die einen Abzug von der Körperschaftsteuer vorsehen (Abs. 1 bis 4), und die Anrechnung von Steuerabzugsbeträgen (Abs. 5).

20 Dieser Aufbau des Gesetzes entspricht dem vom Gedanken einer einheitlichen Rechtsordnung getragenen Bestreben, bei der gesetzlichen Regelung der Organschaft für den Bereich der Einkommensbesteuerung soweit wie möglich an die konzernrechtlichen Vorschriften des Aktiengesetzes anzuknüpfen.

4. Zeitlicher Geltungsbereich der gesetzlichen Regelung

Die Vorschriften der §§ 14 bis 19 KStG, insbesondere § 14 KStG, sind seit 1999 mehrmals geändert worden. Welche Fassung für welchen VZ gilt, ist einigermaßen unübersichtlich. In diesem Buch wird der zeitliche Geltungsbereich jeweils bei den einzelnen Normen dargestellt. **Wenn nichts anderes vermerkt ist, wird die derzeit geltende Gesetzeslage, wie sie sich aus dem KStG in den Fassungen durch das UntStFG und StVBG für die VZ 2002 und folgende ergibt, dargestellt.** Die Änderungen durch das StVergAbG sind bereits eingearbeitet und werden bei den entsprechenden Normen dargestellt. 21

(unbesetzt) 22–30

II. Die Voraussetzungen der Organschaft im Körperschaftsteuerrecht (der Tatbestand der §§ 14 bis 19 KStG)

1. Die Organgesellschaft

1.1 Rechtsform

Die Organgesellschaft muss gemäß § 14 Abs. 1 Satz 1 KStG die **Rechtsform einer Aktiengesellschaft oder einer Kommanditgesellschaft auf Aktien** haben. § 17 Satz 1 KStG **erweitert** den Kreis der als Organgesellschaft in Betracht kommenden Gesellschaften **auf andere Kapitalgesellschaften** i. S. des KStG. Dies sind gemäß § 1 Abs. 1 Nr. 1 KStG heute nur noch **Gesellschaften mit beschränkter Haftung**. Zu Kolonialgesellschaften und bergrechtlichen Gewerkschaften siehe Vorauflage Rz. 41. 31

Andere Körperschaftsteuersubjekte, wie z. B. die Erwerbs- und Wirtschaftsgenossenschaft (§ 1 Abs. 1 Nr. 2 KStG), der Versicherungsverein auf Gegenseitigkeit (§ 1 Abs. 1 Nr. 3 KStG) und sonstige juristische Personen des Privatrechts wie etwa Stiftungen und rechtsfähige Vereine (§ 1 Abs. 1 Nr. 4 KStG), können nicht Organgesellschaften sein. 32

Eine **GmbH & Co. KG** ist sowohl gesellschaftsrechtlich als auch steuerrechtlich keine Kapitalgesellschaft, sondern eine Personengesellschaft (BFH-Beschluss GrS 4/82 vom 25. 6. 1984, BStBl II 1984, 751, 757 ff.) und kommt deshalb als Organgesellschaft nicht in Betracht (BFH-Urteile I R 119/71 vom 7. 3. 1973, BStBl II 1973, 562 und IV R 221/84 vom 17. 4. 1986, BFH/V 1988, 116; siehe auch Rz. 903). 33

34 Die **Vorgesellschaft** einer AG oder KGaA ist sowohl nach zivilrechtlicher als auch nach steuerrechtlicher Auffassung wesensgleich mit der durch Eintragung in das Handelsregister entstandenen Gesellschaft (BFH-Urteil III R 12/79 vom 13. 3. 1981, BStBl II 1981, 600; zur Terminologie siehe BFH-Urteil I R 174/86 vom 8. 11. 1989, BStBl II 1990, 91, 92) und kann deshalb Organgesellschaft nach § 14 Abs. 1 Satz 1 KStG sein (Dötsch/Eversberg/Jost/Witt, § 14 KStG, Tz. 31; Güroff in Glanegger/Güroff, § 2 GewStG, Anm. 194). Ein Organschaftsverhältnis zu einer solchen Vorgesellschaft scheitert nicht daran, dass der für die körperschaftsteuerliche Organschaft erforderliche Gewinnabführungsvertrag erst mit der Eintragung ins Handelsregister wirksam wird (vgl. hierzu Rz. 221), die nicht vor der Eintragung der Gesellschaft vorgenommen werden kann. Die Neuregelung durch das StVergAbG, für welches Kalenderjahr das Einkommen der Organgesellschaft dem Organträger erstmals zugerechnet werden kann, führt jedoch dazu, dass die Folgen der Organschaft nicht vor dem Wirtschaftsjahr eintreten können, in dem die Vorgesellschaft in das Handelsregister eingetragen wird (zu Einzelheiten siehe Rz. 214).

35 Eine **Vorgründungsgesellschaft** kommt hingegen nicht als Organgesellschaft in Betracht (Güroff in Glanegger/Güroff, § 2 GewStG Anm. 194; a. A. wohl Andersen/Walter, § 14 KStG Rz. 64, der annimmt, dass die Vorgründungsgesellschaft unter der aufschiebenden Bedingung der Übernahme der Verpflichtung durch die spätere Vorgesellschaft bzw. Kapitalgesellschaft als Organgesellschaft in Betracht kommt), da diese nicht mit der später entstehenden Kapitalgesellschaft identisch ist.

1.2 Geschäftsleitung und Sitz im Inland

36 Die Kapitalgesellschaft muss Geschäftsleitung **und** Sitz im Inland haben (§ 14 Abs. 1 Satz 1 und § 17 Satz 1 KStG). Es genügt nicht, dass sie unbeschränkt körperschaftsteuerpflichtig ist, weil sie Geschäftsleitung **oder** Sitz im Inland hat (vgl. § 1 Abs. 1 KStG). Die **doppelte Inlandsbindung** soll gewährleisten, dass die Organschaftsvoraussetzungen im Inland nachgeprüft werden können.

37 Ihren Sitz hat eine Kapitalgesellschaft an dem Ort, der durch Satzung oder Gesellschaftsvertrag bestimmt ist (§ 11 AO; § 5 AktG; § 3 Abs. 1 Nr. 1 GmbHG).

38 Die **inländische Zweigniederlassung eines ausländischen Unternehmens** kann körperschaftsteuerrechtlich – und seit EZ 2002 auch gewerbesteuerrechtlich (siehe Rz. 906) – nicht Organgesellschaft sein (Dötsch/Eversberg/Jost/Witt, § 14 KStG Tz. 31).

39 Die Geschäftsleitung ist an dem Ort, an dem sich der **Mittelpunkt der geschäftlichen Oberleitung** befindet (§ 10 AO). Die geschäftliche Oberleitung befindet

II. Die Voraussetzungen der Organschaft

sich dort, wo der für die Geschäftsführung maßgebliche Wille gebildet wird. Es kommt darauf an, wo nach den tatsächlichen Verhältnissen dauernd die für die Geschäftsführung nötigen Maßnahmen von einiger Wichtigkeit angeordnet werden. Bei einer Gesellschaft befindet sich der Mittelpunkt der geschäftlichen Oberleitung regelmäßig an dem Ort, an dem die zur Vertretung der Gesellschaft befugte Person die ihr obliegende geschäftsführende Tätigkeit entfaltet (BFH-Urteile I R 22/90 vom 23. 1. 1991, BStBl II 1991, 554 und I R 138/97 vom 16. 12. 1998, BStBl II 1999, 437). Die Tatsache, dass die Organgesellschaft finanziell, wirtschaftlich und organisatorisch in das Unternehmen des Organträgers eingegliedert ist, ändert den Ort der Geschäftsleitung der Organgesellschaft nicht (BFH-Urteil I K 1/93 vom 7. 12. 1994, BStBl II 1995, 175). Zum Ort der Geschäftsleitung bei einer Organgesellschaft mit Betriebstätten oder Beteiligungen an Personengesellschaften im Ausland siehe Pryszka, IStR 1998, 333.

1.3 Tätigkeit

Das Gesetz verlangt nicht, dass die Organgesellschaft gewerblich tätig sein muss. 40
Sie kann sich auch auf die Vermögensverwaltung beschränken (Blümich/Danelsing, § 14 KStG, Rz. 9; vgl. auch BFH-Urteil I R 90/67 vom 21. 1. 1970, BStBl II 1970, 348 zur Rechtslage vor Inkrafttreten des § 7a KStG a. F.). Zur Frage, ob sich aus dem Erfordernis der wirtschaftlichen Eingliederung der Organgesellschaft in das Unternehmen des Organträgers bestimmte Anforderungen an die Tätigkeit der Organgesellschaft ergeben, siehe Rz. 121 f. (ferner Jurkat, Tz. 241).

1.4 Persönliche Steuerbefreiung

Eine Kapitalgesellschaft, die persönlich von der Körperschaftsteuer befreit ist 41
(z. B. wegen Gemeinnützigkeit nach § 5 Abs. 1 Nr. 9 KStG oder als rechtsfähige Unterstützungskasse nach § 5 Absatz 1 Nr. 3 KStG), kann nicht Organgesellschaft sein. Mindestens würde die finanzielle, organisatorische und wirtschaftliche Eingliederung einer solchen Kapitalgesellschaft in das Unternehmen des Organträgers die Steuerfreiheit der Kapitalgesellschaft in Frage stellen (vgl. das zur gewerbesteuerlichen Organschaft ergangene BFH-Urteil I R 5/73 vom 9. 10. 1974, BStBl II 1975, 179). Dies gilt u. E. auch nach Wegfall des Erfordernisses der wirtschaftlichen und organisatorischen Eingliederung. Der Abschluss eines GAV mit einem nicht gemeinnützigen Organträger stellt einen Verstoß gegen § 55 Abs. 1 Nr. 1 AO (Selbstlosigkeit) dar.

1.5 Lebens- und Krankenversicherungsunternehmen als Organgesellschaften

Durch das Steuerverkürzungsbekämpfungsgesetz (StVBG) wurde mit Wirkung 42
ab VZ 2002 (§ 34 Abs. 6 Nr. 3 KStG) eine steuerverschärfende Sonderregelung

für Versicherungsunternehmen eingeführt. Nach § 14 Abs. 3 KStG (bzw. § 14 Abs. 2 KStG i. d. F. des StVergAbG) ist § 14 Abs. 1 KStG „auf Organgesellschaften, die Lebens- oder Krankenversicherungsunternehmen sind, nicht anzuwenden". Zu **Lebens- und Krankenversicherungsunternehmen** kann danach **kein wirksames körperschaftsteuerliches – und durch die Verknüpfung mit dem Körperschaftsteuerrecht auch kein gewerbesteuerliches – Organschaftsverhältnis** begründet werden. Hintergrund dieser überraschenden Änderung ist die Befürchtung, dass nach der Umstellung vom Anrechnungs- auf das Halbeinkünfteverfahren Lebens- und Krankenversicherungen versuchen könnten, durch die Begründung einer Organschaft ihre steuerlichen Verluste (als Organgesellschaften) mit den Gewinnen im Bereich der Sachversicherungsunternehmen (als Organträger) zu verrechnen (zu Einzelheiten siehe Schnittker/Hartmann, BB 2002, 277). Durch die steuerliche Beteiligungsertragsbefreiung nach § 8b KStG einerseits und die auf der Handelsbilanz aufbauende Rückstellung für Beitragsrückerstattungen gemäß § 21 KStG andererseits erzielen vor allem Lebens- und Krankenversicherer ab 2002 „strukturbedingte Verluste", die in der Praxis durch organschaftliche Anbindungen an Sachversicherer genutzt werden sollten. Im Hinblick auf die einseitige Belastung einer Unternehmenssparte bestehen gegen die Verfassungsmäßigkeit der Vorschrift erhebliche Bedenken (Schnittker/Hartmann, a. a. O.; Prinz, FR 2002, 66, 69).

2. Der Organträger

2.1 Rechtsform

43 Organträger können sein natürliche Personen, Personengesellschaften i. S. des § 15 Abs. 1 Satz 1 Nr. 2 EStG, Kapitalgesellschaften und andere rechtsfähige oder nichtrechtsfähige Körperschaften, Personenvereinigungen oder Vermögensmassen i. S. des § 1 KStG, also z. B. auch eine rechtsfähige Stiftung (§ 14 Abs. 1 Satz 1 Nr. 2 Satz 1 KStG). Die Rechtsform des Organträgers ist demnach grundsätzlich ohne Bedeutung.

44 **Organträger** kann auch eine **Vorgesellschaft,** die steuerlich mit der durch die Eintragung in das Handelsregister entstehenden Kapitalgesellschaft wesensgleich ist (vgl. Rz. 34), sein. Gesellschaftsrechtlich ist es zulässig, dass eine GmbH in Gründung Gesellschafterin einer anderen GmbH ist (Roth, GmbHG, § 1 Anm. 4.2.3).

45 Die Frage, ob natürliche Personen und Personengesellschaften mit Beteiligung natürlicher Personen Organträger sein können, war im Rahmen des Gesetzge-

II. Die Voraussetzungen der Organschaft

bungsverfahrens, das zu § 7a KStG a. F. geführt hat, umstritten (vgl. dazu Schmidt, StuW 1969, 445, 449 Fußnoten 29 bis 30 a), weil die Anerkennung natürlicher Personen als Organträger in einem Ertragsteuersystem, das auf dem Prinzip der Doppelbelastung ausgeschütteter Gewinne von Kapitalgesellschaften mit Körperschaftsteuer und Einkommensteuer beruhte, bedenklich ist (zur Rechtslage vor Inkrafttreten des § 7a KStG a. F. vgl. das BFH-Urteil I 280/63 vom 17. 10. 1966, BStBl III 1967, 118). Im Rahmen eines Körperschaftsteuersystems, das mit Hilfe des Anrechnungsverfahrens die Doppelbelastung mit Körperschaftsteuer und Einkommensteuer ausschaltet, ist selbstverständlich auch die körperschaftsteuerliche Organschaft zu natürlichen Personen unbedenklich.

2.2 Steuerpflicht

Ist **Organträger** eine **natürliche Person**, so muss diese grundsätzlich (Ausnahme siehe Rz. 56) **unbeschränkt einkommensteuerpflichtig** (§ 1 Abs. 1 und 2 EStG) sein. Unbeschränkt einkommensteuerpflichtig ist eine Person, die im Inland einen Wohnsitz (§ 8 AO) oder ihren gewöhnlichen Aufenthalt (§ 9 AO) hat. U. E. reicht es auch aus, wenn eine natürliche Person nur nach §§ 1 Abs. 3, 1a EStG als unbeschränkt steuerpflichtig behandelt wird (sog. fiktive unbeschränkte Steuerpflicht). Zum einen enthält § 14 Abs. 1 Satz 1 Nr. 2 Satz 1 KStG keine Einschränkung auf bestimmte Arten der unbeschränkten Einkommensteuerpflicht; zum anderen würde dieser Personenkreis ansonsten kaum als Organträger in Betracht kommen, da die Voraussetzungen des § 18 KStG im Regelfall nicht erfüllt sein werden (insbesondere Fehlen eines ausländischen gewerblichen Unternehmens). Vgl. auch Rz. 49.

46

Ist der **Organträger eine Kapitalgesellschaft** oder eine andere Körperschaft, Personenvereinigung oder Vermögensmasse i. S. des § 1 KStG, so musste diese ebenfalls grundsätzlich **Geschäftsleitung und Sitz im Inland** haben (zur Neuregelung ab VZ 2001 siehe Rz. 50). Der Grund für diese Regelung bestand darin, dass der Gesetzgeber – abgesehen von den Sonderfällen des § 18 KStG (siehe Rz. 54) – die erforderliche Nachprüfbarkeit der Organschaftsvoraussetzungen im Inland bei Körperschaften im allgemeinen nicht schon mit der unbeschränkten Steuerpflicht (z. B. wegen des Sitzes der Körperschaft im Inland), sondern nur dann hinreichend sichergestellt sah, wenn die Körperschaft Sitz und Geschäftsleitung im Inland hat. Unbeschränkt Körperschaftsteuerpflichtige, die nur Geschäftsleitung oder Sitz im Inland haben, schieden somit als mögliche Organträger aus. Teilweise wird die Auffassung vertreten, dass insoweit eine Gesetzeslücke vorliege, die dahin zu schließen sei, dass unbeschränkt Steuerpflichtige, die nur Geschäftsleitung **oder** Sitz im Inland haben, bei Vorliegen der Voraussetzun-

47

gen des § 18 KStG Organträger sein können (Frotscher/Maas, § 14 KStG Rz. 20 und § 18 KStG Rz. 3; ebenso bereits zu § 7a KStG a. F. Hübl, DStZ A 1972, 81, 83). Dieser Auffassung konnte angesichts des klaren und eindeutigen Wortlautes des § 14 Nr. 3 Satz 1 KStG in den Fassungen bis VZ 2000 nicht gefolgt werden (ebenso BFH-Beschluss I B 72/91 vom 13. 11. 1991, BStBl II 1992, 263 in Bestätigung des FG Köln, Beschluss 13 V 300/90 vom 30. 5. 1990, EFG 1991, 152, 153; Dötsch/Eversberg/Jost/Witt, § 14 KStG Tz. 6; Lademann/Gassner, § 14 KStG Anm. 18).

Die Anwendung des § 18 KStG scheitert daran, dass die Gesellschaft nicht nur beschränkt steuerpflichtig ist (BFH, a. a. O.; ebenso FG Köln, Urteil 13 K 1558/95 vom 16. 9. 1998, EFG 1999, 309, Revision eingelegt, Az. des BFH I R 6/99; a. A. Ebenroth/Willburger, RIW Beilage 3 zu Heft 8/1995, die in der Ablehnung der Organträgerschaft einer US-amerikanischen Kapitalgesellschaft mit Sitz in den USA und Geschäftsleitung in Deutschland einen Verstoß gegen den deutsch-amerikanischen Freundschafts-, Handels- und Schifffahrtsvertrag vom 29. 10. 1954 sehen; für diese Auffassung könnte sprechen, dass der BGH mit Urteil VIII ZR 155/02 vom 29. 1. 2003, DB 2003, 818, entschieden hat, eine in den USA wirksam gegründete und noch bestehende Kapitalgesellschaft sei in Deutschland rechtsfähig (und zwar als Kapitalgesellschaft), gleichgültig, wo ihr effektiver Verwaltungssitz liege).

48 Entsprechendes galt für Personengesellschaften. Hat der Organträger die Rechtsform einer Personengesellschaft, so musste diese Geschäftsleitung und Sitz im Inland haben. Es reicht nicht aus, dass sämtliche Gesellschafter unbeschränkt steuerpflichtig sind.

49 Es sprachen allerdings gute Gründe dafür, dass die vorstehend wiedergegebene Regelung des § 14 Nr. 3 KStG gegen Art. 52 und 58 EGV (Art. 43 und 48 EGV in der Amsterdamer Fassung) verstieß. Die Bedenken ergeben sich aus dem EuGH-Urteil Rs. C-212/97 (Centros Ltd.) vom 9. 3. 1999, DB 1999, 625 mit Anm. Meilicke. Die Reichweite des EuGH-Urteils beschränkt sich dabei nicht auf Gesellschaften, die nach dem Recht eines Mitgliedstaats der EU gegründet sind; es gilt auch für Gesellschaften aus dem Europäischen Wirtschaftsraum (EWR) und bestimmten assoziierten Ländern (vgl. hierzu Meilicke, BB 1995, Beilage 9, S. 17).

50 Durch das UntStFG ist der **doppelte Inlandsbezug aufgehoben** worden. Von § 14 Abs. 1 Satz 1 Nr. 2 KStG wird bei Körperschaften als Organträger nur noch verlangt, dass diese ihre Geschäftsleitung im Inland haben. Nach der Gesetzesbegründung soll durch den Verzicht auf den doppelten Inlandsbezug der zunehmen-

II. Die Voraussetzungen der Organschaft

den internationalen Verflechtung der deutschen Wirtschaft Rechnung getragen werden. Durch das Anknüpfen an die inländische Geschäftsleitung soll sichergestellt werden, dass das inländische Besteuerungsrecht nicht verloren geht, weil nach Art. 2 des OECD-Musterabkommens bei doppelansässigen Gesellschaften für das Besteuerungsrecht der Sitz der tatsächlichen Geschäftsleitung maßgeblich ist.

Gesellschaften, die nur ihre Geschäftsleitung im Inland haben, fehlte nach der bisher vom BGH vertretenen „Sitztheorie" die inländische Rechtsfähigkeit. Diese Sitztheorie ist nicht mit dem Gemeinschaftsrecht vereinbar (EuGH-Urteil Rs. C-208/00 (Überseering) vom 5. 11. 2002, DB 2002, 2425). Im Anschluss an dieses Urteil hat der BGH mit Urteil VII ZR 370/98 vom 13. 3. 2003 entschieden, dass eine im EG-(bzw. EWR)Ausland wirksam gegründete Kapitalgesellschaft nach Verlegung ihres tatsächlichen Verwaltungssitzes auch im Inland als Kapitalgesellschaft zu behandeln ist (ebenso BayObLG, Beschluss 2 Z BR 7/02 vom 19. 12. 2002, DStR 2003, 653 zur Rechts- und damit Grundbuchfähigkeit einer solchen Gesellschaft; vgl. auch BGH-Urteil VIII ZR 155/02 vom 29. 1. 2003, oben Rz. 47 zum deutsch-amerikanischen Freundschaftsvertrag). Daraus folgt, dass diese Gesellschaft auch Organträgerin sein kann. Die Gesetzesbegründung zum UntStFG enthält zu dieser Fragestellung den Hinweis, dass sich „das Steuerrecht insoweit für künftige Entwicklungen des Zivilrechts" öffne.

51

Auch nach dem Wegfall des doppelten Inlandsbezugs sind **nicht alle unbeschränkt steuerpflichtigen Körperschaften als Organträger zugelassen.** Körperschaften, die nur ihren Sitz im Inland haben, können, obwohl unbeschränkt steuerpflichtig, nach wie vor nicht Organträger sein. Für diese Gesellschaften bleibt die bisherige, im Vergleich mit beschränkt steuerpflichtigen Körperschaften (vgl. § 18 KStG, siehe Rz. 54) unbefriedigende Regelung bestehen (zur Europarechtswidrigkeit dieser Regelung siehe Breuninger/Prinz, JbFfSt 1999/ 2000, 538).

52

Nach § 34 Abs. 6 Nr. 2 KStG in der Fassung des UntStFG (nunmehr § 34 Abs. 9 Nr. 2 KStG) gilt die Neuregelung (Wegfall des doppelten Inlandsbezugs) ab dem VZ 2001.

53

Als **Organträger** kommt nach § 18 Satz 1 KStG auch der **beschränkt steuerpflichtige Träger eines ausländischen gewerblichen Unternehmens** in Betracht. Voraussetzungen sind: eine im Inland im Handelsregister eingetragene Zweigniederlassung, Abschluss des GAV unter der Firma der Zweigniederlas-

54

sung und Zugehörigkeit der für die finanzielle Eingliederung erforderlichen Beteiligung zum Betriebsvermögen der Zweigniederlassung.

55 Eine Körperschaft, Personenvereinigung oder Vermögensmasse i. S. von § 1 KStG darf darüber hinaus **nicht steuerbefreit** sein, weil andernfalls das dem Organträger zugerechnete Einkommen der Organgesellschaft unbesteuert bliebe. Demgemäß kann eine als gemeinnützig anerkannte und deshalb nach § 5 Abs. 1 Nr. 9 KStG körperschaftsteuerfreie Körperschaft nicht Organträger sein, es sei denn, dass sie einen wirtschaftlichen Geschäftsbetrieb unterhält und insoweit steuerpflichtig ist. Juristische Personen des öffentlichen Rechts können als solche nicht Organträger sein, weil sie nicht steuerpflichtig sind. Hingegen können sie mit ihren zivilrechtlich unselbständigen körperschaftsteuerpflichtigen **Betrieben gewerblicher Art** (§ 1 Abs. 1 Nr. 6, § 4 KStG; dazu BFH-Urteil I R 7/71 vom 13. 3. 1974, BStBl II 1974, 391) Organträger sein (Streck, § 14 KStG Anm. 4).

56 Ist eine natürliche Person nicht unbeschränkt einkommensteuerpflichtig oder hat eine Personengesellschaft oder eine Körperschaft nicht Geschäftsleitung und Sitz im Inland, so können diese gemäß § 18 KStG gleichwohl ausnahmsweise Organträger sein, wenn der ausländische Rechtsträger im Inland eine im Handelsregister eingetragene **Zweigniederlassung** unterhält und die organschaftlichen Voraussetzungen im Verhältnis der Organgesellschaft zu dieser Zweigniederlassung erfüllt sind. **Eine allgemeine Organschaft über die Grenze kennt das Körperschaftsteuerrecht nicht.**

2.3 Gewerbliches Unternehmen

57 Nach § 14 Abs. 1 Satz 1 KStG muss der Organträger Inhaber eines gewerblichen Unternehmens sein. Die Formulierung zeigt, dass zwischen dem Organträger und dem Unternehmen des Organträgers zu unterscheiden ist (Blümich/Danelsing, § 14 KStG Rz. 11). § 14 Abs. 1 Satz 1 KStG beschreibt die sachlichen Voraussetzungen an das Unternehmen des Organträgers, während § 14 Abs. 1 Satz 1 Nr. 2 KStG den Personenkreis beschreibt, der als Organträger in Betracht kommt.

58 Ein **Freiberufler** kann demnach als solcher nicht Organträger sein, weil er Einkünfte aus selbständiger Arbeit hat und kein gewerbliches Unternehmen unterhält. Der Abschluss eines GAV mit einer Organgesellschaft macht den freien Beruf noch nicht zum Gewerbebetrieb (für die Rechtslage vor der gesetzlichen Regelung der körperschaftsteuerlichen Organschaft vgl. das BFH-Urteil IV 322/64 vom 12. 8. 1965, BStBl III 1965, 589).

59 Der Begriff des gewerblichen Unternehmens bedarf der Interpretation: Die Verwaltung ist der Auffassung, ein gewerbliches Unternehmen i. S. von § 14 Abs. 1

II. Die Voraussetzungen der Organschaft

Satz 1 KStG liege vor, wenn die Voraussetzungen für den Gewerbebetrieb nach den Vorschriften des § 2 GewStG erfüllt sind (KStR Abschn. 48 Abs. 1). Dass der Organträger eine gewerbliche Tätigkeit gemäß § 15 Abs. 2 EStG (Selbständigkeit, Nachhaltigkeit, Gewinnerzielungsabsicht, Beteiligung am allgemeinen wirtschaftlichen Verkehr) ausübe, sei nicht erforderlich. Demgemäß sind also z. B. auch eine Kapitalgesellschaft, deren Betrieb sich auf die Land- und Forstwirtschaft oder auf die nichtgewerbliche Verwaltung von Vermögen beschränkt, oder eine Wirtschaftsprüfungs- und Steuerberatungsgesellschaft in der Rechtsform einer AG, also Gesellschaften, deren Tätigkeiten nicht als Gewerbebetrieb zu qualifizieren wären, die aber gemäß § 2 Abs. 2 Satz 1 GewStG kraft Rechtsform einen Gewerbebetrieb haben, Träger eines gewerblichen Unternehmens i. S. von § 14 Abs. 1 Satz 1 KStG.

Nach Ansicht der Verwaltung sind der Begriff des Gewerbebetriebs i. S. von § 2 GewStG und der Begriff des gewerblichen Unternehmens i. S. von § 14 Abs. 1 Satz 1 KStG und von § 2 Abs. 2 Satz 2 GewStG identisch. **60**

Der Verwaltungsauffassung entspricht die ganz überwiegende Meinung im Schrifttum (vgl. z. B. Herrmann/Heuer/Raupach, § 14 KStG Anm. 39; Dötsch/Eversbach/Jost/Witt, § 14 KStG Tz. 25; im Ergebnis überwiegend ebenso, wenn auch mit anderer Begründung, Streck, § 14 KStG Anm. 5; zu Einzelheiten siehe Herlinghaus, FR 2000, 1105, 1107 ff.). **61**

Die Rechtsprechung war demgegenüber der Meinung, dass **Organträger nur ein Unternehmen i. S. des § 2 GewStG sein könne, welches eine eigengewerbliche Tätigkeit ausübe** (vgl. z. B. BFH-Urteil I R 120/70 vom 18. 4. 1973, BStBl II 1973, 740 und BFH-Beschluss I S 5/84 vom 27. 3. 1985, BFH/NV 1986, 118, beide ergangen zur Organträger-Eigenschaft des Besitzunternehmens im Rahmen einer Betriebsaufspaltung). Der BFH hielt es nicht für ausreichend, wenn das herrschende Unternehmen nur kraft seiner Rechtsform als Gewerbebetrieb gilt (BFH-Urteile I 252/64 vom 17. 12. 1969, BStBl II 1970, 257 und I R 122/66 vom 15. 4. 1970, BStBl II 1970, 554). Diese Rechtsprechung differenzierte nicht ausreichend zwischen den Anforderungen, die an das Tatbestandsmerkmal „gewerbliches Unternehmen" zu stellen sind, und der Möglichkeit der wirtschaftlichen Eingliederung in den Organträger. **62**

U. E. gibt es keinen einleuchtenden Grund dafür, den Begriff „gewerbliches Unternehmen" in § 14 Abs. 1 Satz 1 KStG anders auszulegen als die gleichlautenden Begriffe in § 2 GewStG und § 15 EStG. Ein gewerbliches Unternehmen i. S. von § 14 Abs. 1 Satz 1 KStG liegt deshalb immer dann vor, wenn der Organträger ein **63** gewerbliches Unternehmen = Gewerbebetrieb (zur inhaltlichen Gleichheit dieser beiden Begriffe, die sich aus § 2 Abs. 1 Satz 2 GewStG ergibt, siehe z. B. BFH-Beschluss GrS 4/82 vom 25. 6. 1984, BStBl II 1984, 751, 762; Schmidt, EStG, § 15 Anm. 4) unterhält, sei es kraft gewerblicher Tätigkeit, sei es kraft Rechtsform oder kraft wirtschaftlichen Geschäftsbetriebs (so auch jetzt der BFH, vgl. Urteile I R 152/84 vom 26. 4. 1989, BStBl II 1989, 668, 669 und I R 110/88 vom 13. 9. 1989, BStBl II 1990, 24, 25). Auch das Besitz-Personenunternehmen im Rahmen einer Betriebsaufspaltung ist folglich ein gewerbliches Unternehmen i. S. des § 14 Abs. 1 Satz 1 KStG (zu Organschaftsverhältnissen bei Betriebsaufspaltung siehe im Einzelnen Rz. 401).

64 **Juristische Personen des öffentlichen Rechts** können mit ihren Betrieben gewerblicher Art (Eigenbetriebe) i. S. von § 1 Abs. 1 Nr. 6 und § 4 KStG körperschaftsteuerlich und gewerbesteuerlich nur dann Organträger sein, wenn deren Tätigkeit als Gewerbebetrieb zu qualifizieren ist (vgl. § 2 Abs. 1 GewStDV; ebenso Herrmann/Heuer/Raupach, § 14 KStG Anm. 40; Dötsch/Eversberg/Jost/ Witt, § 14 KStG Tz. 25; a.A. insoweit Streck, § 14 KStG Anm. 7).

65 Wird ein Betrieb gewerblicher Art, z. B. ein Wasserwerk, ohne Gewinnerzielungsabsicht betrieben (vgl. die BFH-Urteile I 226/62 U vom 27. 5. 1964, BStBl III 1964, 485; I R 72/69 vom 29. 10. 1970, BStBl II 1971, 247), so kann die juristische Person des öffentlichen Rechts mit diesem Betrieb nicht Organträger sein. Ein gewerbliches Unternehmen liegt auch nicht vor bei einem reinen Verpachtungsbetrieb i. S. des § 4 Abs. 4 KStG.

66 **Juristische Personen des Privatrechts,** z. B. eine Stiftung, genügen den Anforderungen an einen Organträger, wenn sie einen Gewerbebetrieb oder einen (steuerpflichtigen) wirtschaftlichen Geschäftsbetrieb – ausgenommen Land- und Forstwirtschaft – unterhalten (vgl. § 8 GewStDV; GewStR Abschn. 15).

67 Eine **GmbH & Co. KG** unterhält unabhängig von ihrer Tätigkeit gemäß § 15 Abs. 3 Nr. 2 EStG immer dann einen Gewerbebetrieb und damit ein gewerbliches Unternehmen i. S. von § 14 KStG, wenn ausschließlich eine oder mehrere Kapitalgesellschaften persönlich haftende Gesellschafter sind und nur diese oder Personen, die nicht Gesellschafter sind, zur Geschäftsführung befugt sind (so genannte gewerblich geprägte Personengesellschaft). Gleichwohl kann eine lediglich gewerblich geprägte Personengesellschaft ab VZ 2003 nicht mehr Organträger sein. § 14 Abs. 1 Satz 1 Nr. 2 Satz 2 KStG i. d. F. des StVergAbG verlangt, dass die Personengesellschaft eine **Tätigkeit i. S. des § 15 Abs. 1 Nr. 1 EStG ausübt.** Die gegenüber dem bisherigen Recht geänderte Fassung der Vor-

II. Die Voraussetzungen der Organschaft

schrift kann nur dahin verstanden werden, das die Personengesellschaft gewerblich tätig sein muss.

Mit der Feststellung, der Organträger betreibe ein gewerbliches Unternehmen, war noch nicht entschieden, ob die Organgesellschaft in dieses gewerbliche Unternehmen auch wirtschaftlich eingegliedert ist. Beide Erfordernisse, gewerbliches Unternehmen und wirtschaftliche Eingliederung, standen bis zum Wegfall des § 14 Nr. 2 KStG ab dem VZ 2001 durch das StSenkG nebeneinander. Eine Kapitalgesellschaft, deren Betätigung sich auf die nichtgewerbliche Verwaltung von Vermögen beschränkt und die im Rahmen dieser Vermögensverwaltung auch eine Mehrheitsbeteiligung an einer anderen Kapitalgesellschaft hält, betreibt nach Auffassung der Verwaltung zwar ein gewerbliches Unternehmen i. S. von § 14 Abs. 1 Satz 1 KStG. Die Beteiligungsgesellschaft ist aber nicht wirtschaftlich eingegliedert, weil nach Ansicht der Verwaltung zum Begriff der wirtschaftlichen Eingliederung u. a. gehört, dass sich das beherrschende Unternehmen selbst am wirtschaftlichen Verkehr beteiligt und es hieran fehlt (siehe Rz. 121 f. und 361 ff. zur wirtschaftlichen Eingliederung und zur Holding). 68

Mit Urteil I R 82/70 vom 21. 6. 1982 (BStBl II 1972, 722) betonte der BFH, auch für die Zeit vor Inkrafttreten der gesetzlichen Regelung der körperschaftsteuerlichen Organschaft setze die steuerliche Anerkennung eines Organschaftsverhältnisses nicht nur voraus, dass der Organträger ein gewerbliches Unternehmen betreibe, sondern auch, dass die Organgesellschaft in dieses Unternehmen nach Art einer Geschäftsabteilung eingegliedert sei. Demgemäß lehnte es der BFH ab, ein Organschaftsverhältnis mit GAV zwischen einer natürlichen Person, die einen land- und forstwirtschaftlichen Betrieb und einen Gewerbebetrieb besaß, als Organträger und einer von ihr beherrschten Kapitalgesellschaft als Organgesellschaft steuerlich anzuerkennen, weil die Kapitalgesellschaft zwar organisatorisch der den land- und forstwirtschaftlichen Betrieb und den Gewerbebetrieb zusammenfassenden Güterverwaltung eingegliedert war, es ihr aber an einer wirtschaftlichen Eingliederung in den Gewerbebetrieb der natürlichen Person fehlte. 69

2.4 Inländisches Unternehmen

Wenn das Gesetz verlangte, dass der Organträger ein **inländisches** gewerbliches Unternehmen betreibt, so lag dem die Erwägung zugrunde, dass die Organschaft als eine der wesentlichen Voraussetzungen für die in den §§ 14 bis 19 KStG normierten steuerrechtlichen Wirkungen ein Sachverhalt ist, und dass die Prüfung, ob dieser Sachverhalt im Einzelnen tatsächlich vorliegt, im Zugriffsbereich der deutschen Steuerverwaltung möglich sein muss (Hübl, DStZ A 1972, 81, 82). Hieraus folgt, dass ein gewerbliches Unternehmen dann inländisch ist, wenn sich 70 das Unternehmen „**in seiner betrieblich-organisatorischen Substanz im Inland befindet**" (zustimmend Orth, GmbHR 1996, 33, 34).

Beispiel (nach Hübl, a. a. O.):

Ein in der Bundesrepublik unbeschränkt einkommensteuerpflichtiger Einzelkaufmann A hat nur einen Fabrikationsbetrieb in Argentinien. Die Produkte dieses Betriebs werden im Inland durch eine GmbH vertrieben, deren alleiniger Gesellschafter A ist. Der Betrieb in Argentinien ist kein inländisches gewerbliches Unternehmen. Ein Organschaftsverhältnis mit GAV zwischen A und der GmbH ist demnach nicht möglich.

71 **Ab VZ 2001** hat der Gesetzgeber im Zusammenhang mit dem Wegfall des doppelten Inlandsbezugs bei Körperschaften und Personengesellschaften in § 14 Abs. 1 Satz 1 KStG auch das Wort „inländisch" gestrichen. Damit ist nunmehr auch die **Gewinnabführung** an ein **ausländisches gewerbliches Unternehmen zulässig**. Dies gilt, egal welche Rechtsform der Organträger hat, also auch bei natürlichen Personen (ebenso Dötsch/Jost/Eversberg/Witt, § 14 KStG n. F., Tz. 3a; Wischmann in Herrmann/Heuer/Raupach, EStG-KStG, Jahresband 2002, § 14 KStG, Anm. J 01-6 und 15). Im Beispielsfall Rz. 70 kann die GmbH nunmehr einen GAV mit dem ausländischen Betrieb abschließen; ihr Einkommen wird dem Einzelkaufmann A zugerechnet. Die Gewinnabführungen an den ausländischen Betrieb unterliegen nicht der KapSt, weil es sich nicht um Kapitalerträge i. S. von § 20 EStG handelt.

2.5 Personengesellschaften als Organträger

72 Siehe Rz. 311 ff.

2.6 Die Holding als Organträger

73 Siehe Rz. 361 ff.

3. Die finanzielle Eingliederung

3.1 Unmittelbare Beteiligung

74 Nach § 14 Abs. 1 Satz 1 Nr. 1 Satz 1 KStG muss der Organträger an der Organgesellschaft unmittelbar in einem solchen Maße beteiligt sein, dass ihm die Mehrheit der Stimmrechte aus den Anteilen an der Organgesellschaft zusteht (finanzielle Eingliederung).

75 Die finanzielle Eingliederung verlangt, dass der Organträger an der Organgesellschaft **beteiligt** ist; eine finanzielle Abhängigkeit, die nur auf einer Verschuldung beruht, reicht nicht aus.

II. Die Voraussetzungen der Organschaft

Der **schuldrechtliche Anspruch auf Übertragung von Gesellschaftsanteilen** reicht ebenfalls zur Begründung einer finanziellen Eingliederung beim Erwerber der Anteile nicht aus (BFH-Urteil I 52/64 vom 25. 9. 1968, BStBl II 1969, 18; FG Hamburg II 60/83 vom 6. 12. 1984, EFG 1986, 415, 416).

76

Notwendig ist für die finanzielle Eingliederung, dass dem Organträger aus den Anteilen an der Organgesellschaft die **Mehrheit der Stimmrechte** zusteht, nicht hingegen, dass der Organträger die Mehrheit der Anteile besitzt. Im Regelfalle werden Stimmrechtsmehrheit und Anteilsmehrheit zusammenfallen. Sie können sich aber trennen, wenn z. B. bei einer AG stimmrechtslose Vorzugsaktien (vgl. § 12 Abs. 1 Satz 2, § 139 AktG) oder Mehrstimmrechtsaktien (§ 12 Abs. 2 AktG; § 5 EGAktG; Mehrstimmrechte erlöschen spätestens am 1. 6. 2003) vorhanden sind oder bei einer GmbH die Satzung mit bestimmten Geschäftsanteilen ein höheres Stimmrecht verbindet. Hat in einem solchen Fall der Organträger z. B. nur 40 v. H. der Anteile, aber 60 v. H. der Stimmen, so ist dem Erfordernis der finanziellen Eingliederung genügt. Umgekehrt fehlt diese, wenn der Organträger 60 v. H. der Anteile, aber nur 40 v. H. der Stimmen hat. Die Stimmrechte müssen dem Organträger aus eigenem Recht zustehen, also sich aus den dem Organträger zuzurechnenden Anteilen ergeben; es genügt nicht, dass der Organträger eine Stimmrechtsvollmacht für fremde Anteile besitzt (Schmidt, FR 1976, 361 gegen die möglicherweise a. A. des BFH-Urteils I R 123/74 vom 31. 3. 1976, BStBl II 1976, 510; wie hier Streck, § 14 KStG Anm. 13; Herrmann/Heuer/Raupach, § 14 KStG Anm. 117).

77

Ob dem Organträger die Mehrheit der Stimmrechte zusteht, bestimmt sich im Regelfall, d. h. wenn Satzung oder Gesellschaftsvertrag keine besonderen Bestimmungen enthalten oder nur für einzelne wenige Geschäftsvorfälle eine größere Mehrheit fordern, nach dem Verhältnis der Stimmrechte aus der vom Organträger gehaltenen Beteiligung zur Gesamtzahl aller Stimmrechte, also danach, ob dem Organträger mehr als die Hälfte aller Stimmrechte zusteht (siehe § 133 Abs. 1 AktG, § 47 Abs. 1 GmbHG).

78

Hält die Organgesellschaft eigene Anteile, so rechnen diese bei Ermittlung der Gesamtzahl aller Stimmen nicht mit (vgl. § 16 AktG und zur GmbH, Hueck in Baumbach/Hueck, § 33 GmbHG Rn. 19). Verlangen Satzung oder Gesellschaftsvertrag allgemein für Beschlüsse der Hauptversammlung oder der Gesellschafter eine größere als die einfache Mehrheit, so wird man entsprechend dem Sinn und Zweck des Kriteriums der finanziellen Eingliederung unter der Mehrheit der Stimmrechte i. S. des § 14 Abs. 1 Satz 1 Nr. 1 Satz 1 KStG die nach Satzung oder Gesellschaftsvertrag erforderliche größere Mehrheit verstehen müssen (Herrmann/Heuer/Raupach, § 14 KStG Anm. 117).

79

80 Der Organträger ist an der Organgesellschaft dann **beteiligt**, wenn ihm die Anteile an der Organgesellschaft gemäß § 39 AO 1977 steuerlich zuzurechnen sind (KStR Abschn. 49 Satz 1). Das bürgerlich-rechtliche Eigentum ist nicht unbedingt erforderlich, genügt aber auch nicht. Entscheidend ist das wirtschaftliche Eigentum (vgl. § 39 Abs. 2 AO). Demgemäß kann z. B. der **Treuhänder** nicht Organträger sein; der Treuhänder ist zwar bürgerlich-rechtlich Eigentümer der Beteiligung, diese ist ihm aber steuerrechtlich nicht zuzurechnen (§ 39 Abs. 2 Nr. 2 Satz 2 AO).

81 Dem Organträger müssen aber nicht nur die Anteile, sondern auch die Stimmrechte hieraus in dem für die finanzielle Eingliederung erforderlichen Umfang (Mehrheit) zuzurechnen sein. Bei einem **Treuhandverhältnis/einer Sicherungsübereignung** ist die Beteiligung steuerlich dem Treugeber/Sicherungsgeber zuzurechnen; hingegen stehen die Stimmrechte aus der Beteiligung bürgerlich-rechtlich dem Treuhänder/Sicherungsnehmer zu. Für diesen Fall wird im Schrifttum die Meinung vertreten, dass die finanzielle Eingliederung weder im Verhältnis zum Treuhänder/Sicherungsnehmer (keine Beteiligung) noch im Verhältnis zum Treugeber/Sicherungsgeber (kein Stimmrecht) gegeben sei (Dötsch/Eversberg/Jost/Witt, § 14 KStG Tz. 33). U. E. ist die **Zurechnungsvorschrift** des § 39 Abs. 2 Nr. 2 AO immer dann **sinngemäß** auf die Stimmrechte aus einer von dieser Zurechnungsvorschrift erfassten Beteiligung anzuwenden, wenn der Treuhänder/Sicherungsnehmer bei der Ausübung der Stimmrechte zumindest obligatorisch an die Weisungen des Treugebers/Sicherungsgebers gebunden ist. Eine **Legitimationszession** hinsichtlich der Stimmrechte (siehe hierzu Baumbach/Hueck, § 134 AktG Rz. 4) ist **nicht erforderlich**. Demgemäß kann bei einem Treuhand-/Sicherungsverhältnis zwar nicht der Treuhänder/Sicherungsnehmer, wohl aber der Treu-/Sicherungsgeber Organträger sein. Diese Auffassung dürfte auch den KStR Abschn. 49 zugrunde liegen (ebenso Lademann/Gassner, § 14 KStG Anm. 38; Herrmann/Heuer/Raupach, § 14 KStG Anm. 113; Streck, § 14 KStG Anm. 14).

82 Ist an der Beteiligung ein **Nießbrauch** bestellt, so fehlt es im Verhältnis zum Nießbraucher – unabhängig von der zivilrechtlich umstrittenen Frage, ob der Nießbraucher auch stimmberechtigt ist (vgl. z. B. für die GmbH Baumbach/Hueck, § 15 GmbHG Rz. 52) – jedenfalls deshalb an der finanziellen Eingliederung, weil dem Nießbraucher im Regelfall die Beteiligung steuerlich nicht zuzurechnen ist, sofern der Nießbraucher nicht ausnahmsweise wirtschaftlicher Eigentümer der Beteiligung ist. Ein Organschaftsverhältnis mit GAV zum Nießbrauchsbelasteten scheitert auch dann, wenn dieser zivilrechtlich stimmberechtigt bleibt, daran, dass die für die steuerliche Anerkennung notwendige Gewinnab-

II. Die Voraussetzungen der Organschaft

führung an den Nießbrauchsbelasteten als Organträger mit dem Nießbrauch an der Beteiligung nicht vereinbar ist.

Die **Verpfändung** wie auch die im Wege der Zwangsvollstreckung vorgenommene **Pfändung** der Beteiligung an der Organgesellschaft führt nicht zur Beendigung der finanziellen Eingliederung (ebenso Lademann/Gassner, § 14 KStG Anm. 40 f.; Streck, § 14 KStG Anm. 14; a.A. für den Fall der Pfändung Herrmann/Heuer/Raupach, § 14 KStG Anm. 113; Frotscher/Maas, § 14 KStG Rz. 80; Jurkat, Tz. 267). Der Organträger verliert weder bei der Verpfändung noch bei der Pfändung die Möglichkeit zur Ausübung seiner Stimmrechte (vgl. zur AG: Zöllner in Kölner Kommentar zum Aktiengesetz, § 134 AktG Anm. 14; Henn, Handbuch des Aktienrechts, S. 242; zur GmbH: Hueck, a. a. O., § 15 GmbHG Rn. 49 und 61; jeweils mit weiteren Nachweisen). 83

Das Gesamtbild der tatsächlichen Verhältnisse spielt für die finanzielle Eingliederung keine Rolle. 84

3.2 Mittelbare Beteiligung

Grundsätzlich muss der Organträger an der Organgesellschaft unmittelbar beteiligt sein. Nach § 14 Abs. 1 Satz 1 Nr. 1 Satz 2 KStG sind – im Gegensatz zur Rechtslage vor der gesetzlichen Regelung der körperschaftsteuerlichen Organschaft (BFH-Urteile I 95/65 vom 24. 1. 1968, BStBl II 1968, 315; I 44/64 vom 26. 4. 1966, BStBl III 1966, 376) – die mittelbaren Beteiligungen zu berücksichtigen, „**wenn die Beteiligung an jeder vermittelnden Gesellschaft die Mehrheit der Stimmrechte gewährt**". 85

Beispiel:
Die Muttergesellschaft A ist an der Tochtergesellschaft B zu 90 v. H und diese wiederum an der Enkelgesellschaft C zu 80 v. H. beteiligt. Die Enkelgesellschaft C ist nicht nur in B (und zwar unmittelbar), sondern auch in A (und zwar mittelbar) finanziell eingegliedert. Die Beteiligten haben, sofern auch alle übrigen Voraussetzungen erfüllt sind, die Wahl zwischen

- einer Organschaftskette: Organschaftsverhältnis zwischen C als Organgesellschaft und B als Organträger und Organschaftsverhältnis zwischen B als Organgesellschaft und A als Organträger und

- einem direkten Organschaftsverhältnis zwischen C als Organgesellschaft und A als Organträger (mit oder ohne einem gleichzeitigen Organschaftsverhältnis zwischen B als Organgesellschaft und A als Organträger).

Ein **Organschaftsverhältnis zwischen Schwestergesellschaften** ist **nicht möglich**, weil Satz 2 nichts an dem Erfordernis des Satzes 1 ändert, dass der Organträger selbst eine der die finanzielle Eingliederung vermittelnden Beteiligungen 86 halten muss (Schmidt, StuW 1969, 441, 446; ebenso Herrmann/Heuer/Raupach, § 14 KStG Anm. 122 mit weiteren Nachweisen). Hat also z. B. die Gesellschaft A eine 100%ige Tochtergesellschaft B_1 und eine weitere 100%ige Tochtergesellschaft B_2, so kann B_1 nicht Organträger von B_2 sein oder umgekehrt (zur Rechtslage vor der gesetzlichen Regelung der körperschaftsteuerlichen Organschaft vgl. BFH-Urteil I 62/59 S vom 25. 10. 1960, BStBl III 1961, 69).

87 Die mittelbare Eingliederung ist auch bei **Zwischenschaltung einer Personengesellschaft oder ausländischen Gesellschaft** möglich. Es ist unerheblich, dass diese Gesellschaften selbst keine Organgesellschaften sein können (Herrmann/Heuer/Raupach, § 14 KStG Anm. 122; Lademann/Gassner, § 14 KStG Anm. 47; Streck, § 14 KStG Anm. 16; Orth, GmbHR 1996, 33, 36). Die Zulassung der mittelbaren Beteiligung als Voraussetzung der finanziellen Eingliederung mag auch darauf zurückzuführen sein, dass damit der Umweg einer Organschaftskette erspart werden sollte (Jurkat, Tz. 258). Dieser Gedanke hat aber im Gesetz selbst keinen Ausdruck gefunden. Er berechtigt daher nicht dazu, das Gesetz einengend in der Weise auszulegen, dass eine mittelbare Beteiligung nur dann als Voraussetzung der finanziellen Eingliederung anzuerkennen sei, wenn die die Beteiligung vermittelnde Gesellschaft auch Zwischenglied einer Organschaftskette sein könnte (BFH-Urteil I R 143/75 vom 2. 11. 1977, BStBl II 1978, 74 hinsichtlich der Zwischenschaltung einer Personengesellschaft).

88 Die Verwaltung hat sich mittlerweile dieser Auffassung angeschlossen (KStR ab 1985 Abschn. 49 Satz 3; damit ist der ländereinheitliche Erlass überholt, der die mittelbare Beteiligung an einer inländischen Enkelgesellschaft über eine ausländische Tochtergesellschaft ablehnte, vgl. Erlass des FinMin Nordrhein-Westfalens vom 26. 6. 1978, DB 1978, 1312).

89 Die oben (Rz. 80 f.) entwickelten Grundsätze über die steuerliche Zurechnung der Beteiligung und der Stimmrechte daraus gelten in gleicher Weise für mittelbare Beteiligungen (KStR Abschn. 49).

90–91 *(unbesetzt)*

3.3 Zusammenrechnung von unmittelbaren und mittelbaren Beteiligungen sowie von mehreren mittelbaren Beteiligungen

92 Bis einschließlich VZ 2000 (bei Wirtschaftsjahr = Kalenderjahr, zum Anwendungsbereich bei abweichendem Wirtschaftsjahr siehe Rz. 96) war eine Addition von unmittelbaren und mittelbaren Beteiligungen und von mehreren mittelbaren

II. Die Voraussetzungen der Organschaft

Beteiligungen zur Begründung der Stimmenmehrheit ausgeschlossen (zu Einzelheiten siehe die Vorauflage, Rz. 92 ff.).

Diese Rechtslage ist durch das StSenkG mit Wirkung ab 2001 entscheidend verändert worden. **Nunmehr können auch mittelbare und unmittelbare Beteiligungen sowie mehrere mittelbare Beteiligungen zusammengerechnet werden.** Voraussetzung ist allerdings, dass die Beteiligung des Organträgers an jeder vermittelnden Gesellschaft die Mehrheit der Stimmrechte gewährt, mithin also jede vermittelnde Gesellschaft ihrerseits finanziell in den Organträger eingegliedert ist. 93

> *Beispiel:*
> Die X-GmbH ist unmittelbar zu 49 v. H. an der Y-GmbH und zu 75 v. H. an der Z-GmbH beteiligt. Die Z-GmbH ist ihrerseits zu 20 v. H. unmittelbar an der Y-GmbH beteiligt.
>
> Die Y-GmbH ist (unabhängig von der Frage der Durchrechnung, siehe dazu die nachfolgende Rz. 94) finanziell in die X-GmbH eingegliedert, da die unmittelbare und mittelbare Beteiligung zusammengerechnet werden.
>
> *Beispiel:*
> Die X-GmbH ist unmittelbar zu 30 v. H. an der Y-GmbH und zu 40 v. H. an der Z-GmbH beteiligt. Die Z-GmbH ist ihrerseits zu 100 v. H. unmittelbar an der Y-GmbH beteiligt.
>
> Die Y-GmbH ist nicht finanziell in die X-GmbH eingegliedert. Eine Zusammenrechnung der Beteiligungen scheidet aus, da die Beteiligung der X-GmbH an der vermittelnden Z-GmbH nicht die Stimmenmehrheit gewährt.

Hierbei stellt sich die Frage, ob die Beteiligung durchzurechnen ist, was (zu Gunsten der Steuerpflichtigen) teilweise verneint wird (Rödder in Schaumburg/Rödder, a. a. O., S. 567). U. E. sprechen Wortsinn und Sinn und Zweck der Vorschrift für eine Durchrechnung, denn nur insoweit liegt eine rechtlich anzuerkennende Möglichkeit der Stimmrechtsausübung im Interesse des Organträgers vor (ebenso Herlinghaus, FR 2000, 1105, 1112). 94

> *Beispiel:*
> Die X-GmbH ist unmittelbar zu 31 v. H. an der Y-GmbH und 75 v. H. an der Z-GmbH beteiligt. Die Z-GmbH ist ihrerseits zu 20 v. H. unmittelbar an der Y-GmbH beteiligt.
>
> Die Y-GmbH ist nicht finanziell in die X-GmbH eingegliedert. Die Addition der unmittelbaren und der mittelbaren, aber durchgerechneten Beteiligung ergibt nur 46 v. H. (31 v. H. + 15 v. H. (20 v. H. von 75). Ohne Durchrechnung käme man zur finanziellen Eingliederung (31 v. H. + 20 v. H.).

Zu weiteren Fällen siehe Herlinghaus, FR 2000, 1105, 1112. 95

96 Die durch das StSenkG eingetretenen Änderungen bei der finanziellen Eingliederung sind aus Sicht des Organträgers zu prüfen. Wenn für diesen bereits das KStG i. d. F. des StSenkG gilt, für die Organgesellschaft jedoch noch das KStG 1999 anzuwenden ist, kann das Organschaftsverhältnis erst ein Jahr später beginnen, weil aus Sicht des Organträgers erst dann die geringeren Anforderungen gelten (Heurung/Heinsen/Springer, BB 2001, 181, 184 f.).

Beispiel:
Wirtschaftsjahr des Organträgers 1. 7.-30. 6., das der Organgesellschaft 1. 1.-31. 12.

Der Wegfall des Verbots der Addition von unmittelbaren und mittelbaren Beteiligungen bzw. mehrerer mittelbarer Beteiligungen gilt beim Organträger erst ab dessen Wirtschaftsjahr 2001/2002. Das Organschaftsverhältnis kann daher erst ab dem VZ 2002 anerkannt werden.

97 Wird die Beteiligung an der Organgesellschaft zunächst mittelbar und anschließend unmittelbar gehalten, so kann dieses zeitliche Nacheinander zusammengerechnet werden (Dötsch/Eversberg/Jost/Witt, § 14 KStG Tz. 44).

Beispiel (siehe KStR Abschn. 49):
Die Gesellschaft M ist an der Gesellschaft E mittelbar – über die Gesellschaft T – zu 100 v. H. beteiligt. Im Laufe des Wirtschaftsjahres erwirbt die Gesellschaft M die Anteile an der Gesellschaft E, z. B. durch Umwandlung oder Verschmelzung der Gesellschaft T auf die Gesellschaft M. Die Voraussetzung des § 14 Abs. 1 Nr. 1 KStG ist erfüllt.

3.4 Zusammenrechnung der Beteiligungen und Stimmrechte von Angehörigen

98 Beteiligungen und Stimmrechte von Angehörigen i. S. des § 15 AO können nicht zusammengerechnet werden.

3.5 Personengesellschaften

99 Zu den Besonderheiten der finanziellen Eingliederung bei Personengesellschaften als Organträger siehe Rz. 320, 337, 350.

100–120 *(unbesetzt)*

4. Die wirtschaftliche Eingliederung

121 Durch das **StSenkG** wurde das in § 14 Nr. 2 KStG enthaltene **Erfordernis der wirtschaftlichen Eingliederung gestrichen**. Zu Einzelheiten der wirtschaftlichen Eingliederung siehe die Vorauflage Rz. 122 ff. sowie BFH-Urteil I R 13/00 vom 24. 1. 2001, BFH/NV 2001, 1047; BFH-Beschluss I B 7/98 vom 24. 7. 1998, BFH/NV 1999, 373 und Niedersächsisches FG, Urteil 6 K 821/97 vom 31. 7.

II. Die Voraussetzungen der Organschaft

2001, EFG 2002, 40, bestätigt durch BFH-Urteil I R 83/01 vom 7. 8. 2002, BFH/ NV 2003, 345.

Hinsichtlich der Frage, ab wann das Erfordernis der wirtschaftlichen Eingliederung weggefallen ist, gilt Folgendes: Die Voraussetzung der wirtschaftlichen Eingliederung ist aus Sicht der Organgesellschaft zu prüfen. Bei mit dem Kalenderjahr übereinstimmenden Wirtschaftsjahren des Organträgers und der Organgesellschaft ist das Erfordernis bereits ab 1. 1. 2001 nicht mehr zu prüfen. Bei vom Kalenderjahr abweichendem Wirtschaftsjahr der Organgesellschaft entfällt das Erfordernis hingegen erst ab dem in 2001 beginnenden Wirtschaftsjahr. 122

Beispiel:
Wirtschaftsjahr des Organträgers = Kalenderjahr, das der Organgesellschaft 1. 7.-30. 6. Es liegt keine wirtschaftliche Eingliederung vor.
Ein Organschaftsverhältnis kann erst ab dem Wirtschaftsjahr 2001/2002 anerkannt werden.

5. Die organisatorische Eingliederung

Auch diese Voraussetzung ist durch das StSenkG aufgehoben worden. Zu Einzelheiten siehe die Vorauflage Rz. 145 ff., zum zeitlichen Anwendungsbereich oben Rz. 122. 123

(unbesetzt) 124–162

6. Zeitliche Voraussetzungen der organschaftlichen Eingliederung

Nach § 14 Abs. 1 Satz 1 Nr. 1 KStG muss die Organgesellschaft „**vom Beginn ihres Wirtschaftsjahres an ununterbrochen**" finanziell in das Unternehmen des Organträgers eingegliedert sein, während der Gewinnabführungsvertrag gemäß § 14 Abs. 1 Satz 1 Nr. 3 KStG erst spätestens am Ende des Wirtschaftsjahrs der Organgesellschaft abgeschlossen sein muss, für das das Einkommen der Organgesellschaft erstmals dem Organträger zugerechnet werden soll. Wirksam werden muss er erst bis zum Ende des folgenden Wirtschaftsjahrs. Zur Neuregelung der zeitlichen Anforderungen an den GAV durch das StVergAbG siehe Rz. 214. 163

6.1 Beginn des Wirtschaftsjahrs

Wird die Eingliederung im Laufe des Wirtschaftsjahrs der Organgesellschaft begründet, so ist nicht nur für das vom Beginn dieses Wirtschaftsjahrs bis zur Begründung der Eingliederung, sondern auch für das von der Begründung der 164

Eingliederung bis zum Ende des Wirtschaftsjahrs erwirtschaftete Ergebnis der Organgesellschaft keine Zurechnung nach § 14 KStG möglich.

Beispiel:

Wirtschaftsjahr der Organgesellschaft O = Kalenderjahr. Der Einzelkaufmann A erwirbt am 1. 7. 2002 eine Mehrheitsbeteiligung an O; gleichzeitig wird ein GAV abgeschlossen. – Nach § 14 KStG kann dem A erst das Ergebnis des Wirtschaftsjahrs 2003 zugerechnet werden. O hat sowohl die in der Zeit vom 1. 1. bis 30. 6. 2002 als auch die in der Zeit vom 1. 7. bis 31. 12. 2002 erwirtschafteten Ergebnisse selbst zu versteuern.

165 *(unbesetzt)*

166 Zur Bildung eines Rumpfwirtschaftsjahrs siehe Rz. 175 f.

6.2 Ununterbrochen

167 Wenn § 14 KStG fordert, dass die organschaftlichen Voraussetzungen „ununterbrochen" gegeben sein müssen, so bedeutet dies nach Auffassung der Verwaltung (KStR Abschn. 53 Abs. 1 Satz 2), dass die **Eingliederung** (vom Beginn des Wirtschaftsjahrs der Organgesellschaft an) ohne Unterbrechung **bis zum Ende des Wirtschaftsjahrs der Organgesellschaft bestehen muss** (zustimmend Streck, § 14 KStG Anm. 33; Dötsch/Eversberg/Jost/Witt, § 14 KStG Tz. 46).

Beispiel:

Wirtschaftsjahr der Organgesellschaft = Kalenderjahr. Der Organträger A veräußert seine Beteiligung an der Organgesellschaft O am 30. 6. 2002. Dem A kann das Ergebnis von O aus der Zeit vom 1. 1. bis 30. 6. 2002 nicht mehr zugerechnet werden.

168 Im Schrifttum wird demgegenüber zum Teil die Auffassung vertreten, bei einem Wegfall der organschaftlichen Eingliederung im Laufe des Wirtschaftsjahrs der Organgesellschaft sei das bis zu diesem Zeitpunkt erwirtschaftete Ergebnis der Organgesellschaft noch dem Organträger zuzurechnen, weil das Gesetz nicht ausdrücklich verlange, dass die Eingliederung auch noch am Ende des Wirtschaftsjahrs der Organgesellschaft vorhanden ist (z. B. Jurkat, Tz. 561 bis 564; Schmidt, StuW 1969, 441 bis 448; Herrmann/Heuer/Raupach, § 14 KStG Anm. 114). Für den Standpunkt der Verwaltung spricht ein Vergleich mit dem Wortlaut des § 9 KStG a. F.: Nach dieser Vorschrift war Voraussetzung des Schachtelprivilegs u. a., dass die Obergesellschaft seit Beginn ihres Wirtschaftsjahrs „ununterbrochen" an der Untergesellschaft beteiligt ist. Nach herrschender Lehre besagte dies, dass die Obergesellschaft während ihres ganzen Wirtschaftsjahrs, also bis zum Ende des Wirtschaftsjahres beteiligt sein muss (vgl. Herrmann/Heuer, § 9 KStG a. F. Anm. 14). Es liegt nahe, das Wort ununterbrochen in § 14 Abs. 1 Satz 1 Nr. 1 KStG in gleicher Weise zu verstehen (ebenso Lademann/Gassner, § 14 KStG Anm. 70). Für diese Auslegung des Begriffes „ununterbrochen"

II. Die Voraussetzungen der Organschaft

spricht zusätzlich, dass der Gesetzgeber wohl kaum die Möglichkeit einer auf einen Teil des Organ-Wirtschaftsjahrs beschränkten Organschaft zulassen wollte, wenn er umgekehrt die Möglichkeit eines im Laufe des Organ-Wirtschaftsjahrs beginnenden Organschaftsverhältnisses ausdrücklich ausgeschlossen hat.

Zu Bildung eines Rumpfwirtschaftsjahrs siehe Rz. 175 f. 169

6.3 Wegfall der Eingliederung zum Ende des Wirtschaftsjahrs der Organgesellschaft (Anwendung der sog. Mitternachtserlasse)

Veräußert der Organträger seine Beteiligung an der Organgesellschaft zum Ende 170 des Wirtschaftsjahrs der Organgesellschaft an ein anderes gewerbliches Unternehmen, so ist nach Auffassung der Verwaltung (KStR Abschn. 53 Abs. 2) – sofern sich aus dem Veräußerungsvertrag nichts Gegenteiliges ergibt – zu unterstellen, dass dem Vertrag die Fiktion zugrunde liegt, der veräußernde Organträger behalte das Eigentum an der Beteiligung bis zum letzten Tag, 24 Uhr, des Wirtschaftsjahrs der Organgesellschaft und das andere Unternehmen erwerbe das Eigentum an der Beteiligung am ersten Tage, 0 Uhr, des anschließenden Wirtschaftsjahrs der Organgesellschaft. Die Folge ist, dass die finanzielle Eingliederung beim Veräußerer der Anteile bis zum Ende des Wirtschaftsjahrs der Organgesellschaft und beim Erwerber vom Beginn des anschließenden Wirtschaftsjahrs an gegeben ist (KStR Abschn. 53 Abs. 2; ebenso z. B. Herrmann/Heuer/Raupach, § 14 KStG Anm. 114; Streck, § 14 KStG Anm. 33).

> **Beispiel:**
> Wirtschaftsjahr der Organgesellschaft = Kalenderjahr. Veräußerung der Beteiligung zum 31. 12. 2001 von A an B. Das Ergebnis des Wirtschaftsjahrs 2001 kann voll dem A, das Ergebnis des Wirtschaftsjahrs 2002 voll dem B zugerechnet werden, sofern auch die übrigen Voraussetzungen hierfür erfüllt sind.

Die vorstehenden Grundsätze galten sinngemäß für die wirtschaftliche und orga- 171 nisatorische Eingliederung. Da es sich hier um tatsächliche Verhältnisse handelt, müssen diese noch am letzten Arbeitstag des Wirtschaftsjahrs der Organgesellschaft im Verhältnis zum bisherigen Organträger (Veräußerer) und vom ersten Arbeitstag des anschließenden Wirtschaftsjahrs der Organgesellschaft an im Verhältnis zum anderen Unternehmen (Erwerber) gegeben sein.

Zweifelhaft ist, ob bei einer Veräußerung der Beteiligung zum Ende des Wirt- 172 schaftsjahrs der Organgesellschaft der Veräußerungsvertrag stets vor dem Ende des Wirtschaftsjahrs der Organgesellschaft abgeschlossen sein muss, damit beim Erwerber der Anteile die finanzielle Eingliederung vom Beginn des anschließenden Wirtschaftsjahrs an als gegeben anzusehen ist, oder ob eine Veräußerung mit bürgerlich-rechtlich obligatorischer Rückbeziehung zum Ende des vorangegangenen Wirtschaftsjahrs in gewissen zeitlichen Grenzen auch steuerlich anzuerkennen ist mit der Folge, dass zu fingieren ist, die Organgesellschaft sei vom Beginn des Wirtschaftsjahrs an in das Unternehmen finanziell eingegliedert gewesen. U. E. sind die allgemein für die steuerliche Anerkennung rückbezüglicher Verträge entwickelten Grundsätze anzuwenden (vgl. hierzu z. B. Schmidt/Seeger, § 2 EStG Rz. 41 ff. mit weiteren Nachweisen). Die Frage ist demnach i. S. der 1. Alternative zu beantworten, d. h., der Veräußerungsvertrag muss stets vor dem Ende des Wirtschaftsjahrs der Organgesellschaft abgeschlossen worden sein (BFH-Urteil I R 110/68 vom 18. 6. 1969, BStBl II 1969, 569, 570; Herrmann/Heuer/Raupach, § 14 KStG Anm. 114; Dötsch/Eversberg/Jost/Witt, § 14 KStG Tz. 45). Die Rückwirkung von Verträgen ist steuerlich grundsätzlich nicht anzuerkennen (vgl. BFH-Urteil IV R 209/80 vom 7. 7. 1983, BStBl II 1984, 53, 55).

6.4 Rumpfwirtschaftsjahr

173   Unter den Begriff des Wirtschaftsjahrs i. S. von § 14 Abs. 1 Satz 1 Nr. 1 KStG fällt nach Auffassung der Verwaltung (KStR Abschn. 53 Abs. 1) auch ein Rumpfwirtschaftsjahr.

Beispiel:

Gründung einer Kapitalgesellschaft am 1. 6. 2002 mit Wirtschaftsjahr = Kalenderjahr. Gleichzeitige Begründung eines Organschaftsverhältnisses mit GAV zum Anteilseigner A. Das Einkommen der neugegründeten Kapitalgesellschaft im Rumpfwirtschaftsjahr 1. 6. bis 31. 12. 2002 ist dem Organträger zuzurechnen, weil die organschaftliche Eingliederung vom Beginn des Wirtschaftsjahrs = Rumpfwirtschaftsjahr der Organgesellschaft an gegeben ist.

174   Im Schrifttum wird diese Auffassung geteilt (vgl. nur Dötsch/Eversberg/Jost/Witt, § 14 KStG Tz. 43; Streck, § 14 KStG Anm. 33). Ihr ist zuzustimmen. Dem steht nicht entgegen, dass u. E. das Wort ununterbrochen in § 14 Abs. 1 Satz 1 Nr. 1 KStG die gleiche Bedeutung hat wie in § 9 KStG a. F. (siehe Rz. 168). Dass die Schachtelbeteiligung nicht nur während des ganzen Wirtschaftsjahrs bestehen musste, sondern auch, dass sie seit 12 Kalendermonaten vom Ende des Wirtschaftsjahrs ab zurückgerechnet vorhanden gewesen sein musste, ergab sich nicht aus § 9 KStG a. F. und damit aus dem Wort „ununterbrochen" i. S. dieser Vorschrift, sondern war ein zusätzliches Erfordernis, was sich aus § 21 KStDV a. F. ergab.

6.5 Umstellung des Wirtschaftsjahrs

6.5.1 Erstmalige Umstellung des Wirtschaftsjahrs

175   Wird die organschaftliche Eingliederung während des Wirtschaftsjahrs der Organgesellschaft begründet und stellt die Organgesellschaft mit Zustimmung des

II. Die Voraussetzungen der Organschaft 71

Finanzamts ihr Wirtschaftsjahr auf den Zeitpunkt der Begründung der organschaftlichen Eingliederung um, so sind die organschaftlichen Voraussetzungen vom Beginn des Wirtschaftsjahrs der Organgesellschaft an gegeben, so dass das von diesem Zeitpunkt an erwirtschaftete Ergebnis der Organgesellschaft dem Organträger zugerechnet werden kann.

Beispiel:
Sachverhalt wie zu 6.1 mit der Maßgabe, dass die Organgesellschaft ihr Wirtschaftsjahr mit Zustimmung des Finanzamts auf den Zeitraum vom 1. 7. bis 30. 6. umstellt. Dem O ist bereits das ab 1. 7. 2002 erwirtschaftete Ergebnis der Organgesellschaft, nicht hingegen das im Rumpfwirtschaftsjahr 1. 1. bis 30. 6. 2002 erwirtschaftete Ergebnis der Organgesellschaft zuzurechnen.

Fällt die organschaftliche Eingliederung z. B. durch **Beteiligungsveräußerung** 176 während des Wirtschaftsjahrs der Organgesellschaft weg und stellt die Organgesellschaft mit Zustimmung des Finanzamtes ihr Wirtschaftsjahr auf den Zeitpunkt des Wegfalls um, so ist die organschaftliche Eingliederung ununterbrochen, also bis zum Ende des Wirtschaftsjahrs = Rumpfwirtschaftsjahr der Organgesellschaft gegeben, so dass dem bisherigen Organträger das bis zum Wegfall der Eingliederung erwirtschaftete Ergebnis zugerechnet werden kann.

Beispiel:
Sachverhalt wie zu 6.2 mit der Maßgabe, dass die Organgesellschaft ihr Wirtschaftsjahr mit Zustimmung des Finanzamts auf den Zeitraum vom 1. 7. bis 30. 6. umstellt. Dem bisherigen Organträger ist noch das Ergebnis des Rumpfwirtschaftsjahrs vom 1. 1. bis 30. 6. 2002 zuzurechnen.

Bei einer Verbindung der in Rz 175 f. erwähnten Möglichkeiten geht die Zurechnung nahtlos vom bisherigen auf den neuen Organträger über. 177

Die Begründung bzw. die Beendigung eines Organschaftsverhältnisses kann nach 178 Auffassung der Verwaltung in der Regel als ausreichender Grund für die Umstellung des Wirtschaftsjahrs der Organgesellschaft auf einen Zeitraum, der mit der Begründung des Organschaftsverhältnisses bzw. mit dessen Beendigung endet, angesehen werden (KStR Abschn. 53 Abs. 3). Die Finanzämter sind deshalb angewiesen, in diesen Fällen die nach § 7 Abs. 4 Satz 3 KStG erforderliche Zustimmung zur Umstellung des Wirtschaftsjahrs der Organgesellschaft zu erteilen.

Zu beachten ist, dass das Wirtschaftsjahr wirksam **vor** dem maßgeblichen Zeitpunkt umgestellt wird. Ein abgelaufener Zeitraum kann nicht rückwirkend zu einem Rumpfwirtschaftsjahr erklärt werden (vgl. nur Zöllner in Baumbach/Hueck, § 53 GmbHG Rz. 30). 179

> **Beispiel:**
> Wirtschaftsjahr der Organgesellschaft 1. 10. bis 30. 9. Beendigung des Organschaftsverhältnisses im Verhältnis zum bisherigen Organträger zum 30. 6. 2002. Die Organgesellschaft muss den Beschluss über die Bildung eines Rumpfwirtschaftsjahrs 1. 10. 2001 bis 30. 6. 2002 spätestens am 30. 6. 2002 gefasst haben.

180 Entspricht nach dem Gesellschaftsvertrag der Organgesellschaft (GmbH) das Wirtschaftsjahr dem Kalenderjahr, so bedarf die Bildung von Rumpfwirtschaftsjahren einer Änderung des Gesellschaftsvertrags in der nach § 53 Abs. 1 und 2 GmbHG vorgeschriebenen Form. Die Änderung wird erst mit der Eintragung im Handelsregister wirksam, § 54 Abs. 3 GmbHG. Der Satzungsänderung kann keine Rückwirkung beigelegt werden (BFH-Urteil I R 105/86 vom 13. 9. 1989, BFH/NV 1990, 326 und Beschluss I B 31/96 vom 18. 9. 1996, BFH/NV 1997, 378 unter Aufhebung der entgegenstehenden Auffassung des FG Berlin, VIII 334/95 vom 26. 10. 1995, EFG 1996, 75; a.A. Herrmann, BB 1999, 2270). Für den Beispielsfall bedeutet dies, dass die Änderung spätestens am 30. 6. 2002 im Handelsregister eingetragen sein muss.

6.5.2 Nochmalige Umstellung des Wirtschaftsjahrs der Organgesellschaft

181 Zweifelhaft ist die Frage, ob alsbald nach einer im Zusammenhang mit der Begründung oder Beendigung eines Organschaftsverhältnisses vorgenommenen Umstellung des Wirtschaftsjahrs dieses neue Wirtschaftsjahr wiederum umgestellt werden kann, z. B. auf das frühere Wirtschaftsjahr der Organgesellschaft oder auf den Abschlusszeitpunkt des Organträgers zur Bildung eines einheitlichen Wirtschaftsjahrs im Organkreis. U. E. ist die erforderliche Zustimmung jedenfalls dann zu erteilen, wenn das Wirtschaftsjahr der Organgesellschaft auf ein Wirtschaftsjahr umgestellt werden soll, das mit dem Wirtschaftsjahr des Organträgers übereinstimmt (ebenso KStR Abschn. 53 Abs. 3).

182 Von diesem Sonderfall abgesehen bedarf es der Prüfung im Einzelfall, ob das zuständige Finanzamt bereit ist, die Zustimmung der Umstellung des Wirtschaftsjahrs, soweit dies erforderlich ist (siehe nachstehend), zu erteilen. Die Finanzämter sollten dabei nicht kleinlich verfahren, da der Sinn und Zweck der zeitlichen Voraussetzungen für die Anwendung des § 14 KStG in erster Linie darin besteht, sicherzustellen, dass das Ergebnis des Wirtschaftsjahrs nicht im Schätzungswege auf die vor- und nachorganschaftliche Zeit aufgeteilt werden muss. Eine solche Schätzung entfällt aber gerade bei Bildung von Rumpfwirtschaftsjahren.

> **Beispiel:**
> Wirtschaftsjahr der Organgesellschaft 1. 10. bis 30. 9. Beendigung des Organschaftsverhältnisses im Verhältnis zum bisherigen Organträger O_1 und Begründung des Or-

II. Die Voraussetzungen der Organschaft

ganschaftsverhältnisses im Verhältnis zum neuen Organträger O_2 zum 30. 6./1. 7. 2002. Die Organgesellschaft stellt ihr Wirtschaftsjahr mit Zustimmung des Finanzamts auf den 30. 6. um und bildet ein Rumpfwirtschaftsjahr 1. 10. 2001 bis 30. 6. 2002. Das Ergebnis dieses Rumpfwirtschaftsjahrs ist O_1 zuzurechnen. Anschließend will die Organgesellschaft ihr Wirtschaftsjahr erneut umstellen, und zwar wiederum auf den 30. 9. mit Bildung eines Rumpfwirtschaftsjahrs 1. 7. bis 30. 9. 2002, weil auch das Wirtschaftsjahr von O_2 zum 30. 9. endet.

Zu beachten ist aber, dass die Zustimmung des Finanzamts nur zur „Umstellung des Wirtschaftsjahrs auf den vom Kalenderjahr abweichenden Zeitraum" erforderlich ist, nicht hingegen zur Umstellung eines vom Kalenderjahr abweichenden Wirtschaftsjahrs auf das Kalenderjahr (§ 4a Abs. 1 Nr. 2 Satz 2 EStG, § 7 Abs. 4 Satz 3 KStG). Im Beispielsfalle wäre also eine Umstellung auf das Kalenderjahr ohne Zustimmung des Finanzamts möglich. 183

6.6 Rechtsnachfolge

Zur Umwandlung oder Verschmelzung des Organträgers und zur Betriebseinbringung durch den Organträger siehe Rz. 429 ff. 184

Zum Übergang des gewerblichen Unternehmens des Organträgers durch unentgeltliche Gesamt- oder Einzelrechtsnachfolge siehe Rz. 446 ff. 185

Zur Umwandlung oder Verschmelzung der Organgesellschaft siehe Rz. 414 f. 186

(unbesetzt) 187–200

7. Gewinnabführungsvertrag (GAV)

7.1 Grundlagen

Die §§ 14 bis 19 KStG knüpfen die Rechtsfolgen der Einkommenszurechnung an einen Tatbestand, zu dessen Elementen anders als bei der umsatzsteuerlichen Organschaft neben gewissen persönlichen und zeitlichen Kriterien nicht nur die finanzielle Eingliederung, sondern auch der Abschluss (und die Durchführung) eines Vertrags zwischen der Organgesellschaft und dem Organträger gehört, dessen wesentlicher rechtlicher Gehalt in der **Gewinnabführungsverpflichtung** der Organgesellschaft und einer **Verlustübernahmeverpflichtung** des Organträgers besteht. 201

Dieser Vertrag, früher als Ergebnisabführungsvertrag, nunmehr als Gewinnabführungsvertrag bezeichnet, ist nach den §§ 14 bis 19 KStG Tatbestandsmerkmal der körperschaftsteuerlichen Organschaft, bestimmt aber – anders als vor Inkrafttreten der gesetzlichen Regelung der körperschaftsteuerlichen Organschaft – nicht mehr entscheidend deren Rechtsfolgen. Wenn der Gesetzgeber gleichwohl diese Rechtsfolgen, nämlich die Einkommenszurechnung, vom Abschluss und der Durchführung eines GAV abhängig macht, so lässt sich das wohl nur damit erklären, dass er den Beteiligten die Rechtsfolgen der Einkommenszurechnung nicht aufzwingen wollte und dass darüber hinaus der Abschluss und die Durchführung eines GAV schwerwiegende Beweisanzeichen für jene wirtschaftliche Einheit zwischen Organgesellschaft und Organträger bilden, die zureichender Grund für eine Einkommenseinheit ist (kritisch zum Erfordernis eines GAV aus rechtspolitischer Sicht Grotherr, FR 1995, 1).

202 Die §§ 14 und 17 KStG unterscheiden entsprechend den handelsrechtlichen Gegebenheiten zwischen dem von einer AG oder einer KGaA als Organgesellschaft abgeschlossenen Gewinnabführungsvertrag i. S. des § 291 Abs. 1 AktG (§ 14 KStG) und dem von einer Organgesellschaft anderer Rechtsform (Kapitalgesellschaft) abgeschlossenen Vertrag, mit dem sich diese Gesellschaft zur Abführung ihres ganzen Gewinns an den Organträger verpflichtet (§ 17 KStG). Bei dem von einer AG als Organgesellschaft abgeschlossenen GAV ist darüber hinaus zu unterscheiden, ob die AG nach den §§ 319 ff. AktG eingegliedert ist oder nicht, da die eingegliederte AG gemäß § 324 AktG von einer Reihe der sonst für die AG geltenden Bestimmungen über den Abschluss, die Form und den Inhalt eines GAV befreit ist. Zur Eingliederung einer AG nach den §§ 319 ff. AktG vgl. im Einzelnen die Vorauflage, Rz. 159.

7.2 Rechtsnatur des Gewinnabführungsvertrags

203 Der GAV i. S. des § 291 Abs. 1 AktG enthält sowohl Elemente schuldrechtlicher als auch gesellschaftsrechtlicher Art. Reichsfinanzhof und Bundesfinanzhof haben für das Organschaftsrecht vor Inkrafttreten des § 7a KStG a. F. den Ergebnisabführungsvertrag übereinstimmend als gesellschaftsrechtlichen Vertrag charakterisiert, der zur Vermeidung der Doppelbesteuerung unter bestimmten Voraussetzungen wie ein betrieblicher Vorgang behandelt werden muss (vgl. BFH-Gutachten I D 1/56 S vom 27. 11. 1956, BStBl III 1957, 139 und zusammenfassend BFH-Urteil I 249/61 S vom 4. 3. 1965, BStBl III 1965, 329).

204 § 14 KStG geht in Übereinstimmung mit § 7a KStG a. F. eindeutig von dem gesellschaftsrechtlichen Charakter des GAV aus (zur gesellschaftsrechtlichen Natur des Ergebnisabführungsvertrages nach § 7a KStG a. F. siehe z. B. BFH-Urteile I R 240/72 vom 29. 10. 1974, BStBl II 1975, 126, 128 und I R 28/84 vom 26. 8.

II. Die Voraussetzungen der Organschaft

1987, BStBl II 1988, 76, 78 unter 2). Auch nach der Kodifizierung des Organschaftsrechts im KStG ist somit von der **gesellschaftsrechtlichen Natur des GAV** auszugehen (ebenso Herrmann/Heuer/Raupach, § 14 KStG Anm. 22). Die Zivilrechtsprechung geht ebenfalls davon aus, dass der GAV ein gesellschaftsrechtlicher Vertrag ist (BGH-Urteil II ZR 170/87 vom 14. 12. 1987, BGHZ 103, 1).

7.3 Die zivilrechtliche Wirksamkeit des Gewinnabführungsvertrags als Tatbestandsmerkmal der §§ 14 bis 19 KStG

Zivilrechtlich wird die Auffassung vertreten, dass ein GAV, der, obwohl nichtig, gleichwohl durchgeführt wird, nach den **Grundsätzen der fehlerhaften Gesellschaft** solange als wirksam zu behandeln und das herrschende Unternehmen zum Ausgleich der Verluste verpflichtet ist, bis sich einer der Vertragspartner auf die Nichtigkeit beruft (BGH-Urteil II ZR 170/87 vom 14. 12. 1987, a. a. O.). 205

Diese zivilrechtliche Auffassung lässt sich auf die körperschaftsteuerliche Organschaft nicht übertragen. Die Rechtswirkungen der § 14 bis 19 KStG treten vielmehr nur ein, wenn der GAV **zivilrechtlich wirksam** ist. Die bloß fiktive Annahme der Wirksamkeit reicht nicht aus (a.A. FG Münster IX 1172/87K vom 22. 8. 1988, EFG 1989, 310, aufgehoben aus anderen Gründen vom BFH mit Urteil I R 110/88 vom 13. 9. 1989, BStBl II 1990, 24). 206

Dieser Grundsatz gilt für alle Organgesellschaften, gleichgültig, welche Rechtsform sie haben. Bereits für die Rechtslage vor Inkrafttreten der gesetzlichen Regelung der körperschaftsteuerlichen Organschaft war im Wesentlichen unstreitig, dass nur ein bürgerlich-rechtlich wirksamer Ergebnisabführungsvertrag steuerrechtlich anerkannt werden kann (BFH-Gutachten I D 1/56 vom 27. 11. 1956, BStBl III 1957, 139). Hieran halten die §§ 14 bis 19 KStG fest. Mittelbar ergibt sich dies aus § 14 Abs. 1 Nr. 3 Satz 1 KStG bzw. § 14 Abs. 1 Satz 2 KStG i. d. F. des StVergAbG; danach muss der GAV „wirksam werden", damit die Einkommenszurechnung Platz greifen kann. 207

Ist ein GAV z. B. wegen Formmangels nichtig oder schwebend unwirksam, so sind die §§ 14 bis 19 KStG nicht anwendbar. Die Vorschrift des § 41 Abs. 1 Satz 1 AO 1977, nach der die bürgerlich-rechtliche Unwirksamkeit eines Rechtsgeschäfts insoweit und solange ohne Bedeutung ist, als die Beteiligten das wirtschaftliche Ergebnis des Rechtsgeschäfts eintreten und bestehen lassen, greift hier nicht ein, weil die §§ 14 bis 19 KStG die bürgerlich-rechtliche Wirksamkeit des GAV zum besonderen Tatbestandsmerkmal erhoben haben (KStR Ab- 208 schn. 55 Abs. 1 und Abschn. 64 Abs. 1; Herrmann/Heuer/Raupach, § 14 KStG Anm. 23; Jurkat, Tz. 369; Knobbe-Keuk, S. 552 f.; Bacher/Braun, BB 1978, 1177).

209 Die vom BGH (Urteil II ZR 170/87, a. a. O.) aufgestellten Grundsätze über fehlerhafte Unternehmensverträge reichen ebenfalls für die steuerrechtliche Anerkennung eines GAV nicht aus (ebenso BMF-Schreiben vom 31. 10. 1989, BStBl I 1989, 430). Gegen die Übernahme dieser Grundsätze spricht das erklärte Bestreben des Gesetzgebers, das Bestehen einer körperschaftsteuerlich anzuerkennenden Organschaft vom Vorliegen handelsrechtlich gültiger Gegebenheiten abhängig zu machen.

Der BFH hat die hier vertretene Auffassung inzwischen sowohl in Bezug auf § 41 AO (Urteil I R 28/84 vom 26. 8. 1987, BStBl II 1988, 76, 77) als auch in Bezug auf die Nichtanwendung der Grundsätze über fehlerhafte Unternehmensverträge (Urteil I R 7/97 vom 30. 7. 1997, BStBl II 1998, 33) bestätigt.

210 Die **tatsächliche Durchführung** des GAV ist neben der Wirksamkeit **weiteres Tatbestandsmerkmal**.

211 Die Voraussetzungen für die zivilrechtliche Wirksamkeit eines GAV sind verschieden, je nachdem, welche Rechtsform die beteiligten Unternehmen haben (siehe dazu Rz. 220 ff.)

212 Der Abschluss eines GAV durch ein gemeinnütziges Wohnungsunternehmen als Organgesellschaft verstößt zwar für VZ vor 1990 gegen § 9 Buchstabe a WGG (BVerwG-Urteil 8 C 52/82 vom 10. 5. 1985, BStBl II 1985, 440); ob dieser Verstoß aber zur zivilrechtlichen Unwirksamkeit führt, ist zweifelhaft.

7.4 Zeitliche Anforderungen

213 Während die finanzielle Eingliederung der Organgesellschaft bereits vom Beginn des Wirtschaftsjahrs der Organgesellschaft an gegeben sein muss, für das das Einkommen der Organgesellschaft erstmals dem Organträger zugerechnet werden soll, genügt es, dass der GAV spätestens bis zum Ende dieses Wirtschaftsjahres der Organgesellschaft abgeschlossen und bis zum Ende des folgenden Wirtschaftsjahres wirksam wird (§ 14 Abs. 1 Satz 1 Nr. 3 Satz 1 KStG). Der Gesetzgeber hat mit der Verlängerung der Frist für das Wirksamwerden des GAV der neuen, verschärften Rechtsprechung des BGH zu den zivilrechtlichen Anforderungen an den Abschluss eines wirksamen GAV (insbesondere Eintragungserfordernisse, siehe hierzu unten Rz. 237 ff.) Rechnung getragen.

II. Die Voraussetzungen der Organschaft

Beispiel:
Die X-AG (Wirtschaftsjahr = Kalenderjahr) ist seit dem 1. 1. 2002 finanziell in das Unternehmen des A eingegliedert. Am 1. 11. 2002 wird zwischen der X-AG als Organgesellschaft und dem A als Organträger ein GAV abgeschlossen, der am 30. 12. 2003 in das Handelsregister eingetragen wird. Das Ergebnis des Wirtschaftsjahrs 2002 der X-AG ist gemäß § 14 KStG dem A zuzurechnen.

Die vorstehend wiedergegebene Regelung ist durch das StVergAbG **entscheidend verändert** worden. Nach dem neu eingefügten § 14 Abs. 1 Satz 2 KStG ist das Einkommen der Organgesellschaft erstmals für das Kalenderjahr zuzurechnen, in dem das Wirtschaftsjahr endet und der Gewinnabführungsvertrag wirksam wird. **214**

Beispiel:
Die X-AG (Wirtschaftsjahr = Kalenderjahr) ist seit dem 1. 1. 2003 finanziell in das Unternehmen des A eingegliedert. Am 10. 5. 2003 wird zwischen der X-AG als Organgesellschaft und dem A als Organträger ein GAV abgeschlossen. Soll dem A das Ergebnis des Wirtschaftsjahres 2003 zugerechnet werden, muss der GAV bis spätestens 31. 12. 2003 wirksam werden, d. h. vor allem auch, in das Handelsregister eingetragen werden.

Beispiel:
Die X-AG hat ein Wirtschaftsjahr 1. 7. bis 30. 6. Abschluss des GAV am 10. 6. 2003, Wirksamwerden des GAV am 10. 10. 2003. Dem Organträger ist erstmals das Ergebnis des Wirtschaftsjahres 2003/2004 für den VZ 2004 zuzurechnen. Nach alter Gesetzeslage war dem Organträger bereits das Ergebnis des Wirtschaftsjahrs 2002/2003 für den VZ 2003 zuzurechnen.

Die Neuregelung gilt nach § 34 Abs. 9 Nr. 3 KStG i. d. F. des StVergAbG im VZ 2002, wenn der Gewinnabführungsvertrag nach dem 21. 11. 2002 abgeschlossen worden ist. Ist der Vertrag vor dem 22. 11. 2002 abgeschlossen worden, gilt die alte Regelung (Rz. 213).

Der Zeitpunkt, zu dem ein GAV zivilrechtlich wirksam wird, richtet sich nach den für Verträge dieser Art maßgebenden zivilrechtlichen Vorschriften, die verschieden sind, je nachdem, welche Rechtsform die Organgesellschaft hat.

Zivilrechtlich kann ein GAV grundsätzlich für jeden beliebigen Zeitraum abgeschlossen werden. Eine **Mindest- oder Höchstdauer ist nicht erforderlich.** Die §§ 14 bis 19 KStG verlangen demgegenüber im Anschluss an die Rechtslage vor der gesetzlichen Regelung der körperschaftsteuerlichen Organschaft als besonderes steuerliches Tatbestandsmerkmal eine bestimmte **Mindestlaufzeit** des GAV. Der GAV muss auf **mindestens fünf Jahre** abgeschlossen (und während dieser Zeit durchgeführt) werden (§ 14 Abs. 1 Satz 1 Nr. 3 Satz 1 KStG). Dabei beginnt der Fünfjahreszeitraum mit dem Anfang des Wirtschaftsjahres, für das die Wirk- **215**

samkeit des GAV erstmals eintritt (KStR ab 1985 Abschn. 55 Abs. 2 in Klarstellung zur früheren, missverständlichen Formulierung).

Beispiel:
Gründung der Organgesellschaft, die ein mit dem Kalenderjahr übereinstimmendes Wirtschaftsjahr hat, am 1. 9. 2002. Die Anforderungen des § 14 Abs. 1 Nr. 1 KStG liegen von Anfang an vor. Ein GAV wird im Dezember 2002 ins Handelsregister eingetragen.
Der Vertrag muss eine Mindestdauer bis zum 31. 12. 2007 vorsehen. Der Termin 31. 12. (und nicht 31. 8.) ergibt sich daraus, dass der GAV sich auf den ganzen Gewinn des Wirtschaftsjahres (also für 2007 vom 1. 1. bis 31. 12.) beziehen muss.

216 Auf mindestens fünf Jahre (Zeitjahre = 5 × 12 Monate; ebenso Dötsch/Eversberg/Jost/Witt, § 14 KStG Tz. 89; Walter, GmbHR 1995, 649; a. A. Bödefeld/Krebs, FR 1996, 157) ist ein GAV nur abgeschlossen, wenn diese Vertragsdauer in ihm **ausdrücklich und eindeutig vereinbart** ist. Die tatsächliche fünfjährige Durchführung eines auf unbestimmte Zeit geschlossenen GAV ist nicht ausreichend (Streck, § 14 KStG Anm. 67). Das Erfordernis, dass der GAV auf mindestens fünf Jahre abgeschlossen wird, enthält zugleich das Verbot einer vorzeitigen Beendigung des Vertrags (Herrmann/Heuer/Raupach, § 14 KStG Anm. 206). Die Mindestlaufzeit als steuerliches Tatbestandsmerkmal soll mehr oder weniger willkürlichen Einkommensverlagerungen vorbeugen. Nach Ablauf eines auf mindestens fünf Jahre abgeschlossenen GAV ist für einen Anschlussvertrag eine bestimmte zeitliche Bindung nicht mehr erforderlich.

217 Grundsätzlich ist jede **vorzeitige Beendigung** des GAV **steuerschädlich,** gleichgültig, ob diese auf einer Kündigung oder auf einer Vertragsaufhebung beruht. Nach § 14 Abs. 1 Satz 1 Nr. 3 Satz 2 KStG ist jedoch eine vorzeitige Beendigung des Vertrags durch Kündigung **unschädlich,** wenn ein **wichtiger Grund** die Kündigung rechtfertigt. Die Verwaltung ist zu Recht der Meinung, dass für eine vorzeitige Vertragsbeendigung durch Vertragsaufhebung nichts anderes gelten kann (KStR Abschn. 55 Abs. 7 Satz 1). Auch eine Vertragsaufhebung ist also unschädlich, wenn ein wichtiger Grund sie rechtfertigt.

218 Ein **wichtiger Grund** liegt nach § 297 Abs. 1 Satz 2 AktG namentlich vor, wenn der andere Vertragsteil voraussichtlich nicht in der Lage sein wird, seine aufgrund des GAV bestehenden Verpflichtungen zu erfüllen. Nach Auffassung der Verwaltung ist ein wichtiger Grund insbesondere in der Veräußerung oder Einbringung der Organbeteiligung durch den Organträger, der Umwandlung, Verschmelzung oder Liquidation des Organträgers oder der Organgesellschaft zu sehen. Demgegenüber stellt nach Auffassung des OLG Düsseldorf (Beschluss 3 Wx 178/94 vom 19. 8. 1994, DB 1994, 2125) die Veräußerung von Anteilen an

II. Die Voraussetzungen der Organschaft

der Organgesellschaft **zivilrechtlich** keinen wichtigen Grund zur Kündigung dar (zum Meinungsstand siehe Knott/Rodewald, BB 1996, 472 m. w. N.). Um den zivilrechtlichen Fragen zu entgehen, sollte die Veräußerung von Anteilen im GAV als wichtiger Kündigungsgrund vereinbart werden (zur Zulässigkeit einer solchen Klausel siehe BGH-Urteil II ZR 238/91 vom 5. 4. 1993, BGHZ 122, 211 = DB 1993, 1074). Kein wichtiger Grund ist nach Auffassung der Verwaltung anzunehmen, wenn bereits im Zeitpunkt des Vertragsabschlusses feststand, dass der GAV vor Ablauf der ersten fünf Jahre beendigt werden wird, es sei denn, der GAV wird durch Umwandlung, Verschmelzung oder Liquidation der Organgesellschaft beendigt (KStR Abschn. 55 Abs. 7). Hingegen sieht die Verwaltung einen wichtigen Grund für eine vorzeitige Beendigung eines GAV auch darin, dass die Vorschriften über die Besteuerung ausgeschütteter Gewinne durch das Körperschaftsteuerreformgesetz geändert worden sind. Diese Änderung soll aber nur als ursächlich für die Beendigung des Gewinnabführungsvertrags anzusehen sein, wenn die Laufzeit des Vertrags bis zum Schluss des ersten nach dem 31. 12. 1976 ablaufenden Wirtschaftsjahres der Organgesellschaft beendet wird (Schreiben des BMF vom 22. 12. 1976, BStBl I 1976, 755, Tz. 3.8). Entsprechendes muss für den Systemwechsel vom Anrechnungs- zum Halbeinkünfteverfahren gelten. Hinsichtlich weiterer wichtiger Gründe siehe Herrmann/Heuer/Raupach, § 14 KStG Anm. 206.

Zu den steuerlichen Folgen einer Beendigung des GAV siehe Rz. 811 ff.; zu der Frage, ob die Eintragung der Beendigung des GAV in das Handelsregister konstitutive oder lediglich deklaratorische Wirkung hat, siehe BayObLG, Beschluss 3Z BR 232/02 vom 5. 2. 2003, DB 2003, 761.   219

7.5 Der Gewinnabführungsvertrag der AG und der KGaA

Hat die Organgesellschaft die Rechtsform einer AG oder einer KGaA, so ist nach § 14 KStG Voraussetzung für die organschaftliche Einkommmenszurechnung, dass sich die Organgesellschaft durch einen Gewinnabführungsvertrag i. S. des § 291 Abs. 1 des AktG verpflichtet hat, ihren ganzen Gewinn an den Organträger abzuführen. Es muss sich also um einen Vertrag handeln, der der aktienrechtlichen Begriffsbestimmung des GAV genügt und für den demgemäß dann auch die Vorschriften des Aktiengesetzes über Gewinnabführungsverträge, insbesondere über den Abschluss, den Inhalt und die Wirkungen dieser Verträge gelten. § 291 Abs. 1 Satz 1 AktG definiert den GAV als Vertrag, durch den sich eine AG oder KGaA verpflichtet, ihren ganzen Gewinn an ein anderes Unternehmen abzuführen. Nach § 291 Abs. 1 Satz 2 AktG gilt auch ein Vertrag, durch den eine AG oder KGaA es übernimmt, ihr Unternehmen für Rechnung eines anderen Unternehmens zu führen, als Gewinnabführungsvertrag. Er ist ein Unternehmensver-   220 trag i. S. des Aktiengesetzes, der den für Unternehmensverträge gültigen Vorschriften der §§ 291 bis 307 AktG unterliegt. Ein solcher **Geschäftsführungsvertrag** (vgl. zu diesem Vertragstypus z. B. Damm, BB 1976, 294 ff.; Gessler, Festschrift für Hefermehl, 1976, S. 263 ff.; Koppensteiner in Kölner Kommentar zum AktG, § 291 AktG Rn. 56 ff.) ist ebenfalls ein GAV i. S. des § 14 KStG (Dötsch/Eversberg/Jost/Witt, § 14 KStG Tz. 74). Die Abführungsverpflichtung muss sich auf den ganzen Gewinn der AG oder KGaA erstrecken. Gewinn ist hierbei der handelsrechtliche, und nicht der steuerliche Gewinn. Ein Vertrag, der nur die Verpflichtung zur Abführung eines Teils des Gewinns der Organgesellschaft oder des Gewinns einzelner ihrer Betriebe enthält, also ein Teilgewinnabführungsvertrag i. S. von § 292 Abs. 1 Nr. 2 AktG, reicht für die Anwendung des § 14 KStG nicht aus. Ebensowenig genügt ein Vertrag, nach dem die Organgesellschaft zwar ihren ganzen Gewinn abführen muss, einen bestimmten Teil aber wieder zurückerhält, da dann ein Vertrag über eine Gewinngemeinschaft i. S. von § 292 Abs. 1 Nr. 1 AktG vorliegt (Baumbach/Hueck, § 291 AktG Rz. 8).

221 Ist die Organgesellschaft eine AG, die nicht nach den §§ 319 ff. AktG eingegliedert ist, oder eine KGaA, so richtet sich die zivilrechtliche Wirksamkeit des GAV nach den Vorschriften der §§ 293, 294 AktG. Danach ist erforderlich:

- Der Vertrag bedarf der schriftlichen Form (§ 293 Abs. 3 AktG). Fehlt die **Schriftform** (vgl. dazu § 126 BGB), so ist der Vertrag nichtig (§ 125 BGB).

- Nach § 293 Abs. 1 AktG muss die Hauptversammlung der Gesellschaft, die sich zur Gewinnabführung verpflichtet hat, dem Vertrag mit qualifizierter Mehrheit (3/4) zustimmen. Hat der andere Vertragsteil (Organträger) die Rechtsform einer AG oder KGaA, so ist von Gesetzes wegen zur Wirksamkeit des GAV erforderlich, dass auch die Hauptversammlung dieser Gesellschaft mit qualifizierter Mehrheit dem Vertragsabschluss zustimmt (§ 293 Abs. 2 AktG). Der BGH verlangt diese qualifizierte Mehrheit auch, wenn das herrschende Unternehmen die Rechtsform einer GmbH hat (Beschluss II ZB 7/88 vom 24. 10. 1988, BGHZ 105, 324, 336).

Die Zustimmung kann als Einwilligung vor oder als Genehmigung nach Abschluss des GAV durch den Vorstand von der Hauptversammlung erteilt werden (Baumbach/Hueck, § 293 AktG Rz. 5).

Der Zustimmungsbeschluss der beherrschten Gesellschaft ist durch eine notariell aufgenommene Niederschrift zu beurkunden, § 130 Abs. 1 Satz 1 AktG. Der Niederschrift ist der GAV als Anlage beizufügen, § 293 Abs. 3 Satz 6 AktG.

II. Die Voraussetzungen der Organschaft

Hat das herrschende Unternehmen die Rechtsform einer AG oder KGaA, so ist der GAV in entsprechender Anwendung des § 293 Abs. 3 Satz 6 AktG der über den Zustimmungsbeschluss aufgenommenen notariellen Niederschrift als Anlage beizufügen (BGH-Beschluss II ZB 15/91 vom 30. 1. 1992, DB 1992, 828).

Ist Organträger eine GmbH, so bedürfen der Zustimmungsbeschluss der Gesellschafterversammlung und der GAV nicht der notariellen Beurkundung (BGH-Beschluss II ZB 7/88 vom 24. 10. 1988, a. a. O.). Der GAV ist allerdings auch in diesem Fall dem Zustimmungsbeschluss als Anlage beizufügen (BGH-Beschluss II ZB 15/91 vom 30. 1. 1992, a. a. O.).

- Der Vertrag ist zur Eintragung in das Handelsregister des Sitzes der Gesellschaft, die sich zur Gewinnabführung verpflichtet hat, anzumelden (§ 294 Abs. 1 AktG). Der Anmeldung ist u. a. der Zustimmungsbeschluss mit dem GAV als Anlage des herrschenden Unternehmens beizufügen (BGH-Beschluss II ZB 15/91 vom 30. 1. 1992, a. a. O.). Gemäß § 294 Abs. 2 AktG wird der Vertrag erst wirksam, wenn sein Bestehen in das Handelsregister eingetragen worden ist. Die Eintragung hat konstitutiven Charakter (BFH-Urteil I R 28/84 vom 26. 8. 1987, BStBl II 1988, 76, 77; Baumbach/Hueck, § 294 AktG Rz. 8).

Auch wenn vereinbart wird, dass der Vertrag rückwirkend gelten soll, tritt er erst mit der **Eintragung in das Handelsregister** in Kraft. Maßgebend für den Zeitpunkt des zivilrechtlichen Wirksamwerdens ist unabhängig davon, ob sich der Vertrag rückwirkende Kraft beimisst oder nicht, die Eintragung in das Handelsregister, wobei allen übrigen formellen Voraussetzungen vorweg genügt sein muss. Nach Auffassung der Verwaltung (KStR Abschn. 55 Abs. 1) ist dieser Zeitpunkt auch entscheidend für die Beurteilung der Frage, ob der GAV spätestens am Ende des Wirtschaftsjahrs der Organgesellschaft wirksam geworden ist, das auf das Wirtschaftsjahr folgt, für das erstmals das Einkommen der Organgesellschaft dem Organträger zugerechnet werden soll (§ 14 Abs. 1 Nr. 3 KStG). Auch ein Vertrag, der zurückwirken soll, kann deshalb die Zurechnung nach § 14 KStG erstmals für das Wirtschaftsjahr herbeiführen, das dem Wirtschaftsjahr vorangeht, in dessen Verlauf er in das Handelsregister eingetragen worden ist, nicht hingegen für frühere Wirtschaftsjahre (zur zivilrechtlichen Zulässigkeit dieser Rückwirkung vgl. OLG Frankfurt, Beschluss 20 W 440/94 vom 12. 6. 1996, DB 1996, 1616; Hüffer, § 294 AktG Rn. 20 m. w. N.; zu den Folgen einer Rückwirkung allgemein Grewer, DStR 1997, 745; Dötsch/Eversberg/Jost/Witt, § 14 KStG Tz. 7 ff.). Im Schrifttum wird die Auffassung vertreten, dass den Voraussetzungen des § 14 Abs. 1 Nr. 3 KStG in den Fällen, in denen der GAV zivilrechtlich erst mit der Eintragung in das Handelsregister wirksam wird, bereits mit der Anmeldung des GAV zum Handelsregister genügt ist, sofern alle sonstigen Wirksamkeitsvoraussetzungen erfüllt sind, die Eintragung tatsächlich binnen angemessener Frist nachfolgt und die Eintragung auch zivilrechtlich zurückwirkt (Herrmann/Heuer/Raupach, § 14 KStG Anm. 221; Lademann/Gassner, § 14 KStG Anm. 74; kritisch Jurkat, Tz. 389 bis 391; Dötsch/Singbart, DB 1991, 406, 409, die hierfür eine Gesetzesänderung für notwendig halten; ausdrücklich offengelassen vom BFH im Urteil I R 28/84 vom 26. 8. 1987, BStBl II 1988, 76, 78). U. E. ist dieser Ansicht für die Zeit vor der Neufassung der § 14 Nr. 4 KStG durch das StÄndG 1992 zuzustimmen, da die Wirksamkeit der Organschaft mit ihren weitreichenden Folgen nicht vom Arbeitsablauf beim Handelsregister abhängen kann. Für diese Auffassung lassen sich auch die BFH-Urteile I 89/57 U vom 12. 11. 1957 (BStBl III 1958, 42) und VIII R 72/70 vom 6. 4. 1976 (BStBl II 1976, 341) anführen, in denen der BFH eine beschlossene und zum Handelsregister angemeldete, aber noch nicht eingetragene Kapitalerhöhung als steuerlich wirksam angesehen bzw. eine vor Eintragung des Kapitalherabsetzungsbeschlusses in das Handelsregister vorgenommene Kapitalrückzahlung an die Gesellschafter als steuerfreie Kapitalrückzahlung anerkannt hat. Mit der Neufassung des § 14 Nr. 4 Satz 1 KStG durch das StÄndG 1992 (jetzt § 14 Abs. 1 Nr. 3 Satz 1 KStG), wonach der GAV erst bis zum Ende des Wirtschaftsjahrs wirksam werden muss, das auf das Wirtschaftsjahr folgt, in dem die Folgen der Organschaft erstmals eintreten sollen, ist diese Ansicht jedoch überholt. Der Gesetzgeber hat mit der Verlängerung der Frist, innerhalb derer der GAV wirksam werden muss, die Bedenken gegen die Verwaltungsauffassung aufgenommen und gesetzlich geregelt. Eine noch weitere Ausdehnung der Frist ist jetzt nicht mehr mit dem Gesetz vereinbar.

Mit der Neufassung des § 14 Abs. 1 Satz 1 Nr. 3 KStG und der Einführung eines Satzes 2 in Abs. 1 durch das StVergAbG (siehe oben Rz. 214) sind die vorstehenden Ausführungen für alle GAV, die nach dem 21. 11. 2002 abgeschlossen werden, überholt. Da der Gesetzgeber in Kenntnis der vorstehend geschilderten Probleme ausdrücklich auf das Wirksamwerden des GAV abstellt, kann in Zukunft auf die Anmeldung nicht mehr abgestellt werden. Eine dahin gehende Auslegung wäre contra legem und gegen den Willen des Gesetzgebers.

- Zusätzlich sind seit dem 1. 1. 1995 die besonderen Voraussetzungen für den Abschluss eines Unternehmensvertrags in den §§ 293a ff. AktG zu beachten.

222 Ist die Organgesellschaft eine nach den §§ 319 ff. AktG eingegliederte AG, so ist der GAV zivilrechtlich wirksam, sobald er in Schriftform abgeschlossen ist

II. Die Voraussetzungen der Organschaft

(§ 324 Abs. 2 Satz 2 AktG). Eine Mitwirkung der Hauptversammlung der beteiligten Gesellschaften und eine Eintragung in das Handelsregister sind nicht erforderlich, da gemäß § 324 Abs. 2 Satz 1 AktG die Vorschriften der §§ 293 bis 294 AktG für den von einer eingegliederten AG abgeschlossenen GAV nicht gelten. In diesen Fällen muss der Vertrag bis zum Ende des Jahres, für das er erstmals gelten soll, schriftlich abgeschlossen sein.

Der von einer AG, die nicht nach den §§ 319 ff. AktG eingegliedert ist, oder von einer KGaA als Organgesellschaft rechtswirksam abgeschlossene GAV hat kraft Gesetzes bestimmte **zivilrechtliche Folgen,** die sich im Einzelnen aus den §§ 300 ff. AktG ergeben und die grundsätzlich zwingend, also nicht abdingbar sind. 223

Ein GAV i. S. des § 291 Abs. 1 AktG enthält bereits begrifflich die Verpflichtung der Organgesellschaft, „ihren ganzen Gewinn an ein anderes Unternehmen abzuführen". Das Aktiengesetz setzt zwar in § 301 AktG zwingend einen Höchstbetrag für die Gewinnabführung fest; im übrigen besteht jedoch Vertragsfreiheit, so dass die Parteien des Vertrags beliebig Vereinbarungen über den abzuführenden Betrag treffen können. Das Aktiengesetz sagt nicht, wieviel die Organgesellschaft abführen muss, damit der Vertrag noch auf die Abführung des ganzen Gewinns gerichtet und damit ein GAV i. S. des § 291 AktG und nicht nur ein Teilgewinnabführungsvertrag i. S. von § 292 AktG ist. 224

Höchstgrenze der Gewinnabführung bildet gemäß § 301 AktG der nach handelsrechtlichen Grundsätzen ohne Rücksicht auf die Gewinnabführung (vgl. § 157 Abs. 1 Nr. 27 AktG in der Fassung vor Inkrafttreten des Bilanzrichtlinien-Gesetzes vom 19. 12. 1985 – soweit auf Vorschriften des AktG in der Fassung vor Inkrafttreten des BiRiLiG Bezug genommen wird, wird die Abkürzung AktG a. F. verwendet. Das neue Grundgliederungsschema zur Gewinn- und Verlustrechnung in § 275 des Handelsgesetzbuches in der Fassung des Bilanzrichtlinien-Gesetzes – HGB – enthält zwar diesen Posten nicht mehr, doch schreibt § 277 Abs. 3 Satz 2 HGB vor, dass Erträge und Aufwendungen aus Verlustübernahme und aufgrund eines Gewinnabführungsvertrages jeweils gesondert unter entsprechender Bezeichnung auszuweisen sind. Diese Erträge und Aufwendungen beeinflussen damit auch nach dem neuen Gliederungsschema den Jahresüberschuss/Jahresfehlbetrag. Zu Einzelheiten des Ausweises siehe Glade, § 275 HGB Tz. 201, 257 ff., 298 ff.) berechnete Jahresüberschuss (§ 275 Abs. 2 Nr. 20 bzw. Abs. 3 Nr. 19 HGB), vermindert um den Verlustvortrag aus dem Vorjahr und den Betrag, der nach § 300 AktG in die gesetzliche Rücklage (Einzelheiten zu den Zuführungsbeträgen bei Hüffer, § 301 AktG Rn. 7, 9) einzustellen ist. Aus dieser 225

Vorschrift lässt sich schließen, dass jedenfalls ein Vertrag, nach dem allgemein abzuführen ist, was nach § 301 AktG abgeführt werden soll, aktienrechtlich und damit auch i. S. des § 14 KStG auf die Abführung des ganzen Gewinns gerichtet ist. Da aber nach § 14 Abs. 1 Satz 1 Nr. 4 KStG die Rechtswirkungen des § 14 KStG auch dann eintreten sollen, wenn die Organgesellschaft aus dem Jahresüberschuss Beträge in die Gewinnrücklagen (§ 272 Abs. 3 HGB) mit Ausnahme der gesetzlichen Rücklagen einstellt, soweit dies bei vernünftiger kaufmännischer Beurteilung wirtschaftlich begründet ist, ist auch ein GAV, der eine derartige Rücklagenbildung zulässt, auf die Abführung des ganzen Gewinns i. S. von § 14 KStG und damit auch i. S. des § 291 AktG gerichtet (arg. §§ 301 Satz 2, 302 Abs. 1 Halbsatz 2 AktG).

226 Einzelheiten zur Rücklagenbildung siehe Rz. 265 ff.

227 Aus der Definition des Höchstbetrags für die Gewinnabführung in § 301 Satz 1 AktG ergibt sich, dass es der Organgesellschaft aktienrechtlich verboten ist, im Rahmen des GAV **vorvertragliche offene Rücklagen** (das sind gemäß § 266 Abs. 3 Passivseite A. II und III HGB die Kapitalrücklage und die Gewinnrücklagen, vgl. Glade, § 266 HGB Tz. 547 ff.) an den Organträger abzuführen. Denn der Begriff des Jahresüberschusses, der die Gewinnabführung nach oben begrenzt, umfasst nach § 275 Abs. 2 Nr. 20 bzw. Abs. 3 Nr. 19 HGB i. V. m. § 158 Abs. 1 Nr. 2 und 3 AktG nicht Entnahmen aus offenen Rücklagen. Davon macht § 301 Satz 2 AktG lediglich für solche Beträge eine Ausnahme, die erst nach Inkrafttreten des GAV als andere Gewinnrücklagen gebildet worden sind (**nachvertragliche Rücklagen**). Mit dem Begriff „andere" Gewinnrücklagen in §§ 301 Satz 2, 302 Abs. 1 AktG wollte der Gesetzgeber u. E. nur die in § 266 Abs. 3 Passivseite A. III Nr. 2 bis 4 bezeichneten weiteren Gewinnrücklagen von der in § 301 Satz 1 AktG erwähnten gesetzlichen Rücklage abgrenzen, nicht aber nur die in Nr. 4 des Gliederungsschemas als „andere Gewinnrücklagen" bezeichnete Gewinnrücklage ansprechen. § 301 Satz 2 AktG ist deshalb zu lesen als: ... „in andere als die gesetzliche Gewinnrücklage ...". Diese Vorschrift umfasst somit neben den anderen Gewinnrücklagen auch die Rücklage für eigene Anteile und die satzungsmäßige Rücklage (a.A. wohl Koppensteiner, Kölner Kommentar zum AktG, § 301 Rn. 14). Hinsichtlich der satzungsmäßigen Rücklage (Einzelheiten zu dieser Rücklage siehe bei Glade, § 266 HGB Tz. 634 ff.) spricht für diese Auslegung, dass nicht erkennbar ist, dass der Gesetzgeber mit der Änderung des §§ 301, 302 AktG die Rücklagenbildung gegenüber dem alten Recht einschränken wollte. Es sollte vielmehr lediglich eine begriffliche Anpassung vorgenommen werden (Bericht des Rechtsausschusses und Beschlussempfehlung, Bundestagsdrucksache 10/8268, S. 128 Nr. 66 und 67). Unter die in §§ 301, 302 AktG

II. Die Voraussetzungen der Organschaft

a. F. erwähnten freien Rücklagen fielen sowohl die jetzigen satzungsmäßigen Rücklagen wie die anderen Gewinnrücklagen.

Für die Einbeziehung der **Rücklage für eigene Anteile** (§ 272 Abs. 4 HGB, Einzelheiten siehe bei Glade, § 266 HGB Tz. 463 ff., 627 ff.; zur bilanziellen und steuerrechtlichen Behandlung eigener Aktien nach der Neuregelung des Aktienerwerbs durch das Gesetz zur Kontrolle und Transparenz im Unternehmensbereich vom 27. 4. 1998, BGBl I 1998, 786, siehe Thiel, DB 1998, 1583) spricht, dass es keinen Grund dafür gibt, dass der Gewinn aus der Auflösung einer nachvertraglich gebildeten Rücklage für eigene Anteile nicht an den Organträger abgeführt werden dürfte. Dabei ist darauf hinzuweisen, dass eine Auflösung dieser Rücklage nur unter bestimmten Voraussetzungen zulässig ist (vgl. § 272 Abs. 4 Satz 2 HGB). 228

Die Verwaltung folgt jetzt der vorgenannten Auslegung. Darüber hinaus lässt sie zu Recht auch die Abführung einer nachvertraglich gebildeten **Kapitalrücklage** (§ 272 Abs. 2 Nr. 4 HGB) nach deren Wiederauflösung zu (KStR Abschn. 55 Abs. 3 Satz 4 Nr. 2 und Abs. 4 Satz 1). Demgegenüber hat der BFH (Urteil I R 25/00 vom 8. 8. 2001, BFH/NV 2002, 461 in Bestätigung des FG Münster, Urteil 9 K 6925/98 vom 31. 1. 2000, EFG 2000, 396) entschieden, dass eine nachvertraglich gebildete und wieder aufgelöste Kapitalrücklage nicht der Gewinnabführung nach § 301 AktG unterliege, sondern vielmehr an die Gesellschafter ausgeschüttet werden könne (sog. „Leg-ein-Hol-Zurück-Verfahren"). 229

Das Verbot, vorvertragliche Rücklagen abzuführen, umfasst aus den vorgenannten Gründen auch einen Gewinnvortrag (KStR Abschn. 55 Abs. 4 Satz 2), nicht hingegen **vorvertragliche stille Reserven** (Baumbach/Hueck, § 301 AktG Rz. 3 und 4), gleichgültig, ob diese noch unversteuert oder wie z. B. Bewertungsdifferenzen zwischen der Handels- und Steuerbilanz bereits versteuert sind (Prinzip der handelsbilanzmäßigen Substanzerhaltung; ebenso Herrmann/Heuer/Raupach, § 14 KStG Anm. 31). Zur Frage, ob vorvertragliche Rücklagen zugunsten des Bilanzgewinns aufgelöst und ausgeschüttet werden können, siehe Rz. 627 ff. 230

Sind sowohl vorvertragliche wie nachvertragliche Gewinnrücklagen i. S. des § 301 Satz 2 AktG vorhanden und lässt sich, da nur ein **gemischtes Rücklagenkonto** geführt wird, nicht feststellen, ob es sich bei den entnommenen Beträgen um Rücklagen der einen oder der anderen Art handelt, kann die Organgesellschaft bestimmen, ob die aufgelösten Gewinnrücklagen aus der vorvertraglichen oder aus der nachvertraglichen Zeit stammen (Streck, § 14 KStG Anm. 60). 231

232 **Sonderposten mit Rücklageanteil** (§§ 247 Abs. 3, 273, HGB), z. B. Rücklage gemäß § 6b EStG, Rücklage für Ersatzbeschaffung gemäß R 35 EStR (eine Zusammenstellung der Sonderposten mit Rücklageanteil findet sich bei Glade, 1. Aufl., Teil I Tz. 432), sind grundsätzlich (Ausnahme Preissteigerungsrücklage nach § 74 EStDV) keine anderen Gewinnrücklagen. Sie können deshalb auch dann, wenn sie vorvertraglich gebildet wurden, nachvertraglich aufgelöst und abgeführt werden (Koppensteiner, a. a. O., Rn. 20; Hüffer, § 301 AktG Rn. 3).

233 Besteht ein GAV, so hat gemäß § 302 Abs. 1 AktG der andere Vertragsteil, also der Organträger, jeden während der Vertragsdauer sonst entstehenden Jahresfehlbetrag auszugleichen (**Verlustübernahme**). Eine Ausnahme gilt nur, wenn während der Vertragsdauer Beträge in andere Gewinnrücklagen eingestellt worden sind, durch die der Fehlbetrag ausgeglichen werden kann. In diesem Falle besteht kein gesetzlicher Verlustausgleichsanspruch der Organgesellschaft. Vorvertragliche Rücklagen einschließlich eines Gewinnvortrags und nachvertragliche gesetzliche Rücklagen, aus denen der Fehlbetrag gedeckt werden könnte, schränken die gesetzliche Verlustausgleichspflicht nicht ein (Baumbach/Hueck, § 302 AktG Rz. 3). Eine nachvertragliche Rücklage für eigene Anteile schränkt die gesetzliche Verlustausgleichspflicht insoweit ein, als sie aufgelöst werden darf, was gemäß § 272 Abs. 4 Satz 2 HGB nur unter bestimmten Voraussetzungen möglich ist. Da § 302 AktG nur den Mindestumfang der Ausgleichspflicht des Organträgers regelt, lässt sich vertraglich die Ausgleichspflicht des Organträgers auf Fälle erweitern, in denen der Fehlbetrag aus nachvertraglichen anderen Gewinnrücklagen gedeckt werden könnte. Ebenso lässt sich die Ausgleichspflicht, die sich gesetzlich nicht auf einen bei Wirksamwerden des GAV vorhandenen Verlustvortrag erstreckt, vertraglich auf einen solchen Verlustvortrag erweitern, ohne dass das allerdings bei Anwendung des § 14 KStG zum Übergang des Verlustabzugs i. S. des § 10d EStG von der Organgesellschaft auf den Organträger führt (siehe dazu Rz. 512 f.). Nach h. M. entsteht der Verlustübernahmeanspruch und wird fällig am Bilanzstichtag der Organgesellschaft (BGH-Urteil II ZR 120/98 vom 11. 10. 1999, DB 1999, 2457; Hüffer, § 302 AktG Rn. 15 m. w. N.; zweifelhaft). Schuldner ist der andere Vertragsteil. Sind mehrere Unternehmen der „andere" Vertragsteil (Mehrmütterherrschaft), sind diese sämtlich Schuldner, und zwar Gesamtschuldner i. S. der §§ 421 ff. BGB (str., vgl. Hüffer, a. a. O. Rn. 21 m. w. N.). Nach § 302 Abs. 3 AktG kann die Organgesellschaft auf den Anspruch auf Verlustausgleich grundsätzlich erst drei Jahre nach Beendigung des GAV und nur unter erschwerten verfahrensmäßigen Voraussetzungen verzichten oder sich über ihn vergleichen.

II. Die Voraussetzungen der Organschaft

Ist die **Organgesellschaft** eine nach den §§ 319 ff. AktG **eingegliederte AG,** so sind gemäß § 324 Abs. 2 Satz 1 AktG die §§ 298 bis 303 AktG nicht anzuwenden. 234

Das bedeutet u. a.:
- Die **Höchstgrenze** für die Gewinnabführung nach § 301 AktG **gilt nicht;** statt dessen bestimmt § 324 Abs. 2 Satz 3 AktG, dass als Gewinn höchstens der ohne die Gewinnabführung entstehende Bilanzgewinn abgeführt werden kann. Diese Bestimmung geht in doppelter Hinsicht über die Begrenzung nach § 301 AktG hinaus: Es braucht kein Betrag in die gesetzliche Rücklage eingestellt zu werden, und es können auch vorvertragliche Rücklagen aufgelöst und als Gewinn abgeführt werden (Baumbach/Hueck, § 324 AktG Rz. 4; siehe dazu ferner Rz. 258). Aus diesen Bestimmungen über einen höheren Höchstbetrag darf aber nicht etwa geschlossen werden, dass ein Vertrag mit einer eingegliederten AG, der auf Abführung eines geringeren Betrags als höchstens zulässig, z. B. auf die Abführung der unter Beachtung des § 301 AktG errechneten Höchstbeträge gerichtet ist, nicht den ganzen Gewinn zum Gegenstand hat.
- Die eingegliederte AG hat zwar **keinen Anspruch auf Verlustausgleich** nach § 302 AktG. Die Hauptgesellschaft, also im Rahmen des § 14 KStG der Organträger, ist aber nach § 324 Abs. 3 AktG verpflichtet, jeden bei der eingegliederten Gesellschaft sonst entstehenden Bilanzverlust auszugleichen, soweit dieser den Betrag der Kapitalrücklagen und Gewinnrücklagen übersteigt. Dabei ist im Gegensatz zu § 302 Abs. 1 AktG gleichgültig, ob die Rücklagen vor- oder nachvertraglichen Charakter haben.

7.6 Der Gewinnabführungsvertrag anderer Kapitalgesellschaften

Ein Gewinnabführungsvertrag i. S. des § 291 Abs. 1 AktG kann begrifflich nur von einer AG oder einer KGaA abgeschlossen werden, weil die §§ 291 ff. AktG nur für beherrschte Unternehmen dieser Rechtsform gelten. Die für andere Kapitalgesellschaften maßgebenden handelsrechtlichen Gesetze, heute nur noch das GmbHG, enthalten keine vergleichbaren Vorschriften. Gleichwohl ist nicht zweifelhaft, dass sich auch eine GmbH, zivilrechtlich wirksam verpflichten können, ihren ganzen Gewinn an ein anderes Unternehmen abzuführen (vgl. nur BGH-Urteil II ZR 170/87 vom 14. 12. 1987, BGHZ 103, 1 = BB 1988, 361, 362 und Beschluss II ZB 7/88 vom 24. 10. 1988, BGHZ 105, 324, 330 = DB 1988, 2623). Da handelsrechtliche Normen über die Form und den Inhalt derartiger Verträge nicht existieren, aber die Voraussetzungen eines körperschaftsteuerlichen Organschaftsverhältnisses für Organgesellschaften jeglicher Rechtsform möglichst gleich sein sollen, bestimmt § 17 KStG, dass auch bei anderen Kapitalgesellschaften, also einer GmbH als Organgesellschaft, die Rechtsfolgen einer körper- 235 schaftsteuerlichen Organschaft nur eintreten, wenn sich die Kapitalgesellschaft verpflichtet hat, ihren ganzen Gewinn an den Organträger abzuführen, und darüber hinaus bestimmte weitere Voraussetzungen erfüllt sind. Diese besonderen steuerlichen Vorschriften über den von einer anderen Kapitalgesellschaft abgeschlossenen GAV als Voraussetzung einer Anwendung der §§ 14 bis 19 KStG sind den §§ 291 ff. AktG nachgebildet.

236 *(unbesetzt)*

237 Für die Organgesellschaften in der Rechtsform der GmbH gelten im Einzelnen folgende Grundsätze:

- *Formelle Erfordernisse*

238 Der GAV ändert den rechtlichen Status der beherrschten Gesellschaft, indem er insbesondere den Gesellschaftszweck, der bisher auf eigenen Erwerb ausgerichtet war, am **Konzerninteresse** ausrichtet und in das – wenn auch durch § 29 GmbHG eingeschränkte – Gewinnbezugsrecht der Gesellschafter eingreift (BGH-Urteil II ZR 170/87 vom 14. 12. 1987, a. a. O. und Beschluss II ZB 7/88, a. a. O., 331; Lutter/Hommelhoff, Anhang § 13 GmbHG Rn. 51). Daraus folgt, dass die Vorschriften des GmbHG über die Satzungsänderung jedenfalls entsprechend anwendbar sind. Im Einzelnen bedeutet das:

– Der GAV bedarf zu seiner zivilrechtlichen Wirksamkeit der **Schriftform** (BGH-Beschluss II ZB 7/88, a. a. O., S. 342; Lutter/Hommelhoff, a. a. O. Rn. 53; Hachenburg/Barz, § 13 GmbHG Anhang II Rn. 35; jetzt auch Scholz/ Emmerich, Band I, Anhang Konzernrecht, Anm. 247; für formlosen Abschluss hingegen Schmidt, GmbHR 1971, 9, 10; weitergehend für notarielle Beurkundung Hönle, DB 1979, 485, 488 und Timm, BB 1981, 1494 ff.). Die **notarielle Beurkundung** des Vertrages ist u. E. wegen § 15 Abs. 4 GmbHG dann erforderlich, wenn der GAV ein Umtausch- oder Abfindungsangebot bezüglich der Gesellschaftsanteile außenstehender Gesellschafter enthält.

– Die gesetzliche Vertretungsmacht des Geschäftsführers (§ 37 Abs. 2 GmbHG) reicht für den wirksamen Abschluss des GAV nicht aus. Der Vertrag wird vielmehr nur wirksam, wenn ihm die **Gesellschafterversammlung der beherrschten Gesellschaft zustimmt** (heute herrschende Meinung, vgl. z. B. BGH-Beschluss II ZB 7/88, a. a. O.; OLG Düsseldorf 6 U 143/79 vom 20. 3. 1980, BB 1981, 1482). Ob bei diesem Zustimmungsbeschluss das herrschende Unternehmen mitstimmen darf oder nach § 47 Abs. 4 Satz 2 GmbHG vom Stimmrecht ausgeschlossen ist, ist umstritten (**für Stimmrecht** z. B.: Lutter/ Hommelhoff, a. a. O., Rn. 54; Scholz/Emmerich, a. a. O., Anm. 257 f.; **für Stimmrechtsausschluss** z. B.: Zöllner in Baumbach/Hueck, a. a. O., Rn. 40;

II. Die Voraussetzungen der Organschaft

Flume, S. 235 f.). Der BGH hat in seinem Beschluss II ZB 7/88 (a. a. O., 332) die Frage offengelassen, da der Schutzbereich des § 47 Abs. 4 Satz 2 GmbHG jedenfalls Geschäfte des Alleingesellschafters mit sich selbst nicht erfasse. Er tendiert allerdings wohl dahin, einen Stimmrechtsausschluss nicht anzunehmen (Heckschen, DB 1989, 29, 30).

– Sehr streitig ist die Frage, mit welcher **Mehrheit** der Zustimmungsbeschluss bei der beherrschten Gesellschaft gefasst werden muss.

Ein namhafter Teil der Rechtslehre, von Zöllner als ganz herrschende Meinung bezeichnet, verlangt die – ggf. nachträgliche – **Zustimmung aller Gesellschafter**. Zur Begründung wird auf § 33 Abs. 1 Satz 2 BGB oder auf § 53 Abs. 3 GmbHG verwiesen (Zöllner, a. a. O.; Scholz/Emmerich, a. a. O., Anm. 252; Hachenburg/Barz, a. a. O., Rn. 36; Ulmer, BB 1989, 10, 14 mit weiteren Nachweisen in Fußnoten 44, 45).

Ein anderer Teil des Schrifttums lässt die für Satzungsänderungen erforderliche **3/4-Mehrheit** (§ 53 Abs. 2 GmbHG) genügen, was der Regelung in § 293 Abs. 1 AktG und § 17 Satz 2 Nr. 2 KStG in der Fassung vor dem StÄndG 1992 entspricht (Lutter/Hommelhoff, a. a. O., Rn. 64); Skibbe, GmbHR 1968, 246; Esch, BB 1986, S. 276; Heckschen, DB 1989, 29, 39; jetzt auch Timm, GmbHR 1987, 8, 11, der früher noch eine 9/10-Mehrheit verlangt hatte; ebenso OLG Düsseldorf 6 U 143/79, a. a. O.; weitere Nachweise bei Ulmer, a. a. O., Fußnote 47).

– Der Zustimmungsbeschluss des beherrschten Unternehmens ist **notariell zu beurkunden** und zusammen mit dem GAV und dem Namen des anderen Vertragsteils zur **Eintragung in das Handelsregister** am Sitz der beherrschten Gesellschaft anzumelden (BGH-Beschluss II ZB 7/88, a. a. O., 342, 344; Einzelheiten siehe bei Ulmer, BB 1989, 10, 12 f.).

– Unabhängig davon, ob das **herrschende Unternehmen** eine AG, KGaA oder GmbH ist, muss die Haupt- bzw. Gesellschafterversammlung des Organträgers dem GAV mit 3/4-Mehrheit zustimmen. Der Zustimmungsbeschluss hat nicht nur Innenwirkung, sondern **Außenwirkung**, d. h. er ist Erfordernis für die Wirksamkeit des GAV. Der BGH entnimmt das Zustimmungserfordernis einer entsprechenden Anwendung des § 293 Abs. 2 AktG (Beschluss II ZB 7/88 vom 24. 10. 1988, a. a. O., für eine GmbH und II ZB 15/91 vom 30. 1. 1992, DB 1992, 828 für eine AG – ebenso Rottnauer, DB 1991, 27 – als herrschendes Unternehmen). Der Beschluss bedarf bei einer GmbH nicht der notariellen Beurkundung (BGH-Beschluss II ZB 7/88, a. a. O., 333 ff.). Bei einer AG oder KGaA als herrschendem Unternehmen ergibt sich das Erfordernis der notariellen Beurkundung aus § 130 Abs. 1 Satz 1 AktG.

- Die Verwaltung hat die vom BGH aufgestellten Anforderungen an den wirksamen Abschluss eines GAV übernommen (KStR Abschn. 64 Abs. 1). Da die zivilrechtlichen Anforderungen an die Wirksamkeit eines GAV strenger sind als die in § 17 Satz 2 Nr. 1 bis 4 KStG in der Fassung vor dem StÄndG 1992 genannten steuerrechtlichen Voraussetzungen, sollen für Wirtschaftsjahre der Organgesellschaft, die bis zum 31. 12. 1992 enden, GAV jedoch nicht beanstandet werden, wenn sie zwar nicht die nach dem BGH erforderlichen zivilrechtlichen Wirksamkeitsvoraussetzungen erfüllen, im Übrigen aber entsprechend § 17 KStG abgeschlossen und durchgeführt worden sind (BMF-Schreiben vom 31. 10. 1989, BStBl I 1989, 430 = DB 1989, 2249 und vom 8. 3. 1990, DB 1990, 662). Die Übergangsregelung findet aber nur dann Anwendung, wenn beide Vertragsparteien sich nicht auf die Unwirksamkeit des GAV berufen (BFH-Urteil I R 7/97 vom 30. 7. 1997, BStBl II 1998, 33; vgl. auch BFH-Urteil I R 25/00 vom 8. 8. 2001, BFH/NV 2002, 461).

- § 17 Satz 2 Nr. 1 und 2 KStG in der Fassung vor dem StÄndG 1992, die formelle Anforderungen an den GAV enthielten, sind entfallen, nachdem der BGH die zivilrechtlichen Anforderungen verschärft hat (notarielle Beurkundung des Zustimmungsbeschlusses und Eintragung in das Handelsregister). Nunmehr verlangt § 17 Satz 1 KStG den – zivilrechtlich – wirksamen Abschluss eines GAV, ohne dass das Steuerrecht noch eigene formelle Anforderungen aufstellt.

- Ist **Organträger** ein **Einzelkaufmann,** der gleichzeitig **alleiniger Gesellschafter-Geschäftsführer der GmbH** ist, so ist der vom Geschäftsführer namens der GmbH mit sich selbst abgeschlossene GAV zivilrechtlich nur dann wirksam, wenn dem Geschäftsführer das **Selbstkontrahieren** entweder im Gesellschaftsvertrag oder nachträglich durch Änderung der Satzung der GmbH **ausdrücklich gestattet** ist (§ 35 Abs. 4 GmbHG; BGH-Beschluss II ZB 8/82, BGHZ 87, 59, 60; Roth/Altmeppen, § 35 GmbHG Rn. 58 ff.). Die Gestattung des Selbstkontrahierens ist eine eintragungspflichtige Tatsache (BGH, a. a. O.).

- Ist der GAV bereits von der **Vorgründungsgesellschaft** für die mit der Eintragung entstehende GmbH als beherrschtem Unternehmen abgeschlossen worden, ist zu beachten, dass die sich aus dem GAV ergebenden Rechte und Pflichten nicht automatisch auf die später gegründete und eingetragene GmbH übergehen. Der GAV muss vielmehr einzeln übernommen werden, um gegenüber der GmbH zivilrechtlich wirksam zu werden (BFH-Urteil I R 174/86 vom 8. 11. 1989, BStBl II 1990, 91, 92 mit Nachweisen zur BGH-Rechtsprechung).

- *Inhaltliche Erfordernisse*

II. Die Voraussetzungen der Organschaft

Nach § 17 Satz 1 KStG gelten die Vorschriften der §§ 14 bis 16 KStG entsprechend, wenn eine andere Kapitalgesellschaft sich wirksam verpflichtet, ihren ganzen Gewinn an ein anderes Unternehmen abzuführen. Die Verpflichtung, den ganzen Gewinn abzuführen, wird damit nochmals ausdrücklich als besondere steuerliche Voraussetzung für die Einkommenszurechnung nach § 17 i. V. m. § 14 KStG bekräftigt. Aus der für die AG gültigen gesetzlichen Regelung und dem erklärten Bestreben des Gesetzgebers, alle Kapitalgesellschaften im Rahmen der §§ 14 bis 19 KStG möglichst gleichzubehandeln, lässt sich ableiten, dass ein GAV jedenfalls dann auf die Abführung des ganzen Gewinns gerichtet ist, wenn er vorsieht, dass der sich ohne die Gewinnabführung ergebende Jahresüberschuss entsprechend § 275 Abs. 2 Nr. 20 bzw. Abs. 3 Nr. 19 HGB, vermindert um einen Verlustvortrag aus dem Vorjahr (vgl. § 301 AktG) abzuführen ist. Da nach § 14 Abs. 1 Satz 1 Nr. 4 KStG, auf den § 17 Satz 1 KStG verweist, die Rechtswirkungen der körperschaftsteuerlichen Organschaft auch dann eintreten, wenn die Organgesellschaft aus dem Jahresüberschuss Beträge in die Gewinnrücklagen einstellt, soweit dies bei vernünftiger kaufmännischer Beurteilung wirtschaftlich begründet ist, ist auch ein GAV, der eine derartige Rücklagenbildung ausdrücklich zulässt, auf die Abführung des ganzen Gewinns i. S. des § 17 KStG gerichtet. **239**

Verpflichtet sich eine AG, ihren ganzen Gewinn an ein anderes Unternehmen abzuführen, so hat dies, sofern die AG nicht nach den §§ 319 ff. AktG eingegliedert ist, unabhängig vom Willen der Vertragsschließenden gemäß § 302 AktG zwingend zur Folge, dass der andere Vertragsteil verpflichtet ist, grundsätzlich jeden während der Vertragsdauer sonst entstehenden Jahresfehlbetrag auszugleichen. Für Organgesellschaften anderer Rechtsform gilt § 302 AktG nicht; auch vergleichbare Vorschriften fehlen. Deshalb bestimmt § 17 Satz 2 Nr. 2 KStG, dass in dem von Organgesellschaften anderer Rechtsform abgeschlossenen GAV eine „Verlustübernahme" entsprechend den Vorschriften des § 302 AktG vereinbart sein muss. Nach Auffassung der Verwaltung (KStR Abschn. 64 Abs. 3) bedeutet dies, dass entweder in dem Vertragstext auf § 302 AktG verwiesen oder der Vertragstext entsprechend dem Inhalt dieser Vorschrift gestaltet werden muss. Dabei ist nach Auffassung der Verwaltung auch die Vorschrift des § 302 Abs. 3 AktG zu berücksichtigen, derzufolge die Organgesellschaft während der ersten drei Jahre nach Beendigung des GAV auf den ihr zustehenden Verlustausgleichsanspruch nicht verzichten oder sich nicht über ihn vergleichen darf (ebenso BFH-Urteile I R 220/78 vom 17. 12. 1980, BStBl II 1981, 383 in Bestätigung des FG Düsseldorf, Senate in Köln, Urteil XVI (XIII) 449/76 K vom 13. 6. 1978, EFG 1979, 43 und I R 43/99 vom 29. 3. 2000, BFH/NV 2000, 1250 in Bestätigung des FG Köln, Urteil 13 K 6548/96 vom 11. 3. 1999, EFG 1999, 730). **240**

241 Allein schon in Hinblick auf die BFH-Rechtsprechung empfiehlt es sich für den Praktiker, vorsorglich die ja in keiner Weise belastende Verzichtsklausel in den Vertrag aufzunehmen.

242 Für eine Organgesellschaft in der Rechtsform einer AG oder KGaA gilt gemäß § 301 AktG kraft Gesetzes der handelsrechtliche Grundsatz, dass während der Dauer des GAV die bei seinem Inkrafttreten vorhandene bilanzmäßige Substanz der Organgesellschaft zu erhalten ist, also nicht an den Organträger abgeführt werden darf. Das GmbHG enthält keine vergleichbaren Bestimmungen. Da jedoch Kapitalgesellschaften aller Rechtsformen im Rahmen der §§ 14 bis 19 KStG möglichst gleichbehandelt werden sollen, verlangte § 17 Satz 2 Nr. 4 KStG in der Fassung vor Inkrafttreten des StÄndG 1992 für andere Kapitalgesellschaften als besonderes steuerliches Tatbestandsmerkmal der Einkommenszurechnung, dass „die Abführung von Erträgen aus der Auflösung von freien vorvertraglichen Rücklagen ausgeschlossen wird". Da § 301 AktG nur vorvertragliche offene Rücklagen erfasst, nicht hingegen vorvertragliche stille Rücklagen, gleichgültig, ob diese noch unversteuert sind oder nicht, kann für die Auslegung des § 17 Satz 2 Nr. 4 KStG nichts anderes gelten. Es ist deshalb weder erforderlich, dass auch die Abführung von Erträgen aus der Auflösung von stillen versteuerten oder unversteuerten Rücklagen ausdrücklich ausgeschlossen wird noch bezieht sich ein dem Wortlaut des Gesetzes entsprechender vertraglicher Ausschluss im Zweifel auf Erträge aus der Auflösung derartiger stiller Rücklagen. Hingegen muss ebenso wie bei der AG und der KGaA ein etwaiger Gewinnvortrag zu den freien vorvertraglichen Rücklagen i. S. des § 17 Satz 2 Nr. 4 KStG gerechnet werden. Ein dem Gesetzestext entsprechender Wortlaut des GAV umfasst deshalb im Zweifel auch einen solchen Gewinnvortrag. Wird seine Abführung ausdrücklich für zulässig erklärt, so ist den Voraussetzungen des § 17 Abs. 2 Nr. 4 KStG nicht Genüge getan; die §§ 14 bis 19 KStG sind nicht anwendbar (ebenso Jurkat, Tz. 513).

243 Nach Auffassung der Verwaltung (KStR 1992 Abschn. 64 Abs. 3) braucht die Abführung aus der Auflösung von freien vorvertraglichen Rücklagen nicht ausgeschlossen zu werden, wenn die Organgesellschaft solche Rücklagen nachweislich nicht besitzt, z. B. weil sie neu gegründet worden ist. Wir teilen diese Auffassung (vgl. im einzelnen Schmidt, GmbHR 1971, 9, 13; ebenso Dötsch/Eversberg/Jost/Witt, § 17 KStG Tz. 6 a). Freie vorvertragliche Rücklage i. S. dieser Vorschrift ist neben der Gewinnrücklage (§ 272 Abs. 3 HGB) auch die Kapitalrücklage nach § 272 Abs. 2 Nr. 4 HGB (siehe Rz. 227).

244 Durch das StÄndG 1992 ist § 17 KStG neu gefasst worden. An die Stelle von § 17 Satz 2 Nr. 4 ist § 17 Satz 2 Nr. 1 KStG getreten. Diese Vorschrift verlangt,

II. Die Voraussetzungen der Organschaft

dass „eine Gewinnabführung den in § 301 des AktG genannten Betrag nicht überschreitet". Damit sind eventuelle Auslegungsprobleme des alten § 17 Satz 2 Nr. 4 KStG (siehe Rz. 242) beseitigt und die Gleichbehandlung aller Kapitalgesellschaften erreicht worden. Die Begrenzung der Gewinnabführung muss nicht ausdrücklich in den GAV aufgenommen werden; es reicht aus, wenn die tatsächliche Gewinnabführung den in § 301 AktG genannten Betrag nicht überschreitet (BMF-Schreiben vom 24. 3. 1994, DB 1994, 708).

- *Zeitliche Erfordernisse*

Nach § 14 Nr. 4 KStG in der Fassung vor Inkrafttreten des StÄndG 1992, auf den § 17 Satz 1 KStG verweist, muss der GAV bis zum Ende des Wirtschaftsjahres wirksam werden, für das die Einkommenszurechnung vorgenommen werden soll. Diese Vorschrift ist dahin zu verstehen, dass es genügt, aber auch erforderlich ist, wenn sowohl alle Voraussetzungen der zivilrechtlichen Wirksamkeit des GAV als auch alle besonderen steuerlichen Voraussetzungen nach § 17 Satz 2 KStG in der früheren Fassung bis zum fraglichen Zeitpunkt erfüllt sind. 245

Es reicht also für eine Anwendung der §§ 14 bis 19 KStG nicht, dass bis zum Ende des fraglichen Wirtschaftsjahrs der GAV zivilrechtlich wirksam ist, nach seinem Inhalt aber noch nicht den Kriterien des § 17 Satz 2 KStG entspricht. **Auch dieses Problem ist mit der Neufassung des § 17 KStG durch das StÄndG 1992 entfallen.**

7.7 *Der aufschiebend bedingte Gewinnabführungsvertrag*

Wird in einem Gewinnabführungsvertrag vereinbart, dass der Vertrag erst in Kraft treten soll, wenn ein zukünftiges ungewisses Ereignis eintritt, so steht der Vertrag unter einer **aufschiebenden Bedingung**, die auch steuerrechtlich anzuerkennen ist. Wirksam i. S. des § 14 Abs. 1 Nr. 3 KStG bzw. § 14 Abs. 1 Satz 2 KStG wird der Vertrag in diesem Falle erst mit Eintritt der Bedingung. Demgemäß ist dem Organträger erstmals das Einkommen des Wirtschaftsjahrs der Organgesellschaft zuzurechnen, in dem die Bedingung eintritt (Streck, § 14 KStG Anm. 57). Unklar ist, ob die Verwaltung einen unter einer aufschiebenden Bedingung geschlossenen GAV anerkennt. Sie hat jedenfalls die noch in den KStR 1990 Abschn. 55 Abs. 3 enthaltene Regelung nicht mehr in die KStR 1995 übernommen. In den KStR 1990 hatte es die Finanzverwaltung anerkannt, wenn der GAV so abgeschlossen war, dass er erst in Kraft trat, wenn die künftige Organgesellschaft einen vorhandenen Verlustabzug voll ausgeschöpft hatte. U. E. bestehen an der Anerkennung einer solchen Regelung keine durchgreifenden Bedenken. Es ist jedoch darauf hinzuweisen, dass sich die Registergerichte zunehmend 246 weigern, solche ihrer Ansicht nach nicht ausreichend konkreten GAV ins Handelsregister einzutragen. Dötsch/Eversberg/Jost/Witt halten den Abschluss eines aufschiebend bedingten GAV für unzulässig (§ 15 KStG Tz. 4 f.).

247 Da § 10d EStG bei der Ermittlung des Einkommens der Organgesellschaft, und zwar sowohl des dem Organträger zuzurechnenden Einkommens als auch einem etwaigen eigenen Einkommen (= Ausgleichszahlungen), nicht anzuwenden ist (§ 15 Nr. 1 KStG; siehe dazu Rz. 512), geht ein vorvertraglicher Verlust der Organgesellschaft steuerlich verloren. Ist bei Abschluss eines GAV zu erwarten, dass die Organgesellschaft in den nächsten Jahren Gewinne erzielt, so kann es sich empfehlen, das Inkrafttreten des GAV an die aufschiebende Bedingung zu knüpfen, dass ein Verlust der Organgesellschaft bei der Ermittlung des Einkommens späterer Jahre gemäß § 10d EStG voll abgezogen ist. Die Bedingung ist so zu formulieren, dass der GAV nicht bereits in dem Wirtschaftsjahr in Kraft treten soll, in dem nach Abzug des Verlusts erstmals ein Überschuss verbleibt, sondern erst mit Beginn des folgenden Wirtschaftsjahres, weil andernfalls bereits das Einkommen der Organgesellschaft im Ausgleichsjahr, bei dessen Ermittlung § 10d EStG nicht anwendbar ist, dem Organträger zuzurechnen ist, und damit der im Ausgleichsjahr getilgte Verlustanteil doch noch verloren ginge. Nach Auffassung der Verwaltung (KStR 1990 Abschn. 55 Abs. 3 Satz 2) ist zu unterstellen, dass der GAV erstmals im Folgejahr wirksam werden soll, wenn sich nichts Gegenteiliges aus dem Vertrag ergibt. Zu beachten ist freilich, dass in diesem Falle der im Ausgleichsjahr nach Abzug des Verlustes verbleibende Gewinn nicht dem Organträger zuzurechnen, sondern von der Organgesellschaft zu versteuern ist.

248 Von Nachteil kann der Abschluss eines GAV unter der vorerwähnten aufschiebenden Bedingung sein, wenn die Organgesellschaft nach Abschluss des GAV keine Gewinne erzielt, sondern weitere Verluste hinnehmen muss und die Verluste insgesamt nicht innerhalb der Fünfjahresfrist des § 10d EStG ausgeglichen werden können. Wäre in diesem Falle der GAV unbedingt abgeschlossen worden, so wären die Verluste dem Organträger als negatives Einkommen der Organgesellschaft zuzurechnen gewesen und hätten mit einem etwaigen positiven Einkommen des Organträgers ausgeglichen werden können.

249 Wird die aufschiebende Bedingung so gefasst, dass der GAV im Jahr nach seinem Abschluss wirksam werden soll, wenn die Organgesellschaft in diesem Jahr einen Verlust erleidet, nicht hingegen, wenn sie einen Gewinn erzielt, so ist damit zwar das optimale Ergebnis für das Folgejahr erzielt. Tritt dann aber die Bedingung ein, so ist der vorvertragliche Verlust endgültig verloren, weil dann auch etwaige Gewinne der Organgesellschaft in den nächsten fünf Jahren dem Organ-

II. Die Voraussetzungen der Organschaft

träger zuzurechnen sind (FG Hamburg II 115/84 vom 20. 8. 1986, EFG 1987, 42, hinfällig geworden durch Klagerücknahme während des Revisionsverfahrens).

Bei Abschluss des GAV unter der erwähnten aufschiebenden Bedingung ist auch auf die Frage zu achten, welche Rechtsfolgen eintreten sollen, wenn es wider Erwarten nicht gelingt, einen Verlust der Organgesellschaft innerhalb der Fünfjahresfrist des § 10d EStG voll auszugleichen. Enthält der Vertrag hierüber nichts, so wird im Zweifel anzunehmen sein, dass der Vertrag wirksam werden soll, sobald feststeht, dass der Ausgleich nicht mehr möglich ist. 250

Die vorstehend unter Rz. 248 bis 250 dargestellten Probleme sind mit der Neufassung des § 10d EStG durch das Gesetz vom 25. 7. 1988 (BGBl I 1988, 1093), durch das der Verlustvortrag ab dem VZ 1985 zeitlich unbegrenzt ermöglicht wird, **weitestgehend weggefallen.** 251

8. Die Durchführung des Gewinnabführungsvertrags

8.1 Grundlagen

Tatbestandsmerkmal der §§ 14 bis 19 KStG ist nicht nur der Abschluss und die mindestens fünfjährige Aufrechterhaltung eines Gewinnabführungsvertrags, sondern auch seine Durchführung, denn erst der **tatsächliche Vollzug** der Gewinnabführung und Verlustübernahme erweist die Organgesellschaft und den Organträger als wirtschaftliche Einheit, die eine Zusammenrechnung des Einkommens von Organgesellschaft und Organträger legitimieren kann. Es wäre in der Tat ungereimt, wenn das Gesetz zwar den Abschluss eines GAV verlangen, aber auf seine Durchführung verzichten würde. Demgemäß bestimmt § 14 Abs. 1 Satz 1 Nr. 3 Satz 1 KStG, dass der Gewinnabführungsvertrag auf mindestens fünf Jahre abgeschlossen und während dieser Zeit durchgeführt werden muss. 252

Ein GAV ist durchgeführt, wenn sich der **Vertragsinhalt,** so wie er sich aus dem Gesetz und dem Vertragstext ergibt, und der **tatsächliche Vertragsvollzug** decken. Der GAV ist daher z. B. nicht durchgeführt, wenn die Organgesellschaft ihren Gewinn nicht an den Organträger abführt oder wenn der Organträger den Verlust der Organgesellschaft nicht übernimmt. Der Verlust muss tatsächlich ausgeglichen werden, und zwar auch in den Fällen, in denen die Organschaft bereits beendet ist, die Verlustübernahme jedoch einen Zeitraum betrifft, in dem noch ein GAV bestand (FG München, rkr. Urteil 1 K 1214/91 vom 18. 3. 1998, EFG 1998, 1155; vgl. auch BFH-Urteil I R 156/93 vom 5. 4. 1995, HFR 1995, 516 = DB 1995, 1593). Ein der Durchführung des GAV entgegenstehender Ver- 253 zicht auf die Gewinnabführung liegt nicht vor, wenn der Organträger die Gewinnabführung der Organgesellschaft als Gesellschaftseinlage zurückgibt (Dötsch/Eversberg/Jost/Witt, § 14 KStG Tz. 98). Die Durchführung des GAV verlangt allerdings keine tatsächlichen Geldbewegungen. Es genügt der Ausweis entsprechender Forderungen und Schulden, sofern diese in angemessener Frist getilgt oder in Darlehensforderungen und Schulden mit den hierfür üblichen Konditionen umgeschaffen werden (dazu Sonnenschein, S. 392; Streck, § 14 KStG Anm. 73; zur Behandlung eines Verlustübernahmeanspruchs aus einem GAV bei der Einheitsbewertung des Betriebsvermögens siehe die BFH-Urteile II R 82/92 vom 12. 5. 1993, BStBl II 1993, 536 und II R 81/93 vom 19. 10. 1995, BFH/NV 1996, 292). An einer Durchführung des GAV fehlt es allerdings, wenn sich Organträger und Organgesellschaft, nachdem ein Verlustausgleichsanspruch der Organgesellschaft entstanden ist, darüber einigen, dass dieser nur mit etwaigen späteren Gewinnabführungsansprüchen des Organträgers zu verrechnen ist. Enthält bereits der GAV eine derartige Vereinbarung, so ist diese, sofern die Organgesellschaft eine AG ist, unwirksam, weil sie den zwingenden Vorschriften des § 302 und des § 324 Abs. 3 AktG widerspricht; ist die Organgesellschaft eine andere Kapitalgesellschaft, so fehlt es an der Vereinbarung einer Verlustübernahme entsprechend den Vorschriften des § 302 AktG.

8.2 Ordnungsmäßige Buchführung

254 Die Verwaltung hat ihre frühere Auffassung, der GAV sei nicht durchgeführt, wenn der abgeführte Gewinn oder der übernommene Verlust nicht aufgrund **ordnungsmäßiger Buchführung** ermittelt ist, aufgegeben. Gleichwohl bleibt zweifelhaft, ob der GAV durchgeführt ist, wenn die Buchführung der Organgesellschaft nicht nur an formellen Mängeln leidet, sondern so fehlerhaft ist, dass das Ergebnis geschätzt werden muss. Denn ein Vertrag, durch den sich eine Organgesellschaft verpflichtet, ihren ganzen Gewinn an ein anderes Unternehmen abzuführen, ist begrifflich auf die Abführung des nach den Grundsätzen ordnungsmäßiger Buchführung ermittelten Gewinns gerichtet. Ein Vertrag, demzufolge nur ein geschätzter Gewinn abzuführen ist, wäre kein Gewinnabführungsvertrag i. S. von § 291 Abs. 1 AktG und deshalb auch nicht i. S. von § 14 KStG. Demgemäß fehlt es an der Durchführung des GAV, wenn statt eines aufgrund ordnungsmäßiger Buchführung ermittelten Gewinns nur ein mehr oder weniger umfangreich geschätzter Gewinn abgeführt wird, weil Vertragsinhalt und Vertragsvollzug sich nicht decken (wie hier Streck, a. a. O., Anm. 74; Frotscher/Maas, § 14 KStG Rz. 172; Herrmann/Heuer/Raupach, § 14 KStG Anm. 219; in der Tendenz ebenso BFH-Urteil I R 156/93 vom 5. 4. 1995, DB 1995, 1593).

II. Die Voraussetzungen der Organschaft

8.3 Abführung und Ausschüttung vorvertraglicher Rücklagen

Ist die Organgesellschaft eine AG, die nicht nach den §§ 319 ff. AktG eingegliedert ist, eine KGaA oder eine GmbH, so darf sie **vorvertragliche Rücklagen oder einen vorvertraglichen Gewinnvortrag** nicht an den Organträger abführen. Verstößt die Organgesellschaft gegen dieses Verbot, so ist nach Auffassung der Verwaltung der GAV nicht durchgeführt (KStR Abschn. 55 Abs. 4 und Abschn. 64 Abs. 4). Gegen diese Auffassung lässt sich nicht einwenden, in derartigen Fällen sei der GAV mehr als durchgeführt, denn es werde mehr abgeführt als abgeführt werden müsse (und dürfe). Entscheidend ist, dass Vertragsinhalt und Vertragsvollzug nicht deckungsgleich sind. Es wäre auch mehr als ungereimt, wenn z. B. bei einer GmbH zwar die Nichtvereinbarung eines Abführungsverbots (§ 17 Satz 2 Nr. 4 KStG in der Fassung vor dem StÄndG 1992) eine Anwendung der §§ 14 bis 19 KStG hindern würde, nicht aber die Missachtung eines vereinbarten Abführungsverbotes, abgesehen davon, dass eine einvernehmliche Missachtung möglicherweise eine Vertragsänderung enthielte. Durch § 17 Satz 2 Nr. 1 KStG in der Fassung des StÄndG ist die vorstehende Auffassung gesetzlich verankert worden. 255

Eine verbotswidrige Abführung vorvertraglicher Rücklagen ist nach Ansicht der Verwaltung auch gegeben, wenn die Organgesellschaft **Aufwand** über freie vorvertragliche Rücklagen verrechnet (KStR Abschn. 55 Abs. 4 Satz 3). Dabei ist gleichgültig, ob es sich um nichtabzugsfähigen Aufwand wie z. B. die Körperschaftsteuer, die Vermögensteuer und die nichtabzugsfähigen Lastenausgleichsabgaben oder um abzugsfähigen Aufwand handelt. Auf das in diesem Zusammenhang zu erwähnende BFH-Urteil I R 27/66 vom 28. 10. 1970 (BStBl II 1971, 117) kann sich die Verwaltung für ihre Auffassung allerdings nicht berufen, weil dieses Urteil, das allerdings zur Rechtslage vor der gesetzlichen Regelung der körperschaftsteuerlichen Organschaft ergangen ist, offensichtlich vom Gegenteil ausgeht und sich nur mit der Frage beschäftigt, ob die Verrechnung von Aufwand gegen vorvertragliche Rücklagen zu einem eigenen Einkommen der Organgesellschaft führt. 256

Die Folge einer verbotswidrigen Abführung ist, dass die §§ 14 bis 19 KStG insgesamt nicht eingreifen; die Abführung ist als Beteiligungsertrag nach den hierfür gültigen Vorschriften zu beurteilen (siehe dazu Rz. 811 ff.). Siehe auch Dötsch/Witt, DB 1996, 1592, 1593 unter aa). 257

Ist die **Organgesellschaft** eine nach den §§ 319 ff. AktG **eingegliederte AG,** so kann sie im Rahmen des GAV auch vorvertragliche Rücklagen bzw. einen vorvertraglichen Gewinnvortrag an den Organträger abführen. Nach Auffassung der 258

Verwaltung steht eine derartige Abführung deshalb der Durchführung des GAV nicht entgegen. Die Abführung selbst vollzieht sich allerdings nicht im Rahmen der §§ 14 bis 19 KStG (siehe dazu Rz. 627 ff.; ferner KStR Abschn. 57 Abs. 5).

259 Ist die Organgesellschaft eine AG, die nicht nach den §§ 319 ff. AktG eingegliedert ist, oder eine KGaA, so ist handelsrechtlich zweifelhaft, ob die Gesellschaft **vorvertragliche Rücklagen**, die dem Abführungsverbot des § 301 AktG unterliegen, zugunsten des Bilanzgewinns **auflösen und ausschütten** kann. Für eine Bejahung der Frage spricht der Wortlaut des § 301 AktG (ebenso KStR Abschn. 55 Abs. 4 Satz 4; Herrmann/Heuer/Raupach, § 14 KStG Anm. 219 „Rücklagen"; Streck, § 14 KStG Anm. 73), dagegen lässt sich der Zweck dieser Vorschrift anführen, die bilanzmäßige Substanz der beherrschten Gesellschaft zu erhalten. Für die GmbH ist nicht zweifelhaft, dass diese handelsrechtlich in der Lage ist, vorvertragliche Rücklagen auszuschütten.

260 Soweit die Ausschüttung handelsrechtlich zulässig ist, beeinträchtigt sie die Durchführung des GAV nicht. Sie vollzieht sich jedoch außerhalb der §§ 14 bis 19 KStG (siehe dazu Rz. 631).

261 Da für die eingegliederte AG das Verbot der Abführung vorvertraglicher Rücklagen nicht gilt, kann nicht zweifelhaft sein, dass handelsrechtlich die AG derartige Rücklagen auch ausschütten kann. Die Ausschüttung steht der Durchführung des GAV nicht entgegen; sie vollzieht sich jedoch steuerlich ebenso wie die hier zulässige Abführung nicht im Rahmen der §§ 14 bis 19 KStG (siehe dazu Rz. 628).

262 Der Durchführung des GAV steht es nicht entgegen, wenn der an den Organträger abzuführende Gewinn entsprechend dem gesetzlichen Gebot in § 301 AktG durch einen beim Inkrafttreten des GAV vorhandenen **Verlustvortrag** gemindert wird (KStR Abschn. 55 Abs. 6 Nr. 1).

263 Unschädlich ist ebenfalls, wenn der Jahresüberschuss um den Betrag gemindert wird, der nach § 272 Abs. 4 HBG in eine **Rücklage für eigene Anteile** einzustellen ist. Dies soll nach Ansicht der Verwaltung nicht gelten, soweit für die Bildung dieser Rücklage während der Dauer des GAV gebildete frei verfügbare Gewinnrücklagen verwendet werden können (KStR 1990 Abschn. 55 Abs. 5 Buchst. c). Wenn die vorgenannte Regelung auch nicht in die KStR 1995 übernommen wurde, gilt sie wohl weiter (Dötsch/Eversberg/Jost/Witt, § 14 KStG Tz. 95).

8.4 Nachvertragliche Rücklagen

264 Da sich die Organgesellschaft zu verpflichten hat, ihren ganzen Gewinn an den Organträger abzuführen, stellt sich die Frage, ob der GAV durchgeführt ist, wenn

II. Die Voraussetzungen der Organschaft

die Organgesellschaft nachvertragliche Rücklagen bildet und nur den verbleibenden Teil ihres Gewinns an den Organträger abführt.

8.4.1 Gesetzliche Rücklagen und Verlustvortrag

Wie Rz. 223 ff. ausführt, besteht für eine AG, die nicht nach den §§ 319 ff. AktG eingegliedert ist, und für eine KGaA eine gesetzliche **Höchstgrenze für die Gewinnabführung,** derzufolge nur der ohne die Gewinnabführung errechnete Jahresüberschuss, vermindert um einen Verlustvortrag aus dem Vorjahr und den Betrag, der nach § 300 AktG in die gesetzliche Rücklage einzustellen ist, abgeführt werden darf. Verfährt die Organgesellschaft entsprechend, so ist der GAV durchgeführt, denn Vertragsinhalt und Vertragsvollzug decken sich. Die Verwaltung vertritt demgemäß zu Recht die Ansicht, dass die Tilgung eines Verlustvortrags und die Bildung gesetzlicher Rücklagen nach Maßgabe der §§ 300, 301 AktG der Durchführung des GAV nicht entgegenstehen (KStR Abschn. 55 Abs. 6 Nr. 1 und 2). Werden höhere Rücklagen gebildet als in § 300 AktG vorgesehen, so sind diese wie Gewinnrücklagen zu beurteilen. 265

Vorstehende Grundsätze müssen **sinngemäß** für Organgesellschaften anderer Rechtsform gelten. Für diese bestanden zwar bis zum StÄndG 1992 gesetzlich keine gleichartigen Höchstgrenzen für die Gewinnabführung. Darüber hinaus kennt z. B. das GmbHG keine gesetzlichen Rücklagen (bei der von Gesetzes wegen zu bildenden Rücklage für eigene Anteile, § 71 AktG, § 33 Abs. 2 GmbHG, § 272 Abs. 4 HGB, handelt es sich nicht um eine gesetzliche Rücklage in diesem Sinne). Gleichwohl ist im Interesse der steuerlichen Gleichbehandlung von Organgesellschaften aller Rechtsformen anzunehmen, dass die Bildung von Rücklagen, so wie sie § 300 AktG verlangt, und die Tilgung eines vorvertraglichen Verlustvortrags der Durchführung des GAV nicht entgegenstehen (enger Herrmann/Heuer/Raupach, § 17 KStG Anm. 32 Stichwort „Abführung von Rücklagen"). Hiervon geht offenbar auch die Verwaltung aus, denn nach Abschn. 64 Abs. 4 KStR gilt für andere Kapitalgesellschaften i. S. von § 17 KStG Abschn. 55 KStR entsprechend. Nunmehr enthält § 17 Satz 2 Nr. 1 KStG den ausdrücklichen Hinweis, dass die Gewinnabführung den in § 301 AktG genannten Betrag nicht überschreiten darf. 266

8.4.2 Freie Rücklagen

Nach § 14 Abs. 1 Satz 1 Nr. 4 KStG darf die Organgesellschaft Beträge aus dem Jahresüberschuss nur insoweit in **Gewinnrücklagen** einstellen, als dies bei vernünftiger kaufmännischer Beurteilung begründet ist. Wie in Rz. 223 ff. ausgeführt, muss diese Vorschrift als Ausnahme von dem Grundsatz, dass die Gewinn- 267 abführungsverpflichtung auf den ganzen Gewinn gerichtet sein muss, oder besser als partielle Legaldefinition des Begriffs „ganzer Gewinn" verstanden werden. Mittelbar wirkt § 14 Abs. 1 Satz 1 Nr. 4 KStG damit auch als Ausnahme von der nach § 14 Abs. 1 Satz 1 Nr. 3 KStG gebotenen Durchführung des GAV i. S. einer Abführung des ganzen Gewinns.

268 Bevor die Zulässigkeit einer Rücklagenbildung nach § 14 Abs. 1 Satz 1 Nr. 4 KStG geprüft wird, ist zu untersuchen, ob es sich um eine **handelsrechtlich zulässige oder unzulässige Maßnahme** handelt. Die Rücklagenbildung ist für Aktiengesellschaften und Kommanditgesellschaften auf Aktien in § 58 AktG und für Gesellschaften mbH in § 29 Abs. 2 GmbHG in der Fassung gemäß Art. 3 Nr. 1 BiRiLiG geregelt (zu Einzelheiten siehe Glade, § 266 HGB Tz. 620 ff.).

269 Eine **handelsrechtlich unzulässige Rücklagenbildung** kann nicht bei vernünftiger kaufmännischer Beurteilung wirtschaftlich begründet sein. Sie führt deshalb dazu, dass die Folgen des § 14 Abs. 1 Satz 1 KStG nicht eintreten.

270 Eine **handelsrechtlich zulässige Rücklagenbildung** muss, damit die Rechtsfolgen der Organschaft eintreten, darüber hinaus den Anforderungen des § 14 Abs. 1 Satz 1 Nr. 4 KStG genügen. Die Beschränkung dieser Vorschrift galt vor dem StÄndG 1992 für die Einstellung von Beträgen in „**freie Rücklagen**". Während dieser Begriff früher im Aktiengesetz definiert war (§ 151 Abs. 1 Passivseite II 2. AktG a. F.), verwendet § 266 HGB diesen Begriff nicht mehr.

Erst durch das StÄndG 1992 ist der alte § 14 Nr. 5 KStG (heute § 14 Abs. 1 Satz 1 Nr. 4 KStG) an die neue Terminologie angepasst worden. Die Worte „freie Rücklagen" sind durch die Worte „die Gewinnrücklagen (§ 272 Abs. 3 HGB) mit Ausnahme der gesetzlichen Rücklagen" ersetzt worden. Durch den Hinweis auf § 272 Abs. 3 HGB ist klargestellt, dass die im Gliederungsschema des § 266 Abs. 3 A. III. HGB ebenfalls unter den Gewinnrücklagen ausgewiesene Rücklage für eigene Anteile (Nr. 2) nicht unter § 14 Abs. 1 Satz 1 Nr. 4 KStG fällt.

Auch nach der Neufassung ist u. E. daran festzuhalten, dass Zuführungen zur gesetzlichen Rücklage, die die gesetzlich vorgeschriebenen Beiträge überschreiten, wie andere Gewinnrücklagen zu beurteilen sind. Andernfalls hätte die Organgesellschaft es in der Hand, durch überhöhte Zuführungen in diese Rücklage das Erfordernis der Abführung des **ganzen** Gewinns zu umgehen.

271 Die **Bildung stiller Rücklagen** (stiller Reserven) fällt nicht unter die Beschränkung des § 14 Abs. 1 Satz 1 Nr. 4 KStG (Dötsch/Eversbach/Jost/Witt, § 14 KStG Tz. 95; Lademann/Gassner, § 14 KStG Anm. 86; ebenso jetzt auch KStR

II. Die Voraussetzungen der Organschaft

Abschn. 55 Abs. 6 Nr. 3 Satz 6; a.A. noch KStR 1985 Abschn. 55 Abs. 5 Buchstabe c für stille Rücklagen, die sich nicht aus der Anwendung handelsrechtlicher Bewertungsvorschriften ergeben). Es handelt sich nicht um Rücklagen i. S. dieser Vorschrift. Die Bildung solcher Rücklagen verstößt auch nicht gegen das Erfordernis der Durchführung des GAV. Ganzer Gewinn i. S. von § 14 bzw. § 17 KStG ist der sich aus der Anwendung der jeweils maßgebenden handelsrechtlichen Bilanzierungsvorschriften errechnete Gewinn (Herrmann/Heuer/Raupach, § 14 KStG Anm. 233 Stichwort „Stille Rücklagen"). Die handelsrechtlich zulässige Bildung stiller Rücklagen durch die Organgesellschaft verstößt nur dann gegen das Erfordernis der Durchführung des GAV, wenn dieser ihre Bildung ausdrücklich untersagt. § 14 Abs. 1 Nr. 4 KStG findet zweifelsfrei keine Anwendung auf die Zuführungen zum **Sonderposten mit Rücklageanteil** (§§ 247 Abs. 3, 273 HGB), z. B. Rücklage gemäß § 6b EStG, Rücklage für Ersatzbeschaffung gemäß R 35 EStR. Hierzu gehören auch offene und stille Rücklagen, die durch die Inanspruchnahme steuerlicher Vergünstigungsvorschriften entstehen (eine Zusammenstellung der Sonderposten mit Rücklageanteil findet sich bei Glade, Teil I Tz. 432).

272 Der GAV braucht eine Rücklagenbildung im Rahmen des § 14 Abs. 1 Satz 1 Nr. 4 KStG nicht ausdrücklich zuzulassen (Herrmann/Heuer/Raupach, § 14 KStG Anm. 231; Lademann/Gassner, § 14 KStG Anm. 111; Streck, § 14 KStG Anm. 73; a.A. Eberhard Schmidt, FR 1982, 139, der eine ausdrückliche Zulassung im GAV verlangt). Schließt allerdings der GAV die Einstellung von Teilen des Jahresüberschusses in satzungsmäßige Rücklagen oder andere Gewinnrücklagen ausdrücklich aus, führt die Bildung von Rücklagen durch die Organgesellschaft, auch wenn sie nicht über den Rahmen des § 14 Abs. 1 Satz 1 Nr. 4 KStG hinausgeht, dazu, dass der GAV nicht ordnungsgemäß durchgeführt ist und wegen Verstoßes gegen § 14 Abs. 1 Satz 1 Nr. 3 Satz 1 KStG die Rechtsfolgen der Organschaft nicht eintreten.

273 Das Gesetz sagt nicht, unter welchen Voraussetzungen die Bildung von Rücklagen i. S. des § 14 Abs. 1 Satz 1 Nr. 4 KStG „bei vernünftiger kaufmännischer Beurteilung wirtschaftlich begründet" und damit unschädlich ist. Die Verwaltung (KStR Abschn. 55 Abs. 6 Nr. 3) verlangt in Übereinstimmung mit dem BFH (Urteil I R 61/77 vom 29. 10. 1980, BStBl II 1981, 336), dass ein **konkreter Anlass** für die Bildung der Rücklage gegeben sein muss, der auch aus **objektiver unternehmerischer Sicht** die Bildung der Rücklage rechtfertigt, wie z. B. eine geplante Betriebsverlegung, Werkserneuerung oder Kapazitätsausweitung. Der BFH lehnt es in dem vorgenannten Urteil allerdings ab, die Bildung von Rücklagen auf besonders ausgewählte betriebliche Anlässe zu beschränken. Welche betrieblichen Anlässe die Bildung (oder Erhöhung) einer freien Rücklage rechtfertigen, hängt von den Umständen des Einzelfalles ab. Eine bloß gewohnheitsmäßige Bildung von freien Rücklagen genügt nicht. Andererseits kann das Ziel einer Verbesserung der Kapitalstruktur eines Unternehmens nicht ohne weiteres als schädlich angesehen werden (BFH, a. a. O.). Ein konkreter Anlass zur Bildung von Gewinnrücklagen kann z. B. auch vorliegen, wenn ein Unternehmen besondere Risiken trägt und es bei Ausschüttung der entsprechenden Beträge als Gewinn möglicherweise Verluste ohne Gefährdung des Unternehmens nicht abdecken könnte. Rücklagen, durch die Gewinne der Ausschüttung entzogen werden, sind das geeignete Mittel zur Bildung von Risikokapital (BFH, a. a. O.). Dabei ist es grundsätzlich dem Unternehmen überlassen zu bestimmen, ob es sich erforderliches Kapital durch Bildung von Eigen- oder Fremdkapital beschaffen will. Den für die Bildung der Rücklagen zuständigen Organen muss innerhalb der aufgezeigten Grenzen ein Beurteilungsspielraum eingeräumt werden.

274 Zu den Rechtsfolgen bei einem Verstoß gegen § 14 Abs. 1 Satz 1 Nr. 4 KStG siehe Rz. 811 ff.

275–310 *(unbesetzt)*

9. Besondere Voraussetzungen für die Anwendung der §§ 14 bis 19 KStG bei Personengesellschaften als Organträger

Vorbemerkung

Die nachfolgenden Ausführungen (Rz. 311 bis 359) beziehen sich nur auf VZ vor 2003. Durch das StVergAbG ist ab VZ 2003 § 14 Abs. 1 Satz 1 Nr. 2 KStG in Bezug auf Personengesellschaften als Organträger gravierend umgestaltet worden (siehe hierzu Rz. 360). Zitate in den Rz. 311 bis 359 beziehen sich, wenn nicht anders vermerkt, auf das KStG i. d. F. des UntStFG und des StVBG.

9.1 Grundlegung

311 Organträger kann auch eine „Personengesellschaft i. S. des § 15 Abs. 1 Nr. 2 des Einkommensteuergesetzes" sein (§ 14 Abs. 1 Nr. 2 Satz 1 KStG).

312 Ist der Organträger eine Personengesellschaft i. S. des § 15 Abs. 1 Nr. 2 EStG, so ergeben sich für die Anwendung der §§ 14 bis 19 KStG eine Reihe von Besonderheiten.

II. Die Voraussetzungen der Organschaft

Personengesellschaften i. S. des § 15 Abs. 1 Nr. 2 EStG sind die dort genannte offene Handelsgesellschaft, die Kommanditgesellschaft und jede andere „Gesellschaft, bei der der Gesellschafter als Unternehmer (Mitunternehmer) anzusehen ist", wie z. B. eine Gesellschaft des bürgerlichen Rechts (auch dann, wenn sie eine Innengesellschaft ist, vgl. BFH-Urteil I R 25/79 vom 28. 10. 1981, BStBl II 1982, 186) oder eine atypische stille Gesellschaft (deren Organträgereigenschaft ist zweifelhaft, bejahend FG Hamburg, rkr. Urteil II 46/81 vom 12. 3. 1984, EFG 1984, 569; Streck, § 14 KStG Anm. 38; Dötsch/Eversberg/Jost/Witt, § 14 KStG Tz. 72 unter Hinweis auf das BFH-Urteil VIII R 54/93 vom 25. 7. 1995, BStBl II 1995, 794; ablehnend Döllerer, DStR 1985, 295, 301; Zacharias/Suttmeyer/Reinewitz, DStR 1988, 128, 132). 313

Nach den Sätzen 3 und 4 der Nr. 2 ist für die Anwendung des § 14 KStG auf Personengesellschaften als Organträger von entscheidender Bedeutung, ob 314

- ein oder mehrere Gesellschafter der Personengesellschaft beschränkt einkommensteuerpflichtig sind oder an der Personengesellschaft ein oder mehrere Körperschaften, Personenvereinigungen oder Vermögensmassen beteiligt sind, die ihre Geschäftsleitung nicht im Inland haben oder

- an der Personengesellschaft nur unbeschränkt einkommensteuerpflichtige natürliche Personen und (oder) nur Körperschaften, Personenvereinigungen und Vermögensmassen beteiligt sind, die ihre Geschäftsleitung im Inland haben.

Für den ersten erwähnten Sachverhalt schreibt das Gesetz vor, dass die „Voraussetzung der Nummer 1" (d. h. die finanzielle Eingliederung) „im Verhältnis zur Personengesellschaft selbst erfüllt sein muss". Im Umkehrschluss ergibt sich hieraus, dass dies bei der zweiten erwähnten Sachverhaltsgestaltung nicht notwendig ist, d. h. eine organschaftliche Eingliederung in die gewerblichen Unternehmen der Gesellschafter der Personengesellschaft genügt. 315

Zweifelhaft kann sein, ob dann, wenn sich ein **ausländisches gewerbliches Unternehmen** über eine im Inland im Handelsregister eingetragene Zweigniederlassung an einer Personengesellschaft beteiligt und die Voraussetzungen des § 18 KStG erfüllt sind, der erste oder zweite erwähnte Sachverhalt gegeben ist und demgemäß die organschaftlichen Voraussetzungen in diesem Falle im Verhältnis zur Personengesellschaft selbst oder nur im Verhältnis zu den Gesellschaftern der Personengesellschaft erfüllt sein müssen. Dem ersten Anschein nach spricht alles für die erste Alternative, weil ja der Träger des ausländischen gewerblichen Unternehmens regelmäßig nur beschränkt einkommen- oder körperschaftsteuerpflichtig sein wird. Die Verwaltung gibt zu Recht der zweiten Alternative den 316

Vorzug (KStR Abschn. 52 Abs. 5 und 7). Wenn § 18 Satz 2 KStG anordnet, die Vorschriften der §§ 14 bis 17 KStG seien sinngemäß anzuwenden, so lässt sich dies auf der Grundlage der Überlegungen, die § 18 KStG überhaupt existent werden ließen (Bundestagsdrucksache V/3882), durchaus dahin verstehen, dass die inländische Zweigniederlassung eines ausländischen gewerblichen Unternehmens für die Anwendung der §§ 14 bis 17 KStG in vollem Umfange einer unbeschränkt einkommensteuerpflichtigen natürlichen Person oder einer Körperschaft mit Geschäftsleitung im Inland gleichgestellt ist (ebenso Herrmann/Heuer/Raupach, § 14 KStG Anm. 172; Mössner/Seeger/Schwarz, § 14 KStG Rn. 64).

317 Nach Satz 2 des § 14 Abs. 1 Nr. 2 KStG dürfen an der Personengesellschaft nur Gesellschafter, die mit dem auf sie entfallenden Teil des zu versteuernden Einkommens im Inland der Einkommensteuer oder der Körperschaftsteuer unterliegen, als Mitunternehmer (vgl. Herrmann/Heuer/Raupach, § 14 KStG Anm. 163; Streck, § 14 KStG Anm. 39) beteiligt sein. Bei wörtlicher Auslegung schließt diese Vorschrift die Anerkennung einer Personengesellschaft als Organträger aus, wenn an der Personengesellschaft eine Organgesellschaft i. S. des § 14 KStG als Mitunternehmer beteiligt ist. Denn in diesem Fall unterliegt der auf die **Organgesellschaft als Mitunternehmer** entfallende Teil des der Personengesellschaft zuzurechnenden Einkommens nicht bei ihr der Körperschaftsteuer, sondern erst bei ihrem Organträger der Einkommensteuer oder der Körperschaftsteuer.

Beispiel:
An der A-OHG sind die natürliche Person A und die X-GmbH beteiligt. Die OHG hält sämtliche Anteile an der C-GmbH. Außerdem liegen alle Voraussetzungen für ein Organschaftsverhältnis zwischen der X-GmbH als Organgesellschaft und der inländischen Y-AG als Organträger vor.

318 U. E. bestehen aufgrund des mit § 14 Abs. 1 Nr. 2 Satz 2 KStG verfolgten Zwecks (Sicherung der inländischen Besteuerung des dem Organträger zuzurechnenden Einkommens der Organgesellschaft) keine Bedenken gegen die Anerkennung der A-OHG als Organträger. Der auf die X-GmbH entfallende Teil des der OHG zuzurechnenden Einkommens der C-GmbH unterliegt zwar nicht bei ihr, aber bei der Y-AG der Körperschaftsteuer, was ausreicht (ebenso Herrmann/Heuer/Raupach, § 14 KStG Anm. 164).

9.2 Personengesellschaften i. S. der Sätze 3 und 4 des § 14 Abs. 1 Nr. 2 KStG

319 Sind ein oder mehrere Gesellschafter der Personengesellschaft beschränkt einkommensteuerpflichtig oder sind an der Personengesellschaft ein oder mehrere

II. Die Voraussetzungen der Organschaft

Körperschaften (i. S. des § 1 KStG) beteiligt, die ihre Geschäftsleitung nicht im Inland haben, so muss die Voraussetzung der finanziellen Eingliederung „**im Verhältnis zur Personengesellschaft selbst**" erfüllt sein. Dass die Körperschaft ihren Sitz im Inland hat, ist seit dem Wegfall des doppelten Inlandsbezugs (s. oben Rz. 50) weder erforderlich noch ausreichend.

9.2.1 Finanzielle Eingliederung

Die Organgesellschaft ist jedenfalls dann im Verhältnis zur Personengesellschaft selbst finanziell eingegliedert, wenn die Anteile an der Organgesellschaft in dem für die finanzielle Eingliederung erforderlichen Umfang (Mehrheit der Stimmrechte) zum **Gesamthandsvermögen der Personengesellschaft** gehören. Zweifelhaft kann sein, ob die finanzielle Eingliederung im Verhältnis zur Personengesellschaft selbst auch dann gegeben ist, wenn die Anteile an der Organgesellschaft im Eigentum der einzelnen Gesellschafter der Personengesellschaft stehen, also nicht Gesamthandseigentum sind, aber bei den Gesellschaftern zum **Sonderbetriebsvermögen** in Bezug auf die Personengesellschaft gehören. 320

Nach dem Sprachgebrauch des § 14 KStG ist Organträger die Personengesellschaft als solche, und nicht etwa nur die bilanzbündelmäßig zusammengefassten Gesellschafter (ebenso Herrmann/Heuer/Raupach, § 14 KStG Anm. 157; zur Eigenschaft einer Personengesellschaft als Steuerrechtssubjekt siehe auch BFH-Beschluss GrS 4/82 vom 25. 6. 1984, BStBl II 1984, 751, 761 f.). Wenn das Gesetz auf dieser Grundlage sagt, die Personengesellschaft müsse selbst, und zwar grundsätzlich **unmittelbar** an der Organgesellschaft beteiligt sein, so kann das nur heißen, dass die Anteile der Personengesellschaft gehören, also Gesamthandsvermögen sein müssen oder zumindest wirtschaftliches Eigentum der Gesellschaft gegeben ist (allgemeine Meinung, siehe nur BFH-Urteil IV R 152/80 vom 28. 4. 1983, BStBl II 1983, 690 mit weiteren Nachweisen). Die Verwaltung ist ebenfalls dieser Auffassung (KStR Abschn. 52 Abs. 1 Sätze 3 und 6). 321

Wenn aber die Anteile an der Organgesellschaft Gesamthandsvermögen der Personengesellschaft sein oder zumindest in deren wirtschaftlichem Eigentum stehen müssen, Sonderbetriebsvermögen der Gesellschafter also nicht genügt, so folgt daraus, dass Personengesellschaften ohne Gesamthandsvermögen, wie z. B. eine Gesellschaft des bürgerlichen Rechts als Innengesellschaft, aber auch eine atypische stille Gesellschaft unter den Voraussetzungen der Sätze 3 und 4 des § 14 Abs. 1 Nr. 2 KStG nicht Organträger sein können (ebenso Frotscher/Maas, § 14 KStG Rz. 60; Döllerer, DStR 1985, 295, 301; a.A. Jurkat, Tz. 288; Nie- 322 mann, S. 41; Mössner/Seeger/Schwarz, § 14 KStG Rn. 64; Streck, § 14 KStG Anm. 41).

9.2.2 Wirtschaftliche und organisatorische Eingliederung

323 Zum Wegfall des Erfordernisses der wirtschaftlichen und organisatorischen Eingliederung siehe oben Rz. 121 bis 123; zu Einzelheiten nach früherem Recht siehe die Vorauflage, Rz. 323.

Problematisch ist in diesem Zusammenhang, dass § 34 Abs. 6 Nr. 1 KStG für den VZ 2000 und früher eine Neufassung des § 14 KStG vorsieht und hierbei in § 14 Abs. 1 Nr. 3 Satz 3 KStG nur noch auf die finanzielle Eingliederung (Nr. 1) verweist. Der bisher enthaltene Hinweis auf die organisatorische und wirtschaftliche Eingliederung (Nr. 2) ist weggefallen. Damit werden rückwirkend in allen noch nicht bestandskräftigen Fällen die organschaftlichen Voraussetzungen bei Personengesellschaften i. S. des § 14 Abs. 1 Nr. 3 Sätze 3 und 4 KStG als Organträger gelockert. Ob dies dem Willen des Gesetzgebers entspricht, ist fraglich. Es liegt wohl eher ein Fehler bei der Gesetzesformulierung vor. U. E. muss es für VZ 2000 und früher bei dem Erfordernis der wirtschaftlichen und organisatorischen Eingliederung bleiben, da ansonsten u. U. rückwirkend Organschaftsverhältnisse begründet würden und es für diese echte Rückwirkung keine Begründung gibt.

9.2.3 Die Bedeutung einer Veräußerung eines Mitunternehmeranteils insbesondere eines Gesellschafterwechsels

324 Veräußert ein Einzelunternehmer, der Organträger ist, sein gesamtes Unternehmen einschließlich der Beteiligung an der Organgesellschaft, so endet damit das Organschaftsverhältnis.

325 Gleichartige Grundsätze gelten, wenn eine Personengesellschaft ihr gesamtes gewerbliches Unternehmen einschließlich der Beteiligung an der Organgesellschaft veräußert.

326 Sehr zweifelhaft ist aber, welchen Einfluss die Veräußerung eines Mitunternehmeranteils, insbesondere die Aufnahme eines weiteren Gesellschafters, das Ausscheiden eines Gesellschafters oder ein Gesellschafterwechsel unter Fortbestand der Personengesellschaft auf ein Organschaftsverhältnis hat, wenn die Organgesellschaft im Verhältnis zur Personengesellschaft selbst finanziell eingegliedert

II. Die Voraussetzungen der Organschaft

ist, die Anteile an der Organgesellschaft also Gesamthandsvermögen der Personengesellschaft sind.

Berücksichtigt man, dass nach dem Sprachgebrauch des § 14 KStG zwar die Personengesellschaft als solche Organträger ist, das ihr zuzurechnende Einkommen aber von ihren Gesellschaftern zu versteuern ist, weil die Personengesellschaft einkommen- und körperschaftsteuerrechtlich kein selbständiges Rechtssubjekt ist, so wäre es naheliegend, jeden **Gesellschafterwechsel** als schädlich für das Organschaftsverhältnis insgesamt anzusehen (vgl. zur Problemstellung auch Hübl, DStZ A 1972, 81, 94). Die Finanzverwaltung ist demgegenüber der Auffassung, dass ein Gesellschafterwechsel ohne Einfluss auf den Fortbestand des Organschaftsverhältnisses ist, wenn die Beteiligung zum Gesamthandsvermögen gehört bzw. wirtschaftliches Eigentum der Personengesellschaft gegeben ist, weil die Personengesellschaft rechtlich eigenständig sei, die wirtschaftliche Identität gewahrt sei und die rechtliche Gebundenheit des Gesellschaftsvermögens gleichbleibe (KStR Abschn. 52 Abs. 1 Satz 4). 327

Beispiel:
An der Personengesellschaft X sind A mit 70 v. H. und B mit 30. v. H. beteiligt; die Mehrheitsbeteiligung an der Organgesellschaft ist Gesamthandsvermögen der Personengesellschaft. Wirtschaftsjahr der Organgesellschaft = Kalenderjahr. A veräußert am 1. 7. 2002 seinen Anteil an der Personengesellschaft an C. Das Organschaftsverhältnis zu der Personengesellschaft bleibt auch für 2002 unverändert bestehen; lediglich die verhältnismäßige Zurechnung des Einkommens der Organgesellschaft auf die Gesellschafter der Personengesellschaft ändert sich (siehe dazu Rz. 508).

Nach Auffassung der Finanzverwaltung bleibt die wirtschaftliche Identität der Personengesellschaft und damit auch das Organschaftsverhältnis bestehen, wenn gleichzeitig oder in engem zeitlichen Zusammenhang **alle Gesellschafter** wechseln (KStR Abschn. 52 Abs. 1 Satz 5; ebenso Lademann/Gassner, § 14 KStG Anm. 81, 91; Mössner/Seeger/Schwarz, § 14 KStG Rn. 66; Niemann, S. 84 ff.). 328

U. E. führt die Veräußerung eines Mitunternehmeranteils dann zur Beendigung des Organschaftsverhältnisses zur Personengesellschaft insgesamt, wenn der oder die veräußernden Gesellschafter **beherrschende Gesellschafter** waren und durch die Veräußerung ihre beherrschende Stellung verlieren (siehe auch Jurkat, Tz. 186 bis 187). Diese Lösung scheint uns dem Sinn und dem Zweck der Vorschriften des § 14 KStG über die zeitlichen Voraussetzungen der organschaftlichen Eingliederung (insbesondere: keine schätzungsweise Aufteilung des zuzurechnenden Einkommens der Organgesellschaft auf verschiedene Personen; fünfjährige unterbrochene Versteuerung des Einkommens der Organgesellschaft durch dieselben Personen) am nächsten zu kommen. 329

> **Beispiel:**
> An der Personengesellschaft X sind A mit 70 v. H. und B mit 30 v. H. beteiligt; die Mehrheitsbeteiligung an der Organgesellschaft ist Gesamthandsvermögen der Personengesellschaft. Wirtschaftsjahr der Organgesellschaft = Kalenderjahr. Veräußert A seinen Anteil an der Personengesellschaft am 1. 7. 2002, gleichgültig, ob an B oder einen Dritten, so ist damit das Organschaftsverhältnis zur Personengesellschaft X insgesamt beendet. Das Einkommen der Organgesellschaft für 2002 ist von dieser selbst zu versteuern. Veräußert B seinen Anteil an der Personengesellschaft, so bleibt das Organschaftsverhältnis zur der Personengesellschaft bestehen; lediglich die Zurechnung des Einkommens der Organgesellschaft auf die Gesellschafter der Personengesellschaft ändert sich.

330 Sind an der Personengesellschaft zwei Gesellschafter mit jeweils 50 v. H. beteiligt, so ist keiner beherrschender Gesellschafter. Die Veräußerung des Anteils an der Personengesellschaft durch einen Gesellschafter wirkt deshalb nicht organschaftsbeendend.

9.3 Personengesellschaften, die nicht unter die Sätze 3 und 4 des § 14 Abs. 1 Nr. 2 KStG fallen

331 Sind an der Personengesellschaft nur unbeschränkt einkommensteuerpflichtige natürliche Personen und (oder) nur Körperschaften i. S. des § 1 KStG mit Geschäftsleitung im Inland beteiligt, so ist nicht erforderlich, dass die Voraussetzungen der finanziellen Eingliederung im Verhältnis zur Personengesellschaft selbst erfüllt sind; es genügt auch, dass die organschaftlichen Voraussetzungen im Verhältnis zu den Gesellschaftern der Personengesellschaft gegeben sind. Demnach ist für die Anwendung der §§ 14 bis 19 KStG zu unterscheiden, ob die Personengesellschaft selbst ein gewerbliches Unternehmen unterhält oder nicht.

9.3.1 Die Personengesellschaft unterhält selbst kein eigenes gewerbliches Unternehmen (sog. Mehrmütterorganschaft)

332 Schließen sich mehrere gewerbliche Unternehmen, deren Träger unbeschränkt einkommensteuerpflichtige natürliche Personen oder Körperschaften mit Geschäftsleitung im Inland sind, lediglich zum Zwecke der einheitlichen Willensbildung gegenüber einer Kapitalgesellschaft zu einer Gesellschaft des bürgerlichen Rechts – GbR – zusammen, so können die organschaftlichen Eingliederungsvoraussetzungen nicht im Verhältnis zur Gesellschaft selbst erfüllt sein, weil diese als reine Innengesellschaft kein eigenes gewerbliches Unternehmen betreibt. Gleichwohl kann auch in diesem Falle ein Organschaftsverhältnis anzuerkennen

II. Die Voraussetzungen der Organschaft

sein, wenn die organschaftlichen Eingliederungsvoraussetzungen im Verhältnis zu den Gesellschaftern der Personengesellschaft gegeben sind.

Die **Mehrmütterorganschaft** ist auch nach der Kodifizierung der Organschaft im Körperschaftsteuergesetz anzuerkennen (BFH-Urteil I R 128/90 vom 14. 4. 1993, BStBl II 1994, 124). Durch das UntStFG ist sie nunmehr in § 14 Abs. 2 KStG gesetzlich geregelt. **Durch das StVergAbG ist die Mehrmütterorganschaft jedoch mit Wirkung ab VZ 2003 abgeschafft worden.** Zu den steuerlichen Folgen siehe Ortmann-Babel/Renn, Auflösung der Mehrmütterorganschaft und die steuerlichen Folgen für die Minderheitsgesellschafter, BB 2003, 237 ff. 333

Nach früherer BFH-Rechtsprechung war die GbR und nicht etwa die einzelnen Gesellschafter Organträger (vgl. nur BFH-Urteil I R 128/90 vom 14. 4. 1993, BStBl II 1994, 124). Mit zwei zur Gewerbesteuer ergangenen Urteilen vom 9. 6. 1999 hat der BFH diese Rechtsprechung aufgegeben (Urteile I R 43/97, BStBl II 2000, 695 und I R 37/98, BFH/NV 2000, 347). Nach der im Gesellschaftsrecht geltenden **Lehre von der mehrfachen Abhängigkeit** seien bei der Mehrmütterorganschaft die Beteiligungen der lediglich zur einheitlichen Willensbildung in einer GbR zusammengeschlossenen Gesellschaften an der nachgeschalteten Organgesellschaft unmittelbar den Muttergesellschaften zuzurechnen. Die Organschaft bestehe deshalb zu den Muttergesellschaften und nicht zu der GbR. Damit entfiel auch die Rechtfertigung für die Behandlung der Anteile an der Organgesellschaft als Sonderbetriebsvermögen bei der GbR (BFH-Urteil IV R 75/99 vom 26. 4. 2001, DStR 2001, 1212). 334

Die Finanzverwaltung hat mit einem Nichtanwendungserlass auf die Urteile reagiert (BMF-Schreiben vom 4. 12. 2000, BStBl I 2000, 1571). Der Gesetzgeber hat (rückwirkend, siehe dazu Dötsch/Eversberg/Jost/Witt, § 14 KStG n. F, Tz. 9a und b; Wischmann in Herrmann/Heuer/Raupach, EStG-KStG, Jahresband 2002, § 14 KStG, Anm. J 01-3; jeweils mit Nachweisen zur verfassungsrechtlichen Problematik der Rückwirkung; die Rückwirkung verfassungsrechtlich für zulässig erachtend FG Düsseldorf, Urteil 16 K 1189/01 F vom 27. 11. 2002, demnächst in EFG 2003 mit Anm. Müller, Nichtzulassungsbeschwerde eingelegt, Az. des BFH I B 10/03) durch § 14 Abs. 2 KStG im Wesentlichen die alte, vor der Rechtsprechungsänderung geltende und insbesondere in KStR Abschn. 52 Abs. 6 und 7 niedergelegte Rechtslage wieder hergestellt. **Das Organschaftsverhältnis besteht danach zur GbR.** Die Gewerblichkeitsfiktion der GbR hat auch zur Folge, dass die Anteile an der Organgesellschaft notwendiges Sonderbetriebsvermögen der GbR sind. 335

336 Gesellschafter der Organträger-GbR können alle als Organträger in Betracht kommenden Rechtssubjekte sein. An der GbR kann auch eine Personengesellschaft i. S. des § 14 Abs. 1 Nr. 2 Sätze 3 und 4 KStG oder ein ausländisches gewerbliches Unternehmen i. S. des § 18 KStG beteiligt sein. Im letzteren Fall gelten die Vorschriften des § 18 KStG sinngemäß (KStR Abschn. 52 Abs. 7). Obwohl eine entsprechende gesetzliche Regelung in § 14 Abs. 2 KStG fehlt, dürfte dies auch weiterhin gelten.

9.3.1.1 Finanzielle Eingliederung

337 Da die GbR als Innengesellschaft kein Gesamthandsvermögen hat und da die finanzielle Eingliederung im Verhältnis zu den Gesellschaftern der Personengesellschaft ausreicht, ist es weder möglich noch erforderlich, dass die Mehrheitsbeteiligung an der Organgesellschaft Gesamthandsvermögen der Personengesellschaft ist. Für die finanzielle Eingliederung genügt es, dass die Gesellschafter der Personengesellschaft an der Organgesellschaft beteiligt sind.

338 Nach § 14 Abs. 2 Satz 2 Nr. 1 KStG muss **jeder Gesellschafter** der GbR selbst an der Organgesellschaft beteiligt sein und muss die Summe dieser Beteiligungen die Mehrheit der Stimmrechte begründen; es reicht danach nicht aus, dass nur einer oder mehrere, aber nicht alle Gesellschafter der GbR an der Organgesellschaft beteiligt sind, auch wenn diese Beteiligungen die Mehrheit der Stimmrechte begründen. Damit hat der Gesetzgeber die bis dahin streitige Frage (siehe Vorauflage Rz. 336 und 338) i. S. der Finanzverwaltung entschieden (vgl. KStR Abschn. 56 Abs. 6 Satz 1 Buchst. a).

Beispiel:

Gesellschafter der GbR X sind die natürlichen Personen A, B und C; jeder ist zu einem Drittel an der GbR beteiligt. A und B sind zu je 30. v. H. an der Kapitalgesellschaft Y beteiligt; C ist an der Kapitalgesellschaft Y nicht beteiligt.

Ein Organschaftsverhältnis zwischen der GbR und der Y ist nicht möglich.

339 *(unbesetzt)*

340 Ist einer der Gesellschafter nur **mittelbar** an der Organgesellschaft beteiligt (der Gesellschafter hält keine Anteile an der Organgesellschaft, sondern Anteile an einer Kapitalgesellschaft, die ihrerseits Anteile an der Organgesellschaft besitzt), so ist eine **Zusammenrechnung** mit den von den anderen Gesellschaftern gehal-

II. Die Voraussetzungen der Organschaft

tenen unmittelbaren Beteiligungen zur Begründung einer Mehrheit der Stimmrechte **zulässig**. Dies ergibt sich ab VZ 2001 aus der Änderung des § 14 Abs. 1 Nr. 1 Satz 2 KStG (siehe hierzu oben Rz. 92 ff.) und galt nach BFH bei der Mehrmütterorganschaft auch bereits für frühere VZ (BFH-Urteil I R 128/90 vom 14. 4. 1993, BStBl II 1994, 124; zustimmend KStR Abschn. 52 Abs. 6 Satz 1 Nr. 1 Satz 2). Daran hat sich u. E. trotz der gesetzlichen Regelung der Mehrmütterorganschaft für VZ 2000 und früher durch § 14 KStG in der Fassung gemäß § 34 Abs. 6 Nr. 1 KStG nichts geändert.

Beispiele

Beispiel 1:

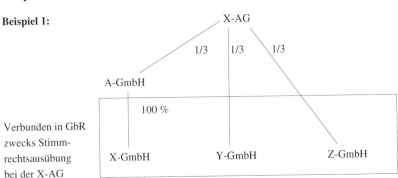

Die Voraussetzung der finanziellen Eingliederung ist erfüllt. Aufgrund der zusammengerechneten unmittelbaren Beteiligungen der Y-GmbH und der Z-GmbH an der X-AG steht der GbR die Mehrheit der Stimmrechte an der X-AG zu. Die mittelbare Beteiligung der X-GmbH ist zur finanziellen Eingliederung nicht erforderlich.

Beispiel 2:

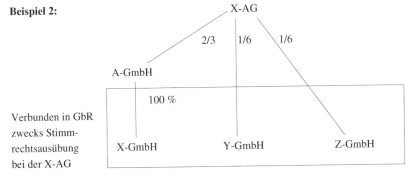

Die Voraussetzung der finanziellen Eingliederung ist erfüllt. Der GbR steht die Mehrheit der Stimmrechte zwar nicht unmittelbar zu. Die mittelbare Beteiligung der X-GmbH entspricht jedoch den Voraussetzungen des § 14 Abs. 1 Nr. 1 Satz 2 KStG.

Beispiel 3:

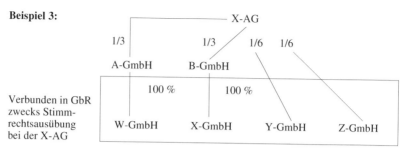

Verbunden in GbR zwecks Stimmrechtsausübung bei der X-AG

Die Voraussetzung der finanziellen Eingliederung ist nach neuem Recht ebenfalls erfüllt. Der GbR steht die Mehrheit der Stimmrechte zu, da sowohl die mittelbaren Beteiligungen als auch unmittelbare und mittelbare Beteiligungen zusammengerechnet werden dürfen. Dies gilt allerdings nur für die VZ 2001 und 2003. Für frühere VZ war u. E. eine Zusammenrechnung nicht möglich (zu Einzelheiten siehe Vorauflage, Rz. 340, 341). Für VZ ab 2003 scheitert die finanzielle Eingliederung daran, dass nicht jeder an der GbR beteiligte Gesellschafter zu mindestens 25 v. H. beteiligt ist.

341 *(unbesetzt)*

9.3.1.2 Wirtschaftliche Eingliederung

342 Das Erfordernis der wirtschaftlichen Eingliederung (siehe hierzu Vorauflage, Rz. 342) ist ab VZ 2001 entfallen.

9.3.1.3 Organisatorische Eingliederung

343 Es muss sichergestellt sein (z. B. durch den Abschluss eines Beherrschungsvertrages zur GbR), dass der koordinierte Wille der Gesellschafter der GbR in der Geschäftsführung der Organgesellschaft tatsächlich durchgeführt wird § 14 Abs. 2 Satz 2 Nr. 4 KstG. Im Gegensatz zur finanziellen und Eingliederung muss diese Voraussetzung im Verhältnis zur GbR selber erfüllt sein. Auch wenn die organisatorische Eingliederung als Organschaftsvoraussetzung ab 2001 entfallen ist, wird bei der Mehrmütterorganschaft über § 14 Abs. 2 Satz 2 Nr. 4 KStG (ebenso KStR Abschn. 52 Abs. 6 Satz 1 Nr. 3) etwas Gleichwertiges verlangt. Entgegen Rödder/Schumacher (DStR 2002, 105, 109) reicht es nicht aus, dass aufgrund des Zusammenschlusses der Gesellschafter in der Mehrmütter-GbR eine tatsächliche Durchführung ihres Willens in der Organgesellschaft möglich **ist**, der Wille **muss tatsächlich durchgeführt werden.**

9.3.1.4 Zeitliche Voraussetzungen

344 Die finanzielle Eingliederung muss vom Beginn des Wirtschaftsjahrs der Organgesellschaft an und ununterbrochen, d. h. bis zum Ende des fraglichen Wirtschaftsjahrs der Organgesellschaft bestehen. Da eine koordinierte Willensbildung

II. Die Voraussetzungen der Organschaft

gegenüber der Organgesellschaft erst von dem Augenblick an möglich ist, zu dem die Gesellschaft des bürgerlichen Rechts ins Leben tritt, und nur solange, als sie existiert, muss die GbR vom Beginn des Wirtschaftsjahrs der Organgesellschaft an und ununterbrochen bestehen (§ 14 Abs. 2 Satz 2 Nr. 2 KStG, ebenso bereits KStR Abschn. 52 Abs. 6 Satz 2).

9.3.1.5 Der GAV und seine Durchführung

Aus § 14 Abs. 1 Einleitungssatz KStG („einziges ... Unternehmen") ergibt sich, dass **Organträger die Gesellschaft des bürgerlichen Rechts** ist. Demgemäß muss der GAV mit ihr abgeschlossen und im Verhältnis zu ihr durchgeführt sein, so ausdrücklich nunmehr § 14 Abs. 2 Satz 2 Nr. 3 KStG. Der Gesetzgeber ist damit bewusst nicht der geänderten BFH-Rechtsprechung zur mehrfachen Abhängigkeit (siehe oben Rz. 334) gefolgt. 345

9.3.1.6 Die Bedeutung einer Veräußerung der Anteile an der Organgesellschaft oder eines Ausscheidens aus der GbR

Veräußert ein Gesellschafter der GbR während des laufenden Wirtschaftsjahres der Organgesellschaft seine Anteile an der Organgesellschaft oder scheidet er während des Wirtschaftsjahres aus der GbR aus, so entfallen damit die organschaftlichen Eingliederungsvoraussetzungen im Verhältnis zum veräußernden/ausscheidenden Gesellschafter. 346

Daraus folgt, dass – wenn alle Gesellschafter an der Organgesellschaft beteiligt sein müssen (s. o. Rz. 338) – mit der Veräußerung die Voraussetzungen der finanziellen Eingliederung und damit der Anwendung der §§ 14 bis 19 KStG für das laufende Wirtschaftsjahr nicht mehr erfüllt sind (KStR Abschn. 52 Abs. 6 Satz 1 Nr. 1 Satz 4). Dies gilt u. E. auch dann, wenn die Beteiligung an der GbR und an der Organgesellschaft gleichzeitig auf einen Erwerber übergehen und die übrigen Bedingungen sodann zum Erwerber erfüllt sind (a. A. Streck, § 14 KStG Anm. 55; wohl auch Mössner/Seeger/Schwarz, § 14 KStG Rn. 75). Die Voraussetzung der ununterbrochenen finanziellen und wirtschaftlichen Eingliederung muss während des ganzen Wirtschaftsjahres **im Verhältnis zu denselben Gesellschaftern** gegeben sein (ebenso Hessisches FG, Urteil IV 600-601/82 vom 6. 5. 1987, EFG 1987, 580, 582). Zur Bildung eines Rumpfwirtschaftsjahres in solchen Fällen siehe Rz. 175 ff. 347

9.3.2 Die Personengesellschaft unterhält selbst ein gewerbliches Unternehmen

Betreibt die Personengesellschaft selbst ein gewerbliches Unternehmen, so kann die Voraussetzung der finanziellen Eingliederung im Verhältnis zur Personenge- 348 sellschaft selbst gegeben sein. Dies muss aber nicht so sein. Es ist auch möglich, dass sie im Verhältnis zu den Gesellschaftern der Personengesellschaft gegeben ist. Eine Personengesellschaft, die selbst ein gewerbliches Unternehmen unterhält, kann insoweit steuerlich nicht anders behandelt werden als eine Personengesellschaft, die kein eigenes Gewerbe betreibt.

9.3.2.1 Die finanzielle Eingliederung: Gesamthandseigentum und Gesellschaftereigentum

349 Die Organgesellschaft ist im Verhältnis zur Personengesellschaft selbst finanziell eingegliedert, wenn die Anteile an der Organgesellschaft in dem für die finanzielle Eingliederung erforderlichen Umfang Gesamthandsvermögen der Personengesellschaft sind.

350 Die finanzielle Eingliederung kann aber auch dann vorliegen, wenn die **Gesellschafter der Personengesellschaft an der Organgesellschaft beteiligt** sind. Die Finanzverwaltung war früher der Auffassung, dass dazu erforderlich sei, dass jeder der Gesellschafter der Personengesellschaft an der Organgesellschaft beteiligt sei, die Beteiligungen aller Gesellschafter zusammen ihnen die Mehrheit der Stimmrechte gewährten und die Anteile an der Organgesellschaft Sonderbetriebsvermögen der Gesellschafter der Personengesellschaft seien (dazu Hübl, DStZ 1972, 81, 85).

351 Demgegenüber hat der BFH (Urteil I R 204/75 vom 12. 1. 1977, BStBl II 1977, 357) entschieden, dass es genügt, wenn **einzelnen** – nicht notwendig allen Gesellschaftern der Personengesellschaft Anteile an der Organgesellschaft gehören und diese Gesellschafter „die rechtliche und tatsächliche Stellung, die ihnen die Anteile an der Kapitalgesellschaft gewähren, der Personengesellschaft überlassen". Dieser Auffassung hat sich die Verwaltung nunmehr angeschlossen (KStR Abschn. 52 Abs. 2 Satz 1). Dies gilt u. E. auch weiterhin ungeachtet dessen, dass § 14 Abs. 2 Satz 2 Nr. 1 KStG bei der Mehrmütterorganschaft eine Beteiligung aller GbR-Gesellschafter an der Organgesellschaft verlangt.

352 Der BFH sagt allerdings nicht, welche Voraussetzungen im Einzelnen erfüllt sein müssen, damit bejaht werden kann, die Gesellschafter der Personengesellschaft hätten ihre Anteile an der Organgesellschaft „der Personengesellschaft überlassen". Im vorangegangenen BFH-Urteil I R 219/70 vom 26. 10. 1972 (BStBl II 1973, 383) heißt es dazu, eine der durch unmittelbare Beteiligung der Personengesellschaft an der Kapitalgesellschaft vermittelten finanziellen Eingliederung vergleichbare Lage entstehe dann, wenn die Gesellschafter, denen die Anteile an der Kapitalgesellschaft gehören, „ihre Stellung als Gesellschafter der Kapitalge-

II. Die Voraussetzungen der Organschaft

sellschaft im Interesse der Personengesellschaft ausüben und ihre Herrschaftsmacht als Gesellschafter der Kapitalgesellschaft der Personengesellschaft in der Weise gleichsam zur Verfügung stellen, dass diese den Einfluss auf das Unternehmen der Kapitalgesellschaft nehmen kann, den sonst nur die Gesellschafter ausüben können". Gleichwohl wird man die BFH-Rechtsprechung dahin verstehen dürfen, dass **irgendwelche Vereinbarungen** zwischen der Personengesellschaft, also dem Organträger, und den einzelnen Gesellschaftern der Personengesellschaft, die Inhaber der Anteile an der Organgesellschaft sind, und des weiteren eine der Personengesellschaft erteilte Vollmacht zur Ausübung der Stimmrechte aus den Anteilen an der Organgesellschaft **nicht erforderlich** sind (ebenso Streck, § 14 KStG Anm. 44). Die Entscheidungsgründe des Urteils I R 204/75 bieten keine Anhaltspunkte dafür, dass im entschiedenen Streitfall solche vertraglichen Vereinbarungen zwischen der Personengesellschaft und einzelnen ihrer Gesellschafter abgeschlossen waren und eine Stimmrechtsvollmacht erteilt war. Gleichwohl hat der BFH die finanzielle Eingliederung bejaht. Offenbar will sich der BFH schlichtweg damit zufriedengeben, dass einzelne Gesellschafter der Personengesellschaft an der Organgesellschaft beteiligt sind und diese Beteiligung zusammengerechnet die Mehrheit der Stimmrechte gewähren (siehe auch Schmidt, FR 1977, 257). Es dürfte nicht einmal erforderlich sein, dass diejenigen Gesellschafter, denen zusammen die Mehrheit der Stimmrechte aus den Anteilen an der Organgesellschaft zusteht, mit Mehrheit an der Personengesellschaft, also dem Organträger, beteiligt sind. Sind sie es nicht, so werden sie vermutlich, soweit sie einander fremd gegenüberstehen, als Gesellschafter der Organgesellschaft ohnehin nicht damit einverstanden sein, dass die GmbH sich verpflichtet, ihren ganzen Gewinn an die Personengesellschaft abzuführen und diesen Gewinn auch tatsächlich abführt. Dies aber ist in jedem Falle für die Anwendung der §§ 14 bis 19 KStG notwendig (siehe auch BFH-Urteil I R 123/74 vom 31. 3. 1976, BStBl II 1976, 510).

Die Anteile an der Organgesellschaft, die nicht zum Gesamthandsvermögen der Personengesellschaft gehören, sind bei Anerkennung der Organschaft **notwendiges Sonderbetriebsvermögen** der Gesellschafter der Personengesellschaft (KStR Abschn. 52 Abs. 2 Satz 4). Dies gilt allerdings nicht, wenn es sich lediglich um sog. Mini-Anteile handelt und die Personengesellschaft bereits mit ihren im Gesamthandseigentum gehaltenen Anteilen über die Stimmenmehrheit verfügt (FG Köln, Urteil 10 K 5679/98 vom 27. 6. 2002, EFG 2002, 1225, Revision eingelegt, Az. des BFH IV R 46/02). 353

Zweifelhaft ist, ob **Anteile im Gesamthandseigentum der Gesellschaft mit Anteilen im Alleineigentum der Gesellschafter zusammengerechnet** werden 354 können. Auf der Grundlage der BFH-Rechtsprechung (Urteil I R 204/75 vom 12. 1. 1977, BStBl II 1977, 357) ist die Frage zu bejahen, und zwar unabhängig davon, ob nur einzelne Gesellschafter oder alle Gesellschafter Anteile an der Organgesellschaft halten (KStR Abschn. 52 Abs. 2 Satz 3; Mössner/Seeger/Schwarz, § 14 KStR Rn. 68; Herrmann/Heuer/Raupach, § 14 KStG Anm. 192; Meyer-Scharenberg/Popp/Woring, § 2 GewStG Anm. 558; a.A. Dötsch/Eversberg/Jost/Witt, § 14 KStG Tz. 41 (allerdings nunmehr Zusammenrechnung ebenfalls bejahend in § 14 KStG n. F, Tz. 5) und Hübl, DStZ A 1972, 81, 85 unter Hinweis auf die Entstehungsgeschichte des § 7a KStG a. F.).

Beispiel:

Eine Personengesellschaft besteht aus 5 Gesellschaftern. 4 davon halten Anteile von 3 v. H. an der Organgesellschaft. Der Personengesellschaft selbst gehören Anteile von 40 v. H. Die finanzielle Eingliederung ist gegeben.

9.3.2.2 Finanzielle Eingliederung: mittelbare Beteiligung

355 Stehen die Anteile an der Organgesellschaft im Eigentum der Gesellschafter der Personengesellschaft, ist ein (oder sind mehrere) Gesellschafter aber nur mittelbar über eine Beteiligung einer anderen Kapitalgesellschaft beteiligt, so stellt sich die Frage, ob unmittelbare und mittelbare Beteiligungen zusammengerechnet werden können.

Beispiel:

Die Personengesellschaft besteht aus den Gesellschaftern A, B und C, von denen A und B zu je 1/4 an der Organgesellschaft beteiligt sind. Der Gesellschafter C hält eine 100%ige Beteiligung an der X-GmbH, die wiederum zu 1/2 an der Organgesellschaft beteiligt ist. Fraglich ist, ob die finanzielle Eingliederung vorliegt.

356 Die Frage ist zu bejahen. Wären nämlich die von den Gesellschaftern A und B gehaltenen Anteile an der Organgesellschaft und die 100%ige Beteiligung an der X-GmbH Gesamthandsvermögen der Personengesellschaft, so wäre den Voraussetzungen der finanziellen Eingliederung genügt, weil eine Zusammenrechnung von unmittelbarer und mittelbarer Beteiligung zur Begründung der Stimmenmehrheit nach der Neufassung des § 14 Abs. 1 Nr. 1 Satz 2 KStG zulässig ist. Dann muss aber das gleiche gelten, wenn die fraglichen Anteile nicht Gesamthandseigentum der Gesellschaft, sondern Alleineigentum der Gesellschafter sind.

357 Ebenso sind von der Personengesellschaft gehaltene unmittelbare und von den Gesellschaftern gehaltene mittelbare Beteiligungen (und umgekehrt) zusammenzurechnen.

II. Die Voraussetzungen der Organschaft

Beispiel:
Die Personengesellschaft besteht aus den Gesellschaftern A, B und C. Die Personengesellschaft ist zu 50 v. H. an der Organgesellschaft beteiligt. Der Gesellschafter C hält eine 100%ige Beteiligung an der X-GmbH, die wiederum zu ½ an der Organgesellschaft beteiligt ist.
Die finanzielle Eingliederung ist zu bejahen.

Eine mittelbare Beteiligung eines Gesellschafters der Personengesellschaft an der Organgesellschaft ist allerdings nur unter den Voraussetzungen des § 14 Abs. 1 Nr. 1 Satz 2 KStG zu berücksichtigen, d. h. wenn die Beteiligung an der vermittelnden Gesellschaft die Mehrheit der Stimmrechte gewährt (Einzelheiten siehe oben Rz. 93 ff.). Eine generelle Zusammenrechnung von unmittelbaren und mittelbaren Beteiligungen gibt es nicht. 358

Beispiel:
An der Personengesellschaft sind A, B und C zu je 1/3 beteiligt. Die Personengesellschaft ist zu 30 v. H. unmittelbar an der X-GmbH beteiligt. A ist zu 100 v. H. an der D-GmbH beteiligt, die wiederum zu 15 v. H. an der X-GmbH beteiligt ist. B ist zu 51 v. H. an der E-GmbH beteiligt, die wiederum zu 6 v. H. an der X-GmbH beteiligt ist. C schließlich ist zu 50 v. H. an der F-GmbH beteiligt, die wiederum zu 79 v. H. an der X-GmbH beteiligt ist.

Eine finanzielle Eingliederung der X-GmbH in die Personengesellschaft ist nicht gegeben. Die mittelbare Beteiligung von C über die F-GmbH ist nicht zu berücksichtigen, weil C nicht die Mehrheit der Stimmrechte an der F-GmbH zusteht. Die mittelbare Beteiligung des B ist zwar zu berücksichtigen, führt aber wegen der Durchrechnung (siehe hierzu oben Rz. 94) nur zu einer Zurechnung von 3,2 v. H., was zusammen mit der unmittelbaren Beteiligung der Personengesellschaft und der mittelbaren Beteiligung des A nur zu einem Stimmenanteil von 48,2 v. H. führt. Lehnt man hingegen eine Durchrechnung ab, wäre die finanzielle Eingliederung zu bejahen (30+15+6 v. H.).

Die Wirkungen einer Veräußerung der Anteile an der Organgesellschaft oder eines Mitunternehmeranteils: 359

- Soweit die **finanzielle Eingliederung im Verhältnis zur Personengesellschaft selbst** gegeben ist, die Personengesellschaft also Gesamthandseigentümerin der Anteile an der Organgesellschaft ist, gelten die in Rz. 324 ff. dargestellten Grundsätze sinngemäß.

- Ist die **finanzielle Eingliederung nur im Verhältnis zu den Gesellschaftern** der Personengesellschaft gegeben, weil die Anteile an der Organgesellschaft im Eigentum der Gesellschafter stehen, und geht man von der BFH-Rechtsprechung (Urteil I R 204/75 vom 12. 1. 1977, BStBl II 1977, 357) aus, dass es für die finanzielle Eingliederung ausreicht, wenn einzelne Gesellschafter – nicht notwendig alle – zusammen in dem für die finanzielle Eingliederung erforderlichen Umfang an der Organgesellschaft beteiligt sind, so folgt hieraus:

Die Veräußerung zieht nur dann nach sich, dass das Organschaftsverhältnis mit GAV zur Gesellschaft des bürgerlichen Rechts für das laufende Wirtschaftsjahr insgesamt nicht mehr den Anforderungen der §§ 14 bis 19 KStG entspricht, wenn die verbleibenden Gesellschafter ohne Berücksichtigung der Anteile des veräußernden Gesellschafters nicht mehr die Mehrheit der Stimmrechte an der Organgesellschaft haben (vgl. KStR Abschn. 52 Abs. 3).

9.4 Personengesellschaften als Organträger nach dem StVergAbG

360 Durch das StVergAbG sind ab **VZ 2003** (Grundregel des § 34 Abs. 1 KStG; Abs. 9 enthält keine abweichende Bestimmung) folgende Änderungen eingetreten:

- Die **Mehrmütterorganschaft** ist durch die Aufhebung des § 14 Abs. 2 KStG und das weiterhin bestehende Erfordernis in § 14 Abs. 1 Satz 1 KStG, den Gewinn an ein **einziges** anderes Unternehmen abzuführen, **abgeschafft** worden.
- Die Personengesellschaft muss nach § 14 Abs. 1 Satz 1 Nr. 2 Satz 2 KStG eine **gewerbliche Tätigkeit** ausüben, eine gewerbliche Prägung reicht u. E. nicht mehr aus (siehe oben Rz. 67).
- Die **finanzielle Eingliederung** muss nach § 14 Abs. 1 Satz 1 Nr. 2 Satz 3 KStG **immer im Verhältnis zur Personengesellschaft selbst** erfüllt sein, d. h., die Beteiligung muss Gesamthandsvermögen sein, **Sonderbetriebsvermögen der Gesellschafter reicht nicht mehr aus**.

Die bisherige Regelung in § 14 Abs. 1 Nr. 2 Satz 2 KStG, dass an der Personengesellschaft nur Gesellschafter beteiligt sein dürfen, die mit dem auf sie entfallenden Teil des zuzurechnenden Einkommens im Inland der Einkommen- und Körperschaftsteuer unterliegen, ist nicht mehr im Gesetz enthalten. Dadurch ist jedoch keine materielle Änderung eingetreten, da es sich bei den Gewinnanteilen für Steuerausländer um inländische Einkünfte i. S. der §§ 1 Abs. 4, 49 Abs. 1 Nr. 2 Buchst. a EStG handelt, mit denen sie beschränkt steuerpflichtig sind.

Auch nach den Änderungen durch das StVergAbG gelten die Ausführungen in den Rz. 320 bis 322 zur finanziellen Eingliederung, Rz. 324 bis 330 zum Wechsel im Gesellschafterbestand.

10. Das Organschaftsverhältnis zu einer Holding

10.1 Zum Begriff der Holding

361 Unter einer Holding ist ein Rechtsträger (natürliche Person, Personengesellschaft, Kapitalgesellschaft) zu verstehen, der keinen eigenen Produktions- oder

II. Die Voraussetzungen der Organschaft

Handelsbetrieb unterhält, sondern nur eine oder mehrere Beteiligungen an anderen Unternehmen, insbesondere Kapitalgesellschaften besitzt (daneben eventuell noch weiteres Vermögen verwaltet) und bestimmte sich aus diesen Beteiligungen ergebenden Möglichkeiten wahrnimmt (vgl. auch BFH-Urteil III R 98/74 vom 3. 12. 1976, BStBl II 1977, 235). Herkömmlicherweise unterscheidet man zwischen **vermögensverwaltender** und **geschäftsleitender Holding,** je nachdem, ob die Holding nur die Beteiligungen in einer Art und Weise, wie dies für Kapitalvermögen üblich ist, verwaltet oder darüber hinaus einen Einfluss auf die Geschäftspolitik der Beteiligungsgesellschaften nimmt.

10.2 Problemstellung und BFH-Rechtsprechung

Die Beantwortung der Frage, ob ein Organschaftsverhältnis zu einer Holding möglich ist, richtet sich auf der Grundlage der Rechtsprechung des BFH (Urteile I 252/64 vom 17. 12. 1969, BStBl II 1970, 257; I R 122/66 vom 15. 4. 1970, BStBl II 1970, 554; I R 166/71 vom 31. 1. 1973, BStBl II 1973, 420) nach folgenden Grundsätzen: 362

- Aus der Voraussetzung, dass der Organträger ein gewerbliches Unternehmen unterhalten muss, in das die Organgesellschaft wirtschaftlich eingegliedert ist, folgt, „dass der Organträger selbst eine gewerbliche Tätigkeit entfalten muss, d. h. eine selbständige nachhaltige Tätigkeit, die mit Gewinnerzielungsabsicht unternommen wird und die sich als Beteiligung am allgemeinen wirtschaftlichen Verkehr darstellt (§ 1 GewStDV, jetzt § 15 Abs. 2 EStG)". Es genügt nicht, „dass das herrschende Unternehmen nur kraft Rechtsform als Gewerbebetrieb gilt" (z. B. weil das herrschende Unternehmen die Rechtsform einer Kapitalgesellschaft oder einer GmbH & Co. hat).

- Eine gewerbliche Tätigkeit in dem oben erwähnten Sinne (und damit ein Organschaftsverhältnis, sofern auch die übrigen Voraussetzungen hierfür vorhanden sind) ist bei einer Holding dann anzunehmen, wenn die Holding die einheitliche Leitung im Konzern ausübt und die nachfolgend genannten weiteren Voraussetzungen erfüllt sind. Es genügt nicht, dass sich das herrschende Unternehmen auf die Vermögensverwaltung, insbesondere die Verwaltung der Beteiligungen und damit „auf das Geltendmachen der aus der Beteiligung fließenden Rechte vermögensrechtlicher Natur (Anspruch auf den Gewinn und das Abwicklungsvermögen) und herrschaftsrechtlicher Natur (Stimmrecht) beschränkt".

- Die **Ausübung der einheitlichen Leitung im Konzern** muss bei näherer Prüfung durch die dazu befugten Personen (z. B. Abschlussprüfer, Betriebsprüfer) durch äußere Merkmale erkennbar sein. „Was dazu erforderlich ist, kann angesichts der vielfältigen Formen, die das Wirtschaftsleben für die Konzernleitung herausgebildet hat, nicht erschöpfend dargestellt werden. Die Voraussetzung einer durch äußere Merkmale erkennbaren Konzernleitung wird im Allgemeinen erfüllt sein, wenn das herrschende Unternehmen Richtlinien über die Geschäftspolitik der abhängigen Unternehmen aufstellt und den abhängigen Unternehmen zuleitet oder wenn es den abhängigen Unternehmen schriftliche Weisungen erteilt. Auch Empfehlungen des herrschenden Unternehmens, Besprechungen und gemeinsame Beratungen können genügen, wenn sie schriftlich festgehalten werden. Dagegen reicht es nicht aus, dass sich – was handelsrechtlich möglich ist – die einheitliche Leitung stillschweigend aus einer weitgehenden personellen Verflechtung der Geschäftsführung der Konzernunternehmen ergibt. Auch irgendwelche Vermutungen, wie sie neuerdings § 18 Abs. 1 Sätze 2 und 3 AktG aufstellt, können mangels einer entsprechenden gesetzlichen Vorschrift im Steuerrecht nicht gelten". Eine Konzernleitung, die allein auf Personalunion in der Geschäftsführung der Konzerngesellschaft beruht, hat keine durch äußere Merkmale erkennbare Form. Sie reicht nicht aus, um der Obergesellschaft die Eigenschaft eines gewerblichen Unternehmens zuzusprechen, in das die Untergesellschaften wirtschaftlich eingegliedert sind (BFH-Urteil I R 166/71 vom 31. 1. 1973, BStBl II 1973, 420).

- Neben der Ausübung der Konzernleitung muss auch das Bestehen des herrschenden Unternehmens **nach außen** in Erscheinung treten. Dazu genügt in der Regel eine im Handelsregister eingetragene Firma, gleichgültig, ob Einzelfirma, Personenhandelsgesellschaft oder Kapitalgesellschaft.

- Das herrschende Unternehmen muss die einheitliche Leitung über **mehrere** abhängige Unternehmen ausüben. Beherrscht das herrschende Unternehmen nur eine Tochtergesellschaft, so betreibt nur die Tochtergesellschaft ein gewerbliches Unternehmen, nicht hingegen das herrschende Unternehmen; bei diesem fehlt es an der Voraussetzung einer Beteiligung am allgemeinen Wirtschaftsverkehr i. S. des Steuerrechts (BFH-Urteile I R 110/88 vom 13. 9. 1989, BStBl II 1990, 24, 27 und I R 132/97 vom 22. 4. 1998, BStBl II 1998, 687). Anders ist die Rechtslage aber, wenn zur leitenden Tätigkeit des herrschenden Unternehmens bei der einen Tochtergesellschaft „eine andere gewerbliche Tätigkeit" des herrschenden Unternehmens hinzukommt (BFH-Urteil I R 21/74 vom 21. 1. 1976, BStBl II 1976, 389).

10.3 Verwaltungsauffassung

363 Die in Rz. 362 dargestellten Grundsätze hat der BFH zur Rechtslage vor der gesetzlichen Regelung der körperschaftsteuerlichen Organschaft entwickelt. Nach

II. Die Voraussetzungen der Organschaft

Auffassung der Verwaltung sind sie jedoch in gleicher Weise für die §§ 14 bis 19 KStG verbindlich, da sich die Rechtslage insoweit nicht geändert hat (KStR Abschn. 50 Abs. 2; ebenso Herrmann/Heuer/Raupach, § 14 KStG Anm. 40 Stichwort „Holding").

10.4 Kritische Würdigung

Bei kritischer Prüfung der in Rz. 362 dargestellten BFH-Rechtsprechung und der in Rz. 363 erwähnten Verwaltungsauffassung fällt auf, dass der BFH die Frage, unter welchen Voraussetzungen ein Organschaftsverhältnis einer Holding steuerlich anzuerkennen ist, primär im Rahmen des Tatbestandsmerkmals „gewerbliches Unternehmen" des Organträgers und nicht etwa des Tatbestandsmerkmals „wirtschaftliche Eingliederung" untersucht und das Vorhandensein eines gewerblichen Unternehmens verneint, wenn nur ein Gewerbebetrieb kraft Rechtsform besteht und eine Beteiligung am allgemeinen wirtschaftlichen Verkehr fehlt. Der BFH stellt allerdings fest, dass immer dann, wenn eine Holding den besonderen Anforderungen genügt, die sich aus dem Begriff des „gewerblichen Unternehmens" ergeben, ohne weiteres auch das Tatbestandsmerkmal der wirtschaftlichen Eingliederung erfüllt ist. („Auch die Voraussetzung der wirtschaftlichen Eingliederung ist erfüllt, wenn die Steuerpflichtige als gewerbliches Unternehmen anzusehen ist, denn die Unterordnung eines Unternehmens unter das herrschende Unternehmen im Konzern stellt wegen der Zusammenfassung der Konzernunternehmen zu einer wirtschaftlichen Einheit eine der stärksten Formen der wirtschaftlichen Eingliederung dar").

364

Demgegenüber ist die Verwaltung der Meinung, ein gewerbliches Unternehmen i. S. des § 14 KStG sei jeder Gewerbebetrieb i. S. des § 2 GewStG, also auch ein Gewerbebetrieb kraft Rechtsform. Hieraus könnte man schließen, dass die Verwaltung ein Organschaftsverhältnis zu einer Holding, die einen Gewerbebetrieb kraft Rechtsform hat, unabhängig von den in Rz. 362 dargestellten vom BFH entwickelten besonderen Voraussetzungen anerkennen will. Dem ist aber nicht so, wie der in Rz. 363 zitierte Abschn. 50 Abs. 2 der KStR zeigt: Die Verwaltung verweist hier ausdrücklich auf die BFH-Urteile vom 17. 12. 1969 und 15. 4. 1970. Der scheinbare Widerspruch löst sich wie folgt:

- Hat die Holding die Rechtsform eines Einzelunternehmens oder einer Personengesellschaft – ausgenommen GmbH & Co. –, so stimmen die Auffassung des BFH und der Verwaltung nicht nur im Ergebnis, sondern auch in der Begründung überein, weil ein Einzelunternehmen oder eine Personengesellschaft nur dann einen Gewerbebetrieb unterhält, wenn sich ihre Tätigkeit „als Beteiligung am allgemeinen wirtschaftlichen Verkehr darstellt" (§ 15 Abs. 2 EStG).

- Hat die Holding die Rechtsform einer Kapitalgesellschaft oder einer GmbH & Co., so ist vom Ergebnis her gesehen sowohl nach Ansicht des BFH als auch nach Ansicht der Verwaltung „**die Beteiligung am allgemeinen wirtschaftlichen Verkehr**" für die steuerliche Anerkennung eines Organschaftsverhältnisses zu einer Holding erforderlich und unter den vom BFH genannten Voraussetzungen gegeben.
- Nach Ansicht des BFH ist das Erfordernis ein Bestandteil des Tatbestandsmerkmals „gewerbliches Unternehmen" und gleichzeitig mittelbar auch Bestandteil des Tatbestandsmerkmals „wirtschaftliche Eingliederung",
- während nach Ansicht der Verwaltung das Erfordernis **nur** Bestandteil des Tatbestandsmerkmals „wirtschaftliche Eingliederung" ist (siehe dazu auch Rz. 43 und 121).

10.5 Organschaftsverhältnis bei nur einer Untergesellschaft

365 Die Auffassung des BFH, dass das herrschende Unternehmen die einheitliche Leitung über mehrere abhängige Unternehmen ausüben müsse (ebenso KStR Abschn. 50 Abs. 2 Nr. 3; Herrmann/Heuer/Raupach, § 14 KStG Anm. 40 Stichwort „Holding"), ist in der Literatur auf heftige Kritik gestoßen (Dornfeld/Telkamp, StuW 1971, 67; Rose, StbJb 1971/72, 183, 216; Jurkat, Tz. 316; Frotscher/Maas, § 14 KStG Rz. 43; Streck, § 14 KStG Anm. 26). Brezing (FR 1970, 389; ihm zustimmend Mössner/Seeger/Schwarz, § 14 KStG Rn. 80) weist darauf hin, dass sich an der **konzernleitenden Tätigkeit** des Holdingunternehmens nichts ändert, wenn die verschiedenen, abhängigen Gesellschaften fusionieren. Da man davon ausgehen könne, dass die organisatorische Gliederung und evtl. personelle Verflechtungen innerhalb des Konzerns schon vorher sinnvoll gelöst waren, würden sich durch die Fusion keinerlei Veränderungen in den Aufgaben der leitenden und der ausführenden Personen ergeben. Die Konzernleitung würde nach wie vor denselben Personen dieselben Richtlinien, Weisungen oder Empfehlungen zu geben haben, weder personell noch sachlich würde die konzernleitende Funktion sich ändern.

366 Die vorgenannten Ausführungen gehen an der Begründung des BFH, weshalb ein Organschaftsverhältnis zu nur einer Tochtergesellschaft nicht anerkannt werden könne, vorbei. Entscheidend für den Bundesfinanzhof ist, dass nur dann von einer wirtschaftlichen Einheit, die neben die einzelnen Unternehmen tritt und bei der Konzernspitze besteht, gesprochen werden kann, wenn mehrere Unternehmen zu einer solchen Einheit zusammengefasst werden können. U. E. ist dieses Argument weiterhin durchschlagend. Nur wenn eine Obergesellschaft die Unternehmen mehrerer Untergesellschaften in einheitlicher Leitung zusammenfasst, kann

II. Die Voraussetzungen der Organschaft

davon gesprochen werden, dass das herrschende Unternehmen die Voraussetzungen einer Beteiligung am allgemeinen Wirtschaftsverkehr i. S. des Steuerrechts erfüllt.

Abhängige Kapitalgesellschaften i. S. der Holdingregelung können auch inländische Gesellschaften, mit denen ein GAV nicht abgeschlossen ist, oder ausländische Gesellschaften sein (KStR Abschn. 52 Abs. 2 Nr. 2 Satz 3; Dötsch/Eversberg/Jost/Witt, § 14 KStG Tz. 64). — 367

Es wird darüber hinaus die Auffassung vertreten, dass eine Organschaft auch dann anzuerkennen sei, wenn es sich bei der zweiten von der geschäftsleitenden Holding beherrschten Gesellschaft um eine Personengesellschaft handelt (Krebs/Bödefeld, BB 1996, 668; zustimmend Dötsch/Eversberg/Jost/Witt, a. a. O., m. w. N.). — 368

Es wird die Auffassung vertreten, dass nach Wegfall des Tatbestandsmerkmals der wirtschaftlichen Eingliederung nunmehr per se jede geschäftsleitende oder auch rein vermögensverwaltende Holding, sofern sie eine Kapitalgesellschaft oder gewerblich geprägte Personengesellschaft ist, als Organträger anzuerkennen sei, und zwar ohne Berücksichtigung der bisherigen Voraussetzungen gemäß der vorgenannten BFH-Rechtsprechung (Dötsch/Eversberg/Jost/Witt, § 14 KStG n. F., Tz. 8; Fenzl/Hagen, FR 2000, 289, 295; Seifried, DStR 2001, 240, 244 f.). — 369

Gegen diese Auffassung spricht, dass der BFH die Frage der Organträgerfähigkeit einer Holding nicht am Merkmal der wirtschaftlichen Eingliederung, sondern „gewerbliches Unternehmen" festgemacht hat. Deshalb ist jedenfalls bis zu einer weiteren Klärung durch den BFH anzuraten, die Holding so zu konstruieren, wie dies bisher erforderlich war. Für die Umsatzsteuer gilt dies ohnehin, da hier nach wie vor die wirtschaftliche Eingliederung erforderlich ist. In Bezug auf gewerblich geprägte Personengesellschaften ist die vorgenannte Auffassung jedenfalls ab VZ 2003 überholt, da ab dann die Personengesellschaft eine Tätigkeit i. S. des § 15 Abs. 1 Nr. 1 EStG ausüben muss, § 14 Abs. 1 Satz 1 Nr. 2 Satz 2 KStG i. d. F. des StVergAbG. — 370

(unbesetzt) — 371–400

11. Betriebsaufspaltung und Organschaft

11.1 Zum Begriff der Betriebsaufspaltung

Von einer Betriebsaufspaltung spricht man, wenn aus einem bisher einheitlichen Unternehmen einzelne betriebliche Aufgaben ausgegliedert und auf ein rechtlich selbständiges Unternehmen in der Rechtsform einer Kapitalgesellschaft übertra- — 401 gen werden (sog. echte Betriebsaufspaltung; zu Einzelheiten siehe Schmidt, § 15 EStG Rz. 800 ff.). Typisch sind

- die Aufteilung eines Unternehmens in ein Produktionspersonenunternehmen und eine Vertriebskapitalgesellschaft (ausnahmsweise auch in eine Produktionskapitalgesellschaft und ein Vertriebspersonenunternehmen oder in Produktions- und Vertriebskapitalgesellschaften) und
- die Aufteilung eines Unternehmens in ein Besitzpersonenunternehmen und eine Betriebskapitalgesellschaft (ausnahmsweise auch in Besitz- und Betriebskapitalgesellschaften) mit Verpachtung der Betriebsanlagen durch das Besitzunternehmen an die Betriebsgesellschaft.

11.2 Organschaftsverhältnis bei einer Betriebsaufspaltung in ein Produktionsunternehmen und eine Vertriebskapitalgesellschaft

402 Es ist nicht zweifelhaft, dass zwischen einem Produktionsunternehmen als Organträger und einer Vertriebskapitalgesellschaft als Organgesellschaft ohne weiteres ein körperschaftsteuerliches und gewerbesteuerliches Organschaftsverhältnis möglich ist. Dabei ist gleichgültig, ob das Produktionsunternehmen Einzelfirma oder Personengesellschaft ist oder die Rechtsform einer Kapitalgesellschaft hat. Lediglich die Vertriebsgesellschaft muss Kapitalgesellschaft sein, weil nur eine Kapitalgesellschaft Organgesellschaft sein kann. Ist auch das Produktionsunternehmen Kapitalgesellschaft, so ist bei Vorliegen der übrigen Voraussetzungen auch ein Organschaftsverhältnis zwischen der Vertriebskapitalgesellschaft als Organträger und dem Produktionsunternehmen als Organgesellschaft möglich.

11.3 Organschaftsverhältnis bei einer Betriebsaufspaltung in ein Besitzunternehmen und eine Betriebskapitalgesellschaft

403 Nach der ständigen Rechtsprechung des BFH (vgl. z. B. Urteil III 232/52 U vom 22. 1. 1954, BStBl III 1954, 91; ferner Beschluss GrS 2/71 vom 8. 11. 1971, BStBl II 1972, 63; Urteil IV R 73/94 vom 10. 4. 1997, BStBl II 1997, 569), die das BVerfG unter verfassungsrechtlichen Aspekten geprüft und bestätigt hat (1 BvR 136/62 vom 14. 1. 1969, BStBl II 1969, 389), beteiligt sich das Besitzunternehmen, dessen Tätigkeit für sich betrachtet nicht gewerblicher Natur ist (Verpachtung der wesentlichen Betriebsgrundlagen an die Betriebskapitalgesellschaft und Verwaltung der Anteile an der Betriebskapitalgesellschaft), „aufgrund der engen wirtschaftlichen Verflechtung mit der Betriebskapitalgesellschaft über diese am allgemeinen wirtschaftlichen Verkehr" und unterhält deshalb weiterhin einen Gewerbebetrieb i. S. des § 2 GewStG.

II. Die Voraussetzungen der Organschaft

Diese Rechtsprechung legt nahe, ein Organschaftsverhältnis zwischen dem Besitzunternehmen als Organträger und der Betriebskapitalgesellschaft als Organgesellschaft zu begründen. Der BFH hat jedoch für die Zeit vor der gesetzlichen Regelung der körperschaftsteuerlichen Organschaft in ständiger Rechtsprechung die Auffassung vertreten, dass im Falle der Betriebsaufspaltung körperschaftsteuerlich und gewerbesteuerlich – zur Umsatzsteuer siehe Rz. 1251 – zwischen dem Besitzunternehmen und der Betriebsgesellschaft kein Organschaftsverhältnis möglich sei, weil sich das Besitzunternehmen nicht selbst am wirtschaftlichen Verkehr beteilige, sondern dies nur über die Betriebsgesellschaft tue, und deshalb **keine übergeordnete Haupttätigkeit** des Besitzunternehmens vorhanden sei, der die Betriebsgesellschaft nach Art einer Geschäftsabteilung diene, so dass es sowohl an einem gewerblichen Unternehmen i. S. der organschaftlichen Voraussetzungen als auch an der wirtschaftlichen Eingliederung der Betriebsgesellschaft in ein solches Unternehmen fehle (BFH-Urteile I 119/56 U vom 25. 6. 1957, BStBl III 1957, 303; I 251/60 S vom 7. 3. 1961, BStBl III 1961, 211; I 123/60 vom 9. 3. 1962, BStBl III 1962, 199; IV 417/60 S vom 25. 7. 1963, BStBl III 1963, 505; I 102/63 vom 26. 4. 1966, BStBl III 1966, 426; I R 120/70 vom 18. 4. 1973, BStBl II 1973, 740).

404

Nach Auffassung der Verwaltung (KStR Abschn. 50 Abs. 3; ferner GewStR Abschn. 14 Abs. 7) sind diese Grundsätze auch im Geltungsbereich der gesetzlichen Regelung der körperschaftsteuerlichen Organschaft (§§ 14 bis 19 KStG, früher § 7a KStG a. F.) anzuwenden, allerdings mit den Modifikationen, die sich aus den BFH-Urteilen I 252/64 vom 17. 12. 1969 und I R 122/66 vom 15. 4. 1970 zur Holding als Organträger (siehe Rz. 361 ff.) ergeben. Danach gelten folgende Grundsätze:

405

- Beschränkt sich das Besitzunternehmen darauf, die Betriebsanlagen an die Betriebskapitalgesellschaft zu verpachten und das verpachtete Vermögen und die Beteiligung an der Betriebskapitalgesellschaft zu verwalten, so fehlt es an der wirtschaftlichen Eingliederung der Betriebskapitalgesellschaft in das Besitzunternehmen; die §§ 14 bis 19 KStG sind nicht anwendbar. Das gilt auch dann, wenn das Besitzunternehmen ausnahmsweise nicht die Rechtsform eines Personenunternehmens (Einzelfirma – Personengesellschaft), sondern einer Kapitalgesellschaft hat und deshalb kraft Rechtsform als Gewerbebetrieb zu qualifizieren ist.
- Hingegen sind die §§ 14 bis 19 KStG auch in Fällen der Betriebsaufspaltung anwendbar, wenn
- das Besitzunternehmen nicht nur Besitzunternehmen ist, sondern auch die Voraussetzungen erfüllt, unter denen nach den oben (Rz. 362) zitierten Urtei-

len ein Organschaftsverhältnis zu einer Holding anzuerkennen ist, insbesondere also die einheitliche Konzernleitung gegenüber mehreren abhängigen Unternehmen (nicht nur der einen Betriebsgesellschaft) in äußerlich erkennbarer Weise ausübt (BFH-Urteil I R 26/84 vom 14. 10. 1987, BFH/NV 1989 192, 193 unter 2. – früher musste aus dem jetzt überholten BFH-Urteil I 102/63 vom 26. 4. 1966, BStBl III 1966, 426 geschlossen werden, dass in Betriebsaufspaltungsfällen ein Organschaftsverhältnis zum Besitzunternehmen auch dann nicht anzuerkennen ist, wenn dieses gleichzeitig den Charakter einer geschäftsleitenden Holding hat, denn andernfalls hätte der BFH in dem erwähnten Urteil nicht dahingestellt lassen können, „ob Organschaft zu einer geschäftsführenden Holding möglich ist" –) oder

– das Besitzunternehmen nicht nur Besitzunternehmen (reines Besitzunternehmen) ist, sondern eine eigene gewerbliche Tätigkeit i. S. des § 15 Abs. 2 EStG entfaltet (z. B. die von der Besitzkapitalgesellschaft hergestellten Waren vertreibt) und damit selbst ein gewerbliches Unternehmen betreibt, in das die Betriebskapitalgesellschaft wirtschaftlich eingegliedert ist (vgl. BFH-Urteil I R 120/70 vom 18. 4. 1973, BStBl II 1973, 740; ferner das BFH-Urteil I 39/57 U vom 14. 8. 1958, BStBl III 1958, 409, demzufolge sogar ausreichen soll, dass die Gesellschafter der Besitzpersonengesellschaft daneben noch „ein bedeutendes Handelsunternehmen in Form einer KG besitzen". U. E. ist dieses Urteil überholt, nachdem der BFH seine Rechtsprechung zur sog. Unternehmenseinheit im Gewerbesteuerrecht mit Urteil I R 95/76 vom 21. 2. 1980, BStBl II 1980, 465 aufgegeben hat; vgl. dazu GewStR Abschn. 16 Abs. 3).

406 Diese Grundsätze stimmen mit der im Schrifttum vorherrschenden Meinung überein (vgl. z. B. Dötsch/Eversberg/Jost/Witt, § 14 KStG Tz. 70; Hollatz, DB 1994, 855; Herrmann/Heuer/Raupach, § 14 KStG Anm. 135; Mössner/Seeger/Schwarz, § 14 KStG Rn. 81 ff.; a. A. insbesondere Jurkat, Rz. 317, der das Besitzunternehmen stets als Organträger anerkennen will).

407 Auch der BFH geht davon aus, dass die von ihm für die Zeit vor der gesetzlichen Regelung der körperschaftsteuerlichen Organschaft entwickelten Grundsätze nach der gesetzlichen Regelung der körperschaftsteuerlichen Organschaft weiterhin gelten (Urteil I R 110/88 vom 13. 9. 1989, BStBl II 1990, 24, 27 und Beschluss I S 5/84 vom 27. 3. 1985, BFH/NV 1986, 118; ebenso FG Köln, Urteil IX 221/80 K vom 25. 7. 1984, EFG 1985, 143, bestätigt durch BFH-Urteil I R 152/84 vom 26. 4. 1989, BStBl II 1989, 668).

408 Eine kritische Würdigung ergibt, dass viel für den Standpunkt des BFH und der Verwaltung spricht. Wenn schon davon auszugehen ist, dass das Tatbestands-

II. Die Voraussetzungen der Organschaft

merkmal der wirtschaftlichen Eingliederung überhaupt einen rechtlichen Gehalt hat, so müssen daraus auch gewisse Folgerungen gezogen werden. Für ein reines Besitzunternehmen (im in Rz. 405 erwähnten Sinne) lässt sich nun aber kaum bestreiten, dass sich seine Tätigkeit – wenn man diese für sich und unabhängig vom Wirken der Betriebskapitalgesellschaft betrachtet und nach den Grundsätzen beurteilt, die allgemein für die Abgrenzung eines Gewerbebetriebs gegenüber der Vermögensverwaltung gelten (vgl. EStR R 137 und EStH H 137) – nur als Vermögensverwaltung darstellt.

Ein Unbehagen verbleibt lediglich im Verhältnis zur organschaftlichen Beurteilung der geschäftsleitenden Holding, weil schwer vorstellbar ist, dass die Ausübung der sog. **Konzernleitung** z. B. durch einen Einzelkaufmann als Alleingesellschafter von zwei mittelständischen GmbH – für sich und unabhängig vom gewerblichen Wirken der Kapitalgesellschaften betrachtet – den begrifflichen Erfordernissen eines Gewerbebetriebs i. S. von § 2 GewStG genügen soll und demgemäß auch dann als Gewerbebetrieb beurteilt würde, wenn nicht die Anerkennung eines Organschaftsverhältnisses in Frage stünde. Dies gilt um so mehr, wenn man berücksichtigt, dass andererseits die Verpachtung von Grundbesitz selbst dann noch als Vermögensverwaltung anzusehen ist, wenn der Grundbesitz umfangreich ist und seine Verwaltung erhebliche Arbeit verursacht (vgl. EStR R 137, m. w. N.), also vielleicht mehr nach außen in Erscheinung tretende Aktivität fordert, als die Ausübung der sog. Konzernleitung gegenüber zwei kleineren Kapitalgesellschaften. Man gewinnt den Eindruck, dass in Organschaftsfällen reine Besitzunternehmen und sog. geschäftsleitende Holdingunternehmen, mindestens in der Rechtsform von Personenunternehmen, mit verschiedenen Maßstäben gemessen werden. Die Praxis wird sich freilich durch Anpassung der Sachverhaltsgestaltung insbesondere an die großzügige Rechtsprechung zur geschäftsleitenden Holding zu helfen wissen.

409

Auch bei der Betriebsaufspaltung stellt sich die Frage, wie sich der Wegfall der wirtschaftlichen Eingliederung als Tatbestandsmerkmal der Organschaft auswirkt (vgl. Herlinghaus, FR 2000, 1105, 1109; zur Holding siehe oben Rz. 369 f.). U. E. sollte auch hier vor dem Hintergrund der bisherigen BFH-Rechtsprechung weiterhin darauf geachtet werden, eine eigene wirtschaftliche Tätigkeit des Besitzunternehmens außerhalb der Überlassung von Betriebsgrundstücken an Betriebsgesellschaften zu etablieren.

11.4 Unechte Betriebsaufspaltung

Die vorstehend dargestellten Grundsätze gelten entsprechend, wenn Besitzunternehmen und Betriebskapitalgesellschaft nicht aus einer Betriebsaufspaltung her-

410

vorgegangen, sondern von vornherein getrennt gegründet worden sind, aber im übrigen die Voraussetzungen erfüllt sind, unter denen für das Besitzunternehmen anzunehmen ist, dass sich seine Tätigkeit zwar äußerlich zunächst als reine Vermögensverwaltung darstellt, dass es sich aber über die Betriebskapitalgesellschaft am allgemeinen wirtschaftlichen Verkehr beteiligt.

12. Umwandlung der Organgesellschaft oder des Organträgers

411 Wird die Organgesellschaft oder der Organträger umgewandelt (insbes. verschmolzen), so können sich namentlich im Hinblick auf die zeitlichen Anforderungen, denen die Anwendung der §§ 14 bis 19 KStG unterworfen ist (siehe Rz. 164 ff.), gewisse Besonderheiten ergeben. Nachfolgend werden die Umwandlungen, die unter das Umwandlungsgesetz 1995 und das Umwandlungssteuergesetz 1995 fallen, besprochen. Zu Umwandlungen nach dem alten Recht siehe die Vorauflage Rz. 411 ff.

12.1 Handelsrechtliche und steuerrechtliche Grundlagen

412 Wird eine Kapitalgesellschaft nach den Vorschriften des UmwG mit einer Personenhandelsgesellschaft oder einer anderen Kapitalgesellschaft verschmolzen, so geht das Vermögen der Kapitalgesellschaft mit der Eintragung der Verschmelzung in das Handelsregister am Sitz des übernehmenden Rechtsträgers im Wege der **Gesamtrechtsnachfolge** auf diesen über. Die Kapitalgesellschaft ist damit aufgelöst und zugleich beendet, also als juristische Person untergegangen (vgl. § 20 UmwG). Gleichzeitig erlischt auch die körperschaftsteuerliche Rechtsfähigkeit der Kapitalgesellschaft.

413 Gemäß § 2 UmwStG sind die steuerlichen Wirkungen der Umwandlung grundsätzlich auf den **Übertragungsstichtag** zurückzubeziehen, sofern dieser nicht länger als acht Monate vor der Anmeldung der Verschmelzung zur Eintragung in das Handelsregister zurückliegt. Übertragungsstichtag ist der Tag, auf den die Bilanz der Kapitalgesellschaft aufgestellt ist, die der Anmeldung der Verschmelzung zur Eintragung in das Handelsregister beizufügen ist.

12.2 Umwandlung der Organgesellschaft

12.2.1 Verschmelzung der Organgesellschaft auf den Organträger

414 Wird die Organgesellschaft auf den Organträger als Übernehmer verschmolzen und ist **Übertragungsstichtag das Ende des Wirtschaftsjahrs der Organgesellschaft,** so ist die organschaftliche Voraussetzung der finanziellen Eingliede-

II. Die Voraussetzungen der Organschaft

rung, die naturgemäß die steuerrechtliche Existenz der Organgesellschaft impliziert, „ununterbrochen", also bis zum Ende des Wirtschaftsjahrs der Organgesellschaft vorhanden. Die §§ 14 bis 19 KStG sind somit für das gesamte Wirtschaftsjahr der Organgesellschaft, mit dessen Ablauf die Organgesellschaft steuerlich als verschmolzen gilt (§ 2 UmwStG), anzuwenden. Erforderlich ist allerdings, dass die Organgesellschaft zum Verschmelzungsstichtag nicht nur eine Verschmelzungsbilanz, sondern auch einen regulären Jahresabschluss erstellt.

Beispiel:
Die B-GmbH steht in einem Organschaftsverhältnis mit Gewinnabführung zum Einzelkaufmann A. Wirtschaftsjahr der Organgesellschaft ist das Kalenderjahr. Die B-GmbH beschließt am 28. 2. 2002 die Verschmelzung auf den Alleingesellschafter A. Die Verschmelzung wird am 30. 4. 2002 in das Handelsregister eingetragen. Umwandlungsstichtag ist der 31. 12. 2001. – Das Einkommen der Organgesellschaft für das gesamte Wirtschaftsjahr 2001 ist dem Organträger zuzurechnen. Für die Geschäftsvorfälle des Jahres 2002 bis zur Eintragung der Verschmelzung in das Handelsregister fingiert § 2 UmwStG, dass diese bei dem Übernehmer angefallen sind.

Fällt der **Übertragungsstichtag in das laufende Wirtschaftsjahr der Organgesellschaft,** so stellt sich die Frage, ob in diesem Falle dem Erfordernis der ununterbrochenen organschaftlichen Eingliederung genügt ist und demgemäß das vom Beginn des Wirtschaftsjahrs bis zum Ablauf des Verschmelzungsstichtags erwirtschaftete Ergebnis der Organgesellschaft gemäß § 14 KStG dem Organträger zuzurechnen ist. Die Frage ist zu bejahen, weil mit der Wahl eines vom Ende des Wirtschaftsjahres abweichenden Verschmelzungsstichtags ein Rumpfwirtschaftsjahr der Organgesellschaft entsteht (ebenso Streck, § 14 KStG Anm. 33). Erforderlich ist allerdings wiederum, dass die Organgesellschaft zum Übertragungsstichtag einen regulären Jahresabschluss erstellt. 415

Beispiel:
Sachverhalt wie im Beipiel in Rz. 414. Übertragungsstichtag ist jedoch der 31. 10. 2001. – Das Einkommen der Organgesellschaft für die Zeit vom 1. 1. bis 31. 10. 2001 ist dem Organträger zuzurechnen. Für die Geschäftsvorfälle ab 1. 11. 2001 bis zur Eintragung der Verschmelzung in das Handelsregister fingiert § 2 UmwStG, dass diese Geschäftsvorfälle bei dem Übernehmer angefallen sind.

Mit der Verschmelzung der Organgesellschaft wird auch der GAV beendet (UmwSt-Erlass Tz. Org. 12). Steuerliche Folgen für die Anwendung der §§ 14 bis 19 KStG in den vorangegangenen Wirtschaftsjahren ergeben sich hieraus jedoch nicht, gleichgültig, wie lange der GAV bereits bestanden hat, weil nach Auffasung der Verwaltung (UmwSt-Erlass Tz. Org. 20; KStR Abschn. 55 Abs. 7) die Verschmelzung der Organgesellschaft stets ein wichtiger Grund i. S. von § 14 Abs. 1 Satz 1 Nr. 3 Satz 2 KStG ist (vgl. dazu im Einzelnen Rz. 217 ff.). 416

12.2.2 Verschmelzung der Organgesellschaft auf einen anderen Rechtsträger

417 Mit der **Verschmelzung** der Organgesellschaft wird das bisherige Organschaftsverhältnis beendet (OLG Karlsruhe, Beschluss 15 W 19/94 vom 29. 8. 1994, DB 1994, 1917; Koppensteiner in Kölner Kommentar, § 291 AktG Rdn. 51). Zivilrechtlich wirkt die Beendigung des GAV grundsätzlich ex nunc (vgl. §§ 296, 297 AktG). Bei einer rückwirkenden Verschmelzung bleibt die steuerliche Organschaft jedoch nur bis zum steuerlichen Übertragungsstichtag unberührt. Um den GAV zivil- und steuerrechtlich zum selben Zeitpunkt zu beenden, empfiehlt sich eine einvernehmliche Vertragsauflösung zum Übertragungsstichtag. Zur Unschädlichkeit bei einem noch nicht fünf Jahre durchgeführten GAV siehe Rz. 416.

418 Die übertragende Organgesellschaft hat steuerrechtlich (nicht handelsrechtlich, siehe § 17 Abs. 2 Satz 2 UmwG; hier steht das Wahlrecht dem übernehmenden Rechtsträger zu, § 24 UmwG, zu Einzelheiten siehe Dehmer, § 24 UmwG Rn. 6 ff.) ein **Wahlrecht,** das übergehende Betriebsvermögen in der steuerlichen Übertragungsbilanz mit dem Buchwert oder einem höheren Wert, begrenzt durch den Teilwert der einzelnen Wirtschaftsgüter, anzusetzen (§§ 3, 11 UmwStG; zu Einzelheiten siehe UmwSt-Erlass Tz. 03.01 ff. und 11.01 ff.). Für die Bewertung ist unerheblich, mit welchen Werten der übernehmende Rechtsträger das Vermögen ansetzt. Der Grundsatz der Maßgeblichkeit gilt insoweit nicht (keine diagonale Maßgeblichkeit zwischen verschiedenen Rechtsträgern, Dehmer, § 17 UmwG Rn. 19). Der Grundsatz gilt allerdings für die Wertansätze in der Handelsbilanz und der steuerlichen Übertragungsbilanz (UmwSt-Erlass Tz. 03.01 a. E.), so dass der Ansatz eines höheren Wertes als des Buchwerts nur ausnahmsweise möglich ist. Setzt die Organgesellschaft zulässigerweise einen höheren als den Buchwert an, entsteht ein steuerpflichtiger **Übertragungsgewinn.** Dieser unterliegt u. E. nicht der vertraglichen Gewinnabführungsverpflichtung nach § 301 AktG. Die Organgesellschaft muss den Gewinn aus der Höherbewertung vielmehr selber als Einkommen versteuern (Dötsch/Eversberg/Jost/Witt, § 14 KStG Tz. 237 unter Hinweis auf das zu einem Abwicklungsgewinn nach § 11 KStG ergangene BFH-Urteil 262/63 vom 18. 10. 1967, BStBl II 1968, 105; Dötsch, Festschrift Widmann, S. 265, 269; dem zustimmend UmwSt-Erlass Tz. Org. 19).

419 Soll zwischen der übernehmenden Kapitalgesellschaft und dem bisherigen Organträger ebenfalls ein Organschaftsverhältnis begründet werden, ist dies rückwirkend auf den steuerlichen Übertragungsstichtag nur möglich, wenn die Übernehmerin selber bereits ab diesem Zeitpunkt finanziell in den Organträger eingegliedert war. Unter dieser Voraussetzung können die in der Zeit zwischen dem steuerlichen Übertragungsstichtag und der Eintragung noch gegebenen Einglie-

derungsvoraussetzungen der bisherigen Organgesellschaft der Übernehmerin zugerechnet werden (UmwSt-Erlass Tz. Org. 13). Die Eingliederungsvoraussetzungen sind tatsächliche Voraussetzungen, die nicht rückwirkend geschaffen werden können (a. A. FG Hamburg, Urteil VI 55/01 vom 30. 5. 2002, EFG 2002, 1318; Revision eingelegt, Az. des BFH I R 55/02). Werden der bisherige GAV und der neu abzuschließende GAV einvernehmlich auf den Übertragungsstichtag bezogen, ist ein nahtloser Übergang möglich.

Liegen die Voraussetzungen einer Organschaft am Übertragungsstichtag nicht vor, ist ein Organschaftsverhältnis erst ab Beginn des Wirtschaftsjahrs der übernehmenden Gesellschaft möglich, für das die Eingliederungsvoraussetzung i. S. des § 14 Abs. 1 Satz 1 Nr. 1 KStG während des gesamten Wirtschaftsjahrs erfüllt ist und ein GAV i. S. des § 14 Abs. 1 Satz 1 Nr. 3 KStG vorliegt (UmwSt-Erlass Tz. Org. 14). 420

12.2.3 Sonstige Formen der Umwandlung einer Organgesellschaft

Sonstige Formen der Umwandlung sind nach § 1 Abs. 1 UmwG die Spaltung, die Vermögensübertragung und der Formwechsel. Hier gilt im Wesentlichen Folgendes (zu Einzelheiten s. Dötsch/Eversberg/Jost/Witt, § 14 KStG Tz. 240 ff.): 421

Im Fall einer **Aufspaltung** (§ 123 Abs. 1 UmwG) endet der GAV und damit auch das Organschaftsverhältnis zum steuerlichen Übertragungsstichtag, da die bisherige Organgesellschaft untergeht (§ 131 Abs. 1 Nr. 2 UmwG). Zur Neubegründung eines Organschaftsverhältnisses zum übernehmenden Rechtsträger siehe oben Rz. 419 und 420. 422

Die **Abspaltung** aus dem Vermögen der Organgesellschaft (§ 123 Abs. 2 UmwG) berührt das Organschaftsverhältnis nicht, wenn die Voraussetzungen zu dem bei der Organgesellschaft verbleibenden Unternehmensteil weiterhin vorliegen. Insbesondere wird durch die Abspaltung nicht der GAV beendet. 423

Die **Ausgliederung** von Teilen aus dem Vermögen der Organgesellschaft (§ 123 Abs. 3 UmwG) berührt das Organschaftsverhältnis nicht. Die übernehmende Gesellschaft hat handelsrechtlich (§ 125 i. V. m. § 24 UmwG) und steuerrechtlich (§ 20 Abs. 2 Satz 1 UmwStG) ein Wahlrecht, ob sie das eingebrachte Betriebsvermögen mit dem Buchwert oder einem höheren Wert ansetzt. Für die Bewertung gilt dabei nach ganz überwiegender Meinung der Grundsatz der Maßgeblichkeit der Handelsbilanz für die Steuerbilanz (Dehmer, § 20 UmwStG Rn. 239 ff. mit weiteren Nachweisen, auch zu den Ausnahmen; ebenso UmwSt-Erlass Tz. 20, 26 ff.). Setzt sie es mit einem höheren Wert als dem Buchwert an, entsteht bei der Organgesellschaft ein Veräußerungsgewinn, § 20 Abs. 4 und 5 424

UmwStG. Zweifelhaft ist, ob ein handelsrechtlicher Mehrgewinn aus der Höherbewertung (a. o. Ertrag gemäß §§ 275 Abs. 1 Nr. 15, Abs. 2 Nr. 14, 277 Abs. 4 HGB) der Abführungsverpflichtung nach § 301 AktG unterliegt. U. E. spricht mehr dafür, diesen Gewinn entsprechend dem Übertragungsgewinn (siehe Rz. 418) bei der Organgesellschaft als eigenes Einkommen zu versteuern. Die Finanzverwaltung hat sich im UmwSt-Erlass nicht zu dieser Frage geäußert.

425 Der **Formwechsel** von einer Kapitalgesellschaft in eine andere Kapitalgesellschaft (§ 190 UmwG) berührt nicht das Organschaftsverhältnis (ebenso Dötsch, Festschrift Widmann, 265, 269). Er kann u. E. nicht als wichtiger Grund für die steuerunschädliche Beendigung des GAV anerkannt werden, da sich wirtschaftlich durch eine formwechselnde Umwandlung nichts ändert (ebenso UmwSt-Erlass Tz. Org. 20). Demgegenüber beendet der nach dem neuen UmwG mögliche Formwechsel von einer Kapitalgesellschaft auf eine Personengesellschaft (§§ 191, 226 UmwG) das Organschaftsverhältnis zum steuerlichen Übertragungsstichtag, da eine Personengesellschaft nicht Organgesellschaft sein kann. Er ist deshalb auch als wichtiger Grund für die steuerunschädliche Beendigung des GAV anzuerkennen.

12.2.4 Exkurs: Umwandlung einer anderen Gesellschaft auf die Organgesellschaft

426 Die Umwandlung einer anderen Gesellschaft auf die Organgesellschaft berührt im Regelfall nicht das Organschaftsverhältnis.

427 Durch die Umwandlung kann bei der Organgesellschaft ein **Übernahmegewinn** oder **Übernahmeverlust** entstehen. Ein Übernahmegewinn unterliegt nicht der handelsrechtlichen Gewinnabführungsverpflichtung nach § 301 AktG, wenn die Organgesellschaft als Gegenleistung für die Übernahme des Vermögens neue Anteile gewährt. Dieser Gewinn ist in die Kapitalrücklage einzustellen, § 272 Abs. 2 Nr. 1 HGB. Besteht die Gegenleistung in eigenen Anteilen, ist der Übernahmegewinn hingegen in dem abzuführenden Jahresüberschuss enthalten. Ein Übernahmeverlust unterliegt der Verlustübernahme nach § 302 AktG. Steuerlich bleibt der Übernahmegewinn bzw. Übernahmeverlust außer Ansatz, § 12 Abs. 2 Satz 1 UmwStG (a.A. FG Hamburg, Urteil VI 103/98 vom 14. 9. 1999, EFG 2000, 150; offen gelassen in der Revisionsentscheidung BFH-Urteil I R 103/99 vom 24. 1. 2001, BFH/NV 2001, 1455). Dadurch kann es zu einer Abweichung zwischen dem dem Organträger zuzurechnenden steuerlichen Einkommen und der Ergebnisabführung kommen. Die Finanzverwaltung wendet auf diese Mehr- oder Minderabführung KStR Abschn. 59 Abs. 4 Sätze 3–5 entsprechend an (UmwSt-Erlass Tz. Org. 26; siehe hierzu unten Rz. 641 ff.).

II. Die Voraussetzungen der Organschaft

Nach dem neuen UmwStG tritt der übernehmende Rechtsträger hinsichtlich eines noch nicht verbrauchten **Verlustabzugs** der übertragenden Körperschaft in deren Rechtsstellung ein, § 12 Abs. 3 Satz 2 UmwStG (eingeschränkt durch die Neufassung der Vorschrift durch das StEntlG 1999/2000/2002 und des StÄndG 2001). Dieser ist allerdings bei der Organgesellschaft während der Dauer des GAV wegen § 15 Nr. 1 KStG nicht abziehbar (UmwSt-Erlass Tz. Org. 27; Mössner/Seeger/Schwarz, § 15 KStG Rdnr. 4 a. E.; Dötsch, Festschrift Widmann, S. 265, 272 f.; kritisch Köster/Prinz, GmbHR 1997, 336, 341; zu Einzelheiten siehe Orth, JbFfSt 1995/1996, 453 Fall 8). Für den Vorrang des § 15 Nr. 1 KStG (dazu Rz. 512 ff.) spricht, dass ansonsten Verluste, die von einem anderen Rechtsträger stammen, günstiger behandelt würden als eigene vorvertragliche Verluste der Organgesellschaft. 428

12.3 Umwandlung des Organträgers

12.3.1 Verschmelzung des Organträgers

Ist der Organträger eine Kapitalgesellschaft, so kann diese nach den Vorschriften des UmwG auf eine Personengesellschaft oder eine andere Kapitalgesellschaft verschmolzen werden. Ist Verschmelzungsstichtag das Ende des Wirtschaftsjahrs der Organgesellschaft, so ist die organschaftliche Voraussetzung der finanziellen Eingliederung im Verhältnis zum bisherigen Organträger, also der Kapitalgesellschaft, die verschmolzen wird, bis zum Ende des Wirtschaftsjahrs der Organgesellschaft, also ununterbrochen vorhanden. Das Einkommen der Organgesellschaft für das ganze Wirtschaftsjahr, mit dessen Ablauf der Organträger verschmolzen wird, ist somit diesem Organträger zuzurechnen. Darüber hinaus sind die organschaftlichen Voraussetzungen vom Beginn des folgenden Wirtschaftsjahrs der Organgesellschaft an im Verhältnis zum Übernehmer bzw. der übernehmenden Gesellschaft erfüllt. Zwar geht der bisherige Organträger zivilrechtlich erst im Laufe dieses Wirtschaftsjahrs unter, so dass die organschaftlichen Voraussetzungen im Verhältnis zum Übernehmer tatsächlich erst im Verlaufe dieses Wirtschaftsjahrs begründet werden, aber § 2 UmwStG **fingiert** für die Besteuerung, dass der bisherige Organträger, also die verschmolzene Kapitalgesellschaft, bereits mit Ablauf des Verschmelzungsstichtags (= Ende des Wirtschaftsjahrs der Organgesellschaft) nicht mehr existiert und von diesem Zeitpunkt an die Übernehmerin bzw. die übernehmende Gesellschaft an ihre Stelle getreten ist, so dass den zeitlichen Voraussetzungen des § 14 KStG genügt ist (ebenso Dötsch/Eversberg/Jost/Witt, § 14 KStG Tz. 224). 429

Beispiel:

Die Y-GmbH als Organgesellschaft steht zur X-AG als Organträger in einem Organschaftsverhältnis mit Gewinnabführung. Wirtschaftsjahr beider Gesellschaften ist das Kalenderjahr. Mit Beschluss vom 30. 3. 2002 wird die X-AG, also der Organträger, zum 31. 12. 2001 24 Uhr (Umwandlungsstichtag) auf die Personengesellschaft A, die Alleinaktionärin der X-AG ist, verschmolzen. Die Verschmelzung wird am 31. 5. 2002 in das Handelsregister eingetragen. Die Personengesellschaft A führt das Unternehmen der X-AG unverändert, also einschließlich des Organschaftsverhältnisses mit der Y-GmbH, fort. – Gemäß §§ 14, 17 KStG ist das Einkommen der Y-GmbH im Wirtschaftsjahr 2001 der X-AG, also dem bisherigen Organträger, und das Einkommen der Y-GmbH im Wirtschaftsjahr 2002 der Personengesellschaft A, also dem neuen Organträger, voll zuzurechnen.

430 Voraussetzung ist allerdings, dass der GAV fortbesteht (handelsrechtlich wird überwiegend die Auffassung vertreten, dass bei Verschmelzung des herrschenden Unternehmens der GAV automatisch auf den Rechtsnachfolger übergeleitet wird; vgl. OLG Karlsruhe, Urteil 15 U 256/89 vom 7. 12. 1990, ZIP 1991, 101, 104; Koppensteiner in Kölner Kommentar, § 291 AktG Rdn. 50; Scholz/Emmerich, Anhang Konzernrecht Anm. 279 mit weiteren Nachweisen) und – solange es diese Tatbestandsvoraussetzungen gab – die Organgesellschaft von dem Zeitpunkt an, in dem die Verschmelzung zivilrechtlich wirksam wird (= Eintragung in das Handelsregister) ununterbrochen auch wirtschaftlich und organisatorisch in das Unternehmen des neuen Organträgers eingegliedert ist (KStR Abschn. 54 Abs. 1). Für die Prüfung der fünfjährigen **Mindestlaufzeit** des GAV werden die Laufzeit gegenüber dem bisherigen und dem neuen Organträger zusammengerechnet (UmwSt-Erlass Tz. Org. 10). Dies gilt unabhängig davon, ob in der Verschmelzungsbilanz die Buchwerte oder höhere Werte angesetzt werden (Dötsch/Eversberg/Jost/Witt, § 14 KStG Tz. 225 mit Nachweisen auch zur Gegenmeinung). Dies ergibt sich u. E. bereits aus dem Wesen der Gesamtrechtsnachfolge, wonach der Gesamtrechtsnachfolger vollumfänglich in die Rechtspositionen des Rechtsvorgängers eintritt und diese unverändert übernimmt.

431 Zweifelhaft ist, wie sich die Verschmelzung des Organträgers auf die Anwendung der §§ 14 bis 19 KStG auswirkt, wenn der **Übertragungsstichtag in das laufende Wirtschaftsjahr der Organgesellschaft** fällt.

Beispiel:

Die Y-GmbH steht als Organgesellschaft zur X-AG als Organträger in einem Organschaftsverhältnis mit Gewinnabführung. Das Wirtschaftsjahr der X-AG läuft vom 1. 10. bis 30. 9., das Wirtschaftsjahr der Y-GmbH entspricht dem Kalenderjahr. Die X-AG wird mit Beschluss vom 31. 10. 2002 zum 30. 9. 2002 24 Uhr auf die Personengesellschaft A, die Alleinaktionärin der X-AG ist, verschmolzen. Die Verschmelzung wird am 1. 12. 2002 in das Handelsregister eingetragen.

II. Die Voraussetzungen der Organschaft

Man könnte die Auffassung vertreten, dass im Beispielsfall die §§ 14 bis 19 KStG auf das Einkommen der Organgesellschaft für das Wirtschaftsjahr 2002 nicht anzuwenden seien und die Organgesellschaft dieses Einkommen selbst zu versteuern habe. Eine Zurechnung beim bisherigen Organträger, der X-AG, scheitere daran, dass das Organschaftsverhältnis zu diesem nicht bis zum Ende des Wirtschaftsjahrs 2002 der Organgesellschaft bestanden habe, weil die X-AG ja steuerlich bereits als am 30. 9. 2002 erloschen gilt (§ 2 UmwStG). Eine Zurechnung bei der Personengesellschaft A als neuem Organträger sei nicht möglich, weil zu diesem ein Organschaftsverhältnis frühestens (kraft der Fiktion des § 2 UmwStG) seit dem 1. 10. 2002 und nicht bereits vom 1. 1. 2002 an gegeben sei. Die Verwaltung ist demgegenüber zu Recht der Meinung, dass im Beispielsfall das Einkommen der Organgesellschaft für das gesamte Wirtschaftsjahr 2002 der Personengesellschaft A zuzurechnen ist, wenn der GAV fortbesteht (UmwSt-Erlass Tz. Org. 82 Satz 2; ebenso Dötsch/Eversberg/Jost/Witt, § 1 KStG Tz. 226; Streck, § 14 KStG Anm. 33). 432

Weitere Folge der Zurechnung ist, dass bei Anwendung des § 14 Abs. 1 Nr. 3 KStG dem Übernehmer der Zeitraum anzurechnen ist, während dem der GAV zum bisherigen Organträger bestanden hat. 433

Die oben dargestellten Grundsätze gelten nach Auffassung der Verwaltung sinngemäß, wenn im Verhältnis zur umgewandelten Kapitalgesellschaft zwar die Voraussetzungen einer organschaftlichen Eingliederung erfüllt, ein GAV aber noch nicht abgeschlossen war, sofern von der Übernehmerin nach der Umwandlung oder Verschmelzung rechtzeitig ein GAV abgeschlossen wird (KStR Abschn. 54 Abs. 2; dazu auch Hübl, DStZ A 1972, 81, 95). 434

Die dargestellten Rechtsgrundsätze gelten auch, wenn der Organträger bei der Verschmelzung von dem **Wahlrecht** nach §§ 3, 11 UmwStG in dem Sinne Gebrauch gemacht hat, dass in der Schlussbilanz die Wirtschaftsgüter mit dem **Teilwert** angesetzt, die stillen Reserven also voll aufgedeckt werden. Siehe hierzu oben Rz. 430 a. E. 435

12.3.2 Sonstige Fälle der Umwandlung des Organträgers

Bei der **Aufspaltung** des Vermögens des Organträgers (§ 123 Abs. 1 UmwG) geht ein bestehender GAV nach Maßgabe des Spaltungsvertrags bzw. des Spaltungsplans im Wege der Gesamtrechtsnachfolge auf den übernehmenden Rechtsträger über (§ 131 Abs. 1 Nr. 1 UmwG). Es gelten die zuvor zur Verschmelzung genannten Grundsätze. 436

437 Eine **Abspaltung** aus dem Vermögen des Organträgers (§ 123 Abs. 2 UmwG) berührt das Organschaftsverhältnis nicht, wenn die Beteiligung an der Organgesellschaft in dem erforderlichen Umfang (oben Rz. 74 ff.) beim bisherigen Organträger verbleibt. Geht die erforderliche Mehrheit auf den übernehmenden Rechtsträger über, gelten die zuvor genannten Grundsätze bezüglich der Verschmelzung des Organträgers (ebenso UmwSt-Erlass Tz. Org. 08). Verfügen nach der Abspaltung weder der übertragende noch der übernehmende Rechtsträger über die zur finanziellen Eingliederung erforderliche Mehrheit der Stimmrechte, ist das Organschaftsverhältnis beendet. Zu weiteren Einzelheiten siehe Stegemann, Abspaltungen von Beteiligungen an Organgesellschaften, DStR 2002, 1549.

438 Zur **Ausgliederung** von Teilen aus dem Vermögen des Organträgers (§ 123 Abs. 3 UmwG) siehe nachfolgend Rz. 441 f.

439 Zu weiteren Einzelheiten siehe Meister, Übergang von Unternehmensverträgen bei der Spaltung der herrschenden Gesellschaft, DStR 1999, 1741.

440 Ein Formwechsel des Organträgers (§§ 190 ff. UmwG) hat auf den Fortbestand des GAV und des Organschaftsverhältnisses keinen Einfluss, da Organträger neben Körperschaften auch Personengesellschaften und natürliche Personen sein können. Ein Formwechsel des Organträgers ist u. E. in keinem Fall als wichtiger Grund zur Beendigung des GAV anzuerkennen (zur Begründung siehe Rz. 425). Dies gilt auch beim Formwechsel einer Personengesellschaft in eine Kapitalgesellschaft und umgekehrt, da der Organträger beide Rechtsformen haben kann (a. A. insoweit UmwSt-Erlass Tz. Org. 11; unklar Dötsch/Eversberg/Jost/Witt, § 14 KStG Tz. 235).

13. Einbringung des Betriebs des Organträgers in eine Kapitalgesellschaft oder Personengesellschaft

13.1 Einbringung im Wege der Ausgliederung

441 Erfolgt die Einbringung des Betriebs im Wege der **Ausgliederung** nach § 123 Abs. 3 UmwG, d. h. durch Gesamtrechtsnachfolge, und erfasst sie auch die Beteiligung an der Organgesellschaft, gelten die oben (Rz. 429 ff.) zur Verschmelzung des Organträgers genannten Grundsätze entsprechend. Dabei ist unbeachtlich, ob das ausgegliederte Vermögen bei der übernehmenden Gesellschaft mit dem Buchwert, dem Teilwert oder einem Zwischenwert (§§ 20 Abs. 2, 24 Abs. 2 UmwStG) angesetzt wird.

II. Die Voraussetzungen der Organschaft 137

Erfasst die Ausgliederung die Beteiligung nicht, gilt das bisherige Organschafts- 442
verhältnis unverändert fort.

13.2 Einbringung im Wege der Einzelrechtsnachfolge

Erfolgt die Einbringung im Wege der **Einzelrechtsnachfolge**, gelten dafür zwar 443
auch §§ 20, 24 UmwStG. Ein Eintritt des übernehmenden Rechtsträgers in einen
bestehenden GAV ist aber nicht möglich. Bei Abschluss eines neuen GAV mit
dem übernehmenden Rechtsträger können die Laufzeiten der beiden GAV nicht
zusammengerechnet werden (Dötsch/Eversberg/Jost/Witt, § 14 KStG Tz. 227;
a. A. Widmann/Mayer, § 23 UmwStG Rdnr. 7500.15).

13.3 Realteilung eines Organträgers in der Rechtsform einer Personengesellschaft

Erfolgt die **Realteilung** in der Form der Aufspaltung (§ 123 Abs. 1 UmwG), 444
gelten die oben Rz. 436 dargestellten Grundsätze.

Erfolgt die Realteilung im Wege der Einzelrechtsnachfolge, insbesondere, weil 445
übernehmende Rechtsträger natürliche Personen sind, die nach § 124 UmwG ausgeschlossen sind, gelten u. E. bei **Buchwertfortführung** (mit oder ohne Spitzenausgleich; zum Wahlrecht der Gesellschafter siehe BFH-Urteil VIII R 57/90 vom
1. 12. 1992, BStBl II 1994, 607; die Finanzverwaltung wendet das Urteil nur eingeschränkt an, BMF-Schreiben vom 11. 8. 1994, DB 1994, 1699) die Grundsätze
der unentgeltlichen Einzelrechtsnachfolge (unten Rz. 447). Bei Aufdeckung der
stillen Reserven wird das Organschaftsverhältnis beendet (Fall der Betriebsaufgabe) und es gelten die Grundsätze der entgeltlichen Einzelrechtsnachfolge (oben
Rz. 443). Nach § 16 Abs. 3 Satz 2 Halbsatz 2 i. V. m. § 6 Abs. 3 EStG i. d. F. des
StEntlG 1999/2000/2002 gibt es ab dem 1. 1. 1999 (§ 52 Abs. 34 Satz 3 EStG)
kein Wahlrecht mehr für die Gesellschafter. Soweit die Realteilung auf die Übertragung von Teilbetrieben oder Mitunternehmeranteilen gerichtet ist, ist die
Buchwertfortführung zwingend. Nach § 16 Abs. 3 Satz 2 EStG i. d. F. des
UntStFG gilt dies ab 2001 (§ 52 Abs. 34 Satz 4 EStG) auch für die Realteilung
mit Einzelwirtschaftsgütern.

14. Unentgeltliche Gesamtrechtsnachfolge und unentgeltliche Einzelrechtsnachfolge beim Organträger

14.1 Gesamtrechtsnachfolge (Erbfall)

Ist der Organträger eine natürliche Person und stirbt diese, so stellt sich die Frage, 446
ob sich das Organschaftsverhältnis zum Erben fortsetzt, sofern dieser den Betrieb

des Erblassers fortführt. Die Frage ist zu bejahen (ebenso Streck, § 14 KStG Anm. 33 a. E.). Der Erbe tritt grundsätzlich in vollem Umfange in die steuerliche Rechtsstellung des Erblassers ein (vgl. § 6 Abs. 3 EStG i. d. F. des StEntlG 1999/ 2000/2002 bzw. früher § 7 Abs. 1 EStDV; § 45 Abs. 1 AO 1977). Es ist deshalb – ebenso wie bei einer Umwandlung des Organträgers – legitim, bei Prüfung der Frage, ob den zeitlichen Erfordernissen des § 14 KStG genügt ist, die organschaftlichen Voraussetzungen, die im Verhältnis zum Erblasser erfüllt waren, dem Erben zuzurechnen. Freilich muss der GAV fortbestehen.

14.2 Einzelrechtsnachfolge (Schenkung)

447 Zweifelhaft kann sein, ob die zuvor dargestellten Grundsätze auch dann gelten, wenn der Betrieb des Organträgers nicht im Wege der unentgeltlichen Gesamtrechtsnachfolge, sondern durch unentgeltliche Einzelrechtsnachfolge auf einen anderen übergeht, z. B. aufgrund eines Vermächtnisses des Erblassers auf den Vermächtnisnehmer oder durch Schenkung unter Lebenden (vorweggenommene Erbfolge). Zweifel ergeben sich deshalb, weil zwar für die Frage der Buchwertverknüpfung die unentgeltliche Einzelrechtsnachfolge der Gesamtrechtsnachfolge gleichsteht (§ 6 Abs. 3 EStG bzw. § 7 Abs. 1 EStDV), nicht hingegen z. B. für die Anwendung des § 10d EStG (Schmidt/Heinicke, § 10d EStG Rz. 4) und für § 4a EStG (BFH-Urteil IV R 95/75 vom 23. 8. 1979, BStBl II 1980, 8; Schmidt/Heinicke, § 4a EStG Rz. 10). Im Hinblick auf den Sinn und Zweck der zeitlichen Erfordernisse des § 14 KStG, Manipulationen und insbesondere eine schätzungsweise Aufteilung der Ergebnisse der Organgesellschaft zu vermeiden, ist die gestellte Frage zu bejahen (ebenso Streck, § 14 KStG Anm. 33 a. E.).

14.3 Gemischte Schenkung

448 Geht der Betrieb des bisherigen Organträgers auf einen anderen teils unentgeltlich, teils entgeltlich über (z. B. gemischte Schenkung), so wird man darauf abstellen müssen, ob der unentgeltliche oder der entgeltliche Charakter des Geschäftes überwiegt. Je nachdem wird man die in Rz. 447 dargestellten Grundsätze anwenden können oder nicht.

15. Die Organgesellschaft als persönlich haftende Gesellschafterin einer Personengesellschaft

15.1 Allgemeines

449 Ist eine Kapitalgesellschaft persönlich haftende Gesellschafterin einer Personengesellschaft, so kann zweifelhaft sein, ob sie zu einem anderen Unternehmen, das

II. Die Voraussetzungen der Organschaft

an der Personengesellschaft nicht beteiligt ist, in einem Organschaftsverhältnis stehen kann.

Beispiel:
Die X-AG hält sämtliche Anteile an der Y-GmbH. Diese ist persönlich haftende Gesellschafterin der Y-GmbH & Co. KG, deren einzige Kommanditistin die Z-AG ist.

Die **Finanzverwaltung** hatte die gestellte **Frage** verneint. Es fehle an der wirtschaftlichen Eingliederung der – im Beispielsfalle – Y-GmbH in die X-AG, denn die Annahme, das Unternehmen der Y-GmbH sei nach Art einer Geschäftsabteilung in das Unternehmen der X-AG eingegliedert, sei mit der Stellung der Y-GmbH als persönlich haftende Gesellschafterin einer Personengesellschaft nicht vereinbar (vgl. Koordinierter Ländererlass vom Februar/März 1965, BB 1965, 320; ebenso Jurkat, Tz. 246). 450

Demgegenüber hat der **BFH** in mehreren, allerdings nicht zur körperschaftsteuerlichen, sondern zur gewerbesteuerlichen Organschaft ergangenen Urteilen (I R 3/69 vom 8. 12. 1971, BStBl II 1972, 289; zuletzt Urteil I R 76/93 vom 25. 10. 1995, BFH/NV 1996, 504 m. w. N.) **gegenteilig entschieden.** Der BFH vertritt die Auffassung, es sei nicht erforderlich, dass die Organgesellschaft selbst eine gewerbliche Tätigkeit entfalte; es genüge, dass die Tätigkeit der Untergesellschaft der gewerblichen Betätigung der Obergesellschaft diene. Bindungen, denen die Untergesellschaft in ihrer Eigenschaft als persönlich haftende Gesellschafterin einer Personengesellschaft unterworfen sei, stünden einer wirtschaftlichen Eingliederung in das Unternehmen der Obergesellschaft ebensowenig wie andere vertragliche oder gesetzliche Bindungen entgegen (im Ergebnis ebenso für die körperschaftsteuerliche Organschaft Lademann/Gassner, § 14 KStG Anm. 68; Mössner/Seeger/Schwarz, § 14 KStG Rn. 87; Dötsch/Eversberg/Jost/Witt, § 14 KStG Tz. 71). 451

Nachdem das Tatbestandsmerkmal der wirtschaftlichen Eingliederung entfallen ist, ist dem BFH darin zuzustimmen, dass die Komplementär-GmbH zu einem anderen Unternehmen, das nicht an der Personengesellschaft beteiligt ist, in einem Organschaftsverhältnis stehen kann. 452

15.2 Organschaftsverhältnis zwischen einer Komplementär-GmbH als Organgesellschaft und der KG, deren Komplementärin die GmbH ist, als Organträger

Ist eine Kapitalgesellschaft persönlich haftende Gesellschafterin einer KG, so stellt sich die Frage, ob die Kapitalgesellschaft 453

- im Verhältnis zur KG als Organträger oder
- im Verhältnis zu einer aus den Kommanditisten gebildeten BGB-Gesellschaft als Organträger

in einem Organschaftsverhältnis mit Gewinnabführung stehen kann.

Beispiel:

Die X-GmbH, deren Anteilseigner A und B sind, ist persönlich haftende Gesellschafterin der X-GmbH & Co. KG, Kommanditisten sind A und B.
- Organschaftsverhältnis mit Gewinnabführung zwischen der X-GmbH als Organgesellschaft und der X-GmbH & Co. KG?
- Organschaftsverhältnis mit Gewinnabführung zwischen der X-GmbH als Organgesellschaft und einer aus A und B gebildeten BGB-Gesellschaft?

454 Das **ertragsteuerliche Interesse** an solchen Gestaltungen besteht darin, dass im zuletzt genannten Falle für die Gewinnanteile der GmbH die Doppelbelastung mit Körperschaftsteuer und Einkommensteuer entfällt. Im zuerst genannten Falle ist dieses Ziel nicht vollständig zu erreichen, weil von dem der KG zuzurechnenden Einkommen der GmbH nach Maßgabe des Gewinnverteilungsschlüssels der KG wiederum ein Teil auf die GmbH entfällt (zu weiteren Vorteilen siehe Wehrheim/Marquardt, DB 2002, 1676). Während der Geltung des Anrechnungsverfahrens war zwar das Interesse an einem Ausschluss der Doppelbelastung entfallen; **es blieb aber das Interesse an den Vorteilen,** durch die sich die organschaftliche Einkommenszurechnung allgemein gegenüber den Anrechnungsverfahren auszeichnet (siehe dazu Rz. 11 ff. und Rz. 467 ff.).

455 Im **Schrifttum** herrschte die Meinung vor, dass die gestellten Fragen zu verneinen sind. Für ein Organschaftsverhältnis zur KG fehle die organisatorische Eingliederung, weil die GmbH, die das Unternehmen der KG führe, nicht zu sich selbst in einem Unterordnungsverhältnis stehen könne (Mössner/Seeger/Schwarz, § 14 KStG Rn 86; Streck, § 14 KStG Anm. 22).

456 Diese Meinung kann nach Wegfall des Erfordernisses der organisatorischen Eingliederung nicht aufrecht erhalten werden (ebenso Dötsch/Eversberg/Jost/Witt, § 14 KStG n. F., Tz. 11). Eine von allen oder einigen Kommanditisten der GmbH & Co KG finanziell beherrschte Komplementär-GmbH kann Organgesellschaft der GmbH & Co KG sein. Ab VZ 2003 ist allerdings zu beachten, das die finanzielle Eingliederung im Verhältnis zur Personengesellschaft selbst erfüllt sein muss, § 14 Abs. 1 Satz 1 Nr. 2 Satz 3 KStG i. d. F. des StVergAbG (siehe hierzu oben Rz. 360). Das bedeutet, dass ein Organschaftsverhältnis nur noch möglich

ist, wenn die KG die Anteile ihrer Komplementär-GmbH im Gesamthandsvermögen hält, Sonderbetriebsvermögen der Kommanditisten reicht nicht mehr aus.

Ein **Organschaftsverhältnis zu einer aus den Kommanditisten gebildeten BGB-Gesellschaft** (sog. Mehrmütterorganschaft) scheitert daran, daß die Kommanditisten nicht über eigene gewerbliche Unternehmen verfügen, in die die GmbH eingegliedert sein könnte (vgl. Rz. 332 ff.). Ein derartiges Organschaftsverhältnis hätte überdies den **Nachteil,** daß die Haftungsbeschränkung der Kommanditisten aufgehoben wäre, weil diese nach dem GAV in unbegrenzter Höhe zur Verlustübernahme verpflichtet wären. Witt weist zutreffend darauf hin, daß ein Organschaftsverhältnis auch daran scheiterte, daß die GmbH-Anteile bereits zum Sonderbetriebsvermögen der GmbH & Co. gehören und daneben nicht eine Eingliederung in eine zweite Personengesellschaft bestehen kann. 457

Möglich ist allerdings nach Auffassung des BFH (Urteil VIII R 149/86 vom 14. 4. 1992, BStBl II 1992, 817) ein Organschaftsverhältnis zwischen der Komplementär-GmbH und einer OHG, die alleinige Kommanditistin der GmbH und Co. KG ist.

(*unbesetzt*) 458–465

III. Die Rechtswirkungen der Organschaft im Körperschaftsteuerrecht (Rechtsfolgen der §§ 14 bis 19 KStG)

1. Grundlegung, insbesondere Verhältnis zum Anrechnungsverfahren

Nach § 14 Abs. 1 Satz 1 KStG ist, wenn sämtliche der oben dargestellten tatbestandlichen Voraussetzungen erfüllt sind, „das Einkommen der Organgesellschaft, soweit sich aus § 16 nichts anderes ergibt, dem Träger des Unternehmens (Organträger) zuzurechnen". Diese Aussage über die Rechtsfolge der Organschaft im Körperschaftsteuerrecht ist nach Wortlaut, Entstehungsgeschichte, systematischer Stellung und Zweck der §§ 14 bis 19 KStG wie folgt zu präzisieren: 466

1.1 Getrennte Einkommensermittlung

Das Einkommen der Organgesellschaft ist nach Maßgabe der Vorschriften des KStG **getrennt** vom Einkommen des Organträgers zu ermitteln. Hiervon geht nicht nur die Verwaltungspraxis (siehe Körperschaftsteuer-Erklärungsvordrucke), sondern auch die herrschende Meinung im Schrifttum (vgl. Thiel, StbKRep 1971, S. 179, 194; Herrmann/Heuer/Raupach, § 14 KStG Anm. 43, 467

Lademann/Gassner, § 14 KStG Anm. 95; Mössner/Seeger/Schwarz, § 14 KStG Rn. 108) und die BFH-Rechtsprechung (BFH-Urteile I R 101/75 vom 26. 1. 1977, BStBl II 1977, 441; I R 61/77 vom 29. 10. 1980, BStBl II 1981, 336 und I R 10/93 vom 2. 2. 1994, BStBl II 1994, 768) aus.

1.2 Zusammenrechnung

468 Das Einkommen der Organgesellschaft ist „im Wege einer Addition" dem ebenfalls getrennt ermittelten Einkommen des Organträgers (BFH-Urteil I R 167/86 vom 11. 4. 1990, BStBl II 1990, 772, 774) **hinzuzurechnen.** Die Summe aus Einkommen der Organgesellschaft und Einkommen des Organträgers ist der Veranlagung des Organträgers zugrunde zu legen, so wie wenn der sich aus der Zusammenrechnung ergebende Betrag in vollem Umfange Einkommen des Organträgers wäre. U. E. ist die Verwaltungsauffassung (ebenso Klein, Der Gesamtbetrag der Einkünfte, 1997, S. 226 f.) unzutreffend, die das Einkommen der Organgesellschaft dem Organträger auf der Rechenstufe zwischen Summe der Einkünfte und Gesamtbetrag der Einkünfte zurechnet (KStR Abschn. 24 Abs. 1; vor 1990 erfolgte die Zurechnung auf der Stufe zwischen Gesamtbetrag der Einkünfte und Einkommen). Wie sich auch aus dem vorgenannten BFH-Urteil (ebenso bereits als Vorinstanz FG Hamburg, Urteil II 75/84 vom 25. 7. 1986, EFG 1987, 141) ergibt, handelt es sich im Fall der körperschaftsteuerlichen Organschaft beim Organträger um die Versteuerung von Fremdeinkommen (ebenso BFH-Urteil XI R 95/97 vom 23. 1. 2002, BStBl II 2003, 9). Die Addition führt immer dann, wenn einer der zu addierenden Beträge, also das Einkommen der Organgesellschaft oder des Organträgers negativ ist, zu jenem Ausgleich zwischen positiven und negativen Einkommen von Organträger und Organgesellschaft (Verlustausgleich), der in einem Körperschaftsteuerrecht mit Anrechnungsverfahren sogar primärer Sinn und Zweck der körperschaftsteuerlichen Organschaft war. Unabhängig davon, ob man der Verwaltungsauffassung oder unserer Ansicht folgt, greift die **Einschränkung des Verlustausgleichs** (und auch des Verlustabzugs gemäß § 10d EStG) durch das StEntlG 1999/2000/2002 nicht ein. Durch dieses Gesetz wurde § 2 Abs. 3 EStG mit Wirkung ab 1. 1. 1999 neu gefasst und wird der Verlustausgleich zwischen den einzelnen Einkunftsarten auf 100000 DM (51500 €) bzw. bei darüber hinausgehenden positiven Einkünften auf die Hälfte der Summe der positiven Einkünfte beschränkt. Die Vorschrift erfasst sowohl vom Wortlaut als auch vom Sinn und Zweck her lediglich den Verlustausgleich zwischen einzelnen Einkunftsarten des Steuerpflichtigen. Das zuzurechnende Einkommen einer Organgesellschaft fällt nicht unter eine Einkunftsart im Sinne dieser Vorschrift, es findet deshalb ein Verlustausgleich in voller Höhe statt. Damit ist die Begründung eines Organschaftsverhältnisses für natürliche Personen

III. Die Rechtswirkungen der Organschaft

bzw. Personengesellschaften in Zukunft noch interessanter: Erzielt die natürliche Person den Verlust in einem eigenen Gewerbebetrieb, greift die Einschränkung des Verlustausgleichs. Fällt der Verlust dagegen bei der Organgesellschaft an, ist er uneingeschränkt ausgleichsfähig.

1.3 Tarif

Da das Einkommen der Organgesellschaft dem Organträger zuzurechnen und dessen Veranlagung zugrunde zu legen ist, wird es beim Organträger der **Steuerart und dem Tarif** unterworfen, der für den Organträger maßgebend ist. Ist der Organträger eine natürliche Person oder eine Personengesellschaft aus natürlichen Personen, so unterliegt das zugerechnete Einkommen der Organgesellschaft somit, obwohl es von einer Kapitalgesellschaft erwirtschaftet ist, nicht der Körperschaftsteuer, sondern der Einkommensteuer, und zwar nach Maßgabe des Steuersatzes, der sich für die Summe der getrennt ermittelten und dann addierten Einkommen von Organgesellschaft und Organträger nach dem progressiven Einkommensteuertarif ergibt (siehe aber auch Rz. 577 ff.)   469

Ist der Organträger körperschaftsteuerpflichtig, so unterliegt das zuzurechnende Einkommen der Organgesellschaft nach Maßgabe des für den Organträger gültigen Steuersatzes (vgl. § 23 KStG) der Körperschaftsteuer.

1.4 Subjektive Steuerpflicht und Rechtsbehelfsbefugnis der Organgesellschaft

Die **Organgesellschaft** bleibt nicht nur zivilrechtlich, sondern auch körperschaftsteuerlich **selbständiger Rechtsträger** (subjektiv steuerpflichtig). Anders als z. B. bei der umsatzsteuerlichen Organschaft wird die Organgesellschaft nicht unselbständige Betriebstätte des Organträgers (BFH-Urteil I R 99/80 vom 1. 8. 1984, BStBl II 1985, 18, 19; Schmidt, StuW 1969, 442, 454). Die Begründung eines Organschaftsverhältnisses hat demnach körperschaftsteuerlich nicht etwa gleichartige Rechtswirkungen wie eine Auflösung oder eine Umwandlung der Organgesellschaft; die im Buchwert des Betriebsvermögens der Organgesellschaft enthaltenen stillen Reserven werden nicht nach den Grundsätzen des § 11 KStG oder der §§ 3, 11 UmwStG realisiert.   470

Im Regelfall ist die subjektiv steuerpflichtige Organgesellschaft allerdings **einkommenslos,** weil ihr Einkommen ja dem Organträger zur Versteuerung zuzurechnen ist. Nur wenn Ausgleichszahlungen geleistet werden, hat die Organgesellschaft ein eigenes Einkommen (siehe dazu Rz. 697 ff.).   471

Aufgrund der subjektiven Steuerpflicht hat die **Organgesellschaft** eine **Körperschaftsteuererklärung** abzugeben und ergeht ihr gegenüber ein **Körperschaftsteuerbescheid** (Dötsch/Eversberg/Jost/Witt, § 14 KStG Tz. 2; Arthur Andersen/   472

Walter, § 14 KStG Rz. 802). Dieser endet im Regelfall, das heißt, wenn keine Ausgleichszahlungen zu versteuern sind, mit einer Steuerfestsetzung von 0 €. **Nach Auffassung der Finanzverwaltung ist die Organgesellschaft durch diesen Bescheid nicht beschwert und deshalb nicht rechtsbehelfsbefugt.** Einwendungen gegen die Höhe des nach § 14 KStG zuzurechnenden Einkommens könne nur der **Organträger** geltend machen, in dessen Steuerfestsetzung dieses Einkommen als unselbständige Besteuerungsgrundlage enthalten sei (KStR Abschn. 57 Abs. 8 Satz 1; zustimmend Dötsch/Eversberg/Jost/Witt, § 14 KStG Tz. 2; Streck, § 14 KStG Anm. 99; a. A. Jesse, DStZ 2001, 113, der den gegen die Organgesellschaft ergangenen Körperschaftsteuerbescheid hinsichtlich der Höhe des dem Organträger zuzurechnenden Einkommens als Grundlagenbescheid ansieht und deshalb eine Rechtsbehelfsbefugnis der Organgesellschaft bejaht).

1.5 Zwingende Rechtsfolge

473 Die Zurechnung des Organeinkommens beim Organträger ist eine zwingende Rechtsfolge der §§ 14 bis 19 KStG. Sie setzt **keinen Antrag** voraus; umgekehrt kann auf sie nicht verzichtet werden, sofern alle tatbestandlichen Voraussetzungen der §§ 14 bis 19 KStG erfüllt sind (Herrmann/Heuer/Raupach, § 14 KStG Anm. 62; Lademann/Gassner, § 14 KStG Anm. 93). Die Beteiligten können sich aber den Rechtsfolgen der §§ 14 bis 19 KStG leicht durch eine Aufhebung oder Nichtdurchführung des GAV entziehen.

1.6 Priorität und Vorteile der organschaftlichen Einkommenszurechnung gegenüber dem Anrechnungsverfahren (grundsätzlich nur noch für VZ vor 2001 von Bedeutung)

474 Organschaftliche Einkommenszurechnung und Anrechnungsverfahren sind im Prinzip gleichwertige Methoden der Ausschaltung einer Doppelbelastung der von einer Kapitalgesellschaft erwirtschafteten und an die Anteilseigner ausgeschütteten Gewinne mit Körperschaftsteuer und Einkommensteuer und zur Ausschaltung einer entsprechenden Mehrfachbelastung dieser Gewinne mit Körperschaftsteuer. Anders als das Anrechnungsverfahren ermöglicht aber nur die organschaftliche Einkommenszurechnung einen **Ausgleich von Verlusten** eines abhängigen Unternehmens mit Gewinnen des herrschenden Unternehmens. Deshalb erwies es sich als notwendig, auch in einem Körperschaftsteuersystem, das vom Anrechnungsverfahren getragen war, das Rechtsinstitut der körperschaftsteuerlichen Organschaft aufrechtzuerhalten. Mit der Entscheidung für die Aufrechterhaltung dieses Rechtsinstituts war aber aber gleichzeitig die Entscheidung für eine allgemeine **Priorität** der organschaftlichen Einkommenszurechnung gegenüber den Vorschriften über das Anrechnungsverfahren gefallen. Die Vor-

III. Die Rechtswirkungen der Organschaft

schriften der §§ 14 bis 19 KStG haben gegenüber den Vorschriften über das Anrechnungsverfahren in allen Fällen, in denen die tatbestandlichen Voraussetzungen eines Organschaftsverhältnisses erfüllt sind, Vorrang, insbesondere also auch in Fällen, in denen kein Bedürfnis für einen Ausgleich von Verlusten und Gewinnen der organschaftlich verbundenen Unternehmen besteht (BFH-Urteil I R 110/88 vom 13. 9. 1989, BStBl II 1990, 24, 27 und Beschluss I B 38/90 vom 5. 7. 1990, BFH/NV 1991, 121, 122).

Haben sowohl die Organgesellschaft als auch der Organträger **positives Einkommen,** so kann die gegenüber dem Anrechnungsverfahren vorrangige organschaftliche Einkommenszurechnung Rechtswirkungen haben, die über die auch dem Anrechnungsverfahren eigene Eliminierung der Doppelbelastung mit Körperschaftsteuer hinausgehen und damit gegenüber dem Anrechnungsverfahren Vorteile aufweisen, sofern der Organträger eine natürliche Person oder eine Personengesellschaft ist, an der natürliche Personen beteiligt sind. Solche Rechtswirkungen sind z. B.: 475

- Stellt eine Kapitalgesellschaft einen Teil ihres Gewinns in **Rücklage,** so unterliegt dieser Teil des Gewinns unter der Geltung des Anrechnungsverfahrens einer Körperschaftsteuer von 45 v. H. des Gewinns vor Abzug der Körperschaftsteuer (§ 23 Abs. 1 KStG); die vom Anrechnungsverfahren erstrebte Anpassung der Körperschaftsteuerbelastung an das Belastungsniveau der Anteilseigner tritt erst ein, wenn die Rücklagen später aufgelöst und an die Anteilseigner ausgeschüttet werden.

  Steht diese Kapitalgesellschaft hingegen in einem Organschaftsverhältnis z. B. zu einer Personengesellschaft, deren Gesellschafter natürliche Personen sind, und hält sich die Bildung der Rücklagen in den Grenzen des § 14 Abs. 1 Nr. 4 KStG, so wirkt sich die Zurechnung des Einkommens der Organgesellschaft zur Versteuerung beim Organträger dahin aus, dass die in Rücklage gestellten Beträge von vornherein nur mit den Steuersätzen der Einkommensteuer unterworfen werden, die für die Gesellschafter der Personengesellschaft nach deren persönlichen Verhältnissen maßgeblich sind. Seit 1990 fallen der Spitzensteuersatz der Einkommensteuer und der Körperschaftsteuer auseinander, da der Spitzensteuersatz der Einkommensteuer durch das Steuerreformgesetz 1990 auf 53 v. H. (bzw. auf 51 v. H. ab 1. 1. 2000 und 48,5 v. H. ab 1. 1. 2002 gemäß StEntlG 1999/2000/2002), der Körperschaftsteuersatz jedoch auf 50 v. H. (ab 1. 1. 1994 auf 45 v. H. und ab 1. 1. 1999 auf 40 v. H.) herabgesetzt wurde, so dass ein Vorteil nur dann vorliegt, wenn die Einkommenshöhe zu einem unter 50 v. H. (ab 1994: 45 v. H., ab 1999: 40 v. H.) liegenden Steuersatz führt.

- Hat eine Kapitalgesellschaft körperschaftsteuerrechtlich **nicht abziehbare Aufwendungen** (vgl. § 10 KStG), so unterliegt der diesen Aufwendungen entsprechende Teil des Einkommens der Kapitalgesellschaft unter der Geltung des Anrechnungsverfahrens stets einer Körperschaftsteuer von 45 v. H. des Gewinns vor Abzug der Körperschaftsteuer; einer Tarifermäßigung nach § 27 KStG auf 30 v. H. kann dieser Teil des Einkommens der Kapitalgesellschaft nicht teilhaftig werden, weil nach § 27 KStG eine Körperschaftsteuerminderung nur eintreten kann, soweit Eigenkapital als für die Ausschüttung verwendet gilt, das höher als mit 30 v. H. tarifbelastet ist, die nicht abziehbaren Aufwendungen aber bei der Berechnung des für Ausschüttungen verwendbaren Eigenkapitals gerade von den Einkommensteilen zu kürzen sind, die nach dem 31. 12. 1993 ungemildert der Körperschaftsteuer unterliegen (§ 31 Abs. 1 Nr. 4 KStG), deren Ausschüttung also zu einer Körperschaftsteuerminderung führt. Steht diese Kapitalgesellschaft hingegen in einem Organschaftsverhältnis z. B. zu einer Personengesellschaft, deren Gesellschafter natürliche Personen sind, so wirkt sich die Zurechnung des Einkommens der Organgesellschaft zur Versteuerung beim Organträger dahin aus, dass der diesen nichtabziehbaren Aufwendungen entsprechende Teil des Einkommens der Organgesellschaft nur mit den für die Besteuerung der Gesellschafter der Personengesellschaft maßgeblichen Einkommensteuersätzen besteuert wird.
- Hat eine Kapitalgesellschaft **steuerfreie Einnahmen** erzielt, so kann die Steuerfreiheit dieser Einnahmen zwar nicht im Rahmen des Anrechnungsverfahrens, wohl aber über ein Organschaftsverhältnis auf die Anteilseigner der Kapitalgesellschaft durchgeleitet werden (siehe dazu Rz. 598 ff.).

476–479 *(unbesetzt)*

2. Der Begriff des zuzurechnenden Einkommens der Organgesellschaft

2.1 Der allgemeine Einkommensbegriff

480 § 14 KStG gibt für das Einkommen der Organgesellschaft, das dem Organträger zuzurechnen ist, keine eigene Definition. Der Einkommensbegriff des § 14 KStG stimmt deshalb grundsätzlich mit dem allgemeinen Einkommensbegriff des Körperschaftsteuergesetzes überein. Das zuzurechnende Einkommen ist demnach nach Maßgabe der Vorschriften zu ermitteln, die allgemein für die Ermittlung des Einkommens einer Kapitalgesellschaft gelten (§ 8 Abs. 1 KStG i. V. m. den Vorschriften des EStG; §§ 8 bis 13, 20 bis 21 KStG; siehe auch BFH-Urteile I R 101/75 vom 26. 1. 1977, BStBl II 1977, 441; I R 240/72 vom 29. 10. 1974,

III. Die Rechtswirkungen der Organschaft

BStBl II 1975, 126; Streck, § 15 KStG Anm. 5). Dabei ist grundsätzlich (Ausnahme in Rz. 481 f.) ohne Bedeutung, ob das zuzurechnende Einkommen der Organgesellschaft nach seiner Zurechnung beim Organträger der Körperschaftsteuer oder der Einkommensteuer unterliegt.

2.2 Der Ausschluss von Vorschriften des KStG und des EStG

Allerdings gelten die Vorschriften des KStG und des EStG für die Ermittlung des zuzurechnenden Einkommens nicht ausnahmslos. Nach § 15 KStG sind die Anwendung des § 10d EStG (Verlustabzug) und unter bestimmten Voraussetzungen auch die Anwendung des § 26 KStG sowie der Vorschriften eines DBA, nach denen die Gewinnanteile aus der Beteiligung an einer ausländischen Gesellschaft außer Ansatz bleiben (sog. internationales Schachtelprivileg), ausdrücklich ausgeschlossen (siehe dazu Rz. 681 ff.). 481

Zweifelhaft ist, ob die in § 15 KStG enthaltene Aufzählung von Vorschriften, die bei der Ermittlung des dem Organträger zuzurechnenden Einkommens der Organgesellschaft nicht anzuwenden sind, **erschöpfend** ist (zur praktischen Bedeutung dieser Frage siehe Schmidt, StuW 1969, 442, 458 ff. sowie auch Rz. 521 f.). Die Verwaltung hat sich zu dieser Frage bisher nicht ausdrücklich geäußert. U. E. ist sie zu **bejahen** (ebenso Herrmann/Heuer/Raupach, § 14 KStG Anm. 63). 482

2.3 Die steuerliche Beurteilung der Gewinnabführung und Verlustübernahme bei der Organgesellschaft

Gewinnabführung und Verlustübernahme aufgrund eines Gewinnabführungsvertrags sind ihrem Wesen nach **gesellschaftsrechtliche Vorgänge.** Demgemäß sind die abgeführten Gewinne bei der Organgesellschaft körperschaftsteuerlich abweichend vom Handelsrecht (vgl. § 277 Abs. 3 Satz 2 HGB; zum Ansatz nach dem BiRiLiG siehe Rz. 224 ff.) nicht abzugsfähiger Aufwand, sondern **Gewinnausschüttung und Einkommensverwendung,** die gemäß §§ 7, 8 KStG das zu versteuernde Einkommen nicht mindern dürfen. Umgekehrt sind die übernommenen **Verluste** für die Organgesellschaft körperschaftsteuerlich abweichend vom Handelsrecht nicht **Erträge,** sondern gesellschaftsrechtliche **Einlagen,** die als solche nicht zu steuerpflichtigen Einnahmen und damit nicht zu einer Minderung des Verlustes der Organgesellschaft führen (Döllerer, Festschrift für Ludwig Schmidt, 523, 532; Knepper, DStR 1993, 1613, 1614). Da der Einkommensbegriff der §§ 14 bis 19 KStG dem allgemeinen Einkommensbegriff des KStG entspricht, ist unter dem zuzurechnenden Einkommen der Organgesellschaft i. S. der §§ 14 bis 19 KStG der Betrag **vor** Gewinnabführung oder Verlustübernahme zu verstehen (siehe KStR Abschn. 57 Abs. 1 Satz 2; ferner BFH-Urteile I R 150/82 483 vom 20. 8. 1986, BStBl II 1987, 455, 458; I R 101/75 vom 26. 1. 1977, BStBl II 1977, 441; I R 240/72 vom 25. 10. 1974, BStBl II 1975, 126). Das Einkommen ist also so zu ermitteln, als ob eine Gewinnabführung und Verlustübernahme nicht stattgefunden hätte (Thiel, StbKRep 1971, 179, 194; Herrmann/Heuer/Raupach, § 14 KStG Anm. 44).

484 Aus der Priorität der Vorschriften über die körperschaftsteuerliche Organschaft gegenüber den Vorschriften des Anrechnungsverfahrens und aus der dieser Priorität zugrunde liegenden Erkenntnis, dass das Rechtsinstitut der körperschaftsteuerlichen Organschaft und das Anrechnungsverfahren im Prinzip gleichwertige Methoden zur Ausschaltung der Doppelbelastung der von einer Kapitalgesellschaft erwirtschafteten und ausgeschütteten Gewinne mit Körperschaft- und Einkommensteuer bzw. der Mehrfachbelastung mit Körperschaftsteuer sind, folgt für die Zeit der Geltung des Anrechnungsverfahrens, dass auf die Gewinnabführung im Rahmen eines körperschaftsteuerlichen Organschaftsverhältnisses die Vorschriften des **§ 27 KStG 1999 nicht anzuwenden** sind, d. h., dass diese Gewinnabführung nicht zu einer Minderung oder Erhöhung der Körperschaftsteuer der Organgesellschaft nach Maßgabe der §§ 27 ff. KStG führt. Die §§ 14 bis 19 KStG sind **lex specialis** gegenüber § 27 KStG 1999 (BFH-Urteil I R 51/01 vom 18. 12. 2002, BFH/NV 2003, 572). Dies gilt auch, wenn im Zeitpunkt der tatsächlichen Gewinnabführung die Organschaft mit GAV beendet ist, die Abführung aber einen Zeitraum betrifft, für den noch eine Verpflichtung zur Ergebnisabführung besteht (BFH, a. a. O.; auch dazu, dass die Grundsätze zur verunglückten Organschaft für die Abwicklung eines GAV nach dessen Beendigung nicht gelten).

Der Sinn und Zweck der Vorschriften über das körperschaftsteuerliche Organschaftsverhältnis einerseits und über das Anrechnungsverfahren andererseits würde ins Gegenteil verkehrt, wollte man die Gewinnabführung zum Anlass nehmen, bei der Organgesellschaft eine Körperschaftsteuer in Höhe von 30 v. H. des Gewinns vor Abzug der Körperschaftsteuer zu erheben, etwa mit der Begründung, es sei Gewinn ausgeschüttet worden, ohne dass verwendbares Eigenkapital vorhanden gewesen sei (vgl. § 35 KStG), denn die im zuzurechnenden Einkommen der Organgesellschaft enthaltenen abgeführten Gewinne gehörten nach § 37 Abs. 1 KStG nicht zum verwendbaren Eigenkapital der Organgesellschaft.

485 Aus dem Vorgenannten ergibt sich für die **Einkommensermittlung bei der Organgesellschaft** grundsätzlich (d. h. in Fällen ohne Ausgleichszahlungen) folgendes Schema (vgl. Dötsch/Eversberg/Jost/Witt, § 14 KStG Tz. 107):

Jahresüberschuss (handelsrechtlicher Gewinn) (wenn keine Rücklagen gebildet oder aufgelöst werden 0 DM)

III. Die Rechtswirkungen der Organschaft

+/–	steuerliche Korrekturen

steuerlicher Gewinn/Verlust (wird eine StBil. aufgestellt, beginnt die Berechnung mit dem Gewinn/Verlust lt StBil., der nur die steuerlichen Korrekturen umfasst)	
+/–	nabzb. Steuern und sonstige Ausgaben (saldiert mit Erstattungen)
–	nicht der KSt unterliegende Vermögensmehrungen (stfreie Einnahmen)
+/–	sonstige Korrekturen der Einkünfte (z. B. nach AStG)

Zwischensumme	
+	an den OT aufgrund des GAV abgeführter Gewinn
–	vom OT zum Ausgleich eines sonst entstehenden Jahresfehlbetrags geleisteter Betrag

Zwischensumme	
–	bei der Einkommensermittlung abzb. Beträge (z. B. Spenden)

Zwischensumme	
–	dem OT zuzurechnendes Einkommen der OG (identisch mit der vorstehenden Zwischensumme)

Eigenes Einkommen der OG (= 0 DM)

3. Die steuerliche Beurteilung der Gewinnabführung und Verlustübernahme beim Organträger

3.1 Kürzung bzw. Erhöhung des eigenen Einkommens des Organträgers

486 Führt die Organgesellschaft ihren Gewinn an den Organträger ab oder übernimmt dieser einen Verlust der Organgesellschaft, so sind im handelsrechtlichen Jahresabschluss des Organträgers die abgeführten Gewinne als Ertrag und die übernommenen Verluste als Aufwand (§ 277 Abs. 3 Satz 2 HGB) enthalten. Abgeführte Gewinne und übernommene Verluste haben somit den Handelsbilanzgewinn des Organträgers, der gemäß § 8 Abs. 1 KStG i. V. mit § 5 Abs. 1 EStG auch für den Steuerbilanzgewinn und das (eigene) zu versteuernde Einkommen des Organträgers maßgebend ist, erhöht bzw. vermindert. Umgekehrt haben aber die an den Organträger abgeführten Gewinne und die vom Organträger übernommenen Verluste, wie zuvor dargestellt, das dem Organträger zuzurechnende Einkommen der Organgesellschaft nicht verringert bzw. erhöht. Man könnte damit zu dem Ergebnis kommen, dass die abgeführten Gewinne steuerlich doppelt erfasst werden und die übernommenen Verluste sich steuerlich doppelt auswirken. Ein derartiges Ergebnis würde dem Sinn der körperschaftsteuerlichen Organschaft widersprechen. Die Verwaltung steht demgemäß auf dem Standpunkt, dass bei der Ermittlung des Einkommens des Organträgers der von der Organgesellschaft an den Organträger abgeführte Gewinn außer Ansatz bleibt und ein vom Organträger an die Organgesellschaft zum Ausgleich eines sonst entstehenden Jahresfehlbetrags geleisteter Betrag nicht abgezogen werden darf (KStR Abschn. 57 Abs. 1 Satz 2). Diese Auffassung herrscht auch im Schrifttum vor (vgl. z. B. Dötsch/Eversberg/Jost/Witt, § 14 KStG Tz. 138; Streck, § 14 KStG Anm. 90). Der BFH hat sie ausdrücklich bestätigt (BFH-Urteile I R 51/01 vom 18. 12. 2002, BFH/NV 2003, 572; I R 150/82 vom 20. 8. 1986, BStBl II 1987, 455, 458; I R 101/75 vom 26. 1. 1977, BStBl II 1977, 441; I R 240/72 vom 29. 10. 1974, BStBl II 1975, 126; zweifelnd, ob der Grundsatz der Einmalbesteuerung auch Gewinne umfasst, die außerhalb der Gewinnabführung und Einkommenszurechnung anfallen, jetzt BFH-Urteil I R 41/93 vom 24. 7. 1996, BStBl II 1996, 614). Für den Organträger werden demgemäß die **abgeführten Gewinne wie steuerfreie Einnahmen** und die **übernommenen Verluste wie nichtabzugsfähige Ausgaben** behandelt, soweit sich Gewinnabführung und Verlustübernahme im Rahmen einer Anwendung der §§ 14 bis 19 KStG vollziehen. Eine Aktivierung der infolge der Verlustübernahme geleisteten Beträge als **nachträgliche Anschaffungskosten** auf dem Beteiligungskonto erfolgt nicht. Der Wert der Beteiligung wird durch die Verlustübernahme nicht erhöht, er „erstarrt" vielmehr (BFH-Urteil I R 101/75 vom 26. 1. 1977, BStBl II 1977, 441; Döllerer, Festschrift für Ludwig Schmidt, S. 523, 534).

3.2 Ausschluss des § 36 Abs. 2 Nr. 3 EStG

487 Mit der Qualifizierung der Gewinnabführung als einer Einnahme des Organträgers, die einkommensteuer- oder körperschaftsteuerrechtlich beim Organträger außer Ansatz bleiben muss, ist die weitere Folgerung verbunden, dass die Gewinnabführung beim Organträger auch keine Einnahme i. S. des § 20 Abs. 1 Nrn. 1 und 2 EStG darstellt und demgemäß nach § 36 Abs. 2 Nr. 3 EStG in den Fassungen vor dem StSenkG keinen Anspruch auf Anrechnung von Körperschaftsteuer in Höhe von 3/7 der abgeführten Beträge begründen kann. Diese Folgerung leitet sich ab aus dem Wesen der körperschaftsteuerlichen Organschaft als einem Rechtsinstitut, das in gleicher Weise wie das Anrechnungsverfahren die Ausschaltung der Doppelbelastung mit Körperschaftsteuer und Einkommensteuer bzw. der Mehrfachbelastung mit Körperschaftsteuer bewirkt, und aus dem Vorrangverhältnis der organschaftlichen Einkommenszurechnung gegenüber den Vorschriften über das Anrechnungsverfahren; sie korrespondiert mit der in Rz. 481 f. gewonnenen Einsicht, dass bei der Organgesellschaft die Abführung nachvertraglicher Gewinne keine Erhöhung der Körperschaftsteuer nach § 27 KStG 1999 unterworfen ist und demgemäß beim Organträger als Anteilseigner ein zureichender Grund für eine Körperschaftsteueranrechnung fehlt. Die §§ 14

III. Die Rechtswirkungen der Organschaft

bis 19 KStG sind also auch lex specialis gegenüber § 36 Abs. 2 Nr. 3 EStG (und natürlich auch gegenüber den §§ 36a bis 36d EStG).

4. Maßgeblicher Zeitraum für die steuerliche Erfassung des zuzurechnenden Einkommens der Organgesellschaft beim Organträger (Zurechnungszeitraum)

4.1 Problemstellung

Nach § 2 Abs. 7 i. V. m. § 25 Abs. 1 EStG und § 49 Abs. 1 i. V. m. § 7 Abs. 1 und 2 KStG bemessen sich sowohl die Einkommensteuer als auch die Körperschaftsteuer nach dem Einkommen, das der Steuerpflichtige **innerhalb eines Kalenderjahres** bezogen hat. Bei Steuerpflichtigen, die verpflichtet sind, Bücher nach den Vorschriften des HGB zu führen, ist der Gewinn nach dem Wirtschaftsjahr zu ermitteln, für das sie regelmäßig Abschlüsse machen. Weicht bei diesen Steuerpflichtigen das Wirtschaftsjahr, für das sie regelmäßig Abschlüsse machen, vom Kalenderjahr ab, so gilt der Gewinn aus Gewerbebetrieb als in dem Kalenderjahr (= Veranlagungszeitraum) bezogen, in dem das Wirtschaftsjahr endet (§ 4a Abs. 1 Nr. 2 und Abs. 2 Nr. 2 EStG; § 7 Abs. 4 KStG).

488

Da Organträger und Organgesellschaft verschiedene Steuersubjekte und beide buchführungspflichtig sind, können sie sowohl beide ein vom Kalenderjahr abweichendes Wirtschaftsjahr als auch verschiedene Bilanzstichtage haben. Nach § 14 KStG ist das Einkommen der Organgesellschaft dem Organträger zuzurechnen und von diesem zu versteuern. Haben Organträger und Organgesellschaft **verschiedene Bilanzstichtage,** so stellt sich die Frage, wann das Einkommen der Organgesellschaft beim Organträger zu erfassen ist. In Betracht kommt entweder das Kalenderjahr, in dem das Wirtschaftsjahr der Organgesellschaft endet, oder das Wirtschaftsjahr des Organträgers, in dem das Wirtschaftsjahr der Organschaft endet. Steuerlich bedeutsam wird diese Frage dann, wenn innerhalb eines Kalenderjahrs der Bilanzstichtag der Organgesellschaft nach dem Bilanzstichtag des Organträgers liegt.

489

Beispiel:
Das Wirtschaftsjahr der Organgesellschaft entspricht dem Kalenderjahr. Das Wirtschaftsjahr des Organträgers läuft jeweils vom 1. 10. bis 30. 9. Je nachdem, für welche der beiden Möglichkeiten man sich entscheidet, ist bei der Veranlagung des Organträgers für 2002 zugrunde zu legen entweder

- das Ergebnis des Organträgers im Wirtschaftsjahr vom 1. 10. 2001 bis 30. 9. 2002 und das Ergebnis der Organgesellschaft vom 1. 1. bis 31. 12. 2002 oder
- das Ergebnis des Organträgers im Wirtschaftsjahr vom 1. 10. 2001 bis 30. 9. 2002 und das Ergebnis der Organgesellschaft vom 1. 1. bis 31. 12. 2001.

4.2 Verwaltungsauffassung

490 Die Verwaltung vertritt die Auffassung, dass bei verschiedenen Bilanzstichtagen des Organträgers und der Organgesellschaft gemäß § 14 KStG das Ergebnis der Organgesellschaft dem Organträger nicht erst, wie vor Inkrafttreten der gesetzlichen Regelung der körperschaftsteuerlichen Organschaft, in dem Wirtschaftsjahr zuzurechnen ist, in dem das Wirtschaftsjahr der Organgesellschaft endet, sondern bereits für das Kalenderjahr, in dem die Organgesellschaft das Einkommen bezogen hat, also in dem Jahr, in dem die Organgesellschaft ihr Einkommen selbst zu versteuern hätte, wenn sie nicht Organgesellschaft wäre (KStR Abschn. 57 Abs. 3).

4.3 Schrifttum

491 Auch im Schrifttum überwiegt die Meinung, dass dem Organträger das Einkommen der Organgesellschaft für das Kalenderjahr zuzurechnen ist, in dem die Organgesellschaft selbst das Einkommen nach Maßgabe der für sie gültigen körperschaftsteuerlichen Vorschriften (§ 7 Abs. 3 KStG) bezogen hat (siehe insbesondere Hübl, DStZ 1972, 145, 149; Thiel, StbKRep 1971, 179, 194; Jurkat, Tz. 606 bis 613; Herrmann/Heuer/Raupach, § 14 KStG Anm. 63; Dötsch/Eversberg/Jost/ Witt, § 14 KStG Tz. 215; Mössner/Seeger/Schwarz, § 14 KStG Rn. 116; Streck, § 14 KStG Anm. 98; a.A. z. B. Knobbe-Keuk, StuW 1974, 162; Storck, StuW 1976, 217 ff.).

4.4 BFH-Rechtsprechung

492 Der BFH hat die **Auffassung der Finanzverwaltung** als dem Gesetz entsprechend **bestätigt.** Der I. Senat des BFH hat mit Urteil I R 240/72 vom 29. 10. 1974 (BStBl II 1975, 126) entschieden, dass das Einkommen der Organgesellschaft dem Organträger zum Zwecke der Versteuerung für denjenigen Veranlagungszeitraum zuzurechnen ist, in dem die Organgesellschaft dieses Einkommen erzielt hat und es ohne die Zurechnungsvorschriften der §§ 14 bis 19 KStG selbst zu versteuern haben würde (bestätigt durch BFH-Urteil I R 150/82 vom 20. 8. 1986, BStBl II 1987, 455, 458).

493 Der BFH betont gleichzeitig, dass der Zeitpunkt, für den die Zurechnung des nach den Vorschriften des KStG ermittelten Einkommens der Organgesellschaft beim Organträger zu erfolgen hat, und der Zeitpunkt, für den die Korrektur des die abgeführten Beträge bereits enthaltenden Einkommens des Organträgers aufgrund des Organschaftsverhältnisses (Kürzung des eigenen Einkommens des Organträgers um die darin enthaltenen abgeführten Gewinne und Erhöhung des

III. Die Rechtswirkungen der Organschaft

eigenen Einkommens des Organträgers um die bei dessen Ermittlung gewinnmindernd berücksichtigten übernommenen Verluste) vorzunehmen ist, auseinanderfallen können. Die Korrekturen sind jeweils für den Veranlagungszeitraum vorzunehmen, in dem der Steuerbilanzgewinn erfasst wird.

4.5 Kritische Würdigung

Der Auffassung des BFH und der Verwaltung ist beizupflichten, da sie auf der zutreffenden Einsicht beruht, dass im Rahmen der §§ 14 bis 19 KStG der Gewinnabführungsvertrag und seine Durchführung nur Tatbestandsmerkmale der §§ 14 bis 19 KStG sind, aber nicht deren Rechtswirkungen tragen, dass deshalb nicht etwa wie im Handelsrecht der mit Ablauf des Wirtschaftsjahrs der Organgesellschaft zivilrechtlich entstehende Gewinnabführungsanspruch als laufender Geschäftsvorfall im Wirtschaftsjahr des Organträgers zu behandeln ist, sondern dass für die zeitliche Erfassung ebenso wie für die Ermittlung des zuzurechnenden Einkommens der Organgesellschaft die allgemeinen Vorschriften, also § 7 KStG, gelten. Wenn § 14 KStG anordnet, dass das Einkommen der Organgesellschaft dem Organträger zuzurechnen ist, so kann das nach steuerrechtlichem Sprachgebrauch nur heißen, dass das Einkommen der Organgesellschaft von einem anderen Rechtsträger nach dem für diesen gültigen Steuertarif zu versteuern ist, nicht hingegen, dass das Einkommen der Organgesellschaft in einem anderen Kalenderjahr zu erfassen ist, als sich aus den für die Organgesellschaft maßgebenden Vorschriften ergibt.

494

4.6 Konsequenzen

Nach § 37 Abs. 1 EStG und § 31 Abs. 1 KStG i. V. m. § 37 Abs. 1 EStG hat der Steuerpflichtige auf die mutmaßliche Einkommen- und Körperschaftsteuerschuld des Veranlagungszeitraums am 10. 3., 10. 6., 10. 9., und 10. 12. **Vorauszahlungen** zu leisten. Da der Organträger das ihm zuzurechnende Einkommen der Organgesellschaft zu versteuern hat, muss er Vorauszahlungen nach Maßgabe einer Steuerschuld leisten, die sich unter Berücksichtigung des Einkommens der Organgesellschaft errechnet. Anders als bei der Einkommensteuer sind im Bereich der Körperschaftsteuer nach § 31 Abs. 2 KStG bei einem vom Kalenderjahr abweichenden Wirtschaftsjahr die Vorauszahlungen auf die Körperschaftsteuerschuld des Veranlagungszeitraums abweichend von § 37 Abs. 1 EStG bereits während des Wirtschaftsjahres zu entrichten, das im Veranlagungszeitraum endet. Ist der Organträger körperschaftsteuerpflichtig, so kann § 31 Abs. 2 KStG dazu führen, dass der Organträger für das Einkommen der Organgesellschaft früher Vorauszahlungen zu leisten hat, als die Organgesellschaft selbst Vorauszahlungen leisten müsste, wenn sie keine Organgesellschaft wäre.

495

Beispiel:

Das Wirtschaftsjahr des Organträgers endet am 30. 4., das Wirtschaftsjahr der Organgesellschaft am 31. 12. Der Organträger hat die Beteiligung an der Organgesellschaft zum 31. 12. 2001 erworben und gleichzeitig ein Organschaftsverhältnis mit Wirkung vom 1. 1. 2002 an begründet. Gemäß § 31 Abs. 2 KStG hat der Organträger bis zum 30. 4. 2002 KSt-Vorauszahlungen zu leisten

- auf die Steuerschuld aus dem der Veranlagung 2002 zugrunde zu legenden eigenen Einkommen des Organträgers (= Ergebnis des Wirtschaftsjahres 1. 5. 2001 bis 30. 4. 2002)

und

- auf die Steuerschuld aus dem zuzurechnenden Einkommen der Organgesellschaft vom 1. 1. bis 31. 12. 2002.

496 § 31 Abs. 2 KStG kann aber umgekehrt auch zu erheblichen **Steuervorteilen** für den Organträger führen. Ist z. B. das selbstwirtschaftete Einkommen des Organträgers positiv, das zuzurechnende Einkommen der Organgesellschaft aber voraussichtlich in einer Höhe negativ, dass dadurch das positive Einkommen des Organträgers ausgeglichen wird, so entfällt die Vorauszahlungspflicht für das selbstwirtschaftete Einkommen des Organträgers früher als sie ohne Anwendung des § 31 Abs. 2 KStG und des § 14 KStG entfallen würden. Im Beispielsfall brauchte der Organträger für das selbstwirtschaftete Einkommen des Wirtschaftsjahrs 2001/2002 im Kalenderjahr 2002 keine Vorauszahlungen zu leisten.

497 Den positiven und negativen Wirkungen des § 31 Abs. 2 KStG lässt sich durch die Wahl eines einheitlichen Bilanzstichtages im Organkreis ausweichen. Das Finanzamt kann z. B. bei einer Umstellung des Wirtschaftsjahrs der Organgesellschaft auf den Bilanzstichtag des Organträgers die erforderliche Zustimmung nicht verweigern.

498 Wenn innerhalb des Kalenderjahres das Wirtschaftsjahr der Organgesellschaft nach dem Wirtschaftsjahr des Organträgers endet, so darf der Organträger handelsrechtlich den Anspruch auf den voraussichtlichen Gewinn der Organgesellschaft im laufenden Wirtschaftsjahr in der Bilanz zu einem Bilanzstichtag, der vor dem Bilanzstichtag der Organgesellschaft liegt, nicht ausweisen, weil es sich insoweit handelsrechtlich um einen noch nicht verwirklichten Gewinn handelt, denn der Gewinnabführungsanspruch entsteht erst mit Ablauf des Wirtschaftsjahrs der Organgesellschaft. Umgekehrt braucht deshalb der Organträger handelsrechtlich für die Einkommen- oder Körperschaftsteuerschuld, die sich aus dem zuzurechnenden Einkommen der Organgesellschaft ergibt, in der Bilanz zu einem Bilanzstichtag, der vor dem Bilanzstichtag der Organgesellschaft innerhalb desselben Kalenderjahres liegt, keine Rückstellung zu bilden, und eine nach dem selbstwirtschafteten Einkommen bemessene Rückstellung auch nicht nach

III. Die Rechtswirkungen der Organschaft

Maßgabe eines vermutlich negativen Ergebnisses der Organgesellschaft zu kürzen.

4.7 Zurechnungszeitraum bei einer Personengesellschaft als Organträger

Siehe Rz. 509 ff. 499

5. Besonderheiten der Einkommenszurechnung bei Personengesellschaften als Organträger

5.1 Verfahrensrechtliche Behandlung der Einkommenszurechnung

Ist Organträger eine Personengesellschaft, so stellt sich die Frage, ob das zuzurechnende Einkommen der Organgesellschaft gemäß § 14 KStG unmittelbar den Gesellschaftern zuzurechnen ist, also insbesondere nicht in die einheitliche und gesonderte Feststellung des Gewinns der Personengesellschaft nach §§ 179, 180 AO 1977 einzubeziehen oder mit dieser zu verbinden ist. Geht man davon aus, dass das zuzurechnende Einkommen der Organgesellschaft der Personengesellschaft selbst und nicht unmittelbar deren Gesellschaftern zuzurechnen ist, so stellt sich die weitere Frage, 500

- ob das zuzurechnende Einkommen der Organgesellschaft unselbständiger Bestandteil des einheitlich und gesondert festzustellenden Gewinns der Personengesellschaft wird, also in diesen eingeht, wie das Ergebnis eines Geschäftsvorfalls im Betrieb der Personengesellschaft oder
- ob das dem Organträger zuzurechnende Einkommen eine besondere Besteuerungsgrundlage ist, die zwar ebenfalls einheitlich und gesondert festgestellt wird, aber nur neben dem Gewinn der Personengesellschaft und in lediglich äußerer Verbindung mit der Feststellung des Gewinns der Personengesellschaft.

Die **Finanzverwaltung** vertritt die Auffassung, dass das **Einkommen der Organgesellschaft** zwar nicht unmittelbar den Gesellschaftern der **Personengesellschaft**, sondern dieser **selbst zuzurechnen** sei, weil nach § 14 KStG die Personengesellschaft Organträger sei. Das Einkommen der Organgesellschaft sei aber nicht dem Gewinn der Personengesellschaft zuzurechnen und mit diesem zusammen in einem Betrag auf die Gesellschafter der Personengesellschaft aufzuteilen, sondern neben diesem Gewinn als **eigenständige Besteuerungsgrundlage** auszuweisen und als solche einheitlich und gesondert festzustellen (ebenso Fichtelmann, FR 1972, 157; Dötsch/Eversberg/Jost/Witt, § 14 KStG Tz. 107, 218; Streck, § 14 KStG Anm. 100; wie die Verwaltung auch das BFH-Urteil VIII R 149/86 vom 14. 4. 1992, BStBl II 1992, 817). Hingegen seien die Hinzurech- 501 nungen oder Kürzungen, die zum Ausgleich der im Handelsbilanzgewinn der Personengesellschaft enthaltenen Gewinnabführungen oder Verlustübernahmen erforderlich seien, beim einheitlich und gesondert festzustellenden Gewinn der Personengesellschaft vorzunehmen. Die eigenständig auszuweisende Besteuerungsgrundlage „dem Organträger zuzurechnendes Einkommen der Organgesellschaft" werde im Feststellungsbescheid für die Organträger-Personengesellschaft mit Wirkung für alle Beteiligten verbindlich festgestellt und könne demgemäß nur in einem Rechtsbehelfsverfahren gegen diesen Feststellungsbescheid angefochten werden (koordinierter Ländererlass von 1976, BB 1976, 495). Hieraus wird die Folgerung gezogen, dass das Einkommen der Organgesellschaft auch dann, wenn der Organträger eine Personengesellschaft ist, in den Fällen, in denen die Wirtschaftsjahre des Organträgers und der Organgesellschaft nicht im selben Veranlagungszeitraum enden, von den Gesellschaftern der Personengesellschaft in dem Kalenderjahr (Veranlagungszeitraum) zu versteuern ist, in dem die Organgesellschaft das Einkommen bezogen hat (siehe Rz. 490 und Rz. 509 ff.).

> **Beispiel** (aus dem koordinierten Ländererlass):
>
> Das Wirtschaftsjahr der Organträger-Personengesellschaft endet am 30. 9.; das Wirtschaftsjahr der Organgesellschaft endet am 31. 12.
>
> Der aufgrund des GAV von der Organgesellschaft abgeführte Gewinn des Wirtschaftsjahres 2001 ist von der Organträger-Personengesellschaft im Wirtschaftsjahr 2001/2002 vereinnahmt worden. Der zum 30. 9. 2002 festgestellte Bilanzgewinn der Organträger-Personengesellschaft ist um den tatsächlich abgeführten Gewinn der Organgesellschaft außerhalb der Bilanz zu kürzen. Der unter Berücksichtigung dieser Kürzung festgestellte steuerpflichtige Gewinn der Personengesellschaft zum 30. 9. 2002 ist der einheitlich und gesondert festgestellte Gewinn der Personengesellschaft für das Kalenderjahr 2002.
>
> In dem Gewinnfeststellungsbescheid der Personengesellschaft für das Kalenderjahr 2002 ist aber nicht das Einkommen der Organgesellschaft für 2001 (ermittelt auf der Grundlage des für das Wirtschaftsjahr 2001 abgeführten Gewinns der Organgesellschaft) als eigenständige einheitlich und gesondert festgestellte Besteuerungsgrundlage auszuweisen, sondern das Einkommen der Organgesellschaft für das Kalenderjahr 2002 (ermittelt auf der Grundlage des für das Wirtschaftsjahr 2002 abgeführten Gewinns der Organgesellschaft). Das Einkommen der Organgesellschaft für das Kalenderjahr 2001 ist bereits in der einheitlichen Gewinnfeststellung der Personengesellschaft für das Kalenderjahr 2001 (Gewinn des vom Kalenderjahr abweichenden Wirtschaftsjahres 2000/2001) auszuweisen.

502 **Wir pflichten dieser Auffassung bei.** Da nach den §§ 14 bis 19 KStG die Rechtswirkungen der körperschaftsteuerlichen Organschaft nicht von der tatsächlichen Gewinnabführung oder Verlustübernahme bestimmt werden und zwischen dieser und dem zuzurechnenden Einkommen erhebliche Differenzen bestehen können, ist es nicht möglich, die Einkommenszurechnung ähnlich wie die tatsächliche Gewinnabführung oder Verlustübernahme als Geschäftsvorfall im Be-

III. Die Rechtswirkungen der Organschaft

trieb der Personengesellschaft zu behandeln. Die von Herrmann/Heuer/Raupach (§ 14 KStG Anm. 64; dem folgend Dötsch/Eversberg/Jost/Witt, § 14 KStG Tz. 218) geforderte gesetzliche Grundlage für die Einbeziehung des Einkommens der Organgesellschaft in das Feststellungsverfahren ist u. E. spätestens ab dem 1. 1. 1995 mit der Neufassung des § 180 Abs. 1 Nr. 2 Buchst. a AO gegeben.

5.2 Maßstab der Zurechnung

Wäre das zuzurechnende Einkommen der Organgesellschaft unselbständiger Bestandteil des Gewinns der Personengesellschaft, also mit diesem in einem Betrag einheitlich festzustellen, so wäre offensichtlich, dass dieses Einkommen der Organgesellschaft den Gesellschaftern der Organträger-Personengesellschaft nach dem Maßstab zuzurechnen ist, der allgemein für die Zurechnung des Gewinns der Personengesellschaft gilt, also nach dem gesellschaftsvertraglichen Gewinnverteilungsschlüssel. 503

Aber auch wenn man mit der Finanzverwaltung davon ausgeht, dass das dem Organträger zuzurechnende Einkommen der Organgesellschaft eine eigenständige Besteuerungsgrundlage bildet, die einheitlich festzustellen ist, bedarf es eines Maßstabs für die Verteilung dieser Besteuerungsgrundlage auf die Gesellschafter der Personengesellschaft. Als Maßstab kommen theoretisch neben dem vertraglichen Gewinnverteilungsschlüssel der Personengesellschaft in Betracht 504

- in den Fällen, in denen die Beteiligung an der Organgesellschaft Gesamthandsvermögen der Personengesellschaft ist, der Liquidationsschlüssel für das Gesellschaftsvermögen der Personengesellschaft und
- in den Fällen, in denen die Beteiligung an der Organgesellschaft im Eigentum der Gesellschafter der Personengesellschaft steht, der Nennwert dieser Beteiligungen oder das Stimmrecht aus diesen Beteiligungen (siehe zur Problemstellung auch Jurkat, Tz. 746 bis 751).

Im Hinblick darauf, dass ein GAV zwischen der Organgesellschaft und der Personengesellschaft als Organträger tatbestandliche Voraussetzung der körperschaftsteuerlichen Organschaft ist, und dass der Gewinn demgemäß an die Personengesellschaft abzuführen ist und nur dieser den Gesellschaftern der Personengesellschaft nach Maßgabe des vertraglichen Gewinnverteilungsschlüssels zugute kommt, dürfte es – trotz des Unterschieds zwischen der Gewinnabführung und dem zuzurechnenden Einkommen – zutreffend sein, auch das zuzurechnende Einkommen der Organgesellschaft – jedenfalls dann, wenn die Gesellschafter der Personengesellschaft einander fremd gegenüberstehen – **nach Maßgabe des ver-** 505 traglichen **Gewinnverteilungsschlüssels** der Personengesellschaft auf die Gesellschafter der Personengesellschaft zu verteilen (ebenso Herrmann/Heuer/Raupach, § 14 KStG Anm. 68; Dötsch/Eversberg/Jost/Witt, § 14 KStG Tz. 218; Lademann/Gassner, § 14 KStG Anm. 96; für Zurechnung des Organeinkommens nach Vereinbarung der Mitunternehmer und nur hilfsweise nach dem allgemeinen Gewinnverteilungsschlüssel hingegen Streck, § 14 KStG Anm. 80 und Jansen/Stübben, DB 1984, 1499, 1501). Das kann allerdings in Fällen, in denen nicht alle Gesellschafter der Personengesellschaft an der Organgesellschaft beteiligt sind (siehe Rz. 311 ff.), auf der Grundlage der BFH-Rechtsprechung dazu führen, dass das Einkommen der Organgesellschaft teilweise von Personen zu versteuern ist, die an dieser gar nicht beteiligt sind (dazu auch Döllerer, BB 1975, 1073, 1075).

506 In den Fällen, in denen die Anteile an der Organgesellschaft nicht Gesamthandsvermögen der Personengesellschaft, sondern Eigentum der Gesellschafter sind und nicht alle Gesellschafter der Personengesellschaft an der Organgesellschaft beteiligt sind, können die Gesellschafter der Personengesellschaft über die Verteilung des zuzurechnenden Einkommens der Organgesellschaft **eine vom allgemeinen Gewinnverteilungsschlüssel der Personengesellschaft abweichende Vereinbarung treffen** (Döllerer, BB 1975, 1073, 1075; Herrmann/Heuer/Raupach, § 14 KStG Anm. 68; Dötsch/Eversberg/Jost/Witt, § 14 KStG Tz. 218). Das BFH-Urteil I R 132/74 vom 31. 3. 1976 (BStBl II 1976, 510) steht dieser Auffassung nicht entgegen. Die Annahme einer verdeckten Gewinnausschüttung in dem vorgenannten Urteil beruhte darauf, dass keine Abführung des vollen Gewinnes oder Verlustes der Organgesellschaft an die Organträger-Personengesellschaft vorlag. Die vorstehenden Ausführungen gelten nur für VZ bis einschließlich 2002, da ab 2003 die Anteile Gesamthandsvermögen (zumindest wirtschaftliches Eigentum) der Personengesellschaft sein müssen.

507 Umgekehrt kann in Fällen, in denen die **Gesellschafter der Personengesellschaft Familienangehörige** sind, eine steuerlich nicht zu beachtende verdeckte Einkommensverlagerung zwischen Familienangehörigen vorliegen, wenn derjenige Familienangehörige, der eine Mehrheitsbeteiligung an der Organgesellschaft hält, sich ohne Entgelt damit einverstanden erklärt, dass die Organgesellschaft zu einer Personengesellschaft, an der er selbst gewinn- und vermögensmäßig nur geringfügig beteiligt ist und die gewinn- und vermögensmäßige Mehrheitsbeteiligung bei Familienangehörigen liegt, einen GAV abschließt, und der abgeführte Gewinn sowohl wie das zuzurechnende Einkommen nach dem Gewinnverteilungsschlüssel der Personengesellschaft verteilt wird.

III. Die Rechtswirkungen der Organschaft

Ist Organträger eine Personengesellschaft und veräußert einer der Gesellschafter mit Zustimmung der übrigen Gesellschafter seinen Gesellschaftsanteil während des Wirtschaftsjahres der Organgesellschaft, so ist dieser **Gesellschafterwechsel** nach Auffassung der Finanzverwaltung (KStR Abschn. 52 Abs. 1) ohne Einfluss auf den Fortbestand des Organschaftsverhältnisses, wenn die Beteiligung an der Organgesellschaft, die die finanzielle Eingliederung vermittelt, zum Gesamthandsvermögen der Personengesellschaft gehört; das gesamte Ergebnis des laufenden Wirtschaftsjahres, in das der Gesellschafterwechsel fällt, ist gemäß § 14 KStG der Personengesellschaft zuzurechnen (siehe Rz. 324 ff.). Die Finanzverwaltung hat sich aber nicht dazu geäußert, nach welchem Maßstab das der Personengesellschaft zuzurechnende Einkommen der Organgesellschaft auf den ausscheidenden und auf den neu eintretenden Gesellschafter aufzuteilen ist. Richtig dürfte sein, diese **Aufteilung** – unabhängig von den Vereinbarungen zwischen dem ausscheidenden und dem neu eintretenden Gesellschafter – **zeitanteilig** vorzunehmen (ebenso Döllerer, BB 1975, 1073, 1076; Herrmann/Heuer/Raupach, § 14 KStG Anm. 69).

508

Beispiel:

An der Personengesellschaft X sind A mit 80 v. H. und B mit 20 v. H. beteiligt. Die Mehrheitsbeteiligung an der Organgesellschaft ist Gesamthandsvermögen der Personengesellschaft. Das Wirtschaftsjahr der Organgesellschaft ist gleich dem Kalenderjahr. A veräußert seinen Anteil an der Personengesellschaft am 1. 4. 2002 an C. Das der Personengesellschaft zuzurechnende Einkommen der Organgesellschaft für 2002 ist auf die Gesellschafter A, B und C wie folgt aufzuteilen: Auf B 20 v. H., auf A 1/4 von 80 v. H., also 20 v. H., und auf C 3/4 von 80 v. H., also 60 v. H.

Zu beachten ist allerdings, dass u. E. mit der Veräußerung des Mitunternehmeranteils durch den beherrschenden Gesellschafter das Organschaftsverhältnis erlischt (Rz. 329).

5.3 Zurechnungszeitraum

Ist Organträger eine Personengesellschaft, so können nicht nur das Wirtschaftsjahr der Organgesellschaft und das des Organträgers, sondern auch noch die Wirtschaftsjahre der Gesellschafter des Organträgers divergieren. Weichen das Wirtschaftsjahr einer Personengesellschaft und das Wirtschaftsjahr des daran beteiligten Gesellschafters voneinander ab, so ist nach der Rechtsprechung des BFH (Urteile I 231, 232/62 U vom 30. 9. 1964, BStBl III 1965, 54 und I 12/62 U vom 20. 1. 1965, BStBl III 1965, 296) **beim Gesellschafter** der Personengesellschaft der Gewinn aus der Beteiligung an der Personengesellschaft ein **laufender Geschäftsvorfall,** der im Ergebnis des Wirtschaftsjahrs des Gesellschafters zum

509

Ausdruck kommt, das am Ende des Wirtschaftsjahrs der Personengesellschaft läuft.

Beispiel:
Das Wirtschaftsjahr der Personengesellschaft entspricht dem Kalenderjahr. Das Wirtschaftsjahr des Gesellschafters A endet am 30. 9., das Wirtschaftsjahr des Gesellschafters B stimmt mit dem Kalenderjahr überein.

Bei der Veranlagung des Gesellschafters A für 2002 sind zu berücksichtigen:

Das Ergebnis des Wirtschaftsjahrs 1. 10. 2001 bis 30. 9. 2002 einschließlich des Gewinnanteils an der Personengesellschaft vom 1. 1. 2001 bis 31. 12. 2001.

Bei der Veranlagung des Gesellschafters B für 2002 sind zu berücksichtigen:

Das Ergebnis des Wirtschaftsjahrs 1. 1. 2002 bis 31. 12. 2002 einschließlich des Gewinnanteils an der Personengesellschaft für das Wirtschaftsjahr vom 1. 1. 2002 bis 31. 12. 2002.

510 Wollte man – im Gegensatz zur Finanzverwaltung – die Auffassung vertreten, dass die Zurechnung des Einkommens der Organgesellschaft beim Organträger wie ein Geschäftsvorfall im Betrieb der Organträger-Personengesellschaft zu behandeln sei, so hätte dies die rechtliche Folge, dass das zuzurechnende Einkommen der Organgesellschaft abweichend von der in Rz. 490 erwähnten Regel bei den Gesellschaftern des Organträgers nicht in dem Kalenderjahr zu versteuern ist, in dem das Wirtschaftsjahr der Organgesellschaft endet, sondern erst im folgenden Kalenderjahr.

Beispiel:
Die Wirtschaftsjahre der Organgesellschaft und des Organträgers entsprechen dem Kalenderjahr. Organträger ist die Personengesellschaft X mit den Gesellschaftern A und B. Das Wirtschaftsjahr des Gesellschafters A endet am 30. 9., das Wirtschaftsjahr des Gesellschafters B stimmt mit dem Kalenderjahr überein.

Bei der Veranlagung des Gesellschafters A für 2002 sind zu berücksichtigen:

Das Ergebnis des Wirtschaftsjahrs 1. 10. 2001 bis 30. 9. 2002 einschließlich des Gewinnanteils an der Personengesellschaft (= Anteil am zuzurechnenden Einkommen der Organgesellschaft) für das Wirtschaftsjahr der Personengesellschaft vom 1. 1. 2001 bis 31. 12. 2001.

Bei der Veranlagung des Gesellschafters B für 2002 sind zu berücksichtigen:

Das Ergebnis des Wirtschaftsjahrs 1. 1. 2002 bis 31. 12. 2002 einschließlich des Gewinnanteils an der Personengesellschaft (= Anteil am zuzurechnenden Einkommen der Organgesellschaft) für das Wirtschaftsjahr der Personengesellschaft vom 1. 1. 2002 bis 31. 12. 2002.

511 Die Ansicht der Finanzverwaltung, der wir beipflichten, führt demgegenüber dazu, dass im Beispielsfalle bei beiden Gesellschaftern des Organträgers bei der Veranlagung für 2002 das Einkommen der Organgesellschaft für 2002 anteilig zu

III. Die Rechtswirkungen der Organschaft

erfassen ist (ebenso Herrmann/Heuer/Raupach, § 14 KStG Anm. 70; Dötsch/Eversberg/Jost/Witt, § 14 KStG Tz. 216).

6. Einzelfragen zur Ermittlung des zuzurechnenden Einkommens der Organgesellschaft

6.1 Verlustabzug i. S. des § 10d EStG

Für die Ermittlung des dem Organträger zuzurechnenden Einkommens der Organgesellschaft gelten zwar die für die Einkommensberechnung von Kapitalgesellschaften allgemein maßgebenden Vorschriften des KStG und des EStG, aber nicht ausnahmslos. Nach § 15 Satz 1 Nr. 1 KStG ist bei der Ermittlung des Einkommens der Organgesellschaft ein **Verlustabzug** i. S. des § 10d EStG **nicht zulässig**. 512

Nach § 10d Abs. 2 Satz 1 EStG (i. V. m. § 8 Abs. 1 KStG) können Kapitalgesellschaften einen Verlust eines Wirtschaftsjahres, soweit dieser nicht gemäß § 10d Abs. 1 EStG vom Gewinn der zwei (nach § 10d Abs. 1 Satz 1 EStG i. d. F. des StEntlG 1999/2000/2002 nur noch des unmittelbar vorangegangenen VZ) vorangegangenen Veranlagungszeiträume abgezogen werden kann (also ein Verlustrücktrag nicht möglich ist), in den folgenden Veranlagungszeiträumen von einem etwaigen Gewinn abziehen. Wäre ein derartiger Verlustabzug (**Verlustvortrag**) auch bei der Ermittlung des dem Organträger zuzurechnenden Einkommens der Organgesellschaft zulässig, so könnten vorvertragliche Verluste der Organgesellschaft (d. h. Verluste aus Wirtschaftsjahren, die dem Wirtschaftsjahr vorangehen, für das die §§ 14 bis 19 KStG erstmals anzuwenden sind) jedenfalls mit eigenen nachvertraglichen Gewinnen der Organgesellschaft, möglicherweise aber, sofern die Organgesellschaft solche Gewinne nicht erzielt, durch Erhöhung des dann negativen Einkommens der Organgesellschaft mit nachvertraglichen Gewinnen des Organträgers verrechnet werden. § 15 Satz 1 Nr. 1 KStG schließt dies aus und führt damit dazu, dass **vorvertragliche Verlustabzüge der Organgesellschaft körperschaftsteuerlich gänzlich verlorengehen**. Denn nach § 15 Nr. 1 KStG ist ein Verlustabzug nach § 10d EStG sowohl bei der Ermittlung des dem Organträger zuzurechnenden Einkommens als auch – anders als noch unter der Geltung des § 7a KStG a. F. – bei der Ermittlung des den Ausgleichszahlungen an außenstehende Anteilseigner entsprechenden eigenen Einkommens der Organgesellschaft unzulässig. Der gänzliche Verlust tritt, nachdem der Verlustvortrag zeitlich unbegrenzt möglich ist, jedoch dann nicht ein, wenn das Organschaftsverhältnis vor Auflösung der Organgesellschaft beendet wird und diese dann Gewinne erzielt. Der Untergang eines Verlustabzugs lässt sich trotz Begründung 513 eines Organschaftsverhältnisses im Einzelfalle möglicherweise durch vorausgehende gewinnrealisierende Maßnahmen vermeiden, so z. B. durch die Veräußerung von einzelnen (möglichst abschreibungsfähigen) Wirtschaftsgütern, deren Buchwert hohe stille Reserven enthält, an den Organträger im Wirtschaftsjahr, das der Begründung des Organschaftsverhältnisses vorangeht. Es gelten insoweit die gleichen Grundsätze wie für die Umwandlung oder Verschmelzung einer Kapitalgesellschaft, die noch über einen Verlustabzug verfügt, dessen Untergang vermieden werden soll (vgl. dazu z. B. Widman/Mayer, Umwandlungsrecht). Der Abschluss eines GAV unter der aufschiebenden Bedingung des vorherigen Ausgleichs eines Verlustabzugs kann keine Abhilfe (mehr) schaffen, wenn man aufschiebend bedingte GAV für unzulässig hält (Dötsch/Eversberg/Jost/Witt, § 15 KStG Tz. 4 und 5, siehe dazu Rz. 246 ff.).

514 Handelsrechtlich braucht ein beim Inkrafttreten des GAV vorhandener Verlustvortrag des vorangegangenen Wirtschaftsjahrs der beherrschten Gesellschaft (= Organgesellschaft) vom herrschenden Unternehmen (= Organträger) nicht ausgeglichen zu werden, denn die Verlustübernahme nach § 302 AktG erstreckt sich nur auf den Jahresfehlbetrag, der in der Gewinn- und Verlustrechnung als Rechnungsposten vor dem Verlustvortrag erscheint (§ 275 HGB i. V. m. § 158 Abs. 1 Nr. 1 AktG). Der handelsrechtliche Verlustvortrag mindert aber nach § 301 AktG den handelsrechtlich abzuführenden Gewinn. Die Nichtabführung eines zum Ausgleich eines handelsrechtlichen Verlustvortrags benötigten Gewinns stellt die nach § 14 Abs. 1 Satz 1 Nr. 3 Satz 1 KStG notwendige Durchführung des GAV nicht in Frage (siehe dazu Rz. 265); auch ist der zum Ausgleich des handelsrechtlichen Verlustvortrags nicht abgeführte Gewinn als Bestandteil des ohne § 10d EStG ermittelten Einkommens der Organgesellschaft gleichwohl gemäß § 14 KStG dem Organträger zuzurechnen (Dötsch/Eversberg/Jost/Witt, § 15 KStG Tz. 7). Übernimmt der Organträger die Verpflichtung, einen vorvertraglichen Verlust der Organgesellschaft auszugleichen, so stellt der Verlustausgleich steuerrechtlich eine Einlage des Organträgers in die Organgesellschaft dar; beim Organträger sind die Beträge als nachträgliche Anschaffungskosten für die Anteile an der Organgesellschaft auf dem Beteiligungskonto zu aktivieren (KStR Abschn. 61 Sätze 2 und 3; siehe unten Rz. 716 ff.).

515 Nach § 10d Abs. 1 Satz 1 EStG kann ein Steuerpflichtiger den Verlust eines Veranlagungszeitraums, soweit dieser bei der Ermittlung des Gesamtbetrags der Einkünfte nicht ausgeglichen wird, bis zu einem Gesamtbetrag von 511 500 € vom Gesamtbetrag der Einkünfte unmittelbar vorangegangenen Veranlagungszeitraums abziehen (**Verlustrücktrag**). Soweit ein Abzug danach nicht möglich ist, kommt es zum Verlustvortrag. Hat eine Organgesellschaft in den Wirtschaftsjah-

III. Die Rechtswirkungen der Organschaft 163

ren, die dem Wirtschaftsjahr vorangehen, für das die §§ 14 bis 19 KStG erstmals anzuwenden sind, einen Gewinn erzielt (vorvertraglicher Gewinn) und erleidet sie in dem ersten Wirtschaftsjahr, für das die §§ 14 bis 19 KStG anzuwenden sind, einen Verlust, so kann die Organgesellschaft diesen Verlust nicht nach § 10d Abs. 1 Satz 1 EStG vom Gewinn des vorangegangenen Veranlagungszeitraums (vorvertraglicher Gewinn) abziehen (mit der Rechtsfolge, dass dem Organträger kein negatives Einkommen der Organgesellschaft zuzurechnen ist oder allenfalls ein um den Gewinn des vorangegangenen Veranlagungszeitraums der Organgesellschaft gemindertes negatives Einkommen), weil nach § 15 Nr. 1 KStG ein Verlustabzug nach § 10d EStG bei der Ermittlung des Einkommens der Organgesellschaft nicht zulässig ist. Der Verlust ist ungemindert dem Organträger zuzurechnen und bei diesem mit dem eigenen Gewinn des entsprechenden Veranlagungszeitraums auszugleichen. Ist dies nicht möglich, z. B. weil der Verlust der Organgesellschaft höher ist als der Gewinn des Organträgers oder weil der Organträger ebenfalls einen Verlust erlitten hat, so kann der Organträger auch für den ihm zuzurechnenden Verlust der Organgesellschaft den Verlustrücktrag nach § 10d Abs. 1 Satz 1 EStG in Anspruch nehmen. Nachvertragliche Verluste der Organgesellschaft können somit auch durch vorvertragliche Gewinne des Organträgers ausgeglichen werden. **§ 10d EStG ist nur für die Ermittlung des Einkommens der Organgesellschaft ausgeschlossen, nicht hingegen für die Ermittlung des eigenen Einkommens des Organträgers** und auch nicht für die Versteuerung des sich aus der Addition vom zuzurechnenden Einkommen der Organgesellschaft und eigenem Einkommen des Organträgers ergebenden Einkommensbetrags. Die Begrenzung des Verlustrücktrags auf 511 500 € bezieht sich dabei auf den Organträger und ist bei diesem auf die Summe der Ergebnisse aller Mitglieder des Organkreises anzuwenden (EStR R 115 Abs. 4 Sätze 9 und 10). Zur Nutzung körperschaftsteuerlicher Verlustvorträge des Organträgers und § 8 Abs. 4 KStG siehe Küster/Köhler, BB 1998, 2401.

6.2 *Internationales Schachtelprivileg*

Nach § 15 Nr. 2 Satz 1 KStG in den Fassungen vor dem UntStFG sind bei der Ermittlung des Einkommens der Organgesellschaft, insbesondere also des dem Organträger zuzurechnenden Einkommens der Organgesellschaft, die Vorschriften eines Abkommens zur Vermeidung der Doppelbesteuerung, nach denen die Gewinnanteile aus der Beteiligung an einer ausländischen Gesellschaft außer Ansatz bleiben, nur anzuwenden, wenn der Organträger zu den durch diese Vorschriften begünstigten Steuerpflichtigen gehört (siehe dazu im Einzelnen Rz. 681 ff.). Die Vorschrift ist durch das UntStFG gestrichen worden. Nach der Gesetzesbegründung ist sie durch die Neufassung des § 8b Abs. 1 KStG überholt. Ab VZ 2003 ist

516

durch das StVergAbG mit § 15 Satz 2 KStG eine dem alten § 15 Nr. 2 KStG vergleichbare Regelung wieder in das Gesetz aufgenommen worden. Nach der Gesetzesbegründung soll damit klargestellt werden, dass auch beim internationalen Schachtelprivileg die so genannte Bruttomethode gilt. Dashalb kann ab diesem Zeitraum wegen der Rechtsfolgen auf Rz. 695 verwiesen werden.

6.3 Auflösung vorvertraglicher unversteuerter stiller Reserven der Organgesellschaft

517 Enthält die Steuerbilanz der Organgesellschaft bei Inkrafttreten des GAV unversteuerte **stille Reserven** (= vorvertragliche Reserven) und werden diese Reserven nach Inkrafttreten des GAV aufgelöst, so stellt sich die Frage, ob die Gewinne aus der nachvertraglichen Realisierung vorvertraglicher unversteuerter stiller Reserven Bestandteil des dem Organträger zuzurechnenden Einkommens der Organgesellschaft sind.

> **Beispiel:**
>
> Der Einzelkaufmann A erwirbt am 31. 12. 2001 alle Anteile an der O-GmbH zum Preis von 2 Mio. DM. Zum Betriebsvermögen der O-GmbH gehört ein Grundstück mit einem Buchwert von 100000 DM und einem Verkehrswert von 1,1 Mio. DM. Mit Wirkung vom 1. 1. 2002 wird zwischen A als Organträger und der O-GmbH als Organgesellschaft ein Organschaftsverhältnis mit Gewinnabführung i. S. der §§ 14 bis 19 KStG begründet. Am 2. 1. 2002 veräußert die O-GmbH das fragliche Grundstück zum Preis von 1,1 Mio. DM.

518 Für die Zeit vor der gesetzlichen Regelung der körperschaftsteuerlichen Organschaft war die Ansicht vorherrschend, dass sich die nachvertragliche Realisierung vorvertraglicher unversteuerter stiller Reserven der Organgesellschaft zugunsten des eigenen Einkommens der Organgesellschaft vollzieht; die entsprechenden Gewinne waren von der Organgesellschaft selbst zu versteuern. Für den Geltungsbereich der gesetzlichen Regelung der körperschaftsteuerlichen Organschaft (§§ 14 bis 19 KStG; früher § 7a KStG a. F.) hat die Verwaltung diese Rechtsauffassung zu Recht nicht übernommen, weil nach den Gewinnermittlungsvorschriften der Gewinn aus der Realisierung stiller unversteuerter Reserven in den Gewinn der Organgesellschaft eingeht und die §§ 14 bis 19 KStG keine Vorschrift enthalten, die diese Gewinnanteile aus dem dem Organträger zuzurechnenden Einkommen der Organgesellschaft wieder eliminiert und wie z. B. die den Ausgleichszahlungen entsprechenden Einkommensteile zum eigenen Einkommen der Organgesellschaft erklärt. **Gewinne aus der nachvertraglichen Realisierung vorvertraglicher unversteuerter stiller Reserven der Organgesellschaft sind also Bestandteil des dem Organträger zuzurechnenden Einkommens** (KStR Abschn. 57 Abs. 4). Das Schrifttum billigt diese Auffassung einmütig (vgl. z. B. Herrmann/Heuer/Raupach, § 14 KStG Anm. 55; Mössner/

III. Die Rechtswirkungen der Organschaft 165

Seeger/Schwarz, § 14 KStG Rn. 113; Schmidt, JbFfSt 1970/71, 179, 195; Jurkat, Tz. 653 bis 654). Im Beispielsfall gehört der Veräußerungsgewinn von 1 Mio. DM zum zuzurechnenden Einkommen der Organgesellschaft und ist vom Organträger zu versteuern.

Die vorstehenden Ausführungen gelten entsprechend, wenn die vorvertraglichen stillen Reserven vorvertraglich aufgelöst, aber durch Bildung einer **steuerfreien Rücklage** (§ 6b EStG, EStR R 35) nicht versteuert werden. Der Gewinn, der aus der nachvertraglichen Auflösung eines solchen Sonderpostens mit Rücklagenanteil i. S. von §§ 247 Abs. 3, 273 HGB entsteht, ist deshalb ebenfalls Bestandteil des dem Organträger zuzurechnenden Einkommens (KStR Abschn. 57 Abs. 4 Satz 4). 519

Zur Frage, welche steuerlichen Folgen die nachvertragliche Realisierung vorvertraglicher stiller unversteuerter Reserven der Organgesellschaft für den Organträger hat, insbesondere, wenn die stillen Reserven beim Erwerb der Beteiligung des Organträgers an der Organgesellschaft bereits vorhanden waren und die Gewinne aus der Realisierung der stillen Reserven an den Organträger abgeführt werden, siehe Rz. 632 ff. 520

6.4 Sonderprobleme der Einkommensermittlung bei Organschaftsverhältnissen zu natürlichen Personen (Aufwendungen für einen beherrschenden Gesellschafter-Geschäftsführer)

Hat die Organgesellschaft für eigene Rechnung auf das Leben ihres Gesellschafter-Geschäftsführers eine **Lebens- und Unfallversicherung** abgeschlossen und ist der Gesellschafter-Geschäftsführer gleichzeitig Organträger, so stellt sich die Frage, ob die Versicherungsprämien bei der Ermittlung des dem Organträger zuzurechnenden Einkommens nach Maßgabe der Grundsätze des BFH-Urteils I 221/60 U vom 5. 6. 1962 (BStBl III 1962, 416) als Betriebsausgaben abzugsfähig sind. 521

Gegen die Abzugsfähigkeit ließe sich etwa einwenden, die (allerdings durch das UntStFG in der bisherigen Form abgeschaffte) Vorschrift des § 15 Nr. 2 KStG sei Ausdruck eines allgemeinen Rechtsgedankens; die körperschaftsteuerliche Organschaft sei ihrem Wesen nach nicht darauf gerichtet, dem Organträger mittelbar steuerliche Vorteile zu verschaffen, die einem Einheitsunternehmen gleicher Rechtsform nicht zustehen; bei der Ermittlung des dem Organträger zuzurechnenden Einkommens der Organgesellschaft seien daher Ausgaben, die beim Organträger selbst keine Betriebsausgaben wären, nicht abzugsfähig. Dieser Einwand greift jedoch nicht durch. Selbst wenn Wortlaut und Entstehungsgeschichte des § 15 KStG zuließen, diese Bestimmung dahin zu verstehen, dass die darin 522 enthaltene Aufzählung von Vorschriften, die bei der Ermittlung des dem Organträger zuzurechnenden Einkommens der Organgesellschaft nicht anwendbar sind, nur beispielhaft ist, so sind doch Sinn und Zweck der körperschaftsteuerlichen Organschaft insbesondere zu natürlichen Personen nicht dahin bestimmbar, dass daraus Rechtsnormen abzuleiten sind des Inhalts, Ausgaben, die beim Organträger keine Betriebsausgaben wären, seien bei der Ermittlung des dem Organträger zuzurechnenden Einkommens der Organgesellschaft nicht abzugsfähig. Die fraglichen **Prämien** sind daher wie bei jeder anderen Kapitalgesellschaft **Betriebsausgaben** (ebenso Herrmann/Heuer/Raupach, § 14 KStG Anm. 51; Jurkat, Tz. 696).

523 Aus den vorstehend entwickelten Gründen sind auch **Gehaltszahlungen** der Organgesellschaft an den Gesellschafter-Geschäftsführer, der gleichzeitig Organträger ist, bei der Ermittlung des dem Organträger zuzurechnenden Einkommens als Betriebsausgaben abzugsfähig, obwohl natürliche Personen bei der Ermittlung des Gewinns aus Gewerbebetrieb Entnahmen in Höhe eines fiktiven Unternehmerlohns nicht als Betriebsausgaben abziehen können. Der Grundsatz des § 15 Abs. 1 Nr. 2 EStG lässt sich auf Organgesellschaften nicht anwenden; ein Durchgriff durch die Rechtsform ist nicht möglich (ebenso Herrmann/Heuer/Raupach, § 14 KStG Anm. 50; Lademann/Gassner, § 15 KStG Anm. 8, 9; Jurkat, Tz. 694 bis 695).

Demgemäß kann eine Organgesellschaft, die ihrem Gesellschafter-Geschäftsführer eine **Alters-, Invaliditäts- und Hinterbliebenenversorgung** zugesagt hat, nach den dafür maßgeblichen Grundsätzen (vgl. dazu z. B. Schmidt/Seeger, EStG, § 6a Rz. 17 ff. mit weiteren Nachweisen) mit gewinnmindernder Wirkung auch dann eine **Rückstellung** bilden, wenn der Gesellschafter-Geschäftsführer gleichzeitig Organträger i. S. der §§ 14 bis 19 KStG ist, obwohl ein Einzelunternehmer und ein Gesellschafter einer Personengesellschaft keine Möglichkeit haben, die Mittel für eine Alters- und Hinterbliebenenversorgung gewinnmindernd anzusammeln (ebenso Herrmann/Heuer/Raupach, a. a. O.; Lademann/Gassner, § 15 KStG Anm. 17; Hübl, DStZ A 1972, 145, 148).

6.5 Verdeckte Gewinnausschüttungen der Organgesellschaft

524 Nach § 8 Abs. 3 Satz 2 KStG können verdeckte Gewinnausschüttungen das Einkommen einer Kapitalgesellschaft nicht mindern. Dieser Rechtsgrundsatz gilt in gleicher Weise für die Ermittlung des dem Organträger zuzurechnenden Einkommens der Organgesellschaft, da der Einkommensbegriff der §§ 14 bis 19 KStG dem allgemeinen Einkommensbegriff des KStG entspricht, soweit § 15 nichts anderes bestimmt. Für den **Lieferungs- und Leistungsverkehr zwischen dem Or-**

III. Die Rechtswirkungen der Organschaft

ganträger und der Organgesellschaft** bedeutet dies, dass er auch bei Anwendung der §§ 14 bis 19 KStG steuerlich nicht anders zu beurteilen ist, wie wenn kein Organschaftsverhältnis mit Gewinnabführung bestünde. Überlässt z. B. die Organgesellschaft dem Organträger ein Grundstück zu einem Preis, der unter dem Verkehrswert liegt, so ist darin eine verdeckte Gewinnausschüttung zu sehen, die das dem Organträger zuzurechnende Einkommen der Organgesellschaft entsprechend erhöht (zu Einzelfällen einer verdeckten Gewinnausschüttung zwischen Organgesellschaft und Organträger siehe Dötsch/Eversberg/Jost/Witt, § 14 KStG Tz. 114 bis 136 und Mössner/Seeger/Lange, § 8 KStG Rn. 254 ff.).

Eine verdeckte Gewinnausschüttung liegt auch dann vor, wenn die Maßnahme für den Organkreis insgesamt günstig ist. **Entscheidend** ist allein, ob die Maßnahme eine **Benachteiligung der Organgesellschaft** darstellt oder nicht (BFH-Urteil I R 99/80 vom 1. 8. 1984, BStBl II 1985, 18 unter Aufhebung des entgegenstehenden Urteils des FG Düsseldorf; FG Hamburg, Urteil II 82/94 vom 4. 9. 1997, EFG 1998, 392 zu dem Fall einer vGA der Enkelgesellschaft als Organgesellschaft an ihre „Großmutter" bzw. „Mutter"-Gesellschaft der Organträgerin; Streck, § 8 KStG Anm. 150 Stichwort „Organschaft"). 525

Liegt eine **verdeckte Gewinnausschüttung zwischen zwei Schwestergesellschaften** vor, die jeweils Organgesellschaft eines gemeinsamen Organträgers sind, ist das dem Organträger zuzurechnende Einkommen der den Vorteil gewährenden Organgesellschaft ebenfalls entsprechend zu erhöhen, da jedes Organschaftsverhältnis für sich zu betrachten ist (BFH-Urteil I R 150/82 vom 20. 8. 1986, BStBl II 1987, 455, 458; zu Einzelheiten siehe Dötsch/Eversberg/Jost/Witt, § 14 KStG Tz. 123). 526

Zweifelhaft kann sein, ob aus Vereinfachungsgründen von einer Berücksichtigung verdeckter Gewinnausschüttungen der Organgesellschaft an den Organträger bei der Ermittlung des dem Organträger zuzurechnenden Einkommens ausnahmsweise dann abgesehen werden kann, wenn die verdeckten Gewinnausschüttungen in dem Wirtschaftsjahr, für das sie bei der Organgesellschaft hinzuzurechnen wären, bereits **in den Handels- und damit auch Steuerbilanzgewinn des Organträgers gewinnerhöhend** eingegangen sind und sich auf diese Weise schon in einem der beiden Einkommen, die nach den §§ 14 bis 19 KStG zusammenzurechnen sind, einkommenserhöhend ausgewirkt haben. 527

Beispiel (Thiel, StbKRep 1971, 179, 203):

Die Organgesellschaft beliefert den Organträger zu Verrechnungspreisen, die eine Gewinnspanne zugunsten der Organgesellschaft nicht in sich schließen. Der Organträger hat jedoch die an ihn gelieferten Gegenstände an seinem Bilanzstichtag bereits restlos veräußert.

528 Im Schrifttum wird die Frage teilweise bejaht (Thiel, a. a. O.; Streck, § 15 KStG Anm. 9; a. A. aus systematischen Gründen Dötsch/Eversberg/Jost/Witt, § 14 KStG Tz. 114 und Frotscher/Maas, § 14 KStG Rz. 226). Damit wäre im Beispielsfall die verdeckte Gewinnausschüttung in Höhe der nicht berücksichtigten Gewinnspanne steuerlich irrelevant, weil der Gewinn des Organträgers die nicht berechnete Gewinnspanne bereits in sich schließt. Entsprechendes gilt, wenn z. B. die Organgesellschaft dem Organträger ein Wirtschaftsgut unentgeltlich zur Nutzung überlässt (vgl. dazu die lehrreiche Darstellung der Problematik bei Hübl, DStZ A 1972, 145, 148).

529 Die Verwaltung (KStR Abschn. 58 Abs. 3) vertritt demgegenüber die Auffassung, dass zwar die verdeckte Gewinnausschüttung der Organgesellschaft beim Organträger auszuscheiden ist, entgegen dem BFH-Urteil I R 150/82 (a. a. O.) aber nicht das zuzurechnende Organeinkommen, sondern das eigene Einkommen des Organträgers zu kürzen ist. Der Verwaltungsmeinung ist aus systematischen Gründen zuzustimmen (siehe Rz. 531).

530 Verdeckte Gewinnausschüttungen der Organgesellschaft an den Organträger können die Durchführung des GAV jedenfalls insoweit nicht in Frage stellen, als sie den **Charakter vorweggenommener Gewinnabführungen**, also von Vorausleistungen auf den Anspruch aus dem GAV haben. Nach Auffassung der Verwaltung ist diese Voraussetzung im allgemeinen bei verdeckten Gewinnausschüttungen der Organgesellschaft an den Organträger erfüllt (KStR Abschn. 57 Abs. 6; Herrmann/Heuer/Raupach, § 14 KStG Anm. 47; Mössner/Seeger/Schwarz, § 14 KStG Rn. 114). Verdeckte Gewinnausschüttungen an den Organträger müssen aber nicht immer vorweggenommene Gewinnabführungen sein. So sind z. B. Verstöße gegen das Verbot der Einlagenrückgewähr (§ 30 GmbHG) und gegen das Verbot der Abführung vorvertraglicher Rücklagen (§ 301 AktG) zwar verdeckte Gewinnausschüttungen, aber keine vorweggenommenen Gewinnabführungen; sie stellen demgemäß die Durchführung des GAV in Frage (siehe hierzu auch Rz. 255 ff.).

531 Soweit verdeckte Gewinnausschüttungen der Organgesellschaft an den Organträger vorweggenommene Gewinnabführungen im Rahmen der §§ 14 bis 19 KStG sind, greift für sie der in Rz. 486 entwickelte Grundsatz ein, dass sie beim Organträger wie steuerfreie Einnahmen außer Ansatz bleiben. Für Vorausleistungen kann hier nichts anderes gelten als für die Hauptleistung. Nicht zugestimmt werden kann deshalb dem BFH-Urteil I R 150/82 vom 20. 8. 1986 (BStBl II 1987, 455, 459), nach dem zur Vermeidung einer Doppelbelastung die verdeckte Gewinnausschüttung aus dem hinzuzurechnenden Einkommen der Organgesellschaft auszuscheiden ist. Diese Vorgehensweise ist nicht systemgerecht.

III. Die Rechtswirkungen der Organschaft

Verdeckte Gewinnausschüttungen an einen außenstehenden Gesellschafter der Organgesellschaft stellen verdeckte Ausgleichszahlungen dar (KStR Abschn. 57 Abs. 6 Satz 4); sie sind demgemäß von der Organgesellschaft als eigenes Einkommen zu versteuern. Sie berühren aber die tatsächliche Durchführung des GAV nicht.

6.6 Höchstbetrag des Spendenabzugs bei der Organgesellschaft

Nach § 9 Abs. 1 Nr. 2 KStG sind Spenden für steuerbegünstigte Zwecke bis zur Höhe von insgesamt 5 bzw. 10 v. H. des „Einkommens" oder 2 v. T. der Summe der gesamten Umsätze und der im Kalenderjahr aufgewendeten Löhne und Gehälter abzugsfähig. Einkommen i. S. dieser Vorschrift umfasst sowohl das dem Organträger zuzurechnende Einkommen der Organgesellschaft ohne Berücksichtigung der Gewinnabführung oder Verlustübernahme als auch das von der Organgesellschaft selbst zu versteuernde Einkommen i. S. des § 16 KStG (Herrmann/Heuer/Raupach, § 14 KStG Anm. 53; Streck, § 15 KStG Anm. 13). Der **Spendenabzug** der Organgesellschaft mindert das dem Organträger zuzurechnende Einkommen; ein Abzug zu Lasten des von der Organgesellschaft zu versteuernden Einkommens ist nicht möglich (vgl. KStR Abschn. 42 Abs. 5 Satz 1).

Die **Höchstbeträge** gemäß § 9 Abs. 1 Nr. 2 KStG sind für die Organgesellschaft und den Organträger **gesondert** zu ermitteln. Es finden keine Zusammenrechnung und kein Spitzenausgleich statt (Streck, § 15 KStG Anm. 13; siehe auch Rz. 610).

6.7 Freibetrag nach § 16 Abs. 4 EStG

Veräußert die Organgesellschaft ihren Betrieb oder einen Teilbetrieb oder einen Mitunternehmeranteil, so ist nach Auffassung der Verwaltung bei der Ermittlung des dem Organträger zuzurechnenden Einkommens der Organgesellschaft der Freibetrag nach § 16 Abs. 4 EStG zu berücksichtigen (KStR Abschn. 57 Abs. 2). Der Veräußerungsgewinn unterliegt der vertraglichen Gewinnabführungsverpflichtung (KStR Abschn. 57 Abs. 7). **Ab 1996 gibt es für Organgesellschaften keinen Freibetrag mehr;** dieser kann nur noch von natürlichen Personen, die bestimmte persönliche Voraussetzungen erfüllen, in Anspruch genommen werden.

6.8 Übertragung von Veräußerungsgewinnen nach § 6b EStG

Nach § 6b EStG kann ein Steuerpflichtiger Gewinne aus der Veräußerung bestimmter Wirtschaftsgüter des Anlagevermögens von den Anschaffungs- oder Herstellungskosten neuangeschaffter oder hergestellter Wirtschaftsgüter absetzen oder in eine steuerfreie 6b-Rücklage einstellen (Sonderposten mit Rücklageanteil gemäß §§ 247 Abs. 3, 273 HGB). Aus der zivil- und steuerrechtlichen Selbständigkeit der Organgesellschaft folgt einerseits, dass sie diese **Vergünstigung** auch für Veräußerungsgewinne in Anspruch nehmen kann, die anlässlich der Veräußerung von Wirtschaftsgütern an den Organträger oder eine andere Organgesellschaft desselben Organkreises realisiert werden. Andererseits folgt daraus aber auch, dass die in § 6b Abs. 4 EStG für die Übertragung der Veräußerungsgewinne genannten Voraussetzungen (z. B. die Verweildauer) in der Person der Organgesellschaft erfüllt sein müssen (ebenso Schmidt, StuW 1969, Spalte 456; Herrmann/Heuer/Raupach, § 14 KStG Anm. 52; Lademann/Gassner, § 15 KStG Anm. 3).

6.9 Gesellschaftsteuer bei Verlustübernahme

537 Die Übernahme eines Verlustes der Organgesellschaft durch den Organträger unterlag nach § 2 Abs. 2 Nr. 1 KVStG der Gesellschaftsteuer (aufgehoben durch das Finanzmarktförderungsgesetz vom 22. 2. 1990 mit Wirkung ab 1. 1. 1992). Die Gesellschaftsteuer ist bei der Organgesellschaft als Betriebsausgabe abziehbar (KStR 1985 Abschn. 57 Abs. 8).

6.10 Konzernsteuerumlagen

538 Durch Konzernsteuerumlagen werden Steuern, die der Organträger allein schuldet, die aber wirtschaftlich den ganzen Organkreis betreffen (KSt, GewSt, USt), aus betriebswirtschaftlichen Gründen im Interesse einer zutreffenden Kostenabgrenzung auf die Unternehmen des Organkreises verteilt. Die **Zulässigkeit** dieser Umlagen wird allgemein **anerkannt** (vgl. BFH-Urteil II R 133/77 vom 30. 4. 1980, BStBl II 1980, 521; Herrmann/Heuer/Raupach, § 14 KStG Anm. 49; Dötsch/Eversberg/Jost/Witt, § 14 KStG Tz. 142; Streck, § 14 KStG Anm. 84; Palitzsch, BB 1983, 432). Der BGH bejaht sogar einen gesetzlichen Ausgleichsanspruch des Organträgers gegen die Organgesellschaft gemäß § 426 BGB (BGH-Urteil IX ZR 244/91 vom 22. 10. 1992, BGHZ 120, 50, DB 1993, 368). Andererseits darf der Organträger nur ihm tatsächlich entstandenen Aufwand verteilen. Die Auferlegung einer Umlage in Höhe der von der Organgesellschaft als nicht abhängiger Gesellschaft hypothetisch zu entrichtenden Gewerbesteuer („stand-alone-Prinzip") ist, wenn beim Organträger kein Steueraufwand angefallen ist, unzulässig (BGH-Urteil II ZR 312/97 vom 1. 3. 1999, BGHZ 141, 79, DStR 1999, 724; siehe auch FG Köln, Urteil 13 K 2707/96 vom 11. 4. 2000, EFG 2000, 809, aufgehoben durch BFH-Urteil I R 57/00 vom 7. 11. 2001, BStBl II 2002, 369; Rödder/Simon, DB 2002, 496; Kleindick, DStR 2000, 559). Die Finanzverwaltung lässt jede Methode der Belastung der Organgesellschaft zu, die zu einem betriebswirtschaftlich vertretbaren Ergebnis führt. Vorausgesetzt wird, dass das Unternehmen an der einmal gewählten Methode festhält und die Umlagen so bemessen werden, dass – mindestens im Durchschnitt mehrerer Jahre – nur die

III. Die Rechtswirkungen der Organschaft   171

tatsächlich gezahlten Steuerbeträge umgelegt werden (vgl. z. B. FM Nordrhein-Westfalen, Erlass vom 14. 12. 1964, DB 1965, 13; zu Einzelheiten der Berechnung vgl. BGH, a. a. O.; Jonas, DB 1994, 1529; Palitzsch, a. a. O. und Ruppert, FR 1981, 53, 77).

Die von der Finanzverwaltung offen gelassene Frage, ob einer Organgesellschaft 539
im Verlustfall die dadurch im Organkreis ersparte Gewerbesteuer im Wege der Umlage erstattet werden darf, hat der BFH im Urteil II R 133/77 vom 30. 4. 1980 (BStBl II 1980, 521) bejaht.

Die **Steuerumlagen**, und zwar sowohl für Körperschaftsteuer als auch für 540
Gewerbesteuer, sind bei der Organgesellschaft unter den Posten Steuern (§ 275 Abs. 2 Nr. 18 und 19 bzw. Abs. 3 Nr. 17 und 18 HGB) **gesondert** oder in Erweiterung der Gliederung gemäß § 265 Abs. 5 HGB in einem zusätzlichen Posten „Steuerumlagen" unmittelbar nach den Posten 18 und 19 bzw. 17 und 18 von § 275 HGB **auszuweisen** (vgl. Bullinger, DB 1988, 717 m. w. N. in Fußnote 9).

(unbesetzt)   541–560

7. Einzelfragen zur Besteuerung des Organträgers

7.1 Rückstellung des Organträgers für zu übernehmende künftige Verluste der Organgesellschaft

Hat der Organträger für zukünftige Verluste der Organgesellschaft, die er auf- 561
grund des GAV zu übernehmen hat, in der **Handelsbilanz** eine Rückstellung gebildet (siehe hierzu Kropff, Festschrift Döllerer, S. 351), so kann sich diese steuerlich nicht gewinnmindernd auswirken. Wie ausgeführt, sind die vom Organträger tatsächlich übernommenen Verluste der Organgesellschaft, d. h. die den Gewinn des Organträgers mindernden Aufwendungen für die Übernahme des Verlustes der Organgesellschaft, ähnlich wie nichtabzugsfähige Aufwendungen bei der Ermittlung des (eigenen) Einkommens des Organträgers wieder hinzuzurechnen, weil sich die Verluste der Organgesellschaft bei der Besteuerung des Organträgers nur einmal, und zwar nach dem Gebot des § 14 KStG auf dem Wege der Hinzurechnung des (negativen) Einkommens der Organgesellschaft auswirken dürfen. Dann muss aber das Gleiche gelten für eine Rückstellung für drohende Verlustübernahme (BFH-Urteil I R 101/75 vom 26. 1. 1977, BStBl II 1977, 441; KStR Abschn. 58 Abs. 2; Dötsch/Eversberg/Jost/Witt, § 14 KStG Tz. 141; Frotscher/Maas, § 14 KStG Rz. 246; a. A. z. B. Jurkat, Tz. 744; zweifelnd Wassermeyer, StbJb 1992/93, 219, 224). Dabei ist gleichgültig, ob es sich um mutmaßliche Verluste der Organgesellschaft in dem Wirtschaftsjahr handelt,

das am fraglichen Bilanzstichtag des Organträgers läuft, oder um Verluste der folgenden Wirtschaftsjahre.

562 Vor Inkrafttreten der gesetzlichen Regelung der körperschaftsteuerlichen Organschaft war die Rechtslage anders, weil damals nach Auffassung des BFH die abgeführten Gewinne Betriebseinnahmen und die übernommenen Verluste Betriebsausgaben des Organträgers waren (BFH-Urteil I 163/56 vom 5. 11. 1957, BStBl III 1958, 24).

7.2 Steuerliche Abzugsfähigkeit von Zinsen für Schulden, die der Organträger zum Erwerb der Beteiligung an der Organgesellschaft aufgenommen hat

563 Die Verwaltung lässt zu, dass Zinsen für Schulden, die der Organträger zum Erwerb der Organbeteiligung aufgenommen hat, bei der Ermittlung des Einkommens des Organträgers in vollem Umfange abgezogen werden, insbesondere also auch insoweit, als diesen Zinsen im Jahr ihrer Zahlung beim Organträger die von der Organgesellschaft abgeführten Gewinne gegenüberstehen (KStR Abschn. 58 Abs. 1; ebenso Dötsch/Eversberg/Jost/Witt, § 14 KStG Tz. 140; Frotscher/Maas, § 14 KStG Rz. 247; a.A. Herrmann/Heuer/Raupach, § 14 KStG Anm. 96).

564 Die Verwaltung ist der naheliegenden Argumentation nicht gefolgt, die Zinsen seien nach § 3c EStG nicht abzugsfähig, weil die abgeführten Gewinne beim Organträger wie steuerfreie Einnahmen außer Ansatz bleiben und die Schuldzinsen deshalb als Ausgaben zu qualifizieren seien, die mit steuerfreien Einnahmen in unmittelbarem wirtschaftlichen Zusammenhang stünden (siehe z. B. Schmidt, JbFfSt 1970/71, 179, 190).

565 Wir pflichten der Auffassung der Finanzverwaltung, dass die Schuldzinsen in vollem Umfang als Betriebsausgaben abzugsfähig sind, für den Geltungsbereich der §§ 14 bis 19 KStG bei. Diese gilt u. E. auch unverändert für die Zeit nach dem Systemwechsel zum Halbeinkünfteverfahren fort (ebenso Rödder/Schumacher, DStR 2002, 1163; Beinert/Mikus, DB 2002, 1467; Frotscher, DB 2002, 1522; a. A. Thiel, DB 2002, 1340 und 1525). Bei der Gewinnabführung handelt es sich nicht um eine steuerfreie Einnahme i. S. des § 3c Abs. 1 EStG (vgl. auch oben Rz. 486).

7.3 Teilwertabschreibung auf die Organbeteiligung

566 Nach Auffassung der Verwaltung (KStR Abschn. 60 Abs. 1) kann der Organträger seine Beteiligung an der Organgesellschaft auf den niedrigeren Teilwert ab-

III. Die Rechtswirkungen der Organschaft

schreiben, wenn die nach dem geltenden Recht hierfür erforderlichen Voraussetzungen erfüllt sind (zustimmend FG Nürnberg, rkr. Urteil I 45/99 vom 5. 12. 2000, EFG 2001, 1026). Nach § 8b Abs. 3 KStG ist eine Teilwertabschreibung bei Körperschaften als Organträger verboten. Diese kommt also nur noch bei natürlichen Personen und Personengesellschaften als Organträger in Betracht. Bei Letzteren ist jedoch § 8b Abs. 6 KStG zu beachten. Eine Abschreibung auf den niedrigeren Teilwert ist jedoch nicht schon deshalb gerechtfertigt, weil die Organgesellschaft ständig mit Verlusten abschließt. Die Verlustübernahme durch den Organträger führt in der Regel dazu, dass bei der Organgesellschaft die **Substanz** erhalten bleibt, der Wert der Organbeteiligung damit nicht berührt wird (vgl. BFH-Urteil I 170/65 vom 17. 9. 1969, BStBl II 1970, 48; zustimmend Dötsch/Eversberg/Jost/Witt, § 14 KStG Tz. 145). Deshalb können vor dem Bilanzstichtag erlittene und nach dem Bilanzstichtag zu erwartende Verluste einer Kapitalgesellschaft, die zu einem anderen Unternehmen in einem Organschaftsverhältnis mit Gewinnabführung steht, beim Organträger einen Buchansatz für die Beteiligung, der unter dem Substanzwert des Vermögens der Organgesellschaft liegt, unter dem Gesichtspunkt des niedrigeren Teilwerts grundsätzlich nicht rechtfertigen (BFH-Urteil IV R 37/68 vom 12. 10. 1972, BStBl II 1973, 76; FG Nürnberg, a. a. O.).

Nach Ansicht des BFH soll dies jedenfalls dann ausnahmslos gelten, wenn der Organträger über eine Stimmenmehrheit bei der Organgesellschaft verfügt, die es ihm ermöglicht, das in der Beteiligung gebundene Kapital jederzeit wieder flüssig zu machen und anderwärtig einzusetzen, weil der Organträger in diesem Falle, wenn er hiervon keinen Gebrauch macht, die Ertragslosigkeit des investierten Kapitals bewusst in Kauf nahm (kritisch zu diesem Urteil Brezing, FR 1973, 72; vgl. auch Herrmann/Heuer/Raupach, § 14 KStG Anm. 91). Durch die **Versagung der Teilwertabschreibung** auf die Organbeteiligung wird **vermieden,** dass sich die Verluste der Organgesellschaft beim Organträger **doppelt auswirken**, nämlich zum einen über die Zurechnung der steuerlichen Verluste und zum anderen über eine Abschreibung auf die Beteiligung (vgl. das zur gewerbesteuerlichen Organschaft ergangene BFH-Urteil I R 56/82 vom 6. 11. 1985, BStBl II 1986, 73, 75). Ist in dem vom Organträger für die Organbeteiligung gezahlten Preis auch ein Firmenwert der Organgesellschaft berücksichtigt, so kann eine Abschreibung auf einen niedrigeren Teilwert dann in Betracht kommen, wenn durch ständige Verluste der Organgesellschaft der Firmenwert der Organgesellschaft gemindert oder ganz zerstört wird (Hübl, DStZ A 1972, 145, 149; Dötsch/Eversberg/Jost/Witt, § 14 KStG Tz. 144).

Zur Frage der Teilwertabschreibung bei nachvertraglicher Abführung vorvertraglicher gekaufter Rücklagen siehe Rz. 633 ff.

567

568 Zur Teilwertabschreibung auf Gesellschafterdarlehen in Organschaftsfällen nach der Unternehmenssteuerreform siehe Eckl, DStR 2001, 1280.

7.4 Die Veräußerung von Anteilen an der Organgesellschaft

569 Ist **Organträger eine Kapitalgesellschaft**, bleiben bei der Ermittlung des Einkommens Gewinne aus der Veräußerung von Anteilen an der Organgesellschaft außer Ansatz, § 8b Abs. 2 Satz 1 KStG (siehe Herlinghaus, GmbHR 2001, 956, 959 f.). Dies gilt nach Satz 2 der vorgenannten Vorschrift jedoch nicht, soweit der Anteil in früheren Jahren steuerwirksam auf den niedrigeren Teilwert abgeschrieben und die Gewinnminderung bis zur Veräußerung nicht durch den Ansatz eines höheren Werts ausgeglichen worden ist.

570 Ist **Organträger eine natürliche Person oder eine Personengesellschaft** (diese in bezug auf natürliche Personen als Gesellschafter), unterliegt der Gewinn aus der Veräußerung von Anteilen an der Organgesellschaft gemäß § 3 Nr. 40 Satz 1 Buchst. a i. V. m. § 3c Abs. 2 EStG nur zur Hälfte der Einkommensteuer.

7.5 Anrechnung von Steuerabzugsbeträgen, die auf Betriebseinnahmen der Organgesellschaft einbehalten wurden (§ 19 Abs. 5 KStG)

571 Nach § 31 Abs. 1 KStG und § 36 Abs. 2 Nr. 2 EStG werden auf die Körperschaftsteuer- und Einkommensteuerschuld die durch Steuerabzug einbehaltenen Steuerbeträge, so insbesondere die von steuerabzugspflichtigen Kapitalerträgen i. S. des § 43 EStG einbehaltene Kapitalertragsteuer, angerechnet. Hat die Organgesellschaft steuerabzugspflichtige Kapitalerträge bezogen, so stellt sich die Frage, ob und ggf. in welcher Weise die hierauf einbehaltene Kapitalertragsteuer anzurechnen ist.

Eine Anrechnung der Steuerabzugsbeträge auf die Steuerschuld der Organgesellschaft wäre insoweit möglich, als die Organgesellschaft ausnahmsweise eigenes Einkommen hat, weil Ausgleichszahlungen an außenstehende Anteilseigner geleistet wurden (vgl. § 16 KStG). Hat die Organgesellschaft hingegen kein eigenes Einkommen, so ist eine Anrechnung der einbehaltenen Steuerabzugsbeträge auf eine Körperschaftsteuerschuld der Organgesellschaft naturgemäß nicht möglich, da die Organgesellschaft einkommenslos ist; in diesem Falle stellt sich die Frage, ob die Steuerabzugsbeträge verlorengehen, weil sie nicht auf eine Steuerschuld der Organgesellschaft angerechnet werden können, ob die Steuerabzugsbeträge der Organgesellschaft erstattet werden müssen oder ob sie auf die Steuerschuld des Organträgers anzurechnen sind.

III. Die Rechtswirkungen der Organschaft

§ 19 Abs. 5 KStG ordnet an, dass die **einbehaltene Steuer stets**, also auch dann, wenn die Organgesellschaft eigenes Einkommen und deshalb auch eine Körperschaftsteuerschuld hat, **nur auf die Körperschaftsteuer oder Einkommensteuer des Organträgers anzurechnen** ist. Diese Regelung entspricht der Auffassung, die die Finanzverwaltung bereits zu § 7a KStG a. F. vertreten hatte (Anlage zum BMWF-Schreiben vom 30. 12. 1971, Tz. 47 Abs. 2), obwohl § 7a KStG a. F. noch keine entsprechende Vorschrift erhielt. 572

Nach Auffassung der Finanzverwaltung gilt § 19 Abs. 5 KStG entsprechend für die **Anrechnung von Körperschaftsteuer** nach § 36 Abs. 2 Nr. 3 EStG (KStR Abschn. 65 Abs. 4). 573

Ist der **Organträger eine Personengesellschaft**, so ist die auf die Betriebseinnahmen der Organgesellschaft einbehaltene Steuer anteilig auf die Körperschaftsteuer oder die Einkommensteuer der Gesellschafter anzurechnen. Die Verteilung auf die Gesellschafter des Organträgers ist nach demselben Schlüssel vorzunehmen, nach dem das Einkommen der Organgesellschaft den Gesellschaftern des Organträgers zugerechnet wird. 574

Bei Kapitalerträgen i. S. des § 43 Abs. 1 Satz 1 Nr. 7 und 8 sowie Satz 2 EStG, die einem unbeschränkt oder beschränkt einkommensteuerpflichtigen Gläubiger zufließen, ist der Steuerabzug nicht vorzunehmen, wenn die Kapitalerträge Betriebseinnahmen des Gläubigers sind und die Kapitalertragsteuer bei ihm aufgrund der Art seiner Geschäfte auf Dauer höher wären, als die gesamte festzusetzende Körperschaftsteuer (Überzahlung), § 44a Abs. 5 EStG (siehe Schmidt/Heinicke, § 44a EStG Rz. 25). Die Finanzverwaltung vertritt zu Recht die Auffassung, dass es bei einer Organgesellschaft zu keiner Überzahlungssituation kommen kann, da die Versteuerung beim Organträger erfolgt. Der Organgesellschaft kann deshalb keine Bescheinigung nach § 44a Abs. 5 Satz 2 EStG erteilt werden (vgl. OFD Frankfurt a. M., Vfg. vom 31. 10. 1997, FR 1998, 32; ebenso FG München, Urteil 7 K 317/98 vom 5. 4. 2001, EFG 2001, 1052, Revision anhängig, Az. des BFH I R 52/01). 575

7.6 Tariffragen

Da das Einkommen der Organgesellschaft dem Organträger zuzurechnen und dessen Veranlagung zugrunde zu legen ist, wird es beim Organträger der Steuerart und dem Tarif unterworfen, der für den Organträger maßgebend ist. Die Tragweite dieses Grundsatzes ist zweifelhaft. 576

7.6.1 Besondere Tarifvorschriften für die Organgesellschaft, die einen Abzug von der Körperschaftsteuer vorsehen (§ 19 Abs. 1 bis 4 KStG)

7.6.1.1 Problemstellung

577 Nach § 26 Abs. 1 KStG wird unter bestimmten Voraussetzungen eine der deutschen Körperschaftsteuer entsprechende ausländische Steuer direkt auf die deutsche Körperschaftsteuer angerechnet. Sind die Voraussetzungen für die Anwendung dieser Vorschrift bei der Organgesellschaft erfüllt, so stellt sich die Frage, ob die Vorschrift nur bei der Organgesellschaft anzuwenden ist und deshalb nur insoweit Wirksamkeit entfaltet, als die Organgesellschaft eigenes Einkommen und damit auch eine eigene Körperschaftsteuerschuld hat oder ob und ggf. unter welchen Voraussetzungen die Tarifermäßigung durch Abzug von der Einkommensteuer- oder Körperschaftsteuerschuld des Organträgers, dem das Einkommen der Organgesellschaft zuzurechnen ist, beansprucht werden kann. Entsprechendes gilt für andere Tarifvorschriften, die einen Abzug von der Körperschaftsteuer vorsehen, so z. B.:

- § 26 Abs. 2 bis 5 KStG (indirekte Anrechnung ausländischer Steuern auf die inländische Körperschaftsteuer), aufgehoben durch das StSenkG;

- Anrechnung der Steuergutschrift nach dem DBA Frankreich (avoir fiscal),

- § 12 Außensteuergesetz (Anrechnung ausländischer Steuern auf den Hinzurechnungsbetrag),

- Ermäßigung für die Gewährung von Darlehen nach § 16 BerlinFG (gilt nur für vor dem 1. 7. 1991 gewährte Darlehen) bzw. nach § 17 BerlinFG (gilt nur für vor dem 1. 1. 1992 bzw. bei Kreditinstituten vor dem 1. 1. 1993 gewährte Darlehen; für Darlehen nach § 7a Fördergebietsgesetz stellt sich die Frage nicht, da diese Vorschrift nur eine Ermäßigung der Einkommensteuer und nicht wie früher das BerlinFG auch der Körperschaftsteuer vorsieht),

- § 21 BerlinFG (Ermäßigung für Einkünfte aus Berlin (West); siehe hierzu Rz. 782 ff.) und

- § 14 des 3. und 4. bzw. § 15 des 5. VermBG (die Steuerermäßigung ist durch das Steuerreformgesetz 1990 für vermögenswirksame Leistungen, die nach dem 31. 12. 1989 angelegt werden, aufgehoben worden; Ermäßigung der Einkommensteuer, der Körperschaftsteuer des Arbeitgebers um 15 v. H. der vermögenswirksamen Leistungen an Arbeitnehmer, höchstens aber um 3000 DM, bis 1981 30 v. H. und 6 000 DM).

III. Die Rechtswirkungen der Organschaft

7.6.1.2 Gesetzliche Lösung

§ 19 Abs. 1 bis 4 KStG enthält eine eingehende gesetzliche Regelung des Problems. 578

Die **Regelung** geht von dem Grundsatz aus, dass immer dann, wenn bei der Organgesellschaft die Voraussetzungen für die Anwendung besonderer Tarifvorschriften erfüllt sind, die den Abzug von der Körperschaftsteuer vorsehen, diese **Tarifvorschriften beim Organträger anzuwenden** sind, als wären die Voraussetzungen bei ihm selbst erfüllt. Damit ist entschieden 579

- einerseits, dass die Wirksamkeit der fraglichen Tarifvorschriften durch die Zurechnung des Einkommens der Organgesellschaft beim Organträger grundsätzlich nicht verlorengehen soll und
- andererseits, dass auch dann, wenn die Organgesellschaft eigenes Einkommen und damit eine eigene Körperschaftsteuerschuld hat, weil Ausgleichszahlungen geleistet werden, die fraglichen Tarifermäßigungen nur bei der Besteuerung des Organträgers wirksam werden können.

Diese Regelung, insbesondere der Ausschluss einer Anwendung der fraglichen Tarifvorschriften auf das eigene Einkommen der Organgesellschaft, erklärte sich unter der Geltung des Anrechnungsverfahrens daraus, dass die Ausgleichszahlungen an außenstehende Anteilseigner bei diesen als Gewinnausschüttungen der Organgesellschaft angesehen werden und deshalb auch bei der Organgesellschaft wie Gewinnausschüttungen behandelt werden müssen, dass aber für Gewinnausschüttungen einer Kapitalgesellschaft nach § 27 KStG bis einschließlich 2000 im Hinblick darauf, dass bei den Empfängern der Gewinnausschüttungen ein Betrag von 3/7 der Gewinnausschüttungen auf die eigene Steuerschuld anrechenbar ist (§ 36 Abs. 2 Nr. 3 EStG), stets eine Ausschüttungsbelastung von 30 v. H. des Gewinns vor Abzug der Körperschaftsteuer (= 3/7 der Ausschüttung) herzustellen ist und deshalb etwaige Tarifermäßigungen für das Einkommen der ausschüttenden Kapitalgesellschaft durch Erhöhung der Körperschaftsteuer auf 30 v. H. notwendigerweise verlorengehen müssen (vgl. Bundestagsdrucksache 7/1470, S. 349). Trotz des Systemwechsels zum Halbeinkünfteverfahren hat der Gesetzgeber § 19 KStG nicht geändert. 580

Die **Voraussetzungen** für die Inanspruchnahme der Steuervergünstigung müssen **bei der Organgesellschaft erfüllt** sein (KStR Abschn. 65 Abs. 1 Satz 2; Lademann/Gassner, § 19 KStG Anm. 4). Ist die Steuerabzugsermäßigung der Höhe nach auf einen bestimmten Betrag begrenzt, richtet sich dieser Höchstbetrag hingegen nach den steuerlichen Verhältnissen beim Organträger (KStR Abschn. 65 Abs. 1 Satz 4, Herrmann/Heuer/Raupach, § 19 KStG Anm. 34). 581

> **Beispiel:**
> Die Steuerabzugsermäßigung nach dem VermBG war u. a. von der Zahl der vom Steuerpflichtigen beschäftigten Arbeitnehmer abhängig (höchstens 60, vgl. § 15 Abs. 1 letzter Satz 5. VermBG) und auf höchstens 3 000 DM begrenzt.

582 Bei der Zahl der Arbeitnehmer kommt es allein auf die von der Organgesellschaft beschäftigten Arbeitnehmer an. Den Höchstbetrag von 3 000 DM für die Steuerabzugsermäßigung bei vermögenswirksamen Leistungen kann der Organträger nur einmal für alle ihm zuzurechnenden Ermäßigungen in Anspruch nehmen, unabhängig davon, ob es sich um Leistungen des Organträgers an eigene Arbeitnehmer handelt oder um ihm nach § 19 Abs. 1 KStG zustehende Steuerabzugsermäßigungen aus vermögenswirksamen Leistungen seiner Organgesellschaften. Das BFH-Urteil I R 32/79 vom 25. 1. 1984 (BStBl II 1984, 382), das für den Geltungsbereich des § 7a KStG a. F. die Übertragung der Steuerermäßigung nach dem VermBG von der Organgesellschaft auf den Organträger ausschloss, hat seit Inkrafttreten des KStG 1977 keine Bedeutung mehr.

583 Dem allgemeinen Grundsatz entsprechend können **Steuerabzugsermäßigungen** auch bei einem Organschaftsverhältnis nur bis zu einer Steuer von 0 € beim Organträger, **nicht** aber zu einem **Negativbetrag** führen. Dies bedeutet, dass von einer Organgesellschaft weitergeleitete Steuerabzugsermäßigungen dann verlorengehen, wenn die Einkommensteuer oder Körperschaftsteuer des Organträgers z. B. aufgrund eigener Verluste oder aufgrund der Zurechnung von Verlusten anderer Organgesellschaften 0 € beträgt.

584 Andererseits können in der Person der Organgesellschaft begründete Steuerabzugsermäßigungen beim Organträger auch dann berücksichtigt werden, wenn das dem Organträger zuzurechnende Einkommen dieser Organgesellschaft negativ ist (Maas, BB 1985, 2228). Der entgegenstehende BFH-Beschluss I B 88/79 vom 18. 6. 1980 (BStBl II 1980, 733), der zur Rechtslage vor Inkrafttreten des Körperschaftsteuergesetzes 1977 ergangen ist, hat für die Rechtslage ab 1977 keine Bedeutung mehr.

585 Da die in einem Organschaftsverhältnis verbundenen Unternehmen einkommen- und körperschaftsteuerrechtlich grundsätzlich nicht besser gestellt werden sollen als ein vergleichbares Einheitsunternehmen, kann die Regelung, dass immer dann, wenn bei der Organgesellschaft die Voraussetzungen für die Anwendung besonderer Tarifvorschriften erfüllt sind, die einen Abzug von der Körperschaftsteuer vorsehen, diese Tarifvorschriften beim Organträger anzuwenden sind, naturgemäß nur eingreifen, soweit der **Organträger** selbst zu den durch die besonderen Tarifvorschriften **begünstigten Steuersubjekten** gehört. Ist also z. B. eine

III. Die Rechtswirkungen der Organschaft

Tarifvorschrift nur anwendbar, wenn der Steuerpflichtige der Körperschaftsteuer unterliegt, so ist sie beim Organträger nur anzuwenden, wenn der Organträger ebenfalls körperschaftsteuerpflichtig ist, nicht hingegen, wenn der Organträger einkommensteuerpflichtig ist. In letzterem Falle geht die Tarifermäßigung verloren. Tarifvorschriften, die sowohl für die Körperschaftsteuer wie für die Einkommensteuer gelten, sind z. B. §§ 16, 17 BerlinFG, § 14 des 3. und 4., § 15 des 5. VermBG und die Vorschriften über die direkte Anrechnung ausländischer Steuern (§ 26 Abs. 1 KStG einerseits und § 34c Abs. 1 und 2 EStG andererseits; zu dem Problem, ob die Organgesellschaft oder der Organträger das Wahlrecht nach § 34c Abs. 2 EStG ausüben darf, siehe einerseits Dötsch/Eversberg/Jost/Witt, § 19 KStG Tz. 3a und andererseits Maas, BB 1985, 2228, 2229f.). Nur für die Körperschaftsteuer gelten hingegen z. B. die Vorschriften über die indirekte Anrechnung ausländischer Steuern (§ 26 Abs. 2 bis 5 KStG, aufgehoben durch das StSenkG).

Ist der Organträger eine Personengesellschaft, deren Gesellschafter teils der Einkommensteuer und teils der Körperschaftsteuer unterliegen, so sind die Tarifvorschriften, die nur für den Bereich der Körperschaftsteuer gelten (z. B. die indirekte Anrechnung ausländischer Steuern) in der Weise anzuwenden, dass der Steuerabzug mit dem **Teilbetrag** vorzunehmen ist, der dem auf den körperschaftsteuerpflichtigen Gesellschafter entfallenden Bruchteil des dem Organträger zuzurechnenden Einkommens der Organgesellschaft entspricht (§ 19 Abs. 3 KStG). Das KStG greift also insoweit durch die Personengesellschaft als Organträger hindurch. Gäbe es diese Vorschrift nicht, so könnte man auf der Grundlage der Rechtsprechung des BFH zur Anwendung des Schachtelprivilegs bei Zwischenschaltung einer Personengesellschaft (BFH-Urteil II R 224/84 vom 15. 6. 1988, BStBl II 1988, 761 mit weiteren Rechtsprechungsnachweisen) folgern, dass für bestimmte Einnahmen der Organgesellschaft z. B. die indirekte Steueranrechnung insgesamt verlorengeht, wenn Organträger eine Personengesellschaft ist, auch wenn und soweit die Gesellschafter der Personengesellschaft ihrerseits wiederum körperschaftsteuerpflichtig sind. 586

Sind an der Organträger-Personengesellschaft **beschränkt steuerpflichtige Gesellschafter** beteiligt, so gilt § 19 Abs. 1 bis 3 KStG bei diesen Gesellschaftern entsprechend, soweit die besonderen Tarifvorschriften bei beschränkt Steuerpflichtigen anwendbar sind (KStR Abschn. 65 Abs. 2). Bei beschränkt Steuerpflichtigen sind die indirekte Steueranrechnung nach § 26 Abs. 2 bis 5 KStG sowie die Ermäßigung für die Gewährung von Darlehen nach §§ 16 und 17 BerlinFG nicht anwendbar. Die anderen in Rz. 577 genannten Steuerabzugsermäßigungen gelten auch für beschränkt Steuerpflichtige (vgl. z. B. für die direkte 587

Anrechnung ausländischer Steuern § 34c Abs. 1 EStG bzw. § 26 Abs. 6 KStG i. V. m. § 50 Abs. 6 EStG).

7.6.2 Steuersatzermäßigungen

588 Nach Auffassung der Finanzverwaltung sind beim Organträger auch sog. Steuersatzermäßigungen zu berücksichtigen, wenn die Organgesellschaft entsprechende Einkünfte erzielt hat (KStR Abschn. 65 Abs. 1 Satz 5; zustimmend Dötsch/Eversberg/Jost/Witt, § 19 KStG Tz. 2 und § 16 KStG, Tz. 6a; Streck, § 19 KStG Anm. 3; Frotscher/Maas, § 19 KStG Rz. 3; Herrmann/Heuer/Raupach, § 19 KStG Anm. 11, 19 und 28; Mössner/Seeger/Schwarz, § 19 KStG Rn. 8). Steuersatzermäßigungen enthalten § 26 Abs. 6 KStG i. V. m. § 34c Abs. 4 (Ermäßigung der Körperschaftsteuer auf 22,5 v. H. für ausländische Einkünfte aus dem Betrieb von Handelsschiffen im internationalen Verkehr; aufgehoben durch Gesetz vom 9. 9. 1998) und Abs. 5 EStG (Pauschalierung der Körperschaftsteuer für ausländische Einkünfte, vgl. hierzu auch den Pauschalierungserlass vom 10. 4. 1984, BStBl I 1984, 252) sowie § 4 der Verordnung über die steuerliche Begünstigung von Wasserkraftwerken vom 26. 10. 1940 (RGBl I 1940, 278, RStBl 1940, 657). Für die Auffassung der Finanzverwaltung spricht die Überlegung, dass die in einem Organschaftsverhältnis verbundenen Unternehmen einkommen- und körperschaftsteuerrechtlich grundsätzlich nicht schlechter gestellt werden sollen als ein vergleichbares Einheitsunternehmen.

7.6.3 Tarifwahlrecht nach § 46a EStG

589 Nach dem Satz 1 des – ab dem VZ 1989 weggefallenen – § 46a EStG war die Besteuerung von Kapitalerträgen i. S. des § 43 Abs. 1 Nr. 5 EStG grundsätzlich mit der einbehaltenen 30%igen Kapitalertragsteuer **abgegolten**. Nach Satz 2 konnte (das Antragsrecht ist mit der Streichung der Sätze 2 bis 5 des § 46a EStG durch das Steuerbereinigungsgesetz 1985 mit Wirkung ab dem Veranlagungszeitraum 1985 entfallen) der Steuerpflichtige aber beantragen, die fraglichen Kapitalerträge in die Einkommensteuerveranlagung und damit in die Besteuerung nach dem Tarif mit anzurechnender einbehaltener Kapitalertragsteuer einzubeziehen; für Körperschaftsteuerpflichtige bestand bereits vor 1985 ein solches Wahlrecht nicht (vgl. § 50 Abs. 2 Nr. 3 KStG). Es lässt sich die Auffassung vertreten, für die im zugerechneten Einkommen der Organgesellschaft enthaltenen Kapitalerträge i. S. des § 43 Abs. 1 Nr. 5 EStG habe der Organträger auch dann kein Antragsrecht, wenn er eine natürliche Person oder eine Personengesellschaft aus natürlichen Personen sei. Man kann jedoch zweifeln, ob die Rechtsprechung diese Ansicht bestätigen wird (für ein Antragsrecht des Organträgers sind z. B. Herrmann/

III. Die Rechtswirkungen der Organschaft

Heuer/Raupach, § 19 KStG Anm. 14). § 19 KStG ist nicht unmittelbar anzuwenden; es steht weder eine Anwendung einer Tarifvorschrift, deren Voraussetzungen die Organgesellschaft erfüllt, noch der Abzug einer von den Betriebseinnahmen der Organgesellschaft einbehaltenen Steuer, sondern vielmehr allein in Frage, ob dem Organträger ein bestimmtes Tarifwahlrecht zusteht, und zwar hinsichtlich des ihm zuzurechnenden Einkommens der Organgesellschaft.

7.6.4 Tarifermäßigung nach den §§ 16, 34 EStG

Erzielt eine natürliche Person einen Gewinn aus der Veräußerung des ganzen Gewerbebetriebs, eines Teilbetriebs, einer 100%igen Beteiligung an einer Kapitalgesellschaft oder eines Mitunternehmeranteils (§ 16 EStG), so ermäßigt sich für Veräußerungen bis 31. 12. 1998 und nach dem 31. 12. 2000 im Hinblick auf die progressive Gestaltung des Einkommensteuertarifs die darauf entfallende Einkommensteuer auf die Hälfte des gewöhnlichen Steuersatzes (zu Einzelheiten siehe § 34 Abs. 3 EStG). Für Veräußerungen nach dem 31. 12. 1998 und vor dem 1. 1. 2001 ermäßigt sich die Einkommensteuer durch die sog. Fünftelung (§ 34 EStG i. d. F. des StEntlG 1999/2000/2002). Körperschaftsteuerpflichtige können eine derartige Tarifermäßigung nicht beanspruchen, da der Körperschaftsteuertarif proportional gestaltet ist.

590

Ist in dem zuzurechnenden Einkommen der Organgesellschaft ein **Veräußerungsgewinn** i. S. des § 16 EStG enthalten, z. B. weil die Organgesellschaft einen Teilbetrieb i. S. von § 16 EStG veräußert hat, und ist der Organträger, dem das Einkommen der Organgesellschaft zugerechnet wird, eine natürliche Person, so stellt sich die Frage, ob der Organträger für den ihm zugerechneten und von ihm zu versteuernden Veräußerungsgewinn (ebenso wie für einen selbst erzielten Veräußerungsgewinn) eine **Tarifermäßigung** nach § 34 EStG in Anspruch nehmen kann. Die **Verwaltung verneint** die Frage (KStR Abschn. 65 Abs. 3; ebenso Hessisches FG, Urteil VIII 58/81 vom 24. 10. 1985, EFG 1986, 578; Jurkat, Tz. 700 bis 704; Dötsch/Eversberg/Jost/Witt, § 19 KStG Tz. 9; Frotscher/Maas, § 19 KStG Rz. 11). Gegen die Meinung der Verwaltung lässt sich einwenden, dass § **34 EStG eine Tarifvorschrift** ist und deshalb bei dem Steuerpflichtigen angewendet werden muss, bei dem die fraglichen Einkünfte tatsächlich besteuert werden (für Tarifermäßigung beim Organträger; Streck, § 14 KStG Anm. 96; Lademann/Gassner, § 14 KStG Anm. 99).

591

Der **BFH** hat durch Urteil VIII R 149/86 vom 14. 4. 1992 (BStBl II 1992, 817) die Verwaltungsauffassung bestätigt. Zur Begründung führt er insbesondere an, dass es über Sinn und Zweck der Organschaft hinausginge, wenn der Organträger die Tarifbegünstigung des § 34 EStG für eine vom Organ vorgenommene Veräußerung in Anspruch nehmen könnte, die dem Organ selber im Hinblick auf seine Rechtsform nicht zustünde.

592 § 19 KStG ist nicht unmittelbar einschlägig. Zur Anwendung des § 16 Abs. 4 EStG bei der Organgesellschaft siehe Rz. 535.

7.6.5 Tarifermäßigung nach § 32c EStG

593 Nach § 32c Abs. 1 EStG, der ab dem VZ 1994 gilt und durch § 32c Abs. 2 Nr. 1 Satz 2 EStG i. d. F. des StEntlG 1999/2000/2002 der in Fällen der körperschaftsteuerlichen und gewerbesteuerlichen Organschaft ab dem VZ 1999 aufgehoben worden ist (siehe Rz. 597; die Verfassungsmäßigkeit dieser Aufhebung bejahend FG Baden-Württemberg, Beschluss 8 V 20/02 vom 16. 1. 2003, demnächst in EFG 2003; durch das StSenkG wurde § 32c EStG mit Wirkung ab dem VZ 2001 insgesamt aufgehoben), ist von der tariflichen Einkommensteuer ein Entlastungsbetrag nach Abs. 4 abzuziehen, wenn in dem zu versteuernden Einkommen gewerbliche Einkünfte i. S. des Abs. 2 enthalten sind, deren Anteil am zu versteuernden Einkommen mindestens 100 278 DM (für VZ 1999: 93 744 DM, für VZ 2000 und 2001: 84 834 DM) beträgt. Gemäß § 32c Abs. 2 Satz 1 EStG sind gewerbliche Einkünfte i. S. dieser Vorschrift vorbehaltlich des Satzes 2 Gewinne und Gewinnanteile, die nach § 7 oder § 8 Nr. 4 GewStG der GewSt unterliegen. Nach Satz 2 sind u. a. ausgenommen Gewinne und Gewinnanteile, die nach § 9 Nr. 2a GewStG (gewerbesteuerliches Schachtelprivileg) zu kürzen sind. Die Tarifvergünstigung des § 32c EStG (Kappung des Einkommensteuertarifs auf 47 v. H. bzw. 45 v. H. für VZ 1999 und 43 v. H. ab VZ 2000) will einen Ausgleich für die Gewerbesteuerbelastung gewerblicher Einkünfte gewähren (zu verfassungsrechtlichen Bedenken gegen diese Vorschrift siehe den Vorlagebeschluss des BFH X R 171/96 vom 24. 2. 1999, BStBl II 1999, 450, Az. des BVerfG 2 BvL 2/99).

594 Gehört die Beteiligung zum Betriebsvermögen des Anteilseigners, sind Ausschüttungen der Gesellschaft nicht begünstigt. Der Gewerbeertrag des Anteilseigners nach § 7 GewStG wird nämlich gemäß § 9 Nr. 2a GewStG um die Gewinnausschüttung gekürzt.

595 Sind die Voraussetzungen sowohl einer körperschaftsteuerlichen als auch einer gewerbesteuerlichen Organschaft erfüllt, d. h. besteht ein GAV, ist unstreitig, dass zugerechnetes Einkommen von Organgesellschaften bei einer natürlichen Person oder Personengesellschaft (mit natürlichen Personen als Mitunternehmern) als Organträger unter die Tarifbegrenzung fällt (OFD Kiel, Verfügung

III. Die Rechtswirkungen der Organschaft

vom 30. 7. 1997, DB 1997, 1690; Schmidt/Glanegger, § 32c EStG Rz. 9 m. w. N.; vgl. auch BFH-Beschluss IV B 49/97 vom 3. 3. 1998, BStBl II 1998, 608, der hiergegen bei überschlägiger Prüfung keine Bedenken sieht).

Heftig umstritten ist hingegen, ob dies auch gilt, wenn lediglich eine gewerbesteuerliche Organschaft vorliegt, da kein GAV abgeschlossen wurde (bejahend FG Münster, Urteil 14 K 5268/96 F vom 8. 1. 1998, EFG 1998, 768, Revision beim BFH anhängig unter Az. VIII R 18/98; FG Köln, Beschluss 4 V 7327/96 vom 20. 2. 1997, EFG 1998, 469; verneinend FG Münster, rkr. Urteil 10 K 6043/96 F vom 10. 12. 1997, EFG 1998, 767 und Urteil 4 K 6242/96 F vom 15. 5. 1998, EFG 1998, 1646, Revision beim BFH anhängig unter Az. IV R 50/98; ernstlich zweifelhaft nach BFH-Beschluss IV B 49/97, a. a. O.; jeweils m. w. N.). U. E. ist die Tarifvergünstigung zu gewähren, da sie nach dem eindeutigen Wortlaut nur bei Anwendung des § 9 Nr. 2a GewStG ausgeschlossen ist, diese Vorschrift bei gewerbesteuerlicher Organschaft jedoch nicht zur Anwendung kommt (siehe unten Rz. 999). 596

Durch das StEntlG 1999/2000/2002 hat der Gesetzgeber durch Änderung des § 32c Abs. 2 Nr. 1 Satz 2 EStG die Streitfrage mit Wirkung ab dem VZ 1999 dahin gehend entschieden, dass Gewinne aus Anteilen an einer Kapitalgesellschaft, die im Rahmen einer Organschaft i. S. des § 2 Abs. 2 Satz 2 und 3 GewStG Betriebsstätte des Organträgers ist, nicht unter die Tarifbegrenzung fallen, soweit die Gewinne oder Gewinnanteile bei der Ermittlung des Gewinns des Organträgers angesetzt worden sind (Nr. 1 Satz 2). Gleiches gilt für Einkommen oder Einkommensteile, die im Rahmen einer körperschaftsteuerlichen Organschaft dem Organträger zugerechnet werden (Nr. 2). Damit ist die in Rz. 595 dargestellte Auffassung ab dem VZ 1999 überholt. 597

7.7 Steuerfreie Einnahmen einer Organgesellschaft

7.7.1 Steuerfreie Einnahmen einer Kapitalgesellschaft, die nicht Organgesellschaft ist

Hat eine Kapitalgesellschaft steuerfreie Einnahmen erzielt (z. B. Investitionszulagen nach § 2 InvZulG (steuerfrei nach § 9 InvZulG) und § 19 Abs. 4 BerlinFG oder einen Gewinn aus einer ausländischen Betriebsstätte, der nach einem einschlägigen DBA von einer Besteuerung im Inland freigestellt ist), so ging diese Steuerfreiheit nach den Vorschriften des KStG über das Anrechnungsverfahren verloren, soweit für die Gewinnausschüttung einer Kapitalgesellschaft das durch diese steuerfreien Einnahmen entstandene Eigenkapital als verwendet galt (vgl. 598

§ 28 Abs. 3 KStG), denn in diesem Fall war gemäß § 27 KStG anlässlich der Ausschüttung die Körperschaftsteuer (= 3/7 der Ausschüttung) zu erhöhen. **Die Steuerfreiheit konnte somit nicht auf die Anteilseigner durchgeleitet werden.**

599 Nach Wegfall des Anrechnungsverfahrens und der Verwendungsfiktion gilt Folgendes: Ist **Gesellschafterin** ebenfalls eine **Kapitalgesellschaft**, bleibt die Steuerfreiheit bestehen, da die ausschüttende Gesellschaft nur ihre steuerpflichtigen Einnahmen versteuert und die Gewinnausschüttung gemäß § 8b Abs. 1 KStG bei der Empfängerin bei der Ermittlung des Einkommens außer Ansatz bleibt. Ist **Gesellschafter** hingegen eine **natürliche Person**, geht die Steuerbefreiung verloren, da diese die Hälfte des ausgeschütteten Gewinns, in dem auch die steuerfreien Einnahmen enthalten sind, gemäß § 3 Nr. 40 Satz 1 Buchst. d EStG versteuern muss.

7.7.2 Steuerfreie Einnahmen einer Organgesellschaft

600 Steht die Kapitalgesellschaft hingegen in einem Organschaftsverhältnis, so muss sich der Grundsatz, dass das Einkommen der Organgesellschaft dem Organträger zur Versteuerung zuzurechnen ist und dass das Einkommen des Organträgers um die Gewinnabführungen der Gesellschaft außerbilanziell zu kürzen ist, dahin auswirken, dass die **Steuerfreiheit von Einnahmen der Organgesellschaft jedenfalls erhalten bleibt**, wenn für den Organträger seiner Rechtsform nach gleichartige Befreiungsvorschriften gelten, d. h. wenn die Einnahmen beim Organträger ebenfalls steuerfrei wären, wenn er sie unmittelbar erzielt hätte (weitgehend für generelle Steuerbefreiung bei dem Organträger für bei der Organgesellschaft befreite Einkünfte Streck, § 19 KStG Anm. 9).

601 Man kann dieses Ergebnis auf eine sinngemäße Anwendung des § 19 KStG stützen, der seinem Wortlaut nach allerdings nur Tarifermäßigungen und die Anrechnung von Steuerabzugsbeträgen zum Gegenstand hat. Näher dürfte aber folgende dem Wesen der Organschaft angemessene Konstruktion liegen:

602 Das dem Organträger zur Versteuerung zuzurechnende Einkommen der Organgesellschaft ist nur das **steuerpflichtige Einkommen**, also der Steuerbilanzgewinn abzüglich der darin enthaltenen steuerfreien Einnahmen. Aufgrund des Gewinnabführungsvertrags führt die Organgesellschaft aber nicht nur den dem steuerpflichtigen Einkommen entsprechenden Teil des Steuerbilanzgewinns ab, sondern den gesamten Steuerbilanzgewinn, also auch die steuerfreien Einnahmen. Der Rechtssatz, dass das Einkommen des Organträgers um die abgeführten Gewinne außerbilanziell zu kürzen ist, gilt aber für den gesamten abgeführten

III. Die Rechtswirkungen der Organschaft

Gewinn, also auch für die darin enthaltenen steuerfreien Einnahmen der Organgesellschaft, und zwar jedenfalls dann, wenn die steuerfreien Einnahmen der Organgesellschaft beim Organträger ebenfalls steuerfrei gewesen wären, wenn er sie selbst erzielt hätte.

Wird der Steuerbilanzgewinn der Organgesellschaft von dieser zum Teil in eine Gewinnrücklage gestellt, so ist beim Organträger in dieser Höhe auch dann ein aktiver Ausgleichsposten (siehe dazu Rz. 645 ff.) zu bilden, wenn die abgeführten Beträge das dem Organträger zuzurechnende steuerpflichtige Einkommen der Organgesellschaft erreichen oder gar übersteigen; es wird also gewissermaßen **fingiert**, dass stets der steuerpflichtige Teil des Steuerbilanzgewinns der Organgesellschaft in die Gewinnrücklage eingestellt ist. 603

Die Frage, wie sich steuerfreie Einnahmen der Organgesellschaft auswirken, stellt sich auch, wenn die **Organgesellschaft eigenes Einkommen** hat, weil Ausgleichszahlungen geleistet werden. 604

Beispiel:
Die Organgesellschaft hat einen Steuerbilanzgewinn von 100; darin sind steuerfreie Einnahmen von 50 enthalten, so dass der steuerpflichtige Teil des Gewinns ebenfalls 50 beträgt. Die Organgesellschaft hat Ausgleichszahlungen von 33 geleistet. Der an den Organträger abgeführte Betrag beläuft sich auf 56.

Nach § 16 KStG ist davon auszugehen, dass die Organgesellschaft in jedem Falle 44 Punkte (4/3 von 33) mit 25 v. H. zu versteuern hat. Zweifelhaft kann nur sein, wie der Organträger zu besteuern ist. 605

Man kann die Auffassung vertreten, dass dem Organträger ein zu versteuerndes (steuerpflichtiges) Einkommen von 50 zuzurechnen ist, dass also der steuerfreie Teil des Bilanzgewinns der Organgesellschaft zur Bestreitung der Ausgleichszahlungen und der darauf lastenden Körperschaftsteuer verwendet wurde. Damit wäre die **Steuerfreiheit verlorengegangen**. Das beim Organträger zu versteuernde Einkommen der Organgesellschaft von 50 stimmt mit dem abgeführten Gewinn von 50 überein. 606

Man kann aber auch wohl die Ansicht vertreten, dass der steuerpflichtige Teil des Steuerbilanzgewinns der Organgesellschaft zur Bestreitung der Ausgleichszahlungen und der darauf lastenden Körperschaftsteuer verwendet wurde. Das führt zwar bei der Organgesellschaft ebenfalls zu einem Anfall von Körperschaftsteuer in Höhe von 11 Punkten (25 v. H. von 4/3 der Ausgleichszahlungen). **Das dem Organträger zuzurechnende Einkommen der Organgesellschaft ist aber „steuerfreies Einkommen"**, oder anders ausgedrückt: Dem Organträger ist kein 607

Einkommen der Organgesellschaft zur Versteuerung zuzurechnen, weil das steuerpflichtige Einkommen der Organgesellschaft insgesamt nur 50 beträgt und voll als eigenes Einkommen der Organgesellschaft besteuert wird. Der an den Organträger abgeführte Gewinn von 50 ist aber wie jede Gewinnabführung innerhalb eines Organschaftsverhältnisses vom Einkommen des Organträgers außerhalb der Bilanz zu kürzen.

608 Zutreffend, weil systemgerecht, dürfte die in Rz. 607 erwähnte Lösung sein (ebenso Jurkat, JbFfSt 1977/78, 344, 355; Streck, § 19 KStG Anm. 9).

7.8 Übertragung von Wirtschaftsgütern des Organträgers auf die Organgesellschaft

609 Da Organträger und Organgesellschaft rechtlich selbständig bleiben, insbesondere die Organgesellschaft ihre subjektive Körperschaftsteuerpflicht nicht verliert und da das Einkommen von Organträger und Organgesellschaft vor der Zusammenrechnung getrennt zu ermitteln ist (siehe Rz. 467, 470 f.), führt die Übertragung von Wirtschaftsgütern des Organträgers auf die Organgesellschaft unter dem rechtlichen Gesichtspunkt der verdeckten Einlage zu einer Realisierung der im Buchansatz des Wirtschaftsgutes enthaltenen stillen Reserven, ebenso wie jede Veräußerung vom Organträger an die Organgesellschaft ein gewinnrealisierender Vorgang ist.

7.9 Höchstbetrag des Spendenabzugs beim Organträger

610 Nach § 9 Abs. 1 Nr. 2 KStG und § 10b EStG sind Spenden für steuerbegünstigte Zwecke bis zur Höhe von 5 bzw. 10 v. H. des „Einkommens" bzw. des „Gesamtbetrags der Einkünfte" oder 2 v. T. der Summe der gesamten Umsätze und der im Kalenderjahr aufgewendeten Löhne und Gehälter abzugsfähig. **Einkommen bzw. Gesamtbetrag der Einkünfte** i. S. dieser Vorschriften ist das **(eigene) Einkommen des Organträgers vor Gewinnabführung oder Verlustübernahme;** das dem Organträger zuzurechnende Einkommen der Organgesellschaft bleibt außer Betracht (BFH-Urteil XI R 95/97 vom 23. 1. 2002, BStBl II 2003, 9; FG Düsseldorf, Urteil 6 K 117/86 vom 18. 3. 1991, EFG 1991, 757, aus anderen Gründen vom BFH mit Urteil I R 63/91 vom 5. 2. 1992, BStBl II 1992, 748, aufgehoben; KStR Abschn. 42 Abs. 5; Herrmann/Heuer/Raupach, § 14 KStG Anm. 98; Dötsch/Eversberg/Jost/Witt, § 9 KStG Tz. 150; Jurkat, Tz. 745; a. A. FG Münster, Urteil 4 K 1884/94 E vom 29. 1. 1997, EFG 1997, 704; Wassermeyer, StbJb 1992/93, 219, 235; Gerlach, DB 1986, 2357). Das Gleiche gilt für die dem Organträger zuzurechnenden Umsätze der Organgesellschaft.

III. Die Rechtswirkungen der Organschaft

7.10 Steuerermäßigung nach § 35 EStG

Gewerbetreibende unterliegen in Deutschland seit langem einer doppelten Belastung mit Einkommen- bzw. Körperschaftsteuer und Gewerbesteuer. Diese **Doppelbelastung** will § 35 EStG in der Fassung des StSenkG abmildern, indem eine **Ermäßigung der tariflichen Einkommensteuer**, soweit sie anteilig auf im zu versteuernden Einkommen enthaltene gewerbliche Einkünfte entfällt, vorgenommen wird. Die Entlastung erfolgt durch eine **typisierte Anrechnung der Gewerbesteuer auf die Einkommensteuer**. Die Höhe der Steuerermäßigung beträgt das 1,8-fache des nach § 14 GewStG festgesetzten Gewerbesteuermessbetrags (zu Einzelheiten siehe Wendt, FR 2000, 1173; Schmidt/Glanegger, zu § 35 EStG; BMF-Schreiben vom 15. 5. 2002, DB 2002, 1076, hierzu Ritzer/Stangl, Das Anwendungsschreiben zu § 35 EStG – Besonderheiten bei Mitunternehmerschaften und Organschaften, DStR 2002, 1785 ff.). 611

In Organschaftsfällen kommt die Steuerermäßigung nur zur Anwendung, wenn **Organträger eine natürliche Person oder eine Personengesellschaft** ist. Ist Organträger eine Kapitalgesellschaft, kommt es nicht zu einer Gewerbesteuer-Entlastung, da nach Auffassung des Gesetzgebers der Körperschaftsteuer unterliegende Gewinne bereits durch die Absenkung des KSt-Satzes auf 25 v. H. hinreichend begünstigt werden. Dies gilt u. E. auch bei einer Organträger-Personengesellschaft, an der (auch) Kapitalgesellschaften beteiligt sind, für den auf diese entfallenden Anteil am Gewerbesteuer-Messbetrag (vgl. § 35 Abs. 1 Nr. 2 i. V. m Abs. 3 EStG; ebenso Wendt, FR 2000, 1173, 1180 in Bezug auf doppelstöckige Personengesellschaften). 612

Da ab VZ bzw. EZ 2002 die Voraussetzungen der körperschaftsteuerlichen und der gewerbesteuerlichen Organschaft identisch sind, es also keine **nur** körperschaftsteuerliche oder **nur** gewerbesteuerliche Organschaft mehr geben kann, ist eine **Aufteilung des Gewerbesteuer-Messbetrags** auf die einzelnen Gesellschaften des Organkreises **nicht erforderlich** und § 35 Abs. 2 EStG damit nur für den VZ 2001 einschlägig (zu den Problemen dieser Vorschrift siehe Wendt, FR 2000, 1173, 1181 f.; BMF-Schreiben, a. a. O., Rdn. 35 ff.). 613

7.11 Negatives Einkommen des Organträgers (§ 14 Abs. 1 Nr. 5 KStG)

Nach § 14 Abs. 1 Satz 1 Nr. 5 KStG bleibt ein negatives Einkommen des Organträgers bei der inländischen Besteuerung unberücksichtigt, soweit es in einem ausländischen Staat im Rahmen einer der deutschen Besteuerung des Organträ- 614 gers entsprechenden Besteuerung berücksichtigt wird. Nach der Gesetzesbegründung (Bundestagsdrucksache 14/6882, S. 37) soll hierdurch bei doppelt ansässigen Gesellschaften verhindert werden, dass Verluste doppelt oder aber stets zu Lasten der Bundesrepublik Deutschland berücksichtigt werden (Herlinghaus, GmbHR 2001, 956, 963; Dötsch/Eversberg/Jost/Witt, § 14 KStG n. F., Tz 13a ff.). Derzeit ist nicht erkennbar, ob es überhaupt Anwendungsfälle für die Vorschrift gibt.

615 Die Vorschrift könnte Gesellschaften erfassen, die nach US-Steuerrecht aufgrund der sog. „check-the-box-Regelungen" als transparent betrachtet werden, so dass eine Verlustberücksichtigung auch im Ausland möglich wäre (vgl. Wischmann in Herrmann/Heuer/Raupach, Jahresband 2002, § 14 KStG Anm. J 01-7 m. w. N.; dagegen mit der zutreffenden Erwägung, dass dies nur auf den Regierungsentwurf zutraf, der noch von einem negativen Einkommen der **Organgesellschaft** sprach, Meilicke, DB 2002, 911, 915 unter 5.).

Beispiel:

Eine Mutterkapitalgesellschaft (M) mit Sitz und Geschäftsleitung in den USA hat Gewinne. Die Tochterkapitalgesellschaft (T) mit Sitz in den USA und Geschäftsleitung im Inland hat 2002 einen Verlust von 100. T ist Organträgerin der inländischen E-GmbH, die 2002 einen Gewinn von 80 erzielt.

T hat im Inland somit ein zu versteuerndes Gesamteinkommen von ./. 20, so dass keine KSt anfällt. Wird ihr Verlust auch bei der Besteuerung der M in den USA berücksichtigt, soll er nach der neuen Vorschrift im Inland unberücksichtigt bleiben. Da ein negatives Gesamteinkommen im Inland niemals eine Besteuerung auslöst, macht die Vorschrift nur dann Sinn, wenn man unter „negatives Einkommen des Organträgers" das **Einkommen des Organträgers vor Zurechnung des Einkommens der Organgesellschaft** versteht (ebenso Töben/Schulte-Rummel, FR 2002, 425, 435 unter II.1.; a. A. Meilicke, DB 2002, 911, 914 unter 3a; Wischmann in Herrmann/Heuer/Raupach, EStG-KStG, Jahresband 2002, § 14 Anm. J 01-17 a. E., wonach Verluste des Organträgers auch nicht vorgetragen werden können). Im Beispielsfall müsste T damit im Inland 80 versteuern.

616 Aufgrund des eindeutigen Wortsinns der Vorschrift (**negatives** Einkommen des **Organträgers**) wird ein Verlust der Organgesellschaft unabhängig davon berücksichtigt, ob er sich auch im Ausland steuermindernd auswirkt. Da der Sinn und Zweck der Vorschrift unklar ist, kann nicht im Wege der Auslegung ein anderes Ergebnis gefunden werden.

617 Zu weiteren Problemen der Vorschrift siehe Meilicke, DB 2002, 911, 912 ff. und Töben/Schulte-Rummel, FR 2002, 425.

618–626 *(unbesetzt)*

8. Bildung und Auflösung von Rücklagen – Auswirkung auf die Besteuerung des Organträgers

8.1 Nachvertragliche Abführung vorvertraglicher offener versteuerter Rücklagen

Führt die Organgesellschaft entgegen § 301 AktG vorvertragliche offene und versteuerte Rücklagen an den Organträger ab, so entfällt damit ein Tatbestandsmerkmal für die Anwendung der §§ 14 bis 19 KStG, denn der GAV ist nicht durchgeführt (siehe Rz. 255). Die Organschaft ist „verunglückt" (zu den steuerlichen Folgen siehe Rz. 811 ff.). 627

Ist die Organgesellschaft eine nach den §§ 319 ff. AktG **eingegliederte AG**, so kann sie in Durchführung des GAV auch vorvertragliche Rücklagen an den Organträger abführen (siehe Rz. 258). Nach Auffassung der Verwaltung vollzieht sich dieser Vorgang aber, obwohl er handelsrechtlich eine Erfüllung der sich aus dem GAV ergebenden Verpflichtungen darstellt, außerhalb der §§ 14 bis 19 KStG (KStR Abschn. 57 Abs. 5). Dies ist u. E. zutreffend, da die Organgesellschaft vorvertragliche offene Rücklagen nicht als solche zusammen mit dem Organträger, sondern noch für sich allein erwirtschaftet und bereits versteuert hat. Der Vorgang unterliegt den allgemeinen steuerrechtlichen Vorschriften. Da die Ausschüttung nicht auf einem den gesellschaftsrechtlichen Vorschriften entsprechenden Gewinnverteilungsbeschluss beruht, handelt es sich um eine andere Ausschüttung. 628

Für die Besteuerung des **Organträgers** bedeutet dies: Die Ausschüttung bleibt gemäß § 8b Abs. 1 KStG bei der Ermittlung seines Einkommens außer Ansatz. 629

Bei der **Organgesellschaft** ist eine **Körperschaftsteuerminderung nicht möglich**, da § 37 Abs. 2 Satz 1 KStG hierfür eine auf einem den gesellschaftsrechtlichen Vorschriften entsprechenden Gewinnverteilungsbeschluss beruhende Gewinnausschüttung voraussetzt (Dötsch/Eversberg/Jost/Witt, § 14 KStG nF, Tz. 2 und § 37 KStG n. F., Tz. 14d). Für eine eingegliederte Organgesellschaft, die noch über Körperschaftsteuerguthaben i. S. von § 37 KStG verfügt, empfiehlt sich deshalb statt der Abführung vorvertraglicher Rücklagen deren Ausschüttung. 630

8.2 Nachvertragliche Ausschüttung vorvertraglicher offener versteuerter Rücklagen

Löst die Organgesellschaft in handelsrechtlich **zulässiger** Weise vorvertragliche offene versteuerte Rücklagen zugunsten des Bilanzgewinns auf und schüttet sie diese aus (siehe Rz. 257 ff.), so vollzieht sich dieser Vorgang bereits handels- 631 rechtlich **nicht im Rahmen des Gewinnabführungsvertrags** und demgemäß auch steuerlich außerhalb der §§ 14 bis 19 KStG. Ist Organträger eine Kapitalgesellschaft, bleibt die Gewinnausschüttung bei der Ermittlung ihres Einkommens nach § 8b Abs. 1 KStG außer Ansatz. Bei einer natürlichen Person oder einer Personengesellschaft mit natürlichen Personen als Gesellschafter kommt das Halbeinkünfteverfahren zur Anwendung. Entgegen der Regelung im Anrechnungsverfahren (siehe hierzu Vorauflage, Rz. 631) ist die **Körperschaftsteuerminderung** nach § 37 KStG nicht für die Gewinnausschüttung zu verwenden, sondern Ertrag der Organgesellschaft des Wirtschaftsjahrs, in dem die Ausschüttung erfolgt. Entsprechend ist die **Körperschaftsteuererhöhung** nach § 38 KStG Aufwand des Wirtschaftsjahrs, in dem die Ausschüttung erfolgt. Mithin erhöht die Körperschaftsteuerminderung und mindert die Körperschaftsteuererhöhung die Gewinnabführung.

8.3 Nachvertragliche Realisierung und Abführung vorvertraglicher stiller unversteuerter, aber gekaufter Rücklagen

632 Zweifelhaft ist, wie sich die nachvertragliche Realisierung vorvertraglicher stiller und unversteuerter Reserven, die in das dem Organträger gemäß §§ 14, 17, 18 KStG zuzurechnende Einkommen der Organgesellschaft eingeht (siehe Rz. 517 f.), beim Organträger auswirkt, wenn die aufgelösten unversteuerten stillen Reserven der Organgesellschaft bereits im **Zeitpunkt des Erwerbs der Organbeteiligung vorhanden** waren und deshalb anzunehmen ist, dass sie sich beim Organträger in den Anschaffungskosten und damit im Buchwert der Organbeteiligung niedergeschlagen haben.

Beispiel:

Der Einzelkaufmann A erwirbt am 31. 12. 2001 alle Anteile an der O-GmbH zum Preis von 2 Mio. €. Zum Betriebsvermögen der O-GmbH gehört ein Grundstück mit einem Buchwert von 100000 € und einem Verkehrswert von 1,1 Mio. €. Mit Wirkung vom 1. 1. 2002 wird zwischen A als Organträger und der O-GmbH als Organgesellschaft ein körperschaftsteuerliches Organschaftsverhältnis mit Gewinnabführung begründet. Am 2. 1. 2002 veräußert die O-GmbH das Grundstück zum Preis von 1,1 Mio. € und führt den Buchgewinn von 1 Mio. € an den Organträger A ab.

633 Bereits im Schrifttum zu § 7a KStG a. F. war die Ansicht verbreitet, dass zwar zu den im Rahmen des körperschaftsteuerlichen Organschaftsverhältnisses abgeführten und deshalb beim Organträger außer Ansatz bleibenden Beträgen auch der in das zuzurechnende Einkommen der Organgesellschaft eingegangene Gewinn aus der nachvertraglichen Realisierung vorvertraglicher stiller Reserven gehört, gleichwohl aber die mit der Abführung verbundene Vermögensminderung

der Organgesellschaft und damit auch die Minderung des Werts der Beteiligung des Organträgers an der Organgesellschaft zu einer steuerlich abzugsfähigen Teilwertabschreibung auf die Anschaffungskosten für die Beteiligung an der Organgesellschaft berechtigt (z. B. Döllerer, BB 1975, 1073, 1078, unter Hinweis auf Jurkat, Tz. 729 ff.). Die Folge dieser Ansicht ist, dass die nachvertragliche Realisierung der vorvertraglichen unversteuerten stillen, aber gekauften Reserven im Organkreis überhaupt unversteuert bleibt, weil der mit der Gewinnrealisierung verbundenen Erhöhung des zuzurechnenden Einkommens der Organgesellschaft eine durch die Teilwertabschreibung bedingte gleichhohe Minderung des eigenen Einkommens des Organträgers gegenübersteht.

Die **Finanzverwaltung** vertrat demgegenüber sowohl zu § 7a KStG a. F. als auch zunächst zu den §§ 14 bis 19 KStG die Auffassung, dass bei einer nachvertraglichen Realisierung vorvertraglicher unversteuerter stiller, aber gekaufter Reserven in der Steuerbilanz des Organträgers erfolgsneutral ein besonderer **passiver Ausgleichsposten** (zum Ansatz der Beteiligung an der Organgesellschaft) in Höhe der nachträglich realisierten gekauften stillen Reserven zu bilden sei und dass etwaige Teilwertabschreibungen auf die Organbeteiligung mit diesen passiven Ausgleichsposten zu verrechnen seien und damit neutralisiert werden (KStR 1977 Abschn. 60 Abs. 2). Diese Auffassung war systemgerecht für ein Körperschaftsteuerrecht, das vom Prinzip der Doppelbelastung der von einer Kapitalgesellschaft erwirtschafteten Gewinne getragen war. Die Bildung passiver Ausgleichsposten fand ihre Rechtsgrundlage in der begrenzten Zwecksetzung der körperschaftsteuerlichen Organschaft, die jedenfalls nicht darauf gerichtet war, vorvertragliche stille unversteuerte und gekaufte Reserven bei ihrer nachvertraglichen Realisierung im Organkreis unversteuert zu lassen (siehe auch Schmidt, JbFfSt 1970/71, 179, 195). 634

Die Finanzverwaltung hat unter der Geltung des Anrechnungsverfahrens ihre Auffassung aufgegeben und eine gewinnmindernde abführungsbedingte Teilwertabschreibung zugelassen (zu Einzelheiten siehe Vorauflage, Rz. 635 ff.). 635

U. E. muss unter dem neuen Körperschaftsteuersystem die alte, in Rz. 634 dargestellte Lösung wieder Geltung erlangen. Dabei ist nicht danach zu differenzieren, welche Rechtsform der Organträger hat. Denn auch § 8b Abs. 1 KStG, der Gewinnausschüttungen bei der empfangenden Mutterkapitalgesellschaft steuerfrei stellt, geht davon aus, dass der Gewinn bei der Tochtergesellschaft bereits versteuert worden ist. 636

(unbesetzt) 637–640

8.4 Nachvertragliche Abführung vorvertraglicher stiller versteuerter, aber gekaufter Rücklagen

641 Nach Auffassung der Finanzverwaltung unter Geltung des Anrechnungsverfahrens unterbleibt beim Organträger die Bildung besonderer Ausgleichsposten insoweit, als der Unterschied zwischen dem abgeführten Gewinn und dem Steuerbilanzgewinn der Organgesellschaft eine **Folgewirkung** von Geschäftsvorfällen aus der vorvertraglichen Zeit ist. Voraussetzung hierfür ist, dass besondere Ausgleichsposten nach den in Abschn. 59 Abs. 1 und 2 KStR dargestellten Grundsätzen zu bilden gewesen wären, wenn bereits in den betreffenden Jahren eine steuerrechtlich anerkannte Organschaft mit GAV bestanden hätte (KStR Abschn. 59 Abs. 4).

> **Beispiel:**
> A erwirbt in 01 sämtliche Anteile an B zu Anschaffungskosten von 100 Mio. €. Mit Wirkung ab 04 wird zwischen A und B ein steuerrechtlich anerkannter GAV abgeschlossen. In 05 findet bei B eine Betriebsprüfung statt, die sich auf die Jahre 01 bis 03 erstreckt. Sie führt bei B aufgrund einer Verlagerung von Abschreibungen in die späteren Jahre 04 bis 12 steuerrechtlich zu Mehrgewinnen von 10 Mio. €. In diesen Jahren ergeben sich steuerrechtlich daraus bei B entsprechend höhere steuerbilanzielle als handelsbilanzielle Abschreibungen und dadurch bedingt Mindergewinne in Höhe von ebenfalls 10 Mio. €.

642 Hätte bereits in den Jahren 01 bis 03 eine steuerrechtlich anerkannte Organschaft mit GAV bestanden, so wäre in der Steuerbilanz von A ein aktiver Ausgleichsposten wegen der bei B durch die Betriebsprüfung aufgedeckten Mehrergebnisse zu bilden gewesen. Wegen der nunmehr in den Jahren 04 bis 12 eintretenden Mindergewinne ist deshalb kein passiver Ausgleichsposten zu bilden.

643 Nach KStR Abschn. 59 Abs. 4 Sätze 3 bis 5 sind solche Folgewirkungen aus vorvertraglicher Zeit beim Organträger als nicht unter § 14 KStG fallende Gewinnausschüttung zu behandeln (ebenso Dötsch/Eversberg/Jost/Witt, § 27 KStG n. F., Tz. 82; a.A. FG Münster, Urteil 9 K 4668/98 K, F vom 4. 5. 2001, EFG 2001, 1319, Revision eingelegt, Az. des BFH I R 68/01: nach §§ 14 ff. KStG zu behandelnde Gewinnabführung). Eine Körperschaftsteuerminderung nach § 37 Abs. 2 KStG erfolgt nicht, da es sich nicht um eine offene Gewinnausschüttung handelt (vgl. FG Düsseldorf, Urteil 6 K 5206/98 K vom 20. 3. 2001, EFG 2001, 917, Revision eingelegt, Az. des BFH I R 51/01). Der BFH hat mit drei Urteilen I R 51/01 (BFH/NV 2003, 572), I R 50/01 und I R 68/01 vom 18. 12. 2002 die vorgenannte Streitfrage gegen die Finanzverwaltung entschieden. **Nach Auffassung des BFH stellen vororganschaftlich verursachte Mehrabführungen einer Organgesellschaft an ihren Organträger keine Gewinnausschüttungen, son-**

III. Die Rechtswirkungen der Organschaft

dern **Gewinnabführungen dar** (zu den Auswirkungen siehe Romani/Maier, Doppelbesteuerung während der Organschaft in Folge der Maßgeblichkeit der Handelsbilanz?, DB 2003, 630).

Für die Behandlung von Minderabführungen und Mehrabführungen durch die Organgesellschaft hat der Gesetzgeber nunmehr in § 27 Abs. 6 KStG eine Regelung geschaffen. Danach erhöhen Minderabführungen und mindern Mehrabführungen das Einlagekonto der Organgesellschaft. 644

8.5 Bildung und Auflösung nachvertraglicher offener oder stiller, aber versteuerter Rücklagen bei der Organgesellschaft

Führt die Organgesellschaft ihren Gewinn ganz oder teilweise nicht an den Organträger ab, sondern bildet sie offene Rücklagen (jetzt Gewinnrücklagen), ohne dass dadurch die Durchführung des GAV und damit die Anwendung der §§ 14 bis 19 KStG in Frage gestellt wird (siehe dazu Rz. 264 ff.), so stellt sich die Frage, ob und ggf. welche steuerlichen Folgen hieraus beim Organträger zu ziehen sind. 645

Beispiel:
Die Organgesellschaft hat ein Einkommen von 1 Mio. €. Davon führt sie 600 000 € an den Organträger ab, 400 000 € stellt sie in eine andere Gewinnrücklage.

Die nachvertraglich gebildete offene oder stille, aber versteuerte Rücklage ist **Bestandteil des dem Organträger zuzurechnenden Einkommens der Organgesellschaft** und damit vom Organträger zu versteuern. Gleichzeitig bewirkt die Rücklagenbildung eine Erhöhung des Vermögens der Organgesellschaft und damit eine Wertsteigerung der vom Organträger gehaltenen Beteiligung an der Organgesellschaft. Zu dem KStG in der Fassung vor dem StSenkG hatte der BFH (Urteil I R 41/93 vom 24. 7. 1996, BStBl II 1996, 614) die Auffassung vertreten, aus § 37 Abs. 2 Satz 1 KStG, wonach die Minderabführung bei der Organgesellschaft in das EK 04 einzustellen war, könne nicht die Erhöhung des Beteiligungskontos beim Organträger hergeleitet werden. Danach blieb der Buchwert der Beteiligung unverändert. Zur Vermeidung einer weiteren Versteuerung der aus der Rücklagenbildung resultierenden Wertsteigerung der Beteiligung an der Organgesellschaft bei Veräußerung der Beteiligung ließ die Finanzverwaltung die einkommensneutrale Bildung eines aktiven Ausgleichspostens beim Organträger zu (zu Einzelheiten siehe Vorauflage, Rz. 646 bis 649). 646

Diese Auffassung kann nicht aufrecht erhalten werden. Nach § 27 Abs. 1 Satz 1 KStG hat die Kapitalgesellschaft die nicht in das Nennkapital geleisteten 647

Einlagen auf einem besonderen Konto, dem steuerlichen Einlagekonto, auszuweisen. § 27 Abs. 6 Satz 1 KStG schreibt vor, dass Minderabführungen das Einlagekonto der Organgesellschaft erhöhen. Damit hat der Gesetzgeber zum Ausdruck gebracht, dass **Minderabführungen Einlagencharakter** haben. Einlagen erhöhen aber zwingend beim leistenden Unternehmen das Beteiligungskonto. **Die Notwendigkeit der Bildung eines Ausgleichspostens ist somit weggefallen.** Der Organträger hat korrespondierend mit der Erhöhung des Einlagekontos bei der Organgesellschaft in Höhe der Minderabführung den Beteiligungsbuchwert zu erhöhen.

648 **Löst die Organgesellschaft die gebildete Rücklage** in späteren Jahren ganz oder teilweise zugunsten des an den Organträger abzuführenden Gewinns **auf**, verringert sich bei ihr das Einlagekonto um den Betrag der Mehrabführung. Entsprechend verringert sich beim Organträger das Beteiligungskonto. Dieses darf hierdurch allerdings nicht negativ werden. Ist die Verringerung des Einlagekontos bei der Organgesellschaft höher als das Beteiligungskonto beim Organträger, ist der übersteigende Betrag beim Organträger als Ertrag zu erfassen (Dötsch/Eversberg/Jost/Witt, § 14 KStG n. F., Tz. 16).

649 **Veräußert der Organträger die Beteiligung an der Organgesellschaft**, mindert die vorgenommene Erhöhung des Beteiligungskontos (ebenso wie früher der aktive Ausgleichsposten) den Veräußerungsgewinn. Der Veräußerungsgewinn bleibt, wenn Organträger eine Kapitalgesellschaft ist, bei der Ermittlung deren Einkommens außer Ansatz, § 8b Abs. 2 Satz 1 KStG. Ist Organträger eine natürliche Person, unterliegt der Gewinn dem Halbeinkünfteverfahren, § 3 Nr. 40 Satz 1 Buchst. a und b EStG. Ist Organträger eine Personengesellschaft, kommt je nach Rechtsform der Gesellschafter die eine oder andere Regelung zum Tragen.

650 Ein unter Geltung des **Anrechnungsverfahrens** gebildeter aktiver Ausgleichsposten (z. B. wegen Bildung einer Rücklage durch die Organgesellschaft) hat nach dem Übergang zum Halbeinkünfteverfahren keine Berechtigung mehr und muss u. E. aufgelöst werden. Er ist mit dem Beteiligungskonto zusammenzufassen (ebenso Dötsch/Eversberg/Jost/Witt, § 14 KStG n. F., Tz. 17). Dabei ist nur der tatsächlich gebildete Ausgleichsposten anzusetzen. Ist der Ausgleichsposten bei nicht 100%iger Beteiligung des Organträgers an der Organgesellschaft nur in Höhe des Prozentsatzes der Beteiligung gebildet worden (siehe hierzu Vorauflage, Rz. 650), kommt eine Nachaktivierung nicht in Betracht.

651 Da es grundsätzlich keiner besonderen Regelung über Ausgleichsposten mehr bedarf, ist die frühere Streitfrage, in welcher Höhe der Ausgleichsposten bei nicht

IV. Sondertatbestände

100%iger Beteiligung des Organträgers an der Organgesellschaft zu bilden ist (siehe hierzu Vorauflage, Rz. 650 ff.), hinfällig.

(unbesetzt) 652–680

IV. Sondertatbestände

1. Die Besteuerung der von der Organgesellschaft bezogenen Gewinnanteile aus der Beteiligung an einer ausländischen Gesellschaft (internationales Schachtelprivileg) einschließlich der Steuerbefreiung nach § 8b KStG

1.1 Rechtslage unter Geltung des Anrechnungsverfahrens

Die Mehrfachbelastung mit Körperschaftsteuer der von einer Kapitalgesellschaft erwirtschafteten und an eine andere Kapitalgesellschaft als Anteilseignerin ausgeschütteten Gewinne wurde in dem Körperschaftsteuerrecht, das auf dem Prinzip der Vollanrechnung der von der ausschüttenden Kapitalgesellschaft zu zahlenden Körperschaftsteuer basierte, durch die systemimmanente Anrechnung der von der ausschüttenden Kapitalgesellschaft zu entrichtenden Körperschaftsteuer auf die Körperschaftsteuerschuld der empfangenden Kapitalgesellschaft eliminiert. Gleichwohl waren mit der Einführung des Anrechnungsverfahrens die Vorschriften eines DBA nicht gegenstandslos geworden, nach denen bei einer inländischen Kapitalgesellschaft unter bestimmten Voraussetzungen die Gewinnanteile aus der Beteiligung an einer ausländischen Kapitalgesellschaft außer Ansatz bleiben (sog. internationales Schachtelprivileg; vgl. z. B. Art. 20 Abs. 1 Buchstabe b DBA-Frankreich, Art. 24 Abs. 1 Nr. 1 Buchstabe b DBA-Schweiz, Art. XV Abs. 1b Nr. 1 Doppelbuchstabe aa DBA-USA). Demgemäß stellte sich die Frage, ob und unter welchen Voraussetzungen bei der Ermittlung des Einkommens der Organgesellschaft, insbesondere des dem Organträger zuzurechnenden Einkommens der Organgesellschaft, derartige Vorschriften eines DBA anzuwenden sind. § 15 Nr. 2 Satz 1 KStG in den Fassungen vor dem Systemwechsel beantwortete diese Frage in Anlehnung an den früheren § 7a Abs. 2 Nr. 2 KStG a. F. dahin, dass bei der Ermittlung des Einkommens der Organgesellschaft, insbesondere des dem Organträger zuzurechnenden Einkommens der Organgesellschaft die Vorschriften eines Abkommens zur Vermeidung der Doppelbesteuerung, nach denen die Gewinnanteile aus der Beteiligung an einer ausländischen Gesellschaft außer Ansatz bleiben, nur anzuwenden sind, „wenn

681

der Organträger zu den durch diese Vorschrift begünstigten Steuerpflichtigen gehört". **Erforderlich für die Steuerbefreiung der von der Organgesellschaft bezogenen Gewinnanteile aus der Beteiligung an einer ausländischen Gesellschaft** nach Maßgabe der Vorschriften des einschlägigen DBA war also nicht nur, dass die Organgesellschaft selbst den persönlichen und sachlichen Erfordernissen der Vorschriften des DBA genügt, sondern darüber hinaus auch, **dass der Organträger zum Kreis der Steuerpflichtigen gehört, die durch die einschlägigen Vorschriften des DBA begünstigt sind** (vgl. auch Schaumburg, Rz. 16.144 und 16.556 ff.). Wenn also z. B. nach Art. 20 Abs. 1 DBA-Frankreich nur die von einer in der Bundesrepublik Deutschland ansässigen „Kapitalgesellschaft" bezogenen Gewinnanteile aus der Beteiligung an einer in Frankreich ansässigen Kapitalgesellschaft außer Ansatz bleiben, so ist bei der Ermittlung des dem Organträger zuzurechnenden Einkommens der Organgesellschaft die Steuerbefreiung für die Gewinnanteile aus der Beteiligung an einer französischen Kapitalgesellschaft nur zu gewähren, wenn auch der Organträger eine in der Bundesrepublik ansässige Kapitalgesellschaft ist.

Beispiel:
Die B-GmbH steht als Organgesellschaft in einem Organschaftsverhältnis mit Gewinnabführung zum Einzelkaufmann A als Organträger. Die B-GmbH besitzt eine Mehrheitsbeteiligung an einer französischen Kapitalgesellschaft. Bei der Ermittlung des dem A gemäß §§ 14, 17 KStG zuzurechnenden Einkommens der Organgesellschaft B-GmbH ist das internationale Schachtelprivileg nach Art. 20 Abs. 1 DBA-Frankreich nicht zu gewähren, weil A als natürliche Person nicht zum Kreis der durch diese Vorschrift begünstigten Steuerpflichtigen gehört.

682 Wegen weiterer Einzelheiten zur früheren Rechtslage siehe Vorauflage, Rz. 681 ff.

1.2 Rechtslage nach dem Systemwechsel zum Halbeinkünfteverfahren

683 Der bisherige § 15 Nr. 2 KStG, der das sog. internationale Schachtelprivileg enthielt, ist gestrichen worden. Nach der Gesetzesbegründung war er aufgrund der Neuregelung des § 8b Abs. 1 KStG überholt.

684–690 *(unbesetzt)*

1.3 Einkünfte aus einer ausländischen Betriebsstätte

691 § 15 Nr. 2 KStG in den früheren Fassungen fand und § 15 Satz 2 KStG i. d. F. des StVergAbG findet keine Anwendung, wenn die Organgesellschaft **Einkünfte aus einer ausländischen Betriebsstätte** bezieht, die nach dem entsprechenden DBA steuerbefreit sind. Diese ausländischen Einkünfte konnte die Organgesell-

IV. Sondertatbestände

schaft steuerfrei auch an einen Organträger in der Rechtsform einer Personengesellschaft oder eines Einzelunternehmens weitergeben, da die DBA die Steuerfreiheit dieser Einkünfte nicht auf Kapitalgesellschaften beschränken. Diese Einkünfte unterlagen nicht einmal dem **Progressionsvorbehalt** gemäß § 32b Abs. 1 Nr. 2 EStG (OFD Hannover, Verfügung vom 22. 7. 1994, GmbHR 1994, 731; Grützner, GmbHR 1995, 502, 506; Orth, GmbHR 1996, 33, 39). Das bedeutete, dass eine Personengesellschaft oder natürliche Person mit Betriebsstätte im Ausland durch Zwischenschaltung einer GmbH als Organgesellschaft die Anwendung des Progressionsvorbehalts auf die Betriebsstätteneinkünfte verhindern konnte (kritisch zu dieser Gesetzeslage und eine Gesetzesänderung fordernd Dötsch/Eversberg/Jost/Witt, § 19 KStG Tz. 7a). Der Gesetzgeber hat durch das StEntlG 1999/2000/2002 einen neuen § 32b Abs. 1a EStG eingefügt. Danach gelten mit Wirkung ab dem VZ 1999 als unmittelbar von einem unbeschränkt Steuerpflichtigen bezogene ausländische Einkünfte auch die ausländischen Einkünfte, die eine Organgesellschaft bezogen hat und die nach einem Doppelbesteuerungsabkommen steuerfrei sind. Damit unterliegen diese Einkünfte jetzt dem Progressionsvorbehalt.

Soweit sich aus § 2a EStG Einschränkungen hinsichtlich des Abzugs von Verlusten aus ausländischen Betriebsstätten ergeben, ist dies bereits bei der Ermittlung des Einkommens der Organgesellschaft zu berücksichtigen. Derartige Verluste mindern deshalb nicht das dem Organträger zuzurechnende Einkommen (Grützner, GmbHR 1995, 502, 504). Vielmehr sind positive Betriebsstättenergebnisse der Organgesellschaft der jeweils selben Art aus demselben Staat in den folgenden VZ um die Verluste zu kürzen (§ 2a Abs. 1 Satz 3 EStG). Zu EG-rechtlichen Bedenken gegen die Streichung des § 2a Abs. 3 und 4 EStG durch das StEntlG 1999/2000/2002 siehe EuGH-Urteil Rs. C-141/99 (AMID) vom 14. 12. 2000, DB 2001, 517 und Saß, Zur Verlustberücksichtigung bei grenzüberschreitender Unternehmenstätigkeit in der EU, DB 2001, 508. 692

1.4 Internationales Schachtelprivileg bei der Ermittlung des eigenen Einkommens der Organgesellschaft

Siehe dazu Rz. 711. 693

1.5 Steuerbefreiungen nach § 8b KStG

Die vorgenannte Vorschrift beinhaltet zwei Steuerbefreiungen: 694

- Nach Abs. 1 sind steuerbefreit Bezüge i. S. des § 20 Abs. 1 Nr. 1, Nr. 2, 9 und 10 Buchst. a und Abs. 2 EStG.

- Nach Abs. 2 sind unter bestimmten Voraussetzungen steuerbefreit Gewinne aus Veräußerung, Auflösung oder Kapitalherabsetzung von Beteiligungen an bestimmten Kapitalgesellschaften einschließlich Organgesellschaften. Die frühere Einschränkung auf ausländische Gesellschaften wurde aufgehoben.

695 Die Anwendung des § 8b KStG ist durch das UntStFG grundlegend geändert und vereinfacht worden (zur bisherigen Rechtslage siehe Vorauflage, Rz. 694; vgl. auch FG Baden-Württemberg, Außensenate Stuttgart, Urteil 6 K 164/99 vom 29. 11. 2001, EFG 2002, 427 mit Anmerkung Herlinghaus zur Anwendung des § 8b Abs. 1 Satz 3 KStG 1994, aufgehoben durch BFH-Urteil I R 9/02 vom 13. 11. 2002, BFH/NV 2003, 570; mit Anm. Baldamus/Litt, DStR 2003, 544; nach BFH schließt im Geltungsbereich des Anrechnungsverfahrens § 8b Abs. 1 Satz 3 Nr. 1 KStG den gewinnmindernden Abzug lediglich ausschüttungsbedingter, nicht aber auch abführungsbedingter Teilwertabschreibungen aus.). § 15 Satz 1 Nr. 2 Satz 1 KStG schreibt vor, dass § 8b Abs. 1 bis 6 KStG bei der Organgesellschaft nicht anzuwenden sind. Das heißt, die Organgesellschaft muss die an sich steuerfreien Bezüge in dem dem Organträger zuzurechnenden Einkommen erfassen (sog. **Bruttomethode**). Erst auf der Ebene des Organträgers sind auf die bei Ermittlung des zugerechneten Einkommens erfassten Bezüge, Gewinne oder Gewinnminderungen i. S. von § 8b Abs. 1 bis 3 KStG sowie hiermit zusammenhängenden Ausgaben i. S. des § 3c EStG je nach Sachlage § 8b KStG oder § 3 Nr. 40 EStG und außerdem § 3c EStG anzuwenden, § 15 Satz 1 Nr. 2 Satz 2 KStG.

Nach § 15 Satz 1 Nr. 2 KStG i. d. F. des StVergAbG gilt die vorstehende Regelung auch für **Übernahmegewinne** i. S. des § 4 Abs. 7 UmwStG. Da die §§ 3 und 4 UmwStG die Verschmelzung einer Kapitalgesellschaft auf eine Personengesellschaft betreffen und eine Personengesellschaft nicht Organgesellschaft sein kann, kann hiermit nur der Fall gemeint sein, dass eine Kapitalgesellschaft auf eine Personengesellschaft verschmolzen wird, an der die Organgesellschaft als Mitunternehmerin beteiligt ist.

Beispiel:

Die X-GmbH und Co. KG, an der die X-GmbH als Komplementärin beteiligt ist, hält alle Anteile an der Z-GmbH. Die X-GmbH steht in einem Organschaftsverhältnis zu dem Einzelkaufmann A (zur Zulässigkeit siehe Rz. 449 ff.). Die Z-GmbH wird auf die KG verschmolzen. Hierbei entsteht ein Übernahmegewinn.

Nach § 4 Abs. 7 UmwStG bleibt ein Übernahmegewinn außer Ansatz, soweit er auf eine Kapitalgesellschaft als Mitunternehmerin der Personengesellschaft entfällt. Der neue § 15 Satz 1 Nr. 2 KStG stellt klar, dass auch in Bezug auf diesen Gewinn die Bruttomethode gilt, d. h., dass dieser Gewinn in dem dem Organträger zuzurechnenden Einkommen enthalten ist. Da der Organträger im Beispielsfall eine natürliche Person ist, ist der Übernahmegewinn bei diesem zur Hälfte zu erfassen und zu versteuern.

Im **mehrstufigen Organkreis** gilt das Verbot der Anwendung des § 8b KStG für alle Gesellschaften, die Organgesellschaften sind, auch wenn sie zugleich Organträger sind. 696

2. Die steuerliche Behandlung der von der Organgesellschaft oder vom Organträger geleisteten Ausgleichszahlungen an außenstehende Gesellschafter

2.1 Rechtsgrundlagen, Rechtsentwicklung und Zweck der gesetzlichen Regelung

Die steuerliche Behandlung der von der Organgesellschaft oder vom Organträger im Rahmen eines Organschaftsverhältnisses an außenstehende Gesellschafter geleisteten Ausgleichszahlungen (**garantierte Dividenden**) bei der Organgesellschaft und beim Organträger ist in § 4 Abs. 5 Satz 1 Nr. 9 EStG und in § 16 KStG geregelt. Nach § 4 Abs. 5 Satz 1 Nr. 9 EStG dürfen Ausgleichszahlungen, die in den Fällen der §§ 14, 17 und 18 KStG an außenstehende Anteilseigner geleistet werden, den Gewinn nicht mindern; sie sind nichtabzugsfähige Betriebsausgaben. Nach § 16 KStG hat die Organgesellschaft ihr Einkommen in Höhe von 4/3 der geleisteten Ausgleichszahlungen selbst zu versteuern, und zwar auch dann, wenn die Verpflichtung zum Ausgleich nicht von der Organgesellschaft, sondern vom Organträger erfüllt worden ist. 697

Die **Verwaltung** vertritt die Auffassung, dass organschaftliche **Ausgleichszahlungen keine Gewinnausschüttungen** seien, **die auf einem den gesellschaftsrechtlichen Vorschriften entsprechenden Gewinnverwendungsbeschluss beruhen** (BMF-Schreiben vom 22. 11. 2001, DStR 2001, 2116; ebenso Dötsch/Eversberg/Jost/Witt, § 16 KStG n. F, Tz. 3 und § 37 KStG n. F, Tz. 14a; a. A. BFH-Urteil I 104/60 S vom 25. 7. 1961, BStBl III 1961, 483, wonach vor der gesetzlichen Regelung der körperschaftsteuerlichen Organschaft die als garantierte Dividende gezahlten Beträge nur dem ermäßigten Steuersatz für berücksichtigungsfähige Ausschüttungen unterlagen). **Folge** dieser Auffassung ist, dass eine **Körperschaftsteuerminderung** nach § 37 Abs. 2 Satz 1 KStG **nicht gewährt** wird. 698

Hinsichtlich der Behandlung der Ausgleichszahlungen beim außenstehenden Gesellschafter ist zu unterscheiden: Handelt es sich um eine Körperschaft, bleiben die Zahlungen nach § 8b Abs. 1 KStG außer Ansatz. Bei einer natürlichen Person unterliegen sie dem Halbeinkünfteverfahren. 699

2.2 Der Begriff der Ausgleichszahlungen

700 Der Begriff der Ausgleichszahlungen entstammt dem **Aktiengesetz**. Nach § 304 Abs. 1 Satz 1 AktG muss ein Gewinnabführungsvertrag i. S. des § 291 Abs. 1 des Aktiengesetzes „einen angemessenen Ausgleich für die außenstehenden Aktionäre durch eine auf die Anteile am Grundkapital bezogene wiederkehrende Geldleistung (Ausgleichszahlung) vorsehen". Als Ausgleichszahlung ist mindestens die jährliche Zahlung des Betrags zuzusichern, der nach der bisherigen Ertragslage der Gesellschaft und ihren künftigen Ertragsaussichten unter Berücksichtigung angemessener Abschreibungen und Wertberichtigungen, jedoch ohne Bildung anderer Gewinnrücklagen, voraussichtlich als durchschnittlicher Gewinnanteil auf die einzelne Aktie verteilt werden könnte (§ 304 Abs. 2 AktG; zur Berechnung vgl. BayObLG-Beschluss 3Z BR 101/99 vom 11. 9. 2001, DB 2002, 36 m. w. N.). Ein GAV, der überhaupt keinen Ausgleich vorsieht, ist **zivilrechtlich nichtig** (§ 304 Abs. 3 Satz 1 AktG) und damit **steuerrechtlich unbeachtlich**. Ist hingegen der im Vertrag bestimmte Ausgleich unangemessen, führt dies weder zur Nichtigkeit noch zur Anfechtbarkeit des GAV. Vielmehr wird der angemessene Ausgleich gerichtlich festgesetzt (§ 304 Abs. 3 Satz 3 AktG).

Der aktienrechtliche Begriff der Ausgleichszahlungen ist auf **Leistungen an außenstehende Aktionäre** beschränkt, setzt also voraus, dass die beherrschte Gesellschaft die Rechtsform einer AG oder KGaA hat. Demgegenüber ist der **Begriff der Ausgleichszahlungen i. S. von § 4 Abs. 5 Satz 1 Nr. 9 EStG und § 16 KStG weiter**. Er umfasst auch die den Ausgleichszahlungen i. S. von § 304 AktG entsprechenden Zahlungen an außenstehende Gesellschafter von Kapitalgesellschaften anderer Rechtsform. Dies ergibt sich sowohl aus der allgemeinen Fassung des § 4 Abs. 5 Satz 1 Nr. 9 EStG („außenstehende Anteilseigner", und nicht etwa „Aktionäre") als auch aus der Verweisung in § 17 KStG auf § 16 KStG (ebenso Dötsch/Eversberg/Jost/Witt, § 16 KStG Tz. 2). Gesellschaftsrechtlich ist allerdings umstritten, ob der GAV mit einer GmbH als Organgesellschaft zwingend Ausgleichszahlungen entsprechend § 304 Aktiengesetz vorsehen muss (vgl. Scholz/Emmerich, Anhang Konzernrecht Anm. 263 bis 265; Herrmann/Heuer/Raupach, § 16 KStG Anm. 34; jeweils mit Hinweis auf die verschiedenen Meinungen). Solange die Frage nicht höchstrichterlich geklärt ist, spricht manches dafür, den GAV mit einer GmbH als Organgesellschaft auch ohne Vereinbarung von Ausgleichszahlungen steuerlich anzuerkennen (Frotscher/Maas, § 16 KStG Rz. 3). Als Ausgleichszahlung ist auch das **Entgelt** zu werten, das der Organträger an Minderheitsgesellschafter **für die Einräumung eines Nießbrauchs an deren Anteilsrechten** zahlt (BFH-Urteil I R 225/71 vom 25. 7. 1973, BStBl II 1973, 791; dieses Urteil ist auch heute noch einschlägig, vgl. Herrmann/Heuer/

IV. Sondertatbestände

Raupach, § 16 KStG Anm. 32 Stichwort „Nießbrauchsbestellung"). Ausgleichszahlungen können auch in der **Form von verdeckten Gewinnausschüttungen** an außenstehende Gesellschafter vorkommen (siehe Rz. 532; KStR Abschn. 57 Abs. 6 Satz 4; ablehnend Herrmann/Heuer/Raupach, § 16 KStG Anm. 35; Lademann/Gassner, § 16 KStG Anm. 13). Keine Ausgleichszahlung, sondern eine **Fortsetzung der Beteiligung des Minderheitsgesellschafters am Ergebnis der Organgesellschaft** liegt vor, wenn nicht gleichbleibende Zahlungen vereinbart werden, sondern Zahlungen, die jeweils dem Anteil des Minderheitsgesellschafters am Gewinn und Verlust der Organgesellschaft entsprechen (vgl. BFH-Urteil I R 123/74 vom 31. 3. 1976, BStBl II 1976, 510, 512; Lademann/Gassner, § 16 KStG Anm. 8; unzutreffend insoweit Mössner/Seeger/Schwarz, § 16 KStG Rn. 4). Die in einem GAV vereinbarte Anpassung der Ausgleichszahlung an gesetzliche Änderungen des KStG widerspricht allerdings nicht dem Grundsatz der wiederkehrenden Ausgleichszahlung in bestimmter (fester) Höhe (OLG Celle, Beschluss 9 Wx 9/79 vom 1. 7. 1980, BB 1981, 8; einen Anspruch auf Anpassung ohne vertragliche Vereinbarung verneinen Rieger/Kramer, DB 1994, 565; vgl. auch BayObLG-Beschluss 3Z BR 101/99 vom 11. 9. 2001, DB 2002, 36). Zur Auswirkung des Solidaritätszuschlags (Begünstigung außenstehender Anteilseigner) siehe Dötsch/Eversberg/Jost/Witt, § 16 KStG Tz. 2c. Zur Berechnung des SolZ bei Ausschüttungen aus Kapitalgesellschaften allgemein siehe Schaufenberg/Tillich, DB 1998, 152. Zur Vermeidung von SolZ-Mehrbelastungen durch Organschaftsverhältnisse siehe Rödder, Stbg 1998, 291, 296 unter 8. Die nachfolgenden Beispiele berücksichtigen aus Vereinfachungsgründen nicht den SolZ.

701 Ausgleichszahlungen müssen nur für „außenstehende Anteilseigner" vorgesehen sein. Aus dem Schutzgedanken des § 304 AktG folgt, dass zumindest dann **kein „außenstehender Anteilseigner" anzunehmen** ist, wenn

- an der Organgesellschaft neben dem Organträger noch eine Tochtergesellschaft beteiligt ist, die mit dem Organträger durch einen Beherrschungs- oder Gewinnabführungsvertrag verbunden ist **oder**
- die beteiligte Tochtergesellschaft sich im Alleinbesitz des Organträgers befindet (Koppensteiner in Kölner Kommentar AktG, § 295 Anm. 19 f. mit Beispielen). Es ist steuerlich unschädlich, wenn ein GAV für solche Gesellschafter keine Ausgleichszahlungen vorsieht (Krauss, BB 1988, 528).

2.3 Die steuerliche Behandlung der Ausgleichszahlungen nach § 16 KStG und § 4 Abs. 5 Satz 1 Nr. 9 EStG

702 Wenn § 4 Abs. 5 Satz 1 Nr. 9 EStG die Ausgleichszahlungen zu **nichtabzugsfähigen Betriebsausgaben** erklärt, so soll dies nur sicherstellen, dass die Ausgleichszahlungen das Einkommen des Organkreises (Einkommen des Organträgers + Einkommen der Organgesellschaft) nicht mindern (Thiel, StbKRep 1971, 179, 206). **Leistet** also die **Organgesellschaft selbst** die **Ausgleichszahlungen**, so sind diese bei ihr **nicht als Betriebsausgaben abzugsfähig**. **Leistet der Organträger** hingegen die **Ausgleichszahlungen**, so sind diese beim Organträger **ebenfalls nicht als Betriebsausgaben abzugsfähig**, dafür aber auch bei der Organgesellschaft nicht als fiktive Betriebseinnahmen anzusetzen.

703 **Das eigene Einkommen der Organgesellschaft beträgt** nach § 16 Satz 1 KStG 4/3 der geleisteten Ausgleichszahlungen. Dieser Bruch ermittelt sich nach Wegfall des Anrechnungsverfahrens und Senkung des Körperschaftsteuersatzes auf 25 v. H. nach der Summe aus Ausgleichszahlungen + Körperschaftsteuersatz auf 100/75 = 4/3.

Beispiel:
Die Organgesellschaft leistet Ausgleichszahlungen in Höhe von 75. Bei ihr fällt Körperschaftsteuer an in Höhe von 25 v. H. des diesem Betrag entsprechenden Gewinns vor Abzug der Körperschaftsteuer, das heißt aus (75 + 1/3 von 75) 100, denn 100 abzüglich 25 v. H. sind 75. Das eigene Einkommen der Organgesellschaft beläuft sich auf 100.

704 Für den VZ 2003 beträgt der Körperschaftsteuersatz nach § 34 Abs. 11a KStG i. d. F. des Gesetzes zur Änderung steuerrechtlicher Vorschriften und zur Errichtung eines Fonds „Aufbauhilfe" (Flutopfersolidaritätsgesetz) vom 19. 9. 2002 (BGBl I 2002, 3651) 26,5 v. H. Gleichwohl hat der Gesetzgeber den Bruch in § 16 KStG nicht verändert. Beließe man es bei diesem Bruch, wäre unklar, woher die Differenz von 1,5 Prozentpunkten kommen sollte. U. E. muss diese Inkongruenz für den VZ 2003 dadurch beseitigt werden, dass der Bruch an den Körperschaftsteuersatz angepasst wird. Für 2003 hat die Organgesellschaft deshalb folgendes Einkommen selbst zu versteuern:

$$\text{Eigenes Einkommen} = \frac{\text{Ausgleichszahlungen} \times 100}{100 - \text{Steuersatz}}$$

Bei Ausgleichszahlungen in Höhe von 75 ergibt dies ein eigenes, von der Organgesellschaft zu versteuerndes Einkommen von 102,04.

Zur Rechtslage unter Geltung des Anrechnungsverfahrens siehe Vorauflage, Rz. 702 ff.

705 Die Besteuerung der Ausgleichszahlungen, und zwar als eigenes Einkommen der Organgesellschaft, vollzieht sich nach § 16 KStG entweder durch eine Verminderung des dem Organträger zuzurechnenden Einkommens der Organgesellschaft

IV. Sondertatbestände

um die den Ausgleichszahlungen entsprechenden Einkommensteile oder durch eine gegenläufige Zurechnung entsprechender Teile des Einkommens des Organträgers bei der Organgesellschaft.

Hat die **Organgesellschaft** die **Ausgleichszahlungen** geleistet, so ist dem Organträger nur das um die Ausgleichszahlungen und die darauf entfallende KSt geminderte Einkommen der Organgesellschaft zuzurechnen (KStR Abschn. 63 Abs. 2). 706

Beispiel:

Einkommen des Organträgers	200
Handelsbilanzgewinn der Organgesellschaft nach Abzug von Ausgleichszahlungen in Höhe von 30 und der darauf entfallenden KSt von 10 (= 25 v. H. von 40 oder 4/3 von 30), also zusammen 40	80
Hinzurechnung der nichtabzugsfähigen Ausgleichszahlung und der nichtabzugsfähigen Körperschaftsteuer	40
Einkommen der Organgesellschaft	120
Davon hat die Organgesellschaft als eigenes Einkommen zu versteuern	40
Dem Organträger sind zuzurechnen	80
Vom Organträger insgesamt zu versteuern 200 + 80	280
Vom Organkreis insgesamt zu versteuern 280 + 40	320

Leistet die Organgesellschaft trotz eines **steuerlichen Verlustes** die Ausgleichszahlungen, erhöht sich ihr dem Organträger zuzurechnendes negatives Einkommen (KStR Abschn. 63 Abs. 2 Satz 2). 707

Geleistet i. S. von § 16 Satz 1 KStG hat die Organgesellschaft die Ausgleichszahlungen **in dem Zeitpunkt**, in dem die **Ausgleichszahlungen** aus dem Betriebsvermögen der Organgesellschaft **abfließen** (BFH-Urteil I R 260/83 vom 9. 12. 1987, BStBl II 1988, 460; Herrmann/Heuer/Raupach, § 27 KStG Anm. 30 a; so jetzt auch die Finanzverwaltung ab KStR 1990 Abschn. 77 Abs. 6 gegen KStR 1985 Abschn. 77 Abs. 5). 708

Hat der **Organträger** die **Ausgleichszahlungen geleistet**, so ist ein den Ausgleichszahlungen entsprechender Teil des Gewinns, bevor dieser dem Einkommen des Organträgers zugrunde gelegt wird, der Organgesellschaft zuzurechnen (zur Zurechnungsmethode vgl. Herrmann/Heuer/Raupach, § 16 KStG Anm. 51). 709

Beispiel:

Einkommen der Organgesellschaft	120
Handelsbilanzgewinn des Organträgers nach Abzug von Ausgleichszahlungen in Höhe von 30 (200 ./. 30)	170
Hinzurechnung der nichtabzugsfähigen Ausgleichszahlungen	30

Steuerbilanzgewinn des Organträgers	200
davon sind der Organgesellschaft zuzurechnen	28
verbleiben	170
Das Einkommen der Organgesellschaft 120 ist dem Organträger abzüglich der KSt für die Ausgleichszahlungen von 10, 120 ./. 10 zuzurechnen in Höhe von	110
Vom Organträger insgesamt als Einkommen zu versteuern 170 + 110	280
Von der Organgesellschaft zu versteuern 30 + 10	40
Vom Organkreis insgesamt zu versteuern	320

2.4 Ausgleichszahlungen und Verlustabzug

710 Da § 15 Satz 1 Nr. 1 KStG einen Verlustabzug i. S. des § 10d EStG nicht nur bei der Ermittlung des dem Organträger zuzurechnenden Einkommens der Organgesellschaft, sondern schlechthin bei der Ermittlung des Einkommens der Organgesellschaft für unzulässig erklärt, kann **das den Ausgleichszahlungen entsprechende eigene Einkommen der Organgesellschaft (§ 16 KStG) nicht nach § 10d EStG um einen vorvertraglichen Verlustabzug gekürzt** werden. Diese Regelung erklärt sich daraus, dass die Vorschriften des § 16 KStG über die Besteuerung der Ausgleichszahlungen als eigenes Einkommen der Organgesellschaft eine Belastung der Ausgleichszahlungen mit Körperschaftsteuer gewährleisten sollen. Mit dieser Zwecksetzung wäre es nicht vereinbar, wenn der Organgesellschaft zugestanden würde, das den Ausgleichszahlungen entsprechende eigene Einkommen um einen vorvertraglichen Verlust zu kürzen und damit der Belastung mit Körperschaftsteuer zu entziehen.

2.5 Ausgleichszahlungen und internationales Schachtelprivileg

711 Zur früheren Rechtslage siehe Vorauflage, Rz. 711. Mit der Streichung des § 15 Nr. 2 KStG in den Fassungen bis KStG 1999 sind diese Ausführungen für VZ 2001 und 2002 überholt.

Ab VZ 2003 gilt nach § 15 Satz 2 KStG für Gewinnanteile aus der Beteiligung an einer ausländischen Gesellschaft, die nach einem DBA von der Besteuerung auszunehmen sind, § 15 Satz 1 Nr. 2 KStG entsprechend. Deshalb kann ab diesem VZ auf Rz. 695 verwiesen werden.

2.6 Ausgleichszahlungen und sonstige steuerfreie Einnahmen

712 Aus der Zwecksetzung des § 16 KStG (Gewährleistung einer Belastung der Ausgleichszahlungen mit Körperschaftsteuer) i. V. m. der Entstehungsgeschichte dieser Vorschrift (dazu Bundestagsdrucksache 7/1470, S. 348) ist zu folgern, dass die Organgesellschaft stets mit einem Einkommen in Höhe der Ausgleichszah-

IV. Sondertatbestände

lungen (zuzüglich KSt) körperschaftsteuerpflichtig ist, unabhängig davon, ob in ihrem Steuerbilanzgewinn steuerfreie Einnahmen enthalten sind und welcher Art diese Einnahmen sind, insbesondere, ob es sich um Einnahmen handelt, die aufgrund eines internationalen Schachtelprivilegs steuerfrei sind oder ob es sich um sonstige steuerfreie Einnahmen, z. B. Investitionszulagen usw., handelt, für die nicht ausdrücklich angeordnet ist, wie diese bei der Ermittlung des eigenen Einkommens der Organgesellschaft und des dem Organträger zuzurechnenden Einkommens der Organgesellschaft zu behandeln sind.

Damit ist freilich noch nicht entschieden, dass die Steuerfreiheit dieser sonstigen steuerfreien Einnahmen im Rahmen der organschaftlichen Einkommenszurechnung verlorengeht. Auch wenn die Organgesellschaft stets ein eigenes Einkommen in Höhe der Ausgleichszahlungen (zuzüglich KSt) zu versteuern hat, kann sich die Steuerfreiheit bestimmter Einnahmen über die Ermittlung des dem Organträger zuzurechnenden Einkommens auf die Besteuerung des Organträgers auswirken (siehe Rz. 600 ff.). 713

2.7 Ausgleichszahlungen und besondere Tarifvorschriften

Das von der Organgesellschaft zu versteuernde Einkommen unterliegt immer dem vollen Steuersatz nach § 23 Abs. 1 KStR (KStR Abschn. 63 Abs. 1 Satz 3). Zu Einzelheiten siehe oben Rz. 577 ff. 714

2.8 Ausgleichszahlungen und Anrechnung von Steuerabzugsbeträgen

Siehe Rz. 571 ff. 715

3. Übernahme vorvertraglicher Verluste der Organgesellschaft

Ein GAV i. S. des § 291 AktG kann sich zivilrechtlich zwar nicht auf vorvertragliche Gewinne erstrecken, da vorvertragliche Gewinne nichts anderes als vorvertragliche Rücklagen sind, deren Abführung nach § 301 AktG unzulässig ist, wohl aber auf vorvertragliche Verluste. Der Organträger kann sich zivilrechtlich verpflichten, über die in § 302 AktG vorgesehene Übernahme der während der Vertragsdauer entstehenden Verluste hinaus auch einen vorvertraglichen Verlust auszugleichen. Steuerlich führt eine derartige **Rückbeziehung** aber nicht dazu, dass die vorvertraglichen Verluste der Organgesellschaft dem Organträger zuzurechnen sind. Eine **unmittelbare Zurechnung** ist schon deshalb nicht möglich, weil nach §§ 14, 17, 18 KStG die Organschaftsvoraussetzungen vom Beginn des Wirtschaftsjahrs der Organgesellschaft an erfüllt sein müssen, für das die Einkommenszurechnung erstmals Platz greifen soll, und der GAV bis zum Ende des folgenden Wirtschaftsjahrs bzw. nach der Neuregelung dieses Wirtschaftsjahrs (vgl. 716

Rz. 214) wirksam werden muss (vgl. auch BFH-Urteil I R 110/68 vom 18. 6. 1969, BStBl III 1969, 569). Eine **mittelbare Zurechnung** scheitert daran, dass nach § 15 Satz 1 Nr. 1 KStG bei der Ermittlung des dem Organträger zuzurechnenden Einkommens der Organgesellschaft § 10d EStG nicht anwendbar ist (siehe Rz. 512 f.).

717 Demgemäß ist die vertragliche Übernahme vorvertraglicher Verluste nach allgemeinen bilanzsteuerrechtlichen und körperschaftsteuerrechtlichen Grundsätzen zu beurteilen (KStR Abschn. 61).

718 Das bedeutet:

- Für die Organgesellschaft hat der Verlustausgleich steuerlich den Charakter einer verdeckten Einlage, die das steuerliche Ergebnis nicht erhöht.
- Beim Organträger sind die zum Ausgleich der vorvertraglichen Verluste gezahlten Beträge als nachträgliche Anschaffungskosten für die Beteiligung an der Organgesellschaft zu aktivieren mit der wenigstens theoretischen Möglichkeit einer späteren Teilwertabschreibung.

719 Die in Rz. 716 f. dargestellten Grundsätze gelten auch, wenn sich der Organträger im GAV **nicht** zur Übernahme der vorvertraglichen Verluste **verpflichtet** hat, diese aber **gleichwohl übernimmt**.

4. Auflösung der Organgesellschaft

4.1 Handelsrechtliche Grundlagen

720 Handelsrechtlich ist bei Kapitalgesellschaften zwischen ihrer Auflösung und ihrer **Beendigung** zu unterscheiden. Wird eine Kapitalgesellschaft aufgelöst (vgl. hierzu §§ 262 bis 274 AktG; §§ 60 bis 74 GmbHG), z. B. durch Beschluss der Hauptversammlung einer AG (§ 262 Abs. 1 Nr. 2 AktG) bzw. Beschluss der Gesellschafter einer GmbH (§ 60 Abs. 1 Nr. 2 GmbHG) oder durch Eröffnung des Insolvenzverfahrens über ihr Vermögen (§ 262 Abs. 1 Nr. 3 AktG bzw. § 60 Abs. 1 Nr. 4 GmbHG) – die Eröffnung des gerichtlichen Vergleichsverfahrens führt nicht zur Auflösung der Kapitalgesellschaft (gleichwohl kann die Organschaft nach dem zur USt ergangenen BFH-Urteil V R 46/94 vom 18. 5. 1995, BFH/NV 1996, 84, mit der Bestellung eines vorläufigen Vergleichsverwalters enden, wenn das Amtsgericht vorläufige Sicherungsmaßnahmen anordnet, durch die der Organträger den maßgeblichen Einfluss auf die Organgesellschaft verliert; ebenso BFH-Urteil V R 96/96 vom 13. 3. 1997, BStBl II 1997, 580 bei Anordnung der Sequestration, wenn der Sequester maßgeblichen Einfluss auf die Organgesellschaft erhält und ihm eine vom Willen des Organträgers abweichende

IV. Sondertatbestände 207

Willensbildung in der Organgesellschaft möglich ist) –, so **ändert** die Kapitalgesellschaft damit zunächst nur ihren **Zweck**: Während der Zweck der Kapitalgesellschaft bisher auf eine „nutzbringende Tätigkeit", also auf Erwerb gerichtet war, hat die Gesellschaft fortan den bloßen Zweck der Abwicklung (vgl. Baumbach/Hueck, AktG, Übersicht § 262 Rz. 1 bis 4). Die Kapitalgesellschaft besteht fort; es tritt jedoch eine Abwicklung (Liquidation) ein, mit deren Abschluss die Kapitalgesellschaft erlischt (Beendigung).

4.2 Körperschaftsteuerrechtliche Problemstellung

Wird eine Organgesellschaft aufgelöst und abgewickelt, so **fragt** sich, ob der **Abwicklungsgewinn** gemäß § 14 KStG dem **Organträger zuzurechnen** ist. 721

Nach ganz **überwiegender gesellschaftsrechtlicher Meinung** hat die **Auflösung der Organgesellschaft** die **automatische Beendigung des GAV** zur Folge (BGH-Urteile II ZR 170/87 vom 14. 12. 1987, BGHZ 103, 1 ff. = BB 1988, 361 und II ZR 109/72 vom 27. 5. 1974, WM 1974, 715; Letters, JbFfSt 1983/84, 369 mit weiteren Nachweisen in Fußnote 79). Nach dieser Auffassung kann der Abwicklungsgewinn dem Organträger schon wegen Fehlens eines wirksamen GAV nicht zugerechnet werden. 722

Der **BFH** hat **hingegen** mit Urteil I 262/63 vom 18. 10. 1967 (BStBl II 1968, 105) entschieden, dass der GAV trotz Auflösung der Organgesellschaft bestehen bleibe. Allerdings ist der BFH in dieser für die Zeit vor der gesetzlichen Regelung der körperschaftsteuerrechtlichen Organschaft ergangenen Entscheidung ebenfalls zu dem Ergebnis gekommen, dass der Abwicklungsgewinn nicht mit steuerlicher Wirkung im Rahmen eines EAV an den Organträger abgeführt werden könne. Nach Ansicht des BFH wird die Verpflichtung der Organgesellschaft zur Abführung des Gewinns durch die Auflösung der Organgesellschaft **beendet**. 723

Da der EAV zwischen Gesellschaften vor ihrer Auflösung (Erwerbsgesellschaften) geschlossen werde, sei er so auszulegen, dass er **auf die Abführung des Gewinns einer Erwerbsgesellschaft gerichtet** sei. Durch die Auflösung werde aber aus der Erwerbsgesellschaft eine Abwicklungsgesellschaft. Ihr Zweck sei nicht mehr auf Erwerb gerichtet. Ein EAV dürfe handelsrechtlich auch gar nicht bestimmen, dass der Abwicklungsgewinn abzuführen sei, denn dieser Gewinn sei kein verteilbarer Reingewinn, sondern gehöre zum Vermögen der Gesellschaft, das mangels abweichender Bestimmung der Satzung oder des Gesellschaftsvertrags an die Gesellschafter zu verteilen sei. 724

Nach Auffassung der **Verwaltung** ist das vorgenannte BFH-Urteil auch im Geltungsbereich der gesetzlichen Regelung der körperschaftsteuerrechtlichen Organ- 725 schaft anzuwenden (KStR Abschn. 56 Abs. 1). Der **im Abwicklungszeitraum erzielte Gewinn** (§ 11 KStG) ist nicht dem Organträger zuzurechnen, sondern **von der Organgesellschaft selbst zu versteuern**. Zahlungen der Organgesellschaft an den Organträger sind vom Zeitpunkt der Auflösung der Organgesellschaft an Abschlagszahlungen auf den Liquidationserlös.

726 Wenn man nicht bereits mit der ganz überwiegenden gesellschaftsrechtlichen Meinung die Beendigung des GAV mit Auflösung der Organgesellschaft annimmt (siehe Rz. 722), so ist zumindest der oben dargestellten Verwaltungsansicht beizupflichten (ebenso das steuerrechtliche Schrifttum, vgl. z. B. Streck, § 14 KStG Anm. 64; Mössner/Seeger/Schwarz, § 14 KStG Rn. 107; Herrmann/Heuer/Raupach, § 14 KStG Anm. 31; Dötsch/Eversberg/Jost/Witt, § 14 KStG Tz. 106). Im Rahmen der §§ 14 bis 19 KStG ist der GAV zwar nur Tatbestandsmerkmal der Einkommenszurechnung; im Gegensatz zur früheren Rechtslage ist selbst der vertragsgemäß abgeführte Gewinn keine steuerpflichtige Betriebseinnahme des Organträgers und keine abzugsfähige Betriebsausgabe des Organs. Gleichwohl müssen der GAV und seine handelsrechtliche Tragweite auch für den Umfang der Einkommenszurechnung bedeutsam sein, denn es wäre **systemwidrig**, den GAV zwar zum Tatbestandsmerkmal der Einkommenszurechnung zu erheben, gleichwohl aber in die Einkommenszurechnung Gewinne einzubeziehen, die gar nicht Gegenstand eines GAV sein können.

727 Darüber hinaus sind wir der Meinung, dass mit der Auflösung der Organgesellschaft deren **wirtschaftliche Eingliederung** in das Unternehmen des Organträgers entfällt, weil eine Organgesellschaft dem gewerblichen Unternehmen des Organträgers grundsätzlich nur dann nach Art einer Betriebsabteilung dienen kann, wenn ihre Tätigkeit auf Erwerb und nicht auf „Selbstvernichtung" gerichtet ist (ebenso Hübl, DStZ A 1972, 81, 94). Dieses Argument alleine wäre nach Wegfall der wirtschaftlichen Eingliederung als Tatbestandsmerkmal der körperschaftsteuerlichen Organschaft allerdings nicht (mehr) ausreichend.

728 Wird die **Organgesellschaft** nicht zum Ende ihres Wirtschaftsjahres, z. B. zum 31. 12. 2002 bei einem mit dem Kalenderjahr übereinstimmenden Wirtschaftsjahr, sondern **im Laufe ihres Wirtschaftsjahres**, also z. B. zum 30. 6. 2002, **aufgelöst**, so soll nach Ansicht der Verwaltung nicht nur der Gewinn, der sich durch die mit der Abwicklung verbundene Realisierung der stillen Reserven ergibt, sondern auch der in der Zeit vom Beginn des Wirtschaftsjahres bis zum Zeitpunkt der Auflösung erzielte laufende Gewinn, also im Beispielsfall der vom 1. 1. bis 30. 6. 2002 erwirtschaftete Gewinn von der Zurechnung ausgeschlossen sein, weil der steuerliche Begriff des Abwicklungsgewinns diesen Gewinn mitum-

IV. Sondertatbestände

fasse. Denn nach § 11 Abs. 2 KStG sei zur Ermittlung des im Zeitraum der Abwicklung erzielten Gewinns das zur Verteilung kommende Vermögen (Abwicklungs-Endvermögen) dem Vermögen am Schluss des der Auflösung vorangegangenen Wirtschaftsjahrs (Abwicklungs-Anfangsvermögen) – das sei im Beispielsfall also das Vermögen am 31. 12. 2001 – gegenüberzustellen (KStR Abschn. 46 Abs. 1 Satz 4; ebenso Dötsch/Eversberg/Jost/Witt, § 14 KStG Tz. 106). Allerdings räumt die Verwaltung der Organgesellschaft ein **Wahlrecht** dahin gehend ein, dass diese ein **Rumpfwirtschaftsjahr** bis zum Zeitpunkt der Auflösung bilden kann (KStR Abschn. 46 Abs. 1 Satz 5). Bildet die Organgesellschaft ein Rumpfwirtschaftsjahr, ist der Gewinn dieses Rumpfwirtschaftsjahres noch aufgrund des GAV an den Organträger abzuführen (für ein Wahlrecht ebenfalls Dötsch/Eversberg/Jost/Witt, a. a. O.).

U. E. fehlt es für ein solches Wahlrecht der Organgesellschaft an einer Rechtsgrundlage. Die Auflösung der Organgesellschaft im Laufe eines Wirtschaftsjahres führt vielmehr **zwingend** zur **Bildung eines Rumpfwirtschaftsjahres**, das vom Schluss des vorangegangenen Wirtschaftsjahres bis zur Auflösung reicht (BFH-Urteil I R 233/71 vom 17. 7. 1974, BStBl II 1974, 692; Herrmann/Heuer/Raupach, § 11 KStG Anm. 23; Streck, § 14 KStG Anm. 64; Letters, JbFfSt 1983/84, 370 mit Nachweisen zum gesellschaftsrechtlichen Schrifttum; vgl. auch BGH-Urteil II ZR 170/87 vom 14. 12. 1987, BGHZ 103, 1 ff. = BB 1988, 361, 363), im Beispielsfall also vom 1. 1. bis 30. 6. 2002. Für die körperschaftsteuerliche Organschaft folgt hieraus: Die wirtschaftliche Eingliederung entfällt mit dem **Auflösungsbeschluss**. Die organschaftlichen Voraussetzungen sind bis zum Ende des Rumpfwirtschaftsjahres der Organgesellschaft, das durch den Auflösungsbeschluss begründet wird, im Beispielsfall also bis zum 30. 6. 2002, gegeben. Der Gewinn dieses Rumpfwirtschaftsjahres ist dem Organträger zuzurechnen.

729

(unbesetzt)

730–760

5. Betriebseinstellung und Veräußerung des Betriebsvermögens der Organgesellschaft

5.1 Problemstellung

Stellt eine Organgesellschaft ohne förmlichen Auflösungsbeschluss ihre gewerbliche Tätigkeit nicht nur vorübergehend ein und veräußert sie ihr Vermögen,

761

so stellt sich die Frage, ob auf den Veräußerungsgewinn die §§ 14 bis 19 KStG anzuwenden sind. Die Fragestellung lässt sich dahin differenzieren, dass
- die Organgesellschaft Teile des Betriebsvermögens nach und nach innerhalb eines längeren Zeitraums, also im Wege einer stillen Liquidation veräußert oder
- die Organgesellschaft ihren Betrieb als Ganzes veräußert.

5.2 BFH-Rechtsprechung

762 Der BFH hat mit Urteil I R 148/68 vom 17. 2. 1971 (BStBl II 1971, 411, ebenso FG Baden-Württemberg, Außensenate Freiburg, III 240/77 vom 29. 3. 1979, EFG 1979, 361 zu § 7a KStG a. F.) für die Rechtslage vor der gesetzlichen Regelung der körperschaftlichen Organschaft in einem Fall, in dem die Organgesellschaft ihren Betrieb nicht als Ganzes veräußert, sondern nur den Betrieb nach Veräußerung des Anlagevermögens eingestellt und sich dann als im Wesentlichen vermögenslos erwiesen hat, folgende Auffassung vertreten:

763 Ein EAV im Rahmen einer Organschaft verpflichtet nicht zur Abführung des Abwicklungsgewinns. Ein EAV sei so auszulegen, dass er auf die Abführung des Gewinns einer Erwerbsgesellschaft gerichtet sei.

764 Die Einstellung des Geschäftsbetriebs und die Veräußerung des Vermögens der Organgesellschaft könne zwar für sich allein die Auflösung der Gesellschaft nicht herbeiführen (sofern nicht ausnahmsweise ein formloser Auflösungsbeschluss vorliege und nach den handelsrechtlichen Vorschriften zulässig sei).

765 Eine Gesellschaft sei wirtschaftlich gesehen aber auch dann keine Erwerbsgesellschaft mehr, wenn sie ohne Auflösungsbeschluss ihre gewerbliche Tätigkeit einstelle und ihr Vermögen in Geld umsetze. Demgemäß könne der hierbei erzielte Gewinn nicht mit steuerlicher Wirkung im Rahmen eines EAV abgeführt werden.

5.3 Verwaltungsauffassung

766 Nach Auffassung der Verwaltung sind diese Grundsätze auch im Geltungsbereich der gesetzlichen Regelung der körperschaftsteuerlichen Organschaft anzuwenden (KStR Abschn. 56 Abs. 2). Die zitierte Verwaltungsanweisung spricht allerdings in Anlehnung an das BFH-Urteil vom 17. 12. 1971 nur von dem Gewinn der Organgesellschaft, „den sie während der tatsächlichen Abwicklung erzielt". Es ist deshalb zweifelhaft, ob die Verwaltung auch einen Gewinn der Organgesellschaft aus einer Betriebsveräußerung im ganzen von der Zurechnung nach § 14 KStG ausschließen will.

IV. *Sondertatbestände* 211

5.4 Kritische Würdigung

Der in Rz. 762 ff. dargestellten Auffassung ist beizupflichten (vgl. auch Lademann/Gassner, § 14 KStG Anm. 81; Mössner/Seeger/Schwarz, § 14 KStG Rn. 107). Im Rahmen der §§ 14 bis 19 KStG ist der GAV zwar nur Tatbestandsmerkmal der Einkommenszurechnung; im Gegensatz zur früheren Rechtslage ist auch der vertragsgemäß abgeführte Gewinn keine steuerpflichtige Betriebseinnahme des Organträgers und keine abzugsfähige Betriebsausgabe des Organs. Gleichwohl ist der GAV und seine handelsrechtliche Tragweite auch für den Umfang der Einkommenszurechnung bedeutsam; es wäre **systemwidrig**, den GAV zwar zum Tatbestandsmerkmal der Einkommenszurechnung zu erheben, gleichwohl aber in die Einkommenszurechnung auch **Gewinne einzubeziehen, die handelsrechtlich gar nicht Gegenstand des GAV sind** (und sein können). 767

Darüber hinaus entfällt u. E. auch das bis VZ 2000 erforderliche Tatbestandsmerkmal der **wirtschaftlichen Eingliederung**, wenn die Organgesellschaft ihre gewerbliche Tätigkeit einstellt, ihr Betriebsvermögen veräußert und auch auf andere Weise nicht mehr als Erwerbsgesellschaft tätig wird (ebenso BFH-Urteil I R 111/97 vom 28. 10. 1999, BFH/NV 2000, 896). 768

(unbesetzt) 769–770

Wird nur ein **Teilbetrieb** veräußert, so stellt dieser Vorgang die wirtschaftliche Eingliederung der Organgesellschaft im allgemeinen nicht in Frage. Auch wird man davon ausgehen müssen, dass der GAV Erlöse aus der Teilbetriebsveräußerung mitumfasst. Zu den hierbei auftretenden Tariffragen vgl. Rz. 590 ff. 771

5.5 Verpachtung

Die vorstehend dargestellten **Grundsätze gelten nicht**, wenn die Organgesellschaft ihren Betrieb nicht veräußert, sondern nur **verpachtet**. 772

6. Auflösung des Organträgers

Wird der Organträger aufgelöst, gelten die zuvor bei Auflösung bzw. bei Betriebseinstellung der Organgesellschaft dargestellten Grundsätze (vgl. Rz. 720 ff.) entsprechend. Insbesondere entfällt mit der Auflösung des Organträgers die wirtschaftliche Eingliederung der Organgesellschaft, so dass auch bei einer Kapitalgesellschaft als Organträger das Organschaftsverhältnis endet. Dies gilt zumindest dann, wenn der Organträger seine werbende Tätigkeit einstellt und keiner Tätigkeit mehr nachgeht, der die Organgesellschaft dient bzw. die sie fördert (BFH-Urteil I R 62/89 vom 27. 6. 1990, BStBl II 1990, 992). 773

7. Organschaftsverhältnisse und Berlin-Vergünstigungen einschließlich Fördergebietsgesetz

7.1 Erhöhte Absetzungen für abnutzbare Wirtschaftsgüter des Anlagevermögens (§ 14 BerlinFG)

774 Nach § 14 BerlinFG in der Fassung vom 10. 12. 1986 (BGBl I 1986, 2416) können u. a. Gebäude, die in Berlin (West) errichtet werden und die zu mehr als 80 v. H. Angehörigen des eigenen gewerblichen Betriebs zu Wohnzwecken dienen, anstelle der nach § 7 EStG zu bemessenden Absetzung für Abnutzung erhöhte Absetzungen bis zur Höhe von 75 v. H. der Anschaffungs- oder Herstellungskosten vorgenommen werden (diese Möglichkeit entfällt für Gebäude, die nach dem 31. 12. 1989 angeschafft oder hergestellt werden, vgl. § 14 BerlinFG in der Fassung des Steuerreformgesetzes 1990). Besteht ein Organschaftsverhältnis, so kann es vorkommen, dass die Organgesellschaft ein Gebäude anschafft oder errichtet, das zu mehr als 80 v. H. den Arbeitnehmern des Organträgers zu Wohnzwecken dient. Es stellt sich die Frage, ob in diesem Falle das Gebäude Angehörigen „des eigenen gewerblichen Betriebs" zu Wohnzwecken dient. Man ist versucht, die Frage zu bejahen, weil ja die Organgesellschaft von der Idee her unselbständige Betriebsabteilung des Organträgers ist und ihr Einkommen dem Organträger zur Versteuerung zuzurechnen ist.

775 Im Gegensatz zur gewerbesteuerrechtlichen und umsatzsteuerrechtlichen Organschaft ist **im Körperschaftsteuerrecht**, das hier zur Anwendung kommt, die **Organgesellschaft** jedoch **keine Betriebsstätte des Organträgers**, vielmehr bleiben Organträger und Organgesellschaft selbständige Steuersubjekte. Die Voraussetzung der Bindung des Wirtschaftsgutes an den „eigenen gewerblichen Betrieb" ist deshalb im Beispielsfall nicht erfüllt (BFH-Urteile III R 85/83 vom 20. 5. 1988, BStBl II 1988, 739 und IV R 24/73 vom 6. 7. 1978, BStBl II 1979, 18 unter Aufgabe der im Urteil VIII R 239/71 vom 29. 4. 1975, BStBl II 1975, 518 vertretenen Auffassung; vgl. auch BFH-Beschluss III S 42/92 vom 26. 3. 1993, BStBl II 1993, 723).

776 Entsprechendes muss gelten, wenn der Organträger ein Gebäude anschafft oder errichtet, das zu mehr als 80 v. H. den Arbeitnehmern der Organgesellschaft zu Wohnzwecken dient. Der Betrieb der Organgesellschaft ist nicht „eigener gewerblicher Betrieb" des Organträgers. Die Finanzverwaltung lässt generell eine Ausnahme von der Bindungsregelung bei Organschaftsverhältnissen nicht zu (vgl. BMF-Schreiben vom 31. 12. 1986, BStBl I 1987, 51 Tz. 6 und koordinierter Ländererlass aus dem Jahre 1970, DB 1970, 1513).

IV. Sondertatbestände

Nach § 14 BerlinFG in der Fassung vom 2. 2. 1990 (BGBl I 1990, 174) können bei Gebäuden erhöhte Absetzungen vorgenommen werden, wenn diese „im Betrieb des Steuerpflichtigen" mindestens drei Jahre nach ihrer Anschaffung oder Herstellung zu mehr als 80 v. H. bestimmten begünstigten Tätigkeiten dienen. Auch hier dürfte aufgrund der oben in Rz. 775 genannten BFH-Rechtsprechung nicht zweifelhaft sein, dass für die Frage, ob eine begünstigte Tätigkeit i. S. des § 14 Abs. 2 BerlinFG ausgeübt wird und ob die Verbleibensvoraussetzung erfüllt ist, der Betrieb des Organträgers und der Organgesellschaft getrennt zu sehen sind. 777

7.2 Steuerermäßigung für Darlehen zur Finanzierung von betrieblichen Investitionen (§ 16 BerlinFG)

Nach § 16 BerlinFG ermäßigt sich bei Steuerpflichtigen, die vor dem 1. 7. 1991 der Berliner Industriebank AG oder der Deutschen Industriebank in Berlin unter bestimmten Voraussetzungen Darlehen gewähren, die Einkommensteuer oder Körperschaftsteuer für den Veranlagungszeitraum um 12 v. H. der hingegebenen Darlehen. Die Steuerermäßigung darf allerdings insgesamt 50 v. H. der Einkommensteuer oder Körperschaftsteuer nicht übersteigen, die sich ohne die Ermäßigung ergeben würde (§ 16 Abs. 5 BerlinFG). Die Darlehen sind von den beiden Kreditinstituten an Unternehmungen zur Finanzierung von betrieblichen Investitionen in Berlin (West) weiterzugeben. Unter bestimmten Voraussetzungen können die Darlehen auch unmittelbar an Unternehmungen zu den bezeichneten Zwecken gegeben werden (§ 16 Abs. 4 BerlinFG). 778

Gibt der **Organträger** ein **Darlehen**, so kann es zweifelhaft sein, ob bei der Ermittlung des Höchstbetrags für die Steuerermäßigung (50 v. H. der Einkommensteuer oder Körperschaftsteuer ohne die Ermäßigung) die Einkommensteuer oder Körperschaftsteuer anzusetzen ist, die sich nach Berücksichtigung der Einkommenszurechnung nach § 14 KStG ergibt. Die Frage ist zu bejahen, weil die Höchstbetragsvorschrift auf die Steuerschuld abstellt, eine solche aber erst nach der Einkommenszurechnung entstehen kann (vgl. Hübl, DStZ A 1972, 145, 150; Jurkat, Tz. 757 bis 758). Von Nachteil ist diese Regelung für den Organträger nur, wenn dieser positive Einkünfte hat, das Einkommen der Organgesellschaft aber negativ ist. 779

Gibt die **Organgesellschaft** ein **Darlehen**, so ist im Hinblick auf § 19 Abs. 1 und 2 KStG der Steuerabzug von der Steuerschuld des Organträgers vorzunehmen, so als ob der Organträger das Darlehen gewährt hätte (siehe Rz. 581 ff.). 780

781 Auch ein Darlehen, dass der **Organträger als Darlehnsgeber der Organgesellschaft als Darlehnsnehmerin** gewährt, ist unter den Voraussetzungen des § 16 Abs. 4 BerlinFG begünstigt, da Organträger und Organgesellschaft selbständige Steuersubjekte bleiben. Für die Ermittlung des Höchstbetrags der Steuerermäßigung ist wiederum die Einkommensteuer oder Körperschaftsteuer anzusetzen, die sich nach Berücksichtigung der Einkommenszurechnungen nach § 14 KStG errechnet; dass die Organgesellschaft gleichzeitig Darlehnsnehmerin ist, kann hieran nichts ändern (vgl. Hübl, a. a. O.). Entsprechendes dürfte für eine Darlehensgewährung der Organgesellschaft an den Organträger gelten, auch wenn der Steuerabzug im Hinblick auf § 19 KStG letztlich beim Organträger vorzunehmen ist.

7.3 Steuerermäßigung für Darlehen zur Finanzierung von Baumaßnahmen (§ 17 BerlinFG)

782 Die Ausführungen in Rz. 778 gelten sinngemäß für Darlehen zur Finanzierung von Baumaßnahmen nach § 17 BerlinFG. Hier muss die Darlehenshingabe vor dem 1. 1. 1992 erfolgt sein.

7.4 Ermäßigung der veranlagten Einkommensteuer und der Körperschaftsteuer (§§ 21 ff. BerlinFG)

783 Bei natürlichen Personen mit Wohnsitz in Berlin ermäßigt sich unter den Voraussetzungen des § 21 BerlinFG die Einkommensteuer um 30 v. H. und bei Körperschaften mit Sitz und Geschäftsleitung in Berlin ermäßigt sich die Körperschaftsteuer um 22,5 v. H. (bzw. für bestimmte Einkünfte um 10 v. H.). Die Ermäßigungssätze gelten für den VZ 1990, sie fallen danach in den VZ bis 1994.

784 Die Steuerermäßigung wird u. a. gewährt für Einkünfte aus Gewerbebetrieb, die in einer Betriebsstätte in Berlin (West) erzielt worden sind, § 23 Nr. 2 BerlinFG. Hat ein Unternehmer sowohl in Berlin als auch im übrigen Bundesgebiet Betriebsstätten, so ist der Gewinn in einen begünstigten und einen nichtbegünstigten Teil nach den in den Betriebsstätten gezahlten Löhnen aufzuteilen. Das Verfahren ähnelt der Zerlegung bei der Gewerbesteuer. Nach § 24 Abs. 1 BerlinFG – diese Vorschrift gilt ausschließlich für die Ermäßigung der veranlagten Einkommensteuer und der Körperschaftsteuer gemäß §§ 21 ff. BerlinFG und nicht für die anderen Teile des BerlinFG (BFH-Urteil IV R 24/73 vom 6. 7. 1978, BStBl II 1979, 18, 20) – sind in den Fällen der §§ 14 bis 19 KStG für die Ermittlung der in Betriebsstätten in Berlin (West) erzielten Einkünfte aus Gewerbebetrieb Organgesellschaften als Betriebsstätten des Organträgers anzusehen.

IV. Sondertatbestände 215

7.5 Fördermaßnahmen nach dem Fördergebietsgesetz

Soweit das Fördergebietsgesetz (FörderG) gleichartige Voraussetzungen wie das BerlinFG bzw. das Investitionszulagengesetz enthält (siehe hinsichtlich Verbleibensvoraussetzung, § 2 Nr. 2 FörderG, begünstigter Gewerbezweig und Anzahl der Beschäftigten, § 8 Abs. 1a Satz 2 FörderG), kann auf die entsprechenden Ausführungen zum BerlinFG und InvZulG verwiesen werden. Dies gilt auch hinsichtlich der Ermittlung des Höchstbetrags für die Steuerermäßigung für Darlehen gemäß § 7a FörderG (oben Rz. 779) mit der Besonderheit, dass diese Steuerermäßigung nur noch für natürliche Personen oder Personengesellschaften, bei denen natürliche Personen Mitunternehmer sind, als Organträger in Betracht kommt. Darlehenshingaben durch Körperschaften sind nicht mehr begünstigt. 785

8. Organschaftsverhältnisse und Investitionszulagen

Steuerpflichtige i. S. des EStG oder des KStG können nach den Vorschriften des Investitionszulagengesetzes in der Fassung vom 11. 6. 2001 (BGBl I 1018) für bestimmte Investitionen im Fördergebiet eine Investitionszulage erhalten. 786

Bei **Organschaftsverhältnissen** wird die **Investitionszulage der Organgesellschaft** gewährt, wenn diese begünstigte Investitionen vornimmt; werden begünstigte Investitionen vom Organträger vorgenommen, so hat dieser Anspruch auf die Investitionszulage (vgl. BMF-Schreiben vom 28. 8. 1991, BStBl I 1991, 768, Tz. 4; Blümich/Selder, § 1 InvZulG Rz. 10). 787

Da § 2 InvZulG 1999 nicht voraussetzt, dass die Anlagegüter in einer Betriebstätte **des Steuerpflichtigen** verwendet werden, kann 788

- die Organgesellschaft für Investitionen in einem Betrieb, den sie an den Organträger verpachtet hat, und
- der Organträger für Investitionen, die der Organgesellschaft zur Nutzung überlassen sind,

Investitionszulage beanspruchen. Das Verbleiben in einem begünstigten Betrieb setzt bei Überlassung der Wirtschaftsgüter an einen anderen Betrieb voraus, dass sowohl der investierende als auch der nutzende Betrieb zu den begünstigten Betrieben gehören (BFH-Urteil III R 44/97 vom 7. 3. 2002, BStBl II 2002, 545, 547). Zu weiteren Einzelheiten hierzu siehe FG des Landes Brandenburg, rkr. Urteil 3 K 1125/98 I vom 12. 10. 1999, EFG 2000, 393 und BMF-Schreiben vom 28. 6. 2001 zum InvZulG 1999, BStBl I 2001, 379, insbesondere Tz. 58, 59.

Die erhöhte Investitionszulage ist u. a. davon abhängig, dass der Betrieb nicht mehr als 250 Arbeitnehmer beschäftigt, § 2 Abs. 7 InvZulG 1999, und zu ei- 789 nem bestimmten Wirtschaftszweig gehört, z. B. verarbeitendes Gewerbe. Da im Körperschaftsteuerrecht, das für den Bereich des Investitionszulagenrechts zur Anwendung kommt – anders als bei gewerbe- und umsatzsteuerlicher Organschaft –, Organträger und Organgesellschaft selbständige Steuersubjekte bleiben, werden die Beschäftigten des Organträgers und der Organgesellschaft nicht zusammengerechnet. Genauso bestimmt sich die Frage, ob ein Betrieb bzw. eine Betriebstätte zum begünstigten Gewerbe gehört, nur nach den Gegebenheiten des Betriebs/der Betriebstätte, für den (die) die begünstigten Wirtschaftsgüter angeschafft wurden.

9. Organschaftsverhältnisse und Verlustklausel

790 Die Verlustklauseln wurden mit Inkrafttreten des § 15a EStG außer Kraft gesetzt. Zur steuerlichen Behandlung siehe die Vorauflage, Rz. 791 f.

791–810 *(unbesetzt)*

V. Die steuerlichen Folgen des anfänglichen Fehlens oder des späteren Wegfalls eines Tatbestandsmerkmals der körperschaftsteuerlichen Organschaft

811 Fehlt eines der Tatbestandsmerkmale der körperschaftsteuerlichen Organschaft (vgl. die §§ 14, 17, 18 KStG) von Anfang an oder fällt ein solches Tatbestandsmerkmal nachträglich weg, so ergeben sich hieraus für die (vermeintliche) Organgesellschaft und den (vermeintlichen) Organträger bestimmte Rechtsfolgen, die verschieden weitreichend sind, je nachdem, ob die in den §§ 14, 17, 18 KStG normierten tatbestandlichen Voraussetzungen schon in dem Wirtschaftsjahr nicht vorhanden waren, für das das Einkommen der Organgesellschaft erstmals dem Organträger zugerechnet werden sollte oder erst später weggefallen sind und zu welchem Zeitpunkt dies geschehen ist, und je nachdem, ob die Organgesellschaft gleichwohl ihren Gewinn ganz oder teilweise abgeführt hat, z. B. weil die Beteiligten irrtümlich die Voraussetzungen der körperschaftsteuerlichen Organschaft für gegeben erachtet haben (sog. verunglückte Organschaft) oder eine Gewinnabführung gänzlich unterblieben ist.

1. Das anfängliche Fehlen eines Tatbestandsmerkmals

812 War der Tatbestand der §§ 14 bis 19 KStG von Anfang an nicht erfüllt oder ist ein Tatbestandsmerkmal bereits im Laufe des Wirtschaftsjahrs der Organgesellschaft wieder entfallen, für das das Einkommen der Organgesellschaft erstmals dem

V. Anfängliches Fehlen/späterer Wegfall eines Tatbestandsmerkmals

Organträger zugerechnet werden sollte, hat die Organgesellschaft aber gleichwohl ihren Gewinn ganz oder teilweise an den Organträger abgeführt oder hat der Organträger gleichwohl die Verluste der Organgesellschaft übernommen, so gilt:

1.1 Organgesellschaft

Das Einkommen der Organgesellschaft kann dem Organträger **nicht** zur Versteuerung zugerechnet werden; die **Organgesellschaft** hat ihr **Einkommen** selbst zu **versteuern**. 813

Die **Gewinnabführung** an den Organträger wird regelmäßig als **Leistung auf gesellschaftsrechtlicher Grundlage** zu qualifizieren sein und kann als solche das Einkommen der Organgesellschaft nach §§ 7, 8 KStG nicht mindern. Die Gewinnabführung stellt dann aber eine **Gewinnausschüttung dar.** Nur bei Vorliegen besonderer Umstände kann sich die Gewinnabführung ausnahmsweise als angemessene Leistung im Rahmen eines gegenseitigen Vertrags, also eines auf Leistungsaustausch gerichteten Schuldverhältnisses zwischen Organgesellschaft und Organträger und damit als Betriebsausgabe darstellen. 814

Soweit die Gewinnabführung an den Organträger dem Einkommen der Organgesellschaft hinzuzurechnen, von dieser zu versteuern und die Gewinnabführung als Gewinnausschüttung zu beurteilen ist, tritt die Frage auf, ob die Ausschüttung „auf einem den gesellschaftsrechtlichen Vorschriften entsprechenden Gewinnbeteiligungsbeschluss" beruht (vgl. § 37 Abs. 2 Satz 1 KStG) oder eine „andere" Gewinnausschüttung, also eine **verdeckte Gewinnausschüttung**, ist. Von der Beantwortung dieser Frage hängt ab, ob eine Körperschaftsteuerminderung in Betracht kommt. 815

Zu § 19 KStG a. F. hat der BFH mehrfach ausgesprochen, dass die **Gewinnabführung aufgrund eines GAV keine berücksichtigungsfähige Ausschüttung**, also keine Ausschüttung ist, die auf einem den gesellschaftsrechtlichen Vorschriften entsprechenden Beschluss beruht (zuletzt BFH-Urteil I R 104/72 vom 30. 1. 1974, BStBl II 1974, 323; siehe ferner die 2. Auflage dieses Buches S. 134 bis 135). Es fehle an der Feststellung eines Bilanzgewinns und einem Beschluss über die Verteilung dieses Gewinns. Zu §§ 8 Abs. 3 Satz 2 und 27 Abs. 3 KStG in den Fassungen während der Geltung des Anrechnungsverfahrens gilt Entsprechendes, d. h. es handelt sich um eine verdeckte Gewinnausschüttung und damit eine „andere" Ausschüttung i. S. des § 27 Abs. 3 Satz 2 KStG (BFH-Urteil I R 110/88 vom 13. 9. 1989, BStBl II 1990, 24, 27 und Beschluss I B 38/90 vom 5. 7. 1990, BFH/NV 1991, 121, 122; Sturm, DB 1991, 2055; Dötsch/Eversberg/Jost/ 816

Witt, § 14 KStG Tz. 220). Dies muss auch für die Zeit nach dem Systemwechsel zum Halbeinkünfteverfahren gelten.

817 Folge ist, dass die Gewinnausschüttung keine Körperschaftsteuerminderung bei der vermeintlichen Organgesellschaft auslöst.

818 Die vom Organträger übernommenen Verluste, die handelsrechtlich als Ertrag den Bilanzgewinn der Organgesellschaft erhöht haben, sind bei der Ermittlung des von der Organgesellschaft selbst zu versteuernden Einkommens körperschaftsteuerrechtlich als verdeckte Einlagen vom Handelsbilanzgewinn abzuziehen. Insoweit gilt für eine „verunglückte" Verlustübernahme nichts anderes als für eine Verlustübernahme im Rahmen der §§ 14 bis 19 KStG (siehe dazu Rz. 483; ebenso Sturm, DB 1991, 2055, 2056).

1.2 Organträger

819 Die an den Organträger abgeführten Gewinne sind bei diesem **Betriebseinnahmen**. Ist Organträger eine Körperschaft, bleiben die Einnahmen bei der Ermittlung des Einkommens außer Ansatz, § 8b Abs. 1 KStG. Bei natürlichen Personen als Organträger unterliegen die Einnahmen dem Halbeinkünfteverfahren. Ist Organträger eine Personengesellschaft, kommt es auf die Rechtsform ihrer Gesellschafter an.

820 *(unbesetzt)*

821 Der BFH hat mit Urteil I R 101/75 vom 26. 1. 1977 (BStBl II 1977, 441) entschieden, dass im Rahmen einer Anwendung der §§ 14 bis 19 KStG die **Verlustübernahme beim Organträger nicht als nachträgliche Anschaffungskosten für die Beteiligung an der Organgesellschaft** auf dem Beteiligungskonto zu aktivieren sei. Dies gilt u. E. jedoch nicht, wenn eine steuerlich anzuerkennende Organschaft nicht vorliegt. In diesem Fall ist die Verlustübernahme, die gesellschaftsrechtlich veranlasst ist, auf dem **Beteiligungskonto** zu **aktivieren** (ebenso BFH-Urteile I R 96/88 vom 16. 5. 1990, BStBl II 1990, 797, 798, mit der allerdings unzutreffenden Behauptung, es handle sich um betrieblich veranlasste Aufwendungen, und I R 13/00 vom 24. 1. 2001, BFH/NV 2001, 1047; Sturm, DB 1991, 2055, 2056, der in der Verlustübernahme bei verunglückter Organschaft eine Steueroase für verbundene Unternehmen sieht (ähnlich Gonella/Starke, DB 1996, 248); Dötsch/Eversberg/Jost/Witt, § 14 KStG Tz. 221; a. A. FG Düsseldorf, rkr. Urteil 6 K 173/82 K vom 12. 4. 1989, EFG 1989, 478, wonach die Aktivierung daran scheitern soll, dass durch die Verlustübernahme der Wert der Beteiligung nicht erhöht werde; ebenso Döllerer, Festschrift für L. Schmidt, S. 523, 534 f.; Knepper, DStR 1993, 1613, 1615; Wichmann, BB 1992, 394, wonach es

V. Anfängliches Fehlen/späterer Wegfall eines Tatbestandsmerkmals

sich um sofort abziehbare Betriebsausgaben handeln soll; Lademann/Gassner, § 14 KStG Anm. 112, wonach die Aktivierung daran scheitern soll, dass sie handelsrechtlich unzulässig sei, siehe hierzu Glade, § 253 HGB Tz. 408). Zulässig ist eine Teilwertabschreibung auf die Beteiligung an der Organgesellschaft, wenn die Voraussetzungen hierfür vorliegen. Entspricht der Teilwert dem Buchwert vor der Erhöhung des Beteiligungskontos aufgrund der Verlustübernahme, wirkt sich die Verlustübernahme beim Organträger im Ergebnis in voller Höhe gewinnmindernd aus.

2. Der spätere Wegfall eines Tatbestandsmerkmals, insbesondere die Beendigung oder Nichtdurchführung des GAV

Waren die in den §§ 14, 17 und 18 KStG normierten Tatbestandsmerkmale ursprünglich, d. h. mindestens für das Wirtschaftsjahr der Organgesellschaft erfüllt, für das das Einkommen der Organgesellschaft erstmals dem Organträger nach § 14 KStG zugerechnet wird, und ist eines der Tatbestandsmerkmale **später** weggefallen, z. B. weil die finanzielle Eingliederung entfallen ist oder der GAV nach zwei Jahren vertraglich aufgehoben wird oder der GAV im dritten Jahr nicht durchgeführt wird, so ergeben sich für das Wirtschaftsjahr, in dessen Verlauf das fragliche Tatbestandsmerkmal weggefallen ist, die in Rz. 812 bis 821 dargestellten Rechtsfolgen. Darüber hinaus tritt die Frage auf, ob sich der Wegfall auch auf die Besteuerung der Organgesellschaft und des Organträgers in den vorangegangenen Jahren und eventuell auch in den folgenden Jahren auswirkt. Diese Frage stellt sich deshalb, weil nach § 14 Abs. 1 Satz 1 Nr. 3 KStG der GAV auf mindestens fünf Jahre abgeschlossen und grundsätzlich diesen Zeitraum hindurch aufrechterhalten und durchgeführt werden muss (siehe dazu Rz. 215 ff.). Demgemäß ist zu unterscheiden: 822

- Das Tatbestandsmerkmal fällt weg; der **GAV** ist bereits **fünf Jahre** abgeschlossen gewesen und **durchgeführt** worden. 823

  Für das Wirtschaftsjahr der Organgesellschaft, in dessen Verlauf das Tatbestandsmerkmal wegfällt, sind die §§ 14 bis 19 KStG nicht mehr anzuwenden. Hingegen bleibt die Anwendung auf die vorangegangenen Wirtschaftsjahre **unberührt**. Hierüber sind sich Verwaltung und Schrifttum einig (KStR Abschn. 55 Abs. 9 Satz 1 Nr. 2 Satz 1; Herrmann/Heuer/Raupach, § 14 KStG Anm. 213).

  Zweifelhaft ist hingegen, ob dann, wenn für die folgenden Jahre der Tatbestand der körperschaftsteuerlichen Organschaft (vgl. die §§ 14, 17, 18 KStG) wiederum erfüllt ist, der **GAV neuerdings auf fünf Jahre** abgeschlossen, während dieser Zeit aufrechterhalten und durchgeführt werden muss.

U. E. ist die Frage zu bejahen (ebenso KStR Abschn. 55 Abs. 9 Satz 1 Nr. 2 Satz 2). Wird der GAV nämlich nach Ablauf von fünf Jahren aufgehoben und nach einem weiteren Jahr ein neuer GAV abgeschlossen, fehlt dieser also als Tatbestandsmerkmal der körperschaftsteuerlichen Organschaft für ein Jahr, so kann nicht zweifelhaft sein, dass der neue GAV wiederum auf fünf Jahre abgeschlossen und durchgeführt werden muss (Herrmann/Heuer/Raupach, § 14 KStG Anm. 213). Dann kann aber für die Nichtdurchführung eines GAV nichts anderes gelten, weil alle Tatbestandsmerkmale der körperschaftsteuerlichen Organschaft **gleichwertig** sind.

824 • Das Tatbestandsmerkmal fällt weg; der **GAV ist noch keine fünf Jahre** aufrechterhalten gewesen und durchgeführt worden.

Nach Auffassung der Verwaltung sind in diesem Falle die **§§ 14 bis 19 KStG** nicht nur für das Wirtschaftsjahr der Organgesellschaft, in dessen Verlauf das Tatbestandsmerkmal wegfällt, sondern grundsätzlich (Ausnahme siehe nachfolgend) **auch für die vorangegangenen Wirtschaftsjahre nicht mehr anzuwenden** (KStR Abschn. 55 Abs. 9 Satz 1 Nr. 1). Der Wegfall des Tatbestandsmerkmals hat also **rückwirkende Kraft** (ex tunc). Denn zum Tatbestand der körperschaftsteuerlichen Organschaft gehört ein Zeitelement, das mittelbar alle Tatbestandsmerkmale erfasst, weil der GAV ja nur so lange bestehen und durchgeführt werden kann, als alle Tatbestandsmerkmale vorhanden sind. Die Anwendung der §§ 14 bis 19 KStG erweist sich damit gewissermaßen solange als auflösend bedingt, als der Fünfjahreszeitraum des § 14 KStG nicht abgelaufen ist. Tritt die Bedingung ein, fällt also ein Tatbestandsmerkmal vorzeitig weg, so erweisen sich die §§ 14 bis 19 KStG rückwirkend auch für die vorangegangenen Wirtschaftsjahre als nicht anwendbar. Etwaige rechtskräftige Veranlagungen der Organgesellschaft und des Organträgers sind nach § 175 Abs. 1 Satz 1 Nr. 2 AO zu ändern.

Ist in den Folgejahren den Voraussetzungen der §§ 14 bis 19 KStG wiederum genügt, so muss der GAV aufs Neue auf fünf Jahre abgeschlossen, während dieser Zeit aufrechterhalten und durchgeführt werden (a.A. Herrmann/Heuer/Raupach, § 14 KStG Anm. 218 für den Fall der Nichtdurchführung des GAV, wenn die Zeitspanne vom Ende des Jahres der Nichtdurchführung des Vertrags bis zum Ende der vereinbarten Mindestlaufzeit noch mindestens fünf Jahre umfasst).

825 • Sonderfall: Der GAV wird **aus wichtigem Grunde** durch Kündigung oder im gegenseitigen Einvernehmen beendigt.

Nach § 14 Abs. 1 Satz 1 Nr. 3 Satz 2 KStG ist eine vorzeitige Beendigung des GAV steuerlich unschädlich, wenn sie auf wichtigem Grunde beruht. Demge-

VI. Steuerliches Einlagekonto und Körperschaftsteuerguthaben 221

mäß sind in diesem Falle die §§ 14 bis 19 KStG zwar für das Wirtschaftsjahr der Organgesellschaft, in dessen Verlauf der GAV aus wichtigem Grunde beendigt wird, nicht mehr anzuwenden; für die vorangegangenen Jahre bleiben sie jedoch anwendbar. Die Beendigung des GAV aus wichtigem Grunde hat also keine rückwirkende Kraft (KStR Abschn. 55 Abs. 7).

Die steuerlichen Auswirkungen auf die folgenden Jahre entsprechen denen, die oben dargestellt sind.

Zur Frage, wann ein wichtiger Grund vorliegt, vgl. Rz. 217 ff.

Der Grundsatz des § 14 Abs. 1 Satz 1 Nr. 3 Satz 2 KStG lässt sich auf den Wegfall anderer Tatbestandsmerkmale als des GAV nicht entsprechend anwenden.

3. Die steuerlichen Folgen bei Organschaften aufgrund mittelbarer Beteiligung

Wird eine Organschaft, die durch mittelbare Beteiligung begründet ist, steuerlich nicht anerkannt, gelten die vorstehenden Ausführungen entsprechend. Daraus ergeben sich folgende Konsequenzen: 826

Besteht sowohl zwischen der Enkel- und der Muttergesellschaft als auch zwischen Tochter- und Muttergesellschaft ein GAV und wird nur die Organschaft zwischen Enkel- und Muttergesellschaft steuerlich nicht anerkannt, hat die Enkelgesellschaft ihr Einkommen selbst zu versteuern. Die an die Muttergesellschaft vorgenommene Gewinnabführung ist auf der 1. Stufe als Ausschüttung an die Tochtergesellschaft (verdeckte Gewinnausschüttung) und auf der 2. Stufe als Gewinnabführung der Tochtergesellschaft an die Muttergesellschaft zu werten. 827

Wird im vorgenannten Fall die Organschaft insgesamt nicht anerkannt, ist die Gewinnabführung als Ausschüttung der Enkel- an die Tochtergesellschaft und als weitere Ausschüttung der Tochter- an die Muttergesellschaft zu werten. 828

(unbesetzt) 829–850

VI. Das steuerliche Einlagekonto (§ 27 KStG) und das Körperschaftsteuerguthaben (§ 37 KStG)

1. Vorbemerkung

Mit dem Wegfall des Anrechnungsverfahrens und dem Systemwechsel zum Halbeinkünfteverfahren ist die Notwendigkeit der Gliederung des verwendbaren 851

Eigenkapitals entfallen. Die bisherigen §§ 36, 37 KStG, die diese Gliederung in Organschaftsfällen regelten, sind aufgehoben worden. Zu Einzelheiten der früheren Regelung siehe Vorauflage, Rz. 851 ff.

2. Das steuerliche Einlagekonto

852 Der Steuergesetzgeber hat jedoch nicht vollständig auf eine Gliederung des Eigenkapitals verzichtet. Eine unbeschränkt steuerpflichtige Kapitalgesellschaft hat gemäß § 27 Abs. 1 Satz 1 KStG die nicht in das Nennkapital geleisteten Einlagen auf einem besonderen Konto, dem steuerlichen Einlagekonto, auszuweisen. Dieses Konto ist erforderlich, da sich nach dem Willen des Gesetzgebers durch den Systemwechsel die steuerliche Behandlung der Rückgewähr von Einlagen gegenüber der bisherigen Praxis nicht ändern und im Grundsatz nicht zu steuerpflichtigen Beteiligungserträgen führen soll (Bundestagsdrucksache 14/2683, S. 125).

853 In Organkreisen haben der Organträger und die Organgesellschaft jeweils ein eigenes Einlagekonto zu führen.

854 § 27 Abs. 1 KStG gilt auch für Einlagen eines Organträgers in das Betriebsvermögen der Organgesellschaft. Mehr- und Minderabführungen der Organgesellschaft beeinflussen dieses Einlagekonto, § 27 Abs. 6 KStG. Dieses kann nach der Neufassung der Vorschrift nunmehr aufgrund von Mehrabführungen auch negativ werden (Köster in Herrmann/Heuer/Raupach, EStG-KStG, Jahresband 2002, § 27 KStG, Anm. J 01-11).

3. Das Körperschaftsteuerguthaben

855 Eine Kapitalgesellschaft, die bereits unter Geltung des Anrechnungsverfahrens bestand, hatte ihr verwendbares Eigenkapital gegliedert. Soweit sie über EK 40 verfügte, ermittelt sich daraus nach § 37 Abs. 1 KStG ein Körperschaftsteuerguthaben in Höhe von 1/6 des Endbestands. Dieses Körperschaftsteuerguthaben mindert sich um jeweils 1/6 der Gewinnausschüttungen, die in den folgenden Wirtschaftsjahren erfolgen und die auf einem den gesellschaftsrechtlichen Vorschriften entsprechenden Gewinnverteilungsbeschluss beruhen, § 37 Abs. 2 Satz 1 KStG. Entsprechend mindert sich auch die Körperschaftsteuer der ausschüttenden Gesellschaft.

856 Die vorgenannte Regelung gilt für Organgesellschaften nur eingeschränkt. Zwar erhält auch diese ein Körperschaftsteuerguthaben in Höhe von 1/6 des Endbestands an EK 40. Sie schüttet jedoch im Regelfall keinen Gewinn aus, sondern führt diesen aufgrund des GAV an den Organträger ab. Schüttet sie ausnahms-

VI. Steuerliches Einlagekonto und Körperschaftsteuerguthaben

weise ordnungsgemäß Gewinne aus, führt die Körperschaftsteuerminderung bei ihr zu Ertrag, den sie aufgrund des GAV an den Organträger abführen muss (siehe oben Rz. 631). Die Körperschaftsteuerminderung gilt – anders als unter Geltung des Anrechnungsverfahrens – nicht als für die Gewinnausschüttung verwendet.

Erhält eine Organgesellschaft von einer anderen Körperschaft Bezüge i. S. von § 8b Abs. 1 KStG, sind diese bei ihr zu erfassen und in dem dem Organträger zuzurechnenden Einkommen enthalten, § 15 Satz 1 Nr. 2 KStG. Die Steuerbefreiung kommt erst auf der Ebene des Organträgers zum Tragen. Entsprechendes sieht § 37 Abs. 3 Satz 2 i. V. m. Satz 1 KStG im Hinblick auf das Körperschaftsteuerguthaben vor. Ist Empfängerin der Bezüge eine Organgesellschaft und hat die Gewinnausschüttung bei der leistenden Köperschaft zu einer Körperschaftsteuerminderung geführt, erhöht sich beim Organträger dessen Körperschaftsteuer und Körperschaftsteuerguthaben um den Betrag der Körperschaftsteuerminderung bei der leistenden Körperschaft. Sinn des § 37 Abs. 3 KStG ist zu verhindern, dass während der 15-jährigen Übergangszeit im Verhältnis zwischen Tochter- und Muttergesellschaften steuerliche Vorteile dadurch erzielt werden, dass die Tochtergesellschaft ordentliche Gewinnausschüttungen an die Mutter vornimmt, die bei ihr nach § 37 Abs. 2 KStG zu einer Körperschaftsteuerminderung führen, während die Mutter die Gewinnausschüttungen nach § 8b Abs. 1 KStG steuerfrei vereinnahmen kann. Gleiches soll auch in Organschaftsfällen gelten. 857

Durch das StVergAbG ist § 37 Abs. 2 KStG neu gefasst und ein neuer Abs. 2a eingefügt worden. Danach beträgt die Minderung für Gewinnausschüttungen vor dem 1. 1. 2006 0 €; für Gewinnausschüttungen nach dem 31. 12. 2005 ist sie ebenfalls in der Höhe begrenzt. 858

(unbesetzt) 859–890

B. Die Organschaft im Gewerbesteuerrecht

Literaturverzeichnis

Kommentare:

Blümich, Kommentar zum EStG/KStG/GewStG, Loseblatt, München 1988 ff.

Glanegger/Güroff, GewStG, 5. Aufl., München 2002

Lenski/Steinberg, GewStG, Loseblatt, Köln

Meyer-Scharenberg/Popp/Woring, GewSt-Kommentar, 2. Aufl., Herne/Berlin 1996

Aufsätze:

Altehoefer, Änderungen des Gewerbesteuergesetzes durch das Steuerreformgesetz 1990, NWB F. 5, 1121

Breidenbach, Ausschüttungsbedingte Teilwertabschreibung im Falle der gewerbesteuerlichen Organschaft, DB 1991, 2157

Hofmeister, Gewerbesteuerrechtliche Organschaft und gewinnabführungsbedingte Teilwertabschreibung, DStZ 1994, 389

Hönle, Gewerbesteuerliche Organschaft, Konzernrecht der Personengesellschaft und Ungleichheiten im Gewerbesteuerrecht, DB 1986, 1246

Jonas, Keine Mitnahme von Organschaftsverlusten, DB 1990, 2394

Kolhaas, Gewerbesteuerrechtliche Behandlung der abführungsbedingten Teilwertabschreibung im Organkreis erneut auf dem Prüfstand, DStR 1998, 5

Kreuzer, Die Mehrmütterorganschaft, insbesondere gewerbesteuerliche Gestaltungsmöglichkeiten bei Darlehensgewährung an die Organgesellschaft, FR 1981, 398

Lange, Gewerbesteuerliche Organschaft und Teilwertabschreibung, BB 1990, 1039

Pöllath/Wenzel, Gewerbesteuerliche Teilwertabschreibungen bei Organschaften?, DB 1989, 797

Schiffers, Gewerbesteuerliche Organschaft als steuerliches Gestaltungsinstrument, GmbHR 1997, 883

Zacharias/Suttmeyer/Rinnewitz, Zur gewerbesteuerlichen Organschaft unter Beteiligung einer GmbH & atypisch Still, DStR 1988, 128

Aufgrund des engen Sachzusammenhangs zwischen körperschaftsteuerlicher und gewerbesteuerlicher Organschaft wird wegen weiterer Literatur auf das Literaturverzeichnis vor Teil A verwiesen.

I. Grundlegung

1. Rechtsgrundlagen, Rechtsentwicklung, Verwaltungsanweisungen

Die gewerbesteuerliche Organschaft ist in § 2 Abs. 2 Sätze 2 und 3 GewStG geregelt. Diese Vorschriften knüpfen an den in § 2 Abs. 2 Satz 1 GewStG ausgesprochenen Grundsatz an, dass die Tätigkeit einer Kapitalgesellschaft stets und in vollem Umfange als Gewerbebetrieb gilt (Gewerbebetrieb kraft Rechtsform), und statuieren dazu eine Ausnahme: Eine Kapitalgesellschaft, die in ein einziges anderes gewerbliches Unternehmen in der Weise eingegliedert ist, dass die Voraussetzungen des § 14 des Körperschaftsteuergesetzes erfüllt sind, gilt als **Betriebstätte des anderen Unternehmens.** 891

Die frühere Fassung des § 2 Abs. 2 Sätze 2 und 3 GewStG ging zurück auf das Gesetz zur Änderung des Körperschaftsteuergesetzes und anderer Gesetze vom 15. 8. 1969 (BGBl I 1969, 1182; BStBl I 1969, 471), das die körperschaftsteuerliche Organschaft durch Einfügung eines § 7a in das KStG (jetzt §§ 14 bis 19 KStG) erstmals gesetzlich regelte (siehe Rz. 2) und im Interesse einer Einheit der Rechtsordnung gleichzeitig die gesetzliche Regelung der gewerbesteuerlichen Organschaft, die bereits seit 1936 besteht, den gesetzlichen Vorschriften über die körperschaftsteuerliche Organschaft anpasste. Im Hinblick auf den Erlass eines neuen Körperschaftsteuergesetzes, des KStG 1977, ersetzte das Einführungsgesetz zum Körperschaftsteuerreformgesetz vom 6. 9. 1976 (BGBl I 1976, 2641) mit Wirkung vom Erhebungszeitraum 1977 an die in § 2 Abs. 2 Nr. 2 Satz 2 GewStG in der Fassung vom 15. 8. 1969 enthaltene Verweisung auf „§ 7a Abs. 1 Ziffer 1 und 2" durch die Verweisung auf „§ 14 Nr. 1 und 2" des Körperschaftsteuergesetzes. 892

In den letzten Jahren sind die Regelungen zur gewerbesteuerlichen Organschaft mehrmals geändert worden. Durch das **StSenkG** war die bis dahin weitgehend einheitliche Rechtslage für die körperschaft- und gewerbsteuerliche Organschaft dadurch verzerrt worden, als für die Körperschaftsteuer neben dem Abschluss eines wirksamen GAV nur noch die finanzielle Eingliederung zur Begründung eines Organschaftsverhältnisses notwendig ist. Außerdem wurde für die Körperschaftsteuer das Additionsverbot von unmittelbaren und mittelbaren Beteiligungen aufgehoben. Demgegenüber waren für die gewerbesteuerliche Organschaft neben der finanziellen Eingliederung, bei der das Additionsverbot fortgalt, weiterhin die wirtschaftliche und organisatorische Eingliederung erforderlich. 893

894 Durch das **UntStFG** findet für die **EZ ab 2002** eine **vollständige Angleichung der Voraussetzungen einer gewerbesteuerlichen Organschaft an diejenigen einer körperschaftsteuerlichen Organschaft** statt. Nunmehr bestimmt § 2 Abs. 2 Satz 2 GewStG, dass eine Kapitalgesellschaft, die Organgesellschaft i. S. der §§ 14, 17 oder 18 KStG ist, als Betriebstätte des Organträgers gilt. Die nachfolgenden Ausführungen beziehen sich, wenn nichts anderes vermerkt ist, auf die Rechtslage ab EZ 2002, wie sie sich aus dem GewStG in der Fassung des UntStFG ergibt.

895 Die **Mehrmütterorganschaft** hat der Gesetzgeber abweichend von der BFH-Rechtsprechung (siehe hierzu oben Rz. 334) in § 2 Abs. 2 Satz 3 GewStG dahin gehend geregelt, dass (wie auch im Körperschaftsteuerrecht) die **Personengesellschaft Organträger** ist. Damit kann ein Gewerbeverlust der Organgesellschaft nicht bei den Muttergesellschaften abgezogen werden. Diese Regelung soll auch für EZ vor 2002 anzuwenden sein, § 36 Abs. 2 Satz 2 GewStG. Zu den verfassungsrechtlichen Bedenken gegen die Rückwirkung siehe oben Rz. 335 und Kirchhof/Raupach, Die Unzulässigkeit einer rückwirkenden gesetzlichen Änderung der Mehrmütterorganschaft, Beilage Nr. 3/2001 zu DB, Heft 22. **Mit der Abschaffung der Mehrmütterorganschaft ab VZ 2003 durch das StVergAbG hat der Gesetzgeber neben § 14 Abs. 2 KStG auch § 2 Abs. 2 Satz 3 GewStG gestrichen.**

896 Verwaltungsanordnungen zum Vollzug des § 2 Abs. 2 Sätze 2 und 3 GewStG enthalten die in Kapitel D dieses Buches abgedruckten Abschnitte 14, 41 GewStR.

2. Zweck der Organschaft im Gewerbesteuerrecht

897 Nach der ständigen Rechtsprechung des BFH soll die Organschaft im Gewerbesteuerrecht in erster Linie den Zweck haben, „die am Aufkommen der Gewerbesteuer beteiligten Gemeinden davor zu schützen, dass verbundene Unternehmen durch interne Maßnahmen ihren Gewinn willkürlich verlagern" (BFH-Urteil I 237/61 vom 8. 1. 1963, BStBl III 1963, 188; aus neuerer Zeit vgl. Urteil I R 183/85 vom 27. 6. 1990, BStBl II 1990, 916 unter 7.). „Es sollte gewissermaßen eine Poolung der Erträge erfolgen" (BFH-Urteil I 29/53 vom 6. 10. 1953, BStBl III 1953, 329; ferner z. B. BFH-Urteil I 338/60 U vom 23. 3. 1965, BStBl III 1965, 449). In neuerer Zeit betont die Rechtsprechung aber zunehmend auch, dass die gewerbesteuerlichen Vorschriften über die Organschaft „mit ihrer steuerlichen Berücksichtigung der wirtschaftlichen Einheit zweier rechtlich selbständiger Unternehmen" dazu dienen, „die ohne diese Berücksichtigung unvermeidbare zweimalige Erfassung des wirtschaftlich gleichen Ertrages durch die gleiche Steuerart

II. Die Voraussetzungen der Organschaft

auszuschließen" (BFH-Urteil I R 5/73 vom 9. 10. 1974, BStBl II 1975, 179; siehe auch BFH-Urteil I R 171/68 vom 26. 1. 1972, BStBl II 1972, 358). Demgemäß spricht der BFH von einem „Verbot der doppelten Erfassung des Gewerbeertrags und des Gewerbekapitals" in Organschaftsfällen (BFH-Urteil I R 182/72 vom 23. 10. 1974, BStBl II 1975, 46).

Unabhängig von der Streitfrage, welchem Zweck die gewerbesteuerliche Organschaft dient, führt sie aber auf jeden Fall gewissermaßen automatisch – ebenso wie die körperschaftsteuerliche Organschaft – mindestens dazu, dass mehrere rechtlich selbständige Unternehmen Gewinne mit Verlusten und positives mit negativem Gewerbekapital ausgleichen können (vgl. auch Schiffers, GmbHR 1997, 883 mit Berechnungsbeispiel). 898

II. Die Voraussetzungen der Organschaft im Gewerbesteuerrecht (der Tatbestand des § 2 Abs. 2 Sätze 2 und 3 GewStG)

Nach § 2 Abs. 2 Satz 2 GewStG gilt eine Kapitalgesellschaft dann als Betriebstätte eines anderen Unternehmens, wenn sie eine Organgesellschaft i. S. der §§ 14, 17 oder 18 KStG ist. 899

Die Tatbestandsmerkmale der gewerbesteuerlichen Organschaft stimmen also mit denen der körperschaftsteuerlichen Organschaft vollständig überein. **Dies gilt nunmehr auch hinsichtlich des Erfordernisses des Abschlusses und der Durchführung eines Gewinnabführungsvertrags.** Im Einzelnen gilt: 900

1. Die Organgesellschaft

Nach dem klaren und eindeutigen Wortlaut des § 2 Abs. 2 Satz 2 GewStG kann **nur eine Kapitalgesellschaft,** also eine AG, eine KGaA oder eine GmbH, in einem gewerbesteuerlichen Organschaftsverhältnis zu einem anderen Unternehmen stehen. Erwerbs- und Wirtschaftsgenossenschaften und Versicherungsvereine auf Gegenseitigkeit können, obwohl sie gewerbesteuerpflichtig kraft Rechtsform sind, im Gewerbesteuerrecht ebensowenig wie im Körperschaftsteuerrecht Organgesellschaften sein. 901

Nicht erforderlich ist, dass die Kapitalgesellschaft gewerblich tätig ist (BFH-Urteil I R 3/69 vom 8. 12. 1971, BStBl II 1972, 289). 902

Eine GmbH & Co. KG war nach der früheren ständigen Rechtsprechung des BFH bei Beteiligung einer GmbH als einziger persönlich haftenden Gesellschafterin schon wegen dieser Beteiligung gewerbesteuerpflichtig, weil die GmbH, die kraft 903

Rechtsform gewerbesteuerpflichtig ist, der KG in diesem Falle das Gepräge gibt (sog. **Geprägerechtsprechung**, vgl. BFH-Urteile IV R 235/76 vom 3. 8. 1972, BStBl II 1972, 799 und I R 116/75 vom 18. 2. 1976, BStBl II 1976, 480) und erzielt nach Aufgabe der Geprägerechtsprechung (Beschluss des Großen Senats GrS 4/72 vom 25. 6. 1984, BStBl II 1984, 751, 761) gemäß § 15 Abs. 3 Nr. 2 EStG gewerbliche Einkünfte (sog. **Gepräge-Gesetz**), wenn ausschließlich eine oder mehrere Kapitalgesellschaften persönlich haftende Gesellschafter sind und nur diese oder Personen, die nicht Gesellschafter sind, zur Geschäftsführung befugt sind (**gewerblich geprägte Personengesellschaft**). Erzielt eine KG Einkünfte aus Gewerbebetrieb, führt dies grundsätzlich auch zur Gewerbesteuerpflicht. Die **GmbH & Co. KG** ist aber gleichwohl **keine Kapitalgesellschaft** und kann deshalb nicht Organgesellschaft sein (BFH-Urteile I R 253/71 vom 7. 1. 1973, BStBl II 1973, 269; I R 119/71 vom 7. 3. 1973, BStBl II 1973, 562; IV R 56/80 vom 10. 11. 1983, BStBl II 1984, 150 und IV R 221/84 vom 17. 4. 1986, BFH/NV 1988, 116; Blümich/Obermeier, § 2 GewStG Rz. 682; Sarrazin in Lenski/Steinberg, § 2 GewStG Anm. 3021; Popp in Meyer-Scharenberg/Popp/Woring, § 2 GewStG Rn. 549; kritisch zur Gesetzeslage, die er als willkürlich bezeichnet, Hönle, DB 1986, 1246 ff.).

904 Die Folgen der gewerbesteuerlichen Organschaft treten nicht ein, wenn am Gewerbebetrieb einer Organgesellschaft ein atypisch stiller Gesellschafter beteiligt ist, z. B. bei einer **GmbH & atypisch Still** (BFH-Urteile VIII R 54/93 vom 25. 7. 1995, BStBl II 1995, 794, und I R 76/93 vom 25. 10. 1995, BFH/NV 1996, 504). Der BFH lässt offen, ob eine solche Gesellschaft Organgesellschaft sein könnte. Die Wirkungen einer gewerbesteuerlichen Organschaft würden nach dem Wesen der Gewerbesteuer als Objektsteuer und dem Sinn und Zweck der Hinzurechnungs- sowie Kürzungsvorschriften durch die Mitunternehmerschaft verdrängt.

905 Im Gegensatz zum Körperschaftsteuerrecht war für EZ vor 2002 **nicht erforderlich**, dass die Kapitalgesellschaft **Geschäftsleitung und Sitz im Inland** hatte. Erforderlich war lediglich, dass sie im Inland einen Gewerbebetrieb betreibt, d. h. im Inland oder auf einem in einem inländischen Schiffahrtsregister eingetragenen Kauffahrteischiff eine Betriebstätte i. S. von § 12 AO 1977 unterhielt (arg. § 2 Abs. 1 GewStG). Deshalb konnte auch eine **ausländische Kapitalgesellschaft**, also eine Kapitalgesellschaft mit Sitz im Ausland, Organgesellschaft i.S. von § 2 Abs. 2 Satz 2 GewStG sein (BFH-Urteil I R 81/76 vom 28.3.1979, BStBl II 1979, 447).

906 Mit der Angleichung der gewerbesteuerlichen an die körperschaftsteuerliche Organschaft ist dies nicht mehr möglich, weil das ausländische Unternehmen weder nach § 14 noch nach § 18 KStG Organgesellschaft sein kann. Die Voraussetzung,

II. Die Voraussetzungen der Organschaft

dass die **Organgesellschaft Sitz und Geschäftsleitung im Inland** haben muss, ist bestehen geblieben (a.A. Güroff in Glanegger/Güroff, § 2 GewStG, Anm. 194, ohne auf die Änderung der Rechtslage einzugehen).

Organgesellschaft kann auch die Vorgesellschaft einer AG, KGaA oder GmbH sein (FG Hamburg II 118/83 vom 28. 11. 1985, EFG 1986, 414; Popp, a. a. O., Rn. 545 f.; zu Einzelheiten siehe oben Rz. 34). 907

2. Der Organträger

Die Rechtsform des Organträgers ist für die gewerbesteuerliche Organschaft ohne Bedeutung. Der Inhaber des gewerblichen Unternehmens, in das die Organgesellschaft eingegliedert ist, kann also eine natürliche Person, eine Personengesellschaft oder eine juristische Person, insbesondere eine Kapitalgesellschaft sein. 908

Der Organträger muss Inhaber eines „gewerblichen Unternehmens" sein. 909

Der Begriff des gewerblichen Unternehmens i. S. des § 2 Abs. 2 Satz 2 GewStG stimmt mit dem Begriff des gewerblichen Unternehmens i. S. des § 14 KStG überein. Die Ausführungen in Rz. 57 ff. gelten daher in vollem Umfange auch für die gewerbesteuerliche Organschaft. 910

Zweifelhaft konnte früher sein, was gewerbesteuerlich unter einem „inländischen" gewerblichen Unternehmen zu verstehen war (siehe hierzu Vorauflage, Rz. 911 ff.). Der BFH hat hierzu mit Urteil I R 91, 102/97 vom 10.11.1998 (BStBl II 1999, 306) entschieden, dass eine Kapitalgesellschaft mit Sitz im Ausland, aber Geschäftsleitung im Inland als inländisches gewerbliches Unternehmen Organträger i. S. von § 2 Abs. 2 Satz 2 GewStG sein könne. 911

Dies ergibt sich nunmehr eindeutig aus der Streichung des Wortes „inländisch" in § 14 Abs. 1 Einleitungssatz KStG (siehe hierzu oben, Rz. 71). 912

(unbesetzt) 913

Nach § 2 Abs. 2 Satz 2 GewStG i.V.m. § 18 KStG genügt es aber auch, wenn der Organträger Inhaber eines ausländischen gewerblichen Unternehmens ist, sofern die **Eingliederung der Organgesellschaft im Verhältnis zu einer inländischen im Handelsregister eingetragenen Zweigniederlassung dieses ausländischen gewerblichen Unternehmens** besteht. 914

Zur Personengesellschaft als Organträger siehe Rz. 924 ff. 915

Organträger kann auch die **Vorgesellschaft** einer Kapitalgesellschaft sein. 916

3. Die finanzielle Eingliederung

917 *(unbesetzt)*

918 Die tatbestandlichen Voraussetzungen der gewerbesteuerlichen Organschaft stimmen insoweit mit denen der körperschaftsteuerlichen Organschaft voll und ganz überein. Es kann deshalb in vollem Umfange auf die Ausführungen in Rz. 74 ff. verwiesen werden.

4. Die wirtschaftliche und organisatorische Eingliederung

919 Diese Erfordernisse sind ab EZ 2002 weggefallen. Für 2001 war die wirtschaftliche und organisatorische Eingliederung hingegen gewerbesteuerlich noch erforderlich.

920 *(unbesetzt)*

5. Zeitliche Voraussetzungen der organschaftlichen Eingliederung

921 Aus der Verweisung in § 2 Abs. 2 Satz 2 GewStG auf das KStG ergibt sich nicht nur, dass zu den Voraussetzungen einer gewerbesteuerlichen Organschaft die finanzielle Eingliederung der Organgesellschaft in das gewerbliche Unternehmen des Organträgers gehört, sondern auch, dass diese Eingliederung den zeitlichen Voraussetzungen des § 14 Abs. 1 Satz 1 Nr. 1 KStG genügen, d. h. „vom Beginn des Wirtschaftsjahrs der Organgesellschaft an ununterbrochen" gegeben sein muss. Lediglich die **Wirkungen dieser zeitlichen Anforderungen** sind gewerbesteuerlich insofern **weitreichender**, als, wie im einzelnen noch auszuführen sein wird (siehe Rz. 961 ff.), mit der Begründung des Organschaftsverhältnisses gewerbesteuerlich anders als im Körperschaftsteuerrecht die persönliche Steuerpflicht der Organgesellschaft wegfällt und mit der Beendigung des Organschaftsverhältnisses die persönliche Steuerpflicht neu entsteht (unklar GewStR Abschn. 14 Abs. 2, der nicht zwischen persönlicher und sachlicher Steuerpflicht trennt; vgl. hierzu BFH-Urteil I R 183/74 vom 16. 2. 1977, BStBl II 1977, 560; Güroff in Glanegger/Güroff, § 2 GewStG Anm. 200).

> **Beispiel 1:**
>
> Das Wirtschaftsjahr der O-GmbH entspricht dem Kalenderjahr. Der Einzelkaufmann A erwirbt am 1. 7. 2002 eine Mehrheitsbeteiligung an der O-GmbH; gleichzeitig wird ein GHV abgeschlossen. – Die O-GmbH steht erst ab 1. 1. 2003 in einem gewerbesteuerlichen Organschaftsverhältnis zu A. Erst von diesem Zeitpunkt an fällt die persönliche Gewerbesteuerpflicht weg. Für das gesamte Ergebnis des Jahres 2002 bleibt die O-GmbH selbst gewerbesteuerpflichtig; eine Zusammenrechnung mit dem Ergebnis

II. Die Voraussetzungen der Organschaft

des A ist insoweit nicht möglich. Etwas anderes gilt nur, wenn die O-GmbH ihr Wirtschaftsjahr auf den 1. 7. umstellt.

Beispiel 2:
Das Wirtschaftsjahr der O-GmbH entspricht dem Kalenderjahr. Die O-GmbH steht in einem gewerbesteuerlichen Organschaftsverhältnis zum Einzelkaufmann A. Dieser veräußert seine Beteiligung an der O-GmbH am 30. 6. 2002. – Da die finanzielle Eingliederung für das Jahr 2002 nicht ununterbrochen bestanden hat, ist § 2 Abs. 2 Satz 2 GewStG für dieses Jahr nicht anwendbar. Das Organschaftsverhältnis ist mit Wirkung vom 31. 12. 2001 beendet. Die O-GmbH ist bereits ab 1. 1. 2002 wiederum persönlich gewerbesteuerpflichtig. Sie hat das Ergebnis des gesamten Wirtschaftsjahrs 2002 selbst zu versteuern. Etwas anderes gilt wiederum nur, wenn die O-GmbH ihr Wirtschaftsjahr auf den 1. 7. umstellt.

Im Übrigen gelten Rz. 163 ff. auch für die gewerbesteuerliche Organschaft. 922

6. Der Gewinnabführungsvertrag und seine Durchführung

Da ab EZ 2002 der Abschluss und die Durchführung eines GAV auch Tatbestandsmerkmal der gewerbesteuerlichen Organschaft sind, kann insoweit auf die Ausführungen oben Rz. 201 ff. verwiesen werden. 923

7. Die Personengesellschaft als Organträger

Auch hier ergeben sich nach der Angleichung der gewerbesteuerlichen an die körperschaftsteuerliche Organschaft keine Abweichungen mehr (zu Problemen vor EZ 2002 siehe Vorauflage, Rz. 924 ff.). Die Ausführungen in Rz. 311 ff. gelten auch hier. 924

(unbesetzt) 925–929

8. Das Holding-Unternehmen als Organträger

Die in Rz. 361 ff. dargestellten Grundsätze zur Frage, ob ein Organschaftsverhältnis zu einer Holding möglich ist, gelten in gleicher Weise für den Bereich der Gewerbesteuer. 930

9. Betriebsaufspaltung und Organschaft

Die in Rz. 401 ff. dargestellten Grundsätze zur Frage, unter welchen Voraussetzungen in Fällen der Betriebsaufspaltung ein Organschaftsverhältnis zwischen dem Besitzunternehmen als Organträger und der Betriebskapitalgesellschaft als 931

Organgesellschaft möglich ist, gelten in gleicher Weise für den Bereich der Gewerbesteuer. Demgemäß liegt bei einer Betriebsaufspaltung zwischen dem Besitzunternehmen und der Betriebskapitalgesellschaft regelmäßig kein Organschaftsverhältnis vor.

932 Den tatbestandlichen Voraussetzungen eines Organschaftsverhältnisses i. S. von § 2 Abs. 2 Satz 2 GewStG ist jedoch ausnahmsweise genügt (vgl. Abschn. 14 Abs. 7 GewStR), wenn

- das Besitzunternehmen nicht nur Besitzunternehmen ist, sondern auch die Voraussetzungen erfüllt, unter denen nach den oben zitierten BFH-Urteilen ein Organschaftsverhältnis zu einer Holding anzuerkennen ist, insbesondere also, wenn das Besitzunternehmen die einheitliche Konzernleitung gegenüber mehreren abhängigen Gesellschaften in äußerlich erkennbarer Weise ausübt oder

- das Besitzunternehmen nicht nur reines Besitzunternehmen ist, sondern eine eigene gewerbliche Tätigkeit i. S. des § 15 Abs. 2 EStG entfaltet (z. B. die von der Betriebskapitalgesellschaft hergestellten Waren vertreibt) und damit selbst einen Gewerbebetrieb unterhält, in den die Betriebskapitalgesellschaft wirtschaftlich eingegliedert ist (BFH-Urteile I R 120/70 vom 18. 4. 1973, BStBl II 1973, 740 und IV R 100/85 vom 21. 1. 1988, BStBl II 1988, 456, 457).

933 Auch in Fällen einer „umgekehrten Betriebsaufspaltung", d. h. bei Ausgliederung des Betriebs einer Kapitalgesellschaft auf eine Personengesellschaft und Beschränkung der Tätigkeit der Kapitalgesellschaft auf Vermögensverwaltung (z. B. Verpachtung des Grundbesitzes), kann zwischen der Personengesellschaft als Organträgerin und der Kapitalgesellschaft als Organgesellschaft gewerbesteuerlich ein Organschaftsverhältnis bestehen (Niedersächsisches FG VI Kö 11/73 vom 8. 7. 1975, EFG 1976, 146, bestätigt durch BFH-Urteil I R 204/75 vom 12. 1. 1977, BStBl II 1977, 357).

10. Organschaft im Beitrittsgebiet

934 Das Recht der Besitz- und Verkehrsteuern der Bundesrepublik Deutschland, damit auch das GewStG, gilt auf dem Gebiet der ehemaligen DDR erst ab dem 1. 1. 1991. Das GewStG der DDR sah keine dem § 2 Abs. 2 Satz 2 GewStG entsprechende Regelung vor. Deshalb war im Jahr 1990 im Beitrittsgebiet eine gewerbesteuerliche Organschaft nicht möglich (BFH-Urteil I R 58/98 vom 18. 2. 1999 in Bestätigung des Urteils des FG Berlin 8 K 8299/95 vom 23. 2. 1998, EFG 1998, 1277; a.A. FG des Landes Sachsen-Anhalt, Urteil II 219/96 vom 27. 2. 1998, EFG 1998, 1278).

11. Verfahrensfragen

Siehe zunächst Rz. 964, 971. 935

Über das Vorliegen einer gewerbesteuerlichen Organschaft ist verbindlich im Gewerbesteuermeßbescheid des – vermeintlichen – Organträgers zu entscheiden, nicht im Zerlegungsverfahren (BFH-Urteil IV R 100/85 vom 21. 1. 1988, BStBl II 1988, 456, und VIII R 45/90 vom 12. 5. 1992, BFH/NV 1993, 191; Güroff in Glanegger/Güroff, § 2 GewStG Anm. 200; zur Einschränkung des Rechtsschutzes der Gemeinde siehe FG Münster, rkr. Urteil 7 K 3613/92 G vom 23. 9. 1997, EFG 1998, 226). 936

Zweifelhaft ist, ob die Organgesellschaft selber befugt ist, **Rechtsbehelf** gegen den Gewerbesteuermeßbescheid einzulegen, weil sie gemäß § 73 AO für die Steuern des Organträgers haftet, für welche die Organschaft zwischen beiden steuerlich von Bedeutung ist (bejahend BVerwG, Urteil 8 C 20/90 vom 12. 3. 1993, NJW 1993, 2453; Kunz in Beermann, Steuerliches Verfahrensrecht, § 184 AO Rz. 25). U. E. ist dies zu verneinen. Es gibt keine generelle Rechtsbehelfsbefugnis eines möglichen Haftungsschuldners gegen den seiner Haftung „zugrunde liegenden" Steuerbescheid. Das Steuerfestsetzungs- und das Haftungsverfahren stehen grundsätzlich getrennt nebeneinander. 937

Verneint die Verwaltung das Vorliegen einer Organschaft, ergehen getrennte Gewerbesteuermeßbescheide gegen beide Rechtsträger. Die vermeintliche Organgesellschaft kann gegen den Gewerbesteuermeßbescheid Einspruch einlegen und dessen Aufhebung wegen fehlender persönlicher Gewerbesteuerpflicht begehren. Der vermeintliche Organträger ist, wenn der Gewerbeertrag der vermeintlichen Organgesellschaft positiv ist, durch den an ihn ergangenen Bescheid nicht beschwert. Aufgrund des Prinzips der Abschnittsbesteuerung wird in jedem Gewerbesteuermeßbescheid ohne Bindungswirkung für die Folgejahre entschieden, ob die Voraussetzungen der Organschaft vorliegen. Ist der Gewerbeertrag hingegen negativ, kann der vermeintliche Organträger Einspruch einlegen mit dem Ziel, ihm diesen negativen Gewerbeertrag zuzurechnen. 938

Bejaht die Verwaltung hingegen ein Organschaftsverhältnis, kann sich nur der von ihr als Organträger angesehene Rechtsträger gegen den an ihn gerichteten Gewerbesteuermeßbescheid, in den das Ergebnis der Organgesellschaft einbezogen ist, wehren. In diesem Verfahren wird verbindlich, d. h. auch mit Wirkung gegenüber der Organgesellschaft, entschieden, ob eine Organschaft vorliegt. Eine Rechtsbehelfsbefugnis der Organgesellschaft ist u. E. nicht gegeben. 939

940 Will die Verwaltung für den Fall, dass das Gericht ihrer Auffassung nicht folgt, bei dem anderen Rechtsträger die daraus folgenden Konsequenzen ziehen, muss sie dessen **Beiladung** zu dem Verfahren nach § 174 Abs. 5 Satz 2 AO beantragen (zur Zulässigkeit dieser „Antragsbeiladung" bei Streit über das Bestehen eines Organschaftsverhältnisses s. BFH-Beschlüsse VIII B 20/95 vom 30. 1. 1996, BFH/NV 1996, 524 und V B 3/98 vom 4. 3. 1998, BFH/NV 1998, 1056). Ein Fall einer notwendigen Hinzuziehung (§ 360 Abs. 3 AO) oder Beiladung (§ 60 Abs. 3 FGO) liegt in den zuvor geschilderten möglichen Rechtsbehelfsverfahren wohl nicht vor.

941 Zur Zuständigkeit für die **Verlustfeststellung** nach § 10a GewStG in Organschaftsfällen siehe Bayerisches Staatsministerium der Finanzen, Erlass vom 20. 10. 1993, DB 1993, 2262.

942–960 *(unbesetzt)*

III. Die Rechtswirkungen der Organschaft im Gewerbesteuerrecht (die Rechtsfolgen des § 2 Abs. 2 Satz 2 GewStG)

1. Grundlegung

961 Nach § 2 Abs. 2 Satz 2 GewStG gilt die **Organgesellschaft als Betriebstätte des Organträgers**. Die rechtliche Tragweite dieser knappen gesetzlichen Aussage über die gewerbesteuerlichen Rechtsfolgen eines Organschaftsverhältnisses ist bis heute nicht restlos geklärt. Eckwerte der denkbaren Interpretationsmöglichkeiten sind

- einmal die Auffassung, die Wirkungen eines Organschaftsverhältnisses im Gewerbesteuerrecht seien auf die Zusammenrechnung der Gewerbeerträge und Gewerbekapitalien von Organträger und Organgesellschaft nur für die Zwecke der Zerlegung beschränkt und

- zum anderen eine mit allen Konsequenzen durchgeführte Einheits- oder Filialtheorie, derzufolge die Organgesellschaft schlechthin unselbständige Betriebstätte des Organträgers ist und daher bereits die Begründung des Organschaftsverhältnisses gewerbesteuerlich den Charakter einer Auflösung der Organgesellschaft oder einer Umwandlung der Organgesellschaft auf den Organträger und umgekehrt die Beendigung des Organschaftsverhältnisses

III. Die Rechtswirkungen der Organschaft 235

gewerbesteuerlich den Charakter einer Einbringung eines Teilbetriebs in eine Kapitalgesellschaft hat.

Der **Bundesfinanzhof** bekennt sich in ständiger Rechtsprechung zu einer **eingeschränkten** (gebrochenen) **Einheits- oder Filialtheorie**; er hat aber hierfür bislang noch keine dogmatische Grundlage entwickelt, aus der sich die Lösung offener Einzelfragen einwandfrei ableiten ließe. Der BFH begnügt sich damit, das Wesen der von ihm praktizierten eingeschränkten Einheitstheorie mit der Feststellung zu umschreiben, die Organgesellschaft gelte zwar als Betriebstätte des Organträgers, werde aber nicht in jeder Hinsicht als bloße Betriebstätte behandelt. 962

Die Verwaltungspraxis folgt im wesentlichen der Rechtsprechung des BFH. Im Einzelnen sind folgende Grundsätze anerkannt: 963

Die **Organgesellschaft** selbst ist **nicht gewerbesteuerpflichtig**. Mit der Begründung eines gewerbesteuerlichen Organschaftsverhältnisses erlischt die **persönliche** – jedoch nicht die sachliche – **Steuerpflicht** der Organgesellschaft (einschränkend BFH-Urteil I R 183/85 vom 27. 6. 1990, BStBl II 1990, 916, 918, wonach die Gewerbesteuerpflicht nicht untergeht, sondern lediglich für die Dauer der Organschaft dem Organträger zugerechnet wird). Gegen die Organgesellschaft ergeht weder ein Gewerbesteuermessbescheid noch ein Gewerbesteuerbescheid. Besteuert wird nur noch der Organträger (vgl. RFH-Urteil 205/38 vom 12. 12. 1939, RStBl 1940, 29; BFH-Urteil I 29/53 U vom 6. 10. 1953, BStBl III 1953, 329; GewStR Abschn. 14). 964

Organgesellschaft und Organträger bleiben aber **zivilrechtlich selbständig und bilanzierungspflichtig**, sie bilden also kein einheitliches Unternehmen (dazu neigend aber FG Münster, rkr. Urteil 10 K 6043/96 F vom 10. 12. 1997, EFG 1998, 767). Deshalb ist der Gewerbeertrag von Organgesellschaft und Organträger grundsätzlich getrennt nach den für das einzelne Unternehmen maßgebenden Vorschriften zu ermitteln (ständige BFH-Rechtsprechung seit dem Urteil I 29/53 U vom 6. 10. 1953, BStBl III 1953, 329; vgl. aus jüngerer Zeit BFH-Urteile VIII R 54/93 vom 25. 7. 1995, BStBl II 1995, 794, und I R 76/93 vom 25. 10. 1995, BFH/NV 1996, 504; FG des Saarlandes, Urteil 1 K 347/98 vom 14. 11. 2001, EFG 2002, 214, Revision eingelegt, Az. des BFH I R 100/01; siehe auch Meyer-Scharenberg, § 7 GewStG, Rdn. 28). Zur Ermittlung des Gewerbeertrags von Organgesellschaft und Organträger wird also keine gewerbesteuerliche Einheitsbilanz aufgestellt. Vielmehr ist für die Gewinnermittlung als Grundlage des Gewerbeertrags gemäß § 7 GewStG Ausgangspunkt jeweils die Einkommen- 965 bzw. Körperschaftsteuerbilanz der Organgesellschaft und des Organträgers, die grundsätzlich so zu erstellen sind, wie wenn kein Organschaftsverhältnis bestünde (GewStR Abschn. 41). Ebenso wird zur Ermittlung des Gewerbekapitals (aufgehoben mit Wirkung ab Erhebungszeitraum 1998 durch das Gesetz zur Fortsetzung der Unternehmenssteuerreform vom 29. 10. 1997, BGBl I 1997, 2590) von Organgesellschaft und Organträger nicht etwa ein einheitlicher Einheitswert des gewerblichen Betriebs des Organkreises festgestellt. Vielmehr ist Ausgangspunkt für die Ermittlung des Gewerbekapitals jeweils der für Organgesellschaft und Organträger **getrennt festgesetzte Einheitswert des Gewerbebetriebs** (GewStR Abschn. 83).

966 Bei der Ermittlung der Gewerbeerträge von Organträger und Organgesellschaft, die dann bei der Festsetzung eines einheitlichen Steuermeßbetrags für den Organträger zusammengerechnet werden (siehe Rz. 967), sind allerdings **Hinzurechnungen** nach § 8 GewStG insoweit nicht vorzunehmen, als die in Frage kommenden Beträge (z. B. Zinsen, Mieten, Schulden und Forderungen) bereits in einem der zusammenzurechnenden Gewerbeerträge enthalten sind und die Hinzurechnungen daher zur doppelten Erfassung dieser Beträge im Organkreis führen würden (BFH-Urteile I 29/53 U vom 6. 10. 1953, BStBl III 1953, 329; I 198/65 vom 29. 5. 1968, BStBl III 1968, 807; I R 5/73 vom 9. 10. 1974, BStBl II 1975, 179; I R 182/72 vom 23. 10. 1974, BStBl II 1975, 46; I R 56/82 vom 6. 11. 1985, BStBl II 1986, 73, 75; Meyer-Scharenberg, a. a. O.; GewStR Abschn. 41 Abs. 1 und Abschn. 83 Abs. 2). Rechtsgrundlage der Korrekturen ist § 2 Abs. 2 Satz 2 GewStG (BFH-Urteil I R 10/93 vom 2. 2. 1994, BStBl II 1994, 768). Dies gilt nach Auffassung des BFH (Urteil XI R 47/89 vom 23. 1. 1992, BStBl II 1992, 630) jedoch dann nicht, wenn eine doppelte Erfassung – wie im Fall der § 8 Nr. 7 und 9 Nr. 4 GewStG – deswegen ausscheidet, weil eine der Hinzurechnung entsprechende Kürzung bei dem anderen Gewerbetreibenden vorzunehmen ist (zustimmend Güroff in Glanegger/Güroff, § 8 Nr. 7 GewStG Anm. 23). Grundsätzlich seien die Hinzurechnungs- und Kürzungsvorschriften auch in Organschaftsfällen vorrangig anzuwenden.

967 Der Gewerbeertrag der Organgesellschaft wird beim Organträger zur Besteuerung herangezogen, wie wenn der Gewerbebetrieb der Organgesellschaft ein unselbständiger Teil des Gewerbebetriebs des Organträgers wäre. Der getrennt ermittelte **Gewerbeertrag** der Organgesellschaft ist zu diesem Zwecke im Wege einer **Addition** dem ebenfalls getrennt ermittelten Gewerbeertrag des Organträgers hinzuzurechnen (BFH-Urteil I R 44/95 vom 18. 9. 1996, BStBl II 1997, 181). Die Addition führt immer dann, wenn einer der zu addierenden Beträge, also der Gewerbeertrag der Organgesellschaft oder des Organträgers, negativ ist,

III. Die Rechtswirkungen der Organschaft

zu einem Ausgleich zwischen positivem und negativem Gewerbeertrag von Organgesellschaft und Organträger. Bei der Ermittlung des Steuermessbetrags nach dem Gewerbeertrag durch Anwendung der Steuermesszahl auf den Gewerbeertrag (§ 11 GewStG) ist dann auf die Summe aus Gewerbeertrag der Organgesellschaft und des Organträgers die Steuermesszahl anzuwenden, die nach § 11 GewStG für den Organträger maßgebend ist. Der Gewerbesteuermessbetrag ist für den Organträger festzusetzen. **Der Gewerbesteuermessbescheid ergeht nur gegen den Organträger.**

(unbesetzt) 968–969

Der gegen den Organträger festgesetzte Gewerbesteuermessbetrag wird gemäß § 28 GewStG auf alle Gemeinden **zerlegt**, in denen der Organträger und die Organgesellschaft im Erhebungszeitraum Betriebstätten unterhalten haben. Wenn § 2 Abs. 2 Satz 2 GewStG bestimmt, dass die Organgesellschaft als Betriebstätte des Organträgers gilt, so heißt das zwar nicht, dass die Organgesellschaft stets und unabhängig vom allgemeinen Betriebstättenbegriff als Betriebstätte anzusehen ist, wohl aber, dass die Betriebstätten der Organgesellschaft für die Zerlegung als Betriebstätten des Organträgers zu behandeln sind. Es sind also alle Gemeinden, in denen sich Betriebstätten der Organgesellschaft befinden, an der Zerlegung des Gewerbesteuermessbetrags zu beteiligen, der für den Organträger unter Einbeziehung des Gewerbeertrags und des Gewerbekapitals der Organgesellschaft festgesetzt wird. Maßgebend ist dabei der jeweils einschlägige Zerlegungsmaßstab, bei dessen Anwendung die Betriebstätten der Organgesellschaft wiederum als Betriebstätten des Organträgers gelten. Einwendungen gegen die Annahme einer gewerbesteuerlichen Organschaft können im Verfahren über die Zerlegung des Gewerbesteuermessbetrags nicht erfolgreich erhoben werden, weil hierüber allein bei der Gewerbesteuermessbetragsfestsetzung zu entscheiden ist und diese Festsetzung für das Zerlegungsverfahren bindend ist (FG Münster, Urteil 4 K 3886/98 Zerl vom 14. 8. 2000, EFG 2001, 6, Revision eingelegt, Az. des BFH X R 60/00). 970

Auf der Grundlage des durch den Gewerbesteuermessbescheid gegen den Organträger festgesetzten Steuermessbetrags und in Zerlegungsfällen außerdem auf der Grundlage des durch den Zerlegungsbescheid festgestellten Zerlegungsanteils setzen die hebeberechtigten Gemeinden durch **Steuerbescheid gegen den Organträger** die Gewerbesteuer fest. **Steuerschuldner** ist ausschließlich der **Organträger**. Die **Organgesellschaft haftet** aber für die Gewerbesteuerschuld des Organträgers (vgl. § 73 AO). 971

Zur Zerlegung bei vom Erhebungszeitraum abweichenden Wirtschaftsjahren siehe unten Rz. 985.

2. Einzelfragen zur Ermittlung des Gewerbeertrags bzw. des Gewerbekapitals von Organgesellschaft und Organträger und zur Zusammenrechnung dieser Gewerbeerträge

2.1 Hinzurechnungen nach § 8 GewStG

972 Zur **Vermeidung einer doppelten steuerlichen Belastung** unterbleiben Hinzurechnungen nach § 8 GewStG, soweit die in Betracht kommenden Beträge bereits bei den zusammenzurechnenden Gewerbeerträgen gewinnerhöhend berücksichtigt sind (siehe Rz. 966). Demgemäß sind z. B. Dauerschuldzinsen nicht nach § 8 Nr. 1 GewStG hinzuzurechnen, wenn es sich um Schuldverhältnisse zwischen dem Organträger und der Organgesellschaft handelt.

Beispiel:

Der Organträger hat der Organgesellschaft ein langfristiges verzinsliches Darlehen gewährt. Die Zinsen für dieses Darlehen sind im Gewerbeertrag des Organträgers enthalten. Die Zinsen sind bei der Ermittlung des Gewerbeertrags der Organgesellschaft nicht zuzurechnen.

973 Diese Grundsätze gelten in gleicher Weise für Schulden zwischen zwei Organgesellschaften desselben Organträgers (BFH-Urteil I R 182/72 vom 23. 10. 1974, BStBl II 1975, 46, Güroff in Glanegger/Güroff, § 2 GewStG Anm. 202).

974 Die mit dem Erwerb einer **Schachtelbeteiligung** an einem zum Organkreis gehörenden Gewerbebetrieb wirtschaftlich zusammenhängenden Schulden gegenüber einem nicht zum Organkreis gehörenden Gläubiger (**Außenschulden des Organkreises**) sind bei der Ermittlung des Gewerbekapitals des Organkreises abzuziehen (BFH-Urteil I R 44/95 vom 18. 9. 1996, BStBl II 1997, 181).

975 Hingegen sind dann, wenn eine nach § 5 Abs. 1 Nr. 3 KStG und § 3 Nr. 9 GewStG **steuerfreie Unterstützungskasse in der Rechtsform einer GmbH** dem Trägerunternehmen darlehensweise die nicht selbst benötigten Mittel überlässt, die Zinsen, die das Trägerunternehmen an die Unterstützungskasse zahlt, bei der Ermittlung des Gewerbeertrags des Trägerunternehmens auch dann gemäß § 8 Nr. 1 GewStG hinzuzurechnen, wenn man unterstellt, dass zwischen dem Trägerunternehmen als Organträger und der Unterstützungskasse als Organgesellschaft trotz deren Gewerbesteuerfreiheit ein gewerbesteuerrechtliches Organschaftsverhältnis bestehen kann; denn infolge der Freistellung der GmbH von der Steuerpflicht findet eine doppelte Erfassung dieser Zinsen durch die Gewerbesteuer nicht statt (BFH-Urteil I R 5/73 vom 9. 10. 1974, BStBl II 1975, 179). Etwas anderes soll nach Auffassung des FG des Saarlandes (Urteil 1 K 347/98 vom 14. 11. 2001, EFG 2002, 214, Revision eingelegt, Az. des BFH I R 100/01) für

III. Die Rechtswirkungen der Organschaft

die Steuerbefreiung nach § 3 Nr. 20 GewStG gelten. Betreibe im Organkreis eine Organgesellschaft ein Krankenhaus und eine andere – im baulichen Zusammenhang – eine Einrichtung zur ambulanten Versorgung von Patienten, sollen auch die letztgenannten Erträge gewerbesteuerfrei sein (**Überspringen der Gewerbesteuerfreiheit im Organkreis**). Zumindest im Fall einer Betriebsaufspaltung lehnt der BFH dieses Überspringen ab (Urteil VIII R 57/99 vom 19. 3. 2002, BStBl II 2002, 662).

Hat der Organträger nicht in Grundbesitz bestehende Wirtschaftsgüter von der Organgesellschaft gepachtet, greift für den Organträger die Hinzurechnungsvorschrift des **§ 8 Nr. 7** GewStG und für die Organgesellschaft die Kürzungsvorschrift des § 9 Nr. 4 GewStG ein. Von der Hinzurechnung und Kürzung kann nach dem BFH-Urteil XI R 47/89 vom 23. 1. 1992 (BStBl II 1992, 630) nicht aus steuertechnischen Vereinfachungsgründen abgesehen werden. Wird durch die Kürzung der Gewerbeertrag der Organgesellschaft negativ, können deshalb vororganschaftliche Verluste nicht nach § 10a GewStG ausgeglichen werden.

2.2 Maßgeblicher Zeitraum für die Zusammenrechnung der Gewerbeerträge von Organgesellschaft und Organträger

Nach § 14 Satz 1 GewStG wird der Steuermessbetrag für den **Erhebungszeitraum** nach dessen Ablauf festgesetzt. Erhebungszeitraum ist das **Kalenderjahr** (§ 14 Satz 2 GewStG). Für Erhebungszeiträume vor 1998 wird ein einheitlicher, d. h. aus der Zusammenrechnung der Steuermessbeträge nach dem Gewerbeertrag und dem Gewerbekapital ergebender Steuermessbetrag festgesetzt (§ 14 Abs. 1 GewStG a. F.). Nach § 10 GewStG ist für die Anwendung der Steuermesszahlen zur Ermittlung des Gewerbesteuermessbetrags der Gewerbeertrag des Erhebungszeitraums, also des Kalenderjahrs maßgebend, für den der Steuermessbetrag festgesetzt wird. Weicht bei einem Unternehmen, das Bücher nach den Vorschriften des HGB zu führen verpflichtet ist, das Wirtschaftsjahr vom Kalenderjahr ab, so gilt nach § 10 Abs. 2 GewStG der Gewerbeertrag des ganzen Wirtschaftsjahrs als in dem Erhebungszeitraum bezogen, in dem das Wirtschaftsjahr endet.

Beispiel:
Das Wirtschaftsjahr des Einzelkaufmanns A läuft vom 1. 10. bis 30. 9. Bei der Ermittlung des einheitlichen Gewerbesteuermessbetrags für den Erhebungszeitraum 2002 (= Kalenderjahr 2002) ist von dem Gewerbeertrag und damit gemäß § 7 GewStG von dem Steuerbilanzgewinn auszugehen, den A im Wirtschaftsjahr 1. 10. 2001 bis 30. 9. 2002 erzielt hat.

Steht eine Kapitalgesellschaft in einem gewerbesteuerlichen Organschaftsverhältnis zu einem anderen Unternehmen, so ist zwar, wie ausgeführt, der Gewerbeertrag der Organgesellschaft dem Gewerbeertrag des Organträgers hinzuzurechnen und dessen Veranlagung zur Gewerbesteuer zugrunde zu legen. Die Gewerbeerträge von Organgesellschaft und Organträger werden aber vorher getrennt ermittelt. Eine gewerbesteuerliche Einheitsbilanz ist nicht zu erstellen. Hieraus folgt, dass **Organgesellschaft und Organträger**, obwohl die Organgesellschaft als Betriebstätte des Organträgers gilt und nicht persönlich gewerbesteuerpflichtig ist, weiterhin **verschiedene Wirtschaftsjahre** haben können. Sind die Bilanzstichtage der Organgesellschaft und des Organträgers verschieden, so stellt sich die Frage, welche Gewerbeerträge zusammenzurechnen sind.

979 Nach mittlerweile einheitlicher Auffassung sind die Gewerbeerträge derjenigen Wirtschaftsjahre des Organträgers und der Organgesellschaft zusammenzurechnen, die in dem jeweiligen Erhebungszeitraum enden (Abschn. 41 Abs. 4 GewStR; Güroff in Glanegger/Güroff, § 2 GewStG, Anm. 202).

Beispiel:
Wirtschaftsjahr der Organgesellschaft 1. 12. bis 30. 11.; Wirtschaftsjahr des Organträgers 1. 10. bis 30. 9. Bei der Ermittlung des einheitlichen Steuermessbetrags für den Erhebungszeitraum 2002 (= Kalenderjahr 2002) sind zusammenzurechnen der Gewerbeertrag der Organgesellschaft vom 1. 12. 2001 bis 30. 11. 2002 und der Gewerbeertrag des Organträgers vom 1. 10. 2001 bis 30. 9. 2002.

980–982 *(unbesetzt)*

983 Mit Beginn des Erhebungszeitraumes 1986 ist § 10 Abs. 2 Satz 2 GewStG weggefallen. Das hat zur Folge, dass ab 1986 bei Neugründungen mit abweichendem Wirtschaftsjahr im Erhebungszeitraum der Eröffnung des Gewerbebetriebs keine Gewerbeertragsteuer mehr erhoben wird (vgl. Entwurf und Begründung der Bundesregierung, Bundestagsdrucksache 10/1636, S. 69). Etwas anderes gilt nur dann, wenn das erste abweichende Wirtschaftsjahr ein Rumpfwirtschaftsjahr ist und noch im ersten Erhebungszeitraum endet.

984 Im Zusammenhang mit der Streichung des § 10 Abs. 2 Satz 2 GewStG steht die Streichung des § 10 Abs. 3 GewStG ab Erhebungszeitraum 1986. Danach war der Gewerbeertrag auf einen **Jahresbetrag umzurechnen**, wenn bei Beginn der Steuerpflicht, bei Beendigung der Steuerpflicht oder infolge Umstellung des Wirtschaftsjahres der für die Ermittlung des Gewerbeertrags maßgebende Zeitraum mehr oder weniger als 12 Monate umfasste. Maßgebend ist nunmehr immer der Gewerbeertrag des im Kalenderjahr endenden Wirtschaftsjahres, mag sich daraus auch ein Zeitraum von weniger oder mehr als 12 Monaten ergeben. Zu Einzelheiten des § 10 Abs. 3 GewStG a. F. siehe die Vorauflage S. 189, Glanegger/Güroff, § 10 GewStG Anm. 8 ff.; zur Umrechnung auch negativer Gewer-

III. Die Rechtswirkungen der Organschaft

beerträge vgl. die BFH-Urteile IV R 26/85 vom 26. 2. 1987, BStBl II 1987, 579 und I R 133/86 vom 24. 1. 1990, BFH/NV 1990, 669.

Zur **Zerlegung** des Gewerbesteuermessbetrages gemäß § 28 Abs. 1 GewStG vertritt der BFH (Urteil I R 19/92 vom 17. 2. 1993, BStBl II 1993, 679; mit Anm. Müller in KFR, F. 5 GewStG § 28, 1/93 S. 309) folgende Auffassung: Sowohl für die Frage, ob ein (einheitlicher) Gewerbesteuermessbetrag zu zerlegen sei, als auch für den Zerlegungsmaßstab komme es auf die Verhältnisse im Erhebungszeitraum an. Dies gelte auch dann, wenn das Wirtschaftsjahr vom Erhebungszeitraum abweiche. Auch dann, wenn eine gewerbesteuerliche Organschaft während eines im folgenden Erhebungszeitraums endenden Wirtschaftsjahrs des Organträgers begründet werde und der für den Erhebungszeitraum der Begründung der Organschaft für den Betrieb des Organträgers festgesetzte (einheitliche) Gewerbesteuermessbetrag somit ausschließlich auf vororganschaftlichen Besteuerungsgrundlagen beruhe, müssten bei der Zerlegung dieses Messbetrags die Betriebsstätten und Lohnzahlungen der Organgesellschaft berücksichtigt werden.

Beispiel:

Ab 1. 4. 2002 besteht zwischen der S-GmbH, die eine Betriebsstätte in der Gemeinde A hat, als Organträgerin und der R-GmbH, die eine Betriebsstätte in der Gemeinde B hat, als Organgesellschaft eine gewerbesteuerliche Organschaft. Im Hinblick auf die Organschaft stellen S-GmbH und R-GmbH ihre bereits zuvor vom Kalenderjahr abweichenden Wirtschaftsjahre auf den Zeitraum 1. 4. bis 31. 3. um und bilden zum 31. 3. 2002 endende Rumpfwirtschaftsjahre.

Nach dem vorgenannten BFH-Urteil ist der noch von der Organschaft unbeeinflusste Gewerbeertrag des am 31. 3. 2002 endenden Rumpfwirtschaftsjahrs der S-GmbH auf die Gemeinden A und B zu zerlegen, da die S-GmbH im Erhebungszeitraum 2002 ab dem 1. 4. auch in B eine Betriebsstätte hatte.

2.3 Die Auswirkungen vororganschaftlicher Verluste der Organgesellschaft auf die Ermittlung des Gewerbeertrags der Organgesellschaft

Nach § 10a GewStG wird der maßgebende Gewerbeertrag um die **Fehlbeträge** gekürzt, die sich bei der Ermittlung des maßgebenden Gewerbeertrags für die vorangegangenen Erhebungszeiträume nach den Vorschriften der §§ 7 bis 10 GewStG ergeben haben. Haben sich bei der Ermittlung des maßgebenden Gewerbeertrags einer Kapitalgesellschaft derartige Fehlbeträge i. S. von § 10a GewStG ergeben und tritt die Kapitalgesellschaft später als Organgesellschaft in ein Organschaftsverhältnis zu einem anderen Unternehmen, so stellt sich die Frage, ob sich der Gewerbeverlustabzug i. S. von § 10a GewStG noch bei der Ermittlung der zusammenzurechnenden Gewerbeerträge von Organgesellschaft und Organträger auswirkt.

987 Man könnte sich auf den Standpunkt stellen, der Gewerbeverlustabzug gehe verloren, weil ja mit der Begründung eines Organschaftsverhältnisses die persönliche Steuerpflicht der Organgesellschaft wegfällt.

988 Man könnte des weiteren meinen, der Gewerbeverlustabzug gehe mindestens dann verloren, wenn ein Organschaftsverhältnis mit Gewinnabführung i. S. der §§ 14 bis 19 KStG begründet werde (nunmehr zwingend), weil nach § 15 Satz 1 Nr. 1 KStG bei der Ermittlung des zuzurechnenden Einkommens der Organgesellschaft § 10d EStG nicht anzuwenden ist und nach § 7 GewStG bei der Ermittlung des Gewerbeertrags die Vorschriften des KStG auf die Ermittlung des Gewinns anzuwenden sind. Auch diese Meinung ist jedoch unrichtig. § 7 GewStG verweist nur auf die allgemeinen Gewinnermittlungsvorschriften des EStG und des KStG. **§ 15 Satz 1 Nr. 1 KStG ist keine Gewinnermittlungsvorschrift**, sondern eine Sonderregelung für die Ermittlung des nach § 14 KStG dem Organträger zuzurechnenden Einkommens der Organgesellschaft. Das GewStG enthält keine vergleichbare Vorschrift für die Ermittlung des dem Organträger zuzurechnenden Gewerbeertrags der Organgesellschaft (a.A. Wischmann in Herrmann/Heuer/Raupach, EStG-KStG, Jahresband 2002, § 15 KStG, Anm. J 01-11, für die vergleichbare Problematik im Hinblick auf § 15 Satz 1 Nr. 2 Satz 1 KStG).

989 Rechtsprechung und Verwaltung sind deshalb übereinstimmend der Auffassung, dass im Falle einer gewerbesteuerlichen Organschaft die **vor Begründung des Organschaftsverhältnisses bei der Organgesellschaft entstandenen Verlustabzüge von dem getrennt ermittelten positiven Gewerbeertrag der Organgesellschaft abzuziehen** sind (Abschn. 68 Abs. 5 Satz 1 GewStR; BFH-Urteile I 254/55 U vom 31. 1. 1956, BStBl III 1956, 91 und XI R 47/89 vom 23. 1. 1992, BStBl II 1992, 630, 631; zustimmend Dötsch/Eversberg/Jost/Witt, § 15 KStG Tz. 2; Güroff in Glanegger/Güroff, § 2 GewStG Anm. 201; siehe aber auch die nachfolgende Rz. 990). Allerdings ist es nicht möglich, die vor Begründung des Organschaftsverhältnisses entstandenen Gewerbeverluste nicht nur von den nachorganschaftlichen positiven Gewerbeerträgen der Organgesellschaft, sondern darüber hinaus, soweit die positiven Gewerbeerträge der Organgesellschaft nicht ausreichen, auch vom positiven Gewerbeertrag des Organträgers abzuziehen, denn diese vororganschaftlichen Fehlbeträge der Organgesellschaft werden nicht Bestandteil des nachorganschaftlichen Gewerbeertrags der Organgesellschaft, sondern können diesen allenfalls mindern (ebenso GewStR Abschn. 68 Abs. 5 Satz 2).

III. Die Rechtswirkungen der Organschaft

Zum Verhältnis von Verlustabzug und den Hinzurechnungs- bzw. Kürzungsvorschriften siehe oben Rz. 976.

Streitig ist die Behandlung folgenden Falles: 990

Begründung der Organschaft mit GAV ab 1. 1. 2002

Gewinn der Organgesellschaft (einschließlich des abzuführenden Gewinnes und der nicht abzugsfähigen Ausgaben usw.) 2002	100 000 €
Gewinnabführung an Organträger	90 000 €
Hinzurechnungen nach Abzug der Kürzungen (§§ 8 und 9 GewStG)	20 000 €
vororganschaftlicher Gewerbeverlust aus 2001	./. 80 000 €

Zum Teil (vgl. OFD Düsseldorf, Verfügung vom 16. 5. 1962, DB 1962, 788; Güroff in Glanegger/Güroff, § 10a GewStG Anm. 22; siehe aber dieselben in Anm. 200 zu § 2, wonach der Verlustvortrag ganz allgemein den Gewerbeertrag mindert und Anm. 201, wonach der abzuführende Gewinn im Gewerbeertrag der Organgesellschaft enthalten ist) wird der Fall wie folgt gelöst:

Dem Gewerbeertrag des Organträgers sind zuzurechnen	90 000 €
der verbleibende Betrag von (100 000 € ./. 90 000 € + 20 000 €)	30 000 €
wird um den vororganschaftlichen Gewerbeverlust von	80 000 €

gekürzt. Der verbleibende Gewerbeverlust in Höhe von 50 000 € kann in 2002 nicht berücksichtigt werden.

Für diese Lösung könnte das BFH-Urteil I R 85/79 vom 2. 3. 1983 (BStBl II 1983, 427, 428 rechte Spalte 2. Abs.) sprechen.

U. E. ist diese Lösung **falsch** (ebenso Blümich/von Twickel, § 10a GewStG 991 Rz. 99; wohl auch Meyer-Scharenberg in Meyer-Scharenberg/Popp/Woring, § 10a GewStG Rn. 46). Sie verkennt, dass die Gewinnabführung die Ermittlung des Gewerbeertrages und damit auch den Verlustabzug nach § 10a GewStG nicht beeinflusst. **Der volle Gewerbeertrag** – also vor Berücksichtigung der Gewinnabführungsvereinbarung und ggf. einschließlich des nur bei der Körperschaftsteuer vorhandenen eigenen Einkommens der Organgesellschaft in Höhe der geleisteten Ausgleichszahlungen – ist mit dem vom Organträger selbst erzielten Gewerbeertrag **zusammenzurechnen** (BFH-Urteil IV R 186/72 vom 5. 5. 1977, BStBl II 1977, 701; GewStR Abschn. 41 Abs. 3). Die Verfügung der OFD Düsseldorf ist u. E. durch die klare Anweisung in Abschn. 41 Abs. 3 GewStR überholt.

992 Bei der Ermittlung des Gewerbeertrags der Organgesellschaft ist auch § 8b Abs. 2 KStG zu beachten. Das heißt, Veräußerungsgewinne der Organgesellschaft sind bereits bei ihr herauszurechnen. § 15 Satz 1 Nr. 2 KStG gilt u. E. nicht (vgl. oben Rz. 988 zu § 15 Satz 1 Nr. 1 KStG; a. A. Güroff in Glanegger/Güroff, § 2 GewStG Anm. 200). Solche Gewinne sind folglich, unabhängig von der Rechtsform des Organträgers, **gewerbesteuerfrei**.

993 Der Fall ist wie folgt zu lösen:

Zu dem Gewinn 2002 der Organgesellschaft von 100 000 € ist der Betrag der Hinzurechnungen nach Abzug der Kürzungen von 20 000 € zu addieren. Dieser Gewerbeertrag ist um den Gewerbeverlust aus 2001 von 80 000 € zu kürzen. Der verbleibende Gewerbeertrag von 40 000 € ist mit dem Gewerbeertrag des Organträgers, der nicht den abgeführten Gewinn enthält, zusammenzurechnen.

Diese Lösung ergibt sich u. E. auch aus den BFH-Urteilen I R 183/85 vom 27. 6. 1990 (BStBl II 1990, 916, 918 rechte Spalte) und XI R 47/89 vom 23. 1. 1992 (BStBl II 1992, 630).

2.4 Vor-, inner- und außerorganschaftliche Verluste des Organträgers

994 **Innerorganschaftliche Gewerbeverluste** des Organträgers können unproblematisch mit positiven Gewerbeerträgen der Organgesellschaften verrechnet werden.

995 Gleiches gilt auch für **vororganschaftliche Gewerbeverlustvorträge** des Organträgers. Die Finanzverwaltung hat ihre entgegen stehende Auffassung (vgl. GewStR Abschn. 68 Abs. 5 Sätze 6 bis 8) durch koordinierten Ländererlass vom 14. 12. 1999 (BStBl I 1999, 1134) aufgegeben.

996 Zur Behandlung von Verlusten bei mehrstufigen Gewerbesteuer-Organschaften siehe z. B. OFD Kiel, Vfg. vom 3. 2. 2000, DStR 2000, 823. Es gelten die vorstehenden Regeln entsprechend. Dabei ist im Normalfall zunächst die Tochter als Organträgerin für die Enkelin als Organgesellschaft und dann die Mutter als Organträgerin für die Tochter als Organgesellschaft zu behandeln.

997 992d Ebenso gelten die vorstehenden Ausführungen für außerorganschaftliche Verluste, die z. B. qua Verschmelzung bzw. Anwachsung auf die Organgesellschaft bzw. den Organträger übergehen (OFD Frankfurt a. M., Vfg. vom 6. 7. 2000, DStR 2000, 1436).

III. Die Rechtswirkungen der Organschaft

2.5 Die Bedeutung einer Gewinnabführung der Organgesellschaft an den Organträger und der Verlustübernahme durch den Organträger für die Ermittlung des Gewerbeertrags der **Organgesellschaft**

Nach § 7 GewStG ist Ausgangspunkt für die Ermittlung des Gewerbeertrags der nach den Vorschriften des Einkommensteuergesetzes oder des Körperschaftsteuergesetzes zu ermittelnde Gewinn aus Gewerbebetrieb. Wie in Rz. 483 ff. ausgeführt, sind die Gewinnabführung und die Verlustübernahme aufgrund eines GAV i. S. der §§ 14 bis 19 KStG ihrem Wesen nach Gewinnausschüttungen und Einkommensverwendung, die gemäß § 8 Abs. 3 KStG das zu versteuernde Einkommen nicht mindern dürfen. Umgekehrt sind die übernommenen Verluste für die Organgesellschaft nicht Erträge, sondern gesellschaftsrechtliche Einlagen, die als solche nicht zu steuerpflichtigen Einnahmen und damit nicht zu einer Minderung des Verlusts der Organgesellschaft führen. Da das GewStG für die Ermittlung des Gewinns einer Organgesellschaft als Ausgangspunkt des Gewerbeertrags keine besonderen Vorschriften enthält, ist auch bei einer Organgesellschaft i. S. von § 2 Abs. 2 Satz 2 GewStG, die zur Abführung ihres ganzen Gewinns verpflichtet ist, als **Gewinn i. S. des § 7 GewStG** stets der **Gewinn vor Gewinnabführung oder Verlustübernahme** zu verstehen, so wie auch bei einer nicht zur Gewinnabführung verpflichteten Organgesellschaft bei der Ermittlung des Gewinns etwaige offene Ausschüttungen unberücksichtigt bleiben.

998

2.6 Die Bedeutung einer Gewinnabführung oder Gewinnausschüttung der Organgesellschaft für die Ermittlung des Gewerbeertrags des **Organträgers** *bei Organschaftsverhältnissen mit oder ohne GAV*

Besteht zwischen Organgesellschaft und Organträger kein GAV (nur noch bedeutsam für EZ vor 2002), schüttet aber die Organgesellschaft an ihre Gesellschafter und damit auch an den Organträger Gewinn aus, so erhöht die Ausschüttung den Handels- und damit auch den Steuerbilanzgewinn des Organträgers, der gemäß § 7 GewStG Grundlage für die Ermittlung des Gewerbeertrags ist. Dies gilt auch dann, wenn die Organgesellschaft Gewinn ausschüttet, den sie während des Bestehens der Organschaft erwirtschaftet, zunächst aber in eine Rücklage eingestellt hat und der deshalb durch die Zusammenrechnung der Gewerbeerträge von Organgesellschaft und Organträger und Besteuerung der Summe beim Organträger bereits von diesem versteuert worden ist. Gleichwohl muss der Organträger derartige ausgeschüttete nachorganschaftliche Gewinne nicht nochmals der Gewerbesteuer unterwerfen. Vielmehr ist der **Gewerbeertrag des Organträgers um den ausgeschütteten Gewinn zu kürzen** (BFH-Urteil I R 171/68 vom

999

26. 1. 1972, BStBl II 1972, 358). Diese Korrektur hat ihre gesetzliche Grundlage in der Fiktion des § 2 Abs. 2 Satz 2 GewStG, wonach jede Organgesellschaft als Betriebstätte und damit als unselbständiger Teilbetrieb des Organträgers zu behandeln ist. Diese Fiktion zwingt dazu, doppelte Belastungen auszuscheiden (BFH-Urteile I R 56/82 vom 6. 11. 1985, BStBl II 1986, 73, 75; I R 10/93 vom 2. 2. 1994, BStBl II 1994, 768, und I R 44/95 vom 18. 9. 1996, BStBl II 1997, 181). § 9 Nr. 2a GewStG wird im Rahmen der gewerbesteuerlichen Organschaft nicht benötigt, um Gewinnausschüttungen oder -abführungen von der Beeinflussung des Gewerbeertrags beim Organträger auszuschließen (str.; zu den verschiedenen Auffassungen siehe die Zusammenstellung in BFH-Beschluss IV B 49/97 vom 3. 3. 1998, HFR 1998, 650 = DB 1998, 1211 unter 2.b, wobei der BFH allerdings die beiden vorgenannten Urteile des I. Senats nicht erwähnt!).

1000 **Besteht** zwischen Organgesellschaft und dem Organträger ein **GAV** und führt die Organgesellschaft demgemäß an den Organträger Gewinne ab, so erhöht die Abführung ebenso wie eine Ausschüttung den Handels- und damit auch den Steuerbilanzgewinn des Organträgers, der gemäß § 7 GewStG Grundlage für die Ermittlung des Gewerbeertrags ist. Die **Gewinnerhöhung** beim Organträger aufgrund einer Gewinnabführung ist wegen des Verbots der Doppelerfassung ebenso wie bei Gewinnausschüttungen **rückgängig** zu machen (vgl. auch Blümich/Obermeier, § 2 GewStG Rz. 703).

2.7 Die Besteuerung der Gewinne und Verluste des Organträgers aus einer Veräußerung der Beteiligung an der Organgesellschaft

1001 Nach der Rechtsprechung des BFH ist der Gewinn des Organträgers aus der Veräußerung der Beteiligung an der Organgesellschaft grundsätzlich gewerbesteuerpflichtig, weil die Organgesellschaft und der Organträger zivilrechtlich getrennte Unternehmen bleiben, keine Einheitsbilanz erstellt wird und das gewerbesteuerliche Schachtelprivileg gemäß § 9 Nr. 2a GewStG nicht für Veräußerungsgewinne gilt (BFH-Urteile I 29/53 U vom 6. 10. 1953, BStBl III 1953, 329; VIII R 3/70 vom 7. 12. 1971, BStBl II 1972, 468 und I R 217/69 vom 2. 2. 1972, BStBl II 1972, 470; vgl. ferner zu § 9 Nr. 7 GewStG das BFH-Urteil I R 154/81 vom 29. 8. 1984, BStBl II 1985, 160). Umgekehrt müssen dann aber auch Verluste aus der Veräußerung der Beteiligung an der Organgesellschaft beim Organträger steuerlich berücksichtigt werden.

1002 Diese Grundsätze gelten allerdings nach Auffassung des BFH und der Verwaltung insoweit nicht, als ein Veräußerungsgewinn des Organträgers auf nicht ausgeschütteten Gewinnen der Organgesellschaft beruht, die der Organträger bereits in früheren Jahren durch Zusammenrechnung des Gewerbeertrags der Organge-

III. Die Rechtswirkungen der Organschaft

sellschaft versteuert hat, oder soweit ein Veräußerungsverlust auf Verlusten der Organgesellschaft beruht, die sich auf die Besteuerung des Organträgers bereits in früheren Jahren durch Zusammenrechnung des negativen Gewerbeertrags der Organgesellschaft mit dem Gewerbeertrag des Organträgers ausgewirkt haben (siehe dazu Rz. 1007 ff.).

Ab **EZ 2001** sind § 8b Abs.2 KStG bzw. § 3 Nr. 40 Satz 1 Buchst. a EStG zu beachten. Danach bleiben Gewinne und Verluste aus der Veräußerung von Anteilen an der Organgesellschaft ganz (bei Körperschaften als Organträgern) bzw. zur Hälfte (bei natürlichen Personen als Organträgern; bei Personengesellschaften kommt es auf die Rechtsform der Gesellschafter an) außer Ansatz. Diese Vorschriften sind als Gewinnkorrekturvorschriften (BFH-Beschluss I B 34/00 vom 6. 7. 2000, IStR 2000, 681; Dötsch/Eversberg/Jost/Witt, § 8b KStG n.F., Tz. 5) auch im Gewerbesteuerrecht anzuwenden (Selder in Glanegger/Güroff, § 7 GewStG Anm. 2). Damit scheidet jedoch eine Teilwertabschreibung auf die Organbeteiligung ebenfalls aus, § 8b Abs. 3 KStG. 1003

2.8 Die Bedeutung einer Umwandlung der Organgesellschaft auf den Organträger für die Ermittlung des Gewerbeertrags von Organgesellschaft und Organträger

Obwohl die persönliche Steuerpflicht der Organgesellschaft mit der Begründung eines gewerbesteuerlichen Organschaftsverhältnisses wegfällt, die Organgesellschaft also als Gewerbesteuersubjekt erlischt, ist die **Begründung eines Organschaftsverhältnisses** nach der Rechtsprechung des BFH (BFH-Urteil I 162/62 U vom 27. 9. 1960, BStBl III 1960, 471) **nicht als Auflösung einer Kapitalgesellschaft oder Verschmelzung einer Kapitalgesellschaft auf den Organträger zu beurteilen**. Umgekehrt ist dann die Beendigung eines Organschaftsverhältnisses nicht als Einbringung eines Teilbetriebs des Organträgers in eine neu gegründete Kapitalgesellschaft mit entsprechenden steuerlichen Folgen zu beurteilen. 1004

Folgerichtig ist dann aber, wenn die Organgesellschaft während des Bestehens eines Organschaftsverhältnisses bürgerlich-rechtlich auf den Organträger nach Maßgabe der Vorschriften des handelsrechtlichen Umwandlungsgesetzes 1995 verschmolzen wird und der Organträger eine Personengesellschaft oder eine natürliche Person ist, ein etwaiger **Übertragungsgewinn**, der bei der Organgesellschaft gemäß § 18 i. V. m. §§ 3 bis 9 UmwStG 1995 durch Realisierung der im Buchwert des Betriebsvermögens der Kapitalgesellschaft enthaltenen stillen Reserven entsteht, **gewerbesteuerpflichtig** und durch Zurechnung beim Organträger zu erfassen ist. Die Übernahme der vortragsfähigen Verluste der übertragenden Körperschaft i. S. des § 10a GewStG ist ausgeschlossen, § 18 Abs. 1 Satz 2 1005

UmwStG 1995. Die früher vorgesehene Möglichkeit, den auf den Übertragungsgewinn entfallenden Teil der Gewerbesteuer zu stunden (§ 18 Abs. 4 UmwStG 1977), ist infolge der möglichen Buchwertfortführung ersatzlos entfallen. Ein beim Organträger entstehender **Übernahmegewinn** in Höhe der Differenz zwischen den Teilwerten des Betriebsvermögens der umgewandelten Organgesellschaft und dem Buchwert der untergehenden Anteilsrechte an der Organgesellschaft ist – anders als nach dem UmwStG 1977 – nicht zu erfassen, § 18 Abs. 2 UmwStG 1995 (zu Einzelheiten, insbesondere auch zur Gewerbesteuerpflicht des sog. Übernahmefolgegewinns, siehe Dehmer, § 18 UmwStG, Rn. 32 ff.). Entsprechendes gilt bei der Umwandlung der Organgesellschaft auf die Organträgerin in der Rechtsform einer Körperschaft, § 19 UmwStG; allerdings mit der Besonderheit, dass die vortragsfähigen Fehlbeträge der übertragenden Körperschaft bei der übernehmenden Körperschaft unter bestimmten Voraussetzungen, die durch das StEntlG 1999/2000/2002 verschärft worden sind, abzugsfähig sind, § 19 Abs. 2 UmwStG 1995.

1006 Zu Umwandlungsvorgängen unter Geltung des UmwStG 1977 siehe in der Vorauflage, Rz. 996, 1000.

2.9 Die Bedeutung nicht ausgeschütteter nachorganschaftlicher Gewinne der Organgesellschaft für die Besteuerung des Organträgers bei Organschaftsverhältnissen ohne Gewinnabführungsvertrag (bis einschließlich EZ 2001)

1007 Gewerbeertrag von Organgesellschaft und Organträger sind, wie ausgeführt, getrennt zu ermitteln, und zwar grundsätzlich so, als ob kein Organschaftsverhältnis bestünde. Die getrennt ermittelten Gewerbeerträge von Organgesellschaft und Organträger sind dann zusammenzurechnen und vom Organträger zu versteuern.

1008 Erwirtschaftet die Organgesellschaft nach Begründung des Organschaftsverhältnisses Gewinne, so sind diese demgemäß nicht von der Organgesellschaft, sondern über die Zurechnung des Gewerbeertrags der Organgesellschaft beim Organträger von diesem zu versteuern. Gleichzeitig erhöhen diese Gewinne, wenn sie nicht aufgrund eines GAV an den Organträger abgeführt und auch nicht ausgeschüttet werden, den Wert der Beteiligung des Organträgers an der Organgesellschaft. Veräußert der Organträger die Beteiligung, so erhöht sich damit der Veräußerungsgewinn entsprechend. Es stellt sich die Frage, ob dieser Veräußerungsgewinn beim Organträger, soweit er auf nicht ausgeschüttete nachorganschaftliche und beim Organträger über die Zusammenrechnung der Gewerbeerträge bereits versteuerte Gewinne zurückgeht, nochmals steuerpflichtig ist mit

III. Die Rechtswirkungen der Organschaft

der Folge, dass die fraglichen Gewinne letztlich im Organkreis zweimal zu versteuern sind.

Die Frage ist nach einhelliger Auffassung der Finanzverwaltung (GewStR Abschn. 41 Abs. 1 Satz 7) und der Rechtsprechung (BFH-Urteile I R 171/68 vom 26. 1. 1972, BStBl II 1972, 358; IV R 17/68 vom 17. 2. 1972, BStBl II 1972, 582; vgl. auch BFH-Urteil I R 56/82 vom 6. 11. 1985, BStBl II 1986, 73) zu **verneinen**, weil der Sinn und Zweck der Vorschrift über die gewerbesteuerliche Organschaft u. a. darin besteht, die im Organkreis erwirtschafteten Erträge nur einmal der Gewerbesteuer zu unterwerfen (so BFH-Urteil I R 171/68) und weil Organschaftsverhältnisse mit und ohne Gewinnabführung im Gewerbesteuerrecht gleichzubehandeln sind (so BFH-Urteil IV R 17/68). 1009

Während des Organschaftsverhältnisses erwirtschaftete, aber nicht ausgeschüttete Gewinne sind somit, soweit sie in den Vorjahren im Organkreis der Gewerbesteuer unterlegen haben, bei der Ermittlung des Gewerbeertrags des Wirtschaftsjahres des Organträgers **abzuziehen**, in dem die Beteiligung veräußert wird. 1010

Die zuvor dargestellte Auffassung erfordert zu ihrer praktischen Durchführung für gewerbesteuerliche Organschaftsverhältnisse ohne Gewinnabführung die **Bildung aktiver Ausgleichsposten** beim Organträger ähnlich den Ausgleichsposten, die nach Auffassung der Verwaltung für den Bereich der Körperschaftsteuer und folgerichtig auch für den Bereich der Gewerbesteuer bei Organschaftsverhältnissen mit Gewinnabführung für nicht abgeführte nachvertragliche Gewinne zu bilden sind (siehe Rz. 645 ff.). 1011

Demgemäß sind bei einer gewerbesteuerlichen Organschaft ohne Gewinnabführung in einer nur für Zwecke der Ermittlung des Gewerbeertrags erstellten Steuerbilanz des Organträgers für die während der Organschaft erzielten nicht ausgeschütteten Gewinne erfolgsneutral aktive Ausgleichsposten anzusetzen, die sich bei einer Veräußerung der Beteiligung und bei einer Umwandlung der Organgesellschaft wie eine Korrektur des Buchansatzes für diese Beteiligung auswirken. Die Ausgleichsposten sind ebenso wie die für Organschaftsverhältnisse mit Gewinnabführung erforderlichen Ausgleichsposten nur nach Maßgabe des Beteiligungsverhältnisses zu bilden (siehe dazu Rz. 650 ff.). 1012

2.10 Die Bedeutung nachorganschaftlicher Verluste der Organgesellschaft für die Besteuerung des Organträgers bei Organschaftsverhältnissen ohne GAV (bis einschließlich EZ 2001)

Erleidet die Organgesellschaft nach Begründung des Organschaftsverhältnisses Verluste, so mindern diese über die Zurechnung eines negativen Gewerbeertrags 1013 der Organgesellschaft den vom Organträger zu versteuernden Gewerbeertrag. Gleichzeitig verringern diese Verluste, wenn sie nicht aufgrund eines GAV vom Organträger übernommen werden, den Wert der Beteiligung des Organträgers an der Organgesellschaft. Veräußert der Organträger später die Beteiligung, so entsteht ein entsprechend geringerer Veräußerungsgewinn oder gar ein Veräußerungsverlust. Wird die Organgesellschaft auf den Organträger verschmolzen, so verringert sich ein etwaiger Übernahmegewinn entsprechend. Es stellt sich die **Frage**, ob diese Minderung eines Veräußerungsgewinns oder eines Übernahmegewinns oder ein entsprechender Veräußerungs- oder Übernahmeverlust, soweit diese auf nachorganschaftliche und bei der Besteuerung des Organträgers über die Zusammenrechnung der Gewerbeerträge bereits berücksichtige Verluste zurückgehen, steuerlich nochmals zu berücksichtigen sind, mit der Folge, dass die fraglichen Verluste im Organkreis letztlich zweimal zur Geltung kommen. Entsprechendes gilt, wenn der Organträger die Beteiligung nicht veräußert, aber darauf eine **Teilwertabschreibung** vornimmt.

1014 Die Frage ist nach Auffassung der Finanzverwaltung zu verneinen (GewStR Abschn. 41 Abs. 1 Satz 8). Der Ansicht der Finanzverwaltung ist beizupflichten. Wenn der Sinn und Zweck der Vorschriften über die gewerbesteuerliche Organschaft u. a. darin besteht, die im Organkreis erwirtschafteten Erträge nur einmal der Gewerbesteuer zu unterwerfen, so dürfen sich folgerichtig auch die im Organkreis eingetretenen Verluste gewerbesteuerrechtlich nur einmal auswirken. Auch der Gesichtspunkt, dass Organschaftsverhältnisse mit und ohne GAV gewerbesteuerrechtlich gleichwertig sind, spricht für diese Lösung (ebenso BFH-Urteile I R 56/82 vom 6. 11. 1985, BStBl II 1986, 73, 75 und – jedoch nur beiläufig – IV R 17/68 vom 17. 12. 1972, BStBl II 1972, 582). **Verlustbedingte Teilwertabschreibungen** auf die Beteiligung an der Organgesellschaft – auch wenn sie bilanzsteuerrechtlich gerechtfertigt sein sollten – dürfen sich demnach auf den Gewerbeertrag des Organträgers nicht mindernd auswirken, soweit die Verluste in den Vorjahren im Organkreis berücksichtigt worden sind (BFH-Urteil XI R 47/89 vom 23. 1. 1992, BStBl II 1992, 630; Popp, a. a. O., § 2 GewStG Rdn. 599). Der Bundesfinanzhof (Urteil I R 109/97 vom 22. 4. 1998, BStBl II 1998, 748) lässt allerdings eine Abschreibung von dem den Anschaffungskosten entsprechenden Buchwert einer Beteiligung auf den niedrigeren Teilwert zu, wenn diese nicht dazu dient, Verluste, die die Beteiligungsgesellschaft in den Vorjahren erlitten hat, durch den Teilwertansatz noch einmal zur Geltung zu bringen, sondern allein bezweckt, dem aufgrund mangelnder Rentabilität der Beteiligungsgesellschaft eingetretenen Wertverlust Rechnung zu tragen (GewStR Abschn. 41 Abs. 1 Satz 9; Blümich/Obermeier, § 2 GewStG Rz. 704; Güroff in Glanegger/Güroff, § 2 GewStG Anm. 201).

III. Die Rechtswirkungen der Organschaft

Entsprechendes gilt für **nicht aktivierte Zuschüsse des Organträgers** zur Abdeckung von im Organkreis erfassten Verlusten der Organgesellschaft. Wird eine Teilwertabschreibung nicht vorgenommen, die Beteiligung an der Organgesellschaft aber später zu einem entsprechend geringeren Verkaufspreis veräußert, so ist bei der Ermittlung des Gewerbeertrags ein Betrag in Höhe des bei der Zusammenrechnung der Gewerbeerträge berücksichtigten Verlustes der Organgesellschaft hinzuzurechnen (GewStR Abschn. 41 Abs. 1 Satz 14). 1015

Die zuvor dargestellte Auffassung erfordert zu ihrer rechtstechnischen Durchführung die **erfolgsneutrale Bildung passiver Ausgleichsposten** beim Organträger in Höhe nachorganschaftlicher Verluste der Organgesellschaft, die sich bei einer Veräußerung der Beteiligung, einer Umwandlung der Organgesellschaft an einer Teilwertabschreibung auf die Beteiligung an der Organgesellschaft wie eine Korrektur des Buchansatzes für diese Beteiligung auswirken. Die Ausführungen in Rz. 1011 f. gelten sinngemäß. 1016

Im Rahmen des Steuerreformgesetzes 1990 ist § 8 Nr. 10 GewStG eingefügt worden, der eine Neuregelung zur sog. **ausschüttungsbedingten Teilwertabschreibung** zum Inhalt hat. Zum Problem der ausschüttungsbedingten Teilwertabschreibung allgemein siehe Rz. 632 bis 636. Die Finanzverwaltung ist der Auffassung, dass eine Teilwertabschreibung auf die Beteiligung an der Organgesellschaft die auf einer Gewinnausschüttung oder Gewinnabführung beruht, sich nicht mindernd auf den Gewerbeertrag des Organträgers auswirken darf (GewStR Abschn. 41 Abs. 1 Satz 10; zu dieser Änderung der GewStR siehe Breidenbach, DB 1991, 2157). Dies soll sich nicht aus § 8 Nr. 10 GewStG ergeben, der zu Recht wegen seiner einschränkenden Voraussetzungen für nicht einschlägig gehalten wird (Pauka, DB 1988, 2224, 2227; Altehoefer, NWB F. 5, 1121, 1122 f.; Pöllath/Wenzel, DB 1989, 797), sondern unmittelbar aus § 2 Abs. 2 Satz 2 GewStG, der die vollständige Erfassung des Gewerbeertrages des Organkreises gebiete (Erlass des FinMin Nordrhein-Westfalen vom 14. 3 1989, DB 1989, 656; kritisch hierzu Pöllath/Wenzl a. a. O.; Lange, BB 1990, 1039). 1017

Der BFH hat die Auffassung der Finanzverwaltung mit Urteilen I R 10/93 vom 2. 2. 1994 (BStBl II 1994, 768; mit Anm. Hofmeister, DStZ 1994, 389) und I R 111/97 vom 28. 10. 1999 (BFH/NV 2000, 896) bestätigt. Zur Begründung führt er im Wesentlichen aus, dass es für die Ermittlung des Gewerbeertrags des Organkreises ohne Bedeutung sei, ob eine Organgesellschaft ihren Gewinn abführe oder thesauriere. Da die Gewinnabführung ohne Einfluss auf den Gewerbeertrag des Organkreises sei, dürften weder die auf ihr beruhenden bilanziellen Vermögensmehrungen noch die auf ihr beruhenden Vermögensminderungen den Ge- 1018 werbeertrag des Organkreises beeinflussen. Auch nach Auffassung des BFH ist § 8 Nr. 10 GewStG nicht einschlägig.

1019 U. E. ist diese Meinung bis einschließlich Erhebungszeitraum 1998 abzulehnen. Aus § 2 Abs. 2 Satz 2 GewStG ist zwar das Verbot der Doppelbelastung bzw. Doppelentlastung zu entnehmen. Er enthält aber kein Gebot, das eine Neutralisierung des Gewerbeertrags der Organgesellschaft beim Organträger verbietet (ebenso Niedersächsisches FG, Urteil VI 27/95 vom 21. 4. 1998, EFG 1998, 1425, aufgehoben durch BFH-Urteil I R 79/98 vom 28. 10. 1999, BFH/NV 2000, 745; Güroff in Glanegger/Güroff, § 2 GewStG Anm. 201; Kohlhaas, DStR 1998, 5; jeweils m. w. N.). Die Teilwertabschreibung ist daher gewerbesteuerlich anzuerkennen. Dies gilt gleichermaßen für die ausschüttungs- wie die abführungsbedingte Teilwertabschreibung, da Organschaften mit und ohne GAV im Gewerbesteuerrecht gleich zu behandeln sind. Es gab bis 1998 keine § 50c EStG entsprechende Vorschrift im Gewerbesteuerrecht. Mittlerweile hat der **Gesetzgeber** durch das StEntlG 1999/2000/2002 mit Wirkung **ab Erhebungszeitraum 1999** durch eine **Neufassung des § 8 Nr. 10 GewStG** entschieden, dass Gewinnminderungen, die durch den Ansatz des niedrigeren Teilwerts an einer Körperschaft entstanden sind, dem Gewerbeertrag hinzuzurechnen sind, soweit der Ansatz des niedrigeren Teilwerts auf Gewinnausschüttungen oder organschaftliche Gewinnabführungen der Körperschaft zurückzuführen ist. Damit hat er ab 1999 die Auffassung der Verwaltung ins Gesetz übernommen.

2.11 Die Berechtigung zum Abzug nachorganschaftlicher Verluste der Organgesellschaft nach Beendigung der Organschaft

1020 Verluste, die während der Dauer der gewerbesteuerlichen Organschaft bei der Organgesellschaft entstehen, werden dem Organträger zugerechnet und mit dessen positivem Gewerbeertrag (nach Hinzurechnungen und Kürzungen) saldiert. Hat der Organträger nicht genügend positiven Gewerbeertrag, wirkt sich der Gewerbeverlust der Organgesellschaft nur zum Teil oder bei eigenen Verlusten des Organträgers eventuell überhaupt nicht aus. Es ist zweifelhaft, wem der Verlustvortrag gemäß § 10a GewStG aus noch nicht ausgeglichenen Verlusten der Organgesellschaft nach Beendigung der Organschaft zusteht.

Beispiel:

Die X-GmbH steht 2002 in einem Organschaftsverhältnis zum Einzelkaufmann A. Die X-GmbH erzielt einen Gewerbeverlust von 100, A erzielt einen Verlust von 50. Im Jahre 2003, in dem kein Organschaftsverhältnis mehr besteht, erzielen die X-GmbH und A jeweils einen Gewerbeertrag von 150.

III. Die Rechtswirkungen der Organschaft 253

In der **Literatur** wird der Fall teilweise wie folgt gelöst (vgl. Popp, a. a. O., § 2 GewStG Rdn. 593): 1021

Die **Verluste**, die während der Organschaftszeit bei der Organgesellschaft entstanden und nicht ausgeglichen worden sind, seien **nach Beendigung des Organschaftsverhältnisses bei der Organgesellschaft** gemäß § 10a GewStG vortragsfähig (ebenso FG Münster X 2986/81 G vom 6. 8. 1985, EFG 1985, 622 und Schleswig-Holsteinisches FG, I 75/85 vom 9. 9. 1987, EFG 1988, 82, beide aufgehoben durch die nachstehend genannten Urteile des BFH). Das bedeutet, dass die X-GmbH den Fehlbetrag vom Gewerbeertrag abziehen kann und bei ihr 2003 der Gewerbeertrag, auf den gemäß § 11 Abs. 1 GewStG die Steuermesszahl anzuwenden ist, 50 beträgt. Für A beträgt der maßgebende Gewerbeertrag 100.

Demgegenüber hat der **BFH** mit Urteilen I R 183/85 vom 27. 6. 1990 (BStBl II 1990, 916) und I R 158/87 vom 27. 6. 1990 (BFH/NV 1991, 116) entschieden, dass **Verluste einer Organgesellschaft, die während der Dauer einer gewerbesteuerlichen Organschaft entstanden sind, auch nach Beendigung der Organschaft nur vom maßgebenden Gewerbeertrag des Organträgers abgesetzt werden können** (zustimmend Jonas, DB 1990, 2394; Blümich/Obermeier, § 2 GewStG, Az. 677; Güroff in Glanegger/Güroff, § 10a GewStG, Anm. 22; ebenso nunmehr Abschn. 68 Abs. 5 Satz 4 GewStR). Der BFH leitet u. E. zu Recht aus dem Begriff „maßgebender Gewerbeertrag" in §§ 10 Abs. 1 und 10a GewStG ab, dass, da der einheitliche Steuermessbetrag gemäß § 14 GewStG während der Dauer der Organschaft nur gegenüber dem Organträger festgesetzt wird, während dieser Zeit unter dem „maßgebenden Gewerbeertrag" nur derjenige verstanden werden kann, der gegenüber dem Organträger zu ermitteln und festzusetzen ist. Ergibt sich hierbei ein Fehlbetrag, so ist dieser Fehlbetrag wegen der Regelung in § 2 Abs. 2 Satz 2 GewStG als ein solcher des Organträgers zu behandeln. Der Fall ist deshalb wie folgt zu lösen: 1022

Der maßgebende Gewerbeertrag 2003 beträgt für die X-GmbH 150 und für A 0.

2.12 Auswirkungen der „gebrochenen" Einheitstheorie auf verschiedene Einzelfragen

Der BFH ist der Auffassung, dass die Filialtheorie (Einheitstheorie) in ihrer reinen Form für das Gewerbesteuerrecht nicht anerkannt werden könne. Organträger und Organgesellschaft seien rechtlich selbständige Unternehmen, die als solche getrennt bilanzieren, auch wenn ihr Gewerbeertrag zum Zwecke der Festsetzung eines einheitlichen Gewerbesteuermessbetrags für den Organträger zusammenge- 1023 rechnet werde. Das Organ dürfe **nicht in jeder Hinsicht** als bloße Betriebstätte des Organträgers behandelt werden. Diese Einschränkung der reinen Filialtheorie (Einheitstheorie) hat nach Ansicht des BFH folgende Konsequenzen:

1024 • Die Anwendung des § 10a GewStG setzt **Unternehmens- und Unternehmergleichheit** voraus (vgl. GewStR Abschn. 68). Ein Gesellschafterwechsel in einer Personengesellschaft führt deshalb nach Maßgabe des Beteiligungsverhältnisses des ausscheidenden Gesellschafters zum Untergang des Verlustabzugs nach § 10a GewStG (BFH-Beschluss GrS 3/92 vom 3. 5. 1993, BStBl II 1993, 616; BFH-Urteil VIII R 4/88 vom 7. 12. 1993, BFH/NV 1994, 573; zu Einzelheiten siehe Abschn. 68 Abs. 3 GewStR). Dies gilt auch dann, wenn zwischen dem früheren und dem jetzigen Gesellschafter der Personengesellschaft ein gewerbesteuerliches Organschaftsverhältnis bestand, weil Organträger und Organgesellschaft verschiedene Unternehmen sind (BFH-Urteile I 237/61 U vom 8. 1. 1963, BStBl III 1963, 188 und VIII R 1/00 vom 29. 8. 2000, BStBl II 2001, 114; Güroff in Glanegger/Güroff, § 10a GewStG Anm. 17).

1025 • Die Vorschriften des § 19 GewStDV über den **Dauerschuldenansatz bei Kreditinstituten** können im Organkreis nur demjenigen Unternehmen zugute kommen, das Kreditinstitut i. S. dieser Bestimmung ist (BFH-Urteil I 198/65 vom 29. 5. 1968, BStBl II 1968, 807; Meyer-Scharenberg, § 8 Nr. 1 GewStG, Rdn. 29; GewStR Abschn. 47 Abs. 5 Satz 1).

1026 • Der Organträger kann die **erweiterte Kürzung für Grundstücksunternehmen** nach § 9 Nr. 1 Sätze 2 und 3 GewStG für die Ermittlung des eigenen Gewerbeertrags auch dann in Anspruch nehmen, wenn die Organgesellschaft steuerschädlich i. S. dieser Vorschrift tätig ist (BFH-Urteile I R 21/67 vom 30. 7. 1969, BStBl II 1969, 629 und I R 111/78 vom 1. 8. 1979, BStBl II 1980, 77; GewStR Abschn. 60 Abs. 2).

1027 • Die Eigenschaft einer Kapitalgesellschaft als Organgesellschaft lässt ihre **Mitunternehmer-Stellung** als Beteiligte an einer Personengesellschaft unberührt (BFH-Urteil IV R 56/80 vom 10. 11. 1983, BStBl II 1984, 150). Anteilige Gewerbeverluste aus einer aufgelösten Mitunternehmerschaft kann die Organgesellschaft wie vororganschaftliche Verluste nur mit eigenen Gewerbeerträgen verrechnen. Eine Verrechnung mit Gewerbeerträgen des Organträgers ist nicht möglich (OFD Frankfurt a. M., Vfg. vom 6.7.2000, DStR 2000, 1436).

1028 Folgt man der Auffassung des BFH, dass die Filial- oder Einheitstheorie in einer reinen Form für das Gewerbesteuerrecht nicht gilt, so ergeben sich hieraus weitere Konsequenzen in Fragen, zu denen der BFH bisher noch nicht ausdrücklich Stellung genommen hat.

III. Die Rechtswirkungen der Organschaft

Lieferungen und Leistungen zwischen Organgesellschaft und Organträger sind nach Maßgabe der allgemeinen Vorschriften des EStG und des KStG über die Gewinnermittlung einschließlich der Vorschriften über verdeckte Gewinnausschüttungen zu Preisen abzurechnen, wie sie unter Fremden vereinbart würden; auch **Lieferungen und Leistungen im Organkreis** führen demnach zur **Gewinnrealisierung** (so FG Düsseldorf IX 41/65 C vom 15. 3. 1966, EFG 1966, 425; Güroff in Glanegger/Güroff, § 2 GewStG Anm. 200). 1029

Nach § 9 Nr. 2a GewStG wird bei der Ermittlung des Gewerbeertrags die Summe des Gewinns und der Hinzurechnungen **gekürzt um die Gewinne aus Anteilen an Kapitalgesellschaften**, an denen das Unternehmen „mindestens zu einem Zehntel am Grund- oder Stammkapital beteiligt ist". Besitzen sowohl die Organgesellschaft als auch der Organträger Anteile an einer Kapitalgesellschaft, so können diese für die Anwendung des § 9 Nr. 2a GewStG nicht zusammengerechnet werden. 1030

Beispiel:
Die X-GmbH steht in einem Organschaftsverhältnis zum Einzelkaufmann A. Die X-GmbH (Organgesellschaft) und der A (Organträger) besitzen je 5 v. H. der Anteile an der Y-GmbH. Für die Gewinnausschüttung der Y-GmbH an X und an A kann das gewerbesteuerliche Schachtelprivileg nicht gewährt werden.

Der **Veräußerungsgewinn** einer Organgesellschaft i. S. des § 16 EStG bewirkt bei einer natürlichen Person oder Personengesellschaft als Organträgerin keine Tarifbegünstigung nach § 34 EStG, weil diese Vorschrift auf Kapitalgesellschaften nicht anzuwenden ist (siehe oben Rz. 591). Damit ist u. E. auch die Gewerbesteuerfreiheit zu versagen. 1031

Nach Auffassung der Verwaltung kann der Organträger einen vor Begründung des Organschaftsverhältnisses erzielten Gewerbeverlust nicht von dem positiven Gewerbeertrag der Organgesellschaft abziehen (GewStR Abschn. 68 Abs. 5 Satz 6). Dies soll allerdings erstmals für vororganschaftliche Verluste gelten, die der spätere Organträger im Erhebungszeitraum 1998 erzielt hat. 1032

Die Voraussetzungen einer **Steuerbefreiung** nach § 3 GewStG müssen in der Person des Organträgers bzw. der Organgesellschaft erfüllt sein. Die Steuerbefreiung beschränkt sich in ihrer Wirkung auf das Unternehmen, das die Voraussetzungen des § 3 GewStG erfüllt (GewStR Abschn. 14 Abs. 9), siehe aber auch oben Rz. 975. 1033

(unbesetzt) 1034–1050

3. Besonderheiten der Ermittlung des Gewerbeertrags bei Personengesellschaften als Organträger

3.1 Verluste der Organgesellschaft

1051 Ist eine Personengesellschaft Organträger, die keinen eigenen Gewerbebetrieb unterhält und damit auch keine eigenen Gewinne erwirtschaftet (sog. Mehrmütterorganschaft; siehe dazu Rz. 332 ff.), und erleidet die Organgesellschaft Verluste, die der Personengesellschaft als Organträger zuzurechnen sind, so können diese **Verluste** anders als bei der Körperschaftsteuer **nicht mit Gewinnen verrechnet werden, die die Gesellschafter der Personengesellschaft aus eigener gewerblicher Betätigung erwirtschaften.** Die Verluste mindern zwar entsprechend dem für die Personengesellschaft gültigen Maßstab für die Verteilung von Gewinnen und Verlusten auf die Gesellschafter den Steuerbilanzgewinn der Gesellschafter, sind aber bei der Ermittlung des Gewerbeertrags der Gesellschafter der Personengesellschaft nach § 8 Nr. 8 GewStG wieder hinzuzurechnen. Ein **Verlustausgleich** zwischen der Organgesellschaft und den Gesellschaftern der BGB-Gesellschaft **findet nicht statt**, da bei der Mehrmütterorganschaft der Organkreis aus der BGB-Gesellschaft und der Kapitalgesellschaft besteht, § 2 Abs. 2 Satz 3 GewStG (s. oben Rz. 895). Mit der Aufhebung der Mehrmütterorganschaft (siehe Rz. 895) ab EZ 2003 ist dieses Thema entfallen.

3.2 Dauerschulden im Verhältnis zwischen den Gesellschaftern einer Personengesellschaft als Organträger und der Organgesellschaft

1052 Ist eine Personengesellschaft Organträger, so ist diese selbständiges Gewerbesteuersubjekt; die Gesellschafter der Personengesellschaft sind nicht Mitglieder des Organkreises. Demgemäß gilt der Grundsatz, dass zur Vermeidung einer doppelten steuerlichen Belastung Hinzurechnungen nach § 8 GewStG unterbleiben (siehe Rz. 972 f.), nur für Dauerschuldverhältnisse zwischen der Personengesellschaft, also dem Organträger, und der Organgesellschaft, nicht hingegen für Dauerschuldverhältnisse zwischen einem Gesellschafter der Personengesellschaft und der Organgesellschaft (vgl. Kreuzer, FR 1981, 398, 400; Güroff in Glanegger/ Güroff, § 2 GewStG Anm. 202).

Beispiel:

Die Y-GmbH steht als Organgesellschaft in einem gewerbesteuerlichen Organschaftsverhältnis zur Personengesellschaft X, deren Gesellschafter die Einzelkaufleute A, B und C sind. Der Einzelkaufmann A hat der Y-GmbH ein langfristiges Darlehen gewährt. Bei der Ermittlung des Gewerbeertrags der Y-GmbH sind die Darlehenszinsen gemäß § 8 Nr. 1 GewStG hinzuzurechnen.

III. Die Rechtswirkungen der Organschaft

3.3 Die Beteiligung an der Organgesellschaft

Ist eine Personengesellschaft Organträger, sind die Anteile an der Organgesellschaft aber nicht Gesamthandseigentum der Personengesellschaft, sondern Eigentum der Gesellschafter, so stellte sich bis EZ 1997 die Frage, ob die Anteile an der Organgesellschaft beim Gewerbekapital der Gesellschafter der Personengesellschaft und das den Anteilen entsprechende Vermögen beim Gewerbekapital der Organgesellschaft, im Ergebnis also doppelt erfasst werden. — 1053

Beispiel:
Organträger ist eine Personengesellschaft, deren Gesellschafter 12 Einzelkaufleute sind, die zu je 8,5 v. H. an der Organgesellschaft beteiligt sind. Die Anteile an der Organgesellschaft sind nicht Gesamthandseigentum der Personengesellschaft, wohl aber notwendiges Sonderbetriebsvermögen der Gesellschafter.

Die Frage ist zu bejahen, wenn die Anteile an der Organgesellschaft Bestandteil des Einheitswerts des Betriebsvermögens der einzelnen Gesellschafter der Personengesellschaft sind, soweit der einzelne Gesellschafter mit weniger als 10 v. H. an der Kapitalgesellschaft beteiligt ist. Denn in diesem Falle kann bei der Ermittlung des Gewerbekapitals der Gesellschafter der Personengesellschaft § 12 Abs. 3 Nr. 2a GewStG nicht angewendet werden; die Kürzungsvorschrift des § 12 Abs. 3 Nr. 2 GewStG hingegen führt nur dazu, dass das Gewerbekapital der Organgesellschaft nicht nochmals bei den Gesellschaftern der Personengesellschaft erfasst wird, kann aber den Nichtansatz der Beteiligung an der Organgesellschaft nicht rechtfertigen (Blümich/Gosch, § 12 GewStG Rz. 165). — 1054

Nach der Rechtsprechung des BFH sind allerdings **Anteile an einer Kapitalgesellschaft**, die zwar nicht im Gesamthandsvermögen der Personengesellschaft, sondern im Eigentum der Gesellschafter stehen, aber Sonderbetriebsvermögen der Gesellschaft sind, dann nicht den Gesellschaftern, sondern nur der Personengesellschaft bei der Einheitsbewertung des Betriebsvermögens zuzurechnen, wenn sich die Kapitalgesellschaft auf die Geschäftsführung für die Personengesellschaft beschränkt oder wenn ein daneben bestehender eigener Geschäftsbetrieb von ganz untergeordneter Bedeutung ist (BFH-Urteil III R 91/81 vom 7. 12. 1984, BStBl II 1985, 241 in Änderung der früheren Rechtsprechung; vgl. auch § 97 Abs. 1 Nr. 5 Satz 2 BewG). Die Anteile sind dann nur im **Einheitswert des Betriebsvermögens der Personengesellschaft**, nicht auch (oder nur) im Einheitswert des Betriebsvermögens der Gesellschafter enthalten. Bei der Ermittlung des Gewerbekapitals für den Organkreis bleibt die Beteiligung an der Organgesellschaft gemäß § 12 Abs. 3 Nr. 2a GewStG außer Ansatz; erfasst wird also nur das dieser Beteiligung entsprechende Vermögen der Organgesellschaft bei der Ermittlung des Gewerbekapitals der Organgesellschaft. Bei der Ermittlung des — 1055

Gewerbekapitals der Gesellschafter der Personengesellschaft sind die Anteile an der Personengesellschaft, also der anteilige Einheitswert des Betriebsvermögens der Personengesellschaft, in dem die Beteiligung an der Organgesellschaft enthalten ist, gemäß § 12 Abs. 3 Nr. 2 GewStG abzuziehen. Bei der Besteuerung der Personengesellschaft, der Gesellschafter und der Organgesellschaft nach dem Gewerbekapital wird also letztlich nur das Vermögen der Organgesellschaft, und zwar beim Organträger durch Zurechnung erfasst; die Beteiligung an der Organgesellschaft bleibt unversteuert (ebenso Güroff in Glanegger/Güroff, § 2 GewStG Anm. 202).

4. Auflösung der Organgesellschaft – Betriebseinstellung und Veräußerung des Betriebsvermögens der Organgesellschaft

1056   Wird eine Organgesellschaft aufgelöst und abgewickelt, so fragt sich, ob der dem **Abwicklungsgewinn** entsprechende Gewerbeertrag der Organgesellschaft mit dem Gewerbeertrag des Organträgers zusammenzurechnen ist. Folgt man der in Rz. 722 und 726 dargestellten Auffassung, ist die gestellte Frage zu verneinen (so auch GewStR Abschn. 14 Abs. 4).

1057   Stellt eine Organgesellschaft **ohne förmlichen Auflösungsbeschluss** ihre gewerbliche Tätigkeit nicht nur vorübergehend ein und veräußert sie ihr Vermögen, so stellt sich die Frage, ob der dem Veräußerungsgewinn entsprechende Gewerbeertrag dem Gewerbeertrag des Organträgers zur Versteuerung zuzurechnen ist. Folgt man der in Rz. 767 dargestellten Auffassung, ist auch diese Frage zu verneinen. Die Organgesellschaft ist mit dem Gewerbeertrag, der dem Abwicklungs- oder Veräußerungsgewinn entspricht, selbst zur Gewerbesteuer heranzuziehen.

1058–1090   *(unbesetzt)*

C. Die Organschaft im Umsatzsteuerrecht

Literaturverzeichnis

Kommentare:

Bunjes/Geist, Umsatzsteuergesetz, 6. Aufl., München 2000

Hartmann/Metzenmacher, Umsatzsteuergesetz (Mehrwertsteuer), Loseblatt, 7. Aufl., Berlin/Bielefeld/München 1991 ff.

Peter/Burhoff/Stöcker, Umsatzsteuer-Kommentar, Loseblatt, 5. Aufl., Herne/Berlin 1983 ff.

Rau/Dürrwächter, Kommentar zum Umsatzsteuergesetz (Mehrwertsteuer), Loseblatt, 7. Aufl., Köln 1991 ff.

Sölch/Ringleb, Umsatzsteuergesetz, Loseblatt, 4. Aufl., München 1987 ff.

Aufsätze:

Bachem, Holdinggesellschaft – Umsatzsteuerliche Organträgerschaft und Vorsteuerabzug, BB 1994, 1608

Birkholz, Organschaft zwischen einer KG und ihrer Komplementär-GmbH?, UR 1979, 5

Boeck, Die Organschaft im umsatzsteuerlichen Teil des Berlinförderungsgesetzes, StBp 1985, 276

Breuninger, Organschaft bei fehlendem Beherrschungsvertrag und mittelbarer Beteiligung, DB 1995, 2085

Carl, Zusammenfassung von Beteiligungen im kommunalen Bereich, ZKF 1989, 194

Döllerer, Die Holding in Zivil-, Gesellschafts-, Bilanz- und Steuerrecht, JbFfSt 1989/1990, 425

Feldhaus, Zweifelsfragen zum ersten Gesetz zur Änderung des Umsatzsteuergesetzes, INF 1984, 433

Geissen, Die Holding in Zivil-, Gesellschafts-, Bilanz- und Steuerrecht, JbFfSt 1989/1990, 425

Grotherr, Zur gegenwärtigen Bedeutung der Organschaft in der Konzernsteuerplanung, BB 1993, 1986

Grotherr, Kritische Bestandsaufnahme der steuersystematischen und betriebswirtschaftlichen Unzulänglichkeiten des gegenwärtigen Organschaftskonzepts, StuW 1995, 124

Grützner, Berücksichtigung der Ergebnisse ausländischer Betriebsstätten in Organschaftsfällen, GmbHR 1995, 502

Hallerbach, Neuere Entwicklungen bei der Umsatzsteuer, JbFfSt 1985/1986, 315

Heidemann, Betriebsaufspaltung als umsatzsteuerliche Organschaft, INF 1988, 195

Heidner, Grundzüge der Organschaft im Körperschaft-, Gewerbe- und Umsatzsteuerrecht, DStR 1988, 87

Heine, Die Organschaft im Grunderwerbsteuerrecht - Eine Besprechung der Verfügung der Oberfinanzdirektion Münster vom 7. 12. 2000 S 4500 - 49 - St 24 - 35, UVR S. 366, UVR 2001, 349

Heintzen, Die umsatzsteuerrechtliche Organschaft bei Organisationsprivatisierungen in der öffentlichen Verwaltung, DStR 1999, 1799

Henkel, Umsatzbesteuerung von Leistungsaustauschverhältnissen zwischen Beförderungsunternehmen und Reiseveranstaltern unter besonderer Berücksichtigung von Organschaftsverhältnissen – Erwiderung zu Zöllinger in UR 1998, 333, UR 1998, 410

Hollatz, Wirtschaftliche Eingliederung bei der Organschaft, DB 1994, 855

Hünnekens, Einschränkung der grenzüberschreitenden Organschaft, NWB F. 7, 3847 (1987)

Klezath, Umsatzsteuerliche Neuregelungen im Steuerbereinigungsgesetz 1986, DStZ 1986, 112

Klingmann, Die Gebührenrechnung in Organschaftsfällen, StB 1982, 283

Kom, Erwünschte und unerwünschte Organschaft bei Betriebsaufspaltungen, Stbg 1996, 443

Krebühl, Besteuerung der Organschaft im neuen Unternehmenssteuerrecht, DStR 2002, 1241

Kühnel, Umsatzsteuerliche Besonderheiten bei der GmbH & Co. KG, GmbH-Rdsch. 1982, 136

Lieb, Steuerliche Sonderfragen bei Organschaftsverhältnissen, NWB F. 2, 5993

Lohse, Umsatzsteuerrechtliche Organschaft bei Betriebsaufspaltung, DStR 1988, 567

Mitsch, Die grunderwerbsteuerliche Organschaft - Beratungskonsequenzen aus der Verfügung der OFD Münster vom 7. 12. 2000 insbesondere für Konzernsachverhalte, DB 2001, 2165

Moog, Steuerminimierung durch die personalistisch geprägte Organschaft, DStR 1996, 161

Mösbauer, Haftung bei umsatzsteuerlicher Organschaft, UR 1995, 321

Müller-Gatermann, Überlegungen zur Änderung der Organschaftsbesteuerung, Festschrift für Wolfgang Ritter zum 70. Geburtstag, 1997

Neufang, Die Betriebsaufspaltung im Blickwinkel der neuesten Rechtsprechung, StBp 1988, 156

Niebler, Stadthallen-Betriebsgesellschaften - steuerlich, KStZ 1983, 85

Nöcker, Die gewerbesteuerliche Organschaft im Mutter-Enkel-Konzern - Zur Einheitlichkeit des Organkreises und zur Haftung für Steuerschulden, INF 2001, 648

Onusseit, Zur Beendigung der Organschaft durch Anordnung der Sequestration, EWiR 1997, 857

Orth, Elemente einer grenzüberschreitenden Organschaft im deutschen Steuerrecht, GmbHR 1996, 33

Orth, Schritte in Richtung einer „Grenzüberschreitenden Organschaft", IStR Beihefter zu Heft 9/2002

Probst, Die Organgesellschaft im Umsatzsteuerrecht - eine Gesellschaft mit unbeschränkter Haftung?, BB 1987, 1992

Rau, Neuere Entwicklungen bei der Umsatzsteuer, JbFfSt 1985/1986, 315

Raupach, Was hat die Gepräge-Theorie mit der Mehrmütterorganschaft zu tun? – Ein Beitrag zum Vertrauensschutz bei Änderung langjähriger Rechtsprechung mit nachfolgendem „Nichtanwendungsgesetz", DStR 2001, 1325

Reiß, Die umsatzsteuerliche Organschaft – eine überholte Rechtsfigur, StuW 1979, 343

Rey/Starke, Die verunglückte Organschaft und die Beseitigung ihrer negativen steuerlichen Folgen, FR 1991, 225

Rödder, Holding und umsatzsteuerliche Unternehmereigenschaft, DStR 1993, 635

Schiffer, Beendigung der umsatzsteuerlichen Organschaft, DStR 1998, 1989

A. Schmidt, Organschaft ohne Beherrschungsvertrag und Personalunion – Prüfungsmerkmale einer organisatorischen Eingliederung im GmbH-Organkreis, GmbHR 1996, 175

Schmitz, Die negative Steuerumlage in Organkreisen, DVR 1979, 22, DB 1979, 1198

Schneider, Beendigung einer umsatzsteuerlichen Organschaft durch Bestellung eines vorläufigen Vergleichsverwalters, DStR 1996, 2007

Schnell, Betriebsaufspaltung, PdR Gruppe 3/17, I (4/1986)

Schuhmann, Die umsatzsteuerrechtliche Organschaft und die Betriebsaufspaltung, UVR 1997, 68

Schwarze, Neuere Entwicklungen bei der Umsatzsteuer, JbFfSt 1985/1986, 315

Schwer, Unternehmens-Verbund - Organschaft als Steuergestaltungs-Modell: Neuerungen auf Grund des Steuersenkungsgesetzes, GmbH-Stpr 2001, 119

Seitrich, Mittelbare finanzielle Eingliederung und umsatzsteuerrechtliche Organschaft, BB 1989,189

Slapio, Gestaltungsmöglichkeiten bei umsatzsteuerlicher Organschaft, DStR 2000, 999

Söffing, Betrieb einer Organgesellschaft als unselbständiger Teil des Betriebs des Organträgers?, INF 1976, 343

Stöcker, Umsatzsteuerliche Organschaft bei mittelbarer und unmittelbarer Beteiligung, EFG 2000 Beilage 15 Seite 117

Stöcker, Organschaft bei Bestellung eines vorläufigen Verwalters; Zeitpunkt der Entstehung des Vorsteueranpruchs, EFG 2000 Beilage 23, 183

Stadie, Umsatzsteuerliche Zurechnung von Leistungen, UR 1988, 19

Stahl, Aktuelle Hinweise zum Steuerrecht der Organschaft, KÖSDI 1994, Nr. 12, 10053–10059

Stahl, Neues Recht der Organschaft, KÖSDI 7/2002

Starke, Organschaft im Umsatzsteuerrecht, StLex 11 A, 2, 31 (4/1987)

Steppert, Die umsatzsteuerliche Organschaft – ein nicht mehr zeitgemäßes Relikt?, UR 1994, 343

Steppert, Ein Steuersparmodell – kritisch betrachtet, UR 1989, 273

Streck/Binnewies, Der faktische Konzern als hinreichende Voraussetzung für eine organisatorische Eingliederung im Rahmen einer umsatzsteuerlichen Organschaft – Zugleich Anmerkung zum Urteil des FG Berlin vom 13. 5. 1998 - 6 K 6294/9, DB 2001, 1578

Sturm, Umsatzsteuerliche Organschaft nach § 2 Abs. 2 Nr. 2 UStG und Haftung nach § 73 AO, StuW 1992, 252

Tesdorpf, Die Organschaft, StBp 1981, 204

Tillmann, Steuerlich wirksame aufschiebende Bedingung in einem Organschaftsvertrag als Eintragungshindernis – Eingabe an den BdF vom 12. 10. 1994, GmbHR 1994, 798

Tischer, Zur umsatzsteuerlichen Organschaft bei Gesellschafteridentität, UR 1985, 77

Tüchelmann, Zur grenzüberschreitenden Organschaft im Umsatzsteuerrecht, UR 1989, 109

Veigel, Die Organschaft im Steuerrecht, INF 1986, 435

Walkenhorst, Begriff der Organschaft, KFR F. 7 UStG § 2, 4/97

Walter, Steuerliche Rückwirkung des Formwechsels und Organschaft, GmbHR 1996, 905

Walter/Groschupp, Umsatzsteuerliche Mehrmütterorganschaft als Gestaltungsinstrument für Körperschaften des öffentlichen Rechts, UR 2000, 449

Weiß, Organschaft aufgrund mittelbarer Beteiligung, UR 1980, 50

Weiß, Eine Kornplementär-GmbH einer GmbH & Co. KG ist stets selbständig, UR 1979, 81

Weiß, Das Ende der Unternehmereinheit und des organschaftsähnlichen Verhältnisses, UR 1979, 97

Welling/H. Schnittker, „Keine Organschaftsbesteuerung von Versicherungsunternehmen – verfassungswidrig?", StB 2002, 276

Widmann, Die Holding in Zivil-, Gesellschafts-, Bilanz- und Steuerrecht, JbFfSt 1989/1990, 425

Widmann, Zu den umsatzsteuerlichen Folgen einer unwirksamen Zwischenvermietung, UR 1981, 245

Zöllinger, Umsatzbesteuerung von Leistungsaustauschverhältnissen zwischen Beförderungsunternehmen und Reiseveranstaltern unter besonderer Berücksichtigung von Organschaftsverhältnissen, UR 1998, 333

I. Grundlegung

1. Rechtsgrundlagen

1.1 Regelung des § 2 Abs. 2 Nr. 2 UStG

Die umsatzsteuerliche Organschaft ist in § 2 Abs. 2 Nr. 2 UStG geregelt, der an den in § 2 Abs. 1 Satz 1 UStG zum Ausdruck kommenden Grundsatz anknüpft, dass juristische Personen ihre gewerbliche oder berufliche Tätigkeit in aller Regel selbständig, d. h. als Unternehmer ausüben, weil sie grundsätzlich nach außen im eigenen Namen auftreten. Als Ausnahme davon bestimmt § 2 Abs. 2 Nr. 2 UStG, dass eine gewerbliche oder berufliche Tätigkeit nicht selbständig ausgeübt wird, also kein umsatzsteuerlich selbständiges Rechtssubjekt auftritt, „wenn eine juristische Person **nach dem Gesamtbild der tatsächlichen Verhältnisse finanziell, wirtschaftlich und organisatorisch in das Unternehmen des Organträgers eingegliedert ist (Organschaft)**". Die juristische Person ist dann umsatzsteuerlich (nicht zivilrechtlich, siehe Rz. 1093) ein unselbständiger Teil des Unternehmens, in das sie eingegliedert ist. Die Fassung von § 2 Abs. 2 Nr. 2 Satz 1 UStG ist seit dem 1. 1. 1968 unverändert. Ab 1. 1. 1987 ist die Wirkung der Organschaft durch Einfügung der Sätze 2 bis 4 in § 2 Abs. 2 Nr. 2 UStG auf das Inland beschränkt (siehe Rz. 1555).

1091

1.2 Definitionen

Nach der Legaldefinition des § 2 Abs. 2 Nr. 2 UStG heißt das übergeordnete Unternehmen **Organträger**. Die eingegliederten juristischen Personen werden üblicherweise **Organgesellschaften** genannt. Sie bilden zusammen mit dem Organträger den **Organkreis**. Das **Innenverhältnis** betrifft die Beziehungen zwischen Organträger und einer Organgesellschaft oder zwischen mehreren Organgesellschaften desselben Organträgers, das **Außenverhältnis** die Beziehungen des Organkreises zu Dritten (vgl. Birkenfeld in Hartmann/Metzenmacher, § 2 Abs. 2 Nr. 2 UStG Tz. 531).

1092

1.3 Bedeutung des Zivilrechts

Die Organschaft ist eine **Ausnahme von der Maßgeblichkeit des Zivilrechts.** Denn grundsätzlich knüpft auch das Umsatzsteuerrecht an die zivilrechtlichen Beziehungen an (vgl. BFH-Beschluss V B 10/84 vom 13. 9. 1984, BStBl II 1985, 21). Da die Organgesellschaft gegenüber Dritten in eigenem Namen auftritt, wird zivilrechtlich grundsätzlich sie und nicht der Organträger Vertragspartner. Umsatzsteuerlich fehlt der Organgesellschaft aufgrund der ausdrücklichen Aus-

1093

nahmeregelung in § 2 Abs. 2 Nr. 2 UStG aber die für den Unternehmerbegriff gemäß § 2 Abs. 1 Satz 1 UStG erforderliche Selbständigkeit.

1094 Ist eine juristische Person gegenüber Dritten **in fremdem Namen** aufgetreten, stellt sich die Frage der Organschaft nicht. Sie gewinnt immer erst Bedeutung, wenn die juristische Person **in eigenem Namen** gehandelt hat. Das Handeln in eigenem Namen kann deshalb auch kein Beweisanzeichen für Organschaft sein (vgl. Flückiger in Plückebaum/Malitzky, § 2 Abs. 2 UStG Tz. 249).

1.4 Bedeutung des Konzernrechts

1095 Da § 2 Abs. 2 Nr. 2 UStG eine eigenständige Regelung der Organschaft enthält, haben **Beherrschungsverträge** oder Eingliederungen von Unternehmen nach den konzernrechtlichen Vorschriften des Aktiengesetzes umsatzsteuerlich nur Indizwirkung (vgl. BdF-Erlass vom 18. 7. 1966, U-Kartei S 4105, K 54).

1.5 Abschließende Regelung

1096 **§ 2 Abs. 2 Nr. 2 UStG** regelt die Unselbständigkeit juristischer Personen des Privatrechts für die Umsatzsteuer **abschließend** (vgl. Rz. 1101 und BFH-Urteile V R 157/71 vom 19. 7. 1973, BStBl II 1973, 764 und V R 85/74 vom 14. 12. 1978, BStBl II 1979, 288; Niedersächsisches FG V 28/66 vom 13. 3. 1970, EFG 1970, 633; Weiß, UR 1979, 97, 101; Weiß, UR 1981, 123; Hartmann/Metzenmacher, § 2 Abs. Nr. 2 UStG Tz. 522). Die Vorschrift darf nicht über ihren Wortlaut hinaus ausgelegt werden.

2. Organschaft als einheitliches Rechtsinstitut im Steuerrecht

1097 Für die Körperschaftsteuer ist die Organschaft in §§ 14 bis 19 KStG („Sondervorschriften für die Organschaft") und für die Gewerbesteuer in § 2 Abs. 2 Satz 2 und 3 GewStG geregelt. Die Organschaft stellte vor 2001 **im Steuerrecht ein grundsätzlich einheitliches Rechtsinstitut** dar (FG des Saarlandes 1 K 347/98 vom 14.11.2001). Für alle Formen der Organschaft war nach dem Gesamtbild der tatsächlichen Verhältnisse die finanzielle, wirtschaftliche und organisatorische Eingliederung einer juristischen Person in das Unternehmen des Organträgers erforderlich. Bei der Gewerbesteuer musste der Organträger anders als bei der Umsatzsteuer allerdings **einen nach außen in Erscheinung tretenden Gewerbebetrieb** unterhalten (siehe Rz. 1242), weil die Gewerbesteuer anders als die Umsatzsteuer auf den Betrieb als Objekt abstellt (vgl. BFH-Urteile V 44/65 vom 17. 4. 1969, BStBl 1969, 413 und V B 115/87 vom 14. 1. 1988, BFH/NV 1988, 471 = DVR 1988, 123 sowie Stadie in Rau/Dürrwächter, § 2 UStG Tz. 692;

I. Grundlegung

Hönle, DB 1986, 1246). Im Körperschaftsteuerrecht setzte die Organschaft auch schon immer den Abschluss eines **Gewinnabführungsvertrages** voraus.

Seit dem Veranlagungszeitraum 2001 sind die Voraussetzungen der körperschaftlichen Organschaft durch das StSenkG (BGBl I 2000, 1433) **wesentlich geändert** worden. Es genügt gemäß § 19 Nr. 1 KStG n. F. neben einem Gewinnabführungsvertrag die finanzielle Eingliederung (Mehrheit der Stimmrechte aus den Anteilen an der Organgesellschaft). Eine wirtschaftliche Eingliederung und eine organisatorische Eingliederung sind nicht mehr erforderlich. Ab dem Veranlagungszeitraum 2002 sind die **Voraussetzungen der gewerbesteuerlichen Organschaft** durch das UntStFG (BGBl I 2001, 3858) denen der körperschaftlichen Organschaft angeglichen worden. Für die gewerbesteuerliche Organschaft ist einerseits das Erfordernis der wirtschaftlichen und organisatorischen Eingliederung nunmehr ebenfalls entfallen. Jedoch setzt andererseits ab dem Veranlagungszeitraum 2002 auch die gewerbesteuerliche Organschaft stets einen Gewinnabführungsvertrag voraus. Da eine wirtschaftliche Eingliederung fehlen kann, braucht auch bei der körperschaft- und gewerbesteuerlichen Organschaft der Organträger nicht mehr originär gewerblich tätig zu sein (Stahl, KÖSDI 7/2002, 13358, 13362). Für die umsatzsteuerliche Organschaft ist es bei der bisherigen Regelung in § 2 Abs. 2 Nr. 2 UStG, d. h. insbesondere bei dem Erfordernis auch einer wirtschaftlichen und organisatorischen Eingliederung geblieben.

Die jetzt unterschiedlichen Voraussetzungen machen es **ohne weiteres möglich, die Organschaft auf eine Steuerart zu beschränken.** Ohne eine wirtschaftliche oder organisatorische Eingliederung bleibt die umsatzsteuerliche Organschaft ausgeschlossen. Ohne volle Gewinnabführung kann es keine körperschaft- oder gewerbesteuerliche Organschaft geben.

Als ein einheitliches Rechtsinstitut erweist sich die Organschaft nach wie vor hinsichtlich der **Haftung.** Denn gemäß § 73 AO haftet eine Organgesellschaft für alle Steuern des Organträgers, für die die Organschaft zwischen ihnen steuerlich von Bedeutung ist, wobei Ansprüche auf Erstattung von Steuervergütungen den Steuern gleichstehen (siehe Rz. 1477). 1098

3. Unteilbarkeit der Selbständigkeit

Die **juristischen Personen** des § 2 Abs. 2 Nr. 2 UStG **können** anders als die natürlichen des § 2 Abs. 2 Nr. 1 UStG („soweit") **nur insgesamt selbständig oder insgesamt unselbständig tätig sein.** Juristische Personen können nicht mit besonderen Abteilungen unselbständig (Organ) und selbständig (Unternehmer) 1099 sein. Dies beruht darauf, dass die Beherrschung juristischer Personen z. B. über die Haupt-, die Gesellschafterversammlung oder den Aufsichtsrat unteilbar ist (vgl. Flückinger in Plückebaum/Malitzky, § 2 Abs. 2 UStG Tz. 265; Stadie in Rau/Dürrwächter, § 2 UStG Tz. 646 m. w. N.). Teilbar wäre die Tätigkeit einer juristischen Person erst dann, wenn die Regelung in § 2 Abs. 2 Nr. 2 UStG an die in § 2 Abs. 2 Nr. 1 UStG angeglichen würde.

4. Verhältnis zum Unternehmerbegriff

1100 § 2 Abs. 2 Nr. 2 UStG enthält ebenso wie § 2 Abs. 2 Nr. 1 UStG **keine systemwidrige Durchbrechung der Legaldefinition des Unternehmerbegriffs** in § 2 Abs. 1 Satz 1 UStG (vgl. aber BFH-Urteile V R 101/78 vom 8. 2. 1979, BStBl II 1979, 362 a. E.; V R 71/93 vom 19. 10. 1995, BFH/NV 1996, 273; Steppert, UR 1994, 343), sondern legt nur die Kriterien fest, nach denen die Selbständigkeit zu verneinen ist. Auch ohne die Regelung in § 2 Abs. 2 Nr. 1 und Nr. 2 Satz 1 UStG müsste sich, wie schon die historische Entwicklung lehrt (siehe Rz. 1104), die Rechtsprechung damit auseinandersetzen, ob in den entsprechenden Fällen die Tätigkeit selbständig i. S. von § 2 Abs. 1 Satz 1 UStG ausgeübt wird. Im Wege der Auslegung könnte die Rechtsprechung zu denselben Kriterien gelangen, wie sie jetzt in § 2 Abs. 2 Nr. 1 und 2 Satz 1 UStG festgelegt sind (a.A. Schwarze/Reiß/Kraeusel, § 2 UStG Tz. 98). Die Bedeutung dieser Vorschriften besteht deshalb lediglich darin, die Rechtsprechung hinsichtlich der Selbständigkeit an bestimmte **Auslegungsmaßstäbe** zu binden.

5. Verhältnis zur Unselbständigkeit natürlicher Personen (§ 2 Abs. 2 Nr. 1 UStG)

1101 Sowohl Nr. 1 als auch Nr. 2 von § 2 Abs. 2 UStG beruhen entgegen Weiß (UR 1979, 82 m. w. N.), der die Organschaft möglichst einschränken und abschaffen will (ähnlich Steppert, UR 1994, 343), nicht nur auf empirischen Beobachtungen, sondern auf einer gemeinsamen systematischen Grundlage. Dass natürliche Personen, für die § 2 Abs. 2 Nr. 1 UStG gilt, teils selbständig, teils unselbständig tätig sein können und dass ihr Status der Unselbständigkeit auf eigenem und änderbarem Willensentschluss beruht (vgl. Birkholz, UR 1979, 5), ist für die Frage der Selbständigkeit unerheblich und begründet keinen systematischen Unterschied zwischen den Nrn. 1 und 2 in § 2 Abs. 2 UStG (a.A. Weiß, a. a. O.). Der Unterschied zwischen Nr. 1 und Nr. 2 in § 2 Abs. 2 UStG 1980 besteht lediglich darin, dass **für eine unselbständige Tätigkeit juristischer Personen schärfere Anforderungen** gelten als für eine solche natürlicher Personen, indem für die Erste-

I. Grundlegung 267

ren eine bloße Weisungsgebundenheit nicht ausreicht. Damit wird entgegen Weiß (a. a. O.) bei juristischen Personen nicht die Selbständigkeit, sondern die Unselbständigkeit eingeengt, woraus dann auch abzuleiten ist, dass § 2 Abs. 2 Nr. 2 UStG eine abschließende Regelung der Unselbständigkeit juristischer Personen enthält (vgl. Rz. 1096 und BFH-Urteil V R 85/74 vom 14. 12. 1978, BStBl II 1979, 288 = UR 1979, 81; insoweit im Ergebnis auch Weiß, a. a. O.).

6. Organschaft und Unternehmereinheit

Das von der Rechtsprechung entwickelte und auf § 2 Abs. 1 Satz 2 UStG gestützte **Rechtsinstitut der Unternehmereinheit** unterscheidet sich von der Organschaft dadurch, dass die **verbundenen Unternehmen nicht über- und untergeordnet, sondern nebengeordnet** sind. Nach § 2 Abs. 1 Satz 2 UStG umfasst das Unternehmen die gesamte gewerbliche oder berufliche Tätigkeit des Unternehmers. Ein Unternehmer kann danach zwar mehrere Betriebe, aber nur ein Unternehmen haben. Daraus leitete die Rechtsprechung ab, dass auch Gesellschaften, an denen dieselben Gesellschafter im gleichen Verhältnis beteiligt sind und bei denen die Willensbildung einheitlich ist, nur ein Unternehmen darstellen. Anders als bei der Organschaft ist bei der Unternehmereinheit keine Gesellschaft der anderen eingegliedert, zwischen ihnen besteht vielmehr eine Patt-Situation; sie werden nur gemeinsam von einer zentralen Stelle gesteuert (vgl. BFH-Urteil XI R 25/94 vom 18. 12. 1996, BStBl II 1997, 441). Der **umsatzsteuerliche Effekt** der Unternehmereinheit bestand darin, dass **Lieferungen und Leistungen zwischen den Gesellschaften ähnlich wie bei der Organschaft nicht steuerbar** waren (vgl. RFH-Urteile V A 581/33 vom 8. 6. 1934, RStBl 1934, 1486 = RFHE 36, 214; V 202/39 vom 11. 10. 1940, RStBl 1940, 982 = RFHE 49, 250; 68/41 vom 19. 12. 1941, RStBl 1942, 383 = RFHE 51, 70; BFH-Urteile II 36/50 U vom 15. 6. 1951, BStBl III 1951, 215 = BFHE 55, 529; V 162/52 S vom 8. 2. 1955, BStBl III 1955, 113 = BFHE 60, 294; V 40/58 vom 21. 7. 1960, StRK UStG § 2 Abs. 1 R. 64 = UR 1961, 30; V 230/58 vom 17. 11. 1960, BB 1961, 594 = NWB F. 1, 49 (1961); V R 123/68 vom 17. 4. 1969, BStBl II 1969, 505 = BFHE 95, 558 = HFR 1969, 501; Burhoff in Peter/Burhoff/Stöcker, § 2 UStG Tz. 106 f.).

1102

Im Jahre 1978 hat die Rechtsprechung die Rechtsfigur der Unternehmereinheit wieder aufgegeben (siehe Rz. 1229 ff. und 1263). Maßgeblich waren dabei nicht die Auslegung von § 2 Abs. 1 Satz 2 UStG und die Systematik des Umsatzsteuerrechts, sondern in nicht unbedenklicher Weise haftungs- und vollstreckungsrechtliche Aspekte; da weder die Unternehmereinheit als solche, noch die hinter ihr stehende Personengruppe mögliche Vermögensträger seien, fehle es an einer wirksamen Haftung (vgl. BFH-Urteile V R 22/73 vom 16. 11. 1978, BStBl

1103

II 1979, 347; V R 36/78 vom 23. 11. 1978, BStBl II 1979, 350; V R 29/73 vom 30. 11. 1978, BStBl II 1979, 352; vgl. dazu auch Weiß, UR 1979, 82, 97).

7. Rechtsentwicklung

1104 Die umsatzsteuerliche Organlehre geht fast bis zu den **Anfängen der Umsatzsteuer** zurück, die 1916 im Deutschen Reich als Allphasenbruttosteuer eingeführt wurde (vgl. Burhoff in Peter/Burhoff/Stöcker, § 2 UStG Tz. 112). Nachdem der RFH zunächst entschieden hatte, die Abhängigkeit juristischer Personen könne nicht zu ihrer Unselbständigkeit führen (RFH-Urteil V A 12/21 vom 10. 11. 1921, RFHE 7, 207), stellte er bereits durch Urteil V A 11/23 vom 27. 1. 1923 (RFHE 11, 265) fest, dass juristische Personen zwar grundsätzlich selbständige Unternehmer sind, dass sie aber unter bestimmten Voraussetzungen auch unselbständig sein können (vgl. auch RFH-Urteil V A 417/27 vom 26. 9. 1927, RFHE 22, 69; weitere Fundstellen von einschlägigen RFH-Urteilen bei Weiß, UR 1979, 97 Fußnote 6). Nach der **Organlehre des RFH** ist die Fähigkeit, Träger von Umsätzen zu sein, nicht nach der bürgerlich-rechtlichen Selbständigkeit zu beurteilen, sondern allein nach der gewerblich-rechtlichen Selbständigkeit, d. h. der Fähigkeit, eigene wirtschaftliche Ziele und Zwecke verfolgen zu können; einem Organ sei dies nicht möglich, weil es nur die wirtschaftlichen Ziele des ihn Beherrschenden verwirklichen müsse.

1105 Nachdem sich der RFH im Urteil V A 480/33 vom 23. 2. 1934 (RStBl 1934, 623 = RFHE 36, 39) erneut mit der Organschaft im Umsatzsteuerrecht grundlegend auseinandergesetzt hatte, wurde diese in das Umsatzsteuergesetz vom 16. 10. 1934 (RStBl 1934, 1166) aufgenommen. Der einschlägige § 2 Abs. 2 Nr. 2 UStG 1934 erhielt dabei die Fassung:

„Die gewerbliche oder berufliche Tätigkeit wird nicht selbständig ausgeübt, wenn eine juristische Person dem Willen eines Unternehmens derart untergeordnet ist, dass sie keinen eigenen Willen hat."

1106 Diese Regelung sollte die neuere Rechtsprechung zur Frage der Organschaft wiedergeben (Gesetzesbegründung RStBl 1934, 1550). Eine Ergänzung brachte **§ 17 UStDB 1938,** der bereits ganz ähnlich wie § 2 Abs. 2 Nr. 2 Satz 1 UStG wie folgt lautete:

„Eine juristische Person ist dem Willen eines Unternehmers derart untergeordnet, dass sie keinen eigenen Willen hat (Organgesellschaft), wenn sie nach dem Gesamtbild der tatsächlichen Verhältnisse finanziell, wirtschaftlich und organisatorisch in sein Unternehmen eingegliedert ist."

1107 Die gesetzliche Normierung der Organschaft durch § 17 UStDB blieb unverändert, bis der Kontrollrat in Art. II **Kontrollratsgesetz Nr. 15 vom 11. 2. 1946**

I. Grundlegung

(Amtsblatt des Kontrollrats in Deutschland 1946, 75 = Steuer- und Zollblatt 1946, 21) für die Zeit ab 1. 1. 1946 folgende Regelung traf:

„1. Alle zwischen einer Muttergesellschaft und ihren Tochtergesellschaften oder zwischen mehreren Tochtergesellschaften derselben Muttergesellschaft getätigten Transaktionen unterliegen der Umsatzsteuerpflicht in allen Fällen, in denen sie umsatzsteuerpflichtig wären, wenn es sich um unabhängige Unternehmen gehandelt hätte.

2. § 2 Abs. 2 UStG vom 16. 10. 1934 und § 17 UStDB vom 23. 12. 1938 sowie alle anderen einschlägigen Bestimmungen der Umsatzsteuergesetzgebung treten außer Kraft oder werden hiermit nach Maßgabe der Vorschriften des Abs. 1 dieses Paragraphen geändert."

Damit war die **Organschaft**, soweit sie sich auf Verhältnisse zwischen Gesellschaften bezog, **umsatzsteuerlich außer Kraft gesetzt** (vgl. BFH-Urteil V 17/52 S vom 17. 7. 1952, BStBl III 1952, 234 = BFHE 56, 604). Sie blieb dagegen entsprechend dem Wortlaut von Art. II Kontrollratsgesetz Nr. 15 auch weiterhin möglich, wenn der **Organträger eine Nichtgesellschaft** war, nämlich z. B. eine natürliche Person (BFH-Urteil V 104/54 S vom 26. 5. 1955, BStBl III 1955, 234 = BFHE 61, 95), eine Erbengemeinschaft oder eine Körperschaft des öffentlichen Rechts (BFH-Urteil V 189/62 U vom 18. 2. 1965, BStBl III 1965, 272 = BFHE 82, 72; vgl. auch Birkenfeld in Hartmann/Metzenmacher, § 2 Abs. 2 Nr. 2 UStG Tz. 540 und Flückiger in Plückebaum/Malitzky, § 2 Abs. 2 UStG Tz. 254).

Bei diesem Rechtszustand verblieb es, bis durch Art. 2 **Neuntes UStÄndG vom 18. 10. 1957** (BGBl I 1957, 1743 = BStBl I 1957, 506) Art. II Kontrollratsgesetz Nr. 15 ab 1. 4. 1958 außer Kraft gesetzt und damit die Rechtslage von vor 1946 wiederhergestellt wurde. Um alle Zweifel auszuschließen, wurde gleichzeitig bestimmt, dass **§ 2 Abs. 2 Nr. 2 UStG wieder in vollem Umfang anwendbar** sei, woraus sich auch ergab, dass § 17 UStDB 1938, dessen einziger Absatz unverändert als zweiter Absatz in § 18 UStDB 1951 übernommen worden war, wieder Geltung hatte. Der Gesetzgeber ging dabei davon aus, dass durch das Kontrollratsgesetz Nr. 15 die Organschaft nicht aufgehoben, sondern lediglich eine Besteuerung ihrer Innenumsätze eingeführt worden war (vgl. BFM-Erlass IV S 4015 – 18/51 vom 1. 8. 1951 BStBl I 1951, 429 und Flückiger in Plückebaum/Malitzky, § 2 Abs. 2 UStG Tz. 254).

Eingeschränkt wurde die umsatzsteuerliche Organschaft wieder durch Art. 1 Nr. 1 **Elftes UStÄndG vom 16. 8. 1961** (BGBl I 1961, 1330 = BStBl I 1961, 605). Danach setzte eine Organschaft voraus, dass dem Organträger sowohl **mehr als 75 v. H.** der Anteile an der juristischen Person gehörten als auch mehr als 75 v. H. der Stimmrechte zustanden. Diese Verschärfung beruhte auf dem Bestreben, die durch die Organschaft im System der kumulativen Allphasenbesteue-

1108

1109

1110

rung auftretende **Konzentrationsförderung und Wettbewerbsstörung** zu erschweren (Bundestagsdrucksache III/730; vgl. auch BFH-Urteil V R 77/67 vom 23. 7. 1970, BStBl II 1970, 774 = BFHE 99, 562 und Birkenfeld in Hartmann/Metzenmacher, § 2 Abs. 2 Nr. 2 UStG Tz. 542; Flückiger in Plückebaum/Malitzky, § 2 Abs. 2 UStG Tz. 255).

1111 Auch das **Bundesverfassungsgericht** stellte in seinen Entscheidungen 1 BvR 320/57 und 1 BvR 70/63 vom 20. 12. 1966, BStBl III 1967, 7 = BVerfGE 21, 42 fest, dass die Organschaft im System der kumulativen Allphasenumsatzsteuer gegenüber „einstufigen" Unternehmen die **Wettbewerbsneutralität verletze** und der Gesetzgeber deshalb im Rahmen der eingeleiteten Umsatzsteuerreform gehalten sei, die verfassungswidrige Ungleichheit zu beseitigen (siehe Rz. 1151).

1112 Den verfassungsrechtlichen Bedenken ist durch das mit **Gesetz vom 29. 5. 1967** (BStBl I 1967, 224) eingeführte **System der Nettoumsatzsteuer mit Vorsteuerabzug** Rechnung getragen worden, obwohl hinsichtlich der Organschaft sogar unter **Aufhebung der Einengung durch die Grenze von 75 v. H.** wieder zu dem Rechtszustand des Neunten UStÄndG vom 18. 10. 1957 zurückgekehrt wurde (vgl. Abschn. B Nr. 5 Abs. 1 BdF-Erlass IV A/2 – S 7015 – 2/68 vom 14. 2. 1968, BStBl I 1968, 401). Die Änderung des Umsatzsteuersystems zum 1. 1. 1968 hat damit keine grundsätzliche Änderung in der umsatzsteuerrechtlichen Betrachtung der Organschaft gebracht (BFH-Urteil V B 115/87 vom 14. 1. 1988, BFH/NV 1988, 471 = DVR 1988, 123). Die Wettbewerbsneutralität wurde jedoch dadurch hergestellt, dass nach dem Nettoumsatzsteuersystem es für die Höhe der Steuer unerheblich ist, ob eine Ware eine Kette mehrerer (selbständiger) Unternehmer oder mehrere Stufen innerhalb eines Organkreises durchläuft. Die im Organkreis nicht angefallene Umsatzsteuer wird in dem Zeitpunkt nachgeholt, in dem die Ware den Organkreis verlässt (siehe Rz. 1152; vgl. Flückiger in Plückebaum/Malitzky, § 2 Abs. 2 UStG Tz. 257).

1113 Durch Art. 4 Abs. 4 **Sechste Richtlinie des Rates der Europäischen Gemeinschaften** zur Harmonisierung der Rechtsvorschriften der Mitgliedstaaten über die Umsatzsteuer vom 17. 5. 1977 (Amtsblatt der Europäischen Gemeinschaften Nr. L 145 vom 13. 6. 1977, S. 1) wurde die Bundesrepublik Deutschland verpflichtet, spätestens bis zum 1. 1. 1978 auch hinsichtlich der Organschaft Anpassungsregelungen zu treffen. Art. 4 Abs. 4 Satz 2 der Richtlinie lautet:

„Vorbehaltlich der Konsultation nach Artikel 29 steht es jedem Mitgliedstaat frei, im Inland ansässige Personen, die zwar rechtlich unabhängig, aber durch gegenseitige finanzielle, wirtschaftliche und organisatorische Beziehungen eng miteinander verbunden sind, zusammen als einen Steuerpflichtigen zu behandeln."

I. Grundlegung

Daraus ergibt sich, dass es dem Gesetzgeber des einzelnen Mitgliedsstaates vom Grundsatz her freisteht, ob er die Organschaft in sein Umsatzsteuergesetz aufnehmen will oder nicht. Die vorgesehenen Konsultationen haben stattgefunden und nicht zu einer grundsätzlichen Beanstandung der Organschaft geführt (vgl. BFH V R 71/93 vom 19.10.1995, BFH/NV 1996, 273; Klezath, DStZ 1986, 112). Durch die Beschränkung auf im Inland ansässige Personen wurde jedoch eine **grenzüberschreitende Organschaft ausgeschlossen.** Nach herrschender Meinung war eine solche durch § 2 Abs. 2 Nr. 2 UStG 1967 zugelassen (vgl. BFH-Urteile V 115/63 vom 24. 2. 1966, BStBl III 1966, 261 = BFHE 85, 140 und V 121/64 vom 10. 3. 1966, BStBl III 1966, 412 = BFHE 66, 91; vgl. ferner Flückiger in Plückebaum/Malitzky, § 2 Abs. 2 UStG Tz. 324; Beyer, UR 1972, 69; Heidner, DStR 1988, 90; a.A. FG Freiburg I 173-174/61 vom 31. 1. 1964, UR 1964, 220; FG Baden-Württemberg III 130/69 vom 27. 10. 1970, EFG 1971, 159 = UR 1971, 232; Martin, UR 1962, 138; Benda, UR 1979, 230; Wenzel, DB 1979, 2151).

1114

Aber auch im Rahmen des Umsatzsteuergesetzes 1980 sah sich der Gesetzgeber durch Art. 4 Abs. 4 Satz 2 der EG-Richtlinie nicht veranlasst, den Wortlaut von § 2 Abs. 2 Nr. 2 UStG 1967 zu ändern (vgl. Bundestagsdrucksache 8/1779, S. 29; Klezath, DStZ 1986, 113). Verwaltung (vgl. BMF-Schreiben vom 10. 7. 1980 IV A/2 – S 7104 – 14/80, BStBl I 1980, 421 = UR 1980, 164), Rechtsprechung (vgl. BFH-Urteile V R 6/76 vom 17. 9. 1981, BStBl II 1982, 47 und X R 20/81 vom 20. 4. 1987, BFH/NV 1987, 742) und teilweise auch das Schrifttum (vgl. Flückiger in Plückebaum/Malitzky, § 2 Abs. 2 UStG Tz. 326 ff.; Bunjes/Geist, § 2 UStG Tz. 36; Matheja, UR 1981, 191) gingen weiterhin von einem uneingeschränkten Fortbestehen der grenzüberschreitenden Organschaft aus. Die Gegenmeinung war der Auffassung, dass § 2 Abs. 2 Nr. 2 UStG 1967/1973 nunmehr richtlinienkonform dahin auszulegen sei, dass die Wirkungen der Organschaft auf das Erhebungsgebiet begrenzt sind (vgl. Wenzel, DB 1979, 2151; Reiß, StuW 1979, 343).

1115

Nachdem jedoch die EG-Kommission gegen die Bundesrepublik Deutschland ein Verstoßverfahren (Klage beim EuGH – Rs. 298/85, Abl. EG 1985 Nr. C 285, S. 6) eingeleitet hatte, **beschränkte** der deutsche Gesetzgeber mit Art. 14 Nr. 2 **Steuerbereinigungsgesetz 1986** vom 19. 12. 1985, BStBl I 1985, 735 durch Einfügung der Sätze 2 bis 4 in § 2 Abs. 2 Nr. 2 UStG die **Wirkungen der Organschaft** ab 1. 1. 1987 **auf das Erhebungsgebiet** (siehe Rz. 1555 ff. und vgl. Klezath, DStZ 1986, 112, 113; Tüchelmann, UR 1989, 109, 111; Burhoff in Peter/Burhoff/Stöcker, § 2 UStG Tz. 115; Stadie in Rau/Dürrwächter, § 2 Abs. 1 und 2

1116

UStG Tz. 10). Nach der Wiedervereinigung ist der Begriff des Erhebungsgebietes durch den des Inlands bzw. Auslands ersetzt worden.

8. Organschaft de lege ferenda

1117 Der **Gesetzgeber ist nicht gehindert, die Anforderungen an eine Organschaft**, wie dies in der Rechtsentwicklung zeitweise geschehen ist (siehe Rz. 1107 und 1110), **weiter zu verschärfen oder eine solche (systemwidrig) gänzlich auszuschließen,** wozu jedoch eine ersatzlose Streichung des § 2 Abs. 2 Nr. 2 UStG nicht ausreicht (vgl. Rz. 1100 und Klezath, DStZ 1980, 8; a.A. Reiß, StuW 1979, 343). Nach Einführung des Mehrwertsteuersystems besteht allerdings eher Anlass, die Kriterien für eine unselbständige Tätigkeit juristischer Personen denen für eine solche natürlicher Personen anzugleichen (siehe auch Rz. 1174; vgl. ferner Grotherr, StuW 1995, 124; Müller-Gatermann in Festschrift für Ritter, 1997, S. 457 ff.).

9. Verfassungsmäßigkeit der Organschaft

1118 Die Regelung des § 2 Abs. 2 Nr. 2 UStG 1980 verstößt nicht gegen Verfassungsrecht, insbesondere nicht gegen Art. 2 Abs. 1 GG. Nach dieser Vorschrift hat jeder das Recht auf freie Entfaltung seiner Persönlichkeit, soweit er nicht die Rechte anderer verletzt und nicht gegen die verfassungsmäßige Ordnung oder das Sittengesetz verstößt. Die Vorschrift schützt zwar auch die Freiheit des Unternehmers (vgl. Maunz/Dürig/Herzog, Grundgesetz, Art. 2 Abs. 1 Rdnr. 43 ff.). Diese wird aber nicht in verfassungswidriger Weise dadurch eingeschränkt, dass das UStG die Organgesellschaften als unselbständig behandelt, so dass der Organträger als selbständiger Unternehmer die Umsatzsteuer für die gesamte Organschaft schuldet. Nach dem GG muss der Einzelne diejenigen Schranken seiner Handlungsfreiheit hinnehmen, die der Gesetzgeber zur Pflege und Förderung des gemeinsamen Zusammenlebens in den Grenzen des bei dem gegebenen Sachverhalt Zumutbaren zieht, vorausgesetzt, dass dabei die Eigenständigkeit der Person gewahrt wird (ständige Rechtsprechung, z.B. Beschluss des BVerfG 1 BvR 1295/80, vom 26. 1. 1982, BVerfGE 59, 275, 279). Auch wenn Organträger und Organgesellschaft im Rahmen des § 2 Abs. 2 Nr. 2 UStG nur ein Unternehmen haben, bleibt ansonsten ihre Eigenständigkeit gewahrt; die sich aus § 2 Abs. 2 Nr. 2 UStG 1980 für den Organträger ergebenden Steuerbelastungen, Steuerentlastungen und Steuererklärungspflichten halten sich im Rahmen des Zumutbaren (vgl. BFH-Urteil V R 71/93 vom 19. 10. 1995, BFH/NV 1996, 273).

1119 Nach dem BVerfG-Urteil 1 BvR 320/57 und 1 BvR 70/63 vom 20. 12. 1966 (BStBl III 1967, 7) ist die Beibehaltung der Organschaft seit Einführung der

I. Grundlegung 273

Mehrwertsteuer verfassungsrechtlich unbedenklich. Mit diesem Urteil hat das BVerfG zwei Verfassungsbeschwerden, die u. a. auch die Vorschrift des § 2 Abs. 2 Nr. 2 UStG 1951 i. d. F. des Art. 1 Nr. 1 des Elften Gesetzes zur Änderung des Umsatzsteuergesetzes vom 16. 8. 1961 (BGBl I 1961, 1330) betrafen, zurückgewiesen. Nach dem Urteil musste die tendenzielle Bevorzugung der Organschaft im System der Allphasenbruttoumsatzsteuer bis zur damals bereits beabsichtigten Einführung der Mehrwertsteuer (Allphasennettoumsatzsteuer mit Vorsteuerabzug) hingenommen werden (siehe Rz. 1111 f.). Für die Zeit nach Einführung der Mehrwertsteuer erschien dem BVerfG die Beibehaltung der Organschaft verfassungsrechtlich unbedenklich. Die Nichtbesteuerung der Innenleistungen bei der Organschaft führt seither grundsätzlich nicht mehr zu einer Steuerentlastung und demzufolge nicht zu Wettbewerbsverzerrungen. Nur bei Organschaften mit vorsteuerabzugschädlichen Leistungen i. S. des § 15 Abs. 2 UStG kann die Organschaft noch erhebliche Steuerersparnisse mit sich bringen (siehe Rz. 1154 ff.; vgl. ferner Klezath, DStZ 1986, 112; Steppert, UR 1994, 343). Dadurch entstehende Wettbewerbsverzerrungen betreffen jedoch nur einen beschränkten Kreis von Steuerpflichtigen und müssen als Folge der vom Gesetzgeber für zweckmäßig erachteten Regelung hingenommen werden. § 2 Abs. 2 Nr. 2 UStG ist deshalb von Verfassungs wegen nicht zu beanstanden (so BFH-Urteil V R 71/93 vom 19. 10. 1995, BFH/NV 1996, 273; vgl. auch BFH-Beschluss V B 108/97 vom 1. 4. 1998, BFH/NV 1998, 1272; BVerfG-Beschluss 1 BvR 2604/95 vom 2. 4. 1996, UVR 1996, 212 = StE 1996, 329; FG Baden-Württemberg 1 K 262/89 vom 10. 5. 1994, EFG 1994, 1021; Klezath, DStZ 1980, 5; a. A. Fasold, BB 1967, 1205; Teichmann, StuW 1975, 189).

10. EG-Recht

Gemäß Art. 4 Abs. 4 der Sechsten EG-Richtlinie steht es vorbehaltlich der Konsultation nach Art. 29 jedem Mitgliedstaat frei, im Inland ansässige Personen, die zwar rechtlich unabhängig, aber durch gegenseitige finanzielle, wirtschaftliche und organisatorische Beziehungen eng miteinander verbunden sind, zusammen als einen Steuerpflichtigen zu behandeln. Nachdem ab 1. 1. 1987 durch § 2 Abs. 2 Nr. 2 Satz 2 bis 4 UStG die Wirkungen der Organschaft auf das Erhebungsgebiet bzw. Inland beschränkt worden sind (siehe Rz. 1114 ff. und 1555 ff.), entspricht die Regelung des § 2 Abs. 2 Nr. 2 UStG voll dem Gemeinschaftsrecht (vgl. BFH-Urteile V R 71/93 vom 19. 10. 1995, BFH/NV 1996, 273; V R 128/93 vom 19. 10. 1995, BFH/NV 1996, 275; BFH-Beschluss V B 108/97, BFH/NV 1998, 1272; FG Münster 5 K 590/86 vom 15. 10. 1992, n. v.; FG Baden-Württemberg 1 K 262/89 vom 10. 5. 1994, EFG 1994, 1021 a. E.). Die Kon-

1120

sultation nach Art. 29 der Sechsten EG-Richtlinie ist erfolgt (vgl. BFH-Urteil V R 71/93 vom 19.10.1995, BFH/NV 1996, 273; Klezath, DStZ 1986, 112).

1121–1150 *(unbesetzt)*

II. Vor- und Nachteile der Organschaft im Mehrwertsteuersystem

1. Unterschied zum System der kumulativen Allphasenbruttoumsatzsteuer

1151 Vor der Geltung des Mehrwertsteuersystems (Nettoumsatzsteuersystem mit Vorsteuerabzug), also **im System der kumulativen Allphasenbruttoumsatzsteuer,** ergaben sich durch eine Organschaft **erhebliche Vorteile** gegenüber einer entsprechenden Kette von einstufigen Unternehmen. Bei den einstufigen Unternehmen wurde nämlich die Umsatzsteuer auf jeder einzelnen Stufe vom vollen Entgelt erhoben, während alle innerhalb eines Organkreises durchlaufenen Stufen umsatzsteuerlich nicht erfasst wurden und die Steuer nur einmal beim Verlassen des Organkreises anfiel. Die sich dadurch ergebende **Verletzung der Wettbewerbsneutralität** führte zu entsprechenden Verfassungsbeschwerden, über die das Bundesverfassungsgericht durch Beschluss 1 BvR 320/57 und 1 BvR 70/63 vom 20. 12. 1966, BStBl III 1967, 7 wie folgt entschied:

„Der Mangel an Wettbewerbsneutralität des geltenden Umsatzsteuergesetzes, soweit es sich um die „einstufigen" und „mehrstufigen" Unternehmen handelt, muss bis zum Abschluss der eingeleiteten und in angemessener Zeit vom Gesetzgeber zu verabschiedenden Umsatzsteuerreform hingenommen werden. Dasselbe gilt für die Organschaft."

1152 **Mit der Einführung des Mehrwertsteuersystems** zum 1. 1. 1968 hat die Organschaft im Umsatzsteuerrecht **an Bedeutung verloren.** Eine Steuerersparnis durch die Organschaft ergibt sich regelmäßig nicht mehr (vgl. Flückiger in Plückebaum/Malitzky, § 2 Abs. 2 UStG Tz. 258; Klenk in Sölch/Ringleb, § 2 UStG Tz. 89). Denn im Mehrwertsteuersystem spielt es wegen des Vorsteuerabzugs umsatzsteuerlich grundsätzlich keine Rolle, ob eine Ware mehrere einstufige Unternehmen oder mehrere Betriebe (Stufen) eines Organkreises durchläuft. Die Belastung der Ware mit Umsatzsteuer ist in beiden Fällen gleich, nämlich durch den gleichen Steuersatz vom Endverbrauchsnettopreis bestimmt. Bei der Mehrwertsteuer wird die innerhalb des Organkreises nicht angefallene Umsatzsteuer nachgeholt, wenn die Ware den Organkreis verlässt. Durch diese **Nachholwirkung** wird eine Umsatzsteuerersparnis durch die Organschaft grundsätzlich ausgeglichen und eine Störung des Mehrwertsteuersystems durch die Organschaft

II. Vor- und Nachteile der Organschaft

ausgeschlossen (vgl. Flückiger in Plückebaum/Malitzky, § 2 Abs. 2 UStG Tz. 257; Birkenfeld in Hartmann/Metzenmacher, § 2 Abs. 2 Nr. 2 UStG Tz. 552 f.).

Beispiel 1:
Die Gesellschaft X kauft im Januar 2003 Ware für 1 000 € zuzüglich 16 v. H. Umsatzsteuer ein. Sie bearbeitet die Ware und gibt das dabei entstandene Produkt im Februar 2003 zu einem Verrechnungspreis von 1 600 € an ihre umsatzsteuerliche Organgesellschaft Y, die den Vertrieb besorgt, weiter. Y verkauft das ihr überlassene Wirtschaftsgut im März 2003 an einen privaten Endverbraucher für 2 000 € zuzüglich 16 v. H. Umsatzsteuer.

Beispiel 2:
Das einstufige Unternehmen A kauft im Januar 2003 Ware für 1 000 € zuzüglich 16 v. H. Umsatzsteuer ein. Es bearbeitet die Ware und gibt das dabei entstandene Produkt im Februar 2003 zu einem Preis von 1 600 € zuzüglich 16 v. H. Umsatzsteuer an das einstufige Unternehmen B weiter. B verkauft das Wirtschaftsgut im März 2003 an einen privaten Endverbraucher für 2 000 € zuzüglich 16 v. H. Umsatzsteuer.

In beiden Beispielsfällen ergeben sich grundsätzlich zur gleichen Zeit die gleichen Be- und Entlastungen. Dies gilt auch für die Weitergabe der Ware von X an Y einerseits und von A an B andererseits. Der Umstand, dass im ersten Fall eine Umsatzsteuer überhaupt nicht anfällt, wird im zweiten Fall dadurch ausgeglichen, dass grundsätzlich zur gleichen Zeit, zu der A die B in Rechnung gestellte Umsatzsteuer abzuführen hat, B die geschuldete Umsatzsteuer als Vorsteuer abziehen kann.   1153

2. Steuervorteile im Zusammenhang mit Steuerbefreiungen

Die Auffassung des Finanzausschusses (vgl. Bundestagsdrucksache V/1581 zu § 2 UStG), **die Organschaft habe im Mehrwertsteuersystem keine Bedeutung mehr,** sie habe sich mit dem Systemwechsel überlebt, **ist jedoch nicht richtig** (ähnlich wie der Finanzausschuss auch Bunjes/Geist, § 2 UStG Tz. 30; Flückiger in Plückebaum/Malitzky, § 2 Abs. 2 UStG Tz. 258; Reiß, StuW 1979, 343; Weiß, UR 1979, 101). Denn insbesondere **in Verbindung mit steuerfreien Umsätzen lassen sich durch die Organschaft weiterhin erhebliche Steuervorteile erreichen** (vgl. FG Baden-Württemberg 1 K 262/89 vom 10. 5. 1994, EFG 1994, 1021, 1022; Breuninger, DB 1995, 2085; Prinz/Raupach/Wolff, JbFfSt 1994/ 1995, 391 ff.; Korn, Stbg 1996, 443; Schwarze/Reiß/Kraeusel, § 2 UStG Tz. 103). Dies beruht darauf, dass gemäß § 15 Abs. 2 Nr. 1 UStG der Vorsteuerabzug grundsätzlich ausgeschlossen ist für Lieferungen und sonstige Leistungen, die der Unternehmer zur Ausführung von steuerfreien Umsätzen verwendet. Auf der letzten Lieferungs- oder Leistungsstufe vor der Lieferung oder Leistung an   1154 den Endverbraucher ist die Vorsteuer und die durch ihre Nichtabziehbarkeit eintretende Einbuße naturgemäß am größten. Mit jeder Stufe rückwärts nimmt die Vorsteuer und damit eine entsprechende Einbuße üblicherweise und unter Umständen in großen Schritten ab. **Durch Vereinigung mehrerer Stufen in einem Organkreis lassen sich deshalb die nichtabziehbaren Vorsteuern unter Umständen (insbesondere bei personalintensiven Betrieben) drastisch reduzieren** (vgl. BMF-Schreiben vom IV A 2 – S 7300 – 65/90 vom 20. 12. 1990, DStZ 1991, 94). Denn der Ausschluss vom Vorsteuerabzug trifft dann nur den auf einer früheren Lieferungs- oder Leistungsstufe tätigen Organträger (zu Unrecht sieht Tischer, UR 1985, 77 deshalb negative Konsequenzen der Organschaft in Verbindung mit dem Ausschluss des Vorsteuerabzuges).

1155 Instruktiv ist das von Stadie in Rau/Dürrwächter, § 2 UStG Tz. 632 gebildete

Beispiel:

Eine GmbH vermietet gemäß § 4 Nr. 12a UStG Wohnungen und lässt jährlich für 10 Mio. € neue Wohngebäude errichten. Die ihr hierfür vom Bauunternehmen in Rechnung gestellte Umsatzsteuer beträgt 1 600 000 €, die die GmbH wegen § 15 Abs. 2 Nr. 1 UStG nicht als Vorsteuern abziehen kann. Im (personalintensiven) Bauunternehmen fallen abziehbare Vorsteuern von jährlich etwa 600 000 € an. Begründen die GmbH als Organgesellschaft und das Bauunternehmen als Organträger eine Organschaft, so ist nur das Bauunternehmen i. S. von § 2 Abs. 1 UStG Unternehmer und nur ihm werden deshalb die steuerfreien Mietumsätze mit der weiteren Folge zugerechnet, dass auch nur sie mit ihren Vorsteuern von 600 000 € vom Abzug ausgeschlossen ist. Durch die Organschaft entsteht **damit ein Steuervorteil von jährlich 1 000 000 €.** Der gleiche Effekt lässt sich erreichen, wenn umgekehrt das Bauunternehmen eine juristische Person ist und als Organgesellschaft in das Wohnungsunternehmen als Organträger eingegliedert wird. In Betracht kommt insoweit insbesondere auch ein Reparatur- und Wartungsdienst.

1156 Als weiteres Beispiel kann ein **Krankenhaus oder ein Altenheim** dienen, die nach § 4 Nr. 16b und d UStG unter bestimmten Voraussetzungen von der Umsatzsteuer befreit sind. Dementsprechend können sie die ihnen von einem Gebäudereinigungsunternehmen, einem Mahlzeitendienst, einer Wäscherei, einem Bestattungsinstitut oder einem Krankentransportunternehmen in Rechnung gestellte Umsatzsteuer nicht als Vorsteuer abziehen. Gliedert sich ein Krankenhaus oder ein Altenheim ein solches Unternehmen ein, so wird die nichtabziehbare Vorsteuer erheblich reduziert. Denn gerade bei personalintensiven Unternehmen ist der von ihnen erzeugte Mehrwert hoch und die Differenz zwischen der bei ihnen und ihren Abnehmern anfallenden Vorsteuer entsprechend groß.

Durch die Organschaft wird erreicht, dass statt der hohen Mehrwertsteuer, die dem Krankenhaus in Rechnung gestellt wurde, nur die sehr geringe, die z. B. dem

II. Vor- und Nachteile der Organschaft

Gebäudereinigungsunternehmen von seinen Lieferanten in Rechnung gestellt wurde, nicht als Vorsteuer abziehbar ist (vgl. Prüßmann, StBp 1968, 205).

Versicherungsunternehmen können beispielsweise die bei ihnen nichtabziehbaren Vorsteuern reduzieren, indem sie nicht das Rechenzentrum eines fremden Unternehmens in Anspruch nehmen, sondern das **Rechenzentrum** bei einer gemeinsamen Muttergesellschaft als Organträger einrichten (vgl. Birkenfeld in Hartmann/Metzenmacher, § 2 UStG Tz. 242). Auch wenn eine Versicherungs-AG ihrem Organträger, der ebenfalls das Versicherungsgeschäft betreibt und nur steuerfreie Umsätze nach § 4 Nr. 10a UStG tätigt, ihr **Vertreternetz** zur Verfügung stellt, handelt es sich um einen nicht steuerbaren Innenumsatz; der Organkreis spart die auf diesen Umsatz entfallende Steuer abzüglich etwaiger Vorsteuern (vgl. Prüßmann, StBp 1968, 205; Birkenfeld in Hartmann/Metzenmacher, § 2 Abs. 2 Nr. 2 UStG Tz. 556).

Der Steuervorteil lässt sich auch so beschreiben: Gliedern sich umsatzsteuerbefreite Unternehmen organschaftlich Zulieferungs- oder Zuleistungsunternehmen ein, können sie den Vorteil der Steuerbefreiung um die Steuer vergrößern, die die Organgesellschaft als selbständiges Unternehmen abzüglich des Vorsteuerabzugs zahlen müsste (vgl. Prüßmann, StBp 1968, 205 f.). Bei einer entsprechenden Gestaltung sind die in ähnlichem Zusammenhang aufgestellten Anforderungen des BMF-Schreibens IV A 2 – S 7300 – 65/90 vom 20. 12. 1990 (DStZ 1991, 94) zu beachten.

Der **gleiche Effekt** wie durch Organschaft ließe sich bei einem durch Umsatzsteuerbefreiung am Vorsteuerabzug gehinderten Unternehmen **durch Fusion** mit dem Zulieferer erzielen **oder** indem in anderer Weise die bezogenen Leistungen durch **eigenes Personal** erledigt werden. Denn auch dann würde der Ausschluss vom Vorsteuerabzug nicht den jetzt selbst erzeugten Mehrwert umfassen, sondern sich auf den etwa noch erforderlichen Zukauf von Material beschränken. Der Einsatz eigenen Personals kann jedoch gegenüber der Organschaft **arbeitsrechtliche Nachteile** haben (von der Beschäftigtenzahl abhängiger Kündigungsschutz und Betriebsrat). Auch **Fachkompetenz und betriebswirtschaftliches Engagement** können in einer Organgesellschaft u. U. besser zur Geltung kommen, indem z. B. ein bisher selbständiger Zulieferer zum Geschäftsführer der GmbH-Organgesellschaft bestellt und mit höchstens 49 v. H. Stimmenanteil Gesellschafter wird. Die Organschaft kann ohne weiteres auf die Umsatzsteuer beschränkt werden, indem von einer für eine körperschaft- oder gewerbesteuerliche Organschaft erforderlichen Vereinbarung, den „ganzen Gewinn" an den Organträger abzuführen, abgesehen wird.

1157

3. Vorteile bei Vermögensübertragung

3.1 Vorteile durch Begründung einer Organschaft

1158 Die **Begründung** der Organschaft ist ebenso wie ihre **Auflösung kein umsatzsteuerbarer Vorgang** (vgl. Flückiger in Plückebaum/Malitzky, § 2 Abs. 2 UStG Tz. 335). Dies beruht darauf, dass der Aufnahme oder Entlassung der Organgesellschaft kein Leistungsaustausch zugrunde liegt, weil es seitens der Organgesellschaft an einer Leistung und seitens des Organträgers an einer Gegenleistung fehlt. Mit Hilfe der Organschaft lassen sich danach **überraschende Ergebnisse erzielen, z. B. eine letztlich nicht steuerbare Übertragung des Vermögens auf einen Gesellschafter.** Denn erstens ist die Begründung der Organschaft und zweitens auch die Übertragung von Vermögen zwischen Organgesellschaft und Organträger als Innenumsatz nicht umsatzsteuerbar. Es muss nur dafür gesorgt werden, dass die Eingliederungsvoraussetzungen i. S. des § 2 Abs. 2 Nr. 2 UStG vor der Übertragung des Vermögens bereits erfüllt sind, was in aller Regel keine besonderen Schwierigkeiten bereitet. Eine derartige Lösung erscheint insbesondere dann angezeigt, wenn die im Fall einer steuerbaren Übertragung des Vermögens anfallende Steuer beim Übernehmer nicht oder nur zu einem geringen Teil als Vorsteuer abgezogen werden kann, wie dies z. B. bei den Banken wegen der Steuerbefreiung nach § 4 Nr. 8 UStG vielfach der Fall ist. Zu berücksichtigen ist dabei auch, dass es für das Zustandekommen einer Organschaft unschädlich ist, wenn der Organträger erst durch sie zum Unternehmer wird (vgl. BFH-Urteil V 162/60 vom 21. 2. 1963, HFR 1963, 309 = UR 1963, 225 = NWB F. 1, 147; siehe auch Rz. 1242 f.). Im Hinblick auf den **Missbrauchstatbestand des § 42 AO** dürfte es allerdings empfehlenswert sein, nicht gleich nach Übertragung des Vermögens die Organschaft wieder aufzulösen (vgl. Rz. 1161 ff.).

1159 Sind jedoch die **Eingliederungsvoraussetzungen erst nach der Übertragung des Vermögens** oder eines Teils von ihm **erfüllt,** so handelt es sich insoweit nicht um einen innerbetrieblichen Vorgang, sondern um eine steuerbare Lieferung (vgl. BFH-Urteile V 153/65 vom 5. 9. 1968, BStBl II 1969, 55; V R 5/68 vom 14. 10. 1971, BStBl II 1972, 101; OFD Saarbrücken S 7522 – 6 – St 24 vom 9. 7. 1971, UR 1972, 1186).

Beispiel:

Ein Einzelunternehmer gründet zum 1. 1. 2003 mit seiner im gesetzlichen Güterstand lebenden Ehefrau eine GmbH (Fabrikationsbetrieb), an der der Ehemann mit 70 und die Ehefrau mit 30 v. H. beteiligt sind. Der Ehemann bringt in die GmbH sämtliche Aktiven und Passiven – mit Ausnahme der Grundstücke und Gebäude – seines bisherigen Einzelunternehmens (Fabrikationsbetrieb) gegen Gewährung von Gesellschaftsrechten und teilweise Übernahme der Schulden ein. Die Ehefrau leistet ihre Einlagen bar. Anschließend verpachtet der Ehemann seine Grundstücke und Gebäude an die GmbH, bei der die Pachtgegenstände die wesentliche Grundlage des Betriebs darstellen. Alleiniger Geschäftsführer der GmbH ist der Ehemann.

Ab dem Zeitpunkt der Verpachtung zwischen dem Einzelunternehmen (Besitzunternehmen) und der GmbH (Betriebsgesellschaft) besteht eine Organschaft. Die GmbH ist von diesem Zeitpunkt an finanziell (mehr als 50 v. H. der Anteile; siehe Rz. 1265 ff.), wirtschaftlich (pachtweise Überlassung der wesentlichen Grundlagen des Betriebs; siehe Rz. 1341 ff.) und organisatorisch (der Einzelunternehmer ist alleiniger Geschäftsführer; siehe Rz. 1375 ff.) in das Einzelunternehmen eingegliedert. Die Aktiven – ohne Grundstücke und Gebäude – wurden jedoch schon vor diesem Zeitpunkt durch den Einzelunternehmer auf die GmbH übertragen, so dass es sich insoweit nicht um einen nichtsteuerbaren innerbetrieblichen Vorgang, sondern um grundsätzlich steuerbare Lieferungen handelt. 1160

3.2 Vorteile durch Beendigung der Organschaft

3.2.1 Auflösung der Organgesellschaft

Bei der Beendigung einer Organschaft durch Übertragung des Vermögens der Organgesellschaft auf den Organträger kommt es nicht zu einem steuerbaren Umsatz, wenn die Eingliederung nach § 2 Abs. 2 Nr. 2 UStG bis zu der Übertragung fortbesteht. Ohne besondere Vereinbarungen oder tatsächliche Veränderungen ist die Organschaft hier erst mit dem Übergang des Vermögens beendet; der Übergang stellt, da die Organgesellschaft ihre Selbständigkeit nicht wiedererlangt, einen (letzten) innerorganschaftlichen Vorgang dar. 1161

3.2.2 Auflösung des Organträgers

Wird eine **Organschaft dadurch beendet, dass der Organträger seinen gesamten Betrieb an sein bisheriges Organ veräußert,** soll es sich nach dem Urteil des FG Münster V 1373/70 U vom 26. 10. 1971 (EFG 1972, 262) um einen steuerbaren Umsatz handeln, weil das bisherige Organ spätestens mit der Vereinbarung über die Übernahme des gesamten Betriebs des Organträgers und der sich daran anschließenden Entgegennahme der einzelnen Wirtschaftsgüter zum Unternehmer geworden sei, so dass es zu einem steuerbaren Leistungsaustausch zwischen zwei Unternehmen komme. Da es nach § 2 Abs. 2 Nr. 2 UStG jedoch auf die tatsächlichen Verhältnisse ankommt, kann nicht der Zeitpunkt der Vereinbarung, sondern nur der ihres Wirksamwerdens, d. h. der ihrer tatsächlichen Ausführung für die Beendigung der Organschaft maßgeblich sein. Während der Übertragung müssen Organgesellschaft und Organträger noch vorhanden sein. Erst wenn das Vermögen auf die Organgesellschaft übergegangen ist, ist sie nicht 1162 mehr eingegliedert und wird dementsprechend selbständig. **Die Vermögensübertragung ist** deshalb **noch ein innerorganschaftlicher Vorgang.** Der Vergleich mit einem Angestellten, dem der Unternehmer seinen gesamten Betrieb überträgt, passt hier nicht.

4. Vorteile bei der Berichtigung des Vorsteuerabzugs nach Rückkehr zur Steuerfreiheit

1163   Ändern sich bei einem Wirtschaftsgut die Verhältnisse, die im Kalenderjahr der erstmaligen Verwendung für den Vorsteuerabzug maßgebend waren, innerhalb von fünf bzw. zehn Jahren seit dem Beginn der Verwendung, so ist für jedes Kalenderjahr der Änderung ein Ausgleich durch eine Berichtigung des Abzugs der auf die Anschaffungs- oder Herstellungskosten entfallenden Vorsteuerbeträge vorzunehmen (§ 15a Abs. 1 UStG). Diese Regelung bereitet bei der Organschaft dann **Schwierigkeiten, wenn sich die Verhältnisse im Zusammenhang mit der Begründung oder Auflösung eines Organschaftsverhältnisses ändern.**

> **Beispiel 1:**
> Eine GmbH errichtet ein Gebäude, das sie an einen (vorsteuerabzugsberechtigten) Unternehmer zur Verwendung in dessen Unternehmen vermietet. Sie verzichtet nach § 9 UStG auf die Steuerfreiheit gemäß § 4 Nr. 12a UStG und erlangt dadurch den vollen Vorsteuerabzug nach § 15 Abs. 1 und 2 UStG. Im zweiten Jahr der Vermietung wird die GmbH durch entsprechende Maßnahmen Organgesellschaft eines Organträgers, der an dem Verzicht der GmbH auf Steuerfreiheit nicht mehr festhält.
>
> **Beispiel 2:**
> Eine GmbH errichtet als Organgesellschaft ein Gebäude. Dieses wird an einen (vorsteuerabzugsberechtigten) Unternehmer zur Verwendung in dessen Unternehmen vermietet. Der Organträger verzichtet gemäß § 9 Abs. 1 UStG auf die Steuerfreiheit nach § 4 Nr. 12a UStG und erlangt dadurch gemäß § 15 Abs. 1 und 2 UStG den Vorsteuerabzug. Im zweiten Jahr der Vermietung scheidet die GmbH aus dem Organkreis aus und hält anschließend den Verzicht auf die Steuerbefreiung nicht mehr aufrecht, so dass die Mietumsätze gemäß § 4 Nr. 12a UStG steuerfrei sind.

1164   In beiden Beispielsfällen ist zunächst ein Wirtschaftsgut nicht steuerbar übergegangen. Denn die Begründung der Organschaft ist ebenso wie ihre Auflösung kein umsatzsteuerbarer Vorgang (siehe Rz. 1158 ff.). Der Übergang führt weder nach § 15a Abs. 1 UStG noch nach § 15a Abs. 4 UStG zu einer Änderung der Verhältnisse i. S. dieser Vorschriften. Geändert werden die Verhältnisse erst durch einen **anderen Unternehmer,** und zwar beim Beispiel 1 durch den Organträger und beim Beispiel 2 durch die selbständig gewordene GmbH. Es ergibt sich das Problem, ob eine solche Änderung der Verhältnisse zu einer Berichtigung des Vorsteuerabzugs nach § 15a UStG führen kann und bei welchem der beiden Unternehmer die Berichtigung gegebenenfalls vorzunehmen ist.

Nach **Auffassung der Verwaltung** ist sowohl beim ersten Beispiel als auch beim zweiten Beispiel § 15a UStG anzuwenden, wobei offenbar davon ausgegangen wird, dass der Vorsteuerabzug im ersten Beispielsfall beim Organträger und im zweiten Beispielsfall bei der GmbH zu berichtigen ist (Tz. 20 BMF-Schreiben IV A 1 – S 7316/S 7312 – 3/76 vom 12. 7. 1976, BStBl I 1976, 392; Abschn. 215 Abs. 2 Satz 6 UStR; vgl. auch Verfügung OFD Hannover S 7105 – 101 – StH 542, S 7105 – 40 – StO 355 vom 19. 5. 1999 unter 2.5). Begründet wird dies damit, dass beim ersten Beispiel der Organträger in die Rechtsstellung der GmbH und beim zweiten Beispiel die GmbH in die Rechtsstellung des Organträgers eintrete, so dass es in beiden Fällen zu einer Änderung der Verhältnisse, nämlich zum Übergang von steuerpflichtiger zu nach § 4 Nr. 12 UStG steuerfreier Verwendung komme. Die Verwaltung unterstellt dabei **eine Art Rechtsnachfolge** des Organträgers im ersten Beispielsfall und der GmbH im zweiten Beispielsfall (vgl. auch Wenzel in Rau/Dürrwächter, § 15a UStG Tz. 92; Grune in Peter/Burhoff/Stöcker, § 15a UStG Tz. 13).

1165

Diese Konstruktion trägt nicht, weil weder die Begründung noch die Auflösung einer Organschaft zivil- oder steuerrechtlich eine Gesamtrechtsnachfolge auslöst, aufgrund deren der Rechtsnachfolger in die gesamte Rechtsstellung des Rechtsvorgängers eintritt. Auch eine Einzelrechtsnachfolge entfällt, weil eine solche eine gesetzliche oder vertragliche Regelung erfordern würde (vgl. Ritzer, INF 1977, 251). § 15a Abs. 4 UStG, der eine Veräußerung oder eine ihr gleichgestellte Wertangabe i. S. von § 3 Abs. 1 UStG voraussetzt, ist deshalb nicht anwendbar (vgl. BFH-Urteil V R 156/84 vom 11. 1. 1990, UR 1990, 355). Der Grundtatbestand des § 15a Abs. 1 UStG ist nicht erfüllt, weil dieser, wie gerade § 15a Abs. 4 UStG zeigt, zur Voraussetzung hat, dass das betreffende Wirtschaftsgut weiter für dasselbe Unternehmen verwendet wird (so auch Tz. 18 BMF-Schreiben vom 12. 7. 1976, a. a. O.). Wird dagegen ein unter Vorsteuerabzug errichtetes Betriebsgebäude nach Auflösung der Organschaft von dem ehemaligen Organträger an die ehemalige Organgesellschaft steuerfrei geliefert, ist eine zur Vorsteuerberichtigung verpflichtende Änderung der Verhältnisse im Sinne von § 15a Abs. 4 UStG gegeben. Nur dies besagt das BFH-Urteil V R 156/84 vom 11. 1. 1990 (BFH/NV 1990, 741).

1166

Die Berichtigung des Vorsteuerabzugs in beiden Beispielsfällen ließe sich nur auf eine analoge Anwendung des § 15a UStG stützen. Dabei würde es sich jedoch um eine **Analogie oder Lückenfüllung zu Lasten des Steuerpflichtigen** handeln,

1167

die wegen des im Steuerrecht als Eingriffsrecht geltenden Gesetzesvorbehalts **unzulässig** ist (vgl. BFH-Urteile I R 205/66 vom 9. 2. 1972, BStBl II 1972, 455 = BFHE 105, 15; VI R 177/75 vom 18. 2. 1977, BStBl II 1977, 524 = BFHE 121, 572; I R 20/76 vom 21. 12. 1977, BStBl II 1978, 346 = BFHE 124, 317; Friauf, Kruse und Felix in Tipke, Grenzen der Rechtsfortbildung durch Rechtsprechung und Verwaltungsvorschriften im Steuerrecht, S. 53 ff., 71 ff. und 99 ff.; vgl. aber auch BFH-Urteil IV R 175/79 vom 20. 10. 1983, BStBl II 1984, 221, das wohl – ohne die gebotene Anrufung des Großen Senats – nur eine Ausnahme darstellt und nicht zu einer Änderung der Rechtsprechung geführt hat).

1168 Selbst wenn man der Auffassung der Verwaltung folgt, wäre jedenfalls zu beachten, dass die **Vorsteuerberichtigung bei dem Unternehmen** durchgeführt werden muss, **das ursprünglich den Vorsteuerabzug vorgenommen hat.** Daraus erwachsen beim Beispiel 1 keine Schwierigkeiten, wohl aber beim Beispiel 2. Ein entsprechender Streit zwischen dem nunmehr auch umsatzsteuerrechtlich selbständigen Unternehmen muss hier zivilrechtlich ausgetragen werden.

5. Vorteile bei „Option" zur Steuerpflicht zwecks Vorsteuerabzug

1169 Da ein Organträger auch erst durch die Organschaft zum Unternehmer i. S. von § 2 Abs. 1 UStG werden kann, nicht also schon zuvor und unabhängig von der Organschaft ein solcher sein muss (siehe Rz. 1242 f.), ist die Organschaft ein **Gestaltungsmittel, um z. B. für eine Holding** (siehe Rz. 1246 ff.) **den Vorsteuerabzug zu erreichen** (vgl. rechtskräftiges Urteil des FG Baden-Württemberg X (VIII) 114/77 vom 28. 6. 1979, EFG 1979, 517 = DStZ/E 1979, 295 = UR 1980, 98).

6. Vorteile bei Finanzierung und Liquidität

1170 **Finanzierungs- oder Liquiditätsvorteile können sich im Mehrwertsteuersystem durch die Organschaft im Prinzip nicht ergeben.** Es folgt grundsätzlich kein Finanzierungsvorteil aus der Tatsache, dass die Umsatzsteuer erst dann zu entrichten ist, wenn die Ware den Organkreis verlässt; bei einer Kette einstufiger Unternehmer wird das gleiche Ergebnis durch den Vorsteuerabzug erreicht. Liefert A eine Ware im Januar an die B-KG, diese die bearbeitete Ware im Juni an die C-GmbH und diese die Ware im November an D, so kann, wenn im Monat der Lieferung auch jeweils die Rechnung erteilt wird, die B-KG die ihr von A in Rechnung gestellte Mehrwertsteuer im Februar als Vorsteuer gemäß § 15 Abs. 1 Nr. 1 und § 18 UStG abziehen. Der Vorsteuerabzug und eine Zahlung gleichen sich im Februar aus. Die von der B-KG der C-GmbH in Rechnung gestellte Mehrwertsteuer ist von der B-KG im Juli abzuführen und kann von der C-GmbH im selben Monat als Vorsteuer geltend gemacht werden. Die D in Rechnung gestellte Mehrwertsteuer ist im Dezember von der C-GmbH abzuführen. Würde zwischen der B-KG und der C-GmbH eine Organschaft bestehen, so ergäbe sich grundsätzlich kein Finanzierungsvorteil. Denn das Mehrwertsteuersystem führt dazu, dass sich bei Selbständigkeit der Unternehmen die Besteuerungsvorgänge im Juli neutralisieren.

Finanzierungs- und Liquiditätsvorteile kann die Organschaft jedoch bieten, wenn die Umsatzsteuer wie im Regelfall gemäß § 16 Abs. 1 Satz 1 UStG nach vereinbarten Entgelten berechnet wird und gemäß § 13 Abs. 1 Nr. 1a UStG mit Ablauf des Voranmeldungszeitraums entsteht, in dem die Leistungen ausgeführt worden sind. Denn häufig wird nach Ausführung der Leistung erst **mit einer gewissen Verzögerung** die entsprechende **Rechnung erteilt,** die nach § 15 Abs. 1 Nr. 1 UStG Voraussetzung für den Vorsteuerabzug beim Leistungsempfänger ist. **Durch eine Organschaft kann diese Art der „Vorfinanzierung" der Umsatzsteuer vermieden werden.** Bei einer Berechnung der Steuer gemäß § 20 UStG nach vereinnahmten Entgelten und einem Entstehen der Steuer gemäß § 13 Abs. 1 Nr. 1b UStG mit Ablauf des Voranmeldungszeitraums, in dem die Entgelte vereinnahmt worden sind, kann dieser Effekt kaum entstehen. Denn in diesen Fällen dürfte die Rechnung stets erteilt worden sein. 1171

Sowohl bei der Berechnung der Steuer nach vereinbarten als auch nach vereinnahmten Entgelten kann die Organschaft zu einem **Finanzierungsvorteil** führen, wenn beim Leistungsempfänger **Vorsteuerüberhänge** entstehen, die er bis zum nächsten Voranmeldungstermin nicht geltend machen kann und auf deren Erstattung durch das Finanzamt er auch danach unter Umständen noch längere Zeit warten muss (vgl. Rau, DStR 1964, 243; Flückiger in Plückebaum/Malitzky, § 2 Abs. 2 UStG Tz. 259; kritisch Reiß, StuW 1979, 344). 1172

7. Vorteile bei der Organisation

Ein **Organisationsvorteil** kann durch die Organschaft insoweit entstehen, als **Berechnung und Verbuchung der Umsatzsteuer** innerhalb des Organkreises entbehrlich werden (vgl. Flückiger in Plückebaum/Malitzky, § 2 Abs. 2 UStG Tz. 259; List, UR 1969, 145; kritisch Klenk in Sölch/Ringleb, § 2 UStG Tz. 90; Reiß, StuW 1979, 344). Nach der Stellungnahme der Bundessteuerberaterkammer (DStR 1985, 290) bringt die umsatzsteuerliche Organschaft eine erhebliche Reduktion der Verwaltungskosten für Unternehmen und Fiskus sowie die Ver- 1173 meidung von Bewertungsproblemen bei Konzern-Innenumsätzen mit sich. Innerhalb des Organkreises **dennoch erteilte Rechnungen** berechtigen, da ihnen keine steuerpflichtigen Lieferungen oder sonstigen Leistungen zugrunde liegen, nicht zum Vorsteuerabzug. Andererseits wird der in einer solchen Rechnung ausgewiesene Steuerbetrag auch nicht nach § 14 Abs. 3 UStG geschuldet. Denn diese Vorschrift, die einen missbräuchlichen Vorsteuerabzug verhindern will, ist nur anzuwenden, wenn die Rechnung einem fremden Dritten erteilt wird (siehe Rz. 1486 f.; BdF-Erlass vom 16. 9. 1968 – IV A / 3 – S 7300 – 65/68; a. A. List, UR 1969, 145).

8. Vorteile sonst nur durch Fusion

1174   Ohne eine Organschaft könnten die beschriebenen Steuervorteile durch eine **echte oder unechte Fusion der Unternehmen** erreicht werden. Diese verbleibende Möglichkeit sollte den Gesetzgeber, um nicht einen weiteren Anreiz zur Unternehmenskonzentration zu bieten, davon abhalten, die Organschaft abzuschaffen (vgl. Stadie in Rau/Dürrwächter, § 2 UStG Tz. 637).

9. Nachteile durch Verlust einer Optionsmöglichkeit

1175   Durch die Vereinigung mehrerer Unternehmen in einem Organkreis kann die Möglichkeit entfallen, durch Verzicht auf Steuerfreiheit den Vorsteuerabzug zu erreichen (vgl. § 15 Abs. 2 Nr. 1 UStG), weil der Umsatz jetzt nicht mehr, wie es § 9 Abs. 1 UStG voraussetzt, an einen anderen Unternehmer ausgeführt wird.

Beispiel:

Ein Einzelunternehmer errichtete 1982 ein Gebäude für Wohnzwecke. Er vermietete das Grundstück an eine ihm fremde GmbH, verzichtete gemäß § 9 UStG 1973 auf die Steuerfreiheit nach § 4 Nr. 12 UStG und erlangte dadurch den vollen Vorsteuerabzug gemäß § 15 Abs. 1 und 2 UStG. Die GmbH ihrerseits vermietete die Wohnungen steuerfrei nach § 4 Nr. 12 UStG an die Endmieter zu Wohnzwecken. 1984 erwarb der Einzelunternehmer sämtliche Anteile an der GmbH und erreichte durch weitere Maßnahmen, dass die GmbH zur Organgesellschaft seines Einzelunternehmens als Organträger wurde.

1176   Vom Zeitpunkt der Begründung der Organgesellschaft an besteht nur noch ein einziges Unternehmen, das unmittelbar an die Endmieter vermietet. Diese sonstige Leistung ist nach § 4 Nr. 12 UStG steuerfrei. Auf die Steuerfreiheit konnte auch vor 1985 nicht verzichtet werden, weil die Umsätze nicht an einen anderen Unternehmer für dessen Unternehmen ausgeführt wurden (§ 9 Abs. 1 UStG). Für den Einzelunternehmer, der ja auch innerhalb der Organschaft der (einzige) Unternehmer ist, haben sich 1984 die Verhältnisse von bisher steuerpflichtiger (und damit zum Vorsteuerabzug berechtigender) auf nunmehr nach § 4 Nr. 12 UStG steuerfreie und damit den Vorsteuerabzug ausschließende Verwendung des Gebäudes mit der Folge geändert, dass der Vorsteuerabzug gemäß § 15a UStG zu berichtigen ist. Nach Einführung des § 9 Abs. 2 UStG durch das Gesetz vom 14. 12. 1984 (BGBl I 1984, 1493) können sich entsprechende Konsequenzen im Zusammenhang mit dem Verzicht auf die Steuerbefreiungen nur noch gemäß § 4 Nr. 8a bis g sowie Nr. 13 und 19 UStG ergeben.

10. Nachteile durch Zusammenrechnen von Besteuerungsmerkmalen

Ein **Nachteil** kann sich aus der Organschaft ergeben, wenn die **Addition von Besteuerungsmerkmalen** bei Organträger und Organgesellschaften dazu führt, dass **bestimmte Obergrenzen** wie z. B. die nach den §§ 4 Nr. 19a, 19 und 20 UStG **überschritten** werden (siehe Rz. 1465). 1177

11. Nachteile durch Haftung und Steuerschuldnerschaft

Nachteilig kann die organschaftliche **Haftung der Organgesellschaft gemäß** § 73 AO sein, falls diese nicht auf Umsätze beschränkt wird, die ohne die Organschaft auf die Organgesellschaft entfallen wären (siehe Rz. 1477). Gefahren entstehen aber eher dadurch, dass der Organträger oft als Einzelunternehmen, Bruchteilsgemeinschaft oder Gesellschaft bürgerlichen Rechts betrieben wird und der Einzelunternehmer oder sonst Berechtigte, da der Organträger sämtliche Umsatzsteuern im Organkreis schuldet, deshalb auch persönlich für die von den Organ-(Kapital-)gesellschaften ausgelösten haftet (vgl. Korn, Stbg 1996, 443). Insbesondere bei Betriebsaufspaltung ist es in einer Vielzahl von Fällen gerade das FA, das eine Organschaft feststellen möchte, um sich wegen sämtlicher Umsatzsteuerschulden an die (vermögendere) Besitzgesellschaft als Organträger und deren Gesellschafter halten zu können. 1178

12. Nachteile bei Insolvenz der Organgesellschaft

Die bis zur Eröffnung des Insolvenzverfahrens über das Vermögen einer Organgesellschaft entstandene Umsatzsteuer wird weiterhin vom Organträger geschuldet, weil nur er Unternehmer war. Der Organträger als der Unternehmer muss die Umsatzsteuer anmelden bzw. das FA muss die Umsatzsteuer gegen ihn festsetzen. Die entsprechende Umsatzsteuer wird nicht zur Insolvenztabelle angemeldet. In der Praxis zeigt sich immer wieder, dass Organschaftsverhältnisse von den Beteiligten nicht erkannt und folglich die steuerlichen Konsequenzen nicht gezogen wurden. Die Eröffnung des Insolvenzverfahrens über das Vermögen einer Kapitalgesellschaft wird von der Finanzverwaltung daher zum Anlass genom- 1179 men, das Vorliegen einer Organschaft zu prüfen. Gegebenenfalls kann dann noch Umsatzsteuer gegen den Organträger festgesetzt und u. U. auch realisiert werden (OFD Koblenz S 0550 A – St 52 3 vom 15. 6. 2000, StEK AO 1977 § 251 Nr. 13).

13. Vor- und Nachteile im Zusammenhang mit dem Voranmeldungszeitraum

1180 **Vor-, aber auch Nachteile** können sich ergeben, wenn zum Organkreis sowohl **Monats-** (§ 18 Abs. 1 UStG) als auch **Vierteljahreszahler** (§ 18 Abs. 2 UStG) gehören, weil sich dann Verschiebungen zwischen dem Zeitpunkt der Fälligkeit und des Vorsteuerabzugs ergeben können.

14. Nachteile durch Zusammenfassende Meldung

1181 Gemäß § 18a Abs. 1 Satz 1 UStG sind für innergemeinschaftliche Warenlieferungen vierteljährlich Zusammenfassende Meldungen abzugeben. Nach § 18a Abs. 1 Satz 6 UStG haben auch Organgesellschaften trotz ihrer Unselbständigkeit solche Meldungen zu machen (siehe Rz. 1569). Dementsprechend wird ihnen eine eigene Identifikationsnummer erteilt (§ 27a Abs. 1 Satz 4 UStG). An der umsatzsteuerlichen Unselbständigkeit der Organgesellschaften ändert sich dadurch nichts. Es entsteht nur ein höherer Verwaltungsaufwand (siehe Rz. 1568).

15. Vermeidung der Nachteile

1182 Ist eine Organschaft wegen der genannten Nachteile unerwünscht, kann sie vermieden werden, indem die Organ-Kapitalgesellschaft in eine Personengesellschaft (GmbH & Co. KG) umgewandelt (vgl. Korn, Stbg 1996, 443) oder eins der Eingliederungsmerkmale nicht erfüllt wird.

1183–1220 *(unbesetzt)*

III. Die Voraussetzungen der Organschaft im Umsatzsteuerrecht

1221 Nach § 2 Abs. 2 Nr. 2 Satz 1 UStG wird die gewerbliche oder berufliche Tätigkeit „nicht selbständig ausgeübt, ... wenn eine juristische Person nach dem Gesamtbild der tatsächlichen Verhältnisse finanziell, wirtschaftlich und organisatorisch in das Unternehmen des Organträgers eingegliedert ist (Organschaft)". Diese Tatbestandsmerkmale der umsatzsteuerlichen Organschaft stimmen mit denen der

III. Die Voraussetzungen der Organschaft

körperschaft- und gewerbesteuerlichen Organschaft nur insoweit überein, als eine Organgesellschaft finanziell eingegliedert sein muss. Insoweit schließen die gesetzlichen Regelungen zur Organschaft die Annahme unterschiedlicher Organträger aus; es ist nicht möglich, im Umsatzsteuerrecht eine finanzielle Eingliederung der Gesellschaft X in die Gesellschaft Y und im Ertragsteuerrecht umgekehrt eine (finanzielle) Eingliederung der Gesellschaft Y in die Gesellschaft X anzunehmen (BFH-Beschluss V B 228/00 vom 3. 9. 2001, BFH/NV 2002, 376). Eine wirtschaftliche und organisatorische Eingliederung ist bei der körperschaftsteuerlichen Organschaft seit 1. 1. 2001 und bei der gewerbesteuerlichen Organschaft seit 1. 1. 2002 nicht mehr erforderlich (siehe Rz. 1097). Dagegen brauchen umsatzsteuerlich – anders als bei der Körperschaft- und Gewerbesteuer – keine **bestimmten zeitlichen Voraussetzungen erfüllt zu sein**. Auch der – bei der Körperschaft- und Gewerbesteuer notwendige – **Abschluss eines Gewinnabführungsvertrages** und dessen Durchführung sind **grundsätzlich ohne Bedeutung** für die umsatzsteuerliche Organschaft (vgl. Abschn. 21 Abs. 3 UStR). Diese besteht vielmehr von dem Zeitpunkt an, ab dem die Voraussetzungen des § 2 Abs. 2 Nr. 2 Satz 1 UStG (finanzielle, wirtschaftliche und organisatorische Eingliederung) erfüllt sind.

Ein Organschaftsvertrag ist nicht erforderlich; maßgeblich sind vielmehr, wie § 2 Abs. 2 Nr. 2 Satz 1 UStG hervorhebt, **die tatsächlichen Verhältnisse.** Wird ein Organschaftsvertrag abgeschlossen, wie es häufig und ratsam ist, kann dies schriftlich oder mündlich geschehen; besondere Formerfordernisse bestehen nicht (vgl. Flückiger in Plückebaum/Malitzky, § 2 Abs. 2 UStG Tz. 276). 1222

1. Die Organgesellschaften

Organgesellschaft kann nach § 2 Abs. 2 Nr. 2 UStG **nur eine juristische Person sein** (vgl. BFH-Urteil V R 101/78 vom 8. 2. 1979, BStBl II 1979, 362; Abschn. 21 Abs. 2 Satz 1 UStR; zu organschaftsähnlichen Verhältnissen bei Personengesellschaften siehe Rz. 1229 ff.). Juristische Personen gibt es sowohl im privaten als auch im öffentlichen Recht. 1223

1.1 Juristische Personen des öffentlichen Rechts

Juristische Personen des öffentlichen Rechts (Gebietskörperschaften, Anstalten, Stiftungen und öffentlich-rechtliche Kammern) **können keine Organgesellschaften sein,** weil juristische Personen des öffentlichen Rechts autonom die ihnen zugewiesenen Aufgaben zu erfüllen haben und sich deshalb nicht einem privaten Unternehmen ausliefern oder seinem Willen unterordnen können. Eine 1224

Beherrschung über Anteils- und Stimmrechte ist bei ihnen nicht möglich (vgl. BFH-Urteil V R 87/70 vom 20. 12. 1973, BStBl II 1974, 311; Niedersächsisches FG V 28/66 vom 13. 3. 1970, EFG 1970, 633; Flückiger in Plückebaum/Malitzky, § 2 Abs. 2 UStG Tz 268; Stadie in Rau/Dürrwächter, § 2 UStG Tz. 674; Birkenfeld in Hartmann/Metzenmacher, § 2 Abs. 2 Nr. 2 UStG Tz. 604; Offerhaus/Söhn/Lange, § 2 UStG Tz. 303; Klenk in Sölch/Ringleb, § 2 UStG Tz. 98). Aus § 2 Abs. 3 UStG lässt sich allerdings kein Argument dafür entnehmen, dass juristische Personen des öffentlichen Rechts keine Organgesellschaften sein können; denn § 2 Abs. 3 UStG enthält nur gegenüber § 2 Abs. 1 UStG, nicht aber gegenüber § 2 Abs. 2 Nr. 2 UStG eine Spezialregelung. Auch eine in der Rechtsform einer Anstalt des öffentlichen Rechts geführte **Sparkasse** kann keine Organgesellschaft sein (so BFH-Urteil V R 87/70 vom 20. 12. 1973, BStBl II 1974, 311; Stadie in Rau/Dürrwächter, § 2 UStG Tz. 674; Flückiger in Plückebaum/Malitzky, § 2 Abs. 2 UStG Tz. 273; Birkenfeld in Hartmann/Metzenmacher, § 2 Abs. 2 Nr. 2 UStG Tz. 604).

1225 Ein **Betrieb gewerblicher Art** i. S. von § 2 Abs. 3 UStG und §§ 1 Abs. 1 Nr. 6 und 4 KStG, der in der Rechtsform einer juristischen Person betrieben wird, kann Organgesellschaft eines anderen Betriebs gewerblicher Art derselben Körperschaft des öffentlichen Rechts sein. Der Aspekt der Autonomie solcher Körperschaften steht hier der Anerkennung einer Organgesellschaft nicht entgegen.

1.2 Juristische Personen des Privatrechts

1226 Zu den **juristischen Personen des Privatrechts,** die allein Organgesellschaften i. S. von § 2 Abs. 2 Nr. 2 UStG darstellen können, sind insbesondere die **GmbH, die AG, die KGaA und die bergrechtliche Gewerkschaft** zu zählen. **Genossenschaften,** die nach § 17 Abs. 1 GenG juristische Personen sind, können ebenfalls Organgesellschaften sein (BFH-Urteil V 184/61 U vom 23. 4. 1964, BStBl III 1964, 346; Birkenfeld in Hartmann/Metzenmacher, § 2 Abs. 2 Nr. 2 UStG Tz. 599; Burhoff in Peter/Burhoff/Stöcker, § 2 UStG Tz. 121; a.A. Stadie in Rau/ Dürrwächter, § 2 UStG Tz. 676). Eine finanzielle Eingliederung ist bei Genossenschaften jedoch besonders problematisch (siehe Rz. 1285) und kann auch durch eine desto intensivere wirtschaftliche und organisatorische Eingliederung nicht ohne weiteres kompensiert werden (vgl. Klenk in Sölch/Ringleb, § 2 UStG Tz. 100).

1227 Ein **gemeinnütziges Wohnungsunternehmen** oder ein **Versicherungsverein auf Gegenseitigkeit** kann ebenfalls Organgesellschaft sein (vgl. Birkenfeld in Hartmann/Metzenmacher, § 2 Abs. 2 Nr. 2 UStG Tz. 599; Weigel/Baer, VersR 1993, 777). Von den gemäß §§ 21 ff. BGB zu den juristischen Personen gehören-

III. Die Voraussetzungen der Organschaft 289

den **rechtsfähigen Vereinen** kommt nur der wirtschaftliche Verein als Organgesellschaft in Betracht, weil beim nichtwirtschaftlichen Verein begrifflich eine wirtschaftliche Eingliederung unmöglich ist. Aber auch beim wirtschaftlichen Verein ist das Problem der finanziellen Eingliederung noch schwerer zu lösen als bei der Genossenschaft. Da bei einer **Stiftung** die Erträge einem bestimmten dauernden Zweck gewidmet sind (§§ 80 ff. BGB), kann sie nicht wirtschaftlich und finanziell in ein anderes Unternehmen eingegliedert werden und deshalb keine Organgesellschaft sein.

1.3 Gründergesellschaften

Die eine Personengesellschaft darstellende **Gründergesellschaft zur Errichtung einer Kapitalgesellschaft** wird (zwischen Abschluss des Gesellschaftsvertrages und Eintragung in das Handelsregister) bereits als juristische Person i. S. von § 2 Abs. 2 Nr. 2 UStG behandelt und **kann** damit **eine Organgesellschaft sein** (vgl. BFH-Urteil V R 90/74 vom 9. 3. 1978, BStBl II 1978, 486; Abschn. 21 Abs. 2 Satz 3 UStR; Klenk in Sölch/Ringleb, § 2 UStG Tz. 100; Birkenfeld in Hartmann/Metzenmacher, § 2 Abs. 2 Nr. 2 UStG Tz. 600 f.; Bunjes/Geist, § 2 UStG Anm. 31). 1228

1.4 Nichtrechtsfähige Personenvereinigungen (organschaftsähnliches Verhältnis)

Die **nichtrechtsfähigen Personenvereinigungen** (Gesellschaft des bürgerlichen Rechts, OHG, KG, GmbH & Co. KG, nichtrechtsfähige Vereine usw.) sind keine juristischen Personen und können daher **keine Organgesellschaften** i. S. von § 2 Abs. 2 Nr. 2 UStG sein. Trotzdem war **nach der früheren Rechtsprechung** eine Eingliederung der nichtrechtsfähigen Personenvereinigungen in ein anderes Unternehmen unter Verlust der eigenen Unternehmereigenschaft nicht ausgeschlossen. Diese Eingliederung, die als **organschaftsähnliches Verhältnis** bezeichnet wird, wurde nicht auf § 2 Abs. 2 Nr. 2 UStG gestützt, sondern auf § 2 Abs. 2 Nr. 1 UStG, wobei allerdings die Eingliederungsgrundsätze des § 2 Abs. 2 Nr. 2 UStG (finanzielle, wirtschaftliche und organisatorische Eingliederung) entsprechend anzuwenden waren (RFH-Urteil V 25/39 vom 13. 12. 1940, RStBl 1941, 320; BFH-Urteile V 245/61 vom 19. 11. 1964, BStBl III 1965, 182; V 35/64 vom 2. 2. 1967, BStBl III 1967, 499; V R 26/68 vom 18. 11. 1971, BStBl II 1972, 235 = BFHE 104, 118; vgl. auch Herting, DStZ 1940, 320; Sölch, StuW 1940, Sp. 839). 1229

Diese **Rechtsprechung ist aufgegeben** (BFH-Urteile V R 22/74 vom 7. 12. 1978, BStBl II 1979, 356; V R 101/78 vom 8. 2. 1979, BStBl II 1979, 362; X R 1230

19/80 vom 15. 7. 1987, BStBl II 1987, 746; X R 6/82 vom 28. 9. 1988, BStBl II 1989, 122; FG Baden-Württemberg 1 K 262/89 vom 10. 5. 1994, EFG 1994, 1021; vgl. auch Birkenfeld in Hartmann/Metzenmacher, § 2 Abs. 2 Nr. 2 UStG Tz. 602; Burhoff in Peter/Burhoff/Stöcker, § 2 UStG Tz. 108 ff.; Weiß, UR 1979, 82, 97; Birkholz, UR 1979, 5). Verneint wird ein auf § 2 Abs. 2 Nr. 1 UStG gestütztes organschaftsähnliches Verhältnis deshalb, weil nichtrechtsfähige Personenvereinigungen sich nicht wie Angestellte durch einen Akt freier Entscheidung aus einem frei gewählten Abhängigkeitsverhältnis wieder lösen könnten. Einen solchen Freiraum genössen Personenvereinigungen, deren Willensbildung aufgrund maßgeblicher Beteiligung fremdbestimmt ist, nicht und könnten deshalb nicht zu dem von § 2 Abs. 2 Nr. 1 UStG erfassten Personenkreis gehören (vgl. Weiß, UR 1979, 101).

1231 Die **Änderung der Rechtsprechung beruht,** wie dies insbesondere in den Aufsätzen von Weiß (a. a. O.), zum Ausdruck kommt, auf dem Bestreben, die Organschaft einzuschränken und möglichst abzuschaffen, also **weniger auf einem Erkenntnis- als auf einem Willensakt nach Art eines Quasigesetzgebers.** Es kann nicht richtig sein, den Zusammenschluss i. S. von § 2 Abs. 2 Nr. 1 UStG auf etwas, was so gut wie nie vorkommt, nämlich einen solchen von Arbeitnehmern gegenüber ihrem Arbeitgeber, zu beschränken und damit in rechtsstaatlich bedenklicher Weise ein Tatbestandsmerkmal („oder zusammengeschlossen") faktisch aus dem Gesetz zu streichen, dieses also insoweit nicht anzuwenden. Dass eine durch Beteiligungen beherrschte Personengesellschaft ihre Abhängigkeit anders als eine einzelne Person nicht einseitig beenden kann, ist kein Argument gegen ein organschaftsähnliches Verhältnis, sondern für ein solches. Denn die Unselbständigkeit ist unter diesen Umständen nur desto stärker (a. A. Stadie in Rau/Dürrwächter, § 2 UStG, Tz. 159 ff.; zur verfassungsrechtlichen Beurteilung vgl. ferner FG Baden-Württemberg 1 K 262/89 vom 10. 5. 1994, EFG 1994, 1021; Reiß, StuW 1979, 341). Bei einem befristeten Abhängigkeitsverhältnis würde das gegen ein organschaftsähnliches Verhältnis angeführte Argument ohnehin ins Leere gehen.

1.5 Auftreten nach außen

1232 **Wie die Organgesellschaft nach außen auftritt, ist unerheblich;** denn maßgeblich für das Bestehen einer Organschaft ist allein das Innenverhältnis in der von § 2 Abs. 2 Nr. 1 UStG geforderten Ausprägung (das zur Körperschaftsteuer ergangene BFH-Urteil I R 110/88 vom 13. 9. 1989, BStBl II 1990, 24 kann nicht auf die Umsatzsteuer übertragen werden).

III. Die Voraussetzungen der Organschaft

1.6 Strohmanngesellschaft

Ein Strohmann wird wie ein Treuhänder im eigenem Namen und für fremde Rechnung tätig, unterscheidet sich von diesem aber dadurch, dass der Geschäftsherr (Hintermann) geheim bleiben soll. Strohmann kann auch eine juristische Person sein (BFH-Urteil XI R 97/92 vom 13. 7. 1994, BFH/NV 1995, 168). Die von einer weisungsabhängigen Strohmanngesellschaft bewirkten Leistungen sind, ohne dass die Voraussetzungen der Organschaft vorliegen müssten, dem Hintermann (auch einer Gesellschaft) zuzurechnen, soweit die Strohmanngesellschaft wirtschaftlich nicht selbst Leistungen gegen Entgelt ausführt (vgl. BFH-Urteile XI R 56/93 vom 15. 9. 1994, BStBl II 1995, 277; XI R 97/92, a. a. O.) und dies dem Leistungsempfänger bekannt ist (BFH-Beschluss V B 108/01 vom 31. 1. 2002, BFH/NV 2002, 835). Die Konsequenz besteht im Verlust des Vorsteuerabzugs bei beiden Gesellschaften. Denn Rechnungsaussteller und (tatsächlich) leistender Unternehmer müssen grundsätzlich identisch sein (ständige Rspr., vgl. z. B. BFH-Urteile V R 6/00 vom 1. 2. 2001, BFH/NV 2001, 941; V R 5/00 vom 5. 4. 2001, BFH/NV 2001, 1307, m. w. N.).

1233

Wird dem Vertragspartner die Strohmann-Eigenschaft der Gesellschaft verschwiegen, ist grundsätzlich, nämlich wenn keine Organschaft besteht, der Strohmann Leistender oder Leistungsempfänger. Denn wenn jemand im Rechtsverkehr im eigenen Namen, aber für Rechnung eines anderen auftritt, der aus welchen Gründen auch immer nicht selbst als berechtigter bzw. verpflichteter Vertragspartner in Erscheinung treten will, ist zivilrechtlich grundsätzlich nur der „Strohmann" aus dem Rechtsgeschäft berechtigt und verpflichtet (vgl. z. B. BGH-Urteil XI ZR 319/95 vom 29. 10. 1996, NJW-RR 1997, 238; Kramer in Münchener Kommentar zum Bürgerlichen Gesetzbuch, 4. Aufl., § 117 BGB Rz. 14, m.w.N.); dementsprechend sind auch dem sog. Strohmann die Leistungen zuzurechnen, die der sog. Hintermann berechtigterweise im Namen des Strohmanns tatsächlich ausgeführt hat (BFH-Beschlüsse V B 198/00 vom 18. 7. 2001, BFH/NV 2002, 78, unter 3. b; V B 107/98 vom 25. 6. 1999, BFH/NV 1999, 1649; an dem Urteil des XI. Senats des BFH XI R 97/92 vom 13. 7. 1994, BFH/NV 1995, 168 hat der BFH nicht festgehalten, vgl. BFH-Beschluss V B 108/01 vom 31. 1. 2002, BFH/NV 2002, 835).

1.7 Unteilbarkeit der Beherrschung

Juristische Personen müssen als Organgesellschaften **insgesamt unselbständig sein; anders als bei natürlichen Personen ist bei ihnen eine teilweise Selbständigkeit unmöglich** (RFH-Urteil V 387/37 vom 28. 1. 1938, RStBl 1938, 286). Dass eine juristische Person mit einer besonderen Abteilung für einen ande-

1234

ren Unternehmer nach dessen Weisungen wie ein Angestellter tätig wird, macht sie auch nicht teilweise zu einer Organgesellschaft. Denn eine juristische Person kann nur (unteilbar) über ihre Organe beherrscht werden (vgl. Birkenfeld in Hartmann/Metzenmacher, § 2 Abs. Nr. 2 UStG Tz. 526).

1.8 Keine Beherrschung durch mehrere Organträger

1235 Eine juristische Person kann stets nur Organ **eines** Unternehmens sein (vgl. RFH-Urteil V A 145/33 vom 23. 2. 1934, RStBl 1934, 831; BFH-Urteil I 22/55 U vom 25. 6. 1957, BStBl III 1958, 174; Klenk in Sölch/Ringleb, § 2 UStG Tz. 99; Flückiger in Plückebaum/Malitzky, § 2 Abs. 2 UStG Tz. 266). Eine natürliche Person kann dagegen Angestellter mehrerer Unternehmen sein. **Möglich ist jedoch ein Organschaftsverhältnis mit dem Zusammenschluss von mehreren Unternehmen.** Die juristische Person als Organgesellschaft hat dann nicht mehrere Organträger, sondern nur einen, nämlich den Zusammenschluss, wie er z. B. durch eine Gesellschaft bürgerlichen Rechts gebildet sein kann (vgl. RFH-Urteile V A 961/30 vom 21. 11. 1930, RStBl 1932, 359; V A 136/34 vom 11. 1. 1935, RStBl 1935, 636; V A 687/33 vom 30. 11. 1934, RStBl 1935, 660; Flückiger in Plückebaum/Malitzky, § 2 Abs. 2 UStG Tz. 266; Hübl, BB 1962, 41; Bedenken äußern Klenk in Sölch/Ringleb, § 2 UStG Tz. 99). Zulässig ist also, dass sich mehrere Unternehmen zu einer Gesellschaft bürgerlichen Rechts zusammenschließen, um zur gemeinsamen Beherrschung einer juristischen Person ihren Willen zu koordinieren. Umsätze zwischen den Gesellschaftern bürgerlichen Rechts, zwischen ihnen und der juristischen Person sowie zwischen ihnen und der Gesellschaft bürgerlichen Rechts vollziehen sich allerdings außerhalb des Organkreises.

Gewerbesteuerlich sollen allerdings nach geänderter Rechtsprechung bei einer sog. Mehrmütterorganschaft die Beteiligungen der lediglich zur einheitlichen Willensbildung in einer GbR zusammengeschlossenen Gesellschaften an der nachgeschalteten Organgesellschaft unmittelbar den Müttergesellschaften zugerechnet werden (sog. Lehre von der mehrfachen Abhängigkeit). Die Organschaft bestehe danach zu den Müttergesellschaften und nicht zu der GbR (BFH-Urteil I R 43/97 vom 9. 6. 1999, BStBl II 2000, 695; Abweichung von Abschn. 14 Abs. 6 GewStR). Die den jeweiligen Muttergesellschaften anteilig zuzurechnenden Gewerbeerträge und Gewerbekapitalien sollen in entsprechender Anwendung von § 180 Abs. 1 Nr. 2 Buchst. a AO einheitlich und gesondert festgestellt werden (BFH-Urteil I R 43/97, a. a. O.). Auf die Umsatzsteuer kann dies jedenfalls nicht

III. Die Voraussetzungen der Organschaft

übertragen werden. Denn die Umsätze und Vorsteuern der Organgesellschaft können nur einem einheitlichen Umsatzsteuersubjekt als Organträger zugerechnet werden.

1.9 Vertikale Verbindung mehrerer Organgesellschaften

Möglich ist auch, dass eine juristische Person Organgesellschaft einer anderen juristischen Person ist, die ihrerseits wieder Organgesellschaft eines weiteren Organträgers ist; die erste Organgesellschaft ist dann Organ auch dieses Organträgers (**Enkelgesellschaft**; vgl. Urteil des Hessischen FG VI 555/58 vom 1. 2. 1960, EFG 1960, 234; Flückiger in Plückebaum/Malitzky, § 2 Abs. 2 UStG Tz. 270). Der Organkreis umfasst hier sämtliche Organstufen, d. h. alle Umsätze sämtlicher Organgesellschaften werden dem obersten Organträger zugerechnet. 1236

1.10 Horizontale Verbindung mehrerer Organgesellschaften

Mehrere oder sogar zahlreiche **Organgesellschaften können einen gemeinsamen Organträger haben.** Die Gesellschaften sind dann nicht (vertikal) auf mehreren Stufen hintereinander angeordnet, sondern bilden (horizontal) jeweils unmittelbar mit dem Organträger ein Organschaftsverhältnis (vgl. Flückiger in Plückebaum/Malitzky, § 2 Abs. 2 UStG Tz. 270; Birkenfeld in Hartmann/Metzenmacher, § 2 Abs. 2 Nr. 2 UStG Tz. 597). Auch wenn die Organgesellschaften nebengeordnet sind, sind sämtliche Umsätze dem Organträger zuzurechnen. 1237

1.11 Kombination einer vertikalen und horizontalen Verbindung

Möglich ist ebenfalls die **Verbindung einer vertikalen und horizontalen Gliederung** im Organkreis, d. h. einer der Organgesellschaften auf der gleichen Ebene ist mindestens eine Organgesellschaft (Enkelgesellschaft) untergeordnet. Auch hier sind sämtliche Umsätze dem Organträger zuzuordnen. 1238

1.12 Komplementär-GmbH als Organgesellschaft der KG

Die **Komplementär-GmbH einer KG kann nicht Organgesellschaft dieser KG sein;** denn nicht die KG beherrscht die GmbH, sondern diese aufgrund ihrer Rechtsstellung als Komplementärin die KG (vgl. BFH-Urteile V R 85/74 vom 14. 12. 1978, BStBl II 1979, 288; V R 101/78 vom 8. 2. 1979, BStBl II 1979, 362; Abschn. 21 Abs. 2 Satz 4 UStR; Burhoff in Peter/Burhoff/Stöcker, § 2 UStG Tz. 121; Bunjes/Geist, § 2 UStG Tz. 31; Birkenfeld in Hartmann/Metzenmacher, § 2 Abs. 2 Nr. 2 UStG Tz. 603; Birkholz, UR 1979, 5; a.A. FG Münster V 1004/75 U vom 15. 12. 1976, EFG 1977, 197 = DStZ/E 1977, 104). Organschaftliche 1239

Gebundenheit und eigene gesellschaftsrechtliche Beteiligung schließen sich gegenseitig aus (Birkholz, a. a. O.). Da nicht die KG an der GmbH, sondern diese an der KG beteiligt ist, kann allein die GmbH die Willensbildung der KG und nicht etwa diese die der GmbH bestimmen. Die Beherrschung der GmbH durch einen Kommanditisten kann nur dazu führen, dass Organträger gegenüber der GmbH dieser Kommanditist ist. Wird die GmbH von mehreren Kommanditisten beherrscht, können diese nur in einem Zusammenschluss neben der KG, etwa in Form einer Gesellschaft bürgerlichen Rechts, Organträger sein.

1.13 Holding als Organgesellschaft

1240 **Für eine juristische Person, die lediglich Vermögen verwaltet und Beteiligungen hält (Holding) gelten keine Besonderheiten.** Sie ist eine Organgesellschaft, wenn sie nach dem Gesamtbild der tatsächlichen Verhältnisse finanziell, wirtschaftlich und organisatorisch in das Unternehmen eines Organträgers eingegliedert ist. Nicht erforderlich ist, dass sie Beteiligungen verwaltet, die den Geschäften des übergeordneten Unternehmens dienlich sind (das zur Körperschaftsteuer ergangene BFH-Urteil I R 110/88 vom 13. 9. 1989, BStBl II 1990, 24 kann nicht auf die Umsatzsteuer übertragen werden).

2. Die Organträger

2.1 Rechtsform des Organträgers

1241 Die Rechtsform des Organträgers ist im Umsatzsteuergesetz nicht ausdrücklich geregelt. Dem Wortlaut des § 2 Abs. 2 Nr. 2 UStG „... in das Unternehmen des Organträgers eingegliedert ist ..." ist jedoch zu entnehmen, dass Organträger **jedes Unternehmen i. S. des § 2 Abs. 1 Satz 1 UStG** sein kann (vgl. Abschn. 21 Abs. 2 Satz 2 UStR; Bunjes/Geist, § 2 UStG Anm. 31; Klenk in Sölch/Ringleb, § 2 UStG Tz. 97; Birkenfeld in Hartmann/Metzenmacher, § 2 Abs. 2 Nr. 2 UStG Tz. 568 f.; Stadie in Rau/Dürrwächter, § 2 UStG Tz. 669). Organträger können daher, wenn sie Unternehmer sind, insbesondere sein: **natürliche Personen, juristische Personen** des privaten und des öffentlichen Rechts (vgl. Abschn. 23 Abs. 19 UStR; Stadie in Rau/Dürrwächter, § 2 UStG Tz. 669; a. A. Burhoff in Peter/Burhoff/Stöcker, § 2 UStG Tz. 117), bergrechtliche Gewerkschaften, Genossenschaften, rechtsfähige Vereine sowie **nichtrechtsfähige Personenvereinigungen** wie OHG, KG, Gesellschaften bürgerlichen Rechts, nichtrechtsfähige Vereine, Erbengemeinschaften usw. (vgl. Burhoff in Peter/Burhoff/Stöcker, § 2 UStG Tz. 116; Stadie in Rau/Dürrwächter, § 2 UStG Tz. 669; Flückiger in Plückebaum/Malitzky, § 2 Abs. 2 UStG Tz. 271). Besonders häufig sind **Gesellschaften bürgerlichen Rechts** Organträger, so z. B. die Unternehmerzusammenschlüsse zum Zweck der

III. Die Voraussetzungen der Organschaft

Absatzregulierung durch Kartelle und Syndikate (vgl. Flückiger in Plückebaum/ Malitzky, a. a. O.).

2.2 Unternehmereigenschaft des Organträgers

Die Organschaft setzt nicht voraus, dass der Organträger bereits Unternehmer i. S. von § 2 Abs. 1 Satz 1 UStG ist; es genügt, dass er dies erst durch die Begründung der Organschaft wird, indem ihm nunmehr die Tätigkeit der Organgesellschaft umsatzsteuerlich zugerechnet wird (vgl. RFH-Urteile V A 73/24 vom 24. 11. 1924, RFHE 15, 116; V A 140/34 vom 11. 1. 1935, RStBl 1935, 661; BFH-Urteile V 209/56 vom 26. 2. 1959, BStBl III 1959, 204 = BFHE 68, 538; V R 90/74 vom 9. 3. 1978, BStBl II 1978, 486; BGH-Urteil II ZR 216/66 vom 24. 10. 1968, BB 1969, 153; Verfügung der OFD Frankfurt S 7105 A – 8 – St IV vom 27. 10. 1987, StEK UStG 1980 § 2 Nr. 8; Stadie in Rau/Dürrwächter, § 2 UStG Tz. 670; Burhoff in Peter/Burhoff/Stöcker, § 2 UStG Tz. 116; Bunjes/ Geist, § 2 UStG Anm. 31; a. A. Klenk in Sölch/Ringleb, § 2 UStG Tz. 97). Voraussetzung ist also nicht, dass der Organträger sich selbst anderweitig unternehmerisch betätigt (vgl. BFH-Urteil V R 71/93 vom 19. 10. 1995, BFH/NV 1996, 273; FG des Saarlandes 1 K 192/92 vom 9. 7. 1993, EFG 1994, 175; a. A. Birkenfeld in Hartmann/Metzenmacher, § 2 Abs. 2 Nr. 2 UStG Tz. 579 ff.). **Es reicht aus, wenn nur die Organgesellschaft nach außen auftritt** (vgl. Abschn. 21 Abs. 5 Satz 6 UStR). Die Anerkennung der Organschaft im Umsatzsteuerrecht ist anders als im Gewerbesteuerrecht nicht davon abhängig, dass der Organträger einen nach außen in Erscheinung tretenden Gewerbebetrieb unterhält, in den die Organgesellschaft nach Art einer bloßen Geschäftsabteilung eingeordnet ist (vgl. BFH-Urteile V 209/56 U vom 26. 2. 1959, BStBl III 1959, 204 = BFHE 68, 538; V 81/59 vom 13. 4. 1961, BStBl III 1961, 343 = BFHE 73, 209; V 162/60 vom 21. 2. 1963, HFR 1963, 309; V 113/65 vom 17. 11. 1966, BStBl III 1967, 103; I R 120/70 vom 18. 4. 1973, BStBl II 1973, 740; OFD Hannover S 7105–90–StH 542 vom 9. 8. 1994; Flückiger in Plückebaum/Malitzky, § 2 Abs. 2 UStG Tz. 274; das zur Körperschaftsteuer ergangene BFH-Urteil I R 110/88 vom 13. 9. 1989, BStBl II 1990, 24 kann nicht auf die Umsatzsteuer übertragen werden).

1242

Für natürliche Personen und Gesellschaften des bürgerlichen Rechts vertrat der RFH allerdings in ständiger Rechtsprechung **die Auffassung, ein Organträger müsse schon unabhängig von der Organschaft Unternehmer sein,** d. h. auch ohne die Organschaft bereits mit Lieferungen oder Leistungen nach außen in Erscheinung treten (vgl. RFH-Urteile V A 707/28 vom 15. 3. 1929, RStBl 1929, 313; V A 95/30 vom 17. 10. 1930, RStBl 1931, 158; V 312/38 vom 6. 10. 1939, RStBl 1939, 1109). Dies führte dazu, dass eine natürliche Person, die als

1243

solche nicht selbst im Wirtschaftsleben als Unternehmer auftrat, auch wenn sie eine juristische Person vollkommen beherrschte, kein Organträger sein konnte, so dass die Lieferungen zwischen der juristischen und der natürlichen Person umsatzsteuerpflichtig waren. Das Gleiche sollte gelten, wenn eine nach außen nicht als Unternehmer in Erscheinung tretende natürliche Person mehrere Kapitalgesellschaften beherrschte. Eine GmbH sollte dagegen Organträger kraft Rechtsform sein können, auch ohne nach außen als Unternehmer aufzutreten (vgl. RFH-Urteil V 312/38, a. a. O.). **Diese Rechtsprechung hat der BFH zu Recht nicht übernommen** (BFH-Urteile, a. a. O.). Ein bestimmter Wahrscheinlichkeitsgrad für die gewerbliche Betätigung einer GmbH (vgl. RFH-Urteil V 312/38, a. a. O.) kann hier systematisch keine unterschiedliche Behandlung von natürlichen Personen und Personengesellschaften einerseits und Kapitalgesellschaften andererseits rechtfertigen.

2.3 Organträger für mehrere Organgesellschaften

1244 **Ein Organträger kann mehrere Organgesellschaften beherrschen** und zu einem Organkreis vereinigen. Die Organgesellschaften können als Tochtergesellschaften nebengeordnet oder als Tochter- und Enkelgesellschaften nachgeordnet sein (siehe Rz. 1236 ff.; vgl. auch Flückiger in Plückebaum/Malitzky, § 2 Abs. 2 UStG Tz. 270).

3. Besondere Formen des Organträgers

1245 In der Regel lässt sich die Frage, ob die in Betracht kommenden Gebilde Unternehmer sind und deshalb Organträger sein können, nach § 2 Abs. 1 UStG verhältnismäßig leicht beantworten. Bei einigen Gebilden bereitet die Entscheidung jedoch Schwierigkeiten. Es handelt sich dabei um:

3.1 Holding-Gesellschaften

1246 Reine Holding-Gesellschaften beteiligen sich im Allgemeinen nicht selbst am wirtschaftlichen Verkehr, so dass ihnen grundsätzlich die Unternehmereigenschaft i. S. des § 2 Abs. 1 UStG fehlt. **Der BFH hat** jedoch in einer Reihe von Urteilen (V 209/56 U vom 26. 2. 1959, BStBl III 1959, 204 = BFHE 68, 538; V 162/60 vom 21. 2. 1963, HFR 1963, 309; V 24/61 vom 24. 10. 1963, HFR 1964, 143) **Holding-Gesellschaften zu Recht als Organträger anerkannt,** wenn ihnen aufgrund der satzungsmäßigen und vertraglich festgelegten Bindungen so weitgehende Rechte zustehen, dass sie weder als reine Verwaltungsgesellschaften noch als bloße Geschäftsführungs-Gesellschaften angesprochen werden können,

III. Die Voraussetzungen der Organschaft

sie sich vielmehr die Tochtergesellschaften nach den Kriterien des § 2 Abs. 2 Nr. 2 UStG eingegliedert haben, so dass ihnen die unternehmerische Tätigkeit von Organgesellschaften als eigene unternehmerische Tätigkeit zuzurechnen ist. Die vom BFH zur Gewerbesteuer vertretene gegenteilige Auffassung (vgl. BFH-Urteil I 119/56 vom 25. 6. 1957, BStBl III 1957, 303) ist für den Bereich der Umsatzsteuer ausdrücklich abgelehnt worden (vgl. BFH-Urteil V 81/59 U vom 13. 4. 1961, BStBl III 1961, 343).

Bereits zuvor hatte der RFH im Urteil V 312/38 vom 6. 10. 1939 (RStBl 1939, 1109) entschieden, dass bei einer Holding-Gesellschaft in der Rechtsform einer GmbH die Unternehmer- und Organträgereigenschaft zu bejahen sei, weil die übergroße Wahrscheinlichkeit dafür spreche, dass sich eine GmbH gewerblich betätige. Hierbei wurde jedoch, wie nicht selten im Steuerrecht, verkannt, dass hinsichtlich des Beweismaßes für die Organschaft keine Besonderheiten bestehen. Es muss der volle Beweis erbracht werden, d. h. die tatsächlichen Voraussetzungen der Organschaft müssen im Einzelfall mit an Sicherheit grenzender Wahrscheinlichkeit feststehen (vgl. Stöcker in Ziemer/Haarmann/Lohse/Beermann, Rechtsschutz in Steuersachen, Tz. 8185/9). 1247

Maßgeblich ist allein, ob die Holding die in § 2 Abs. 2 Nr. 2 UStG aufgeführten Voraussetzungen für einen Organträger erfüllt. Die früheren Schwierigkeiten beruhten nur darauf, dass zu Unrecht verlangt wurde, ein Organträger müsse schon unabhängig von der Organschaft Unternehmer sein und dürfe dies nicht erst aufgrund der Organschaft werden (siehe Rz. 1243). Eine Holding kann also Organträger sein, weil sie selbst keinen nach außen in Erscheinung tretenden Gewerbebetrieb unterhalten muss (siehe Rz. 1242 f. und BFH-Urteile V 81/59 vom 13. 4. 1961, BStBl III 1961, 343; V 44/65 vom 17. 4. 1969, BStBl II 1969, 413; Heidner, DStR 1988, 9; a.A. Schwarze/Reiß/Kraeusel, § 2 UStG Tz. 109; Burhoff in Peter/Burhoff/Stöcker, § 2 UStG Tz. 116; das zur Körperschaftsteuer ergangene BFH-Urteil I R 110/88 vom 13. 9. 1989, BStBl II 1990, 24 kann nicht auf die Umsatzsteuer übertragen werden). 1248

Die Organgesellschaften sind keine Unternehmer, weil es ihnen an der Selbständigkeit (§ 2 Abs. 1 Satz 1 UStG) fehlt; sie sind – im Bereich der natürlichen Personen – vergleichbar mit Arbeitnehmern des Unternehmers. Die Lieferungen und Leistungen der Organgesellschaften sind deshalb Lieferungen und Leistungen des Organträgers. Innerhalb des Organkreises sind weder Lieferungen noch Leistungen möglich. Es gibt nur ein einheitliches Unternehmen des Organträgers. Dies bedeutet, dass der Organträger selbst die fraglichen Lieferungen und Leistungen im Rahmen seines Unternehmens erbringt, indem er sich hierzu – wie ansonsten ein Arbeitgeber seiner Arbeitnehmer – seiner Organgesellschaften bedient. Insofern erscheint es missverständlich, davon zu sprechen, die Umsätze der Organgesellschaften würden dem Organträger „zugerechnet"; es handelt sich vielmehr um eigene Umsätze des Organträgers unter Einsatz eines Unternehmensangehörigen. Insofern spielt es auch keine Rolle, ob der Organträger eine bloße Holdinggesellschaft oder eine Gesellschaft mit einer eigenen operativen Tätigkeit ist; maßgeblich ist, ob die Voraussetzungen der Organschaft erfüllt sind (FG des Saarlandes, Urteil 1 K 348/98 vom 14.11.2001, n. v.).

1249 Eine AG, die nur Beteiligungen an anderen Erwerbsgesellschaften verwaltet, ohne dass die Voraussetzungen einer Organschaft erfüllt sind, ist nicht unternehmerisch tätig (FG Baden-Württemberg X (VII) 114/77 vom 28. 6. 1979, EFG 1979, 517 = DStZ/E 1979, 295 = UR 1980, 98). Eine Holding-Gesellschaft ist nicht allein deswegen Unternehmer, weil sie die Geschäfte der Konzerngesellschaften führt; auch die Wahrnehmung so genannter Stabsfunktionen (Beratungs- und Koordinierungstätigkeit für alle Konzern-Gesellschaften) begründet noch keine Unternehmereigenschaft, wenn dafür kein besonderes Entgelt von den Konzern-Gesellschaften gezahlt wird (FG Münster V 4374/77 U vom 16. 9. 1981, EFG 1982, 493).

3.2 Private Vermögensverwaltung

1250 Ein **lediglich seine Beteiligungen verwaltender Privatmann ist kein Organträger.** Die private Vermögensverwaltung allein kann keine finanzielle, wirtschaftliche und organisatorische Eingliederung begründen (vgl. RFH-Urteile V A 95/30 vom 17. 10. 1930, RStBl 1931, 158; V A 948/31 vom 11. 11. 1932, RStBl 1933, 295). Der private Vermögensverwalter kann sich jedoch zu einem Organträger entwickeln, wenn er gegenüber einer juristischen Person durch zusätzliche Aktivitäten die Voraussetzungen des § 2 Abs. 2 Nr. 2 UStG erfüllt.

3.3 Besitzgesellschaften bei Betriebsaufspaltung

1251 **Für Besitzgesellschaften bei der Betriebsaufspaltung hat der BFH** in einer Reihe von Urteilen (V 81/59 vom 13. 4. 1961, BStBl III 1961, 343; V 27/60 U vom 6. 12. 1962, BStBl III 1963, 107; V 24/61 vom 24. 10. 1963, HFR 1964, 143; V 126/62 U vom 28. 1. 1965, BStBl III 1965, 243; I 44/64 vom 26. 4. 1966, BStBl III 1966, 376 und V 25/65 vom 25. 1. 1968, BStBl II 1968, 421) **zu Recht festgestellt, dass sie umsatzsteuerlich Organträger sein können** (vgl. auch Verfügung der OFD Frankfurt S 7105 A – 8 – St IV vom 27. 10. 1987, StEK UStG 1980 § 2 Nr. 8; Verfügung der OFD Koblenz S 7527 A St 51 1-3 vom 30. 12. 1987, StEK UStG 1980 § 2 Nr. 9; Veigel, INF 1986, 439; Burhoff in

III. Die Voraussetzungen der Organschaft

Peter/Burhoff/Stöcker, § 2 UStG Tz. 125; Bunjes/Geist, § 2 UStG Tz. 31; Flückiger in Plückebaum/Malitzky, § 2 Abs. 2 UStG Tz. 274; a. A. FG Rheinland-Pfalz 3 K 246/86 vom 12. 3. 1987, EFG 1987, 430). Dabei spielt es keine Rolle, ob derartigen Gesellschaften die Organträgereigenschaft auch auf anderen Steuerrechtsgebieten zugebilligt wird; denn die Umsatzsteuer stellt auf die unternehmerische Tätigkeit ab, die auch durch die Organgesellschaft erbracht werden kann (BFH, a. a. O. und Urteil V 209/56 U vom 26. 2. 1959, BStBl III 1959, 204). Im Umsatzsteuerrecht braucht der Organträger selbst keinen nach außen in Erscheinung tretenden Gewerbebetrieb zu unterhalten und kann auch erst durch das Organschaftsverhältnis zum Unternehmer werden (siehe Rz. 1242 f. und Verfügung der OFD Frankfurt S 7105 A – 8 – St IV vom 27. 10. 1987, StEK UStG 1980 § 2 Nr. 8; Heidner, DStR 1988, 90; das zur Körperschaftsteuer ergangene BFH-Urteil I R 110/88 vom 13. 9. 1989, BStBl II 1990, 24 kann nicht auf die Umsatzsteuer übertragen werden).

3.4 Körperschaften des öffentlichen Rechts

Körperschaften des öffentlichen Rechts sind, soweit sie nur Hoheitsgewalt ausüben, keine Unternehmen. Betätigen sich Körperschaften des öffentlichen Rechts jedoch im Rahmen eines Betriebs gewerblicher Art oder eines land- oder forstwirtschaftlichen Betriebs, so sind sie gemäß § 2 Abs. 3 UStG Unternehmer. **In ihrer Eigenschaft als Unternehmer können sie auch Organträger sein** (BFH-Urteil V 189/62 U vom 18. 2. 1965, BStBl III 1965, 272; vgl. auch Meier, FR 1993, 564). So ist es z. B. durchaus möglich, dass ein in die privatrechtliche Form einer GmbH gekleideter gewerblicher Betrieb einer Körperschaft des öffentlichen Rechts Organgesellschaft eines anderen, nicht in privatrechtliche Form gekleideten Betriebs gewerblicher Art einer Körperschaft des öffentlichen Rechts ist (vgl. Abschn. C BMF-Erlass IV A/2 S 7106 – 12/67 und IV A/3 – S 7300 – 27/67 vom 3. 1. 1968, BStBl I 1968, 182). 1252

Es ist jedoch nicht richtig, dass eine juristische Person des öffentlichen Rechts nur Organträger werden kann, wenn sie bereits anderweitig einen Betrieb gewerblicher Art unterhält (vgl. aber Schleswig-Holsteinisches FG IV 104/96 vom 5. 12. 2000, n. v.; Klenk in Sölch/Ringleb, § 2 UStG Tz. 98; BdF-Erlass IV A/2 – S 7106 – 12/67 vom 3. 1. 1968, BStBl I 1968, 182). Denn dabei ist der Wandel der Rechtsprechung nicht berücksichtigt, wonach eine Organschaft auch dadurch begründet werden kann, dass der Organträger erst durch die Organschaft, d. h. durch die Zurechnung der Umsätze der Tochtergesellschaft, zum Unternehmer wird (siehe Rz. 1242 f.). Es besteht kein Anlass, von diesen Grundsätzen bei juristischen Personen des öffentlichen Rechts abzuweichen und 1253 eine Organschaft nur in einem Fall anzuerkennen wie dem vom BFH im Urteil V 189/62 U vom 18. 2. 1965, BStBl III 1965, 272 (Organschaft zwischen Stadtwerken und einer Kraftwerk AG) entschiedenen. Die Eingliederung muss also nicht zwischen der Organgesellschaft und einem Betrieb gewerblicher Art bestehen. Es genügt, dass durch die Organschaft erst ein Betrieb gewerblicher Art entsteht (wie hier Hessisches FG VI 555/58 vom 1. 2. 1960, EFG 1960, 23; Burhoff in Peter/Burhoff/Stöcker, § 2 UStG Tz. 120; Stadie in Rau/Dürrwächter, § 2 UStG Tz. 669; vgl. auch bereits RFH-Urteil V 19/40 vom 8. 11. 1940, RStBl 1942, 28; unklar insoweit Abschn. 23 Abs. 19 Satz 4 und 6 UStR). Die finanzielle Eingliederung wird in diesen Fällen nicht dadurch ausgeschlossen, dass die Anteile an der juristischen Person nicht im Unternehmensbereich, sondern im nichtunternehmerischen Bereich der juristischen Person des öffentlichen Rechts verwaltet werden (Abschn. 23 Abs. 19 Satz 5 UStR). Tätigkeiten, die der Erfüllung öffentlich-rechtlicher Aufgaben dienen, können grundsätzlich eine wirtschaftliche Eingliederung in den Unternehmensbereich nicht begründen (Abschn. 23 Abs. 19 Satz 7 UStR).

Nach dem Urteil des FG Düsseldorf 5 K 457/95 U vom 26. 5. 1999, n. v., kann eine auf dem Gebiet der Abwasserbeseitigung tätige juristische Person des öffentlichen Rechts – mangels wirtschaftlicher Eingliederung der Organgesellschaft – nicht als umsatzsteuerlicher Organträger einer von ihr mit der Trocknung und Verwertung von Schlämmen beauftragten Tochtergesellschaft angesehen werden, wenn die Tätigkeit der juristischen Person des öffentlichen Rechts insgesamt hoheitlicher Natur und daher die Unterhaltung eines Betriebs gewerblicher Art ausgeschlossen ist.

3.5 Unternehmenszusammenschlüsse

1254 Auch **Unternehmenszusammenschlüsse (Syndikate, Kartelle und ähnliche Rechtsgebilde)**, die z. B. zum Zweck des Einkaufs oder Absatzes von Waren gebildet werden, **können Organträger sein**. Zu beachten ist allerdings, dass immer nur **ein Unternehmer beherrschend** sein kann, Organgesellschaften innerhalb desselben Organkreises also nicht unmittelbar mehrere Organträger haben können (siehe Rz. 1235 und RFH-Urteil V A 145/33 vom 23. 2. 1934, RStBl 1934, 831; BFH-Urteile I 22/55 U vom 25. 6. 1957, BStBl III 1958, 174; V R 111/77 vom 2. 8. 1979, BStBl II 1980, 20; Klenk in Sölch/Ringleb, § 2 UStG Tz. 99; Birkfeld in Hartmann/Metzenmacher, § 2 Abs. 2 Nr. 2 UStG Tz. 592 ff.; Flückiger in Plückebaum/Malitzky, § 2 Abs. 2 UStG Tz. 271). Mehrere voneinander unabhängige Unternehmen können deshalb nicht Organträger derselben Organgesellschaft sein. Sie müssen sich vielmehr hierzu erst zu einem Gebilde zu-

III. Die Voraussetzungen der Organschaft

sammenschließen, das ein Unternehmen i. S. des § 2 Abs. 1 UStG ist, wozu insbesondere eine Gesellschaft bürgerlichen Rechts in Betracht kommt (vgl. RFH-Urteil V A 140/34 vom 11. 1. 1935, RStBl 1935, 661; Flückiger in Plückebaum/Malitzky, § 2 Abs. 2 UStG Rz. 270; Birkfeld in Hartmann/Metzenmacher, § 2 Abs. 2 Nr. 2 UStG Tz. 593). Entgegen Birkfeld in Hartmann/Metzenmacher (a. a. O.) muss der Zusammenschluss aber nicht stets in einer Gesellschaft bürgerlichen Rechts bestehen.

Für die Anerkennung als Organträger ist nicht erforderlich, dass die Gesellschaft bürgerlichen Rechts oder **der** sonstige **Zusammenschluss selbst nach außen am Wirtschaftsleben teilnimmt.** Es reicht vielmehr aus, dass die Organgesellschaft im eigenen Namen nach außen in Erscheinung tritt, weil die von ihr getätigten Umsätze dem Zusammenschluss zugerechnet werden (siehe Rz. 1242 f.). Nicht richtig ist also, dass die Gesellschaft bürgerlichen Rechts nicht nur eine Innengesellschaft sein darf, vielmehr unabhängig von der Tätigkeit der Organgesellschaft selbst nach außen in Erscheinung treten müsse (so aber BFH V R 111/77 vom 2. 8. 1979, BStBl II 1980,20 = BFHE 128, 557; wie hier Stadie in Rau/Dürrwächter, § 2 UStG Tz. 671). Anders als in dem Fall des BFH-Urteils V R 50/66 vom 12. 2. 1970, BStBl II 1970, 477 besteht die Wirkung der Organschaft gerade darin, dass aus einer umsatzsteuerlich unbeachtlichen Innengesellschaft eine umsatzsteuerbare Außengesellschaft wird.

1255

Zu beachten ist jedoch, dass der **Organkreis** nur die Gesellschaft des bürgerlichen Rechts oder den sonstigen Zusammenschluss als Organträger und die Organgesellschaft **umfasst, nicht** jedoch **auch die Gesellschafter** der Gesellschaft des bürgerlichen Rechts oder die Mitglieder des sonstigen Zusammenschlusses, so dass Lieferungen oder sonstige Leistungen des Organkreises an diese Personen steuerbar sind.

1256

4. Die Eingliederung als Unterordnung

Während des Geltungszeitraums des **UStG 1934/1951** (siehe Rz. 1105) bestand eine Organschaft „wenn eine juristische Person dem Willen eines Unternehmens derart **untergeordnet**" war, „dass sie **keinen eigenen Willen"** hatte. Diese Voraussetzung war nach der Rechtsprechung und den Verwaltungsanweisungen dann erfüllt, „wenn sie nach dem Gesamtbild der tatsächlichen Verhältnisse finanziell, wirtschaftlich und organisatorisch in ein Unternehmen eingegliedert" war (siehe Rz. 1104 ff. sowie § 17 Abs. 2 UStDB 1938/51; vgl. ferner Birkholz, UR 1979, 5). Der gesetzliche Wortlaut des § 2 Abs. 2 Nr. 2 UStG 1934/1951 war fragwürdig, weil der eingegliederten juristischen Person kaum ein eigener Wille abgesprochen werden kann; vielmehr ist nur ihre Willensbildung aufgrund der

1257

Beherrschung durch den Organträger fremdbestimmt (vgl. BFH-Urteil V R 85/74 vom 14. 12. 1978, BStBl II 1979, 289; Weiß, UR 1979, 83; vgl. auch Flückiger in Plückebaum/Malitzky, § 2 Abs. 2 UStG Tz. 277 und Stadie in Rau/Dürrwächter, § 2 UStG Tz. 679).

1258 **Seit dem Umsatzsteuergesetz 1967 kommt in § 2 Nr. 2 UStG das Merkmal der „Unterordnung unter den Willen eines anderen Unternehmers" nicht mehr vor.** Der Gesetzgeber begnügt sich seitdem mit der finanziellen, wirtschaftlichen und organisatorischen Eingliederung. In der Sache hat sich dadurch nichts geändert (vgl. BFH-Urteil XI R 25/94 vom 18. 12. 1996, BStBl II 1997, 441. Die gesetzliche Definition der Organschaft ist lediglich bereinigt worden, indem ein überflüssiges (Ober-)Kriterium gestrichen wurde. Die vor 1968 von Rechtsprechung und Literatur entwickelten Grundsätze haben deshalb auch weiterhin Bedeutung (vgl. dazu Nr. 5 Abs. 1 BMF-Erlass IV A/2 – S 7015 – 2/68 vom 14. 2. 1968, BStBl I 1968, 401).

1259 Auch durch die Beschränkung der Organschaft auf das Erhebungsgebiet bzw. Inland seit 1. 1. 1987 (Art. 14 Nr. 2 i. V. mit Art. 25 Abs. 1 Steuerbereinigungsgesetz 1986 vom 19. 12. 1985, BStBl I 1985, 735) und dem entsprechend geänderten Wortlaut des § 2 Abs. 2 Nr. 2 UStG sind die Voraussetzungen der Organschaft nicht geändert worden (siehe Rz. 1104 ff. und Stadie in Rau/Dürrwächter, § 2 UStG Rz. 731 ff.).

1260 **Die nach wie vor erforderliche, durch die finanzielle, wirtschaftliche und organisatorische Eingliederung definierte Unterordnung der Organgesellschaft unter den sie beherrschenden Organträger führt zunächst dazu, dass ihre Unternehmereigenschaft verlorengeht.** Ab dem Zeitpunkt einer derartigen Unterordnung besteht daher umsatzsteuerlich nur noch ein Unternehmen. Darüber hinaus ergibt sich aus der Unterordnung, dass die Organgesellschaft **nur einem Organträger eingegliedert** sein kann (siehe Rz. 1235 sowie BFH-Urteile I 22/55 U vom 25. 6. 1957, BStBl III 1958, 174; V 111/59 vom 14. 12. 1961, HFR 1962, 286; V R 111/77 vom 2. 8. 1979, BStBl II 1980, 20 = BFHE 128, 557 = DStZ/E 1979, 336; Offerhaus/Söhn/Lange, § 2 UStG Tz. 247; Klenk in Sölch/Ringleb, § 2 UStG Tz. 99). Damit darf jedoch nicht der Fall verwechselt werden, dass eine juristische Person **Organgesellschaft für eine Mehrheit von Unternehmen** ist, **wenn sich diese** z. B. in der Form einer Gesellschaft bürgerlichen Rechts **zusammengeschlossen haben;** denn Organträger ist hier der Zusammenschluss selbst, also die Gesellschaft des bürgerlichen Rechts (siehe Rz. 1254 ff.).

1261 **Das Verhältnis der Über- und Unterordnung schließt andererseits nicht aus, dass einem Unternehmen mehrere Organgesellschaften eingegliedert sein**

III. Die Voraussetzungen der Organschaft

können. Der Organkreis umfasst in diesem Fall den Organträger und sämtliche Organgesellschaften mit der Folge, dass nicht nur die Lieferungen und Leistungen zwischen dem Organträger und den Organgesellschaften nicht steuerbare Innenumsätze darstellen, sondern auch die zwischen den einzelnen Organgesellschaften (siehe Rz. 1451 ff.).

Die der finanziellen, wirtschaftlichen und organisatorischen Eingliederung gleichzusetzende Unterordnung ist in Zweifelsfällen entscheidendes **Abgrenzungsmerkmal gegenüber der auf Nebenordnung beruhenden Unternehmereinheit** (siehe Rz. 1102 f. sowie Klenk in Sölch/Ringleb, § 2 UStG Tz. 105; Flückiger in Plückebaum/Malitzky, § 2 Abs. 2 UStG Tz. 277). Nach dem von RFH und BFH entwickelten Begriff der Unternehmereinheit (vgl. Rz. 1102 f. sowie die Aufstellung bei Flückiger in Plückebaum/Malitzky, § 2 Abs. 2 UStG Tz. 364 ff.) waren Personengesellschaften und juristische Personen Teile eines (zentral gesteuerten) Gesamtunternehmens, wenn dieselben Gesellschafter im gleichen Verhältnis an ihnen beteiligt waren und die Willensbildung bei den Gesellschaften und juristischen Personen, ohne dass eine von ihnen der anderen untergeordnet war, einheitlich von diesen Gesellschaftern ausgeübt wurde (vgl. Flückiger in Plückebaum/Malitzky, § 2 Abs. 2 UStG Tz. 365). 1262

Nach der Aufgabe der Rechtsprechung zur Unternehmereinheit (vgl. BFH-Urteile V R 22/73 vom 16. 11. 1978, BStBl II 1979, 347; V R 36/78 vom 23. 11. 1978, BStBl II 1979, 350; V R 29/73 vom 30. 11. 1978, BStBl II 1979, 352; vgl. dazu auch Weiß, UR 1979, 82 und 97; siehe ferner Rz. 1102 f.) erhält **wegen der nunmehr unterschiedlichen Rechtsfolgen** die Abgrenzung der Organschaft von der Unternehmereinheit desto **größere Bedeutung**. Die Organschaft gemäß § 2 Abs. 2 Nr. 2 UStG und die umsatzsteuerlich jetzt wirkungslos bleibende Unternehmereinheit unterscheiden sich durch Über- und Unterordnung einerseits sowie Gleich- oder Nebenordnung andererseits und schließen sich deshalb gegenseitig aus (vgl. BFH-Urteile V 162/525 vom 8. 2. 1955, BStBl III 1955, 113 und V 209/56 U vom 26. 2. 1959, BStBl III 1959, 204). 1263

Wesentliches Kriterium für die Unterscheidung **ist** hier **die wirtschaftliche Eingliederung** (siehe Rz. 1341 f.), während die finanzielle und organisatorische Eingliederung eine untergeordnete Rolle spielen, weil insoweit zwischen Organschaft und Unternehmereinheit eine gewisse Parallelität bestehen kann. So ist Über- und Unterordnung anzunehmen, wenn das eine Rechtsgebilde den geschäftlichen Weisungen des anderen zu folgen hat, wenn also das eine Rechtsgebilde mehr oder weniger eine **Abteilung im Geschäftsbetrieb** des anderen darstellt und dadurch in seinem wirtschaftlichen Bestand stark von dem anderen ab- 1264 hängt (Einzelheiten Rz. 1341 f.). Dagegen besteht in aller Regel Gleich- oder Nebenordnung, wenn die Rechtsgebilde rechtlich und in ihrer wirtschaftlichen Betätigung **gleichgestellte Partner** sind. Dies ist insbesondere dann der Fall, wenn sich die Rechtsgebilde in verschiedenen geschäftlichen Bereichen betätigen (eine Gesellschaft betreibt z. B. eine Fabrik, die andere einen land- oder forstwirtschaftlichen Betrieb), wenn geschäftliche Beziehungen zwischen ihnen fehlen oder wenn sie verschiedenartige Waren herstellen und diese auf verschiedenen Wegen vertreiben (eine Gesellschaft unterhält z. B. eine Schuh-, die andere eine Lebensmittelfabrik, wobei jede ihre Produkte selbst vertreibt; vgl. auch BFH-Urteile V 300/60 vom 24. 10. 1963, BStBl III 1964, 222 und V 51/63 vom 15. 12. 1966, BStBl III 1967, 191 sowie Flückiger in Plückebaum/Malitzky, § 2 Abs. 2 UStG Tz. 364 ff.).

5. Die finanzielle Eingliederung

5.1 Bedeutung der finanziellen Eingliederung

1265 Die finanzielle Eingliederung ist **unter den drei vom Gesetz** für die Eingliederung einer juristischen Person **genannten Merkmalen das wichtigste** (siehe aber auch Rz. 1389). Denn aus ihr ergibt sich eindeutig, ob die juristische Person in ihrer Willensbildung fremdbestimmt ist (vgl. Weiß, UR 1980, 51; Bunjes/Geist, § 2 UStG Tz. 33). Maßgebend für die Eingliederung ist zwar nach § 2 Abs. 2 Nr. 2 Satz 1 UStG das Gesamtbild der tatsächlichen Verhältnisse, doch darf die finanzielle Beteiligung als Hauptmerkmal der Eingliederung nicht fehlen; sie **kann nicht** durch eine etwa desto deutlicher verwirklichte wirtschaftliche und organisatorische Eingliederung ersetzt werden; **eine unvollkommene finanzielle Eingliederung reicht nicht aus** (siehe Rz. 1268 und 1388 f.; vgl. BFH-Urteile V 234/59 vom 21. 12. 1961, StRK UStG § 2 Abs. 1 R. 104; I R 44/64 vom 26. 4. 1966, BStBl III 1966, 376; I R 130/66 vom 18. 1. 1967, BStBl III 1967, 259; XI R 25/94 vom 18. 12. 1996, BStBl II 1997, 441; FG München III 275/81 U vom 17. 9. 1987, UR 1988, 195; FG Hamburg II 179/96 vom 4. 6. 1998, GmbH-Rdsch. 1998, 1188; Verfügung der OFD Koblenz S 7527 A St 51 1-3 vom 17. 11. 1986, StEK UStG 1980 § 2 Nr. 6; Verfügung der OFD Koblenz S. 7527 A St 51 1 – 3 vom 30. 12. 1987, StEK UStG 1980 § 2 Nr. 9; Stadie in Rau/Dürrwächter, § 2 UStG Tz. 701; Flückiger in Plückebaum/Malitzky, § 2 Abs. 2 UStG Tz. 279; Birkenfeld in Hartmann/Metzenmacher, § 2 Abs. 2 Nr. 2 UStG Tz. 617; Offerhaus/Söhn/Lange, § 2 UStG Tz. 89; einschränkend BFH V 180/61 vom 23. 7. 1964 n. v.).

III. Die Voraussetzungen der Organschaft

5.2 Keine gesetzliche Definition

Im geltenden Umsatzsteuerrecht ist im Gegensatz zur Körperschaft- und zur Gewerbesteuer (siehe Rz. 74 ff. und 918 f.) **nicht ausdrücklich festgelegt, wann eine finanzielle Eingliederung** i. S. des § 2 Abs. 2 Nr. 2 UStG **gegeben ist.** Anders war dies für die Zeit vom 1. 10. 1961 bis zum 31. 12. 1967, als durch das Elfte UStÄndG vom 16. 8. 1961 (BGBl I 1961, 1330 = BStBl I 1961, 605) bestimmt war, dass eine finanzielle Eingliederung mehr als 75 v. H. der Anteile an der juristischen Person und mehr als 75 v. H. der Stimmrechte erforderte (siehe dazu Rz. 1110). Beide Grenzen mussten kumulativ eingehalten sein (vgl. Flückiger in Plückebaum/Malitzky, § 2 Abs. 2 UStG Tz. 278).

1266

5.3 Mehrheit der Anteile

Nach dem Wegfall der Grenze von 75 v. H. ab dem 1. 1. 1968 **bestimmt sich** die finanzielle Eingliederung wieder **nach den von der Rechtsprechung** vor 1961 und nach 1967 **entwickelten Grundsätzen.** Danach ist es nicht erforderlich, dass der Organträger sämtliche Kapitalanteile oder eine qualifizierte Anteilsmehrheit an der Organgesellschaft besitzt (vgl. Klenk in Sölch/Ringleb, § 2 UStG Tz. 111; Flückiger in Plückebaum/Malitzky, § 2 Abs. 2 UStG Tz. 279; Bunjes/Geist, § 2 UStG Tz. 33). Es genügt ein Kapitalanteil, der ausreicht, um die Organgesellschaft finanziell zu beherrschen, d. h. dem Organträger muss seine kapitalmäßige Beteiligung an der Organgesellschaft es ermöglichen, bei der Willensbildung der Organgesellschaft seinen eigenen Willen durchzusetzen (BFH-Beschluss V B 97/97 vom 26. 2. 1998, BFH/NV 1998, 1267; BFH-Urteil V R 37/00 vom 17. 1. 2002, BStBl II 2002, 373). **Der Organträger muss so viele Anteile in seiner Hand vereinigen, wie nach der Satzung der beherrschten juristischen Person erforderlich sind, um alle Beschlüsse in seinem Sinne treffen zu können** (vgl. BFH-Urteile V R 85/74 vom 14. 12. 1978, BStBl II 1979, 288; X R 3/82 vom 20. 4. 1988, BStBl II 1988, 792; im BFH-Urteil XI R 25/94 vom 18. 12. 1996, BStBl II 1997, 441 ist von einer „jedenfalls nicht unwesentlichen Beteiligung" die Rede; vgl. ferner Abschn. 21 Abs. 4 Satz 1 UStR; Birkholz, UR 1979, 5; Tischer, UR 1985, 77; Flückiger in Plückebaum/Malitzky, § 2 Abs. 2 UStG Tz. 279; Stadie in Rau/Dürrwächter, § 2 UStG Tz. 683). Für die Berechnung des Anteils ist nicht der gemeine Wert, sondern der **Nennbetrag maßgeblich** (vgl. BFH-Urteil V R 77/67 vom 23. 7. 1970, BStBl II 1970, 774 = BFHE 99, 562; Flückiger in Plückebaum/Malitzky, § 2 Abs. 2 UStG Tz. 280).

1267

Wie bei der Körperschaft- und Gewerbesteuer (siehe Rz. 74 ff.) ist auch bei der Umsatzsteuer für die finanzielle Eingliederung eine **kapitalmäßige Beteiligung an der juristischen Person unentbehrlich.** Es genügt nicht, dass ein Unternehmer

1268

sie durch Hingabe von Darlehen unter entsprechenden Bedingungen (die juristische Person muss z. B. alle produzierten Waren über ihn absetzen) in völlige wirtschaftliche Abhängigkeit gebracht hat (vgl. BFH-Urteil I R 44/64 vom 26. 4. 1966, BStBl III 1966, 376). Ist ein Unternehmen überhaupt nicht oder nicht mit einer hinreichenden Mehrheit an einer juristischen Person beteiligt, kann diese nicht in das Unternehmen finanziell eingegliedert sein (RFH-Urteil V A 867/32 vom 3. 11. 1933, RStBl 1934, 524 = RFHE 34, 320; Birkenfeld in Hartmann/Metzenmacher, § 2 Abs. 2 Nr. 2 UStG Tz. 621).

5.4 Erfordernis der Stimmenmehrheit

1269 Zur finanziellen Beherrschung ist nicht nur ein entsprechender Teil des Kapitals, sondern wie bei der Körperschaft- und Gewerbesteuer die Mehrheit der Stimmrechte erforderlich (vgl. Abschn. 21 Abs. 4 Satz 2 UStR). Weichen Kapital- und Stimmrechtsanteil voneinander ab, ist der letztere entscheidend. **Es kommt darauf an, ob der Kapitalanteil die erforderliche Stimmenmehrheit vermittelt.** Die Mehrheit der Stimmrechte aus Anteilen an der juristischen Person als Organgesellschaft muss über 50 v. H. der gesamten Stimmrechte betragen (BFH-Urteil V R 50/00 vom 22. 11. 2001, BFH/NV 2002, 972). Auch eine geringere kapitalmäßige Beteiligung als 51 v. H. reicht deshalb für eine finanzielle Eingliederung aus, wenn sie mit einer Stimmenmehrheit verbunden ist. Ein **Stimmengleichstand** erlaubt nur, unerwünschte Beschlüsse zu verhindern, und genügt deshalb **nicht** für eine finanzielle Eingliederung (vgl. BFH-Urteile V 104/54 S vom 26. 5. 1955, BStBl III 1955, 234 = BFHE 61, 95; V 180/61 vom 23. 7. 1964, StRK UStG § 2 Abs. 2 Nr. 2 R. 36; Verfügung der OFD Koblenz S 7527 A St 51 1-3 vom 17. 11. 1986, StEK UStG 1980 § 2 Nr. 6; Birkenfeld in Hartmann/Metzenmacher, § 2 Abs. 2 Nr. 2 UStG Tz. 618; Flückiger in Plückebaum/Malitzky, § 2 Abs. 2 UStG Tz. 280). Eine nur kurzfristige Stimmenmehrheit (etwa 6 Wochen) genügt nicht (FG Hamburg II 179/96 vom 4. 6. 1998, GmbH-Rdsch. 1998, 1188).

1270 **Verlangt die Satzung für bestimmte Beschlussgegenstände eine qualifizierte Mehrheit** z. B. von 75 v. H. oder 100 v. H., **ist diese auch für die finanzielle Eingliederung erforderlich** (vgl. Tischer, UR 1985, 77; Flückiger in Plückebaum/Malitzky, § 2 Abs. 2 UStG Tz. 280; Birkenfeld in Hartmann/Metzenmacher, § 2 Abs. 2 Nr. 2 UStG Tz. 618). Betreffen solche qualifizierten Mehrheiten allerdings nur die Änderung der Satzung oder des Gesellschaftsvertrages, so sind sie für die finanzielle Eingliederung unbeachtlich. Denn für diese kann nur die derzeitige Fassung der Satzung oder des Gesellschaftsvertrages maßgeblich sein.

III. Die Voraussetzungen der Organschaft

5.5 Wirtschaftliches Eigentum (Treuhänder)

Weichen juristisches und wirtschaftliches Eigentum i. S. von § 39 Abs. 2 Nr. 1 Satz 1 AO voneinander ab, ist das **wirtschaftliche Eigentum an den Anteilen maßgeblich** (vgl. Birkenfeld in Hartmann/Metzenmacher, § 2 UStG Tz. 261). Treuhandbeteiligungen sind nach § 39 Abs. 2 Nr. 1 Satz 2 AO dem Treugeber zuzurechnen (FG Rheinland-Pfalz 5 K 1998/94 vom 17. 3. 1997, n. v.). Entsprechendes gilt für den Sicherungsgeber (vgl. BFH-Urteil V R 123/68 vom 17. 4. 1969, BStBl II 1969, 505 = BFHE 95, 558).

1271

5.6 Wirtschaftliche Abhängigkeit

Auf das Verhältnis von Kapital und Bilanzsummen kommt es bei der Organgesellschaft und dem Organträger für die finanzielle Eingliederung nicht an. Die **Organgesellschaft muss finanziell nicht auf den Organträger angewiesen sein;** ein finanzielles Übergewicht der einen oder anderen Gesellschaft ist unerheblich (vgl. RFH-Urteil V 426/38 vom 12. 7. 1940, RStBl 1940, 910; BFH-Urteil V R 123/68 vom 17. 4. 1969, BStBl II 1969, 505 = BFHE 95, 558; Flückiger in Plückebaum/Malitzky, § 2 Abs. 2 UStG Tz. 284). Ein Ergebnisausschluss oder ein Gewinnabführungsvertrag haben im Umsatzsteuer- anders als im Körperschaftsteuerrecht für die finanzielle Eingliederung keine Bedeutung (vgl. Flückiger in Plückebaum/Malitzky, § 2 Abs. 2 UStG Tz. 287 und Klenk in Sölch/Ringleb, § 2 UStG Tz. 112).

1272

5.7 Mittelbare finanzielle Beteiligung

Der **Organträger muss nicht unmittelbar am Kapital der Organgesellschaft beteiligt sein;** es genügt auch eine mittelbare Beteiligung, soweit sich nach dem Gesamtbild der tatsächlichen Verhältnisse, also unter Einbezug des wirtschaftlichen und organisatorischen Elements, eine Eingliederung der Organgesellschaft ergibt. **Eindeutig und unbestritten ist dies bei der Beherrschung einer Enkelgesellschaft.** Die finanzielle Eingliederung kann sich bei ihr sowohl daraus ergeben, dass die Tochtergesellschaft die Stimmenmehrheit an der Enkelgesellschaft und die Muttergesellschaft die Stimmenmehrheit an der Tochtergesellschaft hat, als auch daraus, dass neben der Tochtergesellschaft auch die Muttergesellschaft an der Enkelgesellschaft beteiligt ist und sich erst durch die Zusammenrechnung dieser unmittelbaren und mittelbaren Beteiligung eine Stimmenmehrheit der Muttergesellschaft und damit die Beherrschung der Enkel- durch die Muttergesellschaft ergibt (vgl. FG Rheinland-Pfalz 5 K 1998/94 vom 17. 3. 1997, n. v.; Weiß, UR 1980, 51; Stadie in Rau/Dürrwächter, § 2 UStG Tz. 684 f.; Birkenfeld in Hartmann/Metzenmacher, § 2 Abs. 2 Nr. 2 UStG Tz. 633 ff.).

1273

1274 Zu berücksichtigen ist allerdings, dass durch den veränderten Wortlaut des Gesetzes (vgl. Rz. 1257) keine sachliche Änderung bewirkt werden sollte (siehe Rz. 1105 ff. 1258 f.). Indem die Unterordnung unter den Willen nicht mehr aufgeführt, sondern lediglich die Definition des Begriffs der Unterordnung im Gesetzeswortlaut beibehalten wurde, sollte die Unterordnung im Willen nicht für überflüssig erklärt werden. Ohne eine finanzielle Beteiligung, die die maßgebliche Stimmenmehrheit vermittelt, ist jedoch eine Unterordnung des Willens nicht möglich (siehe Rz. 1269 f.). **Auch im Zusammenhang mit einer mittelbaren Beteiligung darf deshalb nie offenbleiben, welcher Unternehmer der beherrschende ist.** Daran fehlt es, wenn die finanzielle Verbundenheit der Gesellschaften lediglich darin besteht, dass ihre Gesellschafter ganz oder überwiegend identisch sind, indem etwa die Anteile zweier Kapitalgesellschaften ausschließlich von natürlichen Personen im Privatvermögen gehalten werden. Unter solchen Umständen lässt sich nicht entscheiden, welche der beiden Gesellschaften der anderen in ihrem Willen untergeordnet ist; eine Organschaft entfällt, weil das unverzichtbare und nicht kompensationsfähige Erfordernis einer finanziellen Eingliederung sich nicht feststellen lässt (vgl. BFH-Urteil XI R 25/94 vom 18. 12. 1996, BStBl II 1997, 441 m. w. N.; FG München 14 K 3745/90 vom 20. 1. 1994, EFG 1994, 1020; Abschn. 21 Abs. 5 Satz 3 und 4 UStR; OFD Berlin St 431 – S 7105 – 1/97 vom 16. 7. 1998). Klar ist dagegen das Beherrschungsverhältnis, wenn sich eine Stimmenmehrheit nur bei der einen Gesellschaft insbesondere durch die Zusammenrechnung einer unmittelbaren Beteiligung mit mittelbaren Beteiligungen ergibt. Hier ist dem Erfordernis einer finanziellen Eingliederung genügt.

1275 Die mittelbare finanzielle Beteiligung kann unter der genannten Voraussetzung also auch dergestalt bestehen, dass die **Anteile** nicht zum Betriebsvermögen des beherrschenden Unternehmens, sondern **zum Privatvermögen des oder der Inhaber des beherrschenden Unternehmens** gehören (vgl. dazu BFH-Urteil V 47/56 U vom 23. 7. 1959, BStBl III 1959, 394 unter 4.3.1.; OFD Berlin St 431 – S 7105 – 1/97 vom 16. 7. 1998; Flückiger in Plückebaum/Malitzky, § 2 Abs. 2 UStG Tz. 281). So ist eine finanzielle Eingliederung dann gegeben, wenn die Geschäftsanteile der GmbH nicht der OHG als solcher, sondern deren Gesellschafter zustehen (vgl. RFH-Urteil V 426/38 vom 12. 7. 1940, RStBl 1940, 910; BFH-Urteil XI R 69/97 vom 20. 1. 1999, DStRE 1999, 346; Niedersächsisches FG V 322/92 vom 2. 12. 1993, n. v.; Abschn. 21 Abs. 4 Satz 5 UStR; OFD Berlin St 431 – S 7105 – 1/97 vom 16. 7. 1998) oder wenn bei der Eingliederung einer juristischen Person in den unternehmerischen Bereich einer Körperschaft des öffentlichen Rechts die Anteile im nichtunternehmerischen Bereich der Körperschaft des öffentlichen Rechts verwaltet werden (vgl. BMF-Erlass V A/2 – S 7106 – 12/67

III. Die Voraussetzungen der Organschaft

und IV A/3 – S 7300 – 27/67 Abschn. C Abs. 2 vom 3. 1. 1968, BStBl I 1968, 182). Bleibt durch entsprechende Stimmrechtsregelungen eindeutig, wessen Wille durch Stimmenmehrheit untergeordnet ist, reicht aus, dass nicht eine Aktiengesellschaft selbst, sondern deren Aktionäre die Mehrheit der Anteile an einer anderen juristischen Person besitzen (vgl. RFH-Urteile V A 417/27 vom 26. 9. 1927, RStBl 1927, 219; V A 350/30 vom 24. 7. 1931, RStBl 1932, 365; V A 657/30 vom 2. 10. 1931, RStBl 1932, 371; V A 835/32 vom 13. 10. 1933, RStBl 1934, 556; Flückiger in Plückebaum/Malitzky, § 2 Abs. 2 UStG Tz. 281). Dem dürfte wohl auch das BFH-Urteil XI R 25/94 vom 18. 12. 1996, BStBl II 1997, 441 nicht entgegenstehen. Im Übrigen werden sowohl bei einem Einzelunternehmer als auch bei einer OHG die Anteile an der Organgesellschaft vielfach zum notwendigen Betriebsvermögen zu rechnen sein (vgl. RFH-Urteil VI A 211/33 vom 16. 5. 1933, RStBl 1933, 1067 und BFH-Urteil V 419/62 U vom 3. 12. 1964, BStBl III 1965, 92).

1276 Eine Verlags-Gesellschaft und eine Druckerei-Gesellschaft, deren Gesellschaftsanteile über dieselben Gesellschafter als Treuhänder sich in einer Hand befinden, stehen in der Regel im Verhältnis der Über- und Unterordnung zueinander (vgl. BFH-Urteil V R 123/68 vom 17. 4. 1969, BStBl II 1969, 505 = BFHE 95, 558 = HFR 1969, 501 = DB 1969, 1491).

1277 **Nicht mehr unbestritten** ist, ob die finanzielle Eingliederung auch in der Weise durch eine mittelbare Beteiligung begründet werden kann, dass **Anteile von Gesellschaftern des Organträgers mitberücksichtigt** werden. Nach **ständiger Rechtsprechung** des Reichs- und Bundesfinanzhofs wurden die Anteile dieser Gesellschafter an dem beherrschten Unternehmen dem herrschenden Unternehmen im Rahmen der finanziellen Eingliederung zugerechnet (vgl. RFH-Urteile V A 678/28 vom 3. 5. 1929, Mroz. Kartei UStG 1928 § 1 Nr. 1 R. 107; V A 657/30 vom 2. 10. 1931, RStBl 1932, 371; V A 684/32 vom 27. 10. 1933, Steuer-Archiv 1934, 59 = Mroz. Kartei UStG 1932 § 1 Nr. 1 R., 71; V A 432/32 vom 6. 7. 1934, RStBl 1934, 1145; V A 687/33 vom 30. 11. 1934, RStBl 1935, 660; V A 272/35 vom 8. 5. 1936, Mroz. Kartei UStG 1934 § 2 Abs. 2 Nr. 2 R. 2; V 426/38 vom 12. 7. 1940, RStBl 1940, 910; BFH-Urteile V 47/56 U vom 23. 7. 1959, BStBl III 1959, 394 = BFHE 69, 356; V 10/57 U vom 7. 8. 1959, BStBl III 1959 395 = BFHE 69, 360; V 119/58 vom 9. 6. 1960, HFR 1961, 112 = StRK UStG 1951 § 2 Abs. 1 R. 75; V 86/58 vom 30. 6. 1960, StRK UStG 1951 § 2 Abs. 1 R. 59; V 143/60 vom 28. 3. 1963, StRK UStG 1951 § 2 Abs. 2 Nr. 2 R. 28; V 35/64 vom 2. 2. 1967, BStBl III 1967, 499; V 59/65 vom 21. 3. 1968, UR 1970, 40 = StRK UStG 1951 § 2 Abs. 2 Nr. 1 R. 54; V R 123/68 vom 17. 4. 1969, BStBl II 1969, 505; V R 111/77 vom 2. 8. 1979, BStBl II 1980, 20 = UR 1980, 50; Niedersächsisches FG V 322/92 vom 2. 12. 1993, n. v.; Hessisches FG 6 K 2640/97 vom 3. 5. 2000, EFG 2000, 823). **Die Verwaltung** (vgl. Abschn. 21 Abs. 4 Satz 5 UStR) und ganz überwiegend auch **das Schrifttum** ist dieser Auffassung gefolgt (vgl. Weiß, UR 1980, 52; Seitrich, BB 1989, 189; Burhoff in Peter/Burhoff/Stöcker, § 2 UStG Tz. 124; Klenk in Sölch/Ringleb, § 2 UStG Tz. 112; Flückiger in Plückebaum/Malitzky, § 2 Abs. 2 UStG Tz. 282 ff.; Bunjes/Geist, § 2 UStG Tz. 33).

1278 Nach dem rechtskräftigen Urteil des **FG München** III (XIV) 275/81 U vom 17. 9. 1987, EFG 1988, 90 kann jedoch eine Kapitalgesellschaft nicht dadurch Organgesellschaft einer anderen Kapitalgesellschaft werden, dass beide Gesellschaften von einem Dritten (einem Gesellschafter) anteil- und stimmrechtsmäßig beherrscht werden. Es fehle hier die Eingliederung einer der beiden Kapitalgesellschaften in die andere. Auch nach dem Urteil des FG München III 233/85 U vom 9. 12. 1987, EFG 1988, 389 reicht die über die Person der Gesellschafter vermittelte finanzielle Verflechtung nicht aus, um eine Organschaft zu begründen (vgl. ferner **FG Rheinland-Pfalz** 3 K 246/86 vom 12. 3. 1987, EFG 1987, 430 und FG München 14 K 3745/90 vom 20. 1. 1994, EFG 1994, 1020). Im Schrifttum wird diese Auffassung von Tischer, UR 1985, 77 vertreten. Der BFH hat durch Urteil XI R 25/94 vom 18. 12. 1996, BStBl II 1997, 441 entschieden, dass es an einer finanziellen Eingliederung fehlt, wenn die Anteile zweier Kapitalgesellschaften ausschließlich von natürlichen Personen im Privatvermögen gehalten werden. Der V. Senat des BFH hat dieser Abweichung von seiner Rechtsprechung zugestimmt (anders wieder BFH-Urteil XI R 69/97 vom 20. 1. 1999, BFH/NV 1999, 1136; vgl. ferner Walkenhorst, KFR F. 7 UStG § 2, 4/97, S. 331).

1279 Maßgeblich bleibt jedoch nur, dass nicht unklar werden darf, wessen Wille durch Stimmenmehrheit untergeordnet ist; es darf sich nicht um gleichgeordnete Schwestergesellschaften handeln (vgl. BFH-Urteil XI R 25/94, a. a. O.). Zwischen Kapitalgesellschaften kann dies durch besonders vereinbarte Stimmrechtsbindungen der Anteilseigner geklärt werden. Ausgeschlossen wird eine Gleichordnung ferner dadurch, dass die eine Gesellschaft auch unmittelbar an der anderen beteiligt ist und sich nur bei der ersteren durch die Addition unmittelbarer Anteile und von Anteilen der Gesellschafter eine Stimmenmehrheit bei der anderen Gesellschaft ergibt, so dass diese in ihrer Willensbildung untergeordnet ist (insoweit hat das BFH-Urteil XI R 25/94, a. a. O., an der bisherigen Rechtsprechung festgehalten; ebenso Hessisches FG, Urteil 6 K 2640/97 vom 3. 5. 2000, EFG 2000, 823). Schließlich spricht die gesetzliche Festlegung in § 2 Abs. 2 Nr. 2 Satz 1 UStG, dass Personengesellschaften keine Organgesellschaften sein können, dafür, dass Personengesellschaften im Verhältnis zu einer Kapitalgesell-

III. Die Voraussetzungen der Organschaft

schaft auch nicht durch Identität der Gesellschafter in ihrer Willensbildung untergeordnet sein können (offengelassen im BFH-Urteil XI R 25/94 vom 18. 12. 1996, BStBl II 1997, 441 a. E.). Im Übrigen muss beachtet werden, dass für den umsatzsteuerrechtlichen Unternehmerbegriff Besonderheiten gelten, indem allein die tatsächlichen Herrschaftsverhältnisse maßgeblich sind (Seitrich, BB 1989, 190). Entgegen Tischer (a. a. O.) setzt § 2 Abs. 2 Nr. 2 UStG auch gerade einen Durchgriff durch die juristische Person voraus, so dass ein solcher Durchgriff anders als bei der Betriebsaufspaltung nicht unzulässig sein kann (vgl. Seitrich, a. a. O.).

Die Aufgabe des Richterrechts zur Unternehmereinheit und zum organschaftsähnlichen Verhältnis ist kein Anlass, für die gesetzliche Regelung der Organschaft eine mittelbare Beteiligung auszuschließen (vgl. Seitrich, BB 1989, 191 f.). Erst recht gilt dies im Zusammenhang mit der Änderung des gesetzlichen Wortlauts durch das UStG 1967, indem nicht mehr ausdrücklich verlangt wird, dass die juristische Person dem Willen eines Unternehmers derart untergeordnet ist, dass sie keinen eigenen Willen hat. Denn eher könnte gerade dieser frühere Wortlaut für das Erfordernis einer unmittelbaren Beteiligung sprechen. Um so weniger besteht Anlass, die frühere Rechtsprechung, die eine mittelbare Beteiligung ausreichen ließ, als überholt anzusehen. Es dürfen in diesem Zusammenhang auch nicht die Merkmale der finanziellen und wirtschaftlichen Eingliederung vermengt werden (siehe aber Stadie in Rau/Dürrwächter, § 2 UStG Tz. 689).

Wesentlich ist jedoch, **dass die Stimmrechte der Gesellschafter beim Organträger und der Organgesellschaft in einem bestimmten Verhältnis stehen.** Hat z. B. A bei der G1 eine Stimmenmehrheit von 60 v. H. und ist an der G2 neben A mit 20 v. H. die G1 mit 40 v. H. der Stimmen beteiligt, so können alle Beschlüsse der G2 gemäß den Beschlüssen der G1 getroffen werden; die G2 ist in ihrer Willensbildung fremdbestimmt (BFH-Urteil XI R 69/97 vom 20. 1. 1999, BFH/NV 1999, 1136). Anders ist dies, wenn B an der G1 mit 40 v. H., an der G2 aber mit 60 v. H. der Stimmrechte beteiligt ist. Gleichgültig wie sich die restlichen Stimmen bei der G2 auf A und die G1 verteilen, können Beschlüsse der G1 nicht bei der G2 durchgesetzt werden; B kann dies hier anders als bei der G1 mit seiner Stimmenmehrheit verhindern (vgl. BFH-Urteil V R 50/00 vom 22. 11. 2001, BFH/NV 2002, 972; Hessisches FG 6 K 2640/97 vom 3. 5. 2000, EFG 2000, 823; Stöcker, EFG 2000, Beilage 15 S. 117).

Schwierigkeiten entstehen, wenn **mehr als zwei Gesellschafter beteiligt** sind. Sind A, B und C an der G1 zu je einem Drittel und an der G2 zusammen mit der G1 zu je einem Viertel der Stimmrechte beteiligt, so ist nicht ohne weiteres gewährleistet, dass die Beschlüsse der G1 bei der G2 durchgesetzt werden. Es ist jedoch davon auszugehen, dass die beiden Gesellschafter, die bei der G1 mehrheitlich einen Beschluss gefasst haben, bei der G2 entsprechend stimmen werden. Unsicherheiten und Schwierigkeiten in anderen Fallkonstellationen lassen sich durch **Stimmrechtsbindungen** vermeiden, indem sich die Gesellschafter der G1 verpflichten, die bei dieser gefassten Beschlüsse bei der G2 umzusetzen (BFH-Urteil V R 50/00 vom 22.11.2001, BFH/NV 2002, 972; Stöcker, EFG 2000, Beilage 15 S. 117).

5.8 Stille Gesellschafter

1282 **Stille Gesellschafter einer OHG können dieser keine mittelbare Beteiligung an einer GmbH vermitteln.** Denn sie wirken an der Willensbildung der OHG nicht mit, so dass es an der Bildung eines einheitlichen Willens, dem die GmbH unterworfen wäre, fehlt (BFH-Urteil V R 111/77 vom 2. 8. 1979, BStBl II 1980, 20 = UR 1980, 50; Abschn. 21 Abs. 4 Satz 7 UStR; Burhoff in Peter/Burhoff/Stöcker, § 2 UStG Tz 124; Stadie in Rau/Dürrwächter, § 2 UStG Tz. 687.1; Klenk in Sölch/Ringleb, § 2 UStG Tz. 112; Bunjes/Geist, § 2 UStG Tz. 33).

1283 Beschränkt sich jedoch die Beziehung zwischen der Gesellschaft und den stillen Gesellschaftern nicht jeweils auf den obligatorischen Vertrag, **haben sich die stillen Gesellschafter** vielmehr **unter Einbeziehung der OHG zu einem gesonderten Zusammenschluss,** etwa einer Gesellschaft bürgerlichen Rechts **vereinigt, so kann dieser gegenüber der GmbH Organträger sein.** Dass der Zusammenschluss eine Innengesellschaft ist, ist entgegen dem BFH-Urteil (V R 111/77, a. a. O.) unschädlich. Denn der Organträger kann auch erst durch die Zurechnung der Umsätze der Organgesellschaft Unternehmer werden (siehe Rz. 1242 f.).

5.9 Mittelbare Beteiligung über Angehörige

1284 Eine mittelbare Beteiligung über Anteile von Angehörigen (§ 15 AO) **reicht** genauso wie bei der Körperschaftsteuer (siehe Rz. 98) **nicht aus.** Bei der Umsatzsteuer steht das Unternehmerprinzip im Vordergrund, das die Einbeziehung von Angehörigen ausschließt (vgl. BFH-Urteil V 234/59 vom 21. 12. 1961, HFR 1962, 214; Verfügung der OFD Koblenz S 7527 A St 51 1-3 vom 17. 11. 1986, StEK UStG 1980, § 2 Nr. 6).

> **Beispiel:**
>
> Ein Einzelunternehmer verpachtet die für das Unternehmen einer GmbH wesentlichen Betriebsgrundlagen an die GmbH. Unstreitig ist die GmbH wirtschaftlich und organisatorisch in das Einzelunternehmen eingegliedert. An der GmbH sind beteiligt: 1. Der

III. Die Voraussetzungen der Organschaft 313

Einzelunternehmer (Ehemann) zu 45 v. H., 2. die Ehefrau des Einzelunternehmers zu 45 v. H., 3. ein fremder Dritter zu 10 v. H. Die Stimmrechte entsprechen den Beteiligungsrechten.

Unter finanzieller Eingliederung ist der Besitz der entscheidenden Anteilsmehrheit an der Organgesellschaft zu verstehen, die es ermöglicht, Beschlüsse in der Organgesellschaft durchzusetzen. Entsprechen die Beteiligungsverhältnisse den Stimmrechtsverhältnissen, so ist die finanzielle Eingliederung gegeben, wenn die Beteiligung mehr als 50 v. H. beträgt. Da der Einzelunternehmer nur zu 45 v. H. an der GmbH beteiligt ist, ist diese nicht organschaftlich in das Einzelunternehmen eingegliedert. Die Zusammenrechnung der Anteile des Einzelunternehmers (Ehemannes) und der Ehefrau ist nicht zulässig; denn mit Art. 3 Abs. 1 GG i. V. m. Art. 6 Abs. 1 GG ist es unvereinbar, wenn bei der Beurteilung von personellen Verflechtungen von der Vermutung ausgegangen wird, Ehegatten verfolgten gleichgerichtete wirtschaftliche Interessen (vgl. OFD Koblenz S 7527 A St 51 1-3 vom 17. 11. 1986, StEK UStG 1980, § 2 Nr. 6).

5.10 Genossenschaften und rechtsfähige Vereine

Auch eine Genossenschaft kann finanziell in ein anderes Unternehmen eingegliedert sein. Als ein solches Unternehmen kommt jedoch praktisch nur wieder eine andere Genossenschaft in Betracht, weil die Willensbildung bei der Genossenschaft durch das besonders gestaltete Stimmrecht (§ 43 Abs. 2 GenG) ein Organschaftsverhältnis mit einem anderen Unternehmen weitgehend ausschließt (vgl. BFH-Urteil V 184/61 U vom 23. 4. 1964, BStBl III 1964, 346; Bunjes/Geist, § 2 UStG Tz. 33; Burhoff in Peter/Burhoff/Stöcker, § 2 UStG Tz. 124; Klenk in Sölch/Ringleb, § 2 UStG Tz. 100; Flückiger in Plückebaum/Malitzky, § 2 Abs. 2 UStG Tz. 286). Unabhängig von seiner Einlage hat der Genosse in der Generalversammlung nur eine Stimme. Finanziell eingegliedert ist eine Genossenschaft in eine andere, wenn die Genossen der letzteren in der ersteren die Stimmenmehrheit haben, nicht aber umgekehrt. Gleiches gilt für die Eingliederung rechtsfähiger Vereine (vgl. Flückiger in Plückebaum/Malitzky, § 2 Abs. 2 UStG Tz. 286).

1285

5.11 Juristische Personen des öffentlichen Rechts

Juristische Personen des öffentlichen Rechts, die als Unternehmer tätig sind (§ 2 Abs. 3 UStG), **können nicht finanziell eingegliedert und deshalb keine Organgesellschaften sein** (siehe Rz. 1224 f.; Niedersächsisches FG V 28/66 vom 3. 3. 1970, EFG 1970, 633). Eine juristische Person des öffentlichen Rechts kann in ihrer Willensbildung nicht durch Anteile und Stimmrechte Dritter beherrscht werden.

1286

(unbesetzt) 1287–1340

6. Die wirtschaftliche Eingliederung

1341 Unter den Erfordernissen einer Organschaft ist das der wirtschaftlichen Eingliederung **besonders vielgestaltig** (vgl. Klenk in Sölch/Ringleb, § 2 UStG Tz. 120). **Wirtschaftlich eingegliedert ist eine juristische Person in ein Unternehmen, wenn sie nach dessen Willen und in engem Zusammenhang mit ihm, es fördernd und ergänzend, wirtschaftlich tätig ist** (vgl. BFH-Urteile V R 89/66 vom 22. 6. 1967, BStBl III 1967, 715; I R 110/88 vom 13. 9. 1989, BStBl II 1990, 24; V R 124/89 vom 9. 9. 1993, BStBl II 1994, 129; Abschn. 21 Abs. 5 Satz 1 UStR; FG München III 280/79 U vom 18. 3. 1987, EFG 1987, 480; Flückiger in Plückebaum/Malitzky, § 2 Abs. 2 UStG Tz. 288; Burhoff in Peter/Burhoff/Stöcker, § 2 UStG Tz. 125; Bunjes/Geist, § 2 UStG Tz. 34). Zwischen der juristischen Person und dem Unternehmen muss ein **vernünftiger betriebswirtschaftlicher Zusammenhang** bestehen (vgl. BFH-Urteile V 42/60 vom 26. 7. 1962, StRK UStG § 2 Abs. 2 Nr. 1 R. 22; V 101/62 U vom 27. 8. 1964, BStBl III 1964, 539 = BFHE 80, 181; V 44/65 vom 17. 4. 1969, BStBl II 1969, 413; V R 76/97 vom 25. 6. 1998, BFH/NV 1998, 1534; Flückiger in Plückebaum/Malitzky, § 2 Abs. 2 UStG Tz. 289; Bunjes/Geist, § 2 UStG Tz. 34). Für die wirtschaftliche Eingliederung ist charakteristisch, dass die Organgesellschaft im Gefüge des übergeordneten Organträgers als dessen Bestandteil erscheint (BFH-Urteile XI R 69/97 vom 20. 1. 1999, BFH/NV 1999, 1136 zu II. 3., m.w.N.; V R 37/00 vom 17. 1. 2002, BStBl II 2002, 373). Organträger und Organgesellschaft müssen eine wirtschaftliche Einheit bilden (vgl. BFH-Beschlüsse V B 146/92 vom 16. 8. 1994, BFH/NV 1995, 1105; V B 147/92 vom 17. 8. 1994, BFH/NV 1995, 750; OFD Hannover S 7105-90-StH 542 vom 9. 8. 1994; Flückiger in Plückebaum/Malitzky, § 2 Abs. 2 UStG Tz. 297). Sie müssen wirtschaftlich kooperieren (vgl. Stadie in Rau/Dürrwächter, § 2 UStG Tz. 690); ihre Geschäftstätigkeiten müssen miteinander verflochten (vgl. OFD Hannover, a. a. O.; Bunjes/Geist, § 2 UStG Tz. 34; Flückiger in Plückebaum/Malitzky, § 2 Abs. 2 UStG Tz. 289) und aufeinander abgestimmt sein (BFH-Urteil V R 76/97 vom 25. 6. 1998, BFH/NV 1998, 1534). Die Organgesellschaft muss sich dem Organträger i. S. einer Zweckabhängigkeit unterordnen (vgl. BFH-Urteil I R 110/88 vom 13. 9. 1989, BStBl II 1990, 24). Die konkrete betriebliche Tätigkeit der Organgesellschaft muss unmittelbar einzelne Aufgaben im betriebswirtschaftlichen Zusammenhang des gesamten Unternehmens betreffen (FG Baden-Württemberg 3 K 264/92 vom 31. 7. 1997, EFG 1997, 1561). Eine **bloß kapitalmäßige Verflechtung genügt nicht.** Eine solche kann nur die finanzielle, nicht aber die wirtschaftliche Eingliederung begründen (vgl. BFH-Urteil V 44/65 vom 17. 4. 1969, BStBl II 1969, 413). Entscheidend ist, dass auf die Organgesellschaft wirtschaftlich ein tatsächlicher Einfluss ausgeübt wird, was in der Regel nur möglich ist, wenn entsprechende ver-

III. Die Voraussetzungen der Organschaft

tragliche Bindungen bestehen. Das BierStG enthält einen gegenüber der Organschaft eigenständigen Begriff der Abhängigkeit (Thüringer FG, Urteil II 124/96 vom 27. 2. 1997, EFG 1997, 1494; Rev. rechtskräftig durch BFH-Beschluss VII R 111/97 vom 13. 8. 1998, n. v. verworfen).

Eine **langfristige Darlehensforderung** der Organgesellschaft gegen die Muttergesellschaft bewirkt für sich **noch keine wirtschaftliche Eingliederung** der Organgesellschaft, selbst wenn das Darlehen zur finanziellen Stützung des Organträgers erheblich beiträgt (FG Münster VI 389/71 E vom 10. 12. 1974, EFG 1975, 278). Bei einem umgekehrten Darlehensverhältnis gilt das gleiche. Die wirtschaftliche Eingliederung erfordert zwar, dass die Organgesellschaft gemäß dem Willen des Unternehmers im Rahmen des Gesamtunternehmens in engem wirtschaftlichen Zusammenhang mit diesem, es fördernd und ergänzend, wirtschaftlich tätig ist (BFH-Urteile V R 89/66 vom 22. 6. 1967, BStBl III 1967, 715; V R 128/93 vom 19. 10. 1995, BFH/NV 1996, 275). Dies ist aber auch dann der Fall, wenn die Organgesellschaft wegen finanzieller Schwierigkeiten die vereinbarten **Pachtzahlungen schuldig bleibt** (BFH-Urteil V R 128/93, a. a. O.). Die wirtschaftliche Eingliederung wird nicht durch Liquiditätsprobleme der Organtochter beendet (Abschn. 21 Abs. 5 Satz 9 UStR). 1342

Bei einer Spedition kann die wirtschaftliche Eingliederung in der **Überlassung wesentlicher Betriebsgrundlagen** bestehen, z. B. des Büros, der Lagerhalle, der Werkstatt und der Abstellplätze. Die Konzessionen, der Fuhrpark sowie die Kundenbeziehungen müssen nicht mitübertragen werden (vgl. BFH-Urteil V R 82/85 vom 9. 1. 1992, BFH/NV 1993, 63).

Charakteristisch für eine wirtschaftliche Eingliederung ist, dass sich die Organgesellschaft als Bestandteil im wirtschaftlichen Gefüge des Organträgers darstellt (BFH-Urteil XI R 69/97 vom 20. 1. 1999, BFH/NV 1999, 1136). Dies ist insbesondere dann der Fall, wenn sie die **Stellung einer Abteilung im Geschäftsbetrieb des Organträgers** hat (vgl. BMF IV C 3-S 7100-6/96 vom 3. 4. 1996; FinMin Thüringen S 7100 A-16-2022 vom 19. 4. 1996; Klenk in Sölch/Ringleb, § 2 UStG Tz. 120). Eine solche Stellung ist jedoch **nicht stets erforderlich,** um eine wirtschaftliche Eingliederung zu begründen; diese kann sich **auch durch** andere Umstände ergeben. Derartige Umstände können in einer **einheitlichen wirtschaftlichen Gesamtkonzeption** bestehen (vgl. BFH-Urteil I R 21/74 vom 21. 1. 1976, BStBl II 1976, 389; FG Rheinland-Pfalz 6 K 3100/94 vom 28. 11. 1996, EFG 1997, 567), im Einzelnen aber auch in der **Bestimmung der Kalkulation,** der **Festlegung der Preise,** der **Bereitstellung von Produktionsmitteln** (Maschinen und Inventar), der **Verpachtung von Anlagegegenständen,** in Bindun- 1343 gen beim Warenbezug und beim Warenabsatz, in der Bestimmung des Fertigungs- oder Absatzprogramms, der Genehmigungspflicht für Investitionen und größere Geschäftsabschlüsse, in der Festlegung der Geschäftsbedingungen und in einem Gewinnabführungsvertrag (vgl. RFH-Urteil V A 141 und 150/21 vom 14. 12. 1923, RFHE 13, 146; Flückiger in Plückebaum/Malitzky, § 2 Abs. 2 UStG Tz. 298). Einzelne Merkmale wie die Aufteilung der Produktion und des Vertriebs derselben Ware auf zwei Gesellschaften, das Bestehen eines Pachtverhältnisses oder das Überwiegen des Vertriebs der Erzeugnisse der Produktionsgesellschaft durch die Vertriebsgesellschaft brauchen noch nicht zur wirtschaftlichen Eingliederung zu führen, wohl aber die Häufung solcher Umstände (vgl. BFH-Beschluss V B 115/87 vom 14. 1. 1988, n. v.). Die Beherbergung von Patienten einer Krankenhausstation ist für eine Kurverwaltungs-GmbH keine „Betriebsabteilung" i. S. der wirtschaftlichen Eingliederung, auch wenn dies den infrastrukturellen Interessen der Gemeinde als Gesellschafterin der Obergesellschaft entspricht (FG Baden-Württemberg 3 K 264/92 vom 31. 7. 1997, EFG 1997, 1561 = UVR 1998, 22).

1344 Für die wirtschaftliche Eingliederung ist **nicht erforderlich, dass die Organgesellschaft ausschließlich für den Organträger arbeitet** (vgl. Abschn. 21 Abs. 5 Satz 3 UStR; Bunjes/Geist, § 2 UStG Tz. 34; Klenk in Sölch/Ringleb, § 2 UStG Tz. 120). Die **Geschäftsbeziehungen** zwischen dem Organträger und der Organgesellschaft **müssen auch nicht** gegenüber deren sonstigen Geschäftsbeziehungen **überwiegen** (so ausdrücklich BFH-Urteil V R 124/89 vom 9. 9. 1993, BStBl II 1994, 129; vgl. auch BFH-Urteil V R 15/69 vom 15. 6. 1972, BStBl II 1972, 840; Stadie in Rau/Dürrwächter, § 2 UStG Tz. 690; Wauer, BB 1966, 284; Flückiger in Plückebaum/Malitzky, § 2 Abs. 2 UStG Tz. 298). In früheren Urteilen hatte der BFH hinsichtlich der (überwiegenden) Fremdumsätze eine (andere) wirtschaftliche Verknüpfung nicht feststellen können, eine solche aber auch nicht generell ausgeschlossen (Urteile V 176/55 U vom 23. 7. 1959, BStBl III 1959, 376; V 42/60 vom 26. 7. 1962, StRK UStG § 2 Abs. 2 Nr. 1 R. 22; V 101/62 U vom 27. 8.1964, BStBl III 1964, 539 = BFHE 80, 181; vgl. auch noch Abschn. 21 Abs. 5 Satz 4 UStR). Seit dem BFH-Urteil V R 124/89 (a. a. O.) kann ein Überwiegen von „Innenumsätzen" jedenfalls nicht mehr als zwingend angesehen werden. Dies wäre auch unvereinbar mit Sinn und Zweck der Organschaft sowie damit, dass nach ständiger Rechtsprechung die Betriebsaufspaltung, bei der die Betriebsgesellschaft nichts an die Besitzgesellschaft leistet, ein typischer Fall der Organschaft ist (siehe Rz. 1351 ff.). Wenn eine juristische Person überwiegend fremdbezogene Waren verkauft, muss dies eine wirtschaftliche Eingliederung nicht ausschließen. Denn auch sonst ist es nicht unüblich, mit unterschiedlichem Anteil fremde und eigene Waren nebeneinander zu vertreiben (vgl. RFH-Urteile

III. Die Voraussetzungen der Organschaft

V A 948/31 vom 11. 11. 1932, RStBl 1933, 925; V A 687/33 vom 30. 11. 1934, RStBl 1935, 660; V 426/38 vom 12. 7. 1940, RStBl 1940, 910; Stadie in Rau/Dürrwächter, § 2 UStG Tz. 690; Klenk in Sölch/Ringleb, § 2 UStG Tz. 120). Die wirtschaftliche Beherrschung kann sich hier in vielfältiger Weise auch aus sonstigen Umständen ergeben (Preisbindung usw.). Für eine Organschaft **kann sogar unschädlich sein,** dass zwischen dem Organträger und der Organgesellschaft, wenn diese z. B. als Produktionsgesellschaft zur Versorgung eines bestimmten Marktes gegründet worden ist, **nur geringe oder überhaupt keine Warenlieferungen** vorkommen (vgl. (BFH-Urteil V R 15/69 vom 15. 6. 1972, BStBl II 1972, 840; Abschn. 21 Abs. 5 Satz 5 UStR; a. A. FG München II 280/79 K vom 18. 3. 1987, EFG 1987, 480). Die sonstigen Geschäftsbeziehungen müssen allerdings mit Kenntnis und Zustimmung des Organträgers unterhalten werden (vgl. Klenk in Sölch/Ringleb, § 2 UStG Tz. 120).

Der **Schwerpunkt der wirtschaftlichen Tätigkeit** des Organkreises **muss nicht bei dem herrschenden Unternehmen liegen** (BFH-Urteil I R 120/70 vom 18. 4. 1973, BStBl II 1973, 740). Das ergibt sich bereits daraus, dass unter weiteren Voraussetzungen auch die Leitung mehrerer abhängiger Unternehmen i. S. einer geschäftsleitenden Holding als unternehmerische Betätigung des Organträgers ausreicht (BFH-Urteile I R 122/66 vom 15. 4. 1970, BStBl II 1970, 554; I R 26/84 vom 14. 10. 1987, BFH/NV 1989, 192). Das beherrschende Unternehmen braucht **nicht einmal,** wie die Beispiele der Holding und der Betriebsaufspaltung zeigen (vgl. Rz. 1351 ff. und 1359 ff.), **eine eigene unternehmerische bzw. gewerbliche Tätigkeit** auzuüben, die durch den Betrieb der Organgesellschaft gefördert wird (vgl. Stadie in Rau/Dürrwächter, § 2 UStG Tz. 692; a. A. Niedersächsisches FG, Urteil 6 K 821/97 vom 31. 7. 2001, n. v.). Kriterien der gewerblichen Organschaft können insoweit nicht auf die umsatzsteuerliche übertragen werden (vgl. Rz. 1097, 1242; BFH-Urteile V 209/56 U vom 26. 2. 1959, BStBl III 1959, 205; V 81/59 vom 13. 4. 1961, BStBl III 1961, 343; BFH-Urteil I R 132/97 vom 22. 4. 1998, BStBl II 1998, 687; I R 83/01 vom 7. 8. 2002, n. v.). An einer für die umsatzsteuerliche Organschaft erforderlichen wirtschaftlichen Eingliederung fehlt es deshalb auch dann nicht, wenn das herrschende Unternehmen nur Gewerbebetrieb kraft Rechtsform ist (Niedersächsisches FG, Urteil 6 K 792/97 vom 28. 8. 2001, n. v.). Eine im Baugewerbe tätige GmbH ist auch nicht deshalb in das als Einzelunternehmen ihres Alleingesellschafters betriebene Architekturbüro wirtschaftlich nicht eingegliedert, weil die GmbH ihre Leistungen nachhaltig überwiegend an fremde Kunden erbringt, die Leistungen des Architekturbüros nur etwa 10 v. H. der Wertschöpfung der GmbH ausmachen und allein die Wünsche der Kunden, also der Bauherren sowohl für die GmbH als auch für das Architekturbüro maßgeblich sind. Denn **auf „eigene Umsätze"** des

1345

Organträgers kommt es nicht an und so auch nicht auf ein bestimmtes Verhältnis zu den Umsätzen der Organgesellschaft (a. A. FG Baden-Württemberg, Urteil 13 K 83/96 vom 17. 5. 2000, EFG 2002, 290).

1346 Nach den BFH-Urteilen V 66/57 vom 23. 4. 1959 (BStBl III 1959, 256 = BFHE 68, 677); V 300/60 U vom 24. 10. 1963 (BStBl III 1964, 222 = BFHE 78, 587) und V 51/63 vom 15. 12. 1966 (BStBl III 1967, 191 = BFHE 87, 462) soll eine wirtschaftliche Eingliederung zu bejahen sein, wenn bei Warengeschäften die Gesellschaften nacheinander tätig werden, nicht dagegen **bei einem parallelen Warenlauf.** Richtig daran ist aber nur, dass im ersten Fall eher eine wirtschaftliche Eingliederung bejaht werden kann.

1347 Einer wirtschaftlichen Eingliederung steht nicht entgegen, dass Organträger und Organgesellschaft in **verschiedenen Wirtschaftszweigen** tätig sind (vgl. RFH-Urteile V 25/39 vom 13. 12. 1940, RStBl 1941, 313; V 25/40 vom 13. 12. 1940, RStBl 1941, 320; BFH-Urteil V R 76/97 vom 25. 6. 1998, BFH/NV 1998, 1134; OFD Hannover S 7105 – 90 – StH 542 vom 9. 8. 1994; Asseyer, DStZ 1941, 339; Flückiger in Plückebaum/Malitzky, § 2 Abs. 2 UStG Tz. 296; Stadie in Rau/Dürrwächter, § 2 UStG Tz. 690). Eine wirtschaftliche Eingliederung fehlt jedoch, wenn in Form einer Organgesellschaft primäre staatliche Aufgaben (Wirtschaftsförderung) erfüllt werden und die Organträgerin lediglich durch eine Vergrößerung des Abnehmerkreises aufgrund der Neuansiedlung neuer Unternehmer wirtschaftlich begünstigt wird (Niedersächsisches FG, Urteil 6 K 256/96 vom 30. 11. 1999, EFG 2000, 650).

1348 **Anhaltspunkte für eine wirtschaftliche Eingliederung** können sich aus der **Entstehungsgeschichte der Organgesellschaft** ergeben, indem diese etwa durch Ausgliederung aus dem Organträger entstanden ist (rechtliche Verselbständigung einer Betriebsabteilung; vgl. BFH-Urteile V 86/58 vom 30. 6. 1960, HFR 1961, 114; V 81/59 U vom 13. 4. 1961, BStBl III 1961, 343 = BFHE 73, 209; V 35/64 vom 2. 2. 1967, BStBl III 1967, 499 = BFHE 89, 3; Abschn. 21 Abs. 5 Satz 2 UStR; Flückiger in Plückebaum/Malitzky, § 2 Abs. 2 UStG Tz. 299; vgl. aber auch Klenk in Sölch/Ringleb, § 2 UStG Tz. 121). Anlass für die wirtschaftliche Eingliederung als Organgesellschaft kann die Stilllegung eines Werks sein (vgl. RFH-Urteil V A 835/32 vom 13. 10. 1933, RStBl 1934, 556; Klenk in Sölch/Ringleb, § 2 UStG Tz. 120).

Maßgeblich ist das Gesamtbild der Verhältnisse. Dabei ist die **Entwicklung während mehrerer Jahre zu berücksichtigen.** Die wirtschaftliche Eingliederung ist nicht deswegen zu verneinen, weil die Eingliederung zu Beginn nur unvollkommen angelegt war und sich erst in der Folgezeit – dem ursprünglichen Plan entsprechend – verstärkte (vgl. BFH- Beschluss I B 113/95 vom 5. 6.1996,

III. Die Voraussetzungen der Organschaft

BFH/NV 1996, 928; Niedersächsisches FG, Urteil 6 K 821/97 vom 31. 7. 2001, n. v). Der zu einer wirtschaftlichen Eingliederung führende wirtschaftliche Zusammenhang einzelner Gesellschaften besteht, wenn auf einem Gesamtkonzept basierende Teilzuständigkeiten der zu der Firmengruppe gehörenden Einzelgesellschaften erkennbar werden (FG Rheinland-Pfalz, Urteil 6 K 3100/94 vom 28. 11. 1996, EFG 1997, 567).

Durch die **Zuteilung eines besonderen Arbeitsgebietes** und eine **weitgehende wirtschaftliche Entschließungsfreiheit** bei der Abwicklung der laufenden Verkaufsgeschäfte wird eine wirtschaftliche Eingliederung nicht ausgeschlossen (vgl. RFH-Urteil V 124/41 vom 26. 11. 1943, RStBl 1944, 6). Ausreichend ist, dass die **Gesellschaften zum Zweck des Risikoausgleichs** gebildet worden sind und **wesentliche Anlagegegenstände,** deren die Organgesellschaft bedarf, **Eigentum des Organträgers** sind (vgl. FG Nürnberg I 227/61 vom 3. 10. 1961, EFG 1962, 326; Flückiger in Plückebaum/Malitzky, § 2 Abs. 2 UStG Tz. 299). **Die Kapitalausstattung der Organgesellschaft und das Verhältnis der Bilanzsummen ist für die wirtschaftliche Eingliederung unerheblich** (vgl. BFH-Urteil V 35/64 vom 2. 2. 1967, BStBl III 1967, 499 = BFHE 89, 3; Flückiger in Plückebaum/Malitzky, § 2 Abs. 2 UStG Tz. 290). Einer wirtschaftlichen Eingliederung steht auch nicht entgegen, dass die Organgesellschaft berechtigt ist, Maschinen und Einrichtungsgegenstände auf eigene Kosten anzuschaffen (vgl. BFH-Urteil V 25/65 vom 25. 1. 1968, BStBl II 1968, 421; Klenk in Sölch/Ringleb, § 2 UStG Tz. 120).

1349

Mit der **Eröffnung des Insolvenzverfahrens** geht das Verfügungs- und Verwaltungsrecht über das Gesellschaftsvermögen auf den Insolvenzverwalter über, so dass sowohl die wirtschaftliche als auch die organisatorische Eingliederung der juristischen Person endet (vgl. Flückiger in Plückebaum/Malitzky, § 2 Abs. 2 UStG Tz. 379; Erlass des FinMin Nordrhein-Westfalen S 7105 – 6 – V C 6 vom 9. 11. 1976, StEK UStG 1967 § 2 Nr. 100). Im Fall der **Liquidation** kann bis zu deren Abschluss die wirtschaftliche Eingliederung fortdauern (Flückiger in Plückebaum/Malitzky, § 2 Abs. 2 UStG Tz. 377). Eine wirtschaftliche **Einflussnahme durch die Gläubigerbanken** auf die Organgesellschaft führt im Regelfall nicht zum Wegfall der wirtschaftlichen Eingliederung (FG Münster, Urteil 15 K 2744/93 U vom 6. 2.1996, EFG 1996, 612; Rev. abgelehnt durch BFH V R 96/96 v. 13. 3. 1997, BStBl II 1997, 580).

1350

6.1 Betriebsaufspaltung

Auch auf der Verpachtung von Betriebsgrundstücken und -einrichtungen kann die wirtschaftliche Eingliederung beruhen (vgl. RFH-Urteil V A 432/32

1351

vom 6. 7. 1934, RStBl 1934, 1145; BFH-Urteil V 47/56 vom 23. 7. 1959, BStBl III 1959, 394 = BFHE 69, 356; BFH-Beschluss V B 115/87 vom 14. 1. 1988, n. v.; FG Nürnberg I 227/61 vom 3. 10. 1961, EFG 1962, 326; Verfügung der OFD Koblenz S 7527 A St 51 1–3 vom 30. 12. 1987, StEK UStG 1980 § 2 Nr. 9; Verfügung der OFD Koblenz S 7527 A St 51 1–3 vom 1. 9. 1989, StEK UStG 1980 § 2 Nr. 10; Birkenfeld in Hartmann/Metzenmacher, § 2 Abs. 2 Nr. 2 UStG Tz. 699 ff.; Flückiger in Plückebaum/Malitzky, § 2 Abs. 2 UStG Tz. 371 ff.). In seinem Urteil V 81/59 vom 13. 4. 1961 (BStBl III 1961, 343) hat der BFH zur Begründung der wirtschaftlichen Eingliederung durch eine Betriebsaufspaltung ausgeführt:

„Ein solches Abhängigkeitsverhältnis kann – entgegen der Ansicht der Steuerpflichtigen – auch bei einer Betriebsaufspaltung in eine Besitz-Personengesellschaft und in eine Betriebskapitalgesellschaft vorliegen. Es mag richtig sein, auf anderen Steuerrechtsgebieten, insbesondere bei der Gewerbesteuer, für die Annahme eines Organschaftsverhältnisses zu verlangen, dass die Obergesellschaft einen nach außen in Erscheinung tretenden Gewerbebetrieb unterhält, in den die Untergesellschaft nach Art einer bloßen Geschäftsabteilung (angestelltenähnlich, dienend) eingeordnet ist, und anzunehmen, dass die den Betrieb der Untergesellschaft fördernde Tätigkeit einer Obergesellschaft für die Anerkennung der Organeigenschaft der Untergesellschaft nicht genüge (so Urteil des Bundesfinanzhofs I 119/56 U vom 25. Juni 1957 BStBl 1957 III S. 303, Slg. Bd. 65 S. 181). Für das Gebiet der Umsatzsteuer ist eine solche Einengung des Organschaftsbegriffs nicht gerechtfertigt. Bei den unterschiedlichen Zielsetzungen der Umsatzsteuer als allgemeiner Verbrauchsteuer und der Gewerbesteuer als Ertrag-(Real-)Steuer ist eine Gleichsetzung des Organschaftsbegriffs in vollem Umfang für beide Steuerarten nicht möglich. Während die Gewerbesteuer grundsätzlich auf den Betrieb abstellt, kommt es bei der Umsatzsteuer nur auf die Lieferungen und Leistungen an, gleichviel, von welchem Gebilde diese ausgehen (Urteil des Bundesfinanzhofs V 209/56 U vom 26. 2. 1959, BStBl 1959 III S. 204, Slg. Bd. 68 S. 538).

Für die Frage der wirtschaftlichen Eingliederung kommt es darauf an, ob das beherrschende Unternehmen und die Organgesellschaft eine wirtschaftliche Einheit bilden. In dieser Hinsicht ist festzustellen, dass die Steuerpflichtige der GmbH alle zur Fortführung ihres Betriebes erforderlichen Anlagegegenstände (Grundstücke, Fabrikations- und Büroräume, Maschinen, Einrichtungsgegenstände) pachtweise zur Verfügung gestellt hat. Die GmbH erhält also von der Steuerpflichtigen die notwendigen wirtschaftlichen Grundlagen, die ihr durch Auflösung des Pachtverhältnisses wieder entzogen werden können. Die Steuerpflichtige hat auch – wie in dem Zusatzbericht der Betriebsprüfungsstelle ohne Widerspruch der Steuerpflichtigen ausgeführt wird – Maschinen angeschafft und Fabrikgebäude errichtet und auch hierdurch auf die Tätigkeit der GmbH maßgeblich eingewirkt. Auch ergibt sich aus der Entstehungsgeschichte der GmbH, dass diese aus dem von der Steuerpflichtigen geführten Unternehmen hervorgegangen ist und deren Betrieb nach dem Willen der Gesellschaft fortführt. Diese engen Beziehungen lassen die beiden Unternehmen als wirtschaftliche Einheit erscheinen, so dass auch die wirtschaftliche Eingliederung der GmbH in die Steuerpflichtige als gegeben anzusehen ist."

1352 **An dieser Auffassung hat der BFH** in weiteren Urteilen **festgehalten** (vgl. Urteile V 27/60 U vom 6. 12. 1962, BStBl III 1963, 107; V 24/61 vom 24. 10. 1963,

III. Die Voraussetzungen der Organschaft

HFR 1964, 143; V 126/62 U vom 28. 1. 1965, BStBl III 1965, 243; V 113/65 vom 17. 11. 1966, BStBl III 1967, 103 = BFHE 87, 231; V 25/65 vom 25. 1. 1968, BStBl II 1968, 421 = BFHE 92, 46; V B 115/87 vom 14. 1. 1988, BFH/NV 1988, 471; V B 80/90 vom 2. 10. 1990, BFH/NV 1991, 417; V B 230/91 vom 12. 8. 1993, BFH/NV 1994, 277; V B 146/92 vom 16. 8. 1994, BFH/NV 1995, 1105; V B 11/98 vom 25. 8. 1998, BFH/NV 1999, 334; V B 119/98 vom 12. 11. 1998, BFH/NV 1999, 684; das zur Körperschaftsteuer ergangene BFH-Urteil I R 110/88 vom 13. 9. 1989, BStBl II 1990, 24 kann nicht auf die Umsatzsteuer übertragen werden; bejahend auch FG des Saarlandes 1 K 192/92 vom 9. 7. 1993, EFG 1994, 175; Abschn. 21 Abs. 5 Satz 7 UStR; Verfügung der OFD Frankfurt S 7105 A – 8 – St IV 11 vom 27. 10. 1987, UR 1988, 199; Verfügung der OFD Koblenz S 7527 A – St 511/St 512/St 513 vom 30. 12. 1987, UR 1988, 396; Korn, Stbg 1996, 443; Stadie in Rau/Dürrwächter, § 2 UStG Tz. 693 f.; Birkenfeld in Hartmann/Metzenmacher, § 2 Abs. 2 Nr. 2 UStG Tz. 703). **Die der Betriebsgesellschaft überlassenen Anlagegüter müssen allerdings für diese nach ihrer Funktion eine wesentliche Betriebsgrundlage bilden** (vgl. BFH-Urteile IV R 135/86, BStBl II 1989, 1014 mit weiteren Fundstellen; V R 124/89 vom 9. 3. 1993, BStBl II 1994, 129; VR 71/93 vom 19. 10. 1995, BFH/NV 1996, 273; V R 128/93 vom 19. 10. 1995, BFH/NV 1996, 275; XI R 69/97 vom 20. 1. 1999, BFH/NV 1999, 1136; BFH-Beschluss V B 147/92 vom 17. 8. 1994, BFH/NV 1995, 749; Urteil des FG Düsseldorf III 334/86 A vom 18. 12. 1986, EFG 1987, 264 = DVR 1987, 125). Bei einem Speditionsunternehmen genügen dazu Büro, Lagerhalle, Werkstatt und Abstellplätze; Fuhrpark, Konzessionen und Kundenbeziehungen brauchen nicht mitübertragen zu werden (vgl. BFH-Urteil V R 82/85 vom 9. 1. 1992, BFH/NV 1993, 63). Es brauchen nicht sämtliche Betriebsgrundlagen verpachtet zu werden (FG Münster 5 K 590/86 U vom 15. 10. 1992, n. v.). Bei einem Bauunternehmen können ein gepachteter Bauhof und ein Bagger ausreichen (FG Rheinland-Pfalz 5 K 1237/91 vom 16. 11. 1992, EFG 1993, 497).

Eine Organschaft ist auch dann anzunehmen, wenn das an die Organgesellschaft verpachtete Grundstück des Organträgers zur Sicherung von Verbindlichkeiten der Organgesellschaft mit Grundpfandrechten belastet ist. Ebenso wenig wie die Organschaft durch bloße Illiquidität (Pachtrückstände) der Organgesellschaft entfällt (BFH-Urteile V R 128/93 vom 19. 10. 1995, BFH/NV 1996, 275; V R 34/01 vom 16. 8. 2001, n. v.;), wird sie durch eine Belastung des Pachtgrundstücks für Verbindlichkeiten der Organgesellschaft beeinträchtigt. Auf das wirtschaftliche Eigentum (§ 39 Abs. 2 Nr. 1 AO) an dem Pachtgrundstück kommt es für die Annahme einer Organschaft nicht an (BFH-Beschluss V B 141/01 vom 22. 11. 2001, BFH/NV 2002, 550).

1353

Beispiel laut Verfügung der OFD Koblenz S 7527 A - St 51 1, St 51 2, St 51 3 vom 30. 12. 1987:

Gegenstand des Unternehmens eines Einzelunternehmers (A) war bisher die Herstellung und der Vertrieb eines bestimmten Produktes. Zur Haftungsbegrenzung gründete A eine GmbH, deren Anteile er zuletzt allein hielt. A ist Geschäftsführer der GmbH. Nach Gründung der GmbH verbleiben die Betriebsanlagen und Grundstücke des Einzelunternehmens im Eigentum des A und werden von diesem an die GmbH verpachtet. Außer den Betriebsanlagen und Grundstücken des Einzelunternehmers A pachtete die GmbH von einer Grundstücksgemeinschaft – an der A mit 50 vH beteiligt ist – weitere Betriebsanlagen und Grundstücke. Die von dem Einzelunternehmer A und von der Grundstücksgemeinschaft gepachteten Betriebsanlagen und Grundstücke stellen bei der GmbH etwa je 50 v. H. (zusammen 100 v. H.) ihrer für den Betrieb ihres Unternehmens erforderlichen Betriebsanlagen und Grundstücke dar.

Da A 100 v. H. der Geschäftsanteile der GmbH hält, sind die Voraussetzungen zur Annahme der finanziellen Eingliederung der GmbH in das als Verpachtungsunternehmen fortbestehende Einzelunternehmen des A erfüllt. Die wirtschaftliche Eingliederung ist zu bejahen, wenn die für den Betrieb des Organs notwendigen Werksanlagen und Grundstücke von einem anderen Unternehmer gepachtet worden sind. Dies ist im Verhältnis zu A nur in Höhe von 50 v. H. der für den Betrieb der GmbH notwendigen Betriebsanlagen und Grundstücke der Fall. Das Erfordernis der wirtschaftlichen Eingliederung ist damit – bezogen auf A allein – schwach ausgebildet. Berücksichtigt man jedoch zusätzlich, dass A über seine 50-v. H.-Beteiligung an der Grundstücksgemeinschaft auch Einfluss auf die übrige Hälfte der angepachteten Werksanlagen und Betriebsgrundstücke ausüben kann, erscheint auch die wirtschaftliche Eingliederung der GmbH in das Einzelunternehmen des A als gegeben. Die organisatorische Eingliederung ergibt sich aus der Geschäftsführertätigkeit des A bei der GmbH. Die GmbH ist damit Organ des Einzelunternehmers A. Es besteht nur ein Unternehmen. Unternehmer ist der Organträger, der Einzelunternehmer A.

1354 Nach dem Urteil des FG Rheinland-Pfalz 3 K 246/86 vom 12. 3. 1987 (EFG 1987, 430) soll dagegen bei einer Betriebsaufspaltung in der Regel auch umsatzsteuerrechtlich keine Organschaft bestehen. Nach Einführung der Mehrwertsteuer sei nicht mehr zu rechtfertigen, den Begriff der Organschaft im Umsatzsteuerrecht weiter auszulegen als im Ertragsteuerrecht. Auch umsatzsteuerrechtlich könne deshalb eine Organschaft nur bejaht werden, wenn der Organträger selbst schon Unternehmer i. S. des § 2 Abs. 1 UStG ist, d. h. eigene Außenumsätze gegenüber Dritten tätige (so auch Schwarze/Reiß/Kraeusel, § 2 UStG Tz. 110 und zur gewerbesteuerlichen Organschaft FG München, Beschluss 6 V 1040/00 vom 12. 9. 2000, EFG 2001, 36). Diese Auffassung widerspricht Grundprinzipien des Umsatzsteuerrechts (siehe Rz. 1242 f.). Die Finanzverwaltung hält das Urteil für unbeachtlich (OFD Frankfurt, Verfügung S 7105 A - 8 - St IV 11 vom 27. 10. 1987; OFD Koblenz, Verfügung S 7527 A - St 51 1, St 51 2, St 51 3 vom 30. 12. 1987). Der BFH hat in einem anderen Verfahren mit Beschluss vom 14. 1. 1988 V B 115/87 (BFH/NV 1988, 471) eine entsprechende Nichtzulassungsbeschwerde zurückgewiesen, weil die Frage, ob eine Betriebsaufspaltung eine umsatzsteuerrechtliche Organschaft begründe, keine grundsätzliche Bedeutung habe. Lohse (DStR 1988, 567) rät im Hinblick auf das Urteil des FG Rheinland-Pfalz (a. a. O.) Steuerpflichtigen, die eine Haftung für die Umsatzsteuer der Betriebsgesellschaft vermeiden wollen, das Betriebsunternehmen nicht als Kapitalgesellschaft, sondern als GmbH & Co. KG zu führen, so dass mangels einer juristischen Person eine Anwendung des § 2 Abs. 2 UStG entfällt.

Bei Betriebsaufspaltungen spricht, insbesondere wenn die Organgesellschaft aus einer unselbständigen Abteilung des Organträgers entstanden ist, **eine Vermutung für die wirtschaftliche Eingliederung** der Betriebs- in die Besitzgesellschaft (vgl. BFH-Urteil V 86/58 vom 30. 6. 1960, HFR 1961, 114; FG Münster 5 K 3761/88 U vom 31. 1. 1991, UR 1992, 378; zweifelnd Schuhmann, UVR 1997, 68). Wenn die Betriebsführung durch eine KG an eine zu diesem Zweck neu gegründete GmbH übertragen wird bei gleichzeitiger Verpachtung der zur Fortsetzung des Betriebs notwendigen Anlagegegenstände, ist nach BFH V 24/61 vom 24. 10. 1963 (HFR 1964, 143) eine wirtschaftliche Eingliederung der GmbH in die KG anzunehmen. 1355

Das Eigentum am Anlagevermögen verschafft der Besitz-Personengesellschaft (Verpächterin) gegenüber der Betriebs-Kapitalgesellschaft (Pächterin) bei deren gleichzeitiger finanzieller und organisatorischer Beherrschung ein so **großes wirtschaftliches Übergewicht,** dass von einer Nebenordnung der Pächterin im Verhältnis zur Verpächterin nicht gesprochen werden kann. Unter diesen Umständen spielt es auch keine Rolle, dass sich die Besitzgesellschaft regelmäßig im wesentlichen auf die Verwaltung ihres Eigentums beschränkt und der Betriebsgesellschaft hinsichtlich der Betriebsführung freie Hand lässt (vgl. BFH-Urteil V 27/60 U vom 6. 12. 1962, BStBl III 1963, 107). 1356

Die **Betriebsaufspaltung führt zur wirtschaftlichen Eingliederung selbst dann, wenn es dem Organträger nicht möglich ist, den Pachtvertrag zu kündigen** (vgl. BFH-Urteil V 25/65 vom 25. 1. 1968, BStBl II 1968, 421 = BFHE 92, 46 = HFR 1968, 365 = UR 1968, 201; Flückiger in Plückebaum/Malitzky, § 2 Abs. 2 UStG Tz. 376; Stadie in Rau/Dürrwächter, § 2 UStG Tz. 694; einschränkend Hollatz, DB 1994, 855). Es ändert sich nichts dadurch, dass das Pachtverhältnis zwischen Besitz- und Betriebsgesellschaft auf die Dauer von vielen Jahren nicht aufgehoben werden kann; die bloße Möglichkeit der Kündigung gibt dem Vermieter oder Verpächter eine beherrschende Stellung, auch wenn ein langfristiger, grundsätzlich nicht kündbarer Vertrag besteht (BFH-Urteile V 126/62 U vom 28. 1. 1965, BStBl III 1965, 243 – dreißigjährige Unkündbarkeit eines 1357

Pachtvertrages; V 25/65 vom 25. 1. 1968, BStBl II 1968, 421; BFH-Beschlüsse V B 108/97 vom 1. 4. 1998, BFH/NV 1998, 1272; V B 119/98 vom 12. 11. 1998, BFH/NV 1999, 684). Unschädlich ist ferner, **dass die untergeordnete Gesellschaft zur Anschaffung von Maschinen und Einrichtungsgegenständen auf eigene Rechnung berechtigt ist** (vgl. BFH-Urteil V 126/62 U vom 28. 1. 1965, BStBl III 1965, 243).

1358 Auch wenn das **Betriebsgrundstück ohne andere Anlagegegenstände verpachtet** wird, kann die Betriebsgesellschaft wirtschaftlich eingegliedert sein (BFH-Urteile V R 124/89 vom 9. 9. 1993, BStBl II 1994, 129, zu II. 1. B; V R 34/01 vom 16. 8. 2001, BFH/NV 2002, 223). Das Betriebsgrundstück muss in diesen Fällen für die Betriebsgesellschaft allerdings von nicht nur geringer Bedeutung sein, indem dort das Unternehmen betrieben wird, es also die räumliche und funktionale Grundlage der Geschäftstätigkeit der Betriebsgesellschaft bildet (vgl. BFH-Urteile VIII R 11/99 vom 23. 5. 2000, BStBl II 2000, 621; VIII R 71/98 vom 23. 1. 2001, BFH/NV 2001, 894; BFH-Beschluss V B 128/01 vom 25. 4. 2002, n. v.). Dies ist der Fall, wenn es für deren Umsatztätigkeit besonders gestaltet (vgl. BFH-Beschluss V B 119/98 vom 12. 11. 1998, BFH/NV 1999, 684), ihrem Betriebsablauf angepasst und dafür nach Lage, Größe, Bauart und Gliederung besonders zugeschnitten, d. h. geeignet ist (BFH-Beschlüsse V B 35/97 vom 6. 3. 1998, BFH/NV 1998, 1268; V B 11/98 vom 25. 8. 1998, BFH/NV 1999, 334; V B 119/98 vom 12. 11. 1998, BFH/NV1999, 684; V B 141/01 vom 22. 11. 2001, BFH/NV 2002, 550; FG Hamburg II 58/00 vom 24. 11. 2000, n. v.; OFD Saarbrücken, Verfügung S 7105 - 11 - St 24 1 vom 4. 3. 1994). Maßgeblich ist das Gesamtbild der Verhältnisse der wirklichen oder der beabsichtigten Nutzung. Wichtiger als die jederzeitige Möglichkeit, ein vergleichbares Grundstück an anderer Stelle zu mieten, ist die Bedeutung des gemieteten Betriebsgrundstücks aufgrund der inneren betrieblichen Struktur des Betriebsunternehmens (vgl. BFH-Urteil X R 78/91 vom 26. 5. 1993, BStBl II 1993, 718). Dabei ist von Bedeutung, ob die darauf befindlichen Gebäude für die Zwecke des Betriebsunternehmens hergerichtet oder eingerichtet worden sind oder ob das Betriebsunternehmen seine Tätigkeit aus anderen innerbetrieblichen Gründen ohne das gemietete Grundstück nicht oder nur nach Überwindung von nicht nur unerheblichen Schwierigkeiten fortsetzen könnte (so BFH-Urteile V R 124/89 vom 9. 9. 1993, BStBl II 1994, 129; V B 146/92 vom 16. 8. 1994, BFH/NV 1995, 1105; V B 147/92 vom 17. 8. 1994, BFH/NV 1995, 750; vgl. auch FG Rheinland-Pfalz 3 K 2381/89 vom 21. 8. 1992, EFG 1993, 346; Abschn. 21 Abs. 5 Satz 8 UStR; OFD Hannover S 7105 – 90 – StH 542 vom 9. 8. 1994). Es muss sich nicht um ein Fabrikgrundstück handeln (BFH-Beschluss V B 35/97 vom 6. 3. 1998, BFH/NV 1998, 1268).

III. Die Voraussetzungen der Organschaft

Beispiel:
Eine GmbH, an der A als alleiniger Gesellschafter und Geschäftsführer beteiligt ist, betreibt die Produktion elektronischer Teile und Geräte. Die Produktion wird mit eigenen Maschinen in zwei der GmbH gehörenden Gebäuden ausgeübt. Bedingt durch die Ausweitung des Betriebes beabsichtigte die GmbH zunächst, ein drittes Gebäude (eine größere Halle) von fremden Dritten anzumieten. Dieser Gedanke wurde aber aufgegeben. Statt dessen erwarb A ein Baugrundstück, errichtet hierauf eine Mehrzweckhalle, die er nach Fertigstellung an die GmbH für deren Produktionszwecke vermietet.

Mit der Vermietung der neu errichteten Mehrzweckhalle durch A an die GmbH wird A Unternehmer. Er hält als alleiniger Gesellschafter mehr als 50 v. H. (hier: 100 v. H.) der Anteile der GmbH. Damit ist das Merkmal der finanziellen Eingliederung der GmbH in das Unternehmen des A voll erfüllt. Die wirtschaftliche Eingliederung der GmbH könnte sich aus der für die Produktionsausweitung erforderlichen Anmietung der Mehrzweckhalle von A ergeben. Ohne die Anmietung der Mehrzweckhalle müsste die GmbH auf dem früheren niedrigeren Produktions- und Umsatzniveau verharren. Da es sich um eine Mehrzweckhalle handelt, ist das Grundstück jedoch nicht ohne weiteres auf den Betrieb der GmbH zugeschnitten. Dies wäre aber der Fall, wenn es sich um ein Nachbargrundstück handelt, das mit den zwei der GmbH gehörenden ein einheitliches Betriebsgelände bildet. Unter diesen Umständen wäre eine wirtschaftliche Eingliederung der GmbH in das Unternehmen des A unter Berücksichtigung auch der besonders ausgeprägten finanziellen Eingliederung zu bejahen (vgl. aber zur Lösung des Falles auch die Verfügung der OFD Koblenz S 7527 A - St 51 1, St 51 2, St 51 3 vom 1. 9. 1989).

6.2 Holding-Gesellschaften

Auch in eine Holding-Gesellschaft kann eine juristische Person wirtschaftlich eingegliedert sein. Der BFH hat dazu in seinem grundlegenden Urteil V 209/56 U vom 26. 2. 1959 (BStBl III 1959, 205) ausgeführt: **1359**

„Die Muttergesellschaft hat nicht nur eine unbedingte Weisungsbefugnis, die für sich betrachtet als ein Merkmal der Geschäftsführung anzuerkennen ist, die Tochtergesellschaften handeln auch schließlich für Rechnung der Obergesellschaft und haben den gesamten Ertrag an die Muttergesellschaft herauszugeben, die ihnen Erstattung ihrer Aufwendungen und eine gewisse Verzinsung ihres Kapitals gewährt. Diese Befugnisse können in ihrer Gesamtheit nicht mehr als ein Ausfluss der Gesellschaftereigenschaft der Muttergesellschaft angesehen werden, sie überschreiten bei weitem die Rechte und Pflichten einer nur die Geschäfte leitenden Person. Ihr Inhalt ergibt vielmehr, dass die Muttergesellschaft die ausschließlich nach ihren Weisungen und auf ihre Rechnung geführten Werke der Tochtergesellschaft wirtschaftlich selbst betreibt, wobei sie sich der Tochtergesellschaften als ihrer Organe bedient. Nach dem Gesamtbild der bestehenden Verhältnisse muss die Muttergesellschaft deshalb wirtschaftlich und tatsächlich als die Unternehmerin der Werke der Tochtergesellschaft betrachtet werden. Ihr Unternehmen umfasst diese Werke, wobei die Tochtergesellschaft jeweils das Werk bewirtschaftet, das ihr von der Muttergesellschaft zugewiesen ist. Hiernach liegen alle Voraussetzungen bei der Muttergesellschaft vor, die das UStG für den Begriff des Unternehmens verlangt. Dass die Umsätze, die bei diesen Unternehmen gegen Entgelt getätigt werden, nicht im Namen der Muttergesellschaft, sondern in dem der Tochtergesellschaften erfolgen, die Muttergesellschaft also nach außen nicht erkennbar hervortritt, vermag hieran nichts zu ändern. Die Rechtsprechung erkennt gerade in Fällen der vorliegenden Art ein Auftreten der Muttergesellschaft nach außen an, indem sich diese der Tochtergesellschaften als ihrer Organe für die Betätigung der Umsätze bedient (vgl. Urteile des Reichsfinanzhofs V A 136/34 vom 11. Januar 1935 – RStBl 1935 S. 636, Slg. Bd. 27 S. 132, und die dort aufgeführten Urteile –, ferner V 312/38 vom 6. Oktober 1939 – RStBl 1939 S. 1109 –, Urteil des Bundesfinanzhofs V 162/52 S vom 8. Februar 1955, BStBl 1955 III S. 113, Slg. Bd. 60 S. 294).

Wenn die Bfin. sich auf das zur Gewerbesteuer ergangene Urteil des Bundesfinanzhofs I 119/56 U vom 25. Juni 1957 (BStBl 1957 III S. 303, Slg. Bd. 65 S. 181) beruft, wonach unabdingbare Voraussetzung eines Organschaftsverhältnisses ein Gewerbebetrieb der Obergesellschaft sei, in dem die Tochtergesellschaft als Organ der Obergesellschaft tätig werde, so kann dem für die Umsatzsteuer nicht gefolgt werden. Bei den unterschiedlichen Zielsetzungen der Umsatzsteuer als allgemeiner Verbrauchsteuer und der Gewerbesteuer als Ertrag- (Real-) Steuer ist eine Gleichsetzung des Organschaftsbegriffes in vollem Umfange für beide Steuerarten nicht möglich. Während die Gewerbesteuer grundsätzlich auf den Betrieb abstellt, kommt es bei der Umsatzsteuer nur auf die Lieferungen und Leistungen an, gleichviel von welchem Gebilde diese ausgehen. Der erkennende Senat muss deshalb die Übernahme der im Urteil I 119/56 U vom 25. Juni 1957 für die Gewerbesteuer dargelegten Grundsätze für die Umsatzsteuer ablehnen."

1360 Bereits der RFH (V 25/39 vom 13. 12. 1940, RFHE 50, 34 = RStBl 1941, 320) hatte die wirtschaftliche **Eingliederung einer Meierei in eine als Bankgeschäft gestaltete Familien-Holding** bejaht, weil die Meierei dem Hauptzweck der Familien-Holding, nämlich der Verwaltung des Familienvermögens, zu dienen bestimmt sei (vgl. auch Stadie in Rau/Dürrwächter, § 2 UStG Rz. 692).

1361 Laut Birkenfeld in Hartmann/Metzenmacher (§ 2 Abs. 2 Nr. 2 UStG Tz. 588, 589 und 697 f.) kann eine Holding dagegen nicht Organträger sein, wenn sie sich auf die Verwaltung der juristischen Person beschränkt. Auch nach dem Urteil des FG München III 280/79 U 1, U 2 vom 18. 3. 1987 (EFG 1987, 480) kann es zwischen einer reinen Holding-Gesellschaft und ihrer einzigen Tochtergesellschaft keine Organschaft geben, weil zwischen den Gliedern des Organkreises konzeptionsbedingt Umsätze stattfinden müssten. Richtig ist, dass für eine Organschaft im Umsatzsteuerrecht eine nur kapitalmäßige, nicht auch wirtschaftliche Verflechtung zwischen Ober- und Untergesellschaft nicht ausreicht (vgl. BFH-Urteil V 44/65 vom 17. 4. 1969, BFHE 95, 353 = BStBl II 1969, 413). Dies bedeutet aber entgegen Flückiger in Plückebaum/Malitzky, § 2 Abs. 2 UStG Tz. 290 und Asseyer, DStZ 1941, 339 (vgl. auch FG München, Urteil 14 K 3287/97 vom 8. 6. 2000, n. v.) nicht, dass eine Holding kein Organträger sein kann. Eine kapitalmäßige Verflechtung betrifft nur das Merkmal der finanziellen Eingliederung. **Für die wirtschaftliche Eingliederung müssen weitere Umstände hinzutreten.** Diese können auch bei einer Holding beispielsweise in der Festlegung der Preise, der Genehmigungspflicht von Investitionen oder größeren Geschäftsabschlüssen usw. bestehen. Innenumsätze zwischen Holding- und Tochtergesellschaft sind dagegen wie stets bei der umsatzsteuerrechtlichen Organschaft nicht erforderlich

III. Die Voraussetzungen der Organschaft

(vgl. FG des Saarlandes 1 K 348/98 vom 14. 11. 2001, n. v.). Danach können Führungs-(Management-) und sonstige Leistungs-, nicht aber reine Finanz- und Beteiligungsholdinggesellschaften Organträger sein (vgl. EuGH-Urteil Rs. C-60/90 vom 20. 6. 1991, UR 1993, 119; Dohrmann, StBp 1997, 15; Greif, Vorsteuerabzug bei Holdinggesellschaften in Festschrift für Hans Flick, 1997, S. 431 ff.; Prinz, JbFfSt 1994/1995, 391 ff.; Bachem, BB 1994, 1608; Weiß, UR 1993, 121; Lieb, NWB F. 2, 5993).

Umgekehrt kann eine Holding auch Organgesellschaft sein. Nach dem zur Körperschaftsteuer ergangenen BFH-Urteil I R 90/67 vom 21. 1. 1970 (BStBl II 1970, 348 = BFHE 98, 168) reicht als wirtschaftliches Dienen auch das Verwalten von Vermögen und das Halten von Beteiligungen aus. Es müssen allerdings die üblichen Elemente einer wirtschaftlichen Eingliederung feststellbar sein (siehe Rz. 1341 f.). Eine Holding kann ebenfalls die Organschaft zu einer Enkelgesellschaft vermitteln. Denn die für eine Organschaft erforderliche wirtschaftliche Eingliederung besteht auch dann, wenn zwischen Organträger und Organgesellschaft eine nicht eigenwirtschaftlich handelnde Gesellschaft (**Holdinggesellschaft**) zwischengeschaltet ist (BFH-Urteil I R 132/97 vom 22. 4. 1998, BStBl II 1998, 687; FG Köln, Urteil 13 K 5160/96 vom 23. 9. 1997, EFG 1998, 689). 1362

6.3 Einzelfälle aus der Rechtsprechung

Abgesehen von den angeführten Sonderfällen der Betriebsaufspaltung und der Holding sind zahlreiche Entscheidungen zur wirtschaftlichen Eingliederung in Einzelfällen ergangen, aus denen sich folgende Gruppen bilden lassen: 1363

6.3.1 Organgesellschaft als Vertriebsabteilung

Ein **typischer und häufiger Fall** der Organschaft besteht darin, dass die juristische Person die Aufgaben einer **Vertriebsabteilung des Unternehmens** erfüllt (vgl. RFH-Urteile V A 948/31 vom 11. 11. 1932, RStBl 1933, 295; V A 687/33 vom 30. 11. 1934, RStBl 1935, 660; BFH-Urteil V R 89/66 vom 22. 6. 1967, BStBl III 1967, 715 = BFHE 89, 402; V R 37/00 vom 17. 1. 2002, BStBl II 2002, 373; Bunjes/Geist, § 2 UStG Tz. 34; Flückiger in Plückebaum/Malitzky, § 2 Abs. 2 UStG Tz. 291; Klenk in Sölch/Ringleb, § 2 UStG Tz. 120; Birkenfeld in Hartmann/Metzenmacher, § 2 Abs. 2 Nr. 2 UStG Tz. 675 ff.). Ein Anzeichen für wirtschaftliche Eingliederung ist insbesondere, dass eine Gesellschaft ihren Hauptabsatzartikel, der einen hohen Hundertsatz ihres gesamten Warenangebotes ausmacht, ausschließlich und ständig von einer anderen Gesellschaft bezieht (vgl. BFH-Urteil V R 89/66 vom 22. 6. 1967, BStBl III 1967, 715 = BFHE 89, 402 = DB 1967, 1879 = BB 1967, 1238 = HFR 1967, 613 = DStZ 1968, 94). 1364

1365 Es spielt keine Rolle, ob die Vertriebsgesellschaft **im eigenen Namen oder im Namen des Organträgers** auftritt. Das Gleiche gilt für die Überlassung weitgehender **wirtschaftlicher Entschließungsfreiheit** bei der Abwicklung der laufenden Verkaufsgeschäfte (vgl. RFH-Urteil V 124/41 vom 26. 11. 1943, RStBl 1944, 6). Die wirtschaftliche Eingliederung wird auch nicht dadurch ausgeschlossen, dass die Vertriebsgesellschaft zur Ergänzung ihres Warenangebots **Waren anderer Firmen absetzt,** wenn dies dem Willen des beherrschenden Unternehmens entspricht (vgl. RFH-Urteil V 25/39 vom 13. 12. 1940, RStBl 1941, 320). Ein bestimmter Eigenanteil ist dazu nicht erforderlich (siehe Rz. 1344 f.). Sinnvoll kann insbesondere sein, dass der Organträger ein **gleiches oder ähnliches Produkt in anderer Aufmachung oder Qualität** zu einem höheren oder niedrigeren Preis, ohne nach außen in Erscheinung zu treten, über eine Organgesellschaft vertreibt (vgl. BFH-Urteil V 119/58 vom 9. 6. 1960, HFR 1961, 112 – Vertrieb von Tapeten unterschiedlicher Qualität).

Die bestimmungsgemäße **Vertriebstätigkeit braucht noch nicht aufgenommen worden zu sein.** Es genügt, dass mit dem Erwerb des entsprechenden Betriebsvermögens nur Vorbereitungshandlungen getroffen worden sind. Darin liegt bereits der Beginn der wirtschaftlichen Eingliederung (vgl. BFH-Urteile V R 28/98 vom 17. 9. 1998, BStBl II 1999, 146; V R 37/00 vom 17. 1. 2002, BStBl II 2002, 373).

1366 Nach einem nicht veröffentlichten Urteil des BFH (V 248/57 vom 30. 9. 1959) soll es an einer wirtschaftlichen Eingliederung nach Art einer Vertriebsabteilung dagegen fehlen, wenn innerhalb derselben Branche **die eine Gesellschaft Import und Großhandel, die andere** den **Einzelhandel** betreibt. Gerade in einem solchen Verhältnis kann jedoch aufgrund der in Rz. 1341 f. angeführten Kriterien eine wirtschaftliche Eingliederung zu bejahen sein (vgl. auch Rz. 1367 f.; wie hier Eberhardt, UR 1959, 164).

6.3.2 Organgesellschaft als Einkaufsabteilung

1367 Als **Einkaufsabteilung** ist eine juristische Person Organgesellschaft, wenn ihr Zweck darauf gerichtet ist, die vom Organträger für dessen betriebliche Zwecke benötigten Produkte einzukaufen. Die Organgesellschaft kann beispielsweise den Rohstoffeinkauf für den Organträger besorgen (vgl. Birkenfeld in Hartmann/Metzenmacher, § 2 Abs. 2 Nr. 2 UStG Tz. 666 und 674; Flückiger in Plückebaum/Malitzky, § 2 Abs. 2 UStG Tz. 293). Umfangreiche Warenlieferungen der juristischen Person allein genügen aber nicht (vgl. BFH-Urteil V 42/60 vom 26. 7. 1962, HFR 1963, 157).

III. Die Voraussetzungen der Organschaft

Auch in diesen Fällen steht der wirtschaftlichen Eingliederung nicht entgegen, dass die juristische Person teilweise die von ihr eingekauften Produkte **an Dritte** verkauft, wenn dies dem Willen des beherrschenden Unternehmens entspricht (siehe Rz. 1344 f.). Ein **bestimmter (überwiegender) Anteil** der Lieferungen an das beherrschende Unternehmen ist auch hier nicht zwingend, weil bei der Organschaft im Umsatzsteuerrecht Innenumsätze zwischen Organgesellschaft und Organträger auch ganz entbehrlich sein können (siehe Rz. 1361 und 1370; vgl. aber auch BFH-Urteil V 42/60 vom 26. 7. 1962, StRK UStG § 2 Abs. 2 Nr. 1 R. 22; wie hier Birkenfeld in Hartmann/Metzenmacher, § 2 Abs. 2 Nr. 2 UStG Tz. 688).

1368

6.3.3 Organgesellschaft als Fabrikations- und Fertigungsbetrieb

Häufig erfüllt eine Organgesellschaft auch die Aufgaben eines **Fabrikations- oder Fertigungsbetriebs des Organträgers** (vgl. BFH-Urteil V 66/57 U vom 23. 4. 1959, BStBl III 1959, 256 = BFHE 68, 677; Klenk in Sölch/Ringleb, § 2 UStG Tz. 120; Birkenfeld in Hartmann/Metzenmacher, § 2 Abs. 2 Nr. 2 UStG Tz. 673; Flückiger in Plückebaum/Malitzky, § 2 Abs. 2 UStG Tz. 294 f.). In einem solchen Fall ist die juristische Person insbesondere Organgesellschaft des Unternehmens, wenn sie hauptsächlich **im Interesse des Unternehmens ins Leben gerufen** wurde und ihre Produkte an dieses Unternehmen liefert. Eine Organschaft kann auch zwischen einer Vertriebs-OHG und einer Besitz-OHG als Muttergesellschaft einerseits und einer Produktions-GmbH und einer Betriebs-GmbH als Tochtergesellschaft andererseits bestehen (vgl. BFH-Urteil V 143/60 vom 28. 3. 1963, StRK UStG § 2 Abs. 2 Nr. 2 R. 28 = NWB F. 1, 169 (1963)).

1369

Dass die juristische Person einen **Teil ihrer Erzeugnisse auf dem freien Markt** absetzt, steht der wirtschaftlichen Eingliederung nicht entgegen. **Ein bestimmter Eigenanteil des Innenumsatzes ist** entgegen dem BFH-Urteil V 101/62 U vom 27. 8. 1964 (BStBl III 1964, 539) bei der umsatzsteuerlichen Organschaft **nicht erforderlich** (wie hier Flückiger in Plückebaum/Malitzky, § 2 Abs. 2 UStG Tz. 298; Birkenfeld in Hartmann/Metzenmacher, § 2 Abs. 2 Nr. 2 UStG Tz. 673). Denn Innenumsätze sind für die umsatzsteuerliche Organschaft nicht zwingend (siehe Rz. 1361 und 1368); die wirtschaftliche Eingliederung kann sich auch durch andere und zusätzliche Elemente ergeben, wie z. B. durch Preisfestsetzung oder die Bestimmung sonstiger Geschäftsbedingungen. So ist eine Produktionsgesellschaft auch dann wirtschaftlich eingegliedert, wenn zwischen ihr und der Muttergesellschaft Warenlieferungen nur in geringem Umfang oder überhaupt nicht vorkommen, die Produktionsgesellschaft aber zur Versorgung eines bestimmten Marktes von der Muttergesellschaft gegründet worden ist (vgl. BFH-Urteil V R 15/69 vom 15. 6. 1972, BStBl II 1972, 840 = BFHE 106, 475 =

1370

BB 1972, 1174 = HFR 1972, 600 = UR 1972, 362; Flückiger in Plückebaum/ Malitzky, § 2 Abs. 2 UStG Tz. 298).

1371 Die wirtschaftliche Eingliederung der Produktionsgesellschaft wird nicht dadurch ausgeschlossen, dass sie berechtigt ist, Maschinen und Einrichtungsgegenstände auf eigene Kosten anzuschaffen, und von diesem Recht Gebrauch macht (vgl. BFH-Urteil V 25/65 vom 25. 1. 1968, BStBl II 1968, 421 = BFHE 92, 46 = HFR 1968, 365 = UR 1968, 201).

6.3.4 Organgesellschaft als Verarbeitungsbetrieb

1372 Die wirtschaftliche Eingliederung einer juristischen Person kann auch darauf beruhen, dass sie **zum Zweck der Be- oder Verarbeitung von Rohprodukten des Unternehmens gegründet** wurde. Dass die juristische Person im Wesentlichen Rohprodukte von dritter Seite bezieht, steht der wirtschaftlichen Eingliederung nicht entgegen (a. A. FG Hannover V U 169/58 vom 19. 9. 1961, EFG 1962, 282). Denn die wirtschaftliche Eingliederung kann sich auch durch andere Umstände ergeben (siehe Rz. 1344 f.).

6.3.5 Organgesellschaft als Wohnungsunternehmen

1373 Eine juristische Person kann Organgesellschaft sein, wenn sie für den Organträger die **Aufgabe eines gemeinnützigen Wohnungsunternehmens** übernimmt. Durch das Gemeinnützigkeitsrecht wird zwar der Tätigkeitsbereich der gemeinnützigen Wohnungsunternehmen begrenzt und von Auflagen abhängig gemacht, dadurch wird jedoch die wirtschaftliche Betätigung, wie sie das UStG für einen Unternehmer voraussetzt, in ihrem Kern nicht berührt. Innerhalb der vom Gemeinnützigkeitsrecht gesetzten Grenzen kann die juristische Person wirtschaftlich fremdbestimmt sein (vgl. FG Münster V 107/70 U vom 26. 8. 1970, EFG 1971, 47; BMF-Schreiben F/IV A 2 – S 7105 – 6/71 vom 1. 3. 1972, UR 1972, 92; BMF-Schreiben IV A 2 – S 7105 – 2/73 vom 7. 11. 1973, BStBl I 1973, 683; Burhoff in Peter/Burhoff/Stöcker, § 2 UStG Tz. 126; Birkenfeld in Hartmann/ Metzenmacher, § 2 Abs. 2 Nr. 2 UStG Tz. 690; a. A. FG Freiburg I 45/64 vom 23. 11. 1964, DStZ/E 1964, 126).

6.3.6 Körperschaften des öffentlichen Rechts

1374 Eine juristische Person ist in den unternehmerischen Bereich einer Körperschaft des öffentlichen Rechts wirtschaftlich eingegliedert, wenn die juristische Person **einem oder mehreren Betrieben gewerblicher oder land- und forstwirtschaftlicher Art** der Körperschaft des öffentlichen Rechts **wirtschaftlich untergeordnet** ist (vgl. BFH-Urteil V 120/64 vom 25. 4. 1968, BStBl II 1969, 94 =

III. Die Voraussetzungen der Organschaft

BFHE 93, 393; vgl. aber auch RFH-Urteil V 19/40 vom 8. 11. 1940, RStBl 1942, 28 = RFHE 51, 137). Die wirtschaftliche Eingliederung wird häufig darauf beruhen, dass die Körperschaft des öffentlichen Rechts **aus sozialen Gründen** der juristischen Person die **Preisgestaltung vorschreibt.** Organgesellschaft kann z. B. ein Elektrizitätswerk sein, dass das als AG betriebene öffentliche Verkehrsnetz mit Strom versorgt (vgl. Flückiger in Plückebaum/Malitzky, § 2 Abs. 2 UStG Tz. 300). Tätigkeiten, die der Erfüllung öffentlich-rechtlicher Aufgaben dienen, können grundsätzlich eine wirtschaftliche Eingliederung in den Unternehmensbereich nicht begründen (vgl. BMF-Erlass IV A/2 – S 7106 – 12/67 und IV A/3 – S 7300 – 27/67 Abschn. C Abs. 2 vom 3. 1. 1968, BStBl I 1968, 182).

7. Die organisatorische Eingliederung

7.1 Bedeutung und Definition

Unter den drei Eingliederungsarten hat die organisatorische das **geringste Gewicht** (vgl. Bunjes/Geist, § 2 UStG Tz. 35). Gerade das Merkmal der organisatorischen Eingliederung ist (nur) nach dem Gesamtbild der tatsächlichen Verhältnisse (§ 2 Abs. 2 Nr. 2 Satz 1 UStG) zu beurteilen, muss also nicht voll ausgeprägt sein (BFH-Urteil V R 37/00 vom 17. 1. 2002, BStBl II 2002, 373). **Die organisatorische Eingliederung verlangt, dass sich der Wille des Organträgers in der Geschäftsführung der Organgesellschaft laufend realisiert**, indem seine Anordnungen in der Organgesellschaft tatsächlich laufend ausgeführt werden (BFH-Urteile V R 80/85 vom 20. 2. 1992, BFH/NV 1993, 133; V R 32/98 vom 28. 1. 1999, BStBl II 1999, 258; Abschn. 21 Abs. 6 Satz 1 UStR; Flückiger in Plückebaum/Malitzky, § 2 Abs. 2 UStG Tz. 301 ff.). Die organisatorische Eingliederung setzt voraus, dass die mit der finanziellen Eingliederung (Anteilsmehrheit) verbundene Möglichkeit der Beherrschung in der laufenden Geschäftsführung wirklich wahrgenommen wird, sei es durch eine personelle Verflechtung oder durch andere organisatorische Maßnamen, die in den Kernbereich der laufenden Geschäftsführung eingreifen, so dass die Geschäftsführer die gewöhnlich anfallenden Geschäfte nicht selbständig und eigenverantwortlich ausüben können wie ein ordentlicher Kaufmann (Schleswig-Holsteinisches FG, Urteil IV 104/96 vom 5. 12. 2000, n. v.). Die organisatorische Eingliederung i. S. einer engen Verflechtung mit Über- und Unterordnung kann in vielerlei Gestalt auftreten (BFH-Urteil V R 80/85 vom 20. 2. 1992, BFH/NV 1993, 133). Eine von dem Willen des Organträgers abweichende Willensbildung muss allerdings stets bei der Organgesellschaft ausgeschlossen sein (vgl. BFH-Urteil V R 32/98 vom 28. 1. 1999, BStBl II 1999, 258; Burhoff in Peter/Burhoff/Stöcker, § 2 UStG Tz. 127; Klenk in Sölch/Ringleb, § 2 UStG Tz. 125; Birkenfeld in Hartmann/Metzenmacher, § 2

1375

Abs. 2 Nr. 2 UStG Tz. 711). Die bloße Möglichkeit, dass der Organträger (etwa aufgrund der finanziellen Beherrschung) seinen Willen durchsetzen kann, reicht nicht aus; durch organisatorische Maßnahmen muss vielmehr die Beherrschungsmacht tatsächlich verwirklicht sein (vgl. Birkenfeld in Hartmann/Metzenmacher, § 2 Abs. 2 Nr. 2 UStG Tz. 711; Stadie in Rau/Dürrwächter, § 2 UStG Tz. 696; vgl. auch Bunjes/Geist, § 2 UStG Tz. 35). Aus der finanziellen folgt nicht notwendigerweise die organisatorische Eingliederung. Für diese ist vielmehr erforderlich, dass die mit der finanziellen Eingliederung verbundene Möglichkeit einer Beherrschung der Organgesellschaft durch den Organträger in der laufenden Geschäftsführung der Organgesellschaft wirklich wahrgenommen wird. Durch die Gestaltung der Beziehungen zwischen dem Organträger und der Organgesellschaft muss sichergestellt sein, dass eine vom Willen des Organträgers abweichende Willensbildung bei der Organgesellschaft nicht stattfindet (BFH-Urteile V R 80/85 vom 20. 2. 1992, BFH/NV 1993, 133; V R 32/98 vom 28. 1. 1999, BStBl II 1999, 258). **Eine unmittelbare organisatorische Eingliederung ist nicht erforderlich,** sie kann auch durch eine Zwischengesellschaft oder die Gesellschafter der Obergesellschaft vermittelt werden (siehe Rz. 1273 ff.). Die Weisungsmacht kann ferner von einer noch über dem Organträger stehenden Konzernspitze (in den USA) ausgehen (Niedersächsisches FG, Urteil 6 K 821/97 vom 31. 7. 2001, n. v.).

1376 Um bei der Übertragung von Wirtschaftsgütern organisatorisch eingegliedert zu sein, braucht die Organgesellschaft **nicht schon ihre Geschäftstätigkeit aufgenommen** zu haben. Der BFH hat eine (auch organisatorische) Eingliederung bei einer Sachverhaltsgestaltung angenommen, deren Ziel eine „übertragende Sanierung" war und es um den die laufende Geschäftstätigkeit vorbereitenden Kauf von Betriebsvermögen ging (BFH-Urteil V R 32/98 vom 28. 1. 1999, BStBl II 1999, 258). Dabei ist auch unerheblich, ob nach dem praktizierten Sanierungskonzept nicht in das Unternehmen des Organträgers ein-, sondern dass ein Teil seiner Geschäftstätigkeit auf die Organgesellschaft ausgegliedert werden soll (BFH-Urteil V R 37/00 vom 17. 1. 2002, BStBl II 2002, 373). Werden während des Vergleichsverfahrens bei einer GmbH alle Anteile einer anderen Kapitalgesellschaft als **Auffanggesellschaft** erworben, die die Vertriebs- und Einkaufsaktivitäten des Unternehmens übernehmen solle, so fehlt es bei Personengleichheit der Geschäftsführer bei der Mutter- und der Tochtergesellschaft also nicht an einer organisatorischen Eingliederung der Tochtergesellschaft als Voraussetzung für eine umsatzsteuerliche Organschaft, auch wenn bei der Auffanggesellschaft noch keine Geschäftstätigkeit und damit auch keine Geschäftsführung stattfindet (a. A. FG Baden-Württemberg, Urteil 9 K 241/99, 9 K 171/94, vom 28. 1. 2000, EFG 2000, 1354).

III. Die Voraussetzungen der Organschaft

Die organisatorische Eingliederung einer Organgesellschaft ist nicht deshalb ausgeschlossen, weil sie **mehr als 50 v. H. ihres Umsatzes mit einem Auftraggeber** abwickelt, dem in Bezug auf die Vertragserfüllung eine weitreichende Weisungsbefugnis zusteht. Ein solches schuldrechtliches Pflichten- und Weisungsverhältnis tritt in jedem Auftrags- oder Dienstverhältnis in unterschiedlich starkem Maße auf. Die Möglichkeit der Einflussnahme ist aber auf das konkrete Vertragsverhältnis begrenzt. Die gesellschaftsrechtliche Entscheidungsbefugnis, die Vertragsbeziehungen zu dem jeweiligen Kunden zu verlängern, zu beenden oder zu modifizieren, bleibt hiervon unberührt (Niedersächsisches FG, Urteil 6 K 256/96 vom 30. 11. 1999, EFG 2000, 650).

1377

7.2 Formen
7.2.1 Identität der Geschäftsführung

Für die Durchsetzung des Willens kommen vielfältige Formen in Frage (vgl. BFH-Urteile V R 123/68 vom 17. 4. 1969, BStBl II 1969, 505; V R 80/85 vom 20. 2. 1992, BFH/NV 1993, 133; Bunjes/Geist, § 2 UStG Tz. 35). Sie kann sich vor allem, ohne dass dies zwingend ist (BFH-Urteil V R 32/98 vom 28. 1. 1999, BStBl II 1999, 258; V R 37/00 vom 17. 1. 2002, BStBl II 2002, 373), aus der **völligen oder teilweisen Identität der Geschäftsführung** ergeben, so etwa wenn der Komplementär der KG (Organträger) alleinvertretungsberechtigter Geschäftsführer der GmbH als Organgesellschaft ist (vgl. Niedersächsisches FG V 322/92 vom 2. 12. 1993, n. v.; Niedersächsisches FG, Urteil 6 K 821/97 vom 31. 7. 2001, n. v.; Abschn. 21 Abs. 6 Satz 2 UStR m. w. N.). Im BFH-Urteil V R 123/68 vom 17. 4. 1969 (BStBl II 1969, 505; vgl. auch BFH-Urteil VR 80/85 vom 20. 2. 1992, BStBl II 1993, 133) wird ausgeführt:

1378

„Zutreffend hat es das FG für die organisatorische Eingliederung der Steuerpflichtigen in die GmbH als entscheidend angesehen, dass einer der beiden Geschäftsführer der GmbH zugleich Geschäftsführer der Steuerpflichtigen war, dass beide Geschäftsführer in den Gesellschaftsversammlungen beider Gesellschaften aufgetreten sind, dass sie sich wiederholt zu Fragen beider Gesellschaften gemeinsam geäußert haben und dass zahlreiche Schreiben an das FA von ihnen gemeinsam unterschrieben worden sind. Diese Tatsachen sind so wichtig, dass sie nach Ansicht des Senats allein schon zur Annahme einer organisatorischen Verflechtung der beiden Gesellschaften ausreichen würden. Dem steht nicht entgegen, dass die Firmen getrennte Einkaufsabteilungen, Vertriebsapparate, Buchführungen und Betriebsabrechnungen hatten."

Die für die Annahme einer umsatzsteuerlichen Organschaft erforderliche Einheit durch organisatorische Eingliederung wird z. B. auch dadurch hergestellt, dass beide Unternehmensteile einer einheitlichen Leitung unterstehen, indem für beide dieselbe Person handelt, nämlich für den Organträger (Einzelunternehmer) als Generalbevollmächtigter und für die Organgesellschaft als Geschäftsführer

1379

(BFH-Urteil V R 82/85 vom 9. 1. 1992, BFH/NV 1993, 63, vgl. auch BFH-Urteil V R 37/00 vom 17. 1. 2002, BStBl II 2002, 373). Es genügt, dass nur einzelne Geschäftsführer des Organträgers Geschäftsführer der Organgesellschaft sind (BFH-Urteil V R 32/98 vom 28. 1. 1999, BStBl II 1999, 258).

7.2.2 Geschäftsführung durch Organträger

1380 **Am stärksten ist die organisatorische Eingliederung, wenn der übergeordnete Unternehmer selbst die Geschäftsführung der Organgesellschaft übernimmt** (vgl. RFH-Urteile V A 14/30 vom 5. 9. 1930, RStBl 1931, 152; V A 632/30 vom 7. 11. 1930, RStBl 1931, 164; V A 657/30 vom 2. 10. 1931, RStBl 1932, 371; V A 948/31 vom 11. 11. 1932, RStBl 1933, 295; V A 835/32 vom 13. 10. 1933, RStBl 1934, 556 = RFHE 34, 176; V A 687/33 vom 30. 11. 1934, RStBl 1935, 660; BFH-Urteile V 66/57 U vom 23. 4. 1959, BStBl III 1959, 256 = BFHE 68, 677; V 176/55 U vom 23. 7. 1959, BStBl III 1959, 376; V 119/58 vom 9. 6. 1960, HFR 1961, 112; V 86/58 vom 30. 6. 1960, HFR 1961, 114; V 143/60 vom 28. 3. 1963; StRK UStG § 2 Abs. 2 Nr. 2 R. 28; V R 123/68 vom 13. 4. 1969, BStBl II 1969, 505 = BFHE 95, 558; Flückiger in Plückebaum/Malitzky, § 2 Abs. 2 UStG Tz. 305; Birkenfeld in Hartmann/Metzenmacher, § 2 Abs. 2 Nr. 2 UStG Tz. 714 f.). Es genügt, dass ein Prokurist des Organträgers Geschäftsführer der Organgesellschaft ist, wenn er auch insoweit die Weisungen seines Arbeitgebers zu beachten hat.

7.2.3 Einzelfälle

1381 Die organisatorische Eingliederung kann sich daraus ergeben, dass der **Organträger das Personal der Organgesellschaft einstellt und entlässt** (vgl. RFH-Urteil V A 350/30 vom 24. 7. 1931, RStBl 1932, 365 = RFHE 29, 132; Klenk in Sölch/Ringleb, § 2 USTG Tz. 125, Birkenfeld in Hartmann/Metzenmacher, § 2 Abs. 2 Nr. 2 UStG Tz. 718; Flückiger in Plückebaum/Malitzky, § 2 Abs. 2 UStG Tz. 313) oder die **Bücher der Organgesellschaft führt und die Bilanz erstellt** (vgl. RFH-Urteil V A 835/N32 vom 13. 10. 1933, RStBl 1934, 556 = RFHE 34, 176; BFH-Urteile V 184/61 U vom 23. 4. 1964, BStBl III 1964, 346 = BFHE 69, 316; V 82/60 S vom 16. 12. 1965, BStBl II 1 1966, 300 = BFHE 85, 250; V R 89/66 vom 22. 7. 1967, BStBl III 1967, 715 = BFHE 89, 402; Birkenfeld in Hartmann/Metzenmacher, § 2 Abs. 2 Nr. 2 UStG Tz. 720; Klenk in Sölch/Ringleb, § 2 UStG Tz. 125; Bunjes/Geist, § 2 UStG Tz. 35; Flückiger in Plückebaum/Malitzky, § 2 Abs. 2 UStG Tz. 314) oder dass **Organträger und Organgesellschaft dieselbe Adresse und Telefonnummer** haben und **in denselben Geschäftsräumen tätig** sind (vgl. Stadie in Rau/Dürrwächter, § 2 UStG, Tz. 699; Flückiger in Plückebaum/Malitzky, § 2 Abs. 2 UStG Tz. 314; Klenk in Sölch/

III. Die Voraussetzungen der Organschaft

Ringleb, § 2 UStG Tz. 125; Birkenfeld in Hartmann/Metzenmacher, § 2 Abs. 2 Nr. 2 UStG Tz. 719; Bunjes/Geist, § 2 UStG Tz. 35). Aus der Übernahme der Buchführung allein folgt allerdings nicht zwangsläufig die organisatorische Eingliederung (vgl. RFH-Urteil V A 867/32 vom 3. 11. 1933, RStBl 1934, 524 = RFHE 34, 320; vgl. aber auch BFH-Urteil V R 89/66 vom 22. 6. 1967, BStBl III 1967, 715).

Hat die untergeordnete Gesellschaft **kein eigenes Büropersonal und keine eigenen Büroräume** (vgl. BFH-Urteil V 184/61 U vom 23. 4. 1964, BStBl III 1964, 346 = BFHE 79, 316; Birkenfeld in Hartmann/Metzenmacher, § 2 Abs. 2 Nr. 2 UStG Tz. 721; Flückiger in Plückebaum/Malitzky, § 2 Abs. 2 UStG Tz. 314) oder sind **bestimmte Arbeitsgebiete** den Gesellschaften aufeinander abgestimmt **zugewiesen** worden (vgl. RFH-Urteil V 124/41 vom 26. 11. 1943, RStBl 1944, 6; Klenk in Sölch/Ringleb, § 2 UStG Tz. 125) oder ist die **Produktion der Organgesellschaft** an die des Organträgers **angeglichen** worden (Klenk in Sölch/Ringleb, § 2 UStG Tz. 125; RFH-Urteil V A 835/32 vom 13. 10. 1933, RStBl 1934, 556 = RFHE 34, 176), so spricht dies für eine organisatorische Eingliederung. Zum Funktionsausgliederungsvertrag zwischen Versicherungsunternehmen vgl. BMF-Schreiben IV B 7 – S 2770 – 1/92 vom 15. 1. 1992, DStZ 1992, 159.

1382

Für die organisatorische Eingliederung ist im Umsatzsteuerrecht **nicht erforderlich, dass die Organgesellschaft nach Art einer Geschäftsabteilung in das herrschende Unternehmen eingefügt ist** (vgl. BFH-Urteil V 44/65 vom 17. 4. 1969, BStBl II 1969, 413; Bunjes/Geist, § 2 UStG Tz. 35). **Auch getrennte Einkaufsabteilungen, Vertriebsapparate, Buchführungen und Betriebsabrechnungen können unschädlich sein** (vgl. BFH-Urteil V R 123/68 vom 17. 4. 1969, BStBl II 1969, 505 = BFHE 95, 558; Birkenfeld in Hartmann/Metzenmacher, § 2 Abs. 2 Nr. 2 UStG Tz. 719; Flückiger in Plückebaum/Malitzky, § 2 Abs. 2 UStG Tz. 314). Die organisatorische Eingliederung scheitert nicht daran, dass bei der Organgesellschaft ein Wirtschaftsausschuss, ein Aufsichtsrat oder ein Generalbevollmächtigter vorhanden ist (vgl. FG Münster 5 K 590/86 U vom 15. 10. 1992, n. v.). Fehlen einzelne Merkmale einer organisatorischen Eingliederung wie z. B. eine gemeinsame Buchführung oder gemeinsame Geschäfts- und Büroräume, so kann dies im Rahmen einer Abwägung durch andere Anzeichen einer organisatorischen Eingliederung ausgeglichen werden. **Die arbeitsrechtliche Mitbestimmung steht der organisatorischen Eingliederung nicht entgegen** (Birkenfeld in Hartmann/Metzenmacher, § 2 Abs. 2 Nr. 2 UStG Tz. 725). Auch die wirtschaftliche Einflussnahme durch Gläubigerbanken lässt die organisatorische Eingliederung unberührt (vgl. FG Münster 15 K 2744/93 U vom 6. 2. 1996, EFG 1996, 612).

1383

1384 Soll ein gemeinnütziger Verein Organträger einer GmbH sein, reicht es für eine organisatorische Eingliederung nicht aus, dass einer der Geschäftsführer der GmbH Mitglied des Vereins ist; erforderlich ist grundsätzlich, dass einer der GmbH-Geschäftsführer der Geschäftsführung oder dem Vorstand des Vereins angehört. Es genügt auch nicht die Einschränkung im Gesellschaftsvertrag der GmbH, dass für alle über den gewöhnlichen Betrieb des Unternehmens hinausgehenden Geschäfte die vorherige Einwilligung der Gesellschafterversammlung erforderlich ist, also die Einwilligung des Vereins. Denn diese Regelung betrifft nicht den Kernbereich der laufenden Geschäftsführung und begründet keine Weisungsabhängigkeit i. S. einer organisatorischen Eingliederung (vgl. BFH-Urteil V R 80/85 vom 20. 2. 1992, BFH/NV 1993, 133).

7.2.4 Eröffnung des Insolvenzverfahrens und Liquidation

1385 Mit der **Eröffnung des Insolvenzverfahrens** über das Vermögen der Organgesellschaft endet neben der wirtschaftlichen auch die organisatorische Eingliederung, weil die Verwaltungsbefugnis gemäß § 80 InsO auf den Insolvenzverwalter übergeht (vgl. BFH-Urteil V R 96/96 vom 13. 3. 1997, BStBl II 1997, 580 a. E.; FG Münster 15 K 2744/93 U vom 6. 2. 1996, EFG 1996, 612; FG Baden-Württemberg 9 K 167/88 vom 4. 3. 1994, EFG 1995, 186 m. w. N.; Birkenfeld in Hartmann/Metzenmacher, § 2 UStG Tz. 268; Stadie in Rau/Dürrwächter, § 2 UStG Tz. 715). Bei **Liquidation** der Organgesellschaft hängt die Fortdauer der organisatorischen Eingliederung davon ab, ob der Organträger auch gegenüber den Liquidatoren seinen Willen durchsetzen kann (vgl. aber Stadie in Rau/Dürrwächter, § 2 UStG Tz. 714: generell Fortdauer der Organschaft bis zum letzten Verwertungsakt; Birkenfeld in Hartmann/Metzenmacher, § 2 Abs. 2 Nr. 2 UStG Tz. 727; Erlass FinMin Nordrhein-Westfalen S 7105 – 6 – V C 6 vom 9. 11. 1976, UR 1979, 130).

7.2.5 Bedeutung eines Beherrschungsvertrages und einer aktienrechtlichen Eingliederung sowie faktischer Konzern

1386 Bei der Körperschaftsteuer ist kraft Gesetzes (§ 14 Nr. 2 Satz 2 KStG in der bis 2000 geltenden Fassung) eine organisatorische Eingliederung stets gegeben, wenn die Organgesellschaft durch einen Beherrschungsvertrag i. S. des § 291 Abs. 1 AktG die Leitung ihres Unternehmens dem Unternehmen des Organträgers unterstellt oder wenn die Organgesellschaft eine nach den Vorschriften der §§ 319 bis 327 AktG eingegliederte Gesellschaft ist (vgl. BFH-Urteil I R 110/88 vom 13. 9. 1989, BStBl II 1990, 24). Bei der Umsatzsteuer fehlte eine entsprechende gesetzliche Vorschrift. Daraus durfte jedoch nicht geschlossen werden,

III. Die Voraussetzungen der Organschaft 337

dass umsatzsteuerrechtlich der Abschluss eines Beherrschungsvertrages sowie die aktienrechtliche Eingliederung für die Annahme einer organisatorischen Eingliederung nicht ausreicht. Beide Rechtsgestaltungen führen, wenn der Beherrschungsvertrag auch tatsächlich durchgeführt wird, dazu, dass der **Wille der beherrschenden AG in der Organgesellschaft realisiert** wird, was für eine **organisatorische Eingliederung** ausreicht, zumal eine gewisse Selbständigkeit bei der Geschäftsführung der Organgesellschaft nicht unbedingt schädlich ist (vgl. BFH-Urteil V R 89/66 vom 22. 6. 1967, BStBl III 1967, 715; Birkenfeld in Hartmann/Metzenmacher, § 2 Abs. 2 Nr. 2 UStG Tz. 723 f.; Stadie in Rau/Dürrwächter, § 2 UStG Tz. 697). Die Ausführungen im BMF-Erlass IV A/2 – S 4105 – 5/66 vom 18. 7. 1966 (USt-Kartei alt S 4105 Karte 54) stehen dieser Auffassung nicht entgegen.

Seit dem Veranlagungszeitraum 2001 sind die Voraussetzungen der körperschaftlichen Organschaft durch das StSenkG (BGBl I 2000, 1433) wesentlich geändert worden. Es genügt gemäß § 19 Nr. 1 KStG n. F. neben einem Gewinnabführungsvertrag die finanzielle Eingliederung (Mehrheit der Stimmrechte aus den Anteilen an der Organgesellschaft). Eine wirtschaftliche Eingliederung und eine organisatorische Eingliederung sind nicht mehr erforderlich. Dementsprechend wird auch ein Beherrschungsvertrag nicht mehr erwähnt. An dessen Bedeutung für die organisatorische Eingliederung bei der umsatzsteuerlichen Organschaft hat sich dadurch nichts geändert. Das Maß einheitlicher Leitung, das ein **faktischer Konzern i. S. des Aktienrechts** voraussetzt, reicht jedenfalls dann, wenn seine Annahme nicht lediglich auf der Vermutung des § 18 Abs. 1 Satz 2 AktG beruht, aus, um auch steuerlich von einer organisatorischen Eingliederung des beherrschten Unternehmens ausgehen zu können (FG Berlin, Urteil 6 K 6294/93 vom 13. 5. 1998, EFG 1999, 82). 1387

8. Die Eingliederung nach dem Gesamtbild der tatsächlichen Verhältnisse

8.1 Bedeutung der additiven Aufzählung

Nach § 2 Abs. 2 Nr. 2 UStG entscheidet das „Gesamtbild der tatsächlichen Verhältnisse" darüber, ob eine juristische Person finanziell, wirtschaftlich und organisatorisch in das Unternehmen eines Organträgers eingegliedert ist. Aus der additiven, nicht alternativen Aufzählung der drei Eingliederungsmerkmale ergibt sich, dass **keines von ihnen ganz fehlen darf** (vgl. BFH-Urteile I R 110/88 vom 13. 9. 1989, BStBl II 1990, 24; V R 80/85 vom 20. 2. 1992, BFH/NV 1993, 133; XI R 25/94 vom 18. 12. 1996, BStBl II 1997, 441; V B 97/97 vom 26. 2. 1998, BFH/NV 1998, 1267; V R 76/97 vom 25. 6. 1998, BFH/NV 1998, 1534; FG 1388

Hamburg II 179/96 vom 4. 6. 1998, GmbH-Rdsch. 1998, 1188; FA Baden-Württemberg 9 K 241/99, 9 K 171/94 vom 28. 1. 2000, EFG 2000, 1354; FG Baden-Württemberg 13 K 83/96 vom 17. 5. 2000, EFG 2000, 290; Birkenfeld in Hartmann/Metzenmacher, § 2 Abs. 2. Nr. 2 UStG Tz. 627; Flückiger in Plückebaum/Malitzky, § 2 Abs. 2 UStG Tz. 319). Dies gilt auch für die wirtschaftliche Eingliederung (Niedersächsisches FG 6 K 256/96 vom 30. 11. 1999, EFG 2000, 650). Indem der Gesetzgeber jedoch ausdrücklich auf das Gesamtbild abstellt, zeigt sich, dass die drei Eingliederungsformen nicht gleichermaßen ausgeprägt sein müssen. Nicht jede von ihnen muss in gleicher Intensität realisiert sein. Die eine oder andere Eingliederungsform kann auch weniger stark in Erscheinung treten, wenn sich die Eingliederung im Übrigen desto deutlicher zeigt (vgl. BFH-Urteile V 164/61 U vom 23. 4. 1964, BStBl III 1964, 346 = BFHE 79, 316; V 180/61 vom 23. 7. 1964, HFR 1965, 242 = UR 1965, 178 = NWB F. 1, 228; V R 89/66 vom 22. 6. 1967, BStBl III 1967, 715 = BFHE 89, 402 = BB 1967, 1238 = DStZ 1968, 94 = HFR 1967, 613; V R 15/69 vom 15. 6. 1972, BStBl II 1972, 840; V R 80/85 vom 20. 2. 1992, BFH/NV 1993,133, XI R 25/94 vom 18. 12.1996, BStBl II 1997, 441; V R 76/97 vom 25. 6. 1998, BFH/NV 1998, 1534; V R 32/98 vom 28. 1. 1999, BStBl II 1999, 258; FG Rheinland-Pfalz 5 K 1998/94 vom 17. 3. 1997, n. v.; FG Baden-Württemberg 13 K 83/96 vom 17. 5. 2000, EFG 2002, 290; Abschn. 21 Abs. 1 Satz 2 UStR; Heidner, DStR 1988, 90; Burhoff in Peter/Burhoff/Stöcker, § 2 UStG Tz. 123; Birkenfeld in Hartmann/Metzenmacher, § 2 UStG Tz. 255 ff.; Flückiger in Plückebaum/Malitzky, § 2 Abs. 2 UStG Tz. 319; a.A. Schwarze/Reiß/Kraeusel, § 2 UStG Tz. 107; kritisch auch Stadie in Rau/Dürrwächter, § 2 UStG Tz. 700;). Die Maßgeblichkeit des Gesamtbildes bedeutet, dass ein Eingliederungsmerkmal nicht einzeln, sondern nur im Zusammenwirken mit den anderen aufgeführten Eingliederungsformen beurteilt werden darf. Maßgeblich für diese Beurteilung ist die Verkehrsauffassung (Flückiger in Plückebaum/Malitzky, § 2 Abs. 2 UStG Tz. 318).

8.2 Gleichwertigkeit der Eingliederungsmerkmale

1389 Es ist grundsätzlich ohne Bedeutung, welches der drei Eingliederungsmerkmale weniger stark ausgeprägt ist. So hat der BFH in einem Fall trotz einer nicht vollkommenen finanziellen Eingliederung (vgl. BFH-Urteil V 180/61 vom 23. 7. 1964, HFR 1965, 242 = UR 1965, 178 = NWB F. 1, 228), in einem anderen Fall trotz einer nicht ganz ausgeprägten organisatorischen Eingliederung (vgl. BFH-Urteil V R 89/66 vom 22. 6. 1967, BStBl III 1967, 715 = BFHE 89, 402 = BB 1967, 1238 = DStZ 1968, 94 = HFR 1967, 613) und in einem weiteren Fall trotz einer nicht ausgeprägten wirtschaftlichen Eingliederung (vgl. BFH-Urteil V R 15/69 vom 15. 6. 1972, BStBl II 1972, 840) die Organschaft anerkannt. Für das

III. Die Voraussetzungen der Organschaft

Merkmal der finanziellen Eingliederung gelten insoweit keine Besonderheiten (siehe Rz. 1265). Die Auffassung von Birkenfeld in Hartmann/Metzenmacher (§ 2 Abs. 2 Nr. 2 UStG Tz. 627 ff.), dass jedenfalls die finanzielle Eingliederung vollkommen sein müsse (vgl. auch BFH-Urteil V 234/59 vom 21. 12. 1961, StRK UStG § 2 Abs. 1 R. 104 und Stadie in Rau/Dürrwächter, § 2 UStG Tz. 701), findet im Gesetz keine Stütze. Ist die Eingliederung einer GmbH in ein Einzelunternehmen auf wirtschaftlichem und organisatorischem Gebiet völlig eindeutig, so braucht die Annahme einer Organschaft nicht daran zu scheitern, dass die Eingliederung auf dem finanziellen Sektor nicht vollkommen ist (so BFH-Urteil V 180/61 vom 23. 7. 1964, HFR 1965, 242 = UR 1965, 178 = NWB F. 1, 228; vgl. auch BFH V 184/61 U vom 23. 4. 1964, BStBl III 1964, 346 = BFHE 79, 316 und Flückiger in Plückebaum/Malitzky, § 2 Abs. 2 UStG Tz. 319).

8.3 Mindestzahl der vollkommen ausgeprägten Eingliederungsmerkmale

Auch wenn in den angeführten BFH-Urteilen immer zum Ausdruck gebracht wurde, dass sich die beiden anderen Eingliederungsmerkmale deutlich realisiert hatten, kann daraus doch noch nicht geschlossen werden, dass eine Organschaft nur anerkannt werden kann, wenn sich die Eingliederung **wenigstens in zwei Merkmalen vollkommen ausgeprägt** hat. Ein solcher Formalismus findet im Gesetz keine Stütze. 1390

8.4 Bedeutung zivilrechtlicher Verträge

Da das Gesetz ausdrücklich für die finanzielle, wirtschaftliche und organisatorische Eingliederung auf die **tatsächlichen** Verhältnisse abstellt, sind die **bürgerlich-rechtlichen Verträge zwischen dem Organträger und der Organgesellschaft nicht ausschlaggebend**. Es kommt also nicht darauf an, ob das Abhängigkeitsverhältnis auf einem Mietvertrag, Pachtvertrag, Dienstleistungsvertrag usw. beruht und ob ein solcher Vertrag wirksam ist. Auch ein Beherrschungsvertrag i. S. von § 291 Abs. 1 AktG erfüllt für sich allein noch nicht die Voraussetzungen für die Anerkennung einer Organschaft (siehe Rz. 1386). Andererseits können bürgerlich-rechtliche Verträge auch nicht dazu führen, dass die Organgesellschaft zu einem selbständigen Unternehmen wird, wenn nach den tatsächlichen Verhältnissen alle Eingliederungsmerkmale gegeben sind (vgl. Birkenfeld in Hartmann/Metzenmacher, § 2 Abs. 2 Nr. 2 UStG Tz. 614 und Flückiger in Plückebaum/Malitzky, § 2 Abs. 2 UStG Tz. 321). Die Maßgeblichkeit der tatsächlichen Verhältnisse entspricht allgemeinen Grundsätzen des Umsatzsteuerrechts. Soweit sie ernstlich durchgeführt werden, können Verträge allerdings tatsächliche Verhältnisse schaffen, die zu einer organschaftlichen Eingliederung führen (vgl. Birkenfeld in Hartmann/Metzenmacher, § 2 Abs. 2 Nr. 2 UStG Tz. 616). 1391

9. Maßgeblicher Zeitraum

1392 Für die Beurteilung der Frage, ob die Voraussetzungen einer Organschaft erfüllt sind, sind allein die Verhältnisse im Veranlagungsjahr maßgeblich. Ohne Bedeutung ist, warum sie in der Vergangenheit nicht erfüllt waren (BFH-Beschlüsse V B 108/97 vom 1. 4. 1998, BFH/NV 1998, 1272, zu II. 1. b; V B 128/01 vom 25. 4. 2002, n. v.). Es ist mithin unerheblich, ob ein Grundstück bereits bei der Vermietung oder Verpachtung auf die besonderen Belange der Organgesellschaft abgestimmt war, oder ob dies erst danach geschah. Entscheidend für das Vorliegen einer wirtschaftlichen Eingliederung ist vielmehr, ob der Organträger durch die Stellung als Verpächter des Grundstücks im Veranlagungsjahr auf die Organgesellschaft Einfluss nehmen und ihr durch Kündigung dieser Rechtsbeziehungen wesentliche Grundlagen für ihre Umsatztätigkeit entziehen konnte (BFH-Beschluss V B 108/97 vom 1. 4. 1998, BFH/NV 1998, 1272, vgl. auch FG Baden-Württemberg 9 K 241/99, 9 K 171/94, vom 28. 1. 2000, EFG 2000, 1354).

1393–1450 *(unbesetzt)*

IV. Die Rechtswirkungen der Organschaft im Umsatzsteuerrecht

1. Verlust der Selbständigkeit

1451 Durch die Eingliederung fehlt der Organgesellschaft eine wesentliche Voraussetzung, um als Unternehmer i. S. des § 2 Abs. 1 UStG anerkannt werden zu können, nämlich die Selbständigkeit. Nur der Organträger ist umsatzsteuerlicher Unternehmer (FG des Saarlandes 1 K 348/98 vom 14. 11. 2001, n. v.). Organgesellschaften sind (ähnlich wie Angestellte) unselbständige Teile des jeweiligen Organträgers mit der Folge, dass nur ein den gesamten Organkreis umfassendes Unternehmen besteht und daher zunächst einmal alle **Umsätze**, die die Organgesellschaften mit Dritten tätigen, dem **Organträger** zugerechnet werden (vgl. BFH-Urteile X R 19/80 vom 15. 7. 1987, BStBl II 1987, 746; V R 82/85 vom 9. 1. 1992, BFH/NV 1993, 63; V R 80/85 vom 20. 2. 1992, BFH/NV 1993, 133; Abschn. 21 Abs. 1 Satz 3 UStR). Dies bedeutet, dass der Organträger selbst die fraglichen Lieferungen und Leistungen im Rahmen seines Unternehmens erbringt, indem er sich hierzu – wie ansonsten ein Arbeitgeber seiner Arbeitnehmer – seiner Organgesellschaften bedient (FG des Saarlandes 1 K 348/98 vom 14. 11. 2001, n. v.). Darüber hinaus stellen alle Lieferungen oder sonstigen Leistungen

IV. Die Rechtswirkungen der Organschaft

zwischen dem Organträger und den Organgesellschaften oder umgekehrt sowie alle Lieferungen oder sonstige Leistungen zwischen mehreren Organgesellschaften desselben Organträgers **nicht steuerbare Innenumsätze** dar, weil es an einem Leistungsaustausch mit einem Dritten fehlt (§ 1 Abs. 1 Nr. 1 UStG). So handelt es sich z. B. nicht um einen umsatzsteuerbaren Leistungsaustausch, wenn der Organträger gegen einen entsprechenden Verrechnungspreis Waren an die Organgesellschaft liefert oder wenn diese gegen eine Verrechnungsgutschrift dem Organträger Maschinen zur mietfreien Nutzung überlässt. Auch bei nicht erkannter Organschaft entsteht für Leistungen im Organkreis keine Umsatzsteuer (Erlass Mecklenburg-Vorpommern IV - 320 - S 7105 - 2/91 vom 6. 2. 1992). Diese Rechtswirkungen bestanden vor dem Inkrafttreten des Nettoumsatzsteuersystems mit Vorsteuerabzug in gleicher Weise und führten seinerzeit zu erheblichen Steuerersparnissen. Aber auch heute noch können durch Organschaft **wesentliche Steuervorteile** erreicht werden (siehe Rz. 1154 ff.).

Die Umsätze einer Organgesellschaft sind in jedem Falle dem Organträger unabhängig von dessen Willen als eigene zuzurechnen. Dabei bleibt es auch, **wenn sich die Zurechnung ungünstig auswirkt,** indem durch sie z. B. Grenzen überschritten werden, innerhalb derer die Umsatzsteuer nicht erhoben wird (z. B. bei § 19 Abs. 1 Satz 1 UStG; vgl. Flückiger Plückebaum/Malitzky, § 2 Abs. 2 UStG Tz. 340). 1452

Die Organgesellschaft wird wie ein Betrieb im Unternehmen des Organträgers behandelt. Zu Lieferungen und sonstigen Leistungen gleichgestellten **Wertabgaben** i. S. des § 3 Abs. 1b und 9a UStG kann es nicht kommen, weil Gegenstände oder sonstige Leistungen nicht aus dem Geschäftsbereich des Organträgers in den der Organgesellschaft für Zwecke außerhalb des Unternehmens entnommen werden (vgl. Flückiger in Plückebaum/Malitzky, § 2 Abs. 2 UStG Tz. 332). 1453

2. Wirkungen bei Begründung und Beendigung der Organschaft (§ 1 UStG)

2.1 Begründung der Organschaft

Die **Begründung der Organschaft ist ebenso wie ihre Auflösung kein umsatzsteuerbarer Vorgang** (vgl. Flückiger in Plückebaum/Malitzky, § 2 Abs. 2 UStG Tz. 335). Dies beruht darauf, dass der Aufnahme oder Entlassung der Organgesellschaft kein Leistungsaustausch zugrunde liegt, weil es seitens der Organge- 1454 sellschaft an einer Leistung und seitens des Organträgers an einer Gegenleistung fehlt (vgl. Einzelheiten und Beispiele zu Steuervorteilen durch nichtsteuerbaren Vermögensübergang in Rz. 1158 ff.).

2.2 Beendigung der Organschaft

1455 Beendet wird die Organschaft insbesondere durch Auflösung der Organgesellschaften oder des Organträgers sowie durch Insolvenz (siehe Rz. 1458), nicht aber bereits ohne weiteres durch Eröffnung des Liquidationsverfahrens (siehe Rz. 1457).

2.2.1 Durch Auflösung der Organgesellschaft oder des Organträgers

1456 Bei der Beendigung einer Organschaft durch Auflösung der Organgesellschaft oder des Organträgers oder durch die Übertragung des Vermögens der Organgesellschaft auf den Organträger kommt es nicht zu einem steuerbaren Umsatz, wenn die Eingliederung nach § 2 Abs. 2 Nr. 2 UStG bis zu der Übertragung fortbesteht (Einzelheiten in Rz. 1161 f.).

2.2.2 Durch Liquidation

1457 Dem Grundsatz der Einheit des Unternehmens entsprechend werden bei der umsatzsteuerlichen Organschaft Organträger und Organgesellschaften insgesamt als eine Einheit betrachtet. Wird bei einer Organgesellschaft die Liquidation beschlossen oder das Liquidationsverfahren eröffnet, so hat dies umsatzsteuerlich grundsätzlich die gleiche Wirkung wie die Auflösung eines von mehreren Betrieben (Betriebsstätten) bei einem Einzelunternehmer. **Bis die Liquidation abgeschlossen und das vorhandene Gesellschaftsvermögen veräußert ist, rechnet die Organgesellschaft, wenn sich an der Eingliederung sonst nichts ändert, zum Unternehmen des Organträgers** (vgl. Burhoff in Peter/Burhoff/ Stöcker, § 2 UStG Tz. 135; Stadie in Rau/Dürrwächter, § 2 UStG Tz. 714; Erlass FinMin Nordrhein-Westfalen S 7105 – 6 – VC 6 vom 9. 11. 1976, UR 1979, 130; siehe auch Rz. 1609).

2.2.3 Durch Eröffnung des Insolvenzverfahrens

1458 Die Eröffnung des Insolvenzverfahrens über das Vermögen der Organgesellschaft beendet die Organschaft. Die Organgesellschaft ist mit der Eröffnung des Insovenzverfahrens kraft Gesetzes aufgelöst (§ 262 Abs. 1 Nr. 3 AktG; § 60 Abs. 1 Nr. 4 GmbHG) und damit dem Einfluss des Organträgers entzogen. Das

IV. Die Rechtswirkungen der Organschaft

Verfügungs- und Verwaltungsrecht über das Gesellschaftsvermögen steht gemäß § 80 InsO dem Insolvenzverwalter zu, so dass sowohl die wirtschaftliche als auch die organisatorische Eingliederung i. S. des § 2 Abs. 2 Nr. 2 UStG in das Unternehmen des Organträgers entfällt (siehe Rz. 1603; vgl. ferner Burhoff in Peter/Burhoff/Stöcker, § 2 UStG Tz. 131; Stadie in Rau/Dürrwächter, § 2 UStG Tz. 715). **Vom Zeitpunkt der Eröffnung des Insolvenzverfahrens an sind deshalb die Umsätze zwischen dem bisherigen Organträger und der bisherigen Organgesellschaft als Außenumsätze steuerbar.** Die **Uneinbringlichkeit der vereinbarten Entgelte richtet sich nach den Verhältnissen der Organgesellschaft,** wenn diese zivilrechtlich Schuldnerin der Entgelte ist (vgl. FG München VIII (III) 145/85 AO vom 27. 5. 1987, UR 1988, 58). Durch die Einleitung des früheren Vergleichsverfahrens bei der Organgesellschaft brauchte die Organschaft nicht beendet zu sein (siehe Rz. 1610 f.; vgl. ferner FG Rheinland-Pfalz 5 K 1998/94 vom 17. 3. 1997, n. v.). Gleiches gilt für die Eröffnung des Insolvenzverfahrens über das Vermögen des Organträgers (siehe Rz. 1604).

3. Buchnachweis bei der Organschaft (§§ 6, 7, 8 UStG)

3.1 Erleichterter Buchnachweis für Organträger

Bei der Führung des Buchnachweises für Ausfuhrlieferungen und dergleichen (vgl. §§ 6 Abs. 4, 7 Abs. 4 und 8 Abs. 3 UStG) können die Finanzämter unter bestimmten Voraussetzungen Erleichterungen gewähren (vgl. Abschn. D Abs. 11 des BMF-Erlasses IV A/2 – S 7137 – 8/67 vom 11. 11. 1967, BStBl I 1967, 384; Husmann in Rau/Dürrwächter, § 6 Tz. 330 f.). Ist einem Unternehmer der sogenannte erleichterte Buchnachweis gestattet und wird der Unternehmer durch Aufnahme einer Organgesellschaft Organträger oder war er bereits Organträger und kommt eine neue Organgesellschaft hinzu, so gilt, da nicht die Organgesellschaft, sondern der Organträger die formalen umsatzsteuerlichen Pflichten zu erfüllen hat (vgl. Flückiger in Plückebaum/Malitzky, § 2 Abs. 2 UStG Tz. 336), der **erleichterte Buchnachweis** grundsätzlich **auch für die Geschäfte, die die neu hinzugekommene Organgesellschaft ausführt.** Unternehmer ist auch für diese Geschäfte der Organträger. Eine Ausnahme gilt, wenn die begünstigende Verfügung des Finanzamts eine entsprechende Einschränkung enthält (vgl. auch OFD Köln S 4119 A – 10/58 – B St 111 vom 17. 12. 1958, UR 1959, 23). Das Finanzamt ist jedoch an seine Verfügung nach Treu und Glauben nicht mehr gebunden, wenn mit dem Eintritt der neuen Organgesellschaft eine Strukturänderung des gesamten Organkreises verbunden und damit die Geschäftsgrundlage für den er-

1459

leichterten Buchnachweis entfallen ist (vgl. z. B. OFD Frankfurt S 4119 A – 46 – B St vom 29. 9. 1959, UR 1959, 175). Zur Vermeidung von Schwierigkeiten empfiehlt es sich daher, beim Hinzukommen einer Organgesellschaft den Antrag auf erleichterten Buchnachweis zu erneuern.

3.2 Erleichterter Buchnachweis für Organgesellschaft

1460 War einer Organgesellschaft, als sie noch selbständiger Unternehmer war, ein erleichterter Buchnachweis (siehe Rz. 1459) zugebilligt worden, so **entfällt** diese Vergünstigung **mit der Aufnahme in den Organkreis.** Denn die Verfügung des Finanzamts bezieht sich auf einen Unternehmer, der mit der Aufnahme in den Organkreis untergegangen ist.

1461 *(unbesetzt)*

4. Umfang der Steuerbefreiung bei Grundstücksveräußerungen im Rahmen einer Organschaft (§ 4 Nr. 9a UStG)

1462 Bei Organschaften kommt es vor, dass ein Mitglied eines Organkreises ein Grundstück veräußert, dessen Veräußerung durch ein anderes Mitglied des Organkreises (Makler i. S. des § 652 BGB) vermittelt wurde, und dass der Vermittler vom Erwerber einen **Maklerlohn** erhält. In einem solchen Fall werden die Veräußerung (Lieferung nach § 3 Abs. 1 UStG) und die Vermittlung (sonstige Leistung nach § 3 Abs. 9 UStG) vom selben Unternehmer durchgeführt. Es stellt sich daher die Frage, ob die Vermittlung als unselbständige Nebenleistung das umsatzsteuerliche Schicksal der nach § 4 Nr. 9a UStG umsatzsteuerfreien Grundstücksveräußerung teilt.

1463 Die Verwaltung vertritt zu Recht die Auffassung, dass die Steuerfreiheit nach § 4 Nr. 9a UStG die Vermittlungsleistung nicht umfasst (vgl. Verfügung der OFD Düsseldorf S 7162 A – St 533 vom 14. 3. 1974, Reinhard, Mehrwertsteuer-Dienst V 16 R. 10). Denn die Befreiung nach § 4 Nr. 9a UStG kommt für Geschäfte des Organkreises nur insoweit in Betracht, als sie unter das Grunderwerbsteuergesetz fallen. Da die Vermittlungsleistung nicht vom Grunderwerbsteuergesetz erfasst wird, ist die Steuerfreiheit insoweit ausgeschlossen. Zahlt in dem angeführten Beispiel der Veräußerer den Maklerlohn, stellt die Vermittlung einen nicht steuerbaren Innenumsatz im Organkreis dar. Zur Grunderwerbsteuerpflicht im Organkreis vgl. FG München IV 108/65 vom 28. 7. 1966, EFG 1967, 88.

5. Steuerbefreiung und Ausschluss vom Vorsteuerabzug bei der Vermittlung von Versicherungen (§ 4 Nr. 11 UStG)

Vermittelt eine Organgesellschaft Versicherungen an den Organträger oder andere Gesellschaften im Organkreis, sind die dafür von den außerhalb des Organkreises stehenden Versicherungsunternehmen gezahlten Provisionen steuerfrei nach § 4 Nr. 11 UStG. Dies führt auch dann zu einem Ausschluss des Vorsteuerabzuges nach § 15 Abs. 2 Nr. 1 UStG, wenn die Provisionen aufgrund eines Gewinnabführungsvertrages dem Organträger zufließen (FG Düsseldorf 1 K 5485/93 U vom 18. 12. 1997, EFG 1998, 694 – rechtskräftig). 1464

6. Option bei der Organschaft (§ 9 UStG)

Nach § 9 UStG kann ein Unternehmer in bestimmten Fällen auf eine Umsatzsteuerbefreiung verzichten. Zu diesem Zweck muss er gegenüber dem Finanzamt eine entsprechende Erklärung abgeben. Die Verzichtserklärung gilt für das gesamte Unternehmen und kann nicht auf bestimmte Betriebe oder Betriebsteile beschränkt werden (vgl. Abschn. B Nr. 33 des BMF-Erlasses IV A/2 – S 7015 – 2/68 vom 14. 2. 1968, BStBl I 1968, 401). So sind auch **alle in einem Organkreis unter die jeweilige Befreiungsvorschrift fallenden Umsätze zu versteuern, wenn der Organträger auf die Anwendung einer oder mehrerer der in § 9 UStG genannten Befreiungen verzichtet.** Gewisse Erleichterungen sind allerdings zugelassen (vgl. BMF-Erlass IV A/2 – S 7198 – 2/69 vom 28. 6. 1969, BStBl I 1969, 363). 1465

7. Steuerschuldner bei der Organschaft (§ 13 Abs. 2 UStG)

Schuldner der Umsatzsteuer für Lieferungen und sonstige Leistungen sowie für gleichgestellte Wertabgaben i. S. von § 3 Abs. 1b und 9a UStG ist grundsätzlich der Unternehmer (§ 13 Abs. 2 UStG), also der **Organträger. Er ist Steuerschuldner für alle vom Organkreis** gemäß § 1 Abs. 1 Nr. 1 bis 3 UStG getätigten Umsätze und die gemäß § 14 Abs. 2 UStG geschuldete Steuer (vgl. BFH-Beschluss V B 230/91 vom 12. 8. 1993, BFH/NV 1994, 277; FG Münster 5 K 590/86 U vom 15. 10. 1992, n. v.; FG Düsseldorf 5 K 531/90 U vom 23. 4. 1993, EFG 1993, 747; Burhoff in Peter/Burhoff/Stöcker, § 2 UStG Tz. 138). Auch wenn die Organgesellschaft in eigenem Namen aufgetreten ist, wozu sie in der Regel verpflichtet ist, ist der Organträger Steuerschuldner (vgl. Flückiger in Plückebaum/Malitzky, § 2 Abs. 2 UStG Tz. 340). 1466

1467 Nach dem Urteil des FG Münster V 1574/69 U vom 20. 10. 1971 (EFG 1972, 264) sind einem Organträger die Umsätze der Organgesellschaft selbst dann zuzurechnen, wenn diese bereits zur Umsatzsteuer veranlagt und der entsprechende Bescheid bestandskräftig geworden ist. Erst wenn der den Organträger betreffende Umsatzsteuerbescheid bestandskräftig geworden sei, ende die Zurechnung von Umsätzen einer Organgesellschaft (vgl. auch Flückiger in Plückebaum/Malitzky, § 2 Abs. 2 UStG Tz. 340). Richtig daran ist, dass es aufgrund besserer Erkenntnis zu einer widerstreitenden Steuerfestsetzung kommen kann. Diese ist jedoch gemäß § 174 AO zu korrigieren, indem der gegen die verkannte Organgesellschaft ergangene bestandskräftige Bescheid aufgehoben wird (siehe Rz. 1664 ff.). Der gegen den nicht als solchen erkannten Organträger ergangene bestandskräftige Bescheid kann noch nach den §§ 172 und 173 AO durch Hinzurechnung weiterer Umsätze geändert werden.

1468 **Umsätze, die von der Organgesellschaft (noch) vor Beendigung der Organschaft ausgeführt wurden**, sind stets dem Organträger zuzurechnen und von diesem zu versteuern, auch wenn die hierauf entfallende Umsatzsteuer (z. B. in den Fällen der Ist-Besteuerung oder bei Konkurs der Organgesellschaft) erst nach Beendigung der Organschaft entsteht (FG Düsseldorf 5 K 531/90 vom 23. 4. 1993, EFG 1993, 747). Berichtigungsansprüche nach § 17 UStG, die diese Umsätze betreffen, richten sich ebenfalls ausschließlich gegen den Organträger als leistenden Unternehmer (Verfügung OFD Hannover S 7105 - 101 - StH 542, S 7105 - 40 - StO 355 vom 19. 5. 1999, unter 2.2).

1469 **Umsätze, die nach Beendigung der Organschaft allein von der bisherigen Organgesellschaft ausgeführt worden sind**, sind in vollem Umfang von dieser als leistendem Unternehmer zu versteuern.

1470 **Von einem Organträger versteuerte Anzahlungen** für Leistungen, die erst nach Beendigung der Organschaft abschließend erbracht werden, sind bei der Steuerfestsetzung gegenüber der vormaligen Organgesellschaft steuermindernd zu berücksichtigen. Denn § 13 Abs. 1 Nr. 1a Satz 4 UStG enthält einen selbständigen und abschließenden Steuerentstehungstatbestand. Die Entstehung der Steuerschuld nach § 13 Abs. 1 Nr. 1a Satz 4 UStG führt zu einer Vorverlagerung der Entstehung des Steueranspruchs. Die Vorschrift beseitigt den Zinsvorteil, den der leistende Unternehmer bei Vereinnahmung des Entgelts oder Teilentgelts (zuzüglich Umsatzsteuer) vor Ausführung der Leistung ohne diese Regelung hätte. Dass die Anzahlungen nicht von der Organgesellschaft, sondern (zu Recht) von ihrem (früheren) Organträger gemäß § 13 Abs. 1 Nr. 1a Satz 4 UStG versteuert worden sind, während der Steuertatbestand des § 1 Abs. 1 Nr. 1 Satz 1 UStG erst nach der

IV. Die Rechtswirkungen der Organschaft

Beendigung der Organschaft von der inzwischen selbständigen Organgesellschaft verwirklicht worden ist, rechtfertigt kein anderes Ergebnis (BFH-Urteil V R 68/00 vom 21. 6. 2001, BFH/NV 2001, 1683; a.A. FG Münster 15 K 3929/96 U vom 26. 9. 2000; Verfügung OFD Hannover S 7105 - 101 - StH 542, S 7105 – 40 - StO 355 vom 19. 5. 1999, unter 2.3).

8. Anrechnung und Erstattung von Umsatzsteuer, die die Organgesellschaft gezahlt hat

Für das BFH-Urteil V 82/60 S vom 16. 12. 1965, BStBl III 1966, 300 = BFHE 85, 250 war es selbstverständlich, dass die bereits **von der Organgesellschaft (irrtümlich) gezahlte Umsatzsteuer** auf die Mehrsteuer des Organträgers „irgendwie angerechnet werden muss, weil es rechtsstaatlichen Grundsätzen widersprechen würde, dieselben Umsätze doppelt zu besteuern". 1471

8.1 Anrechnung und Erstattung bei Steuerfestsetzung gegenüber der Organgesellschaft

Zahlungen können dem Organträger jedenfalls nicht angerechnet werden, solange die Steuerfestsetzungen gegenüber der Organgesellschaft noch nicht aufgehoben worden sind; denn bis zu diesem Zeitpunkt besteht formell eine eigene Steuerschuld der Organgesellschaft, so dass die von ihr geleisteten Zahlungen zur Tilgung der Steuerschuld des Organträgers nicht zur Verfügung stehen. Die Verwirklichung von Ansprüchen aus dem Steuerschuldverhältnis richtet sich nicht nach der materiellen, sondern nach der formellen Rechtslage. 1472

Grundlage für die Verwirklichung von Ansprüchen aus dem Steuerschuldverhältnis sind nach § 218 Abs. 1 AO die Steuerbescheide und sonstige Festsetzungsverwaltungsakte. Im Verfahren über Abrechnungsbescheide ist das Bestehen der umsatzsteuerrechtlichen Organschaft jedenfalls solange ohne Bedeutung, wie die Umsatzsteuerfestsetzungen (Jahresbescheide und Vorauszahlungsbescheide) gegenüber der Organgesellschaft nicht aufgehoben worden sind. Bis zu diesem Zeitpunkt sind aufgrund der formellen Bescheidlage die Zahlungen der Organgesellschaft als auf ihre eigene, durch Bescheid festgesetzte Steuerschulden geleistet anzusehen, auch wenn dies der materiellen Rechtslage widerspricht. Die Zahlungen der Organgesellschaft stehen deshalb als Zahlung eines Dritten auf dessen eigene Steuerschulden für eine Anrechnung auf die Umsatzsteuerschulden des Organträgers nicht zur Verfügung.

Wenn schon ein und derselbe Steuerpflichtige, der aufgrund eines zu Unrecht ergangenen Steuerbescheids Zahlungen auf die materiell-rechtlich nicht geschuldete Steuerschuld geleistet hat, nicht deren Erstattung oder Verrechnung mit anderen Steuerschulden verlangen kann, solange der unrechtmäßige Steuerbescheid Bestand hat, so muss dies umso mehr gelten für das Anrechnungsbegehren des Organträgers für Zahlungen, die die Organgesellschaft aufgrund des gegen sie ergangenen Umsatzsteuerbescheids geleistet hat. Denn hier ist aufgrund der Beteiligung mehrerer Gesellschaften eine strenge Beachtung der formellen Bescheidlage geboten.

Dass bei der Organschaft umsatzsteuerrechtlich nur ein Steuerpflichtiger (Unternehmer) vorhanden ist, muss als Ausfluss der hier unerheblichen materiellen Rechtslage außer Betracht bleiben. Solange die Bescheide gegenüber der Organgesellschaft nicht aufgehoben worden sind, das zuständige FA also Umsatzsteueransprüche gegen sie geltend macht, ist diese Beteiligte eines Steuerschuldverhältnisses. Das FA hat somit aufgrund der gegen diese ergangenen Steuerfestsetzungen die Zahlungen der Organgesellschaft mit Rechtsgrund erlangt. Dieser sich aus der formellen Rechtslage ergebende Rechtsgrund wirkt auch gegenüber dem Organträger (so BFH-Urteil VII R 28/94 vom 17. 1. 1995, BFH/NV 1995, 580).

8.2 Anrechnung und Erstattung nach Aufhebung der Steuerfestsetzung gegenüber der Organgesellschaft

1473 **Der Organträger hat auch nach Aufhebung der gegenüber einer vermeintlichen Organgesellschaft ergangenen Umsatzsteuerbescheide keinen unmittelbaren Anspruch auf Erstattung oder Anrechnung der Umsatzsteuer,** die die Organgesellschaft zugunsten ihres eigenen Umsatzsteuerkontos gezahlt hat. Denn nach § 37 Abs. 2 AO ist Erstattungsgläubiger, auf wessen Rechnung eine Zahlung ohne rechtlichen Grund bewirkt worden ist. Das ist nach der Rechtsprechung des BFH derjenige, dessen (möglicherweise nur vermeintliche) Steuerschuld nach dem Willen des Zahlenden, wie er im Zeitpunkt der Zahlung dem FA gegenüber erkennbar geworden ist, getilgt werden sollte (vgl. BFH-Urteil VII R 118/87 vom 25. 7. 1989, BStBl II 1990, 41). Dadurch soll den Finanzbehörden eine Prüfung zivilrechtlicher Beziehungen, etwa zwischen dem Steuerschuldner und einem zahlenden Dritten oder zwischen Personen, die eine Steuer als Gesamtschuldner zu leisten haben, erspart werden; ein Erstattungsanspruch soll nicht davon abhängen, wer von ihnen im Innenverhältnis auf die zu erstattenden Beträge materiell-rechtlich einen Anspruch hat (vgl. BFH-Urteil VII R 118/87

IV. Die Rechtswirkungen der Organschaft

vom 25. 7. 1989, BStBl II 1990, 41, 42). Eine von einem (wirklichen oder vermeintlichen) Steuerschuldner geleistete Zahlung kann auch grundsätzlich nicht auf die Steuerschuld eines anderen Steuerschuldners angerechnet werden (vgl. BFH-Urteil VII R 82/94 vom 4. 4. 1995, BStBl II 1995, 492), sondern ist ggf. demjenigen zu erstatten, der als Leistender aufgetreten ist. Dementsprechend können auch Umsatzsteuerzahlungen, die die Organgesellschaft auf ihre vermeintlich eigene Steuerschuld geleistet hat, nicht auf die Umsatzsteuerschuld des Organträgers angerechnet werden, sobald entsprechende Steuerfestsetzungen erfolgt sind.

Dass eine „Anrechnung" gegen eine Organgesellschaft festgesetzter und von dieser gezahlter Umsatzsteuer auf die Umsatzsteuerschuld des Organträgers von vornherein nicht in Betracht kommt, wenn die Umsatzsteuerfestsetzungen gegenüber der Organgesellschaft, auf die von dieser Zahlungen erbracht worden sind, (noch) nicht aufgehoben worden sind (siehe Rz. 1472; vgl. auch BFH-Urteil VII R 49/96 vom 26. 11. 1996, BFH/NV 1997, 537), lässt nicht den Umkehrschluss zu, nach Änderung der betreffenden Steuerfestsetzung sei ein Erstattungsanspruch des Organträgers gegeben, der die betreffenden Steuerzahlungen nicht geleistet hat und auf dessen Umsatzsteuerkonto sie auch von der (vom FA überhaupt erst später als solche erkannten) Organgesellschaft nicht geleistet worden sind. Die Maßgeblichkeit der bestandskräftigen Verwaltungsakte und der zu deren Verwirklichung geleisteten Zahlungen der Beteiligten schließt es nicht nur aus, gegen eine Organgesellschaft festgesetzte und von dieser gezahlte Umsatzsteuer auf die Umsatzsteuerschulden des Organträgers anzurechnen, ohne dass die Umsatzsteuerfestsetzungen gegenüber der Organgesellschaft aufgehoben worden sind. **Auch nach Aufhebung der Umsatzsteuerbescheide gegenüber der Organgesellschaft besteht kein unmittelbarer Erstattungsanspruch des Organträgers.** Für eine Berücksichtigung von Vorschriften des materiellen Steuerrechts (nämlich der umsatzsteuerrechtlichen Grundsätze der Organschaft) ist insofern grundsätzlich kein Raum. Die im Festsetzungsverfahren vorzunehmende „Umbuchung" der vermeintlichen eigenen Umsätze der Organgesellschaft auf die Muttergesellschaft hat also nicht etwa Auswirkung auf das Steuererhebungsverfahren dahin, dass die wegen der angeblichen Umsätze geleisteten Steuer(voraus)zahlungen ebenfalls als (fiktiv) von der Muttergesellschaft geleistet „umzubuchen", d. h. mit deren Steuerschulden zu verrechnen oder dieser zu erstatten wären (so BFH-Urteil VII R 94/99 vom 23. 8. 2001, BFH/NV 2002, 86; vgl. auch BFH-Beschluss VII R 68/93 vom 21. 6. 1994, BFH/NV 1995, 91). Soweit frühere BFH-Entscheidungen (Urteile V 82/60 S vom 16. 12. 1965, BStBl III 1966, 300; V R 35/79 vom 17. 9. 1981, n. v.; VII R 70/81 vom 30. 10. 1984, BStBl II 1985,

1474

114 = BFHE 142, 207; Beschluss V B 53/87 vom 31. 8. 1987, BFH/NV 1988, 201; Urteil VII R 28/94 vom 17. 1. 1995, BFH/NV 1995, 580; anders auch noch FG des Landes Brandenburg 1 K 695/97 U vom 16. 12. 1998, EFG 2000, 154) hiervon abweichen, sind sie jedenfalls überholt.

8.3 Aufrechnung durch Organträger oder FA

1475 Schwierigkeiten, die sich daraus ergeben, dass dem Organträger kein Erstattungs- oder Anrechnungsanspruch hinsichtlich der von der Organgesellschaft (irrtümlich) gezahlten Umsatzsteuer zusteht, lassen sich dadurch beheben, dass sich der Organträger die Erstattungsforderung der Organgesellschaft von dieser abtreten lässt und mit dieser Forderung gegen eine Umsatzsteuerforderung des FA aufrechnet.

Das FA wird der Organgesellschaft keine Umsatzsteuer erstatten wollen, wenn es diese beim Organträger wegen dessen Zahlungsunfähigkeit nicht wieder eintreiben kann. Der Ausweg besteht hier darin, dass die Organgesellschaft nach § 73 AO für die Steuerschuld ihres Organträgers haftet und das FA nach (rechtzeitiger) Haftungsinanspruchnahme der Organgesellschaft mit der Haftungsforderung gegen deren Steuererstattungsforderung aufrechnen kann (vgl. BFH-Urteil VII R 94/99 vom 23. 8. 2001, BFH/NV 2002, 86). Dies zeigt aber auch, dass es grundsätzlich nicht treuwidrig ist, wenn die Organgesellschaft ungeachtet einer etwaigen Zahlungsunfähigkeit des Organträgers für dessen Steuerschulden im Erhebungsverfahren nicht unmittelbar einstehen will, sondern an sich unzweifelhaft entstandene eigene Steuererstattungsansprüche für sich beansprucht. Es ist im Allgemeinen mit dem Grundsatz von Treu und Glauben vereinbar, das FA auf die Durchsetzung seiner Steuerforderungen im Organkreis durch Geltendmachung der Haftung und Erklärung der Aufrechnung zu verweisen (vgl. BFH-Urteil VII R 94/99, a. a. O.).

8.4 Billigkeitserlass

1476 Eine Doppelzahlung von Umsatzsteuer durch die Organgesellschaft und den Organträger ist jedenfalls letztlich im Wege des Erlasses gemäß § 227 AO zu verhindern.

9. Haftung der Organgesellschaften für Umsatzsteuerschulden des Organträgers

1477 Die **Organgesellschaften** sind hinsichtlich der Umsatzsteuer nicht Steuerschuldner, haften jedoch nach § 73 AO **für Umsatzsteuern des Organträgers**, so z. B.

IV. Die Rechtswirkungen der Organschaft

bei Insolvenz der Besitzgesellschaft im Rahmen der Betriebsaufspaltung. Denn für die Umsatzsteuer ist die Organschaft i. S. von § 73 AO selbstverständlich steuerlich von Bedeutung (vgl. BFH-Urteil V R 126/87 vom 11. 4. 1991, BFH/NV 1992, 140). Endet die Organschaft z. B. am 30. 9., haftet die Organgesellschaft für alle bis zu diesem Zeitpunkt entstandenen und fällig gewordenen Umsatzsteuern (vgl. FG München 3 K 4202/88 vom 18. 9. 1991, EFG 1992, 373). Geltend gemacht werden kann der entstandene Haftungsanspruch auch noch danach (Braun, EFG 2000, Beilage 5, S. 33). Die Haftungsansprüche sind ggf. zur Insolvenztabelle der Organgesellschaft anzumelden (OFD Koblenz S 0550 A − St 52 3 vom 15. 6. 2000, StEK AO 1977 § 251 Nr. 13).

Die Haftung bezieht sich auf die Steuern, für die die Organschaft gilt. Besteht z. B. nur hinsichtlich der Umsatzsteuer Organschaft, so erstreckt sich die Haftung der Organgesellschaft nicht auch auf die Körperschaftsteuer oder Gewerbesteuer des Organträgers. Ob Organschaft besteht, richtet sich nach dem jeweiligen Steuergesetz, das für die einzelne Steuer von Bedeutung ist (BMF IV A 4 - S 0062 - 13/98 vom 15. 7. 1998, BStBl I 1998, 630; BMF IV A 4 - S 0062 - 1/00 vom 4. 2. 2000; Braun, EFG 2000, Beilage 5, S. 33).

Den Steuern stehen die Ansprüche auf Erstattung von Steuervergütungen gleich (§ 73 Satz 2 AO). Die **Haftung** der Organgesellschaften erstreckt sich allerdings nicht auf die gesamten Umsatzsteuerschulden des Organträgers; sie **beschränkt sich** vielmehr **auf solche Steuern, die bei der Organgesellschaft ohne die Organschaft, also bei unterstellter Selbständigkeit, angefallen wären** (vgl. Reiß, StuW 1979, 343; Probst, BB 1987, 1992; Sturm, StuW 1992, 252; Stadie in Rau/Dürrwächter, § 2 UStG Tz. 667; a. A. Mösbauer, UR 1995, 321). Auch nach Beendigung der Organschaft haftet die Organgesellschaft gemäß § 73 Satz 2 AO für die vom Organträger geschuldeten Umsatzsteuerbeträge nach § 73 AO, soweit diese vor Beendigung der Organschaft entstanden sind (FG München 3 K 4202/88 vom 18. 9. 1991, EFG 1992, 373; Verfügung OFD Hannover S 7105 - 101 - StH 542, S 7105 - 40 - StO 355 vom 19. 5. 1999), und für einen gegen den Organträger gerichteten Vorsteuerberichtigungsanspruch, soweit die zu berichtigenden Vorsteuern faktisch die Organgesellschaft betreffen (vgl. FG München XIII (III) 145/85 vom 27. 5. 1987, EFG 1988, 48).

10. Keine Haftung des Organträgers für Umsatzsteuerschulden der Organgesellschaft

Der Organträger schuldet die Umsatzsteuer der Organgesellschaft unmittelbar und nicht nur im Wege der Durchgriffshaftung (vgl. FG Rheinland-Pfalz V 29/82 vom 25. 10. 1983, EFG 1983, 525 = DVR 1984, 176; Stadie in Rau/Dürrwächter, § 2 UStG Tz. 664). Eine **Haftung des Organträgers** für Steuerschulden einer Organgesellschaft ist nicht möglich, weil bei der Organgesellschaft keine Umsatzsteuerschulden entstehen können (vgl. Flückiger in Plückebaum/Malitzky, § 2 Abs. 2 UStG Tz. 344; a. A. FG Baden-Württemberg 14 K 269/97 vom 22. 2. 2001, EFG 2001, 931). Die Geschäftsführer des Organträgers haften persönlich für die im Organkreis angefallenen Umsatzsteuern gemäß §§ 34 und 69 AO (vgl. FG Rheinland-Pfalz 5 K 1237/91 vom 16. 11. 1992, EFG 1993, 497).

1479 Bei einer umsatzsteuerrechtlichen Organschaft ist auch im Steuerabzugsverfahren gemäß §§ 51 ff. UStDV die Leistungsbeziehung zwischen der Organgesellschaft und dem ausländischen Unternehmer unmittelbar dem Organträger zuzurechnen. Bei seiner **Inhaftungnahme nach § 55 UStDV und § 191 AO** bedarf es keiner Darlegung besonderer Ermessenserwägungen (FG des Landes Brandenburg 1 V 1319/96 KV vom 6. 2. 1997, EFG 1997, 642).

11. Unberechtigter Steuerausweis

11.1 Durch den Organträger

1480 Der Organträger ist auch insoweit Steuerschuldner, als er selbst in einer Rechnung für eine Lieferung oder sonstige Leistung gegenüber einem Dritten einen höheren Steuerbetrag ausweist, als nach dem UStG geschuldet wird. Dies ergibt sich aus dem Wortlaut des § 14 Abs. 2 UStG („Hat der Unternehmer ... so schuldet er auch den Mehrbetrag"); eine Organgesellschaft haftet für eine derartige Steuer nach § 73 AO, soweit sie von dem Vorgang betroffen ist (siehe Rz. 1477).

11.2 Durch eine Organgesellschaft

1481 Weisen Organgesellschaften in Rechnungen, die sie in eigenem Namen erstellen, Umsatzsteuer aus, so schulden sie diese grundsätzlich nach **§ 14 Abs. 3 UStG**, weil sie keine Unternehmer sind. **Diese Steuerbeträge werden aber insoweit nicht erhoben, wie sie auf Umsätze entfallen, die vom Organträger versteuert werden** (siehe Rz. 1483). Soweit die in den Rechnungen der Organgesellschaften ausgewiesenen Steuerbeträge nicht gleichzeitig vom Organträger geschuldet werden (z. B. Ausweis einer zu hohen Steuer in den Rechnungen der Organgesellschaft oder Ausweis einer Steuer in einer Rechnung der Organgesellschaft, der keine Lieferung zugrunde liegt), schulden die Organgesellschaften diese Beträge nach § 14 Abs. 3 UStG selbst. Er „... schuldet den ausgewiesenen

IV. Die Rechtswirkungen der Organschaft

Betrag ..., obwohl er nicht Unternehmer ist oder eine Lieferung oder sonstige Leistung nicht ausführt" (a. A. FG Münster 15 V 896/94 U vom 25. 3. 1994, EFG 1994, 590; 15 K 485/94 U vom 24. 1. 1995, EFG 1996, 294; Stadie in Rau/Dürrwächter, § 2 Tz. 664; Flückiger in Plückebaum/Malitzky, § 2 Abs. 2 UStG Tz. 339). Als Haftender kann der Organträger nicht herangezogen werden (siehe Rz. 1478).

12. Rechnungsausstellung bei der Organschaft (§ 14 UStG)

12.1 Rechnungen gegenüber Dritten

Nach § 14 Abs. 1 UStG ist nur der Unternehmer, d. h. der Organträger, be- 1482
rechtigt und gegebenenfalls verpflichtet, bei **Außenumsätzen (Umsätze gegenüber Dritten) Rechnungen mit gesondertem Steuerausweis auszustellen.**
Die Organgesellschaften haben diese Pflicht und dieses Recht nicht. Bürgerlich-rechtlich schließen die **Organgesellschaften** jedoch ihre Verträge mit Dritten in eigenem Namen ab und **erteilen im Regelfall** auch dementsprechende **Rechnungen mit gesondertem Steuerausweis.** Der **Leistungsempfänger kann** die von Organgesellschaften ausgewiesene Steuer auch grundsätzlich als **Vorsteuer absetzen,** zumal er oft nicht weiß, dass es sich bei den Organgesellschaften nicht um selbständige Unternehmer handelt.

12.1.1 Umsatzsteuerrechtliche Folgen aus Rechnungen einer Organgesellschaft

Umsatzsteuerrechtlich schulden in derartigen Fällen **die Organgesellschaften** 1483
die in der Rechnung ausgewiesene Steuer grundsätzlich nach § 14 Abs. 3 UStG. **Sie müssen diese Beträge aber jedenfalls insoweit nicht entrichten, wie die Außenumsätze der Organgesellschaften vom Organträger versteuert werden und es daher andernfalls zu einer nicht gewollten und nicht zu rechtfertigenden doppelten Erhebung der Steuer käme** (vgl. Stadie in Rau/Dürrwächter, § 2 UStG Tz. 664). Ohne eine solche doppelte Erfassung (z. B. bei dem Ausweis einer zu hohen Steuer in der Rechnung der Organgesellschaft oder dem Ausweis einer Steuer in einer Rechnung der Organgesellschaft, der keine Lieferung oder Leistung zugrunde liegt) werden die Steuerbeträge jedoch nach § 14 Abs. 3 UStG von der Organgesellschaft geschuldet (siehe auch Rz. 1481; zweifelnd Flückiger in Plückebaum/Malitzky, § 2 Abs. 2 UStG Tz. 339). Abgesehen von dieser Ausnahme **wirken von Organgesellschaften ausgestellte Rechnungen i. S. des § 14 UStG für und gegen den Organträger** (so Flückiger in Plückebaum/Malitzky, § 2 Abs. 2 UStG Tz. 336). Dogmatisch lässt sich dies damit begründen, dass die Zurechnung auch den Rechnungsverkehr erfasst, wenn kraft

Gesetzes (§ 2 Abs. 2 Nr. 2 UStG) Umsätze einem nicht nach außen auftretenden Unternehmer wie dem Organträger zuzurechnen sind (vgl. Schleswig-Holsteinisches FG VI 11/76 vom 3. 4. 1979, UR 1979, 170; Stadie in Rau/Dürrwächter, § 2 UStG Tz. 663; Birkenfeld in Hartmann/Metzenmacher, § 2 Abs. 2 Nr. 2 UStG Tz. 734 ff.).

12.1.2 Zivilrechtliche Lage

1484 Ist die Organgesellschaft wie üblich bei einem Umsatz gegenüber Dritten in eigenem Namen aufgetreten, so richtet sich der zivilrechtliche **Anspruch des Dritten auf Rechnungserteilung** gemäß § 14 Abs. 1 UStG nur gegen die Organgesellschaft als dem zivilrechtlichen Vertragspartner, obwohl diese umsatzsteuerrechtlich nicht Unternehmerin ist und deshalb grundsätzlich keine Rechnung ausstellen darf (vgl. BGH-Urteil VIII ZR 186/73 vom 11. 12. 1974, DB 1975, 248 = BB 1975, 152; Reiß, StuW 1979, 344; Stadie in Rau/Dürrwächter, § 2 UStG Tz. 663). Der Schutz des Leistungsempfängers zwingt jedoch dazu, § 14 Abs. 1 UStG so auszulegen, dass für den Anspruch auf Rechnungserteilung die Unternehmereigenschaft und die Zurechnung von Umsätzen nach dem Außenverhältnis zu beurteilen sind, wobei auch auf das Rechtsinstitut der mittelbaren Stellvertretung zurückgegriffen werden kann (Handeln in eigenem Namen, aber in fremdem Interesse; vgl. Stadie, UR 1988, 19). Die „völlig überflüssigen Differenzierungen" gegenüber dem Zivilrecht (so Reiß, StuW 1979, 344) sind mit der Organschaft zwangsläufig verbunden, mussten dem Gesetzgeber deshalb bekannt sein und haben in jahrzehntelanger Praxis auch zu keinen Schwierigkeiten geführt.

12.1.3 Angabe der Steuernummer

1485 Nach dem durch Art. 1 Nr. 2 Steuerverkürzungsbekämpfungsgesetz vom 19. 12. 2001 eingefügten § 14 Abs. 1a UStG hat der leistende Unternehmer in nach dem 30. 6. 2002 ausgestellten Rechnungen die ihm vom FA erteilte Steuernummer anzugeben. Werden in Fällen der Organschaft Rechnungen unter dem Kopf der Organgesellschaft erteilt, so ist in diesen Rechnungen die Steuernummer des Organträgers anzugeben, weil sämtliche Umsätze des Organkreises unter dieser Steuernummer erfasst werden (BMF IV B 7 - S 7280 - 151/02 vom 28. 6. 2002, BStBl I 2002, 660 unter 1b; OFD Hannover S 7280 - 143 - StH 542/S 7280 - 75 - StO 354 vom 22. 3. 2002).

12.2 Rechnungen innerhalb des Organkreises

1486 **Innerhalb des Organkreises dürfen, da es sich nur um ein einziges Unternehmen handelt, eigentlich keine Rechnungen ausgestellt werden** (vgl. Bir-

IV. Die Rechtswirkungen der Organschaft

kenfeld in Hartmann/Metzenmacher, § 2 Abs. 2 Nr. 2 UStG Tz. 734). Rechnungen ohne Steuerausweis innerhalb des Organkreises aus Gründen der betrieblichen Leistungsabrechnung bleiben aber natürlich zulässig (vgl. Reiß, StuW 1979, 344). Kommt es darüber hinaus zu Rechnungen mit gesondertem Steuerausweis (z. B. für Warenbewegungen von einer Organgesellschaft zur anderen), so ist in den Rechnungen ein Steuerbetrag ausgewiesen, der als nicht steuerbarer Innenumsatz nicht geschuldet wird. **§ 14 Abs. 3 UStG kann** jedoch **nicht angewendet werden,** weil der Begriff der Rechnung hier nicht nach Handelsrecht, sondern nach umsatzsteuerlichen Grundsätzen zu definieren ist. § 14 Abs. 3 UStG ist so zu verstehen, dass nur Rechnungen mit unzulässigem Steuerausweis gegenüber einem (außerhalb des Organkreises stehenden) Dritten betroffen sind (siehe Rz. 1481; BdF-Erlass IV A/3 – 7300 – 65/68 vom 16. 9. 1968; Abschn. C I 3 BdF-Erlass IV A/3 S 7300 – 48/69 vom 28. 6. 1969, BStBl I 1969, 349; OFD Saarbrücken S 7283 – 2 – St 32 vom 2. 1. 1969, BB 1969, 395; Flückiger in Plückebaum/Malitzky, § 2 Abs. 2 UStG Tz. 338; zweifelnd List, UR 1969, 145). Buchungen und Abrechnungen innerhalb des Organkreises sind umsatzsteuerrechtlich ohne Bedeutung (vgl. Flückiger in Plückebaum/Malitzky, § 2 Abs. 2 UStG Tz. 336); gegenseitige Rechnungen innerhalb des Organkreises aus Abrechnungsgründen sind nur innerbetrieblicher Natur (vgl. Reiß, StuW 1979, 344; Flückiger in Plükkebaum/Malitzky, a. a. O.). Denn um eine Rechnung i. S. von § 14 Abs. 3 UStG handelt es sich bei Innenumsätzen nicht, weil eine solche die Abrechnung eines Leistenden über eine Leistung gegenüber einem Leistungsempfänger voraussetzt; Rechnungen über Innenumsätze sind umsatzsteuerlich jedoch nur unternehmensinterne Belege.

Bei Rechnungen innerhalb des Organkreises fällt demnach weder eine Umsatzsteuer an, noch kann die in derartigen Rechnungen ausgewiesene Steuer als Vorsteuer nach § 15 Abs. 1 UStG abgezogen werden (vgl. USt-Gruppenleiterbesprechung Oktober 1968, UR 1968, 351; Abschn. C I 3 BMF-Erlass IV A 3 – S 7300 – 48/69 vom 28. 6. 1969, BStBl I 1969, 349). Als Vorsteuer ist die bei Innenumsätzen ausgewiesene Steuer nicht abziehbar, weil keine Lieferung oder sonstige Leistung von dem einen an den anderen Unternehmer i. S. von § 15 Abs. 1 UStG ausgeführt worden ist.

1487

(unbesetzt) 1488–1530

13. Vorsteuerabzug bei der Organschaft (§ 15 UStG)

13.1 Aus Rechnungen Dritter

1531 Nach § 15 Abs. 1 UStG steht der Vorsteuerabzug nur dem Unternehmer, d. h. dem Organträger zu; die **Organgesellschaften sind** also **nicht zum Vorsteuerabzug berechtigt**. Bürgerlich-rechtlich kaufen jedoch die Organgesellschaften Waren, Anlagegegenstände usw. in eigenem Namen und erhalten dementsprechend vielfach **Rechnungen, die** nicht auf den Organträger, sondern **auf die Organgesellschaft lauten. Der Organträger kann die in diesen Rechnungen ausgewiesenen Vorsteuerbeträge** trotzdem nach § 15 UStG abziehen, weil sein Unternehmen den gesamten Organkreis umfasst. Die Lieferung oder sonstige Leistung ist i. S. von § 15 Abs. 1 Nr. 1 UStG „für sein Unternehmen ausgeführt worden" (vgl. Flückiger in Plückebaum/Malitzky, § 2 Abs. 2 UStG Tz. 342; zweifelnd Weiß, UR 1979, 101).

Der **Vorsteuerabzug aus Leistungsbezügen der Organgesellschaft vor Beendigung der Organschaft** steht auch dann nur dem Organträger zu, wenn die Rechnung erst nach Beendigung der Organschaft bei der Organgesellschaft eingeht und von dieser beglichen wird (Verfügung OFD Hannover S 7105 - 101 - StH 542, S 7105 - 40 - StO 355 vom 19. 5. 1999, unter 2.4). **Vorsteuern aus Leistungen, die die Organgesellschaft nach Beendigung der Organschaft** bezieht, können nur von der Organgesellschaft abgezogen werden; ein von dem Organträger vorgenommener Vorsteuerabzug nach § 15 Abs. 1 Nr. 1 Satz 2 UStG aus geleisteten An- oder Vorauszahlungen ist ggf. zu berichtigen (Verfügung OFD Hannover S 7105 - 101 - StH 542, S 7105 - 40 - StO 355 vom 19. 5. 1999, unter 2.5).

13.2 Klage auf Rechnungserteilung

1532 Auf Rechnungserteilung klagen kann nur die Organgesellschaft als bürgerlich-rechtlicher Vertragspartner des Dritten. Sie kann entgegen Weiß (UR 1979, 101) nur auf Erteilung einer Rechnung an sich selbst, nicht aber auf den Namen des Organträgers als Leistungsempfänger klagen.

13.3 Kein Vorsteuerabzug aus Rechnungen innerhalb des Organkreises

1533 Werden Rechnungen innerhalb eines Organkreises ausgestellt, so können die darin gesondert ausgewiesenen Steuerbeträge nicht als Vorsteuern abgezogen werden, weil keine Lieferung oder sonstige Leistung von dem einen an den ande-

IV. Die Rechtswirkungen der Organschaft 357

ren Unternehmer i. S. von § 15 Abs. 1 UStG ausgeführt worden ist (Einzelheiten in Rz. 1486 f.; vgl. ferner Heidner, DStR 1988, 90).

13.4 Ausschluss des Vorsteuerabzugs

Vom Vorsteuerabzug ausgeschlossen sind gemäß § 15 Abs. 2 UStG u. a. (empfangene) Leistungen, die der Unternehmer für steuerfreie Umsätze verwendet (zu Ausnahmen siehe § 15 Abs. 3 UStG). So kann ein von der Umsatzsteuer nach § 4 Nr. 16 UStG befreites Krankenhaus als Organträger nicht Vorsteuern abziehen, die der ausschließlich für das Krankenhaus als Reinigungsbetrieb tätigen Organgesellschaft von ihren Lieferanten in Rechnung gestellt werden. Das Abzugsverbot bezieht sich dabei nicht nur auf steuerfreie Umsätze, die der Organträger unmittelbar ausführt, sondern erfasst auch alle anderen, ihm zuzurechnenden des Organkreises gegenüber Dritten.   1534

13.5 Aufteilung bei teilweisem Ausschluss des Vorsteuerabzugs (§ 15 Abs. 4 UStG)

Ist ein Reinigungsbetrieb sowohl für ein Krankenhaus als Organträger als auch gegenüber umsatzsteuerpflichtigen Dritten tätig, beschränkt sich das Abzugsverbot für die dem Reinigungsbetrieb von seinen Lieferanten in Rechnung gestellte Vorsteuer gemäß § 15 Abs. 4 UStG auf den Leistungsanteil gegenüber dem Organträger. Maßgeblich ist also das **Umsatzverhältnis bei der Organgesellschaft**. Den Vorsteueranteil, der den gegenüber umsatzsteuerpflichtigen Dritten erbrachten Leistungen entspricht, kann der Organträger abziehen. Im Voranmeldungsverfahren kann der Unternehmer die Aufteilung aus Vereinfachungsgründen statt nach den Verhältnissen des betreffenden Voranmeldungszeitraums nach den Verhältnissen eines vorangegangenen Besteuerungszeitraums oder nach den voraussichtlichen Verhältnissen des laufenden Besteuerungszeitraums vornehmen (Abschn. 207 Abs. 5 UStR).   1535

Erbringt der Organträger, teils steuerpflichtige, teils steuerfreie Leistungen, so ist bei der Aufteilung der Vorsteuern nach § 15 Abs. 4 UStG in abzugsfähige und nicht abzugsfähige Beträge grundsätzlich von den **Verhältnissen des gesamten Unternehmens (Organkreises)** auszugehen. Kompliziert wird die Aufteilung von Vorsteuerbeträgen, wenn der Organträger sowohl unmittelbar als auch mittelbar über Organgesellschaften teils steuerpflichtige, teils steuerfreie Leistungen erbringt. Eine sachgerechte Schätzung ist zulässig (§ 15 Abs. 4 Satz 2 UStG; zu Einzelheiten vgl. Abschn. 208 UStR). Die nicht steuerbaren Innenumsätze bleiben bei der Aufteilung außer Betracht.   1536

358　　　　　　　　　　　　　*C. Die Organschaft im Umsatzsteuerrecht*

14. Berichtigung des Vorsteuerabzugs bei der Organschaft (§ 15a UStG)

1537　Ändern sich bei einem Wirtschaftsgut die Verhältnisse, die im Kalenderjahr der erstmaligen Verwendung für den Vorsteuerabzug maßgebend waren, innerhalb von fünf bzw. zehn Jahren seit dem Beginn der Verwendung, so ist für jedes Kalenderjahr der Änderung ein Ausgleich durch eine Berichtigung des Abzugs der auf die Anschaffungs- oder Herstellungskosten entfallenden Vorsteuerbeträge vorzunehmen (§ 15a Abs. 1 UStG). Eine Veräußerung zwischen Organträger und Organgesellschaft kann erst nach Beendigung der Organschaft relevant werden (vgl. BFH-Urteil V R 156/84 vom 11. 1. 1990, BFH/NV 1990, 741). Wie sich § 15a UStG im Zusammenhang mit der Begründung oder Auflösung eines Organschaftsverhältnisses auswirkt, ist in Rz. 1163 ff. behandelt.

15. Vorsteuerrückforderungsanspruch nach § 17 Abs. 2 UStG

1538　Gemäß § 17 Abs. 1 Satz 1 Nr. 2 UStG hat bei Änderung der Bemessungsgrundlage der Unternehmer, an den der Umsatz ausgeführt worden ist, den dafür vorgesehenen Vorsteuerabzug entsprechend zu berichtigen. Diese Regelung gilt gemäß § 17 Abs. 2 Nr. 1 UStG sinngemäß, wenn das vereinbarte Entgelt uneinbringlich geworden ist. Es ist gesetzlich nicht geregelt, ob dieser Rückforderungsanspruch bei Beendigung einer Organschaft gegen den (ehemaligen) Organträger oder die (nunmehr selbständige) Organgesellschaft besteht, wenn deren Leistungsbezüge während des Bestehens der Organschaft betroffen sind. Strittig ist, ob sich Vorsteuerrückforderungsansprüche nach § 17 UStG unabhängig von ihrem Begründungs- und Entstehungszeitpunkt gegen den (ehemaligen) Organträger richten, dem der Vorsteuerabzug zustand oder ob nicht entscheidend auf den Zeitpunkt des die Rückforderung auslösenden Ereignisses (Uneinbringlichkeit der von der ehemaligen Organgesellschaft geschuldeten Entgelte) abzustellen ist.

1539　Der BFH hat entschieden, dass sich der Vorsteuerrückforderungsanspruch auch dann gegen den Organträger richtet, wenn der Anspruch auf der Uneinbringlichkeit der Entgelte infolge einer Konkurseröffnung bei der Organgesellschaft beruht und damit erst nach Eröffnung des Konkurses entsteht (Urteile V R 126/87 vom 11. 4. 1991, BFH/NV 1992, 140, zu II. 4.; V R 22/01 vom 6. 6. 2002, n. v.; Beschlüsse V B 230/91 vom 12. 8. 1993, BFH/NV 1994, 277; V B 34/98 vom 7. 9. 1998, BFH/NV 1999, 226). Andererseits wird die Meinung vertreten, dass beim Vorsteuerrückforderungsanspruch nach § 17 UStG entscheidend auf den Zeitpunkt des die Rückforderung auslösenden Ereignisses (Uneinbringlichkeit

IV. Die Rechtswirkungen der Organschaft

der von der GmbH geschuldeten Entgelte) abzustellen ist (FG Nürnberg II 169/86 vom 22. 2. 1990, EFG 1990, 543; FG Brandenburg 1 V 857/96 vom 19. 7. 1996, EFG 1996, 1061). Im BFH-Beschluss V B 110/01 vom 6. 6. 2002, n. v. wird die rechtliche Beurteilung für ernstlich zweifelhaft gehalten.

Vorsteuerrückforderungsansprüche nach § 17 UStG müssen sich jedoch allgemein unabhängig von ihrem Begründungs- und Entstehungszeitpunkt gegen den (ehemaligen) Organträger richten, dem der Vorsteuerabzug zustand (FG Düsseldorf 5 K 531/90 U vom 23. 4. 1993, EFG 1993, 747; FG des Landes Brandenburg, Beschluss des Vorsitzenden 1 V 857/96 vom 19. 7. 1996, EFG 1996, 1061; Birkenfeld, Umsatzsteuerhandbuch, § 37 Rn. 98; Klenk in Sölch/Ringleb, § 2 UStG Rn. 135; Stadie in Rau/Dürrwächter, § 2 UStG Rn. 726.1, § 17 Rn. 40.1; OFD Hannover S 7105-101-StH 542/ S 7105-40-StO 355 vom 19. 5. 1999 zu 2.4). Etwas anderes ist mit § 37 Abs. 2 AO nicht zu vereinbaren. Denn Empfänger der wegen Wegfall der rechtlichen Grundes zurück zu gewährenden Vorsteuervergütung war der Organträger.

Werden z. B. Verbindlichkeiten, für die der Organträger bereits den Vorsteuerabzug geltend gemacht hat, von der Organgesellschaft infolge der Anordnung der Sequestration für deren Unternehmen nicht mehr beglichen, entsteht der Vorsteuerrückforderungsanspruch nach § 17 Abs. 2 Nr. 1 UStG mit Ablauf des Voranmeldungszeitraums, in dem die Sequestration angeordnet worden ist. Schuldner des Rückforderungsanspruchs ist der Organträger. Dies folgt zum einen daraus, dass es sich bei dem Rückforderungsanspruch um die Korrektur eines bereits genossenen steuerlichen Vorteils handelt, der dem Organträger zugute gekommen war. Die Rückabwicklung ist in diesem Fall so vorzunehmen, wie die Berechtigungen ursprünglich bestanden hatten. Das bedeutet, dass die Vergünstigung, deren Berechtigung nachträglich weggefallen ist, bei demjenigen Steuersubjekt zu korrigieren ist, bei dem sie sich zuvor ausgewirkt hatte. Dies ist der Organträger. Abgesehen davon entspricht es nicht dem Zweck des § 17 UStG, dass der Organträger endgültig die Vorteile aus dem sich nachträglich als unberechtigt herausstellenden Vorsteuerabzug ziehen darf, während der Fiskus bei der Rückforderung gegen die insolvent gewordene Organgesellschaft regelmäßig ausfällt (FG des Landes Brandenburg 1 K 169/99 U vom 16. 10. 2000, n. v.). 1540

Vorsteuerberichtigungsansprüche nach § 17 UStG zugunsten des Unternehmers stehen der Organgesellschaft zu, wenn die vorsteuerbelasteten Leistungen von der Organgesellschaft zwar vor Beendigung der Organschaft bezogen wurden, das die Vorsteuerberichtigung nach § 17 UStG auslösende Ereignis aber erst nach Beendigung der Organschaft eintrat. Da es sich hier nicht um einen Erstattungsanspruch i. S. von § 37 Abs. 2 AO handelt, entsteht kein Widerspruch gegenüber dem Vorsteuerberichtigungsanspruch zu Lasten des Unternehmers (Bedenken aber im BFH-Beschluss V B 110/01 vom 6. 6. 2002, n. v.).

16. Anrechnung bei der Organgesellschaft berücksichtigter Vorsteuern

1541 Der Organträger muss sich die vom FA fälschlich der Organgesellschaft ausgezahlte oder bei ihr sonst berücksichtigte Vorsteuer nicht auf einen Umsatzsteuererstattungsanspruch anrechnen lassen, der sich nach den gesamten Umsätzen des Organkreises ergibt. Das FA muss vielmehr die Vorsteuer nach Aufhebung des entsprechenden Umsatzsteuerbescheids von der Organgesellschaft zurückfordern (vgl. BFH-Urteile VII R 70/81 vom 30. 10. 1984, BStBl II 1985, 114; VII R 94/99 vom 23. 8. 2001, BFH/NV 2002, 86). Umgekehrt richtet sich im Fall der Insolvenz oder der Sequestration der Organgesellschaft der Vorsteuerrückforderungsanspruch des FA gegen den Organträger, auch wenn der Vorsteuerüberschuss an die Organgesellschaft ausgezahlt worden war (BFH-Beschluss V B 34/98 vom 7. 9. 1998, BFH/NV 1999, 226; FG Münster 5 K 590/86 vom 15. 10. 1992, n. v.).

17. Veranlagungszeitraum bei der Organschaft (§ 16 UStG)

1542 Wird die Organschaft im Laufe eines Kalenderjahres begründet, so bleibt für den Organträger, wenn er schon Unternehmer war, das Kalenderjahr gemäß § 16 Abs. 1 Satz 2 UStG Veranlagungszeitraum. Seinen eigenen Umsätzen sind die Umsätze der Organgesellschaft, die diese vom Zeitpunkt der Begründung der Organschaft an ausführt, zuzurechnen. Für die Organgesellschaft endet das Unternehmerdasein mit der organschaftlichen Eingliederung. Ihr Veranlagungszeitraum bestimmt sich nach § 16 Abs. 3 UStG. Das Gleiche gilt, wenn der Organträger erst durch die Organschaft im Laufe eines Kalenderjahres zum Unternehmer wurde oder die Organgesellschaft durch Beendigung der Organschaft während des Kalenderjahres (selbständige) Unternehmerin wird.

18. Steuererklärungen, Zahlungen und Erstattungen bei der Organschaft (§ 18 UStG)

1543 Die Pflicht zur Abgabe der Steuererklärungen (Voranmeldungen und Jahreserklärung) und die Verpflichtung zur Leistung der Zahlungen (Vorauszahlungen und Abschlusszahlungen) trifft gemäß § 18 UStG den Organträger als den einzigen Unternehmer im Organkreis. Für den gesamten Organkreis (Unternehmen)

IV. Die Rechtswirkungen der Organschaft 361

ist **nur** jeweils **eine Voranmeldung oder Erklärung** für den Voranmeldungs- oder Veranlagungszeitraum abzugeben (vgl. Heidner, DStR 1988, 90; Birkenfeld in Hartmann/Metzenmacher, § 2 Abs. 2 Nr. 2 UStG Tz. 744). Neben dem Organträger hat allerdings jede einzelne Organgesellschaft gemäß § 18a Abs. 1 Satz 5 UStG über innergemeinschaftliche Warenlieferungen zusammenfassende Meldungen an das Bundesamt für Finanzen abzugeben (vgl. Rz. 1567 ff.).

Der Organträger ist mit den Umsätzen des gesamten Organkreises zu veranlagen und führt die diesen betreffenden Rechtsbehelfsverfahren. Solange der Organträger nicht anderweitig rechtskräftig zur Umsatzsteuer veranlagt worden ist, sind ihm die Umsätze der Organgesellschaften zuzurechnen, auch wenn diese bereits zur Umsatzsteuer veranlagt und die entsprechenden Bescheide bestandskräftig geworden sind (vgl. FG Münster V 1574/69 U vom 20. 10. 1971, EFG 1972, 264 und Rz. 1467).

19. Besteuerung der Kleinunternehmer (§ 19 UStG)

Ob die in § 19 UStG bezeichneten Umsatzgrenzen eingehalten sind, bestimmt sich nach den Umsätzen **des gesamtes Organkreises** (vgl. Flückiger in Plückebaum/Malitzky, § 2 Abs. 2 UStG Tz. 340). Eine Erklärung nach § 19 Abs. 2 UStG ist vom Organträger als dem einzigen Unternehmer im Organkreis abzugeben. Sie **bindet** diesen wie auch **die Organgesellschaften**, Letztere jedoch **nur bis zu ihrem Ausscheiden aus dem Organkreis**. Nachteilig kann sich die gebotene Zusammenrechnung von Besteuerungsmerkmalen im Organkreis auch auswirken im Zusammenhang mit § 4 Nr. 19a UStG (Zahl der Arbeitnehmer).   1544

20. Versteuerung nach vereinnahmten Entgelten bei der Organschaft (§ 20 UStG)

Eine Ist-Versteuerung kommt bei der Organschaft praktisch nur dann in Betracht, wenn der Gesamtumsatz im vorangegangenen Kalenderjahr nicht mehr als 250000 DM betragen hat (§ 20 Abs. 1 Nr. 1 UStG). Diese Umsatzgrenze bestimmt sich nach den Verhältnissen des gesamten Organkreises. Ist die Genehmigung einer Ist-Versteuerung gemäß § 20 Abs. 1 Satz 2 UStG auf eine Organgesellschaft als einzelnem Betrieb des Unternehmers beschränkt, so gilt die Genehmigung nur bis zum Ausscheiden der Gesellschaft aus dem Organkreis.   1545

21. Aufzeichnungspflichten bei der Organschaft (§ 22 UStG)

1546 Die Aufzeichnungspflichten sind nach § 22 Abs. 1 UStG grundsätzlich vom Organträger als dem einzigen Unternehmer im Organkreis zu erfüllen (vgl. Heidner, DStR 1988, 90; Flückiger in Plückebaum/Malitzky, § 2 Abs. 2 UStG Tz. 336). Zu einem Verstoß gegen diese Pflichten kommt es aber dann nicht, wenn die entsprechenden Aufzeichnungen von den Organgesellschaften für ihren jeweiligen Bereich gemacht werden (a. A. Flückiger in Plückebaum/Malitzky, a. a. O.).

22. Durchschnittssätze für land- und forstwirtschaftliche Betriebe bei der Organschaft (§ 24 UStG)

1547 Die Durchschnittssätze für land- und forstwirtschaftliche Betriebe nach § 24 Abs. 1 UStG können nach Änderung des § 24 Abs. 2 Satz 3 UStG durch Art. 36 Nr. 4 Zweites Haushaltsstrukturgesetz vom 22. 12. 1981 (BGBl I 1981, 1523 = BStBl I 1982, 235) von **Gewerbebetrieben kraft Rechtsform** (§ 2 Abs. 2 GewStG) nicht mehr in Anspruch genommen werden, auch wenn im Übrigen die Voraussetzungen eines land- und forstwirtschaftlichen Betriebes erfüllt sind. Vorher galt als land- und forstwirtschaftlicher Betrieb auch ein Gewerbebetrieb kraft Rechtsform, wenn im Übrigen die Merkmale eines land- und forstwirtschaftlichen Betriebes gegeben waren (vgl. zur früheren Rechtslage OFD Saarbrücken S 7416 – 3 – St 32 vom 14. 12. 1967, UR 1969, 78 und BFH-Urteil V R 140/71 vom 23. 3. 1972, BStBl II 1972, 406).

1548 Zu den Gewerbebetrieben kraft Rechtsform zählen u. a. die Kapitalgesellschaften sowie Erwerbs- und Wirtschaftsgenossenschaften. Nach § 2 Abs. 3 GewStG gilt auch die Tätigkeit der sonstigen juristischen Personen des privaten Rechts (z. B. eingetragene Vereine, rechtsfähige Stiftungen und Anstalten) als Gewerbebetrieb, soweit sie einen wirtschaftlichen Geschäftsbetrieb unterhalten, falls es sich dabei nicht um Land- und Forstwirtschaft handelt. Für den letzteren Bereich bleibt deshalb § 24 UStG weiterhin anwendbar (vgl. Schuhmann in Rau/Dürrwächter, § 24 UStG Tz. 151).

1549 Im Übrigen kommt eine Besteuerung nach Durchschnittssätzen danach praktisch nur noch für den Organträger in Betracht, soweit dieser selbst einen land- oder forstwirtschaftlichen Betrieb führt. Hinsichtlich der übrigen Umsätze, nämlich der ihm zuzurechnenden Umsätze der Organgesellschaft, bleibt es bei der Regelbesteuerung. Die Zulässigkeit einer solchen Aufteilung ergibt sich aus § 24 Abs. 3 UStG (vgl. Schuhmann in Rau/Dürrwächter, § 24 UStG Tz. 152 ff.; Birkenfeld in Hartmann/Metzenmacher, § 2 Abs. 2 Nr. 2 UStG Tz. 815 ff.).

1550–1553 *(unbesetzt)*

IV. *Die Rechtswirkungen der Organschaft* 363

23. Beschränkung der Wirkung der Organschaft auf das Inland – Abschaffung der grenzüberschreitenden Organschaft

23.1 Früherer Rechtszustand

Nach herrschender Meinung war für das UStG 1967, 1973 und 1980 die grenzüberschreitende Organschaft zugelassen (vgl. BMF-Schreiben IV A/2 – S 7104 – 14/80 vom 10. 7. 1980, BStBl I 1980, 421 = UR 1980, 164; BFH-Urteile V R 6/76 vom 17. 9. 1981, BStBl II 1982, 47; X R 20/81 vom 29. 4. 1987, BFH/ NV 1987, 742; Stadie in Rau/Dürrwächter, § 2 UStG Tz. 10; Flückiger in Plückebaum/Malitzky, § 2 Abs. 2 UStG Tz. 326; Matheja, UR 1981, 191). Die Wirkungen der Organschaft erstreckten sich danach auch auf im Außengebiet (heute Ausland, § 1 Abs. 2 Satz 2) ansässige Organträger und Organgesellschaften. Die Gegenmeinung war der Auffassung, dass § 2 Abs. 2 Nr. 2 UStG 1967/1973 gemäß Art. 4 Abs. 4 **Sechste Richtlinie des Rates der Europäischen Gemeinschaften** zur Harmonisierung der Rechtsvorschriften der Mitgliedstaaten über die Umsatzsteuern vom 17. 5. 1977 (Amtsblatt der Europäischen Gemeinschaften Nr. L 145 vom 13. 6. 1977, S. 1) richtlinienkonform dahin auszulegen sei, dass die Wirkungen der Organschaft auf das Erhebungsgebiet (heute Inland, § 1 Abs. 2 Satz 1 UStG) begrenzt sind (vgl. Birkenfeld in Hartmann/Metzenmacher, § 2 Abs. 2 Nr. 2 UStG Tz. 762; Martin, UR 1962, 137; Wenzel, DB 1979, 2151; Reiß, StuW 1979, 343; vgl. ferner auch FG Freiburg I R 173-174/61 vom 31. 1. 1964, UR 1964, 220; FG Baden-Württemberg III 130/69 vom 27. 10. 1970, UR 1971, 232).

1554

23.2 Änderung durch das Steuerbereinigungsgesetz 1986

Aufgrund einer Klage der EG-Komission gegen die Bundesrepublik Deutschland beim EuGH (Rs. C-298/85, ABl. EG 1985 Nr. C 285, S. 6) **beschränkte** der deutsche Gesetzgeber mit Art. 14 Nr. 2 **Steuerbereinigungsgesetz 1986** vom 19. 12. 1985, BStBl I 1985, 735 (zur Rückwirkung vgl. Verfügung der OFD Frankfurt S 7000 A – St IV 11 vom 9. 7. 1986, StEK UStG 1980 § 2 Abs. 2 Nr. 5) durch Einfügung der Sätze 2 bis 4 in § 2 Abs. 2 Nr. 2 UStG die **Wirkungen der Organschaft** ab 1. 1. 1987 **auf das Erhebungsgebiet bzw. Inland,** d. h. auf Innenleistungen zwischen den im Inland gelegenen Unternehmensteilen (vgl. Klezath, DStZ 1986, 112, 113; Tüchelmann, UR 1989, 109, 111; Stadie in Rau/Dürrwächter, § 2 UStG Tz. 10). Diese Unternehmensteile sind als ein Unternehmen zu behandeln (§ 2 Abs. 2 Nr. 2 Satz 3 UStG). Hat der Organträger seine Geschäftsleitung im Ausland, gilt der wirtschaftlich bedeutendste Unternehmensteil im Inland

1555

als der Unternehmer (§ 2 Abs. 2 Nr. 2 Satz 4 UStG). Die Wirkungen einer Organschaft treten also nicht ein zwischen Unternehmensteilen im Ausland sowie zwischen Unternehmensteilen im Inland und solchen im Ausland (vgl. Abschn. 21a Abs. 1 Satz 2 UStR). Jede im Ausland ansässige Organgesellschaft ist im Verhältnis zu ihrem im Inland ansässigen Organträger als selbständiger Unternehmer anzusehen. Umgekehrt gilt auch eine im Inland ansässige Organgesellschaft gegenüber ihrem im Ausland ansässigen Organträger als selbständiger Unternehmer, wobei aber mehrere solcher Organgesellschaften wieder zu einem Unternehmen, dem der wirtschaftlich bedeutendsten Gesellschaft, zusammengefasst werden. Die im Inland gelegenen Unternehmensteile sind auch dann als ein Unternehmen zu behandeln, wenn es zu Innenleistungen zwischen ihnen nicht kommt (vgl. Verfügung der OFD Frankfurt S 7000 A – St IV 11 vom 9. 7. 1986, StEK UStG 1980 § 2 Abs. 2 Nr. 5).

1556 Daraus, dass der Gesetzgeber die grenzüberschreitende Organschaft ausdrücklich ausgeschlossen hat, ist zu entnehmen, dass eine solche Organschaft entgegen früheren Bedenken im Schrifttum begrifflich und systematisch möglich ist (vgl. Klenk in Sölch/Ringleb, § 2 UStG Tz. 150). Auf die Voraussetzungen und den Begriff der Organschaft hat sich die Gesetzesänderung nicht ausgewirkt (vgl. Abschn. 21a Abs. 2 Satz 1 UStR; Verfügung der OFD Frankfurt S 7000 A – St IV 11 vom 9. 7. 1986, StEK UStG § 2 Abs. 2 Nr. 5; Klezath, DStZ 1986, 112, 113). Durch die Neuregelung wird das in § 2 Abs. 1 Satz 2 UStG verankerte Prinzip der Unternehmenseinheit nicht durchbrochen. Innenumsätze auch über die Grenze hinweg im Bereich eines Unternehmens unabhängig von einem Organkreis bleiben, abgesehen von einem innergemeinschaftlichem Verbringen i. S. von § 3 Abs. 1a UStG, nicht steuerbar. Auch **grenzüberschreitende Lieferungen und Leistungen zwischen einem Organträger und seiner Betriebsstätte sind deshalb weiterhin,** da diese Rechtsfolge nicht organschaftlich begründet ist, mit der genannten Ausnahme **nicht steuerbare Innenumsätze** (vgl. Abschn. 21a Abs. 2 UStR und Abschn. I Abs. 3 BMF-Schreiben IV A 2 – S 7105 – 13/87 vom 13. 8. 1987, BStBl I 1987, 624). Nur innerhalb eines Organkreises haben die durch § 2 Abs. 2 Nr. 2 Satz 2 bis 4 UStG eingeführten Beschränkungen Bedeutung (vgl. Stadie in Rau/Dürrwächter, § 2 UStG Tz. 741).

1557 **Unternehmensteile im Ausland** behalten für die Organschaft weiter Bedeutung, weil sie bei mehreren Unternehmensteilen im Inland **in die Prüfung, ob eine Organschaft besteht** und weshalb die Umsätze zwischen den Unternehmensteilen im Inland nicht steuerbar sind, **einzubeziehen** sind (vgl. Abschn. I Abs. 2 BMF-Schreiben IV A 2 – S 7105 – 13/87 vom 13. 8. 1987, a. a. O.; Tüchelmann, UR 1989, 109, 111).

IV. Die Rechtswirkungen der Organschaft

Nachteile hat die Gesetzesänderung vor allem **für Versicherungsunternehmen** mit sich gebracht, indem bislang nicht steuerbare Leistungen ausländischer Organgesellschaften an einen inländischen Organträger nunmehr besteuert werden, der gemäß § 4 Nr. 10a und § 15 Abs. 2 Nr. 1 UStG nicht zum Vorsteuerabzug berechtigt ist (vgl. Klezath, DStZ 1986, 112, 113; Stadie in Rau/Dürrwächter, § 2 UStG Tz. 733). Ein entsprechender Nachteil ergibt sich, wenn eine ausländische Organgesellschaft für ihren im Inland ansässigen Organträger im Inland ein Wohngebäude errichtet. Die dem Organträger nunmehr in Rechnung zu stellende Umsatzsteuer kann von diesem gemäß §§ 4 Nr. 12a und 15 Abs. 2 Nr. 1 UStG nicht als Vorsteuer abgezogen werden (vgl. Tüchelmann, UR 1989, 109, 111 f.).

1558

Vermeiden lässt sich ein solcher Nachteil dadurch, dass die ausländische Organgesellschaft zur ausländischen Betriebstätte des im Inland ansässigen Organträgers gemacht wird (unechte Fusion) oder die Organgesellschaft im Inland eine Betriebstätte gründet und das Gebäude von dieser errichten lässt (siehe Rz. 1154 ff. und 1564 ff. und Tüchelmann, UR 1989, 109, 111 f.). Innerhalb des Versicherungsverbundes kann beispielsweise die bisher von der ausländischen Organgesellschaft besorgte Datenverarbeitung einer ausländischen Betriebstätte des im Inland ansässigen Organträgers übertragen werden. Nichtsteuerbare Innenumsätze sind allerdings nur die Umsätze dieser Betriebstätte mit dem Organträger, nicht aber entgegen Tüchelmann (a. a. O.) die mit dessen sonstigen Organgesellschaften im Inland (siehe Rz. 1564 ff.).

23.3 Unternehmensteile

Der Begriff des Unternehmensteils stammt aus dem zu Berlin-Präferenzen ergangenen BFH-Urteil V R 119/66 vom 27. 8. 1970 (BStBl II 1971, 122; vgl. auch Hünnekens, NWB F. 1, 3847 (1987)). Unternehmensteile sind der Organträger, die Organgesellschaften und unter den Voraussetzungen des § 12 AO rechtlich unselbständige Betriebstätten. Nach Abschn. I Abs. 5 BMF-Schreiben IV A 2 – S 7105 – 13/87 vom 13. 8. 1987 (BStBl I 1987, 624) sowie Abschn. 21a Abs. 4 Satz 2 und 240 Abs. 2 UStR sind im Inland gelegene und vermietete **Grundstücke** wie Betriebstätten zu behandeln.

1559

Im Inland gelegene Unternehmensteile sind (vgl. Abschn. 21a Abs. 3 UStR; Abschn. I Abs. 4 BMF-Schreiben IV A 2 – S 7105 – 13/87 vom 13. 8. 1987, BStBl I 1987, 624):

1560

(1) der Organträger, wenn er im Inland ansässig ist,

(2) die im Inland ansässigen Organgesellschaften des in Nr. 1 bezeichneten Organträgers,

(3) die im Inland gelegenen Betriebsstätten (z. B. auch Zweigniederlassungen) des in Nr. 1 bezeichneten Organträgers und seiner im In- und Ausland ansässigen Organgesellschaften (vgl. zu gemeinschaftsrechtlichen Bedenken Steppert, UR 1994, 343; Stadie in Rau/Dürrwächter, § 2 UStG Tz. 736 ff.),

(4) die im Inland ansässigen Organgesellschaften eines Organträgers, der im Ausland ansässig ist und

(5) die im Inland gelegenen Betriebsstätten (z. B. auch Zweigniederlassungen) des im Ausland ansässigen Organträgers und seiner im In- und Ausland ansässigen Organgesellschaften.

23.4 Ansässigkeit

1561 Die Ansässigkeit des Organträgers und der Organgesellschaften beurteilt sich danach, wo sie ihre Geschäftsleitung haben (Abschn. 21a Abs. 4 Satz 1 UStR).

23.5 Organträger im Inland ansässig

1562 Ist der Organträger im Inland ansässig, so umfasst sein Unternehmen seine im Inland ansässigen Organgesellschaften, seine im In- und Ausland gelegenen Betriebsstätten sowie die im In- und Ausland gelegenen Betriebsstätten seiner im Inland ansässigen Organgesellschaften (Nr. 1 bis 3 der vorstehenden Aufzählung). Insoweit ist der Organträger insgesamt Unternehmer und damit Steuerschuldner i. S. von § 13 Abs. 2 UStG (vgl. Abschn. 21a Abs. 6 UStR und Abschn. I Abs. 7 BMF-Schreiben IV A 2 – S 7105 – 13/87 vom 13. 8. 1987, a. a. O.).

1563 Die im Ausland ansässigen Organgesellschaften gehören umsatzsteuerlich nicht zum Unternehmen des Organträgers. Im Ausland gelegene Betriebsstätten von im Inland ansässigen Organgesellschaften sind den jeweiligen Organgesellschaften nach § 2 Abs. 1 Satz 2 UStG zuzurechnen und damit entgegen Abschn. 21a Abs. 6 Satz 7 UStR und Abschn. I Abs. 7 BMF-Schreiben vom 13. 8. 1987 (a. a. O.; vgl. auch Flückiger in Plückebaum/Malitzky, § 2 Abs. 2 UStG Tz. 348 f.) gemäß § 2 Abs. 2 Nr. 2 Satz 3 UStG auch dem Unternehmen des im Inland ansässigen Organträgers. Die Zurechnung von Leistungen zwischen solchen Betriebsstätten und anderen Organgesellschaften ist dagegen, da sie nur auf § 2 Abs. 2 Nr. 2 Satz 1 UStG gestützt werden könnte, durch § 2 Abs. 2 Nr. 2 Satz 2 UStG ausgeschlossen.

IV. Die Rechtswirkungen der Organschaft

Beispiele (vgl. Abschn. 21a Abs. 6 UStR; Abschn. I Abs. 7 BMF-Schreiben IV A 2 – S 7105 – 13/87 vom 13. 8. 1987, a. a. O., mit Hinweisen zum Vorsteuervergütungsverfahren, soweit die Lieferungen oder sonstigen Leistungen steuerbar sind):

Beispiel 1:
Der im Inland ansässige Organträger O hat im Inland eine Organgesellschaft T1, in Frankreich eine Organgesellschaft T2 und in Belgien eine Betriebsstätte B. O versendet Waren an T1, T2 und B.
Zum Unternehmen des O (Unternehmer) gehören T1 und B. Zwischen O und T1 sowie zwischen O und B handelt es sich um nicht steuerbare Innenleistungen, zwischen O und T2 um steuerbare Leistungen.

Beispiel 2:
T2 errichtet im Auftrag von T1 eine Anlage im Inland. Sie führt dazu Gegenstände aus Frankreich ein.
T2 bewirkt eine steuerbare und steuerpflichtige Werklieferung an O.

Beispiel 3:
B ist die belgische Betriebsstätte der im Inland ansässigen Organgesellschaft T1. Der ebenfalls im Inland ansässige Organträger O versendet Waren an B und T1. T1 versendet die ihr von O zugesandten Waren an B.
Zwischen O und T1 sowie T1 und B werden durch das Versenden von Waren nicht steuerbare Innenleistungen bewirkt. Dies ergibt sich im ersten Fall aus § 2 Abs. 2 Nr. 2 UStG und im zweiten Fall aus § 2 Abs. 1 Satz 2 UStG. In diesem Fall ist der Umsatz auch weiter gemäß § 2 Abs. 2 Nr. 2 UStG dem Organträger zuzurechnen; denn dieser bleibt der einzige Unternehmer des Organkreises im Inland. Die organschaftliche Zurechnung hat insoweit keine grenzüberschreitende Wirkung.
Die Lieferung von O an B ist dagegen steuerbar, weil eine Behandlung als Innenumsatz nur auf eine grenzüberschreitende Wirkung der Organschaft gestützt werden könnte, was aber durch § 2 Abs. 2 Nr. 2 Satz 2 UStG ausgeschlossen ist.

Beispiel 4:
Die in Frankreich ansässige Organgesellschaft T unterhält im Inland die Betriebsstätte B. Diese errichtet für den im Inland ansässigen Organträger der T ein Gebäude.
Der Umsatz zwischen B und dem Organträger stellt eine Innenleistung zwischen im Inland gelegenen Unternehmensteilen dar und ist als solche gemäß § 2 Abs. 2 Nr. 2 Satz 2 UStG nicht steuerbar (vgl. Tüchelmann, UR 1989, 112).

23.6 Organträger im Ausland ansässig

Vermittelt eine inländische Organgesellschaft Reiseleistungen im Namen ihres ausländischen Organträgers, können die Reiseleistungen des Organträgers nicht der Organgesellschaft zugerechnet werden (BFH-Urteil V R 79, 80/98 vom 7. 10. 1999, UR 2000, 26). Ist der Organträger im Ausland ansässig, so sind nur die im Inland ansässigen Organgesellschaften und die hier gelegenen Betriebsstätten aber nach § 2 Abs. 2 Nr. 2 Satz 3 UStG als ein Unternehmen zu behandeln. Der wirtschaftlich bedeutendste Unternehmensteil von ihnen ist gemäß § 2 Abs. 2 Nr. 2 Satz 4 UStG der Unternehmer und damit auch der Steuerschuldner i. S. von

§ 13 Abs. 2 UStG. **Wirtschaftlich bedeutendster Unternehmensteil** wird in aller Regel eine Organgesellschaft sein, ausnahmsweise aber auch eine Zweigniederlassung (a. A. Stadie in Rau/Dürrwächter, § 2 UStG Tz. 770; vgl. auch Flückiger in Plückebaum/Malitzky, § 2 Abs. 2 UStG Tz. 351). Die Voraussetzungen des § 18 KStG brauchen im letzteren Fall entgegen Abschn. 21a Abs. 7 Satz 3 UStR und Abschn. I Abs. 8 BMF-Schreiben IV A 2 – S 7105 – 13/87 vom 13. 8. 1987 (a. a. O.) nicht erfüllt zu sein. Denn eine gesetzliche Bezugnahme oder eine systematische Verbindung fehlt insoweit. Insbesondere ist die Voraussetzung eines Gewinnabführungsvertrages der umsatzsteuerlichen Organschaft fremd.

1565 Wer der wirtschaftlich bedeutendste Unternehmensteil ist, darf entgegen Klenk in Sölch/Ringleb (§ 2 UStG Tz. 150) nicht nach den Eingliederungskriterien für Organgesellschaften festgestellt werden. Denn eine Unterordnung durch wirtschaftliche, finanzielle und organisatorische Eingliederung kann für die wirtschaftliche Bedeutung der Unternehmensteile nicht entscheidend sein. Maßgeblich kann insoweit nur die **Höhe des Gewinns** sein, **hilfsweise die des Umsatzes** (vgl. Abschn. 21a Abs. 7 Satz 4 UStR und Abschn. I Abs. 8 BMF-Schreiben IV A 2 – S 7105 – 13/87 vom 13. 8. 1987, a. a. O.). Nach Abschn. 21a Abs. 7 Satz 6 UStR und Abschn. I Abs. 8 BMF-Schreiben vom 13. 8. 1987 (a. a. O.) kann, wenn die Feststellung des wirtschaftlich bedeutendsten Unternehmensteils Schwierigkeiten macht oder es aus anderen Gründen geboten ist, zugelassen werden, dass der im Ausland ansässige Organträger als Bevollmächtigter für den wirtschaftlich bedeutendsten Unternehmensteil dessen steuerliche Pflichten erfüllt (für ausländisches Versicherungsunternehmen als Organträger vgl. Abschn. 21a Abs. 7 Satz 7 UStR).

1566 Unterhalten die im Inland ansässigen Organgesellschaften eines ausländischen Organträgers **Betriebsstätten im Ausland,** so sind diese der jeweiligen Organgesellschaft zuzurechnen, gehören aber nicht zur Gesamtheit der im Inland gelegenen Unternehmensteile. Leistungen zwischen den Betriebsstätten und den anderen Unternehmensteilen sind daher keine Innenumsätze (Abschn. 21a Abs. 8 UStR und Abschn. I Abs. 9 BMF-Schreiben IV A 2 – S 7105 – 13/87 vom 13. 8. 1987, a. a. O.). Umsätze zwischen der ausländischen Betriebsstätte und „ihrer" Organgesellschaft im Inland sind nicht steuerbare Innenumsätze gemäß § 2 Abs. 1 Satz 2 UStG und dem wirtschaftlich bedeutendsten Unternehmensteil als Unternehmer gemäß § 2 Abs. 2 Nr. 2 Sätze 3 und 4 UStG zuzurechnen. Insoweit wirkt sich die Organschaft nicht grenzüberschreitend aus. Im Verhältnis zwischen der ausländischen Betriebsstätte und anderen Organgesellschaften im Inland könnte sich die fehlende Steuerbarkeit dagegen nur aus § 2 Abs. 2 Nr. 2 Satz 1 UStG ergeben. Dem steht jedoch wegen Grenzüberschreitung § 2 Abs. 2

IV. Die Rechtswirkungen der Organschaft

Nr. 2 Satz 2 UStG entgegen. Beispiele zu den unterschiedlichen Fallgestaltungen, wenn der Organträger im Ausland ansässig ist, bringen Abschn. 21a Abs. 9 UStR und Abschn. I Abs. 10 BMF-Schreiben IV A 2 – S 7105 – 13/87 vom 13. 8. 1987, a. a. O.

24. Auswirkungen des Umsatzsteuer-Binnenmarktgesetzes auf die Organschaft

Das Umsatzsteuer-Binnenmarktgesetz vom 25. 8. 1992 (BStBl I 1992, 1548) diente der Anpassung des Umsatzsteuergesetzes und anderer Rechtsvorschriften an den EG-Binnenmarkt zum 1. 1. 1993. Seit diesem Zeitpunkt gilt das UStG in einer neuen Fassung (UStG 1993). Für die Organschaft ergaben sich aus der sonst tiefgreifenden Gesetzesänderung keine wesentlichen Folgen. Denn der maßgebliche Gesetzeswortlaut in § 2 Abs. 2 Nr. 2 UStG blieb unverändert. Neu zu beachten waren lediglich § 18a Abs. 1 Satz 5 und § 27a Abs. 1 Satz 4 UStG 1993. 1567

Nach § 27a Abs. 1 Satz 4 UStG 1993 wird im Falle der Organschaft auf Antrag für jede juristische Person eine eigene Umsatzsteuer-Identifikationsnummer erteilt. Sie dient der Überprüfung, ob sich innergemeinschaftliche Lieferungen und innergemeinschaftliche Erwerbe entsprechen und keine Auswirkungen auf den Ort des Erwerbs oder einer sonstigen Leistung haben (vgl. Widmann, UR 1992, 265f.; Kraeusel, UVR 1992, 135f.). Innergemeinschaftliche Umsätze können seit dem 1. 1. 1993 grundsätzlich nur noch unter Angabe dieser Nummer abgewickelt werden, die vom Bundesamt für Finanzen vergeben wird. Da Organgesellschaften im Geschäftsleben regelmäßig in eigenem Namen auftreten, ihre Umsätze aber vom Organträger versteuert werden, wurde es als zweckmäßig angesehen, Organgesellschaften eine eigene Umsatzsteuer-Identifiktionsnummer zu geben, ohne dass dies etwas an ihrer umsatzsteuerlichen Unselbständigkeit ändert (Widmann, a. a. O., 266). Es soll lediglich leichter kontrolliert werden können, ob eine innergemeinschaftliche Lieferung an die Organgesellschaft tatsächlich stattgefunden hat, ob die Steuerfreiheit vom Lieferer zu Recht in Anspruch genommen und ob der Erwerb versteuert wurde. 1568

Als Kontrollinstrument eingesetzt wird die Umsatzsteuer-Identifikationsnummer bei der zusammenfassenden Meldung des § 18a UStG. Abgestimmt mit § 27a Abs. 1 Satz 4 UStG 1993, verlangt § 18a Abs. 1 Satz 5 UStG, dass auch Organgesellschaften vierteljährlich innergemeinschaftliche Warenlieferungen dem Bundesamt für Finanzen melden. Die umsatzsteuerliche Unselbständigkeit der Organgesellschaft wird dadurch nicht beeinflusst. 1569

(unbesetzt) 1570–1600

V. Beginn und Beendigung der Organschaft

1. Beginn

1601 Die Begründung der Organschaft ist kein umsatzsteuerbarer Vorgang. Dies beruht darauf, dass der Aufnahme bzw. Bildung der Organgesellschaft kein Leistungsaustausch zugrunde liegt, weil der Organträger und die Organgesellschaft wechselseitig weder eine Leistung noch eine Gegenleistung erbringen (Einzelheiten und Beispiele zu Steuervorteilen durch nichtsteuerbaren Vermögensübergang in Rz. 1158 ff.).

Um eine Organschaft zu begründen, braucht der Organträger nicht bereits Unternehmer zu sein. Es genügt, dass er dazu erst durch die Organschaft wird, d. h. durch Zurechnung der von der Organgesellschaft getätigten Umsätze (vgl. Rz. 1242 f.). Die Organschaft entsteht nicht erst mit der Eintragung der Organgesellschaft in das Handelsregister, sondern bereits mit Abschluss des Gesellschaftsvertrages. Als Vorläuferin der Kapitalgesellschaft ist schon die Gründergesellschaft eine Organgesellschaft (siehe Rz. 1228).

2. Beendigung

1602 Beendet wird die Organschaft durch Auflösung der Organgesellschaft, durch Veräußerung ihres Betriebs, ihre Umwandlung in eine Personengesellschaft, durch eine entscheidende Änderung der Stimmverhältnisse bei ihr durch Aufnahme weiterer Gesellschafter, durch Auflösung des Organträgers, durch Veräußerung seines Betriebs oder dadurch, dass sonst eine der Voraussetzungen für die finanzielle, wirtschaftliche und organisatorische Eingliederung nicht mehr erfüllt ist (vgl. OFD Hannover S 7105 - 101 - StH 542, S 7105 - 40 - StO 355 vom 19. 5. 1999). Bleibt die Einordnung bis zu diesem Zeitpunkt gewahrt, stellt die Übertragung des Vermögens auf die verbleibende Gesellschaft einen letzten innerorganschaftlichen und deshalb nicht steuerbaren Vorgang dar (siehe Rz. 1161 f.). Die rückwirkende Auflösung von Organschaften aufgrund des DMBilG ist umsatzsteuerrechtlich unbeachtlich (BMF IV A 2 - S 7105 - 4/91 vom 10. 10. 1991; Erlass Mecklenburg-Vorpommern IV - 320 - S 7105 - 2/91 vom 12. 11. 1991; Erlass Nordrhein-Westfalen S 7105 - 20 - VC 4 vom 28. 10. 1991; Verfügung OFD Chemnitz S 7105 vom 13. 12. 1991).

V. Beginn und Beendigung der Organschaft

2.1 Beendigung durch Eröffnung des Insolvenzverfahrens

2.1.1 Insolvenz der Organgesellschaft

Die Eröffnung des Insolvenzverfahrens über das Vermögen der Organgesellschaft beendet grundsätzlich die Organschaft. Die Organgesellschaft ist mit der Eröffnung des Insolvenzverfahrens kraft Gesetzes aufgelöst (§ 262 Abs. 1 Nr. 3 AktG; § 60 Abs. 1 Nr. 4 GmbHG). Da das Verfügungs- und Verwaltungsrecht über das Gesellschaftsvermögen gemäß § 80 InsO dem Insolvenzverwalter zusteht, kann die Gesellschaft nicht mehr i. S. des § 2 Abs. 2 Nr. 2 UStG wirtschaftlich und organisatorisch in das Unternehmen des Organträgers eingegliedert sein (vgl. BFH-Urteile V B 78/91 vom 27. 9. 1991, BFH/NV 1992, 346; V R 128/93 vom 19. 10. 1995, BFH/NV 1996, 275; V R 96/96 vom 13. 3. 1997, BStBl II 1997, 580; V R 32/98 vom 28. 1. 1999, BStBl II 1999, 258; FG Rheinland-Pfalz 2 K 128/88 vom 13. 12. 1988, EFG 1989, 2 10; FG Nürnberg II 169/86 vom 22. 2. 1990, EFG 1990, 543; FG Düsseldorf 5 K 531/90 U vom 23. 4. 1993, EFG 1993, 747; Burhoff in Peter/Burhoff/Stöcker, § 2 UStG Tz. 131; Stadie in Rau/Dürrwächter, § 2 UStG Tz. 715; Flückiger in Plückebaum/Malitzky, § 2 Abs. 2 UStG Tz. 379; Boochs/Dauernheim, Steuerrecht in der Insolvenz, 2. Aufl., S. 81). Vom Zeitpunkt der Eröffnung des Insolvenzverfahrens sind deshalb die Umsätze zwischen dem bisherigen Organträger und der bisherigen Organgesellschaft als Außenumsätze steuerbar. Schuldner der Umsatzsteuer für vorher ausgeführte Umsätze ist der Organträger, auch wenn der Steueranspruch erst nach Eröffnung des Insolvenzverfahrens entsteht (FG Düsseldorf 5 K 531/90 U vom 23. 4. 1993, EFG 1993, 747). Die Uneinbringlichkeit der vereinbarten Entgelte richtet sich nach den Verhältnissen der Organgesellschaft, wenn diese zivilrechtlich Schuldnerin der Entgelte ist (vgl. FG München VIII 145/85 AO vom 27. 5. 1987, UR 1988, 58). Gegenüber dem früheren Recht hat sich durch die am 1. 1. 1999 in Kraft getretene Insolvenzordnung an diesen Grundsätzen nichts geändert (BFH-Beschluss V B 102/00 vom 27. 10. 2000, n. v.).

1603

Etwas anderes gilt nur in den Fällen, in denen das Insolvenzgericht in dem Beschluss über die Eröffnung des Insolvenzverfahrens gemäß §§ 270 ff. InsO die Eigenverwaltung der Insolvenzmasse durch den Schuldner unter Aufsicht eines Sachwalters anordnet. Hier besteht die Organschaft regelmäßig auch nach Eröffnung des Insolvenzverfahrens fort, weil die Verfügungs- und Verwertungsbefugnis über das Vermögen der Organgesellschaft im Wesentlichen beim Schuldner und damit beim Organträger verbleibt (§ 270 Abs. 1 InsO). Die Organschaft endet jedoch auch in den Fällen der Eigenverwaltung mit der Eröffnung des Insolvenzverfahrens, wenn dem Sachwalter derart weitreichende Verwaltungs- und Verfügungsbefugnisse eingeräumt werden, dass eine vom Willen des Organträgers abweichende Willensbildung möglich ist. Ein solcher (Ausnahme-)Fall liegt insbesondere vor, wenn der Sachwalter die Kassenführungsbefugnis gemäß § 275 Abs. 2 InsO an sich zieht, es der Organgesellschaft verboten ist, ohne Zustimmung des Sachwalters Verbindlichkeiten einzugehen (§ 275 Abs. 1 InsO) und auch die übrigen Rechtsgeschäfte der Organgesellschaft gemäß § 277 Abs. 1 InsO auf Anordnung des Insolvenzgerichts weitgehend der Zustimmung des Sachwalters bedürfen (Verfügung OFD Hannover S 7105 – 101 – StH 542, S 7105 – 40 – StO 355 vom 19. 5. 1999).

2.1.2 Insolvenz des Organträgers

1604 Ob die Organschaft durch die Eröffnung des Insolvenzverfahrens über das Vermögen des Organträgers beendet wird, hängt von den Umständen des Einzelfalles ab (BFH-Urteil V R 32/98 vom 28. 1. 1999, BStBl II 1999, 258; FG des Saarlandes 1 K 281/95 vom 3. 3. 1998, EFG 1998, 971). Die finanzielle und organisatorische Eingliederung der Organgesellschaft wird grundsätzlich nicht durch die Eröffnung des Insolvenzverfahrens über das Vermögen des Organträgers berührt. Der entsprechende Einfluss des Organträgers wird nunmehr durch den Insolvenzverwalter ausgeübt.

Beeinflusst wird lediglich die personelle Willensbildung beim Organträger, die für die Ausübung der Beherrschung maßgeblich ist (Verfügung OFD Hannover S 7105 - 101 - StH 542, S 7105 - 40 - StO 355 vom 19. 5. 1999; Schiffer, DStR 1998, 1989, 1991). Es macht für die organisatorische Eingliederung einer Organgesellschaft keinen qualitativen Unterschied aus, durch welche Personen sie seitens des Organträgers dominiert wird (z. B. durch deren Vorstandsmitglieder, deren Geschäftsführer, deren Insolvenz-, Vergleichsverwalter, Sequester oder durch alle diese Personen zusammen). Die Organgesellschaft ist in Fällen wirtschaftlicher Problemlagen des Organträgers vielmehr unverändert in dessen Unternehmen organisatorisch eingegliedert. Die Maßnahmen (Vergleich, Insolvenz), die in der wirtschaftlichen Krise des Organträgers getroffen werden, ändern nichts an der Abhängigkeit der Organgesellschaft (FG des Saarlandes 1 K 281/95 vom 3. 3. 1998, EFG 1998, 971).

Die Eröffnung des Insolvenzverfahrens über das Vermögen des Organträgers kann die Organschaft aber dadurch beenden, dass die wirtschaftliche Einordnung entfällt. Der vernünftige betriebswirtschaftliche Zusammenhang (siehe Rz. 1341) wird häufig nicht mehr in der bisherigen Form bestehen. Der Kapitalgesellschaft

V. Beginn und Beendigung der Organschaft

wird man meist nicht mehr die Stellung einer Abteilung im Geschäftsbetrieb des insolventen Unternehmens beimessen können, und auch an einer einheitlichen wirtschaftlichen Gesamtkonzeption wird es nunmehr fehlen (siehe Rz. 1343; a. A. Stadie in Rau/ Dürrwächter, § 2 UStG Tz. 719 m. w. N.; Flückiger in Plückebaum/Malitzky, § 2 Abs. 2 UStG Tz. 378).

Die Organschaft endet mit der Eröffnung des Insolvenzverfahrens über das Vermögen des Organträgers, wenn sich das Insolvenzverfahren nicht auf die Organgesellschaft erstreckt und der Insolvenzverwalter auf ihre laufende Geschäftsführung keinen Einfluss nimmt. Die Umsatzsteuer aus den Aktivitäten des bisherigen Organträgers nach Eröffnung des Insolvenzverfahrens zählt zu den Massekosten oder Masseschulden, ist aus der Insolvenzmasse zu berichtigen und in einem an den Insolvenzverwalter zu richtenden Steuerbescheid geltend zu machen sind. Die Umsatzsteuer aus den neuen Aktivitäten der bisherigen Organgesellschaft ist nicht aus der Insolvenzmasse zu berichtigen und dementsprechend auch nicht in einem an den Insolvenzverwalter des Organträgers zu richtenden Steuerbescheid geltend zu machen (BFH-Urteil V R 32/98 vom 28. 1. 1999, BStBl II 1999, 258).

2.2 Ablehnung der Eröffnung des Insolvenzverfahrens mangels Masse

Die Organschaft wird nicht ohne weiteres dadurch beendet, dass die Eröffnung des Insolvenzverfahrens über das Vermögen der Organgesellschaft mangels Masse abgelehnt wird. Denn durch Vermögenslosigkeit wird die Unternehmereigenschaft einer Kapitalgesellschaft nicht beendet. Die umsatzsteuerliche Unternehmereigenschaft hängt nicht vom Vermögensstand, sondern von der Ausführung von Umsätzen ab (BFH-Beschluss V B 78/91 vom 27. 9. 1991, BFH/NV 1992, 346; BFH-Urteil V R 128/93 vom 19. 10. 1995, BFH/NV 1996, 275; FG Münster 5 K 3761/88 U vom 31. 1. 1991, UR 1992, 378; BdF vom 16. 3. 1989, UR 1989, 163; a. A. Stadie in Rau/Dürrwächter, § 2 UStG Tz. 716). Die Vermögenslosigkeit der Kapitalgesellschaft kann jedoch dazu führen, dass sie nicht mehr in das Unternehmen wirtschaftlich eingegliedert ist und die Organschaft aus diesem Grunde beendet wird.

1605

2.3 Vermögenslosigkeit oder Zahlungsunfähigkeit der Organgesellschaft

Vermögenslosigkeit der Organgesellschaft beendet nicht die Organschaft (vgl. BFH-Beschluss V B 78/91 vom 27. 9. 1991, BFH/NV 1992, 346 und BFH-Urteil V R 128/93 vom 19. 10. 1995, BFH/NV 1996, 275; siehe auch Rz. 1605). Sie dauert fort, bis alle Rechtsbeziehungen der Organgesellschaft abgewickelt sind. Dies gilt auch in Fällen, in denen der Antrag der Organgesellschaft auf Insolvenz-

1606

eröffnung mangels einer die Kosten deckenden Masse abgelehnt wird (Verfügung OFD Hannover S 7105 - 101 - StH 542, S 7105 - 40 - StO 355 vom 19. 5. 1999). Zu prüfen bleibt allerdings der Fortbestand der wirtschaftlichen Eingliederung (siehe Rz. 1341 ff.).

1607 Durch **Zahlungsunfähigkeit** der Organgesellschaft wird die Organschaft ebenfalls nicht ohne weiteres beendet (BFH-Urteile V R 128/93 vom 19. 10. 1995, BFH/NV 1996, 275; V R 34/01 vom 16. 8. 2001, BFH/NV 2002, 223). Dies gilt im Rahmen einer Betriebsaufspaltung auch für den Fall, dass die Organgesellschaft wegen finanzieller Schwierigkeiten die vereinbarten Pachtzahlungen schuldig bleibt (BFH-Urteil V R 128/93 vom 19. 10. 1995, BFH/NV 1996, 275).

1608 Zahlungsunfähigkeit oder Überschuldung der Organgesellschaft gehen dem Wegfall der Eingliederungsvoraussetzungen, insbesondere durch Eröffnung des Insolvenzverfahrens, voraus. Die durch die Uneinbringlichkeit von Verbindlichkeiten der Organgesellschaft erforderliche Vorsteuerberichtigung ist deshalb grundsätzlich dem Unternehmen des Organträgers zuzurechnen und vom Finanzamt ihm gegenüber geltend zu machen, auch wenn der Anspruch erst später entsteht (FG des Landes Brandenburg 1 V 857/56 vom 19. 7. 1996, EFG 1996, 1061).

1609 Ebenso wenig wie die Organschaft durch bloße Illiquidität (Pachtrückstände) der Organgesellschaft entfällt, wird sie durch eine Belastung des Pachtgrundstücks für Verbindlichkeiten der Organgesellschaft beeinträchtigt. Auf das wirtschaftliche Eigentum (§ 39 Abs. 2 Nr. 1 AO) an dem Pachtgrundstück kommt es für die Annahme einer Organschaft nicht an (BFH-Beschluss V B 141/01 vom 22. 11. 2001, BFH/NV 2002, 550).

2.4 Liquidation

1610 Dem Grundsatz der Einheit des Unternehmens entsprechend werden bei der umsatzsteuerlichen Organschaft Organträger und Organgesellschaften insgesamt als eine Einheit betrachtet. Wird bei einer Organgesellschaft die Liquidation beschlossen oder das Liquidationsverfahren eröffnet, so hat dies umsatzsteuerlich grundsätzlich die gleiche Wirkung wie die Auflösung eines von mehreren Betrieben (Betriebsstätten) eines Einzelunternehmers. Bis die Liquidation abgeschlossen und das vorhandene Gesellschaftsvermögen veräußert ist, rechnet die Organgesellschaft, wenn sich an ihrer Eingliederung sonst nichts ändert, zum Unternehmen des Organträgers. Dies gilt selbst dann, wenn im Rahmen der Liquidation nur noch Umsätze aus der Verwertung sicherungsübereigneter Gegenstände bewirkt werden. Wird Sicherungsgut der Organgesellschaft in deren

V. Beginn und Beendigung der Organschaft

Liquidationsstadium verwertet, so ist der dadurch bewirkte Umsatz deshalb dem Organträger zuzurechnen (FG Nürnberg II 169/86 vom 22. 2. 1990, EFG 1990, 543; FG Münster 5 K 3761/88 U vom 31. 1. 1991, UR 1992, 378; FinMin Nordrhein-Westfalen S 7105 – 6 – VC 6 vom 9. 11. 1976, UR 1979, 130; Stadie in Rau/Dürrwächter, § 2 UStG Tz. 714; Burhoff in Peter/Burhoff/Stöcker, § 2 UStG Tz. 135).

Dagegen führt die Liquidation des Organträgers regelmäßig zur Beendigung der Organschaft, weil mit der Einstellung der aktiven unternehmerischen Tätigkeit des Organträgers die wirtschaftliche Eingliederung der Organgesellschaft entfällt (vgl. Hessisches FG IV 127/74 vom 21. 8. 1975, EFG 1976, 34; FG Saarland 1 K 281/95 vom 3. 3. 1998, EFG 1998, 971; Verfügung OFD Hannover S 7105 - 101 - StH 542, S 7105 - 40 - StO 355 vom 19. 5. 1999).

1611

2.5 Sequestration – vorläufige Insolvenzverwaltung

Nach § 106 Abs. 1 Satz 2 KO konnte das Konkursgericht bereits vor Konkurseröffnung alle zur Sicherung der Masse dienenden einstweiligen Anordnungen treffen. Hierzu gehörte auch die Bestellung eines Sequesters. Sie wurde häufig begleitet durch ein auf § 106 Abs. 1 Satz 3 KO gestütztes allgemeines Veräußerungsverbot gegenüber dem Schuldner.

1612

Entsprechend der tatsächlichen Ausgestaltung der Sequestration unterscheidet man zwischen Verwaltungs- und Sicherungssequestration. Der Sequester konnte als „vorläufiger Konkursverwalter" bereits Verwaltungs- und Verfügungsbefugnisse haben, die seinen späteren Befugnissen als Konkursverwalter weitgehend angenähert waren. Er konnte aber auch nur die Stellung eines Massegutachters für die Eröffnungsvoraussetzungen haben (vgl. Weiß, Insolvenz und Steuern, Köln 1989, S. 10 ff.). Im Einzelfall hingen die dem Sequester übertragenen Verwaltungs- und Verfügungsbefugnisse von der Sequestrationsanordnung und den Umständen ab, die ein Tätigwerden des Sequesters erforderlich machten.

1613

Betraf die Sequestration eine Organgesellschaft, endete die Organschaft mit der Anordnung der Sequestration, wenn der Sequester den maßgeblichen Einfluss auf die Organgesellschaft erhielt und ihm eine vom Willen des Organträgers abweichende Willensbildung in der Organgesellschaft möglich war, es sich also nicht um eine Sicherungs-, sondern um eine Verwaltungssequestration handelte (vgl. BFH-Urteile V R 46/94 vom 18. 5. 1995, BFH/NV 1996, 84; V R 96/96 vom 13. 3. 1997, BStBl II 1997, 580; V R 32/98 vom 28. 1. 1999, BStBl II 1999, 258; Mösbauer, UR 1995, 321, 324; Onusseit, EWiR 1997, 857; Burhoff in Peter/Burhoff/Stöcker, § 2 UStG Tz. 133).

1614

1615 Eine bloße Sicherungssequestration beendete noch nicht die Organschaft. Denn durch ein allgemeines Veräußerungsverbot für die Organgesellschaft verliert der Organträger noch nicht den maßgeblichen Einfluss auf die Organgesellschaft. Dazu genügt auch nicht, dass es dem Geschäftsführer (Organträger) verboten wird, ohne Zustimmung des Sequesters Zahlungen zu leisten und Außenstände einzuziehen. Eine vom Willen des Organträgers abweichende Willensbildung in der Organgesellschaft durch den Sequester folgt daraus noch nicht (vgl. BFH-Urteil V R 96/96 vom 13. 3. 1997, BStBl II 1997, 580; a.A. FG Münster 15 K 2744/93 U vom 6. 2. 1996, EFG 1996, 612; FG Baden-Württemberg 14 K 269/97 vom 22. 2. 2001, EFG 2001, 931).

1616 In der seit 1. 1. 1999 geltenden InsO entspricht der vorläufige Insolvenzverwalter der §§ 21 und 22 InsO dem Sequester der KO. Die InsO unterscheidet ebenfalls zwischen einem vorläufigen Insolvenzverwalter mit Verwaltungs- und Verfügungsbefugnis (**starker, qualifizierter vorläufiger Insolvenzverwalter**, § 22 Abs. 1 InsO) und einem vorläufigen Insolvenzverwalter ohne Verwaltungs- und Verfügungsbefugnis (**schwacher, einfacher vorläufiger Insolvenzverwalter**, § 22 Abs. 2 InsO). Die Aufgaben des einfachen vorläufigen Insolvenzverwalters ergeben sich aus dem Gerichtsbeschluss. In der Regel gehören zu seinen Aufgaben die Überwachung des Schuldners und die Sicherung seines Vermögens. Außerdem hat er festzustellen, ob die Insolvenzmasse für eine kostendeckende Durchührung des Insolvenzverfahrens ausreicht. In der Praxis ist die Bestellung eines einfachen (schwachen) vorläufigen Insolvenzverwalters die Regel (vgl. Boochs/Dauernheim, Steuerrecht in der Insolvenz, 2. Aufl., S. 20 f.). Wie zuvor bei der Sequestration beendet die Bestellung eines qualifizierten vorläufigen Insolvenzverwalters bei der Organgesellschaft die Organschaft, grundsätzlich aber nicht die Bestellung eines einfachen vorläufigen Insolvenzverwalters (vgl. OFD Hannover S 7105 - 101 - StH 542, S 7105 - 40 - StO 355 vom 19. 5. 1999; OFD Koblenz S 0550 A - St 52 3 vom 15. 6. 2000, StEK AO 1977 § 251 Nr. 13; Boochs/Dauernheim, a. a. O., S. 81 f.). Wird ein vorläufiger Insolvenzverwalter bestellt, ohne dass der Organgesellschaft ein allgemeines Verfügungsverbot auferlegt wird (§ 22 Abs. 2 InsO), so endet die Organschaft nur dann, wenn der vorläufige Insolvenzverwalter aufgrund der ihm im Einzelfall übertragenen Pflichten den maßgeblichen Einfluss auf die Organgesellschaft erhält und ihm eine vom Willen des Organträgers abweichende Willensbildung in der Organgesellschaft möglich ist (Verfügung OFD Hannover S 7105 - 101 - StH 542, S 7105 - 40 - StO 355 vom 19. 5. 1999).

1617 Wird lediglich angeordnet, dass der Geschäftsführer der Organgesellschaft nur mit Zustimmung des vorläufigen Insolvenzverwalters handeln darf, so bedeutet

VI. Verfahren

dies, dass im Streitfall der vorläufige Insolvenzverwalter keinen vom Geschäftsführer abweichenden Willen bilden kann. Dies hat zur Folge, dass die Organschaft erst mit der Eröffnung des Insolvenzverfahrens endet (FG Nürnberg II 39/2000 vom 10. 4. 2000, SIS 01 62 28).

Die Bestellung eines **vorläufigen Insolvenzverwalters für den Organträger** kann ebenso wie Eröffnung des Insolvenzverfahrens über sein Vermögen (siehe Rz. 1604), die Organschaft grundsätzlich nicht beenden, wenn die sonstigen Umstände sich nicht ändern. Der Organträger behält grundsätzlich den maßgeblichen Einfluss auf die Geschäftsführung der Organgesellschaft entweder durch seine bisherigen Geschäftsführer bzw. Gesellschafter oder durch den qualifizierten vorläufigen Insolvenzverwalter. Die Situation bei Organgesellschaft und Organträger ist insoweit nicht die gleiche (anders FG Baden-Württemberg 9 K 171/94 vom 28. 1. 2000, EFG 2000, 1354; aufgehoben durch BFH-Urteil V R 37/00 vom 17. 1. 2002, BStBl II 2002, 373).

1618

(unbesetzt)

1619–1650

VI. Verfahren

1. Kein Formzwang

Eine besondere Form ist zur Begründung einer Organschaft nicht erforderlich. Es braucht weder ein schriftlicher Organvertrag noch überhaupt ein Vertrag abgeschlossen zu werden. Denn maßgeblich sind nach § 2 Abs. 2 Nr. 2 UStG allein die tatsächlichen Verhältnisse (siehe Rz. 1222; vgl. auch Flückiger in Plückebaum/Malitzky, § 2 Abs. 2 UStG Tz. 277).

1651

2. Kein Antrags- oder Optionserfordernis

Die Anwendung von § 2 Abs. 2 Nr. 2 UStG hängt entgegen dem Vorschlag der Steuerberaterkammer vom 19. 7. 1977 (DStR 1977, 491) nicht von einer Option oder einem Antrag oder – wie bei der Körperschaftsteuer – von der Verpflichtung zur Gewinnabführung ab. Es kommt vielmehr nur darauf an, ob die Voraussetzungen des § 2 Abs. 2 Nr. 2 UStG erfüllt sind; ist dies der Fall, besteht Organschaft, ohne dass es irgendeines Zutuns der beteiligten Unternehmen bedarf. Besondere Bedeutung hatte dieser Umstand für Unternehmen, die nach früherem Recht wegen der so genannten 75-v. H.-Grenze (vgl. Rz. 1110) nicht als Organgesellschaften anerkannt, dann aber ab 1. 1. 1968 plötzlich von Gesetzes wegen solche wurden. Aber auch sonst zeigt sich in der Praxis wegen der Maß-

1652

geblichkeit allein der tatsächlichen Verhältnisse immer wieder, dass Organschaftsverhältnisse von den Beteiligten nicht erkannt und folglich die steuerlichen Konsequenzen nicht gezogen wurden. Die Eröffnung des Insolvenzverfahrens über das Vermögen einer Kapitalgesellschaft wird von der Finanzverwaltung daher zum Anlass genommen, das Vorliegen einer Organschaft zu prüfen. Gegebenenfalls kann dann noch Umsatzsteuer gegen den Organträger festgesetzt und u. U. auch realisiert werden (OFD Koblenz S 0550 A – St 52 3 vom 15. 6. 2000, StEK AO 1977 § 251 Nr. 13).

3. Nachweis der Voraussetzungen einer Organschaft

3.1 Ermittlungs- und Mitwirkungspflicht

1653 **Es gelten die allgemeinen Grundsätze der Abgabenordnung.** Danach ermittelt die Finanzbehörde den Sachverhalt von Amts wegen; sie hat alle für den Einzelfall bedeutsamen, auch die für die Beteiligten günstigen Umstände zu berücksichtigen (§ 88 AO). **Den Beteiligten trifft gemäß §§ 90 und 200 AO die Verpflichtung, bei der Ermittlung des Sachverhalts mitzuwirken.** Ist das Organschaftsverhältnis unklar, ist Beteiligter in diesem Sinne (vgl. § 78 AO) auch die Organgesellschaft, sonst nur der Organträger. In jedem Fall ist die Organgesellschaft als **„andere Person"** i. S. von § 93 AO auskunftspflichtig. Sie soll als solche jedoch nach § 93 Abs. 1 Satz 3 AO erst dann zur Auskunft angehalten werden, wenn die Sachverhaltsaufklärung durch den Organträger nicht zum Ziel führt oder keinen Erfolg verspricht.

1654 Soweit insbesondere im Zusammenhang mit § 2 Abs. 2 Nr. 2 Satz 2 bis 4 UStG Sachverhalte zu ermitteln und steuerrechtlich zu beurteilen sind, die sich auf **Vorgänge im Ausland** beziehen, trifft die Beteiligten gemäß § 90 Abs. 2 AO eine gesteigerte Mitwirkungspflicht; sie haben den Sachverhalt aufzuklären und die erforderlichen Beweismittel zu beschaffen. Sie können sich nicht darauf berufen, den Sachverhalt nicht aufklären oder Beweismittel nicht beschaffen zu können, wenn sie nach Lage des Falles bei der Gestaltung ihrer Verhältnisse sich die Möglichkeit dazu hätten beschaffen oder einräumen lassen können.

3.2 Objektive Beweislast

1655 **Im Verhältnis der Finanzverwaltung zur Organgesellschaft hat die letztere die objektive Beweislast dafür, dass eine Organschaft besteht.** Sie wird selbst als Unternehmer behandelt, wenn nicht mit dem erforderlichen Beweismaß, d. h. mit an Sicherheit grenzender Wahrscheinlichkeit festgestellt werden kann, dass sie nach dem Gesamtbild der tatsächlichen Verhältnisse finanziell, wirtschaftlich

VI. Verfahren

und organisatorisch in ein anderes Unternehmen eingegliedert ist. **Im Verhältnis der Finanzverwaltung zum Organträger trifft dagegen die objektive Beweislast für das Bestehen einer Organschaft die Finanzverwaltung.** Bleibt offen, ob ein Organverhältnis besteht, können dem Unternehmen keine (fremden) Umsätze zugerechnet werden. Stets trägt die objektive Beweislast der, der sich darauf beruft, dass Lieferungen und sonstige Leistungen zwischen zwei Gesellschaften wegen einer zwischen diesen bestehenden Organschaft nicht steuerbare Innenumsätze seien.

4. Zuständigkeit und Rechtsschutz

Zuständig für die steuerliche Anerkennung der Organschaft soll unter Anwendung von § 21 AO das **Finanzamt am Sitz des Organträgers** sein (vgl. FG Münster 4 K 3886/98 vom 14. 8. 2000, EFG 2001, 6; Verfügung der OFD Koblenz S 7500 A – St 5 vom 7. 12. 1984, StEK UStG 1980 § 2 Abs. 2 Nr. 2, vgl. auch Burhoff in Peter/Burhoff/Stöcker, § 2 UStG Tz. 137), an dessen Entscheidung das für die Organgesellschaft örtlich zuständige Finanzamt gebunden sei. Erkenne das für die Organgesellschaft örtlich zuständige Finanzamt die Organschaft nicht an, könne die Frage des Bestehens einer umsatzsteuerlichen Organschaft im Rechtsstreit der Organgesellschaft nicht geprüft werden (so FG Rheinland-Pfalz Urteil II 11/68 vom 22. 5. 1973, EFG 1974, 46; Flückiger in Plückebaum/Malitzky, § 2 Abs. 2 UStG Tz. 384). Dies widerspricht der Rechtsschutzgarantie des Art. 19 Abs. 4 GG. **Die Organgesellschaft muss gegen einen Umsatzsteuerbescheid Rechtsbehelfe einlegen können, der von einer selbständigen Tätigkeit ausgeht,** indem er eine Organschaft verneint (vgl. auch den Sachverhalt im BFH-Urteil V 20/64 vom 7. 7. 1966, BStBl III 1966, 613). Dies ist auch mit § 21 AO zu vereinbaren; denn bei Verneinung einer Organschaft wird die Organgesellschaft selbst als Unternehmer behandelt, der sein Unternehmen im Bezirk des für ihn örtlich zuständigen Finanzamtes betreibt, das damit auch für ihn zuständig ist und von dem ihm der Umsatzsteuerbescheid übersandt wird.

1656

Sind für die Ertragsteuern und für die Umsatzsteuer verschiedene Finanzämter zuständig, haben die betroffenen Dienststellen im Wege der Amtshilfe so eng wie möglich zusammenzuarbeiten und z. B. durch Aktenanforderung die zutreffende Besteuerung zu gewährleisten. Im Rahmen der Außenprüfung ist Schwierigkeiten nach § 195 Satz 2 AO zu begegnen. Oft wird es auch möglich sein, Organträger und Organgesellschaft durch denselben Prüfer prüfen zu lassen (Verfügung der OFD Koblenz S 7500 A – St 5 vom 7. 12. 1984, StEK UStG 1980 § 2 Abs. 2 Nr. 2).

1657 Dem Organträger kann für eine Klage gegen einen das Organschaftsverhältnis verneinenden Umsatzsteuerbescheid das **Rechtsschutzinteresse** nicht abgesprochen werden, auch wenn sich durch die Zurechnung weiterer Umsätze aufgrund der Organschaft die Umsatzsteuer erhöhen würde. Denn maßgeblich sind insoweit die sich insgesamt im Organkreis ergebenden rechtlichen und wirtschaftlichen Interessen (vgl. BFH-Urteil V 82/60 S vom 16. 12. 1965, BStBl III 1966, 300 = BFHE 85, 250). Stellt das FG eine Organschaft fest, sind die damit in Widerspruch stehenden Steuerbescheide gemäß § 100 Abs. 1 Satz 1 FGO aufzuheben (FG Berlin 6 K 6294/93 vom 13. 5. 1998, EFG 1999, 82).

5. Hinzuziehung und Beiladung

1658 Das Organschaftsverhältnis kann gegenüber Organträger und Organgesellschaft nur einheitlich beurteilt werden. Widerstreitende Entscheidungen müssen ausgeschlossen werden. Im Einspruchs- oder Klageverfahren des möglichen Organträgers oder der möglichen Organgesellschaft ist der jeweils andere Organschaftsbeteiligte deshalb gemäß § 360 Abs. 3 AO notwendig hinzuzuziehen und gemäß § 60 Abs. 3 FGO notwendig beizuladen. Dies ist auch Voraussetzung für eine Änderung widerstreitender Steuerfestsetzungen gemäß § 174 Abs. 5 AO (vgl. BFH-Beschluss V B 14/97 vom 27. 8. 1997, BFH/NV 1998, 148).

1659 Klagen beide Organschaftsbeteiligte, müssen die Klageverfahren gemäß § 73 Abs. 1 FGO verbunden werden. Die notwendige Beiladung wird nach § 73 Abs. 2 FGO durch die Verbindung der Klageverfahren ersetzt. Welcher Senat des Finanzgerichts für die Verbindung zuständig ist und das dann einheitliche Verfahren fortführt, ist im Geschäftsverteilungsplan des Finanzgerichts geregelt. Schwierigkeiten entstehen, wenn für die Klagen verschiedene Finanzgerichte zuständig sind. Die Beteiligten werden sich dann einigen müssen, bei welchem Gericht Klage erhoben und der andere Organschaftsbeteiligte beigeladen werden soll. Denn die (zuständigen) Gerichte können die Verfahren weder abgeben noch verbinden.

6. Änderung und Kongruenz von Bescheiden

1660 Widersprechen sich die gegen die Beteiligten ergangenen Steuerbescheide hinsichtlich der Organschaft, muss der Widerspruch möglichst durch die Änderung des unrichtigen Bescheids beseitigt werden.

6.1 Änderung gemäß § 172 Abs. 1 Satz 1 Nr. 2a AO
(Zustimmung des Steuerpflichtigen)

1661 Nach § 172 Abs. 1 Satz 1 Nr. 2a AO kann ein Steuerbescheid zuungunsten des Steuerpflichtigen auch nach Ablauf der Rechtsbehelfsfrist geändert werden,

VI. Verfahren

wenn dieser zustimmt. War die Kapitalgesellschaft z. B. zunächst fälschlich zur Umsatzsteuer veranlagt worden und sollen „ihre" Umsätze nunmehr richtig dem Organträger zugerechnet werden, kann mit dessen Zustimmung der gegen ihn ergangene niedrigere Umsatzsteuerbescheid geändert werden. Entsprechendes gilt, wenn gegen die Kapitalgesellschaft als vermeintliche Organgesellschaft ein Nichtveranlagungs-Bescheid (vgl. zur Abgrenzung von Wedelstädt in Beermann, Tz. 19 f. zu § 155 AO) ergangen war. Verweigert der Steuerpflichtige die Zustimmung, kann dies gegen Treu und Glauben verstoßen und die Zustimmung durch diesen Verstoß ersetzt werden (siehe Rz. 1667 ff.; vgl. auch von Wedelstädt in Beermann, Tz. 30 zu § 172 AO).

6.2 Änderung gemäß § 172 Abs. 1 Satz 1 Nr. 2b AO (unzuständige Behörde)

Sind verschiedene Finanzämter für den Organträger und die Organgesellschaft örtlich zuständig, soll dies auch Auswirkungen auf die sachliche Zuständigkeit haben, indem nur das für den Organträger örtlich zuständige Finanzamt über die steuerliche Anerkennung der Organschaft zu befinden habe (siehe Rz. 1656 f.). Folgt man dieser Meinung, kann sich eine Änderungsmöglichkeit auch aus § 172 Abs. 1 Satz 1 Nr. 2b AO ergeben. 1662

6.3 Änderung gemäß § 173 AO (neue Tatsachen oder Beweismittel)

Nach § 173 AO sind Steuerbescheide aufzuheben oder zu ändern, wenn neue Tatsachen und Beweismittel bekanntwerden. Dazu wird es nicht selten im Zusammenhang mit der finanziellen, wirtschaftlichen und organisatorischen Eingliederung der Kapitalgesellschaft kommen. Es muss sich stets um Fakten und nicht bloß um neue Schlussfolgerungen und rechtliche Beurteilungen handeln. Wird bekannt, dass ein tatsächliches Eingliederungsmerkmal fehlt, ist ein gegen die vermeintliche Organgesellschaft ergangener Nichtveranlagungs-Bescheid nach § 173 Abs. 1 Nr. 1 AO zu ändern. Auf ihr Verschulden kommt es nicht an. Für den vermeintlichen Organträger wird sich eine niedrigere Umsatzsteuer ergeben, so dass § 173 Abs. 1 Nr. 2 AO einschlägig ist und es auf sein Verschulden ankommt. Die steuerlichen Auswirkungen dürfen nicht insgesamt saldiert werden, weil der vermeintliche Organträger und die vermeintliche Organgesellschaft nunmehr als getrennte Steuerpflichtige zu behandeln sind. Deshalb kann auch hinsichtlich seines Verschuldens nicht § 173 Abs. 1 Nr. 2 Satz 2 AO angewendet werden. 1663

6.4 Änderung gemäß § 174 AO

1664 Zur Vermeidung einer doppelten Bezahlung der Umsatzsteuer für dieselben Umsätze durch die Organgesellschaft und den Organträger steht § 174 Abs. 1 AO zur Verfügung, mit dem die formelle Bescheidlage der materiellen Rechtslage angepasst werden kann, soweit dies nicht schon aufgrund anderer Vorschriften möglich ist. Ist die Aufhebung der Umsatzsteuerbescheide gegenüber der Organgesellschaft wegen Eintritts der Feststellungsverjährung nicht möglich, muss nach der Rechtsprechung das Ergebnis der widerstreitenden Steuerfestsetzungen hingenommen werden. Im Abrechnungsverfahren ist nicht die materielle, sondern die formelle Rechtslage maßgeblich (vgl. BFH-Urteile VII R 28/94 vom 17. 1. 1995, BFH/NV 1995, 580; V R 54/94 vom 8. 2. 1996, BFH/NV 1996, 1201). Angebracht wird bei doppelter Bezahlung jedenfalls ein Billigkeitserlass sein.

1665 Hat das Finanzamt Umsätze und Vorsteuerbeträge einer Kapitalgesellschaft durch einen Aufhebungsbescheid erkennbar deshalb nicht bei dieser berücksichtigt, weil es davon ausging, diese seien bei einer anderen Person als Organträger zu erfassen, ist es nach § 174 Abs. 3 AO zur Änderung des Aufhebungsbescheids nur berechtigt, wenn seine Annahme der Eingliederung in das Unternehmen der anderen Person unrichtig war. Es genügt nicht, dass der Umsatzsteuerbescheid gegenüber der anderen Person aufgehoben worden ist. Es muss (erneut) festgestellt werden, dass die Voraussetzungen der Organschaft tatsächlich (materiell) nicht erfüllt sind (vgl. BFH-Urteil V R 54/94 vom 8. 2. 1996, BFH/NV 1996, 733).

1666 Nach **§ 174 Abs. 4 und Abs. 5 AO** kann ein Bescheid gegenüber Dritten nur geändert werden, wenn sie an dem Verfahren, das zur Aufhebung oder Änderung des fehlerhaften Bescheids geführt hat, durch Hinzuziehung oder Beiladung beteiligt waren (vgl. BFH-Beschluss V B 153/88 vom 20. 4. 1989, BStBl II 1989, 539). Dritter ist, wer im ursprünglichen Bescheid nicht gemäß § 157 Abs. 1 Satz 2 AO als Steuerschuldner angegeben war. Für die Beiladung nach § 174 Abs. 5 Satz 2 AO genügt es, dass ein Steuerbescheid gegen den vermeintlichen Organträger möglicherweise wegen irriger Beurteilung des Sachverhalts aufzuheben oder zu ändern ist, dass sich daraus möglicherweise steuerliche Folgerungen für einen Dritten (vermeintliche Organgesellschaft) durch Erlass eines Steuerbescheids ziehen lassen und das Finanzamt die Beiladung veranlasst und beantragt hat (vgl. BFH-Beschlüsse V B 41/93 vom 1. 7. 1993, BFH/NV 1994, 297 und V B 3/98 vom 4. 3. 1998, n. v.). Für eine Beiladung gemäß § 174 Abs. 5 Satz 2 AO reicht es aus, dass sich bei einem Erfolg der Klage eine Folgeänderung i. S. des § 174 Abs. 4 und 5 AO ergeben kann. Es ist nicht zu prüfen, ob eine etwaige Folgeänderung Bestand haben wird. Etwas anderes gilt nur, wenn eindeutig Interessen des Dritten nicht berührt sein können (vgl. BFH-Beschlüsse II

VI. Verfahren

B 108/86 vom 14. 1. 1987, BStBl II 1987, 267; V B 3/98 vom 4. 3. 1998, BFH/NV 1998, 1056; und BFH-Urteil X R 111/91 vom 5. 5. 1993, BStBl II 1993, 817).

7. Treu und Glauben – widersprüchliches Verhalten

Die Beachtung von Treu und Glauben ist im Steuerrecht als allgemeiner Rechtsgrundsatz uneingeschränkt anerkannt (vgl. BFH-Urteile I R 181/85 vom 9. 8. 1989, BStBl II 1989, 990 unter II. 1., und I R 127/93 vom 8. 2. 1995, BStBl II 1995, 764 unter 4., jeweils m. w. N.). Er gebietet, dass im Steuerrechtsverhältnis jeder auf die berechtigten Belange des anderen Teiles angemessen Rücksicht nimmt und sich mit seinem eigenen früheren Verhalten nicht in Widerspruch setzt (vgl. BFH-Urteile VII R 28/72 vom 4. 11. 1975, BFHE 117, 317, unter 1. und V R 54/94 vom 8. 2. 1996, BFH/NV 1996, 733).

1667

Einer juristischen Person, die ihre Eigenschaft als Organgesellschaft geltend macht, kann jedoch das Verhalten des Unternehmens, das nach ihrem Vortrag Organträger ist, nicht in ihrer eigenen steuerrechtlichen Angelegenheit zugerechnet werden. Denn der Grundsatz von Treu und Glauben wirkt rechtsbegrenzend lediglich innerhalb eines bestehenden Steuerschuldverhältnisses und erfordert **Identität der Rechtssubjekte** (vgl. BFH-Urteil X R 111/91 vom 5. 5. 1993, BStBl II 1993, 817, unter 3. c). Zwischen einem Einzelunternehmer als angeblichen Organträger und der juristischen Person als angeblicher Organgesellschaft besteht, auch wenn der Einzelunternehmer alleiniger Gesellschafter-Geschäftsführer der juristischen Person ist, diese Identität nicht (vgl. BFH-Urteil V R 54/94 vom 8. 2. 1996, BFH/NV 1996, 733).

1668

Auch wenn eine Person ihr (eigenes) bisheriges Verhalten gegen sich gelten lassen muss, so darf gleichwohl keine Steuer gegen sie festgesetzt werden, ohne dass die Voraussetzungen erfüllt sind, an die das Gesetz die Entstehung der Steuer knüpft (vgl. BFH-Urteile VI 115/55 U vom 21. 6. 1957, BStBl III 1957, 300; V 206/59 vom 15. 2. 1962, HFR 1962, 320). **Der Grundsatz von Treu und Glauben bringt keine Steueransprüche und -schulden zum Entstehen oder Erlöschen.** Er kann allenfalls das Steuerrechtsverhältnis modifizieren und verhindern, dass eine Forderung oder ein Recht geltend gemacht werden kann. Einer juristischen Person, die ihre Eigenschaft als Organgesellschaft geltend macht, kann daher nach dem Grundsatz von Treu und Glauben aufgrund ihres früheren Verhaltens zwar verwehrt sein, ihr zustehende Einwendungen und Einreden gegen Ansprüche des FA zu erheben. Dieses Verhalten kann aber nicht dazu führen, eine Steuerpflicht zu begründen, die materiell-rechtlich nicht besteht. Die juristische Person darf daher – auch nach dem Grundsatz von Treu und Glauben – nicht

1669

lediglich wegen ihres bisherigen Verhaltens als steuerpflichtige Unternehmerin behandelt werden (so BFH-Urteil V R 54/94 vom 8. 2. 1996, BFH/NV 1996, 733; a.A. FG Köln 5 K 2306/93 vom 19. 5. 1994, EFG 1995, 505).

1670 Den BFH-Urteilen V 20/64 vom 7. 7. 1966 (BStBl III 1966, 613), IV R 15/72 vom 30. 10. 1975 (BStBl II 1976, 253) und IX R 67/84 vom 21. 2. 1989 (BFH/NV 1989, 687) lagen Sachverhalte zugrunde, in denen die angefochtenen Berichtigungsbescheide materiell-rechtlich zutreffend waren. Strittig war lediglich, ob der Steuerpflichtige aufgrund seines vorherigen Verhaltens nach dem Grundsatz von Treu und Glauben gehindert war, die **Zustimmung zur Berichtigung** nach § 94 Abs. 1 Nr. 2 RAO zu verweigern oder sich darauf zu berufen, die Nichtberücksichtigung eines bestimmten Sachverhalts sei für ihn nicht erkennbar gewesen i. S. von § 174 Abs. 3 AO.

1671 Es kann zwar unter besonderen Umständen gegen Treu und Glauben verstoßen, wenn ein Steuerpflichtiger die Zustimmung zu einer Berichtigung des Steuerbescheids gemäß § 172 Abs. 1 Satz 1 Nr. 2a AO (siehe Rz. 1661) verweigert (vgl. BFH-Urteile V 20/64 vom 7. 7. 1966, BStBl III 1966, 613; VI 310/60 U vom 7. 12. 1962, BStBl III 1963, 162, und X R 214/87 vom 23. 6. 1993, BFH/NV 1994, 295). Da der Grundsatz von Treu und Glauben aber keine Steueransprüche zum Entstehen bringt, kann die Zustimmung des Steuerpflichtigen nach § 172 Abs. 1 Satz 1 Nr. 2a AO nur zu einer materiell-rechtlich zutreffenden Änderung eines Steuerbescheids fingiert werden. Auch insoweit bedarf es mithin einer materiell-rechtlichen Prüfung der Bescheide (vgl. BFH-Urteil V R 54/94 vom 8. 2. 1996, BFH/NV 1996, 733).

1672 Nach § 174 Abs. 3 AO darf das Finanzamt einen Umsatzsteuerbescheid nur erlassen, wenn es einen bestimmten Sachverhalt in einem Steuerbescheid erkennbar in der Annahme nicht berücksichtigt hatte, dass er in einem anderen Steuerbescheid zu berücksichtigen sei und sich diese Annahme als unrichtig herausgestellt hatte (siehe Rz. 1665). Hat das Finanzamt die Umsätze und Vorsteuerbeträge einer GmbH durch einen Aufhebungsbescheid erkennbar deshalb nicht berücksichtigt, weil es davon ausging, diese seien bei einem Organträger zu erfassen, ist es nach § 174 Abs. 3 AO zur Änderung dieses Aufhebungsbescheides nur berechtigt, wenn seine Annahme, die GmbH sei finanziell, wirtschaftlich und organisatorisch in das andere Unternehmen eingegliedert, unrichtig war. Entscheidend für die Rechtmäßigkeit der Änderung ist demnach, ob der Aufhebungsbescheid materiell-rechtlich falsch war, d. h., ob keine Organschaft vorlag. Auf einen Verstoß des vermeintlichen Organträgers oder der vermeintlichen Organgesellschaft gegen Treu und Glauben kommt es nicht an (vgl. BFH-Urteil V R 54/94 vom 8. 2. 1996, BFH/NV 1996, 734).

D. Rechtsmaterialien

I. Körperschaftsteuerrechtliche Organschaft

Auszug aus den KStR 1995

Zu § 14

48. Organträger, Begriff des gewerblichen Unternehmens

(1) Nach § 14 Satz 1 KStG muss der Organträger ein inländisches gewerbliches Unternehmen sein. Ein gewerbliches Unternehmen liegt vor, wenn die Voraussetzungen für einen Gewerbebetrieb im Sinne des § 2 GewStG erfüllt sind. Eine Kapitalgesellschaft ausländischen Rechts mit Geschäftsleitung im Inland kann weder Organträger im Sinne des § 14 Nr. 3 KStG noch ausländischer Organträger im Sinne des § 18 KStG sein (BFH-Beschluss vom 13. 11. 1991, BStBl 1992 II S. 263).

(2) Zur Frage des Organträgers bei einem Zusammenschluss mehrerer gewerblicher Unternehmen lediglich zum Zwecke der einheitlichen Willensbildung gegenüber einer Kapitalgesellschaft zu einer Gesellschaft des bürgerlichen Rechts vgl. Abschnitt 52 Abs. 6.

49. Finanzielle Eingliederung

Der Organträger ist im Sinne der finanziellen Eingliederung an der Organgesellschaft beteiligt, wenn ihm Anteile an der Organgesellschaft – einschließlich der Stimmrechte daraus – steuerrechtlich in dem für die finanzielle Eingliederung erforderlichen Umfang zuzurechnen sind. Entsprechendes gilt für die mittelbare Beteiligung (§ 14 Nr. 1 Satz 2 KStG). Eine mittelbare Beteiligung kann auch über eine Gesellschaft bestehen, die nicht selbst Organgesellschaft sein kann. Vgl. BFH-Urteil vom 2. 11. 1977 (BStBl 1978 II S. 74). Die finanzielle Eingliederung muss entweder auf einer unmittelbaren oder auf einer mittelbaren Beteiligung an der Organgesellschaft beruhen. Durch Zusammenrechnung einer unmittelbaren und einer mittelbaren Beteiligung oder von mehreren mittelbaren Beteiligungen wird die finanzielle Eingliederung nicht begründet. Dies gilt nicht im Falle einer Mehrmütterorganschaft (vgl. Abschn. 52 Abs. 6). Die finanzielle Eingliederung ist jedoch auch gegeben, wenn die Beteiligung an der Organgesellschaft zunächst mittelbar und anschließend unmittelbar gehalten wird.

Beispiele:

In den Beispielen wird unterstellt, dass die Stimmrechtsverhältnisse den Beteiligungsverhältnissen entsprechen.

1. Die Gesellschaft M ist an der Gesellschaft E unmittelbar mit 50 v. H. und mittelbar – über die Gesellschaft T – zu 50 v. H. beteiligt. Die Gesellschaft E ist in die Gesellschaft M nicht finanziell eingegliedert, weil weder die unmittelbare Beteiligung noch die mittelbare Beteiligung der M an der E allein die Voraussetzung der finanziellen Eingliederung erfüllt; eine Zusammenrechnung beider Beteiligungen kommt nicht in Betracht.

2. Die Gesellschaft M ist an den Gesellschaften T 1 und T 2 zu je 100 v. H. beteiligt; die Gesellschaften T 1 und T 2 sind an der Gesellschaft E zu je 50 v. H. beteiligt. Die Gesellschaft E ist in die Gesellschaft M nicht finanziell eingegliedert, weil keine der mittelbaren Beteiligungen der M an der E allein die Voraussetzungen des § 14 Nr. 1 Satz 2 KStG erfüllt; eine Zusammenrechnung der beiden mittelbaren Beteiligungen kommt nicht in Betracht.

3. Die Gesellschaft M ist an der Gesellschaft E mittelbar – über die Gesellschaft T – zu 100 v. H. beteiligt. Im Laufe des Wirtschaftsjahrs erwirbt die Gesellschaft M die Anteile an der Gesellschaft E, durch Verschmelzung der Gesellschaft T auf die Gesellschaft M. Die Voraussetzung des § 14 Nr. 1 KStG ist erfüllt.

Stimmrechtsverbot für einzelne Geschäfte zwischen Organträger und Organgesellschaft stehen der finanziellen Eingliederung nicht entgegen. Vgl. BFH-Urteil vom 26. 1. 1989 (BStBl II S. 455).

50. Wirtschaftliche Eingliederung

(1) Die wirtschaftliche Eingliederung bildet neben der finanziellen und organisatorischen Eingliederung eine selbständige Voraussetzung für die Anerkennung eines Organschaftsverhältnisses. Unter wirtschaftlicher Eingliederung ist eine wirtschaftliche Zweckabhängigkeit des beherrschten Unternehmens von dem herrschenden zu verstehen. Entsprechend muss das herrschende Unternehmen solche eigenen gewerblichen Zwecke verfolgen, denen sich das beherrschte Unternehmen im Sinne einer Zweckabhängigkeit unterordnen kann. Das beherrschte Unternehmen muss den gewerblichen Zwecken des herrschenden dienen, d. h. es muss im Sinne einer eigenen wirtschaftlichen Unselbständigkeit die gewerblichen Zwecke des herrschenden Unternehmens fördern oder ergänzen. Dabei muss es wegen der geforderten wirtschaftlichen Unselbständigkeit nach der Art einer unselbständigen Geschäftsabteilung des herrschenden Unternehmens auftreten. An einer solchen wirtschaftlichen Zweckabhängigkeit fehlt es, wenn das herrschende Unternehmen nur Gewerbebetrieb kraft Rechtsform ist, wenn es nur eine Tätigkeit i. S. des § 15 Abs. 2 EStG ausübt, die ausschließlich den Zwecken des beherrschten Unternehmens dient, oder wenn es infolge Liquidation keiner Tätigkeit mehr nachgeht, der sich das beherrschte Unternehmen im Sinne einer

Zweckabhängigkeit unterordnen kann. Vgl. BFH-Urteile vom 26. 4. 1989 (BStBl II S. 668), vom 13. 9. 1989 (BStBl 1990 II S. 24) und vom 27. 6. 1990 (BStBl II S. 992).

(2) Auf folgende Rechtsprechung des BFH zur wirtschaftlichen Eingliederung wird besonders hingewiesen:

1. Eine Kapitalgesellschaft kann als Organgesellschaft das Unternehmen des Organträgers auch dadurch im Sinne des Absatzes 1 wirtschaftlich fördern oder ergänzen, dass sie Vermögen verwaltet und Beteiligungen hält; es ist nicht erforderlich, dass die Beteiligungen an Firmen der gleichen Branche bestehen. Vgl. BFH-Urteil vom 21. 1. 1970 (BStBl II S. 348).

2. Übt ein herrschendes Unternehmen die einheitliche Leitung über mehrere abhängige Kapitalgesellschaften in einer durch äußere Merkmale erkennbaren Form aus (geschäftsleitende Holding), so können die beherrschten Kapitalgesellschaften als Organgesellschaften in das herrschende Unternehmen wirtschaftlich eingegliedert sein. Vgl. BFH-Urteil vom 17. 12. 1969 (BStBl 1970 II S. 257). Abhängige Kapitalgesellschaften können auch inländische Gesellschaften, mit denen ein Gewinnabführungsvertrag nicht abgeschlossen ist, oder ausländische Gesellschaften sein.

3. Beherrscht ein Unternehmen ohne sonstige unternehmerische Betätigung nur eine Untergesellschaft, so übt das herrschende Unternehmen keine gewerbliche Tätigkeit aus, in die das Unternehmen der beherrschten Gesellschaft wirtschaftlich eingegliedert werden kann. Wirtschaftliche Eingliederung setzt vielmehr voraus, dass das herrschende Unternehmen eine eigene gewerbliche Tätigkeit entfaltet, die durch den Betrieb der Kapitalgesellschaft gefördert wird und die im Rahmen des Gesamtunternehmens (Organkreises) nicht von untergeordneter Bedeutung ist. Dabei ist die Entwicklung innerhalb eines mehrjährigen Zeitraums zu berücksichtigen. Vgl. BFH-Urteile vom 15. 4. 1970 (BStBl II S. 554), vom 18. 4. 1973 (BStBl II S. 740) und vom 13. 9. 1989 (BStBl 1990 II S. 24).

4. Für die Annahme der wirtschaftlichen Eingliederung muss das herrschende Unternehmen einheitliche Leitungsmacht über die eigene gewerbliche Tätigkeit und über die gewerbliche Tätigkeit des abhängigen Unternehmens ausüben. Beide Unternehmen müssen nach einer einheitlichen Gesamtkonzeption geführt werden, wobei nicht erforderlich ist, dass beide Unternehmen dem gleichen Geschäftszweig angehören. Vgl. BFH-Urteil vom 21. 1. 1976 (BStBl II S. 389).

(3) Die Grundsätze der Absätze 1 und 2 gelten auch für die Betriebsaufspaltung. Daher ist bei der Aufteilung des Unternehmens in ein reines Besitzunternehmen

und eine Betriebsgesellschaft eine wirtschaftliche Eingliederung nicht gegeben. Vielmehr muss zu der gewerbesteuerpflichtigen Verpachtungstätigkeit eine andere, eigene gewerbliche Tätigkeit des Besitzunternehmens hinzukommen. Vgl. BFH-Urteile vom 18. 4. 1973 (BStBl II S. 740), vom 26. 4. 1989 (BStBl II S. 668) und vom 13. 9. 1989 (BStBl 1990 II S. 24). Eine Betriebsgesellschaft kann in das Besitzunternehmen wirtschaftlich eingegliedert sein, wenn das Besitzunternehmen die Voraussetzungen einer geschäftsleitenden Holding im Sinne des BFH-Urteils vom 17. 12. 1969 (BStBl 1970 II S. 257) erfüllt.

51. Organisatorische Eingliederung

Hat die Organgesellschaft nicht durch einen Beherrschungsvertrag im Sinne des § 291 Aktiengesetz dem Unternehmen des Organträgers die Leitung ihres Unternehmens unterstellt oder ist sie nicht eine nach den Vorschriften der §§ 319 bis 327 Aktiengesetz eingegliederte Gesellschaft, muss in einer anderen Weise gewährleistet sein, dass in der Geschäftsführung der Organgesellschaft der Wille des Organträgers tatsächlich durchgeführt wird. In den Fällen mittelbarer Beteiligung (§ 14 Nr. 1 Satz 2 KStG) muss zumindest mittelbar gewährleistet sein, dass in der Geschäftsführung der Enkelgesellschaft als Organgesellschaft der Wille des Organträgers tatsächlich durchgeführt wird.

52. Personengesellschaften im Sinne des § 15 Abs. 1 Nr. 2 EStG als Organträger

Personengesellschaft mit einem oder mehreren beschränkt steuerpflichtigen Gesellschaftern als Organträger

(1) Ist eine Personengesellschaft im Sinne des § 15 Abs. 1 Nr. 2 EStG mit Geschäftsleitung und Sitz im Inland Organträger und sind ein oder mehrere Gesellschafter der Personengesellschaft beschränkt einkommensteuerpflichtig oder sind an der Personengesellschaft eine oder mehrere Körperschaften, Personenvereinigungen oder Vermögensmassen beteiligt, die ihren Sitz oder ihre Geschäftsleitung nicht im Inland haben, müssen die Voraussetzungen der finanziellen, wirtschaftlichen und organisatorischen Eingliederung im Verhältnis zur Personengesellschaft selbst erfüllt sein (§ 14 Nr. 3 Satz 3 und 4 KStG). Die Organgesellschaft ist im Verhältnis zur Personengesellschaft selbst finanziell eingegliedert, wenn die Anteile an der Organgesellschaft in dem für die finanzielle Eingliederung erforderlichen Umfang (§ 14 Nr. 1 KStG) zum Vermögen der Personengesellschaft (Gesamthandsvermögen) gehören oder zumindest wirtschaftliches Eigentum der Personengesellschaft gegeben ist. Vgl. BFH-Urteil

I. Körperschaftsteuerrechtliche Organschaft

vom 28. 4. 1983 (BStBl II S. 690). In diesen Fällen hat die Veräußerung eines Mitunternehmeranteils bzw. die Veränderung im Gesellschafterbestand der Organträger-Personengesellschaft während des Wirtschaftsjahrs der Organgesellschaft keine Auswirkungen auf das bestehende Organschaftsverhältnis, da der Personengesellschaft im Hinblick auf das Organschaftsverhältnis eine rechtliche Eigenständigkeit eingeräumt wird. Dem entspricht auch, dass die wirtschaftliche Identität der Personengesellschaft gewahrt und die rechtliche Gebundenheit des Gesellschaftsvermögens gleich bleibt, auch wenn die am Vermögen insgesamt Beteiligten wechseln. Gehören die Anteile an der Organgesellschaft nicht zum Vermögen der Personengesellschaft, reicht es für die finanzielle Eingliederung in die Personengesellschaft nicht aus, dass die Anteile notwendiges Sonderbetriebsvermögen der Gesellschafter der Personengesellschaft sind. Wegen der Beteiligung eines ausländischen gewerblichen Unternehmens im Sinne des § 18 KStG an der Personengesellschaft vgl. Abs. 5.

Personengesellschaft mit nur unbeschränkt steuerpflichtigen Gesellschaftern als Organträger

(2) Handelt es sich bei der Personengesellschaft nicht um eine Gesellschaft im Sinne des § 14 Nr. 3 Satz 3 und 4 KStG und unterhält sie selbst ein gewerbliches Unternehmen (Abschnitt 48), ist die Voraussetzung der finanziellen Eingliederung auch erfüllt, wenn die Anteile an der Organgesellschaft nicht zum Vermögen der Personengesellschaft, sondern zum Vermögen einzelner – nicht notwendig aller – Gesellschafter der Personengesellschaft gehören und diesen Gesellschaftern die Mehrheit der Stimmrechte aus den Anteilen an der Organgesellschaft zusteht. Vgl. auch BFH-Urteile vom 26. 10. 1972 (BStBl 1973 II S. 383) und vom 12. 1. 1977 (BStBl II S. 357). Das gilt auch, wenn die Anteile an der Organgesellschaft teilweise zum Vermögen der Personengesellschaft und teilweise zum Vermögen der einzelnen Gesellschafter der Personengesellschaft gehören. Diese Anteile an der Organgesellschaft, die nicht zum Vermögen der Personengesellschaft gehören, stellen bei Anerkennung der Organschaft notwendiges Sonderbetriebsvermögen der Gesellschafter der Personengesellschaft dar. Verfügen die unmittelbar an der Organgesellschaft beteiligten Gesellschafter nicht über mehr als die Hälfte der Stimmrechte an der Organgesellschaft, ist die finanzielle Eingliederung gegeben, wenn ein Gesellschafter mittelbar an der Organgesellschaft beteiligt ist und jede der Beteiligungen, auf denen die mittelbare Beteiligung beruht, die Mehrheit der Stimmrechte gewährt (§ 14 Nr. 1 Satz 2 KStG). Abschnitt 49 Satz 6 gilt entsprechend.

(3) Scheidet ein Gesellschafter aus der Personengesellschaft während des Wirtschaftsjahrs der Organgesellschaft aus und verfügen die verbleibenden Gesell-

schafter nicht mehr über die Mehrheit der Stimmrechte, ist vom Zeitpunkt der Veräußerung an die Voraussetzung der finanziellen Eingliederung nicht mehr erfüllt. Damit entfällt die Anwendung des § 14 KStG für dieses Wirtschaftsjahr. Das gleiche gilt, wenn ein Gesellschafter der Personengesellschaft seine Beteiligung an der Organgesellschaft während des Wirtschaftsjahrs der Organgesellschaft veräußert und die anderen Gesellschafter der Personengesellschaft nicht mehr über die Mehrheit der Stimmrechte verfügen. Hat das Organschaftsverhältnis noch keine fünf Jahre bestanden, bleibt der Gewinnabführungsvertrag dennoch für die Jahre, für die er durchgeführt worden ist, steuerrechtlich wirksam. Der Gesellschafterwechsel ist mit dem Fall der Veräußerung der Organbeteiligung vergleichbar. Er kann daher als wichtiger Grund im Sinne des § 14 Nr. 4 Satz 2 KStG für die vorzeitige Beendigung des Gewinnabführungsvertrags anerkannt werden (vgl. Abschnitt 55 Abs. 7).

(4) Die wirtschaftliche und organisatorische Eingliederung in die Personengesellschaft ist gegeben, wenn diese selbst ein gewerbliches Unternehmen betreibt und die Organgesellschaft in dieses Unternehmen nach Maßgabe der Abschnitte 50 und 51 eingegliedert ist.

Ausländisches gewerbliches Unternehmen im Sinne des
§ 18 KStG als Gesellschafter der Personengesellschaft

(5) Die Absätze 2 bis 4 sind auch anzuwenden, wenn an der Personengesellschaft ein ausländisches gewerbliches Unternehmen im Sinne des § 18 KStG beteiligt ist.

Nicht gewerblich tätige Personengesellschaft als Organträger
(Mehrmütterorganschaft)

(6) Schließen sich mehrere gewerbliche Unternehmen, deren Träger unbeschränkt einkommensteuerpflichtige natürliche Personen oder Körperschaften, Personenvereinigungen und Vermögensmassen mit Geschäftsleitung und Sitz im Inland sind, lediglich zur einheitlichen Willensbildung gegenüber einer Kapitalgesellschaft zu einer GbR zusammen, kann eine Organschaft mit Gewinnabführungsvertrag zur GbR anerkannt werden, wenn

1. jeder Gesellschafter der GbR an der Organgesellschaft vom Beginn ihres Wirtschaftsjahrs an ununterbrochen beteiligt ist und diesen Gesellschaftern die Mehrheit der Stimmrechte an der Organgesellschaft zusteht. Dabei sind, anders als in den in Abschnitt 49 Satz 6 und in dem vorstehenden Absatz 2 Satz 5 und 6 genannten Fällen, sowohl die unmittelbaren Beteiligungen der in der GbR zusammengeschlossenen Gesellschafter als auch deren mittelbare Betei-

I. Körperschaftsteuerrechtliche Organschaft

ligungen an der Organgesellschaft zusammenzurechnen. Vgl. auch BFH-Urteil vom 14. 4. 1993 (BStBl 1994 II S. 124). Veräußert ein Gesellschafter der GbR während des Wirtschaftsjahrs der Organgesellschaft seine Anteile an der Organgesellschaft oder scheidet er während des Wirtschaftsjahrs der Organgesellschaft aus der GbR aus, ist vom Zeitpunkt der Veräußerung oder des Ausscheidens an die Voraussetzung der finanziellen Eingliederung nicht mehr als erfüllt anzusehen. Damit entfällt die Anwendung des § 14 KStG für dieses Wirtschaftsjahr;

2. jeder Gesellschafter der GbR ein gewerbliches Unternehmen unterhält und die Organgesellschaft jedes dieser Unternehmen nach Maßgabe des Abschnitts 50 wirtschaftlich fördert oder ergänzt;

3. durch die GbR gewährleistet ist, dass der koordinierte Wille ihrer Gesellschafter in der Geschäftsführung der Organgesellschaft tatsächlich durchgesetzt wird.

Weitere Voraussetzungen sind, dass die GbR vom Beginn des Wirtschaftsjahrs der Organgesellschaft an ununterbrochen besteht und der Gewinnabführungsvertrag mit der GbR abgeschlossen ist.

(7) Absatz 6 ist auch anzuwenden, wenn an der GbR eine Personengesellschaft im Sinne des § 14 Nr. 3 Sätze 3 und 4 KStG oder ein ausländisches gewerbliches Unternehmen im Sinne des § 18 KStG beteiligt ist. Im letzten Fall gilt § 18 KStG sinngemäß.

53. Zeitliche Voraussetzungen

(1) Nach § 14 Nr. 1 und 2 KStG muss die Organgesellschaft vom Beginn ihres Wirtschaftsjahrs an ununterbrochen finanziell, wirtschaftlich und organisatorisch in das Unternehmen des Organträgers eingegliedert sein. Ununterbrochen bedeutet, dass diese Eingliederung vom Beginn ihres Wirtschaftsjahrs an ohne Unterbrechung bis zum Ende des Wirtschaftsjahrs bestehen muss. Das gilt auch im Falle eines Rumpfwirtschaftsjahrs.

(2) Veräußert der Organträger seine Beteiligung an der Organgesellschaft zum Ende des Wirtschaftsjahrs der Organgesellschaft an ein anderes gewerbliches Unternehmen, bedeutet dies, dass der Organträger das Eigentum an den Anteilen an der Organgesellschaft bis zum letzten Tag, 24 Uhr, des Wirtschaftsjahrs der Organgesellschaft behält und das andere Unternehmen dieses Eigentum am ersten Tag, 0 Uhr, des anschließenden Wirtschaftsjahrs der Organgesellschaft erwirbt. In diesen Fällen ist deshalb die Voraussetzung der finanziellen Eingliede-

rung der Organgesellschaft beim Veräußerer der Anteile bis zum Ende des Wirtschaftsjahrs der Organgesellschaft und beim Erwerber der Anteile vom Beginn des anschließenden Wirtschaftsjahrs der Organgesellschaft an erfüllt. Veräußert der Organträger seine Beteiligung an der Organgesellschaft während des Wirtschaftsjahrs der Organgesellschaft und stellt die Organgesellschaft mit Zustimmung des Finanzamts ihr Wirtschaftsjahr auf den Zeitpunkt der Veräußerung der Beteiligung um, ist die finanzielle Eingliederung der Organgesellschaft beim Veräußerer der Anteile bis zum Ende des entstandenen Rumpfwirtschaftsjahrs der Organgesellschaft und beim Erwerber der Anteile vom Beginn des anschließenden Wirtschaftsjahrs der Organgesellschaft an gegeben.

(3) Wird im Zusammenhang mit der Begründung oder Beendigung eines Organschaftsverhältnisses im Sinne des § 14 KStG das Wirtschaftsjahr der Organgesellschaft auf einen vom Kalenderjahr abweichenden Zeitraum umgestellt, ist dafür die nach § 7 Abs. 4 Satz 3 KStG erforderliche Zustimmung zu erteilen. Bei der Begründung eines Organschaftsverhältnisses gilt das auch, wenn das Wirtschaftsjahr der Organgesellschaft im selben Veranlagungszeitraum ein zweites Mal umgestellt wird, um den Abschlussstichtag der Organgesellschaft dem im Organkreis üblichen Abschlussstichtag anzupassen. Weicht dabei das neue Wirtschaftsjahr vom Kalenderjahr ab, ist für die zweite Umstellung ebenfalls die Zustimmung nach § 7 Abs. 4 Satz 3 KStG zu erteilen.

54. *(aufgehoben)*

55. Der Gewinnabführungsvertrag

Wirksamwerden des Gewinnabführungsvertrags

(1) Nach § 14 Nr. 4 Satz 1 KStG muss der Gewinnabführungsvertrag bis zum Ende des Wirtschaftsjahres der Organgesellschaft, für das erstmals die steuerliche Folge der Einkommenszurechnung (vgl. Abschnitt 57) eintreten soll, auf mindestens fünf Jahre abgeschlossen und bis zum Ende des folgenden Wirtschaftsjahres wirksam werden. Bei einer nicht eingegliederten Aktiengesellschaft oder Kommanditgesellschaft auf Aktien wird der Gewinnabführungsvertrag im Sinne des § 291 Abs. 1 Aktiengesetz zivilrechtlich erst wirksam, wenn sein Bestehen in das Handelsregister des Sitzes der Organgesellschaft eingetragen ist (vgl. § 294 Abs. 2 Aktiengesetz, BFH-Urteil vom 26. 8. 1987, BStBl 1988 II S. 76). Bei einer nach den §§ 319 bis 327 Aktiengesetz eingegliederten Aktiengesellschaft oder Kommanditgesellschaft auf Aktien tritt die zivilrechtliche Wirksamkeit des Gewinnabführungsvertrags ein, sobald er in Schriftform abgeschlos-

I. Körperschaftsteuerrechtliche Organschaft

sen ist (vgl. § 324 Abs. 2 Aktiengesetz). Bei einem lediglich mit der Vorgründungsgesellschaft abgeschlossenen Gewinnabführungsvertrag gehen die sich daraus ergebenden Rechte und Pflichten nicht automatisch auf die später gegründete und eingetragene Kapitalgesellschaft über (BFH-Urteil vom 8. 11. 1989, BStBl 1990 II S. 91).

(2) Der Gewinnabführungsvertrag muss nach § 14 Nr. 4 Satz 1 KStG auf einen Zeitraum von mindestens 5 Zeitjahren abgeschlossen sein. Der Zeitraum beginnt mit dem Anfang des Wirtschaftsjahrs, für das die Rechtsfolgen des § 14 Satz 1 KStG erstmals eintreten.

Vollzug des Gewinnabführungsvertrags

(3) Nach § 14 Satz 1 KStG muss sich die Organgesellschaft aufgrund eines Gewinnabführungsvertrags im Sinne des § 291 Abs. 1 Aktiengesetz verpflichten, ihren ganzen Gewinn an ein anderes inländisches gewerbliches Unternehmen abzuführen. Die Abführung des ganzen Gewinns setzt hierbei voraus, dass der Jahresabschluss keinen Bilanzgewinn (§ 268 Abs. 1 HGB, § 158 Aktiengesetz) mehr ausweist. Wegen der nach § 14 Nr. 5 KStG zulässigen Bildung von Gewinn- und Kapitalrücklagen siehe nachstehenden Absatz 6 Nr. 3. § 301 Aktiengesetz bestimmt als Höchstbetrag der Gewinnabführung für eine nicht eingegliederte Organgesellschaft in der Rechtsform der AG oder der KG a. A.:

1. in seinem Satz 1 den ohne die Gewinnabführung entstehenden Jahresüberschuss, vermindert um einen Verlustvortrag aus dem Vorjahr und um den Betrag, der nach § 300 Aktiengesetz in die gesetzliche Rücklage einzustellen ist;

2. in seinem Satz 2 Entnahmen aus in vertraglicher Zeit gebildeten und wieder aufgelösten Gewinnrücklagen. Entsprechendes gilt für Zuzahlungen, die in vertraglicher Zeit in die Kapitalrücklage nach § 272 Abs. 2 Nr. 4 HGB eingestellt worden sind.

Nach § 275 Abs. 4 HGB dürfen Veränderungen sowohl der Kapital- als auch der Gewinnrücklagen in der Gewinn- und Verlustrechnung erst nach dem Posten „Jahresüberschuss/Jahresfehlbetrag" ausgewiesen werden, d. h. sie verändern zwar nicht den Jahresüberschuss, wohl aber den nach § 291 Abs. 1 Satz 2 des Aktiengesetzes abzuführenden Gewinn. Bei Verlustübernahme (§ 302 Aktiengesetz) hat der Organträger einen sonst entstehenden Jahresfehlbetrag auszugleichen, soweit dieser nicht dadurch ausgeglichen wird, dass den anderen Gewinnrücklagen oder der Kapitalrücklage nach § 272 Abs. 2 Nr. 4 HGB Beträge entnommen werden, die während der Vertragsdauer in sie eingestellt worden sind.

(4) Bei einer nicht eingegliederten Organgesellschaft in der Rechtsform der AG oder der KG a. A. ist der Gewinnabführungsvertrag steuerlich als nicht durchgeführt anzusehen, wenn vorvertragliche Gewinn- oder Kapitalrücklagen entgegen den Vorschriften der §§ 301 und 302 Abs. 1 Aktiengesetz aufgelöst und an den Organträger abgeführt werden. Da der Jahresüberschuss im Sinne des § 301 Aktiengesetz nicht einen Gewinnvortrag (vgl. § 158 Abs. 1 Nr. 1 Aktiengesetz, § 266 Abs. 3 A HGB) umfasst, darf ein vor dem Inkrafttreten des Gewinnabführungsvertrags vorhandener Gewinnvortrag weder abgeführt noch zum Ausgleich eines aufgrund des Gewinnabführungsvertrags vom Organträger auszugleichenden Jahresfehlbetrags (Verlustübernahme) verwendet werden. Ein Verstoß gegen das Verbot, Erträge aus der Auflösung vorvertraglicher Rücklagen an den Organträger abzuführen, liegt auch vor, wenn die Organgesellschaft Aufwand – dazu gehören auch die steuerrechtlich nichtabziehbaren Ausgaben, z. B. Körperschaftsteuer, Vermögensteuer, Aufsichtsratsvergütungen – über eine vorvertragliche Rücklage verrechnet und dadurch den Gewinn erhöht, der an den Organträger abzuführen ist. Ein Verstoß gegen die §§ 301 und 302 Abs. 1 Aktiengesetz ist nicht gegeben, wenn die Organgesellschaft vorvertragliche Rücklagen auflöst und den entsprechenden Gewinn außerhalb des Gewinnabführungsvertrags an ihre Anteilseigner ausschüttet. Insoweit ist § 14 KStG nicht anzuwenden; für die Gewinnausschüttung ist die Ausschüttungsbelastung nach § 27 KStG herzustellen. Zur Auflösung und Abführung vorvertraglicher versteuerter Rücklagen bei einer nach den §§ 319 bis 327 Aktiengesetz eingegliederten Organgesellschaft in der Rechtsform der AG oder KG a. A. vgl. Abschn. 57 Abs. 5.

(5) Leistet eine Organgesellschaft für ein Geschäftsjahr in vertraglicher Zeit eine Gewinnausschüttung aus vorvertraglichen Rücklagen, erhöht oder verringert die mit der Gewinnausschüttung nach § 27 Abs. 1 KStG verbundene Minderung oder Erhöhung der Körperschaftsteuer zwar den handelsbilanziellen Jahresüberschuss/ Jahresfehlbetrag im Sinne des § 275 Abs. 2 HGB der Organgesellschaft in der vertraglichen Zeit. Sie unterliegt aber ebenso wie die Ausschüttung der aufgelösten vorvertraglichen Rücklagen nicht der Gewinnabführung. Dies ergibt sich aus § 28 Abs. 6 KStG. Danach wirkt sich eine Minderung oder Erhöhung der Körperschaftsteuer unmittelbar auf die Höhe der Gewinnausschüttung aus. Eine Körperschaftsteuerminderung gilt als für die Ausschüttung verwendet und erhöht damit die aus der aufgelösten Rücklage höchstmögliche Ausschüttung. Eine Körperschaftsteuererhöhung ist mit der aufgelösten Rücklage zu verrechnen und mindert die hieraus höchstmögliche Ausschüttung. Für die Ausschüttung vorvertraglicher Rücklagen bedeutet dies, dass die Änderung der Körperschaftsteuer nach § 27 Abs. 1 KStG der Dividende zuzurechnen ist und bei der Gewinnabführung unberücksichtigt bleibt. Die vorstehenden Ausführungen gelten gleichermaßen

für nach den §§ 319 bis 327 Aktiengesetz eingegliederte und für nicht eingegliederte Organgesellschaften. Bei nicht eingegliederten Organgesellschaften geht § 28 Abs. 6 KStG den §§ 301 und 302 Abs. 1 Aktiengesetz insoweit vor.

(6) Der Durchführung des Gewinnabführungsvertrags steht es nicht entgegen, wenn z. B.

1. der an den Organträger abzuführende Gewinn entsprechend dem gesetzlichen Gebot in § 301 Aktiengesetz durch einen beim Inkrafttreten des Gewinnabführungsvertrags vorhandenen Verlustvortrag gemindert wird. Der Ausgleich vorvertraglicher Verluste durch den Organträger ist steuerrechtlich als Einlage zu werten;

2. der ohne die Gewinnabführung entstehende Jahresüberschuss der Organgesellschaft nach § 301 Aktiengesetz um den Betrag vermindert wird, der nach § 300 Aktiengesetz in die gesetzliche Rücklage einzustellen ist. Zuführungen zur gesetzlichen Rücklage, die die gesetzlich vorgeschriebenen Beträge übersteigen, sind jedoch steuerrechtlich wie die Bildung von Gewinnrücklagen zu beurteilen;

3. die Organgesellschaft nach § 14 Nr. 5 KStG Gewinnrücklagen im Sinne des § 272 Abs. 3 und 4 HGB mit Ausnahme der gesetzlichen Rücklagen, aber einschließlich der Rücklage für eigene Anteile und der satzungsmäßigen Rücklagen (§ 266 Abs. 3 A III HGB) bildet, die bei vernünftiger kaufmännischer Beurteilung wirtschaftlich begründet sind. Die Bildung einer Kapitalrücklage im Sinne des § 272 Abs. 2 Nr. 4 HGB beeinflusst die Höhe der Gewinnabführung nicht und stellt daher keinen Verstoß gegen § 14 Nr. 5 KStG dar. Für die Bildung der Rücklagen muss ein konkreter Anlass gegeben sein, der es auch aus objektiver unternehmerischer Sicht rechtfertigt, eine Rücklage zu bilden, wie z. B. eine geplante Betriebsverlegung, Werkserneuerung, Kapazitätsausweitung. Ein konkreter Anlass kann auch dann vorliegen, wenn die Organgesellschaft besondere Risiken trägt, die sie bei Abführung der in Rücklage gestellten Beträge an den Organträger ohne Gefährdung ihres Unternehmens möglicherweise nicht abdecken könnte. Vgl. BFH-Urteil vom 29. 10. 1980 (BStBl 1981 II S. 336). Die Beschränkung nach § 14 Nr. 5 KStG ist nicht auf die Zuführung zum Sonderposten mit Rücklageanteil im Sinne der §§ 247 Abs. 3 und 273 HGB, z. B. Rücklagen für Ersatzbeschaffung, Rücklagen im Sinne des § 6b EStG, und auf die Bildung stiller Reserven anzuwenden;

4. die Organgesellschaft ständig Verluste erwirtschaftet.

Beendigung des Gewinnabführungsvertrags

(7) Wird der Gewinnabführungsvertrag, der noch nicht fünf aufeinanderfolgende Jahre durchgeführt worden ist, durch Kündigung oder im gegenseitigen Einvernehmen beendet, bleibt der Vertrag für die Jahre, für die er durchgeführt worden ist, steuerrechtlich wirksam, wenn die Beendigung auf einem wichtigen Grund beruht. Ein wichtiger Grund kann insbesondere in der Veräußerung oder Einbringung der Organbeteiligung durch den Organträger, der Verschmelzung, Spaltung oder Liquidation des Organträgers oder der Organgesellschaft gesehen werden (vgl. Abschnitt 52 Abs. 3). Stand bereits im Zeitpunkt des Vertragsabschlusses fest, dass der Gewinnabführungsvertrag vor Ablauf der ersten fünf Jahre beendet werden wird, ist ein wichtiger Grund nicht anzunehmen. Das gilt nicht für die Beendigung des Gewinnabführungsvertrags durch Verschmelzung oder Spaltung oder auf Grund der Liquidation der Organgesellschaft. Liegt ein wichtiger Grund nicht vor, ist der Gewinnabführungsvertrag von Anfang an als steuerrechtlich unwirksam anzusehen.

(8) Ist der Gewinnabführungsvertrag bereits mindestens fünf aufeinanderfolgende Jahre durchgeführt worden, bleibt er für diese Jahre steuerrechtlich wirksam.

Nichtdurchführung des Gewinnabführungsvertrags

(9) Wird ein Gewinnabführungsvertrag in einem Jahr nicht durchgeführt, ist er

1. von Anfang an als steuerrechtlich unwirksam anzusehen, wenn er noch nicht fünf aufeinanderfolgende Jahre durchgeführt worden ist;
2. erst ab diesem Jahr als steuerrechtlich unwirksam anzusehen, wenn er bereits mindestens fünf aufeinanderfolgende Jahre durchgeführt worden ist. Soll die körperschaftsteuerrechtliche Organschaft ab einem späteren Jahr wieder anerkannt werden, bedarf es einer erneuten mindestens fünfjährigen Laufzeit und ununterbrochenen Durchführung des Vertrags.

Ist der Gewinnabführungsvertrag als steuerrechtlich unwirksam anzusehen, ist die Organgesellschaft nach den allgemeinen steuerrechtlichen Vorschriften zur Körperschaftsteuer zu veranlagen.

56. Auflösung der Organgesellschaft

(1) Wird die Organgesellschaft aufgelöst, hat dies zur Folge, dass die Organgesellschaft eine auf Erwerb gerichtete Tätigkeit nicht mehr ausüben und damit einen Gewinn, der auf Grund des Gewinnabführungsvertrags an den Organträger abgeführt werden könnte, nicht mehr erzielen kann. Der im Zeitraum der Abwicklung erzielte Gewinn (§ 11 KStG, vgl. Abschnitt 46) unterliegt nicht der

I. Körperschaftsteuerrechtliche Organschaft

vertraglichen Gewinnabführungsverpflichtung (BFH-Urteil vom 18. 10. 1967, BStBl 1968 II S. 105) und ist deshalb von der Organgesellschaft zu versteuern.

(2) Stellt eine Organgesellschaft ohne förmlichen Auflösungsbeschluss ihre gewerbliche Tätigkeit nicht nur vorübergehend ein und veräußert sie ihr Vermögen, fällt der Gewinn, den sie während der tatsächlichen Abwicklung erzielt, nicht mehr unter die Gewinnabführungsverpflichtung. Vgl. BFH-Urteil vom 17. 2. 1971 (BStBl II S. 411).

57. Das zuzurechnende Einkommen der Organgesellschaft

(1) Als zuzurechnendes Einkommen ist das Einkommen der Organgesellschaft vor Berücksichtigung des an den Organträger abgeführten Gewinns oder des vom Organträger zum Ausgleich eines sonst entstehenden Jahresfehlbetrags (§ 302 Abs. 1 Aktiengesetz) geleisteten Betrags zu verstehen. Bei der Ermittlung des Einkommens des Organträgers bleibt demnach der von der Organgesellschaft an den Organträger abgeführte Gewinn außer Ansatz; ein vom Organträger an die Organgesellschaft zum Ausgleich eines sonst entstehenden Jahresfehlbetrags geleisteter Betrag darf nicht abgezogen werden.

(2) Bei der Ermittlung des dem Organträger zuzurechnenden Einkommens der Organgesellschaft ist auch die Vorschrift des § 16 Abs. 4 EStG zu berücksichtigen. Auf Abschnitt 27 Abs. 1 und 3 wird hingewiesen.

(3) Das Einkommen der Organgesellschaft ist dem Organträger für das Kalenderjahr (Veranlagungszeitraum) zuzurechnen, in dem die Organgesellschaft das Einkommen bezogen hat. Vgl. BFH-Urteil vom 29. 10. 1974 (BStBl 1975 II S. 126).

(4) Gewinne der Organgesellschaft, die aus der Auflösung vorvertraglicher unversteuerter stiller Reserven herrühren, sind Teil des Ergebnisses des Wirtschaftsjahrs der Organgesellschaft, in dem die Auflösung der Reserven erfolgt. Handelsrechtlich unterliegen diese Gewinne deshalb der vertraglichen Abführungsverpflichtung. Steuerrechtlich gehören sie zu dem Einkommen, das nach § 14 KStG dem Organträger zuzurechnen ist. Entsprechendes gilt für Gewinne aus der Auflösung eines Sonderpostens mit Rücklageanteil im Sinne von §§ 247 Abs. 3, 273 HGB.

(5) Bei einer nach den §§ 319 bis 327 Aktiengesetz eingegliederten AG oder KG a.A. als Organgesellschaft sind nach § 324 Abs. 2 Aktiengesetz die §§ 293 bis 296, 298 bis 303 Aktiengesetz nicht anzuwenden. Löst diese Organgesellschaft vorvertragliche Gewinn- oder Kapitalrücklagen zugunsten des an den Or-

ganträger abzuführenden Gewinns auf, verstößt sie handelsrechtlich nicht gegen das Abführungsverbot. In diesen Fällen ist deshalb Abschnitt 55 Abs. 9 nicht anzuwenden. Steuerrechtlich fällt die Abführung der Gewinne aus der Auflösung dieser Rücklagen an den Organträger nicht unter § 14 KStG; sie unterliegt somit den allgemeinen steuerrechtlichen Vorschriften.

(6) Verdeckte Gewinnausschüttungen an den Organträger sind im allgemeinen vorweggenommene Gewinnabführungen; sie stellen die tatsächliche Durchführung des Gewinnabführungsvertrags nicht in Frage. Das gilt auch, wenn eine Personengesellschaft der Organträger ist (Abschnitt 52) und Gewinn verdeckt an einen Gesellschafter der Personengesellschaft ausgeschüttet wird. Ein solcher Vorgang berührt lediglich die Gewinnverteilung innerhalb der Personengesellschaft. Verdeckte Gewinnausschüttungen an außenstehende Gesellschafter sind wie Ausgleichszahlungen im Sinne des § 16 KStG zu behandeln.

(7) Veräußert die Organgesellschaft einen Teilbetrieb, wird dadurch das Organschaftsverhältnis nicht berührt, wenn die Voraussetzungen der wirtschaftlichen und organisatorischen Eingliederung (Abschnitte 50 und 51) weiter gegeben sind. Der Veräußerungsgewinn unterliegt der vertraglichen Gewinnabführungsverpflichtung; er ist bei der Ermittlung des dem Organträger zuzurechnenden Einkommens zu berücksichtigen.

(8) Einwendungen gegen die Höhe des nach § 14 KStG zuzurechnenden Einkommens der Organgesellschaft kann nur der Organträger geltend machen, in dessen Steuerfestsetzung dieses Einkommen als unselbständige Besteuerungsgrundlage enthalten ist. Einwendungen gegen die Höhe des von der Organgesellschaft nach § 16 KStG selbst zu versteuernden Einkommens und gegen die Höhe der Körperschaftsteuer-Ausschüttungsbelastung kann nur die Organgesellschaft geltend machen.

58. Die Einkommensermittlung beim Organträger

(1) Zinsen für Schulden, die der Organträger zum Erwerb der Organbeteiligung aufgenommen hat, dürfen bei der Ermittlung des Einkommens des Organträgers abgezogen werden.

(2) Der Organträger darf steuerrechtlich keine Rückstellung für drohende Verluste aus der Übernahme des Verlustes der Organgesellschaft bilden. Vgl. BFH-Urteil vom 26. 1. 1977 (BStBl II S. 441).

(3) Verdeckte Gewinnausschüttungen der Organgesellschaft sind beim Organträger zur Vermeidung der Doppelbelastung aus dem Einkommen auszuscheiden,

I. Körperschaftsteuerrechtliche Organschaft

wenn die Vorteilszuwendung den Bilanzgewinn des Organträgers erhöht oder dessen Bilanzverlust gemindert hat. Entgegen dem BFH-Urteil vom 20. 8. 1986 (BStBl 1987 II S. 455) ist jedoch nicht das zuzurechnende Organeinkommen, sondern das eigene Einkommen des Organträgers zu kürzen.

59. Bildung und Auflösung besonderer Ausgleichsposten beim Organträger

(1) Stellt die Organgesellschaft aus dem Jahresüberschuss (§ 275 Abs. 2 Nr. 20 oder Abs. 3 Nr. 19 HGB) Beträge in die Gewinnrücklagen im Sinne des § 272 Abs. 3 HGB ein oder bildet sie steuerlich nicht anzuerkennende stille Reserven, werden die Rücklagen mit dem zuzurechnenden Einkommen beim Organträger oder, wenn er eine Personengesellschaft ist, bei seinen Gesellschaftern versteuert. Der steuerrechtliche Wertansatz der Beteiligung des Organträgers an der Organgesellschaft bleibt unberührt. Um sicherzustellen, dass nach einer Veräußerung der Organbeteiligung die bei der Organgesellschaft so gebildeten Rücklagen nicht noch einmal beim Organträger steuerrechtlich erfasst werden, ist in der Steuerbilanz des Organträgers, in die der um die Rücklage verminderte Jahresüberschuss der Organgesellschaft eingegangen ist, ein besonderer aktiver Ausgleichsposten in Höhe des Teils der versteuerten Rücklagen einkommensneutral zu bilden, der dem Verhältnis der Beteiligung des Organträgers am Nennkapital der Organgesellschaft entspricht. Löst die Organgesellschaft die Rücklagen in den folgenden Jahren ganz oder teilweise zugunsten des an den Organträger abzuführenden Gewinns auf, ist der besondere aktive Ausgleichsposten entsprechend einkommensneutral aufzulösen. Auf Abschnitt 91 Abs. 2 wird hingewiesen.

(2) Weicht der an den Organträger abgeführte Gewinn der Organgesellschaft aus anderen Gründen als infolge der Auflösung einer Rücklage im Sinne des Absatzes 1 von dem Steuerbilanzgewinn ab, z. B. wegen Änderung des Wertansatzes von Aktiv- oder Passivposten in der Bilanz oder wegen der Verpflichtung zum Ausgleich vorvertraglicher Verluste (§ 301 Aktiengesetz, § 30 Abs. 1 GmbH-Gesetz), ist in der Steuerbilanz des Organträgers ein besonderer aktiver oder passiver Ausgleichsposten in Höhe des Unterschieds zu bilden, der dem Vomhundertsatz der Beteiligung des Organträgers am Nennkapital der Organgesellschaft entspricht.

(3) Wegen der steuerrechtlichen Behandlung von Mehr- oder Minderabführungen auf Grund von Geschäftsvorfällen während der Geltungsdauer des Gewinnabführungsvertrags vgl. auch Abschnitt A und B des BMF-Schreibens vom 10. 1. 1981 (BStBl I S. 44) und die entsprechenden Erlasse der obersten Finanzbehörden der Länder.

(4) Die Bildung besonderer Ausgleichsposten beim Organträger unterbleibt jedoch insoweit, als der Unterschied zwischen dem abgeführten Gewinn und dem Steuerbilanzgewinn der Organgesellschaft eine Folgewirkung von Geschäftsvorfällen aus der vorvertraglichen Zeit ist. Voraussetzung hierfür ist, dass besondere Ausgleichsposten nach den vorstehenden Grundsätzen zu bilden gewesen wären, wenn bereits in den betreffenden Jahren eine steuerrechtlich anerkannte Organschaft mit Gewinnabführungsvertrag bestanden hätte.

Beispiel:

A erwirbt in 01 sämtliche Anteile an B zu Anschaffungskosten von 100 Mio. DM. Mit Wirkung ab 04 wird zwischen A und B ein steuerrechtlich anerkannter Gewinnabführungsvertrag abgeschlossen. In 05 findet bei B eine Betriebsprüfung statt, die sich auf die Jahre 01 bis 03 erstreckt. Sie führt bei B auf Grund einer Verlagerung von Abschreibungen in die späteren Jahre 04 bis 12 steuerrechtlich zu Mehrgewinnen von 10 Mio. DM. In diesen Jahren ergeben sich steuerrechtlich daraus bei B entsprechend höhere steuerbilanzielle als handelsbilanzielle Abschreibungen und dadurch bedingt Mindergewinne in Höhe von ebenfalls 10 Mio. DM. In Höhe dieser Mindergewinne ist ein passiver Ausgleichsposten nicht zu bilden, weil in den Jahren 01 bis 03 ein entsprechender aktiver Ausgleichsposten zu bilden gewesen wäre, wenn bereits damals eine steuerrechtlich anerkannte Organschaft mit Gewinnabführungsvertrag bestanden hätte. Im umgekehrten Fall wäre ein aktiver Ausgleichsposten nicht zu bilden.

Eine Mehrabführung ist steuerrechtlich als Gewinnausschüttung zu behandeln; die Ausschüttungsbelastung nach § 27 KStG ist herzustellen. Abschnitt 92 Abs. 3 Satz 5 und 6 gilt entsprechend. Eine Minderabführung ist steuerrechtlich als Einlage durch den Organträger in die Organgesellschaft zu behandeln.

(5) Die besonderen Ausgleichsposten sind bei Beendigung des Gewinnabführungsvertrages nicht gewinnwirksam aufzulösen, sondern bis zur Veräußerung der Beteiligung weiterzuführen. Im Zeitpunkt der Veräußerung der Organbeteiligung sind die besonderen Ausgleichsposten aufzulösen. Dadurch erhöht oder verringert sich das Einkommen des Organträgers.

(6) Werden die Steuerbilanzen der Organgesellschaft nachträglich berichtigt, rechtfertigt dies beim Organträger für alle Jahre, für die die entsprechenden Voraussetzungen gegeben sind, die nachträgliche Bildung besonderer Ausgleichsposten oder eine Änderung früher gebildeter besonderer Ausgleichsposten.

60. Teilwertabschreibungen auf die Organbeteiligung

(1) Der Organträger kann seine Beteiligung an der Organgesellschaft auf den niedrigeren Teilwert abschreiben, wenn die nach dem geltenden Recht hierfür erforderlichen Voraussetzungen erfüllt sind. Eine Abschreibung auf den niedrigeren Teilwert ist jedoch nicht schon deshalb gerechtfertigt, weil die Organgesell-

I. Körperschaftsteuerrechtliche Organschaft

schaft ständig Verluste erwirtschaftet. Vgl. BFH-Urteil vom 17. 9. 1969 (BStBl 1970 II S. 48).

(2) Auf R 227d Abs. 2 Satz 3 EStR wird hingewiesen.

Zu § 15

61. Verlustabzug aus der vorvertraglichen Zeit

Ein Verlustabzug aus der Zeit vor dem Abschluss des Gewinnabführungsvertrags darf das Einkommen der Organgesellschaft, das sie während der Geltungsdauer des Gewinnabführungsvertrags bezieht, nicht mindern (§ 15 Nr. 1 KStG). Übernimmt der Organträger die Verpflichtung, einen vorvertraglichen Verlust der Organgesellschaft auszugleichen, stellt der Verlustausgleich steuerrechtlich eine Einlage des Organträgers in die Organgesellschaft dar. Die an die Organgesellschaft zum Ausgleich des Verlustes gezahlten Beträge sind beim Organträger als nachträgliche Anschaffungskosten für die Anteile an der Organgesellschaft auf dem Beteiligungskonto zu aktivieren. Vgl. BFH-Urteil vom 8. 3. 1955 (BStBl III S. 187).

62. Internationales Schachtelprivileg; Anwendung des § 8b Abs. 1 u. 2 KStG

(1) Die Anwendung des nach den Vorschriften eines DBA zu gewährenden Schachtelprivilegs und der Vorschriften des § 8b Abs. 1 und 2 KStG sind nach § 15 Nr. 2 und 3 KStG bei der Ermittlung des Einkommens der Organgesellschaft ausgeschlossen, wenn der Organträger nicht zu den durch diese Vorschriften begünstigten Steuerpflichtigen gehört. Ist der Organträger eine Personengesellschaft, sind das internationale Schachtelprivileg und die Vorschriften des § 8b Abs. 1 und 2 KStG insoweit anzuwenden, als das zuzurechnende Einkommen auf einen Gesellschafter entfällt, der zu den begünstigten Steuerpflichtigen gehört. Es reicht aus, wenn die Voraussetzung des jeweiligen DBA betreffend die Höhe der Beteiligung von der Organgesellschaft erfüllt ist.

(2) Diese Grundsätze sind sinngemäß anzuwenden, wenn nicht die Organgesellschaft die Beteiligung hält, sondern eine von der Organgesellschaft beherrschte Gesellschaft, mit der die Organgesellschaft über eine steuerrechtlich anerkannte Organschaft mit Gewinnabführungsvertrag verbunden ist.

Zu § 16

63. Ausgleichszahlungen

(1) Ausgleichszahlungen, die in den Fällen der §§ 14, 17 und 18 KStG an außenstehende Anteilseigner gezahlt werden, dürfen nach § 4 Abs. 5 Nr. 9 EStG weder

den Gewinn der Organgesellschaft noch den Gewinn des Organträgers mindern. Die Ausgleichszahlungen und die darauf entfallende Ausschüttungsbelastung sind nach § 16 KStG stets von der Organgesellschaft zu versteuern, auch wenn die Verpflichtung zum Ausgleich von dem Organträger erfüllt worden ist. Das von der Organgesellschaft zu versteuernde Einkommen unterliegt stets dem Steuersatz nach § 23 Abs. 1 KStG. § 23 Abs. 5 KStG bleibt unberührt.

(2) Hat die Organgesellschaft selbst die Ausgleichszahlungen zu Lasten ihres Gewinns geleistet, ist dem Organträger das um die Ausgleichszahlungen und die darauf entfallende Ausschüttungsbelastung verminderte Einkommen der Organgesellschaft zuzurechnen. Leistet die Organgesellschaft trotz eines steuerlichen Verlustes die Ausgleichszahlungen, erhöht sich ihr dem Organträger zuzurechnendes negatives Einkommen; die Organgesellschaft hat die Ausgleichszahlungen zuzüglich der darauf entfallenden Ausschüttungsbelastung zu versteuern. Hat dagegen der Organträger die Ausgleichszahlungen geleistet, gilt folgendes:

1. Das Einkommen des Organträgers wird um die Ausgleichszahlungen vermindert.
2. Die Organgesellschaft hat die Ausgleichszahlungen zuzüglich der darauf entfallenden Ausschüttungsbelastung zu versteuern.
3. Das von der Organgesellschaft erwirtschaftete Einkommen, vermindert um die Ausschüttungsbelastung nach Nummer 2, ist dem Organträger nach § 14 Satz 1 KStG zuzurechnen.

Satz 3 gilt auch, wenn der Organträger die Ausgleichszahlungen trotz eines steuerlichen Verlustes geleistet hat.

Zu § 17

64. Andere Kapitalgesellschaften als Organgesellschaft

(1) Ist die Organgesellschaft eine GmbH, ist der Gewinnabführungsvertrag zivilrechtlich nur wirksam, wenn die Gesellschafterversammlungen der beherrschten und der herrschenden Gesellschaft dem Vertrag zustimmen und seine Eintragung in das Handelsregister der beherrschten Gesellschaft erfolgt (BGH-Beschluss vom 24. 10. 1988 – BGHZ 105, 324). Der Zustimmungsbeschluss der Gesellschafterversammlung der beherrschten Gesellschaft bedarf der notariellen Beurkundung.

(2) Nach § 17 KStG ist Voraussetzung für die steuerliche Anerkennung einer anderen als der in § 14 Abs. 1 KStG bezeichneten Kapitalgesellschaft als Organgesellschaft, dass diese sich wirksam verpflichtet, ihren ganzen Gewinn an ein

I. Körperschaftsteuerrechtliche Organschaft

anderes Unternehmen im Sinne des § 14 KStG abzuführen und die Gewinnabführung den in § 301 Aktiengesetz genannten Betrag nicht überschreitet.

(3) Die Verlustübernahme muss ausdrücklich entsprechend den Vorschriften des § 302 Aktiengesetz vereinbart werden. Das bedeutet, dass der Gewinnabführungsvertrag eine dem § 302 Abs. 1 und 3 Aktiengesetz entsprechende Vereinbarung über die Verlustübernahme enthalten muss. Vgl. BFH-Urteil vom 17. 12. 1980 (BStBl 1981 II S. 383). Dabei genügt es, dass entweder in dem Vertragstext auf § 302 Aktiengesetz verwiesen oder der Vertragstext entsprechend dem Inhalt dieser Vorschrift gestaltet wird.

(4) Abschnitt 55 gilt entsprechend.

Zu § 19

65. Anwendung besonderer Tarifvorschriften

(1) Besondere Tarifvorschriften im Sinne des § 19 Abs. 1 KStG enthält insbesondere § 26 Abs. 1 bis 3, 5 KStG. Die Voraussetzungen der Steuerermäßigung müssen bei der Organgesellschaft erfüllt sein. Der Abzug von der Steuer ist beim Organträger vorzunehmen. Ist die Steuerermäßigung der Höhe nach auf einen bestimmten Betrag begrenzt, richtet sich dieser Höchstbetrag nach den steuerlichen Verhältnissen beim Organträger. Ebenfalls beim Organträger zu berücksichtigen sind die besonderen Steuersätze nach § 26 Abs. 6 KStG in Verbindung mit § 34c Abs. 4 und 5 EStG sowie nach § 4 der Verordnung über die steuerliche Begünstigung von Wasserkraftwerken, wenn die Organgesellschaft entsprechende Einkünfte erzielt hat.

(2) Ist der Organträger eine Personengesellschaft, an der beschränkt steuerpflichtige Gesellschafter beteiligt sind, gilt § 19 Abs. 1 bis 3 KStG bei diesen Gesellschaftern entsprechend, soweit die besonderen Tarifvorschriften bei beschränkt Steuerpflichtigen anwendbar sind.

(3) Ist in dem zugerechneten Einkommen der Organgesellschaft (Abschnitt 57) ein Veräußerungsgewinn im Sinne des § 16 EStG enthalten, kann der Organträger, auch wenn er eine natürliche Person ist, dafür die Steuervergünstigung des § 34 EStG nicht in Anspruch nehmen.

(4) § 19 Abs. 5 KStG gilt für die Anrechnung der Körperschaftsteuer nach § 36 Abs. 2 Nr. 3 EStG entsprechend.

Zu § 36

91. Gliederung des Eigenkapitals bei dem Organträger

(1) Aufwendungen der Organgesellschaft, die bei der Ermittlung des dem Organträger zuzurechnenden Einkommens nicht abziehbar sind, sind nach den §§ 31, 36 KStG bei der Gliederung des verwendbaren Eigenkapitals des Organträgers so zuzuordnen, als wären sie nicht abziehbare Aufwendungen des Organträgers.

(2) Die dem Organträger nach § 36 KStG zuzurechnenden Vermögensmehrungen umfassen nicht nur abgeführte Gewinne, sondern auch Vermögensmehrungen, die von der Organgesellschaft zur Bildung von Rücklagen (Gewinnrücklagen im Sinne des § 272 Abs. 3 HGB, steuerlich nicht anzuerkennende stille Reserven) verwendet worden sind. Während die letztgenannten Vermögensmehrungen dem Organträger stets in voller Höhe zuzurechnen sind, darf in der Steuerbilanz des Organträgers der besondere Ausgleichsposten nach Abschnitt 59 Abs. 1 nur entsprechend dem Vomhundertsatz der Beteiligung des Organträgers am Nennkapital der Organgesellschaft gebildet werden. Um eine hierdurch entstehende Abweichung zwischen dem in der Steuerbilanz des Organträgers ausgewiesenen Eigenkapital und dem Eigenkapital, das sich nach § 36 KStG ergibt, zu vermeiden, ist der Unterschiedsbetrag zwischen den von der Organgesellschaft gebildeten Rücklagen und dem besonderen Ausgleichsposten in der Gliederung des verwendbaren Eigenkapitals des Organträgers von dem Teilbetrag im Sinne des § 30 Abs. 2 Nr. 2 KStG abzuziehen (vgl. auch Abschnitt 83 Abs. 2 Nr. 2).

Beispiel:

Die A-AG, an deren Nennkapital zu 90 v. H. die B-AG als Organträger beteiligt ist, stellt gem. § 58 Abs. 3 Aktiengesetz aus ihrem Gewinn 20 000 DM in eine Gewinnrücklage ein.

Die dem Organträger nach § 36 KStG zuzurechnenden Vermögensmehrungen umfassen auch den von der Organgesellschaft in die Gewinnrücklage eingestellten Betrag. Der in der Steuerbilanz des Organträgers auszuweisende besondere aktive Ausgleichsposten ist nach Abschnitt 59 Abs. 1 jedoch nur in der Höhe zu bilden, die dem Vomhundertsatz der Beteiligung des Organträgers am Nennkapital der Organgesellschaft entspricht, also in Höhe von 90 v. H. von 20 000 DM = 18 000 DM.

Der Unterschiedsbetrag zwischen der von der Organgesellschaft gebildeten Rücklage und dem beim Organträger gebildeten besonderen Ausgleichsposten in Höhe von 2 000 DM (20 000 DM – 18 000 DM) ist in der Gliederung des verwendbaren Eigenkapitals des Organträgers von dem Teilbetrag i. S. des § 30 Abs. 2 Nr. 2 KStG abzuziehen.

I. Körperschaftsteuerrechtliche Organschaft

Wird die Rücklage aufgelöst und der dabei entstehende Mehrgewinn abgeführt, ist bei dem Organträger, soweit der an ihn abgeführte Mehrgewinn den aktiven Ausgleichsposten übersteigt, der Teilbetrag wieder entsprechend zu erhöhen, der nach Satz 3 bei Bildung der Rücklage verringert worden ist.

(3) Steuerfreie Vermögensmehrungen sind dem Organträger mit Ausnahme der von den Anteilseignern geleisteten Einlagen (§ 36 Satz 2 Nr. 2 KStG) und des Vermögens, das durch Gesamtrechtsnachfolge auf die Organgesellschaft übergegangen ist (§ 36 Satz 2 Nr. 3 KStG), zuzurechnen. Zu den Einlagen, die nach § 36 Satz 2 Nr. 2 KStG von der Zurechnung zum verwendbaren Eigenkapital des Organträgers ausgenommen sind, gehört nicht der in § 37 Abs. 2 Satz 1 KStG bezeichnete Unterschiedsbetrag, um den die bei der Organgesellschaft entstandenen Vermögensmehrungen den an den Organträger abgeführten Gewinn übersteigen.

(4) Nach dem Zweck des § 36 KStG sind die dem Organträger zuzurechnenden Vermögensmehrungen der Organgesellschaft entsprechend den Grundsätzen über die Einkommenszurechnung (vgl. Abschn. 57 Abs. 3) in der Gliederung des verwendbaren Eigenkapitals des Organträgers zum Schluss des Wirtschaftsjahrs zu erfassen, das in dem Veranlagungszeitraum endet, in den das Ende des Wirtschaftsjahrs der Organgesellschaft fällt.

Beispiel:
Das Wirtschaftsjahr des Organträgers endet am 30. 9., das Wirtschaftsjahr der Organgesellschaft endet am 31. 12. Bei der Gliederung des verwendbaren Eigenkapitals des Organträgers zum 30. 9. sind die ihm zuzurechnenden Vermögensmehrungen der Organgesellschaft zu erfassen, die in dem am 31. 12. endenden Wirtschaftsjahr entstanden sind.

(5) Ist der Organträger eine Personengesellschaft, an der eine oder mehrere zur Gliederung des verwendbaren Eigenkapitals verpflichtete Körperschaften als Mitunternehmer beteiligt sind, gelten die Absätze 1 bis 4 entsprechend. Jeder dieser Körperschaften ist der Teil der bei der Organgesellschaft entstandenen Vermögensmehrungen zuzurechnen, der dem auf die Körperschaft entfallenden Bruchteil des dem Organträger zuzurechnenden Einkommens der Organgesellschaft entspricht. Der auf diese Körperschaften entfallende Teil der bei der Organgesellschaft entstandenen Vermögensmehrungen ist im Rahmen der Feststellung der Einkünfte der Personengesellschaft nach § 180 AO gesondert festzustellen.

(6) Die Auswirkungen eines Organschaftsverhältnisses auf die Gliederung des verwendbaren Eigenkapitals des Organträgers zeigt das nachstehende Beispiel:

1. Sachverhalt
   Der Organträger ist mit 90 v. H. am Nennkapital der
   Organgesellschaft beteiligt   DM
   a) Gewinn der Organgesellschaft vor Gewinnabführung
      und Ausgleichszahlung   30 500
      Ausgleichszahlung   − 1 750
      Auf die Ausgleichszahlung entfallende Körperschaftsteuer
      (30 v. H.)   −   750
      Gewinn vor Gewinnabführung, aber unter Berücksichtigung
      der Ausgleichszahlung   28 000
      Vermögensteuer   + 7 500
      Ausgleichszahlung   + 1 750
      Auf die Ausgleichszahlung entfallende Körperschaftsteuer   +   750
      Zuführung zur Gewinnrücklage nach § 272 Abs. 3 HGB   + 12 000
                                                                                      50 000
      Steuerfreie ausländische Einkünfte   − 10 000
      Einkommen der Organgesellschaft   40 000
      Von der Organgesellschaft zu versteuern:
      Ausgleichszahlungen   1 750 DM
      Körperschaftsteuer-Ausschüttungsbelastung   750 DM   − 2 500
      Vom Organträger zu versteuerndes Einkommen der
      Organgesellschaft   37 500
   b) Eigenes Einkommen des Organträgers   100 000
      Darin enthaltene eigene Vermögensteuer   15 000

2. Vermögensmehrungen, die bei dem Organträger zur Ermittlung der Teilbeträge seines
   verwendbaren Eigenkapitals zu berücksichtigen sind

		EK 45	EK 01	EK 02
		DM	DM	DM
a) Zuzurechendes Einkommen der Organgesellschaft	37 500			
Eigenes Einkommen des Organträgers	100 000			
Zu versteuern	137 500			
Abzüglich Körperschaftsteuer 45 v. H.	− 61 875			
Zugang zum EK 45	75 625	+ 75 625		
b) Steuerfreie ausländische Einkünfte der Organgesellschaft			+ 10 000	
c) Sonstige nichtabziehbare Ausgaben: Eigene Vermögensteuer des Organträgers	15 000			
Vermögensteuer der Organgesellschaft	+ 7 500			
	22 500		− 22 500	
d) Minderabführung wegen Rücklagenbildung	12 000			
− aktiver Ausgleichsposten	− 10 800			
Eigenkapitalanpassung (vgl. Abschnitt 83 Abs. 2 Nr. 2)	1 200			− 1 200
		53 125	10 000	− 1 200

I. Körperschaftsteuerrechtliche Organschaft

Zu § 37

92. Gliederung des Eigenkapitals bei der Organgesellschaft

(1) Vermögensmehrungen, die bei einer Organgesellschaft im Sinne des § 14 oder des § 17 KStG entstanden sind, bleiben grundsätzlich bei der Ermittlung ihres verwendbaren Eigenkapitals außer Ansatz, soweit sie dem Organträger zuzurechnen sind (§ 37 Abs. 1 KStG, Abschnitt 91). Sie sind auch nicht zu erfassen, wenn es sich bei dem Organträger um einen Einzelgewerbetreibenden, um eine Personengesellschaft oder um eine Körperschaft handelt, die nicht zur Gliederung ihres verwendbaren Eigenkapitals verpflichtet ist.

(2) Abweichend von der in § 37 Abs. 1 KStG getroffenen Regelung sind die dem Organträger zuzurechnenden Vermögensmehrungen außer in der Gliederung bei dem Organträger auch in der Gliederung des verwendbaren Eigenkapitals der Organgesellschaft zu erfassen, soweit sie den an den Organträger abgeführten Gewinn übersteigen (§ 37 Abs. 2 Satz 1 KStG). Dieser Fall tritt ein, wenn die Organgesellschaft einen Teil ihres Einkommens für die Bildung von Gewinnrücklagen im Sinne des § 272 Abs. 3 HGB verwendet (vgl. Abschnitt 91 Abs. 2) oder wenn sie in der Handelsbilanz steuerrechtlich nicht anzuerkennende stille Reserven bildet. Wegen der steuerrechtlichen Behandlung von Mehrabführungen oder Minderabführungen von Gewinnen der Organgesellschaft an den Organträger sind die Abschnitte A und B des BMF-Schreibens vom 10. 1. 1981 (BStBl I S. 44) und der entsprechenden Erlasse der obersten Finanzbehörden der Länder zu beachten.

(3) Die aus der Besteuerung der Ausgleichszahlungen an außenstehende Anteilseigner (§ 16 KStG) entstandenen Vermögensmehrungen sind bei der Ermittlung des verwendbaren Eigenkapitals der Organgesellschaft zu erfassen (§ 36 Satz 2 Nr. 1 KStG). Die Ausgleichszahlungen einer Organgesellschaft, deren Tarifbelastung sich stets nach § 23 Abs. 1 KStG bestimmt (vgl. Abschnitt 63 Abs. 1), sind in der in § 28 Abs. 3 KStG bestimmten Reihenfolge mit den Teilbeträgen des verwendbaren Eigenkapitals zu verrechnen. Aus Billigkeitsgründen wird auf Antrag zugelassen, dass die Ausgleichszahlungen von dem Teilbetrag abgezogen werden, in dem der Eigenkapitalzugang aus dem nach § 16 KStG von der Organgesellschaft selbst zu versteuernden Einkommen enthalten ist. Das gilt auch, wenn dieser Teilbetrag negativ ist oder durch die Verrechnung der Ausgleichszahlungen negativ wird. Die Ausgleichszahlungen sind mit dem verwendbaren Eigenkapital der Organgesellschaft zum Schluss des Wirtschaftsjahrs zu verrechnen, für das die Zahlungen geleistet worden sind. Die Ausschüttungsbelastung ist

für den Veranlagungszeitraum herzustellen, in dem das Wirtschaftsjahr endet, für das die Ausgleichszahlungen geleistet worden sind (§ 27 Abs. 3 Satz 1 KStG). Das gilt auch für Mehrabführungen als Folgewirkung von Geschäftsvorfällen in vorvertraglicher Zeit (vgl. Abschnitt 59 Abs. 4 Satz 4).

II. Gewerbesteuerrechtliche Organschaft

Auszug aus den GewStR 1998

14. Organschaft (§ 2 Abs. 2 GewStG)

(1) Die Organschaft im Gewerbesteuerrecht stimmt nicht in jeder Hinsicht mit der im Körperschaftsteuerrecht überein. Bezüglich der Eingliederung und der Organträgereigenschaft sind die Voraussetzungen identisch (§ 14 Nr. 1 und 2 KStG). Wegen der maßgebenden Grundsätze vgl. Abschnitte 48 bis 53 KStR. Ein Gewinnabführungsvertrag ist für die gewerbesteuerliche Organschaft jedoch nicht erforderlich. Abweichend vom Körperschaftsteuerrecht (vgl. Abschnitt 48 Abs. 1 Satz 3 KStR) kann auch eine ausländische Kapitalgesellschaft Organgesellschaft sein, soweit sie im Inland einen Gewerbebetrieb unterhält. Vgl. das BFH-Urteil vom 28. 3. 1979 (BStBl II S. 447). Die Organgesellschaft gilt im Gewerbesteuerrecht als Betriebsstätte des Organträgers. Diese Betriebsstättenfiktion bedeutet aber nicht, dass Organträger und Organgesellschaft als einheitliches Unternehmen anzusehen sind. Der Gewerbeertrag der Organgesellschaft ist vielmehr getrennt zu ermitteln und dem Organträger zur Berechnung seines Steuermessbetrags zuzurechnen. Vgl. die BFH-Urteile vom 6. 10. 1953 (BStBl III S. 329), vom 29. 5. 1968 (BStBl II S. 807), vom 30. 7. 1969 (BStBl II S. 629), vom 5. 5. 1977 (BStBl II S. 701), vom 2. 3. 1983 (BStBl II S. 427), vom 6. 11. 1985 (BStBl 1986 II S. 73), vom 27. 6. 1990 (BStBl II S. 916), vom 23. 1. 1992 (BStBl II S. 630), vom 17. 2. 1993 (BStBl II S. 679), vom 2. 2. 1994 (BStBl II S. 768) und vom 18. 9. 1996 (BStBl 1997 II S. 181).

(2) Die Begründung eines Organschaftsverhältnisses bewirkt nicht die Beendigung der Steuerpflicht der jetzigen Organgesellschaft; durch die Beendigung eines Organschaftsverhältnisses wird die Steuerpflicht der bisherigen Organgesellschaft nicht neu begründet. Auch der Wechsel des Organträgers hat keinen Einfluss auf die Steuerpflicht der Organgesellschaft. Vgl. das BFH-Urteil vom 16. 2. 1977 (BStBl II S. 560).

(3) Besteht ein Organschaftsverhältnis nicht während des ganzen Wirtschaftsjahrs der Organgesellschaft, treten die steuerlichen Wirkungen des § 2 Abs. 2

II. Gewerbesteuerrechtliche Organschaft

Satz 2 GewStG für dieses Wirtschaftsjahr nicht ein. Das bedeutet, dass die Organgesellschaft insoweit selbst zur Gewerbesteuer herangezogen wird.

(4) Wird bei einer Organgesellschaft die Liquidation beschlossen, wird damit die wirtschaftliche Eingliederung in das Unternehmen des Organträgers mit der Folge beseitigt, dass für das Wirtschaftsjahr, in dem der Liquidationsbeschluss erfolgt, kein Organschaftsverhältnis mehr vorliegt, es sei denn, die Organgesellschaft bildet für die Zeit vom Schluss des vorangegangenen Wirtschaftsjahrs bis zum Beginn der Abwicklung ein Rumpfwirtschaftsjahr (Abschnitt 44 Abs. 1 Satz 2 und 3). Das gilt auch für den Fall, dass ein Gewinnabführungsvertrag nicht besteht.

(5) Für die Anerkennung einer Organschaft ist es nicht erforderlich, dass die eingegliederte Kapitalgesellschaft gewerblich tätig ist. Die wirtschaftliche Eingliederung in ein gewerbliches Unternehmen ist erfüllt, wenn die Obergesellschaft und das Organ wirtschaftlich eine Einheit bilden und die Organgesellschaft im Gefüge des übergeordneten Organträgers als dessen Bestandteil erscheint. Vgl. das BFH-Urteil vom 8. 12. 1971 (BStBl 1972 II S. 289) und Abschnitt 50 KStR. Eine GmbH & Co KG kann nicht Organgesellschaft sein. Vgl. die BFH-Urteile vom 17. 1. 1973 (BStBl II S. 269) und vom 7. 3. 1973 (BStBl II S. 562). Dies gilt ebenso für eine GmbH und atypische stille Gesellschaft. Bei einer GmbH, an deren Handelsgewerbe sich ein atypischer stiller Gesellschafter beteiligt, ist der Gewerbeertrag bei der atypischen stillen Gesellschaft zu erfassen und kann deshalb nicht einem Organträger zugerechnet werden. Vgl. das BFH-Urteil vom 25. 7. 1995 (BStBl II S. 794).

(6) Nach § 2 Abs. 2 Satz 2 GewStG ist eine gewerbesteuerrechtliche Organschaft, wie bei der Körperschaftsteuer, nur gegenüber einem anderen gewerblichen Unternehmen möglich. Zur Zulässigkeit der Mehrmütterorganschaft vgl. das BFH-Urteil vom 14. 4. 1993 (BStBl 1994 II S. 124) und Abschnitt 52 Abs. 6 KStR. Wollen mehrere gewerbliche Unternehmen gemeinsam als Organträger ein steuerlich wirksames Organschaftsverhältnis zu einer Kapitalgesellschaft (Organgesellschaft) begründen, kann dies nur in der Weise geschehen, dass sie sich zu einem besonderen gewerblichen Unternehmen zusammenschließen. Bei einem Zusammenschluss in der Rechtsform einer Gesellschaft des bürgerlichen Rechts (GbR) lediglich zum Zwecke der einheitlichen Willensbildung gegenüber einer Kapitalgesellschaft kann nach den Grundsätzen des BFH-Urteils vom 25. 6. 1957 (BStBl 1958 III S. 174) die GbR als gewerbliches Unternehmen angesehen werden, wenn alle Gesellschafter Gewerbebetriebe unterhalten. In diesen Fällen besteht der Organkreis rechtssystematisch aus der GbR und der Kapitalgesellschaft. Die Gesellschafter der GbR stehen außerhalb des Organkreises.

(7) Bei einer Betriebsaufspaltung (vgl. H 137 Abs. 4 [Allgemeines] EStH) liegt zwischen dem Besitzunternehmen und dem Betriebsunternehmen in der Regel kein Organschaftsverhältnis vor. Vgl. die BFH-Urteile vom 25. 6. 1957 (BStBl III S. 303), vom 9. 3. 1962 (BStBl III S. 199), vom 26. 4. 1966 (BStBl III S. 426) und vom 21. 1. 1988 (BStBl II S. 456). Das muss auch im Hinblick auf den zur Gewerbesteuerpflicht des Besitzunternehmens in Fällen der Betriebsaufspaltung ergangenen BFH-Beschluss vom 8. 11. 1971 (BStBl 1972 II S. 63) gelten. Das Besitzunternehmen kann jedoch Organträger sein, wenn es über die gewerbliche Verpachtung hinaus eine nach außen in Erscheinung tretende gewerbliche Tätigkeit entfaltet, die durch den Betrieb der Kapitalgesellschaft (Organgesellschaft) gefördert wird und im Rahmen des Gesamtunternehmens (Organkreises) nicht von untergeordneter Bedeutung ist. Dabei ist die Entwicklung innerhalb eines mehrjährigen Zeitraums zu berücksichtigen. Vgl. das BFH-Urteil vom 18. 4. 1973 (BStBl II S. 740). Wegen der Fälle, in denen eine Betriebsgesellschaft in das Besitzunternehmen wirtschaftlich eingegliedert sein kann, wenn das Besitzunternehmen sich als geschäftsleitende Holding betätigt, vgl. das BFH-Urteil vom 17. 12. 1969 (BStBl 1970 II S. 257).

(8) Übt ein herrschendes Unternehmen die einheitliche Leitung über mehrere Kapitalgesellschaften in einer durch äußere Merkmale erkennbaren Form aus (geschäftsleitende Holding), können die beherrschten Kapitalgesellschaften als Organgesellschaften in das herrschende Unternehmen wirtschaftlich eingegliedert sein. Vgl. das BFH-Urteil vom 17. 12. 1969 (BStBl 1970 II S. 257). Abhängige Kapitalgesellschaften können inländische oder ausländische Gesellschaften sein. Der Abschluss eines Gewinnabführungsvertrages ist auch in diesen Fällen nicht erforderlich. Es unterliegen aber nur die Gesellschaften des Organkreises der Gewerbesteuer, die einen inländischen Gewerbebetrieb betreiben.

(9) Wegen der Ermittlung des Gewerbeertrags vgl. Abschnitt 41. Des Weiteren sind in Organschaftsfällen auch die Abschnitte 47 Abs. 5 (Dauerschulden bei Kreditinstituten), 60 Abs. 2 (Kürzung bei Grundstücksunternehmen) und 68 Abs. 5 (Gewerbeverlust) zu beachten. Die Voraussetzungen einer Steuerbefreiung nach § 3 GewStG müssen in der Person des Organträgers bzw. der Organgesellschaft erfüllt sein. Die Steuerbefreiung beschränkt sich in ihrer Wirkung auf das Unternehmen, das die Voraussetzungen des § 3 GewStG erfüllt.

41. Ermittlung des Gewerbeertrags im Fall der Organschaft

(1) Die Organgesellschaft wird im Gewerbesteuerrecht als Betriebsstätte des Organträgers behandelt (§ 2 Abs. 2 Satz 2 und 3 GewStG). Eine einheitliche Ermittlung des Gewerbeertrags des Organträgers und der Organgesellschaft kommt je-

II. Gewerbesteuerrechtliche Organschaft

doch nicht in Betracht. Vgl. die BFH-Urteile vom 6. 10. 1953 (BStBl III S. 329), vom 23. 3. 1965 (BStBl III S. 449), vom 29. 5. 1968 (BStBl II S. 807), vom 30. 7. 1969 (BStBl II S. 629), vom 23. 1. 1992 (BStBl II S. 630) und vom 2. 2. 1994 (BStBl II S. 768). Die Gewerbeerträge sind für den Organträger und für die Organgesellschaft ebenso wie die Gewinne für die Zwecke der Einkommensteuer und Körperschaftsteuer getrennt zu ermitteln. Es unterbleiben aber Hinzurechnungen nach § 8 GewStG, soweit die Hinzurechnungen zu einer doppelten steuerlichen Belastung führen. Eine doppelte Belastung kann eintreten, wenn die für die Hinzurechnung in Betracht kommenden Beträge bereits in einem der zusammenzurechnenden Gewerbeerträge enthalten sind.

Beispiel:
Der Organträger hat der Organgesellschaft einen verzinslichen Dauerkredit von 1 Mio. DM eingeräumt. Die Zinsen für diesen Kredit sind im Gewerbeertrag des Organträgers enthalten. Sie sind bei der Ermittlung des Gewerbeertrags des Organs nicht hinzuzurechnen.

Um eine Doppelbelastung zu vermeiden, sind ferner bei der Veräußerung einer Organbeteiligung durch den Organträger die von der Organgesellschaft während der Dauer des Organschaftsverhältnisses erwirtschafteten, aber nicht ausgeschütteten Gewinne, soweit sie in den Vorjahren im Organkreis der Gewerbesteuer unterlegen haben, bei der Ermittlung des Gewerbeertrags des Wirtschaftsjahrs des Organträgers abzuziehen, in dem die Beteiligung veräußert worden ist. Auch eine verlustbedingte Wertminderung der Organbeteiligung muss gewerbesteuerlich unberücksichtigt bleiben, weil sonst der Verlust der Organgesellschaft sich doppelt auswirken würde. Ist auf Grund des Verlusts der Organgesellschaft die Organbeteiligung auf den niedrigeren Teilwert abgeschrieben worden, kann die Teilwertabschreibung sich auf den Gewerbeertrag nicht mindernd auswirken, auch wenn sie bilanzsteuerrechtlich anzuerkennen ist. Es wird vermutet, dass eine Identität der Verluste der Organgesellschaft mit den Verlusten des Organträgers besteht. Die Korrektur der Teilwertabschreibung des Organträgers um die Verluste der Organgesellschaft geht rechnerisch vor sich. Vgl. das BFH-Urteil vom 6. 11. 1985 (BStBl 1986 II S. 73). Auch eine Teilwertabschreibung, die auf einer Gewinnausschüttung oder Gewinnabführung beruht, mindert den Gewerbeertrag nicht. Vgl. das BFH-Urteil vom 2. 2. 1994 (BStBl II S. 768). Wird eine Teilwertabschreibung nicht vorgenommen, die Organbeteiligung später aber zu einem entsprechend geringeren Verkaufspreis veräußert, ist bei der Ermittlung des Gewerbeertrags ein Betrag in Höhe des bei der Zusammenrechnung der Gewerbeerträge berücksichtigten Verlusts der Organgesellschaft hinzuzurechnen.

(2) Besteht eine gewerbesteuerrechtliche Organschaft ohne Ergebnisabführungsvertrag und wird die Organgesellschaft in eine Personengesellschaft umgewandelt, unterliegt ein Umwandlungsgewinn, der beim herrschenden Unternehmen entsteht, insoweit nicht der Gewerbesteuer, als er aus aufgespeicherten Gewinnen der Organgesellschaft herrührt, die auf Grund der Organschaft bereits durch Zurechnung zum Gewerbeertrag des herrschenden Unternehmens versteuert wurden. Vgl. das BFH-Urteil vom 26. 1. 1972 (BStBl II S. 358). Entsteht bei der Umwandlung eines Organs auf den Organträger dadurch ein Übernahmegewinn, dass der Buchwert des Vermögens des Organs infolge der Nichtausschüttung von nachorganschaftlichen Gewinnen den Buchwert des Anteils des Organträgers an dem Organ übersteigt, unterliegt dieser Gewinn bei dem Organträger nicht der Gewerbesteuer. Vgl. das BFH-Urteil vom 17. 2. 1972 (BStBl II S. 582).

(3) Der Gewerbeertrag der Organgesellschaft ist so zu ermitteln, wie wenn sie selbst Steuergegenstand wäre. Das gilt ohne Rücksicht auf das Bestehen einer Gewinnabführungsvereinbarung. Der volle Gewerbeertrag – also vor Berücksichtigung der Gewinnabführungsvereinbarung und ggf. einschließlich des nur bei der Körperschaftsteuer vorhandenen eigenen Einkommens der Organgesellschaft in Höhe der geleisteten Ausgleichszahlungen – ist mit dem vom Organträger selbst erzielten Gewerbeertrag zusammenzurechnen.

(4) Es sind die Gewerbeerträge derjenigen Wirtschaftsjahre des Organträgers und der Organgesellschaft zusammenzurechnen, die in demselben Erhebungszeitraum enden.

(5) Wegen des Endes und des Neubeginns der Steuerpflicht der Organgesellschaft vgl. Abschnitt 14 Abs. 2.

III. Umsatzsteuerrechtliche Organschaft

Auszug aus den UStR 2000

21. Organschaft

(1) Organschaft nach § 2 Abs. 2 Nr. 2 UStG liegt vor, wenn eine juristische Person nach dem Gesamtbild der tatsächlichen Verhältnisse finanziell, wirtschaftlich und organisatorisch in ein Unternehmen eingegliedert ist. Es ist nicht erforderlich, dass alle drei Eingliederungsmerkmale gleichermaßen ausgeprägt sind; Organschaft kann auch gegeben sein, wenn die Eingliederung auf einem dieser drei Gebiete nicht vollkommen, dafür aber auf den anderen Gebieten um so eindeutiger ist, so dass sich die Eingliederung aus dem Gesamtbild der tatsächlichen

III. Umsatzsteuerrechtliche Organschaft

Verhältnisse ergibt (vgl. BFH-Urteil vom 23. 4. 1964 – BStBl III S. 346 und vom 22. 6. 1967 – BStBl III S. 715). Liegt Organschaft vor, sind die untergeordneten juristischen Personen (Organgesellschaften, Tochtergesellschaften) ähnlich wie Angestellte des übergeordneten Unternehmens (Organträger, Muttergesellschaft) als unselbständig anzusehen; Unternehmer ist der Organträger.

(2) Als Organgesellschaften kommen nur juristische Personen des Zivil- und Handelsrechts in Betracht (vgl. BFH-Urteil vom 20. 12. 1973 – BStBl 1974 II S. 311). Organträger kann jeder Unternehmer sein. War die seit dem Abschluss eines Gesellschaftsvertrages bestehende Gründergesellschaft einer später in das Handelsregister eingetragenen GmbH nach dem Gesamtbild der tatsächlichen Verhältnisse finanziell, wirtschaftlich und organisatorisch in ein Unternehmen eingegliedert, so besteht die Organschaft zwischen der GmbH und dem Unternehmen bereits für die Zeit vor der Eintragung der GmbH in das Handelsregister (BFH-Urteil vom 9. 3. 1978 – BStBl II S. 486). Eine GmbH, die an einer Kommanditgesellschaft als persönlich haftende Gesellschafterin beteiligt ist, kann nicht als Organgesellschaft in das Unternehmen dieser Kommanditgesellschaft eingegliedert sein (BFH-Urteil vom 14. 12. 1978 – BStBl 1979 II S. 288).

(3) Die Voraussetzungen für die umsatzsteuerliche Organschaft sind nicht in vollem Umfange identisch mit den Voraussetzungen der körperschaftsteuerlichen und gewerbesteuerlichen Organschaft.

(4) Unter der finanziellen Eingliederung ist der Besitz der entscheidenden Anteilsmehrheit an der Organgesellschaft zu verstehen, die es ermöglicht, Beschlüsse in der Organgesellschaft durchzusetzen. Entsprechen die Beteiligungsverhältnisse den Stimmrechtsverhältnissen, so ist die finanzielle Eingliederung gegeben, wenn die Beteiligung mehr als 50 v. H. beträgt. An einer finanziellen Eingliederung in ein übergeordnetes Unternehmen fehlt es, wenn die Anteile zweier Kapitalgesellschaften ausschließlich von natürlichen Personen im Privatvermögen gehalten werden. In diesem Fall ist keine der beiden Gesellschaften in das Gefüge des anderen Unternehmens eingeordnet, sondern es handelt sich vielmehr um gleichgeordnete Schwestergesellschaften (vgl. BFH-Schreiben vom 18. 12. 1996 – BStBl 1997 II S. 441). Der Annahme einer finanziellen Eingliederung einer Kapitalgesellschaft in eine Personengesellschaft steht es jedoch nicht entgegen, wenn sich die Anteile nicht im Besitz der Personengesellschaft befinden, sondern den Gesellschaftern der Personengesellschaft selbst zustehen (vgl. RFH-Urteil vom 12. 7. 1940 – RStBl S. 910). Die maßgebliche Beteiligung von stillen Gesellschaftern einer offenen Handelsgesellschaft an einer GmbH muss bei der Beurteilung einer finanziellen Eingliederung der GmbH in die offene

Handelsgesellschaft – im Wege mittelbarer Beteiligung – außer Betracht bleiben (BFH-Urteil vom 2. 8. 1979 – BStBl 1980 II S. 20).

(5) Wirtschaftliche Eingliederung bedeutet, dass die Organgesellschaft gemäß dem Willen des Unternehmers im Rahmen des Gesamtunternehmens, und zwar in engem wirtschaftlichem Zusammenhang mit diesem, es fördernd und ergänzend, wirtschaftlich tätig ist (BFH-Urteil vom 22. 6. 1967 – BStBl III S. 715). Für die Frage der wirtschaftlichen Verflechtung kommt der Entstehungsgeschichte der Tochtergesellschaft eine wesentliche Bedeutung zu. Die Unselbständigkeit einer hauptsächlich im Interesse einer anderen Firma ins Leben gerufenen Produktionsfirma braucht nicht daran zu scheitern, dass sie einen Teil ihrer Erzeugnisse auf dem freien Markt absetzt. Der Fremdanteil ihres Absatzes darf aber, wenn die für die wirtschaftliche Eingliederung gebotene enge wirtschaftliche Verflechtung mit der anderen Firma erhalten bleiben soll, im Durchschnitt der Jahre nicht überwiegen (BFH-Urteil vom 27. 8. 1964 – BStBl III S. 539). Ist dagegen eine Produktionsgesellschaft zur Versorgung eines bestimmten Marktes gegründet worden, kann ihre wirtschaftliche Eingliederung als Organgesellschaft auch dann gegeben sein, wenn zwischen ihr und der Muttergesellschaft Warenlieferungen nur in geringem Umfange oder überhaupt nicht vorkommen (vgl. BFH-Urteil vom 15. 6. 1972 – BStBl II S. 840). Anders als bei der Gewerbesteuer ist bei der Umsatzsteuer nicht Voraussetzung für das Vorliegen einer Organschaft, dass die Muttergesellschaft einen nach außen in Erscheinung tretenden Gewerbebetrieb unterhält, sofern die erforderliche wirtschaftliche Verflechtung gegeben ist (vgl. BFH-Urteil vom 17. 4. 1969 – BStBl II S. 413). Bei einer Betriebsaufspaltung in eine Besitzgesellschaft (Personengesellschaft) und eine Betriebsgesellschaft (Kapitalgesellschaft) und Verpachtung des Betriebsvermögens von der Besitzgesellschaft an die Betriebsgesellschaft steht die durch Betriebsaufspaltung entstandene Kapitalgesellschaft im allgemeinen in einem Abhängigkeitsverhältnis zu der Besitzgesellschaft (vgl. BFH-Urteile vom 28. 1. 1965 – BStBl III S. 243 und vom 17. 11. 1966 – BStBl 1967 III S. 103). Auch wenn bei einer Betriebsaufspaltung nur das Betriebsgrundstück ohne andere Anlagegegenstände verpachtet wird, kann eine wirtschaftliche Eingliederung vorliegen (BFH-Urteil vom 9. 9. 1993 – BStBl 1994 II S. 129). Die wirtschaftliche Eingliederung wird jedoch nicht aufgrund von Liquiditätsproblemen der Organtochter beendet (vgl. BFH-Urteil vom 19. 10. 1995 – UR 1996 S. 265).

(6) Die organisatorische Eingliederung liegt vor, wenn der Organträger durch organisatorische Maßnahmen sicherstellt, dass in der Organgesellschaft sein Wille auch tatsächlich ausgeführt wird. Dies ist z. B. durch Personalunion der Geschäftsführer in beiden Gesellschaften der Fall (vgl. BFH-Urteile vom 23. 4.

III. Umsatzsteuerrechtliche Organschaft

1959 – BStBl III S. 256 und vom 13. 4. 1961 – BStBl III S. 343). Nicht von ausschlaggebender Bedeutung ist, dass die Organgesellschaft in eigenen Räumen arbeitet, eine eigene Buchhaltung und eigene Einkaufs- und Verkaufsabteilungen hat, da dies dem Willen des Organträgers entsprechen kann (vgl. BFH-Urteil vom 23. 7. 1959 – BStBl III S. 376). Bei Organgesellschaften, bei denen der Organträger Geschäftsführer der Organgesellschaft ist, endet die Organschaft nur dann bereits vor Eröffnung des Insolvenzverfahrens mit der Bestellung eines vorläufigen Insolvenzverwalters im Rahmen der Anordnung von Sicherungsmaßnahmen, wenn der vorläufige Insolvenzverwalter den maßgeblichen Einfluss auf die Organgesellschaft erhält und ihm eine vom Willen des Organträgers abweichende Willensbildung in der Organgesellschaft möglich ist (vgl. BFH-Urteil vom 13. 3. 1997 – BStBl II S. 580 für den Sequester im früheren Konkursverfahren). Dies gilt auch bei einer Insolvenz des Organträgers. Das Insolvenzverfahren steht der Organschaft grundsätzlich nicht entgegen, solange dem vorläufigen Insolvenzverwalter eine vom Willen des Vorstands abweichende Willensbildung beim Organträger nicht möglich ist. Die Organschaft kann aber ausnahmsweise mit der Insolvenz des Organträgers enden, wenn sich die Insolvenz nicht auf die Organgesellschaft erstreckt (vgl. BFH-Urteil vom 28. 1. 1999 – BStBl II S. 258 für das frühere Konkursverfahren).

21a. Beschränkung der Organschaft auf das Inland

Allgemeines

(1) Die Wirkungen der Organschaft sind nach § 2 Abs. 2 Nr. 2 Satz 2 UStG auf Innenleistungen zwischen den im Inland gelegenen Unternehmensteilen beschränkt. Sie bestehen nicht im Verhältnis zu den im Ausland gelegenen Unternehmensteilen sowie zwischen diesen Unternehmensteilen. Die im Inland gelegenen Unternehmensteile sind nach § 2 Abs. 2 Nr. 2 Satz 3 UStG als ein Unternehmen zu behandeln.

(2) Der Begriff des Unternehmens in § 2 Abs. 1 Satz 2 UStG bleibt von der Beschränkung der Organschaft auf das Inland unberührt. Daher sind grenzüberschreitende Leistungen innerhalb des Unternehmens, insbesondere zwischen dem Unternehmer, z. B. Organträger oder Organgesellschaft, und seinen Betriebsstätten (§ 12 AO) oder umgekehrt – mit Ausnahme von Warenbewegungen aufgrund eines innergemeinschaftlichen Verbringens (vgl. Abschnitt 15 b) – nicht steuerbare Innenumsätze.

Im Inland gelegene Unternehmensteile

(3) Im Inland gelegene Unternehmensteile im Sinne der Vorschrift sind

1. der Organträger, sofern er im Inland ansässig ist,

2. die im Inland ansässigen Organgesellschaften des in Nummer 1 bezeichneten Organträgers,

3. die im Inland gelegenen Betriebsstätten, z. B. auch Zweigniederlassungen, des in Nummer 1 bezeichneten Organträgers und seiner im Inland und Ausland ansässigen Organgesellschaften,

4. die im Inland ansässigen Organgesellschaften eines Organträgers, der im Ausland ansässig ist,

5. die im Inland gelegenen Betriebsstätten, z. B. auch Zweigniederlassungen, des im Ausland ansässigen Organträgers und seiner im Inland und Ausland ansässigen Organgesellschaften.

(4) Die Ansässigkeit des Organträgers und der Organgesellschaften beurteilt sich danach, wo sie ihre Geschäftsleitung haben. Im Inland gelegene und vermietete Grundstücke sind wie Betriebsstätten zu behandeln.

(5) Die im Inland gelegenen Unternehmensteile sind auch dann als ein Unternehmen zu behandeln, wenn zwischen ihnen keine Innenleistungen ausgeführt werden. Das gilt aber nicht, soweit im Ausland Betriebsstätten unterhalten werden (vgl. Absätze 6 und 8).

Organträger im Inland

(6) Ist der Organträger im Inland ansässig, so umfasst das Unternehmen die in Absatz 3 Nr. 1 bis 3 bezeichneten Unternehmensteile. Es umfasst nach Absatz 2 auch die im Ausland gelegenen Betriebsstätten des Organträgers. Unternehmer und damit Steuerschuldner im Sinne des § 13 Abs. 2 UStG ist der Organträger. Hat der Organträger Organgesellschaften im Ausland, so gehören diese umsatzsteuerrechtlich nicht zum Unternehmen des Organträgers. Die Organgesellschaften im Ausland können somit im Verhältnis zum Unternehmen des Organträgers und zu Dritten sowohl Umsätze ausführen als auch Leistungsempfänger sein. Bei der Erfassung von steuerbaren Umsätzen im Inland sowie bei Anwendung des Abzugsverfahrens und des Vorsteuer-Vergütungsverfahrens sind sie jeweils für sich als im Ausland ansässige Unternehmer anzusehen. Im Ausland gelegene Betriebsstätten von Organgesellschaften im Inland sind zwar den jeweiligen Organ-

III. Umsatzsteuerrechtliche Organschaft

gesellschaften zuzurechnen, gehören aber nicht zum Unternehmen des Organträgers (vgl. Absatz 2). Leistungen zwischen den Betriebsstätten und dem Organträger oder anderen Organgesellschaften sind daher keine Innenumsätze.

Beispiel 1:
Der im Inland ansässige Organträger O hat im Inland eine Organgesellschaft T 1, in Frankreich eine Organgesellschaft T 2 und in der Schweiz eine Betriebsstätte B. O versendet Waren an T 1, T 2 und B.
Zum Unternehmen des O (Unternehmer) gehören T 1 und B. Zwischen O und T 1 sowie zwischen O und B liegen nicht steuerbare Innenleistungen vor. O bewirkt an T 2 steuerbare Lieferungen, auf die unter den Voraussetzungen der §§ 4 Nr. 1 Buchstabe b und 6a UStG die Steuerfreiheit für innergemeinschaftliche Lieferungen anzuwenden ist.

Beispiel 2:
Sachverhalt wie Beispiel 1. O führt an T 2 eine sonstige Leistung im Sinne des § 3a Abs. 1 UStG aus.
Die Leistung ist steuerbar und steuerpflichtig. T 2 kann die Vergütung der ihr berechneten Umsatzsteuer im Vorsteuer-Vergütungsverfahren (§§ 59 bis 61 UStDV) geltend machen.

Beispiel 3:
Sachverhalt wie Beispiel 1. T 2 errichtet im Auftrag von T 1 eine Anlage im Inland. Sie befördert dazu Gegenstände aus Frankreich zu ihrer Verfügung in das Inland.
T 2 bewirkt eine steuerbare und steuerpflichtige Werklieferung an O. O hat das Abzugsverfahren anzuwenden (in der Regel Fall der Nullregelung nach § 52 Abs. 2 Nr. 2 UStDV). Die Beförderung der Gegenstände in das Inland ist kein innergemeinschaftliches Verbringen (vgl. Abschnitt 15b Abs. 10 Nr. 1).

Beispiel 4:
Sachverhalt wie in Beispiel 1, aber mit der Abweichung, dass B die (schweizerische) Betriebsstätte der im Inland ansässigen Organgesellschaft T 1 ist. O versendet Waren an B und an T 1. T 1 versendet die ihr von O zugesandten Waren an B.
O bewirkt an B steuerbare Lieferungen; die unter den Voraussetzungen der §§ 4 Nr. 1 Buchstabe a und 6 UStG als Ausfuhrlieferungen steuerfrei sind. Zwischen O und T 1 sowie T 1 und B werden durch das Versenden von Waren nicht steuerbare Innenleistungen bewirkt.

Organträger im Ausland

(7) Ist der Organträger im Ausland ansässig, so ist die Gesamtheit der in Absatz 3 Nr. 4 und 5 bezeichneten Unternehmensteile als ein Unternehmen zu behandeln. In diesem Fall gilt nach § 2 Abs. 2 Nr. 2 Satz 4 UStG der wirtschaftlich bedeutendste Unternehmensteil im Inland als der Unternehmer und damit als der Steuerschuldner im Sinne des § 13 Abs. 2 UStG. Wirtschaftlich bedeutendster Unternehmensteil im Sinne des § 2 Abs. 2 Nr. 2 Satz 4 UStG kann grundsätzlich nur eine im Inland ansässige juristische Person (Organgesellschaft) sein; beim Vorliegen der Voraussetzungen des § 18 KStG ist es jedoch die Zweigniederlas-

sung. Hat der Organträger mehrere Organgesellschaften im Inland, kann der wirtschaftlich bedeutendste Unternehmensteil nach der Höhe des Umsatzes bestimmt werden, sofern sich die in Betracht kommenden Finanzämter nicht auf Antrag der Organgesellschaften über einen anderen Maßstab verständigen. Diese Grundsätze gelten entsprechend, wenn die im Inland gelegenen Unternehmensteile nur aus rechtlich unselbständigen Betriebsstätten bestehen. Bereitet die Feststellung des wirtschaftlich bedeutendsten Unternehmensteils Schwierigkeiten oder erscheint es aus anderen Gründen geboten, kann zugelassen werden, dass der im Ausland ansässige Organträger als Bevollmächtigter für den wirtschaftlich bedeutendsten Unternehmensteil dessen steuerliche Pflichten erfüllt. Ist der Organträger ein ausländisches Versicherungsunternehmen im Sinne des Versicherungsaufsichtsgesetzes (VAG), gilt als wirtschaftlich bedeutendster Unternehmensteil im Inland die Niederlassung, für die nach § 106 Abs. 3 VAG ein Hauptbevollmächtigter bestellt ist; bestehen mehrere derartige Niederlassungen, so gilt Satz 4 entsprechend.

(8) Unterhalten die im Inland ansässigen Organgesellschaften Betriebsstätten im Ausland, sind diese der jeweiligen Organgesellschaft zuzurechnen, gehören aber nicht zur Gesamtheit der im Inland gelegenen Unternehmensteile. Leistungen zwischen den Betriebsstätten und den anderen Unternehmensteilen sind daher keine Innenumsätze.

(9) Der Organträger und seine im Ausland ansässigen Organgesellschaften bilden jeweils gesonderte Unternehmen. Sie können somit an die im Inland ansässigen Organgesellschaften Umsätze ausführen und Empfänger von Leistungen dieser Organgesellschaften sein. Auch für die Erfassung der im Inland bewirkten steuerbaren Umsätze sowie für die Anwendung des Abzugsverfahrens und des Vorsteuer-Vergütungsverfahrens gelten sie einzeln als im Ausland ansässige Unternehmer. Die im Inland gelegenen Organgesellschaften und Betriebsstätten sind als ein gesondertes Unternehmen zu behandeln.

Beispiel 1:

Der in Frankreich ansässige Organträger O hat im Inland die Organgesellschaften T 1 (Jahresumsatz 2 Mio. DM) und T 2 (Jahresumsatz 1 Mio. DM) sowie die Betriebsstätte B (Jahresumsatz 2 Mio. DM). In Belgien hat O noch eine weitere Organgesellschaft T 3. Zwischen T 1, T 2 und B finden Warenlieferungen statt. O und T 3 versenden Waren an B (§ 3 Abs. 7 UStG).

T 1, T 2 und B bilden das Unternehmen im Sinne von § 2 Abs. 2 Nr. 2 Satz 3 UStG. T 1 ist als wirtschaftlich bedeutendster Unternehmensteil der Unternehmer. Die Warenlieferungen zwischen T 1, T 2 und B sind als Innenleistungen nicht steuerbar. T 1 hat die von O und T 3 an B versandten Waren als innergemeinschaftlichen Erwerb zu versteuern.

III. Umsatzsteuerrechtliche Organschaft

Beispiel 2:
Sachverhalt wie Beispiel 1. T 3 führt im Auftrag von T 2 eine sonstige Leistung im Sinne des § 3a Abs. 4 UStG aus.
Es liegt eine Leistung an einen Unternehmer vor, der sein Unternehmen im Inland betreibt. Die Leistung ist daher nach § 3a Abs. 3 UStG steuerbar und steuerpflichtig. T 1 als Unternehmer und umsatzsteuerrechtlicher Leistungsempfänger hat das Abzugsverfahren anzuwenden.

Beispiel 3:
Der Organträger O in Frankreich hat die Organgesellschaften T 1 in Belgien und T 2 in den Niederlanden. Im Inland hat er keine Organgesellschaft. T 1 hat im Inland die Betriebsstätte B 1 (Jahresumsatz 500 000 DM), T 2 die Betriebsstätte B 2 (Jahresumsatz 300 000 DM). O hat abziehbare Vorsteuerbeträge aus der Anmietung einer Lagerhalle im Inland.
B 1 und B 2 bilden das Unternehmen im Sinne von § 2 Abs. 2 Nr. 2 Satz 3 UStG. B 1 ist als wirtschaftlich bedeutendster Unternehmensteil der Unternehmer. O kann die abziehbaren Vorsteuerbeträge im Vorsteuer-Vergütungsverfahren geltend machen.

Beispiel 4:
Der in Japan ansässige Organträger O hat in der Schweiz die Organgesellschaft T und im Inland die Betriebsstätte B. O und T versenden Waren an B und umgekehrt. Außerdem hat O abziehbare Vorsteuerbeträge aus der Anmietung einer Lagerhallt im Inland.
B gehört einerseits zum Unternehmen des O (§ 2 Abs. 1 Satz 2 UStG) und ist andererseits nach § 2 Abs. 2 Nr. 2 Satz 3 UStG ein Unternehmen im Inland. Die bei der Einfuhr der an B versandten Waren entstandene Einfuhrumsatzsteuer ist unter den Voraussetzungen des § 15 UStG bei B als Vorsteuer abziehbar. Soweit B an O Waren versendet, werden Innenleistungen bewirkt, die deshalb nicht steuerbar sind. Die Lieferungen von B an T sind steuerbar und unter den Voraussetzungen der §§ 4 Nr. 1 Buchstabe a und 6 UStG als Ausfuhrlieferungen steuerfrei. O kann die abziehbaren Vorsteuerbeträge seiner Arbeitnehmer im Vorsteuer-Vergütungsverfahren geltend machen, da mit Japan Gegenseitigkeit besteht und somit eine Vergütung nach § 18 Abs. 9 Satz 6 UStG nicht ausgeschlossen ist (vgl. Abschnitt 241 Abs. 4).

Stichwortverzeichnis

Die Ziffern verweisen auf die Randnummern.

Abspaltung (KSt)
- bei dem Organträger 437
- bei der Organgesellschaft 423

Abteilung im Geschäftsbetrieb
(USt) 1343

Änderung von Bescheiden
(USt) 1660 ff.

Aktiver Ausgleichsposten
- GewSt 1011 f.
- KSt 603, 642, 645 ff.

Altenheim (USt) 1156

Angehörige
- Beteiligung über (USt) 1283

Anrechnung (KSt)
- GewSt auf ESt-Schuld 611
- von KSt 487, 573
- von Steuerabzugsbeträgen 571 ff.

Anrechnungsverfahren (KSt) 11, 13

Antrag (USt) 1652

Atypisch stille Gesellschaft
(GewSt) 904

Aufhebung des GAV (KSt) 217

Auflösung der OG
- durch Begründung des Organschaftsverhältnisses (GewSt) 961, 965, 1004
- GewSt 1056
- KSt 720 ff.

Auflösung des OT (KSt) 773

Aufschiebend bedingter GAV
(KSt) 246 ff.

Aufspaltung (KSt)
- der Organgesellschaft 422
- des Organträgers 436

Auftreten nach außen (USt) 1232

Aufwand (KSt) 256

Aufzeichnungspflichten (USt) 1546

Ausgleichsposten
- GewSt 1011 f., 1016
- KSt 634, 641 ff., 856

Ausgleichszahlungen (KSt) 247, 471, 532, 697 ff.

Ausgliederung (KSt)
- aus dem Organträger 438, 441 f.
- aus der Organgesellschaft 424

Ausländische Kapitalgesellschaft als OG
(GewSt) 905

Ausländisches gewerbliches Unternehmen als Organträger 54, 70

Ausländisches Unternehmen als OT
(KSt) 55, 316

Ausschluss (KSt)
- von Vorschriften des KStG und EStG 481 f.

Ausschüttung vorvertraglicher Rücklagen
(KSt) 259, 631

Ausschüttungsbelastung (KSt) 484

Außenschulden des Organkreises
(GewSt) 974

Außenstehender Gesellschafter
(KSt) 697 ff.

Außerorganschaftliche Verluste (GewSt) 996

Beendigung der Organschaft
(USt) 1455 ff., 1602 ff.

Beendigung des GAV (KSt) 217, 822

Begründung der Organschaft
(USt) 1454, 1601

Beherrschungsvertrag
- KSt 163
- USt 1095, 1386

Beiladung (GewSt) 940,
(USt) 1658

Beitrittsgebiet (GewSt) 934

Berichtigung des Vorsteuerabzugs bei der Organschaft (USt) 1537

Berlin-Vergünstigungen (KSt) 774 ff.

Besitzgesellschaft als OT
- KSt 404 ff.
- USt 1251

Beteiligung (KSt)
- mittelbare 85 ff.
- - Folge bei Nichtanerkennung 826 ff.
- unmittelbare 74 ff.
- Zurechnung der 80
- Zusammenrechnung von 92 ff.
Beteiligung, mittelbare (USt) 1273 ff.
Betrieb gewerblicher Art (USt) 1225
Betriebsaufspaltung
- GewSt 931 ff.
- KSt 62, 63, 401 ff.
- USt 1351 ff.
Betriebseinbringung (KSt)
- nichtbegünstigte 443
- steuerbegünstigte 441
Betriebseinstellung
- GewSt 1057
- KSt 761 ff.
Betriebsveräußerung
- GewSt 1057
- KSt 443, 590, 761 ff.
Betriebsverpachtung (KSt) 772
Betriebswirtschaftlicher Zusammenhang (USt) 1341
Beweislast (USt) 1655
Bilanzsumme (USt) 1349
Buchnachweis bei der Organschaft (USt) 1459 ff.
Bruttomethode 695

Dividendengarantie (KSt) 697 ff.
Doppelbelastung
- Vermeidung der mit KSt und ESt (KSt) 9
Durchführung des GAV (KSt) 210, 216, 252 ff., 530, 822
Durchschnittssätze für land- und forstwirtschaftliche Betriebe bei der Organschaft (USt) 1547 ff.

EG-Recht (USt) 1120
Eigenkapital (KSt) 851 ff.
Eigenverbrauch (USt) 1453
Eingegliederte AG (KSt) 202, 222, 234, 628

Eingliederung als Unterordnung (USt) 1257 ff.
Einheitstheorie (GewSt) 961 f.
Einkaufsabteilung (USt) 1367 f.
Einkommensermittlung (KSt) 247, 467, 481 ff., 512 ff.
- bei Organschaftsverhältnissen zu natürlichen Personen (KSt) 521 ff.
Einkommenszurechnung (KSt) 13, 468, 473
- Besonderheiten bei Personengesellschaft als OT 500 ff.
Einkünfte aus einer ausländischen Betriebsstätte (KSt) 691
Einlagekonto, steuerliches 852
Einzelrechtsnachfolge (KSt) 443
Erbfall (KSt) 446
Erhöhung der KSt durch Gewinnausschüttung (KSt) 631
Ermittlungspflicht (USt) 1653
Erstattungsberechtigter bei überzahlter Umsatzsteuer (USt) 1468

Fabrikations- und Fertigungsbetrieb (USt) 1369 ff.
Finanzielle Eingliederung
- KSt 74 ff.
- - Anspruch auf Übertragung von Gesellschaftsanteilen als – 76
- - bei Zwischenschaltung einer Personengesellschaft oder ausländischen Gesellschaft 87
- - eigene Anteile der OG 79
- - Gesamtbild der tatsächlichen Verhältnisse und – 84
- - Mehrheit der Stimmrechte 77
- - Mittelbare Beteiligung und – 85 ff.
- - Nießbrauch und – 82
- - Personengesellschaften als OT und – 320, 337, 350
- - Pfändung der Beteiligung 83
- - Sicherungsübereignung 81
- - Treuhandverhältnis 80 f.
- - Verpfändung der Beteiligung 83
- - zeitliche Voraussetzungen der – 163 ff.
- - Zurechnung der – 80 f.

Stichwortverzeichnis

– – Zusammenrechnung von
   Beteiligungen 92 ff.
 – USt 1265 ff.
Finanzierung (USt) 1170 ff.
Fördergebietsgesetz (KSt) 785
Formerfordernis (USt) 1651
Formwechsel (KSt)
 – der Organgesellschaft 425
 – des Organträgers 440
Freibetrag nach § 16 Abs. 4 EStG
   (KSt) 535

Garantierte Dividenden (KSt) 697 ff.
Gehaltszahlungen an den Gesellschafter-
   Geschäftsführer (KSt) 523
Gemischte Schenkung (KSt) 448
Gemischtes Rücklagenkonto (KSt) 232
Genossenschaft (USt) 1285
Gesamtbild der tatsächlichen Ver-
   hältnisse
 – und finanzielle Eingliederung
   (KSt) 84
 – USt 1388 ff.
Geschäftsführungsvertrag (KSt) 220
Geschäftsleitung der Organgesellschaft
   (KSt) 39
Gesellschafterwechsel (KSt) 326 ff.
Gesellschaftsteuer (KSt) 537
Gesetzliche Rücklage (KSt) 225, 264
Gewerbebetrieb (USt) 1097
Gewerbeertrag der Organgesellschaft
   und § 8b Abs. 2 KStG 992
Gewerbeverluste des Organträgers
   (GewSt) 993
Gewerbliches Unternehmen
 – GewSt 910
 – KSt 59 ff.
Gewinnabführung (USt) 1097, 1272
Gewinnabführung bei der OG
 – GewSt 999
 – KSt 483 ff.
Gewinnabführung beim OT
 – GewSt 999 f.
 – KSt 486 f.

Gewinnabführungsvertrag
 – GewSt 900, 923
 – KSt 201 ff.
– – Aufhebung des – aus wichtigem
   Grund 217, 425, 440
– – Durchführung des GAV 210, 252 ff.
– – Eintragung ins Handels-
   register 221, 238
– – Fortbestehen des – bei Umwandlung
   oder Verschmelzung des OT 417,
   430
– – Grundlagen 201
– – Inhaltliche Anforderungen
   an den – mit einer GmbH
   als OG 239 ff.
– – Kündigung aus wichtigem
   Grund 217 f.
– – Mindestlaufzeit des GAV 215 f.,
   430
– – Rechtsnatur des GAV 203 f.
– – unter aufschiebender
   Bedingung 246
– – Wirksamkeit des GAV als
   Voraussetzung 205 ff.
– – zeitliche Anforderungen 213 ff.
– – Zeitpunkt des Abschlusses des
   GAV 163, 213
– – Zeitpunkt des Wirksamwerdens des
   GAV 213, 221
– – zivilrechtliche Wirksamkeitsvoraus-
   setzungen eines – mit AG oder
   KGaA als OG 220 f.
– – zivilrechtliche Wirksamkeitsvoraus-
   setzungen eines – mit GmbH als
   OG 238
Gewinngemeinschaft (KSt) 220
Gewinnrücklagen (KSt) 225, 227, 243,
   270
Gewinnvortrag (KSt) 230, 242, 255
GmbH und Co. (KSt) 449 ff.
Grenzüberschreitende Organschaft
   (USt) 1114 ff., 1554 ff.
Gründergesellschaft (USt) 1228
Grundstücksveräußerung
 – Steuerbefreiung im Rahmen einer
   Organschaft (USt) 1462 f.

Haftung (USt) 1098, 1178, 1469 ff.
- der Organgesellschaft für Umsatz-
  steuerschulden des Organträgers
  (USt) 1469
- keine des Organträgers für Umsatz-
  steuerschulden der Organgesellschaft
  (USt) 1470
Handeln in fremdem Namen
  (USt) 1094
Hinzurechnungen (GewSt) 966, 972 ff.,
  1051
Hinzuziehung (GewSt) 940,
  (USt) 1658
Höchstbetrag der Gewinnabführung
  (KSt) 224 ff.
Holding als OG (USt) 1240
Holding als OT
- GewSt 930
- KSt 362 ff., 409
- USt 1246 ff., 1359 ff.
Horizontale Verbindung mehrerer Organ-
  gesellschaften (USt) 1237

Identität der Geschäftsführung
  (USt) 1378
Inländisches gewerbliches Unternehmen
- GewSt 911 ff.
- KSt 59 ff., 70
Internationales Schachtelprivileg
  (KSt) 481, 516, 681 ff., 712
Investitionszulagen (KSt) 786 ff.

Juristische Personen
- als OG (USt) 1286
- des öffentlichen Rechts (USt) 1224 ff.
- des Privatrechts (USt) 1226 ff.

Kapitalertragsteuer (KSt) 571
Kapitalmäßige Verflechtung
  (USt) 1341
Kapitalrücklage (KSt) 227, 229, 243
Kleinunternehmer (USt) 1544
Körperschaften des öffentlichen Rechts
  (USt) 1252 f., 1374

Körperschaftsteuererhöhung 631
Körperschaftsteuererklärung der
  Organgesellschaft 472
Körperschaftsteuerguthaben 855
Körperschaftsteuerminderung 631, 696
Körperschaftsteuerveranlagung der
  Organgesellschaft 472
Komplementär-GmbH als OG
  (KSt) 449 ff.
Komplementär-GmbH als OG der KG
  (USt) 1239
Konkurs (USt) 1458, 1602 ff.
Konkursverfahren (USt) 1350, 1602 ff.
Konzernrecht (USt) 1095
Konzernsteuerumlagen (KSt) 538 ff.
Krankenhaus (USt) 1156
Krankenversicherungsunternehmen
  als Organgesellschaft 41
Kreditinstitut (GewSt) 1025
Kündigung des GAV (KSt) 217 f.
Kürzungen (GewSt) 975, 1026, 1054,
  1103

Lebensversicherung für Gesellschafter-
  Geschäftsführer (KSt) 521 ff.
Lebensversicherungsunternehmen
  als Organgesellschaft 41
Leg-ein-Hol-zurück-Verfahren
  (KSt) 229, 631
Legitimationszession (KSt) 81
Leistungsaustausch zwischen OG und OT
  (GewSt) 1029
Liquidation (USt) 1457, 1610 ff.
Liquidität (USt) 1170

Maßgeblichkeit des Zivilrechts
  (USt) 1093
Mehrheit der Stimmrechte (KSt) 77 ff.,
  (USt) 1269 ff.
Mehrmütterorganschaft
- GewSt 895, 1051
- KSt 323, 332 ff.
Minderabführungen 644, 647
Minderung der KSt durch Gewinnaus-
  schüttung (KSt) 631

Stichwortverzeichnis

Mittelbare finanzielle Beteiligung
(USt) 1273 ff.
Mitternachtserlasse (KSt) 170 ff.
Mitwirkungspflicht (USt) 1653 ff.

Nachorganschaftliche Gewinne
(GewSt) 1007 ff.
Nachorganschaftliche Verluste
(GewSt) 1013 ff., 1020 ff.
Nachvertragliche offene Rücklagen
(KSt) 227, 265 ff., 645 ff.
Nachvertragliche stille Rücklagen
(KSt) 271
Nachweis der Organschaft
(USt) 1653 ff.
Negatives Einkommen des
Organträgers 614
Nichtrechtsfähige Personenvereinigung
(USt) 1229 ff.

Option bei Organschaft (USt) 1465
Option zur Steuerpflicht (USt) 1169,
1175 f., 1465
Ordnungsmäßige Buchführung
(KSt) 254
Organgesellschaft
– GewSt 901 ff.
– KSt 31 ff.
– – AG als OG 31
– – Auflösung der OG 720 ff.
– – bergrechtliche Gewerkschaft als
OG 31
– – Erwerbs- und Wirtschaftsgenossenschaft als OG 32
– – GmbH als OG 31, 235 ff.
– – GmbH und Co. KG als OG 33
– – inländische Zweigniederlassung
als OG 38
– – KGaA als OG 31
– – Kolonialgesellschaft als OG 31
– – Komplementär-GmbH
als OG 449 ff.
– – persönlich steuerbefreite Gesellschaft als OG 41
– – Stiftung als OG 32
– – Verein als OG 32

– – Versicherungsverein auf Gegenseitigkeit als OG 32
– – Vorgesellschaft als OG 34
– USt 1223 ff.
Organisation
– Vorteile der Organschaft bei der
(USt) 1173
Organisatorische Eingliederung
– GewSt 919
– – bei Beherrschungsvertrag 163
– – bei Personengesellschaft als
OT 323, 343
– – einer Komplementär-
GmbH 453 ff.
– – zeitliche Voraussetzungen
der – 163 ff.
– USt 1375 ff.
Organschaft, grenzüberschreitende
(USt) 1554 ff.
Organschaftsähnliches Verhältnis
(USt) 1229 ff.
Organschaftskette (KSt) 85, 683 f.
Organschaftsmodell 9
Organschaftsvertrag (USt) 1222
Organtheorien (KSt) 3
Organträger
– GewSt 908 ff.
– KSt 43 ff.
– – atypisch stille Gesellschaft als
OT 313, 322
– – Besitzgesellschaft als OT 404 ff.
– – Betrieb gewerblicher Art
als OT 55, 64
– – Freiberufler als OT 57
– – Gewerbebetrieb kraft Rechtsform
als OT 59, 62
– – GmbH und Co. KG als OT 67
– – Holding als OT 361 ff.
– – inländisches gewerbliches
Unternehmen 59 ff.
– – inländische Zweigniederlassung
eines ausländischen
Rechtsträgers 55
– – juristische Personen des öffentlichen
Rechts als OT 55, 64

– – juristische Personen des Privatrechts als OT 66
– – Kapitalgesellschaft als OT 47
– – natürliche Person als OT 45, 46
– – Nießbraucher als OT 82
– – Personengesellschaft als OT 48, 311 ff., 500 ff.
– – Rechtsform des OT 43
– – steuerbefreite Gesellschaft als OT 49
– – Treuhänder als OT 80
– – Vorgesellschaft als OT 44
– USt 1241 ff.
– – Rechtsform 1241
– – Unternehmenszusammenschluss als – 1254 ff.
– – Unternehmereigenschaft 1242 f.

Passiver Ausgleichsposten
– GewSt 1046
– KSt 634
Personengesellschaft als OT
– GewSt 924 ff.
– KSt 311 ff., 500 ff.
Private Vermögensverwaltung (USt) 1250
Progressionsvorbehalt gemäß § 32b EStG (KSt) 691

Realteilung (KSt)
– des Organträgers 444 f.
Rechenzentrum (USt) 1156
Rechnungen innerhalb des Organkreises (USt) 1486 f., 1533
Rechnungsausstellung bei der Organschaft (USt) 1474 ff.
Rechtsbehelfsbefugnis (GewSt) 937 ff.
– (USt) 1657
– (KSt) 472
Rechtsentwicklung (KSt) 2
Rechtsentwicklung der Organschaft im Umsatzsteuerrecht (USt) 1104 ff.
Rechtsgrundlagen
– GewSt 891
– KSt 1, 14 ff.

Rechtsschutz (USt) 1656 f.
Rechtswirkung der Organschaft im Umsatzsteuerrecht (USt) 1451 ff.
Reinvestitionsrücklage (KSt) 536
Rücklage für eigene Anteile (KSt) 227 f.
Rücklagenbildung (KSt) 225, 239, 265 ff., 645
Rückstellung für Alters-, Invaliditäts- und Hinterbliebenenversorgung des Gesellschafter-Geschäftsführers (KSt) 523
– für künftige Verluste der OG (KSt) 561
Rumpfwirtschaftsjahr (KSt) 173, 175 ff., 415, 728 f.

Satzungsmäßige Rücklage (KSt) 227, 270
Schachtelprivileg (GewSt) 974, 1030
Schenkung (KSt) 427
Schwestergesellschaften (KSt) 86, 526
Sechste EG-Richtlinie (USt) 1113, 1120
Selbständigkeit, Verlust der (USt) 1451 ff.
Sequestration (KSt) 720,
(USt) 1612 ff.
Sicherungsübereignung und Zurechnung der Anteile (KSt) 81
Sitz der OG (KSt) 37
Sitztheorie 52
Sonderposten mit Rücklageanteil (KSt) 232, 271, 519
Spendenabzug (KSt)
– bei der OG 533
– beim OT 610
Steuerabzug bei Kapitalerträgen (KSt) 575
Steuerabzugsermäßigungen (KSt) 576 ff.
– nach VermBG (KSt) 581 f.
Steuererklärungen der Organschaft (USt) 1538 ff.
Steuerermäßigung nach § 35 EStG 611
Steuererstattungen bei der Organschaft (USt) 1540

Stichwortverzeichnis

Steuerfreie Einnahmen der OG
(KSt) 600 ff., 712
- Steuerbefreiung nach § 8b
  KStG 694
- Steuerbefreiung nach § 3
  GewStG 975, 1033
Steuerpflicht der OG
- GewSt 964
- KSt 470
Steuersatzermäßigungen (KSt) 588
Steuerschuldner bei Organschaft
(USt) 1466 ff.
Steuerumlagen (KSt) 538 ff.
Steuerzahlungen bei der Organschaft
(USt) 1543 ff.
Stiller Gesellschafter (USt) 1282 f.
Stimmenmehrheit (USt) 1269 f.
Stimmrechtsvollmacht (KSt) 77
Strohmanngesellschaft (USt) 1233

Tarif (KSt) 474, 577 ff.
Tarifermäßigungen (KSt) 576 ff.
- nach §§ 16, 34 EStG 590 ff.
- nach § 32c EStG 593 ff.
Tarifwahlrecht nach § 46a EStG
(KSt) 589
Teilbetriebsveräußerung (KSt) 590, 771
Teilgewinnabführungsvertrag
(KSt) 220, 224
Teilwertabschreibung
- GewSt 1014 ff.
- KSt 566, 633 ff., 649
Teilwertabschreibung auf Gesellschafterdarlehen 568
Treu und Glauben (USt) 1667
Treuhänder (KSt) 80

Übernahmegewinn
- GewSt 1005, 1013
- KSt 427

Übernahmeverlust
- GewSt 1005
- KSt 427
Übertragungsgewinn
- GewSt 1005
- KSt 418
Umrechnung des Gewerbeertrags auf
  einen Jahresbetrag (GewSt) 984
Umsatzsteuer-Binnenmarktgesetz
(USt) 1567 ff.
Umstellung des Wirtschaftsjahrs
(KSt) 175 ff.
Umwandlung der OG
- GewSt 1004 f.
- KSt 414 ff.
Umwandlung des OT (KSt) 429 ff.
Unberechtigter Umsatzsteuerausweis
(USt) 1480 f.
Unbeschränkte Steuerpflicht (KSt)
- fiktive nach §§ 1 Abs. 3, 1a EStG 46
Unechte Betriebsaufspaltung (KSt) 410
Unentgeltliche Einzelrechtsnachfolge
(KSt) 447 f.
Unentgeltliche Gesamtrechtsnachfolge
(KSt) 446
Unternehmensteil (USt) 1559 f.
Unternehmensvertrag (KSt) 209, 220
Unternehmerbegriff und Organschaft
(USt) 1100, 1242
Unternehmereinheit (USt) 1102 f.
1262 ff.
Unterordnung (USt) 1257 ff.
Unterstützungskasse (GewSt) 975

Veräußerung der Beteiligung
- GewSt 1001 f., 1013
- KSt 167, 170 ff., 176, 347, 360
Veräußerung eines Mitunternehmeranteils (KSt) 324 ff., 346, 360
Veräußerung von Anteilen
an Organgesellschaft 568
Veräußerungsgewinn
- GewSt 1031
- KSt 591
Veranlagungszeitraum bei der Organschaft (USt) 1542

Verarbeitungsbetrieb (USt)   1372
Verdeckte Einlage (KSt)   609, 718, 818
Verdeckte Gewinnausschüttung
  (KSt)   506, 524 ff., 815 ff.
Vereinnahmte Entgelte
– Versteuerung nach (USt)   1545
Verfahrensfragen (GewSt)   935 ff.,
  (USt)   1651 ff.
Verfassungsmäßigkeit (USt)   1118 f.
Vergleichsverfahren (KSt)   720
Verlustabzug bei Umwandlung
– GewSt   1005
– KSt   428
Verlustabzug nach § 10d EStG
  (KSt)   247, 468, 481, 512 ff., 772
– bei negativen ausländischen Einkünften (§ 2a EStG)   692
– und § 2 Abs. 3 EStG   468
– Verlustausgleich   13, 468, 474
Verluste, außerorganschaftliche (GewSt) 996
Verlustfeststellung (GewSt)   941
Verlustklauseln (KSt)   790 ff.
Verlustübernahme
– GewSt   998
– KSt   233, 240, 483, 486, 821
– – Aktivierung   486, 514
– – Behandlung beim Einheitswert des BV   253
Vermögenslosigkeit der Organgesellschaft (USt)   1606 ff.
Vermögensübertragung
– Vorteile der Option bei (USt)   1158 ff.
Verpachtung von Wirtschaftsgütern durch die OG an den OT (GewSt)   975
Verschmelzung (KSt)
– der Organgesellschaft auf den Organträger   414 ff.
– der Organgesellschaft auf einen anderen Rechtsträger   417 ff.
– des OT   429 ff.
– Grundlagen   412 f.
Versicherungsunternehmen
  (USt)   1156, 1558

Vertikale Verbindung mehrerer Organgesellschaften (USt)   1236
Vertriebsabteilung (USt)   1364 ff.
Verunglückte Organschaft (KSt)   627, 811 ff.
Verwendbares Eigenkapital (KSt)   484, 642, 851 ff.
Vorauszahlungen (KSt)   495 ff.
Vorgründungsgesellschaft als Organgesellschaft   34
Vororganschaftliche Verluste
  (GewSt)   975, 986
Vorrang
– der Organschaft vor Anrechnungsverfahren (KSt)   13, 474
Vorsteuerabzug
– bei der Organschaft (USt)   1531 ff.
– Vorteile der Option bei Berichtigung des (USt)   1163 ff.
Vorteile der Organschaft im Umsatzsteuerrecht (USt)   1151 ff.
Vorvertragliche offene Rücklage
  (KSt)   227, 230, 242 f., 255 ff., 627 ff.
Vorvertragliche stille Rücklagen (Reserven) (KSt)   230, 242, 517 ff., 632 ff., 641 ff.
Vorvertragliche Verluste (KSt) 247, 513, 716 ff.

Wahlrecht nach § 34c Abs. 2 EStG
  (KSt)   585
Wegfall der Voraussetzungen einer Organschaft (KSt)   811 ff.
Wettbewerbsneutralität (USt)   1111 f., 1151
Wichtiger Grund (KSt)   218, 416
Widersprüchliches Verhalten
  (USt)   1667 ff.
Wirtschaftliche Eingliederung
– GewSt   919
– KSt   121 ff.
– – als selbständiges Tatbestandsmerkmal   122
– – bei Betriebsaufspaltung   404 ff.
– – bei Personengesellschaft als OT   323, 342

Stichwortverzeichnis

– – gewerbliches Unternehmen
    und – 68 f.
– – nach Auflösung der OG   727
– – nach Betriebseinstellung   768
– – unmittelbare   123
– – zeitliche Voraussetzungen
    der –   163 ff.
– USt   1341 ff.
Wirtschaftliches Eigentum (USt)   1271
– KSt   80
Wirtschaftsjahr
– GewSt   977 ff.
– KSt   163 ff.
Wohnungsunternehmen (USt)   1373

Zahlungsunfähigkeit der Organgesellschaft (USt)   1606 ff.
Zeitliche Voraussetzungen der Organschaft
– GewSt   921 f.
– KSt   163 ff., 415
Zeitliche Voraussetzungen des GAV
  (KSt)   213 ff., 245, 433
Zerlegung (GewSt)   970, 985

Zinsen für Schulden zum Erwerb der Beteiligung an der OG (KSt)   563 ff.
Zurechnungszeitraum
– GewSt   977 ff.
– KSt   488 ff., 509 ff.
Zusammenfassende Meldung   1181
Zusammenrechnung
– der Einkommen von OT und OG
  (KSt)   468
– der Gewerbeerträge und des Gewerbekapitals (GewSt)   967 f.
– von Beteiligungen (KSt)   92 ff., 340, 354, 355 ff.
Zuständigkeit (USt)   1656
Zuzurechnendes Einkommen
  (KSt)   480 ff., 512 ff., 646
Zweck der Organschaft
– GewSt   897
– KSt   9 ff., 468
– USt   1151 ff.
Zwischenschaltung einer Personengesellschaft oder ausländischen Gesellschaft und finanzielle Eingliederung
  (KSt)   87